전정4판

Incoterms® 2020 수록

무역결제론

南豊祐 著

관세사 · 국제무역사 시험준비서

도서출판 두남

전정4판을 내면서

험난한 국제통상 환경, 즉 미-중 무역분쟁과 한-일 양국이 전략물자 수출규제와 관련해 시작된 갈등국면, 세계 경제둔화의 어려움 속에서 세계 10대 수출국 모두 수출 감소를 겪고 있지만, 우리 무역은 올해 '3년 연속 무역 1조 불' 달성, '11년 연속 무역 흑자'라는 값진 성과를 이루어 냈다. 변화의 파고를 넘어, 흔들리지 않는 무역강국으로 어려운 고비마다 우리나라의 경제를 다시 일으켜 세운 것은 무역이라고 강조하지 않을 수 없다.

우리 앞에 놓인 새로운 도전인 4차 산업혁명 시대를 선도하고, 보호무역주의의 거센 파고를 넘어 주력 산업의 경쟁력을 유지하면서 새로운 수출동력을 확보해야 하는 상황이다. 이와 함께 주력 산업의 경쟁력 회복과 새로운 수출동력의 성장, 중소기업의 약진과 우리 기술과 상품에 자긍심을 가지고 무역인들이 세계 구석구석 더욱 활발하게 진출할 수 있도록 항상 준비하여야 한다.

최근의 괄목할만한 양적성장의 이면에는 국제무역 시장의 다변화와 수출입관련 수출입 대금결제 문제는 국제무역 거래의 다양성과 함께 새로운 환경변화에 적극적인 대응을 하고자 하는 신규 무역업체는 물론 무역업무 분야에 종사하는 무역역군들의 애로사항 또한 간과할 수 없는 현실이다.

여러 면에서 부족한 졸저를 강의용과 연구용의 교재로서 채택하여 활용해 준 선배 및 동료 교수님들에게 다시 한번 진심으로 감사를 드린다. 독자분 모두가 인정하는 좋은 교재를 만든다는 것은 참으로 힘들고 어려운 작업임을 다시 한번 실감하면서 전정4판을 다시 출판하게 되었다.

금번 전정판에서도 독자들이 새롭게 요구하는 내용들을 국제무역 환경변화의 추이에 맞게 관련 내용들을 반영하여 독자들에게 대금결제 업무 향상에 도움이 되도록 불요불급한 무역대금 결제에 필요한 내용, 즉 무역거래에서 필수적으로 사용되는 거래별 주요 무역서식은 실제적으로 활용될 수 있도록 절차적 서식의 예시를 제시하여 실무에 적용할 수 있도록 개정 · 편집하는데 중점을 두어 독자들에게 이해도를 높이는 데 도움이 되도록 노력하였다.

마지막으로 최근의 어려운 출판환경 속에도 불구하고 본인의 원고를 흔쾌히 승낙하신 圖書出版 斗南의 全斗杓 社長님께 깊은 感謝를 드리며, 세심한 원고 개정·편집을 보살펴준 編輯部 여러분들에게 깊은 고마움을 전합니다.

2020년 1월 30일

著 者 識

차 례

제1편 무역결제의 기초

제2편 송금결제방식

제3편 추심결제방식

제4편 신용장결제방식

표 차례

〈제목 차례〉

그림 차례

서식 차례

수출입절차 및 주요서식

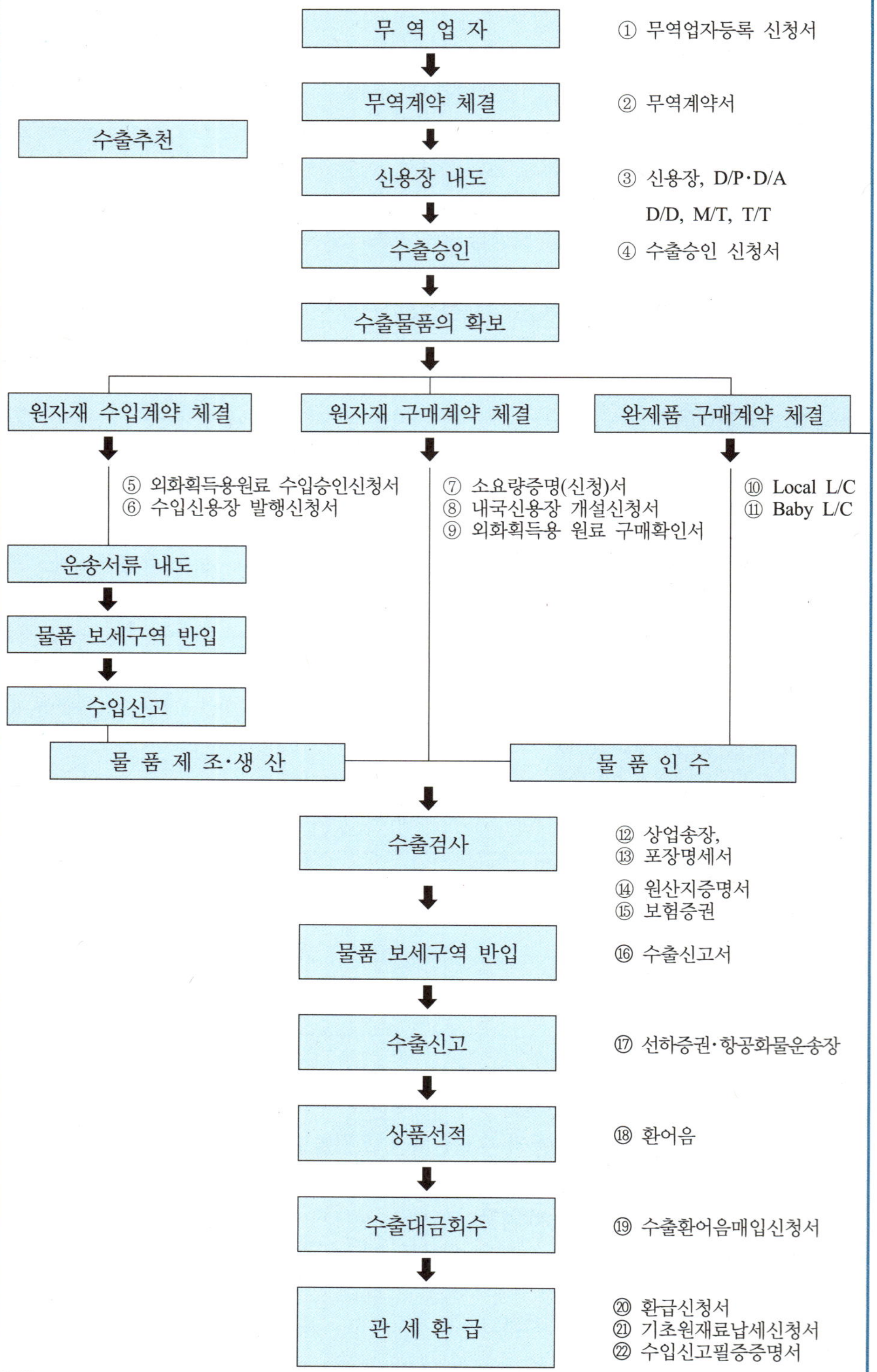
무 역 업 자
① 무역업자등록 신청서
무역계약 체결
② 무역계약서
수출추천
신용장 내도
③ 신용장, D/P·D/A
D/D, M/T, T/T
수출승인
④ 수출승인 신청서
수출물품의 확보
원자재 수입계약 체결
원자재 구매계약 체결
완제품 구매계약 체결
⑤ 외화획득용원료 수입승인신청서
⑥ 수입신용장 발행신청서
⑦ 소요량증명(신청)서
⑧ 내국신용장 개설신청서
⑨ 외화획득용 원료 구매확인서
⑩ Local L/C
⑪ Baby L/C
운송서류 내도
물품 보세구역 반입
수입신고
물 품 제 조·생 산
물 품 인 수
수출검사
⑫ 상업송장,
⑬ 포장명세서
⑭ 원산지증명서
⑮ 보험증권
물품 보세구역 반입
⑯ 수출신고서
수출신고
⑰ 선하증권·항공화물운송장
상품선적
⑱ 환어음
수출대금회수
⑲ 수출환어음매입신청서
관 세 환 급
⑳ 환급신청서
㉑ 기초원재료납세신청서
㉒ 수입신고필증증명서

일반수출절차의 도해

(수출용원자재 국내구매 및 수입절차 포함)

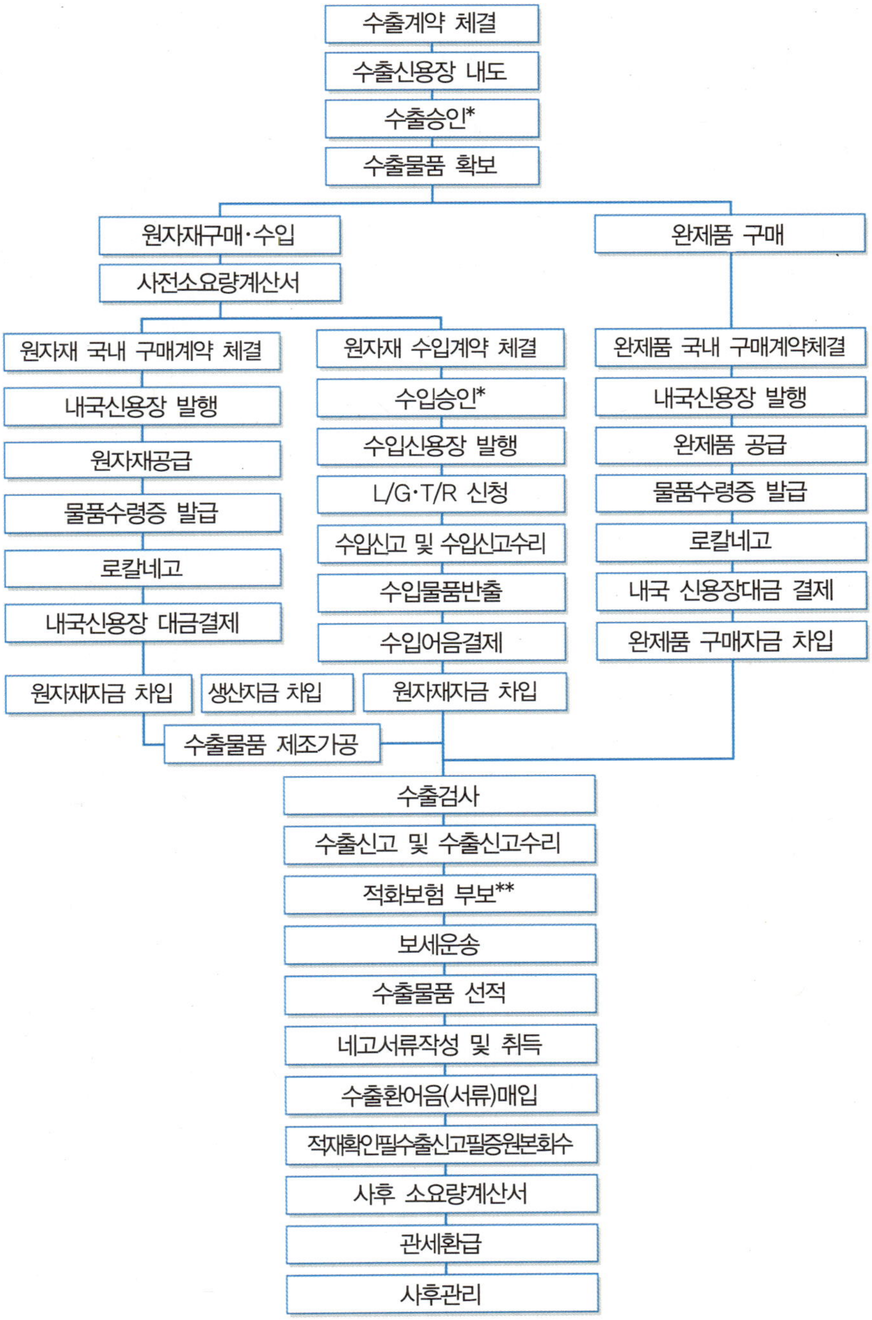

신용장방식 수입절차의 도해

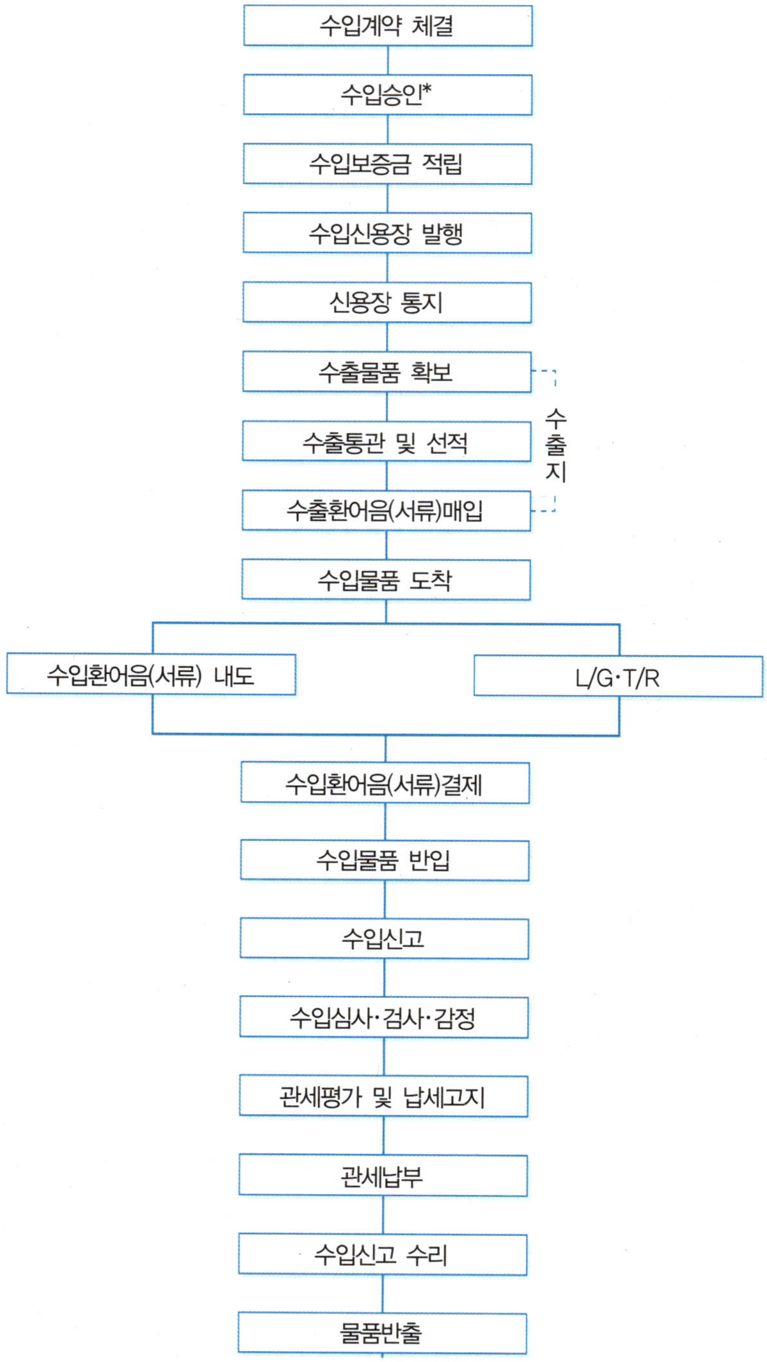

제1편

무역결제의 기초

제1장 무역결제의 기초개념

01 무역거래와 대금결제

국제간의 무역거래는 정치, 경제, 문화, 상관습, 화폐, 법제 등이 서로 상이하고, 시간적·공간적으로 원격성과 국제성이 존재할 뿐 아니라 그 중에서도 거래의 매개체인 화폐의 상이(相異)로 인한 결제방법의 복잡성을 가지게 된다.

협의(狹義)의 물품인 상품만을 대상으로 하는 유형무역(visible trade)이거나 광의(廣義)의 물품에 포함되는 자본(capital)·기술(technical)·노동(labor)·용역(service) 및 전자적 형태의 무체물(electrodynamic substances)을 대상으로 하는 무형무역(invisible trade)이거나 무역거래에서 무역결제는 특수한 거래를 제외하고는 대부분 외국환(foreign exchange)이 그 결제수단으로 사용된다.

국제거래의 특성을 올바르게 이해하기 위하여 외국환의 순환과정을 파악할 필요가 있으며 이러한 업무 취급시에는 환율 격차상의 위험(foreign exchange risk), 무역계약 체결시점과 물품인수 시점간의 가격변동, 대금결제 시의 복잡한 거래과정, 각국의 외환수급 사정 및 정치적인 이유로 자행되는 외환지급 정지 등 국별위험(country risk) 등과 같은 위험요소를 고려하여야 한다.

외국환이란 국제간의 채권·채무관계를 직접 현금수송에 의해 지급·결제하지 않고 제3자(은행 등 금융기관)를 통한 지급위탁의 방법에 의하여 결제하는 제도·수단을 말한다. 따라서 외국환은 국제간 무역거래의 결제수단으로서 매우 중요한 위치를 차지하고 있으며 무역거래에서는 매매당사자가 통상 원거리에 소재(所在)하게 되므로 국내거래와는 달리 다음과 같은 특징을 가지고 있다.

첫째, 국내거래에서는 물품인도와 대금결제가 동일시점에 이루어지므로 매매당사자간 위험부담이 없으나 무역거래에서는 물품선적과 대금결제 사이에 상당한 시간적 격차가 발생하므로 물품이나 대금수취에 대한 불확실성이 개재하게 된다.

둘째, 외상거래에 있어서도 국내거래에서는 상대방에 대한 신용 파악이 비교적 용이한 편이나 국제간 무역거래에서는 그렇지가 않다.

셋째, 채무불이행 등의 사유로 매매당사자간 분쟁 발생시 이를 해결하는데 큰 어려움이 따르며 막대한 비용이 소요된다.

따라서 단순히 당사자간에 목적물에 대한 품질, 수량, 가격 등의 기본적인 계약조건만으로는 한 건의 무역거래가 원만히 이루어지기 어렵다. 즉, 원활한 무역거래의 이행을 위해서는 반드시 기본계약 이외에 이에 종속되는 물품인도를 위한 운송, 보험, 대금결제, 분쟁해결 등의 부수적인 무역계약조건이 체결되어야 한다. 다시 말해 무역거래는 매매계약을 주계약(main contract)으로 하고 운송·보험계약, 대금결제계약 등을 종속계약(dependent contract)의 결합을 통하여 이룩된다 할 수 있다. 그 중에서도 대금결제는 매도인의 물품인도에 대한 매수인의 제1의 의무로서의 지위를 가지고 있기 때문에 그 의무의 이행은 당초 매매계약에서 합의된 내용과 방식대로 이루어져야 한다. 실무적으로 대금의 결제는 은행의 결제망(settlement net)을 통하여 이루어지는 것이 보통이다.

02 무역계약과 대금결제의 관계

무역거래에서 무역계약은 매도인이 물품인도 의무를 부담하고 매수인은 대금지급 의무를 부담하는 쌍무적 채무부담과 함께 그 대가의 보상으로 금전지급을 원칙으로 하는 것을 매매당사자는 무역계약 시 대금결제방식에 대하여 약정하게 된다. 그러나 무역거래에서 계약당사자들이 중요시하는 가장 어려운 문제 중의 하나가 계약물품의 인도에 대한 대가로 물품대금을 어떠한 방식으로 회수하고 지급하여야 안전하고 편리한가 하는 점이다.

국제무역거래에서 가장 이상적인 대금결제방법은 국내 매매와 같이 상품의 인도와 대금의 지급이 동시에 이루어지는 동시이행조건(concurrent payment)일 것이다. 따라서 무역거래에서 이용되는 대금결제의 수단에는 크게 현금결제, 환결제 및 환어음결제로 구분되며 결제방식에는 송금환(remittance), 추심(collection), 화환신용장(documentary letter of credit) 및 기타의 특수결제방식으로 구분된다.

오늘날 대부분의 무역결제는 환어음을 결제수단으로 하고 신용장을 결제방식으로 한 환어음(bill of exchange)의 담보로서 운송서류(transport documents)를 첨부하는 신용장부화환어음(documentary bill) 방식으로 이루어지고 있다. 동 방식은 은행이 개입함으로써 수출상과 수입상의 이해관계를 가장 잘 조화시키는 결제제도이며, 가장 발전된 형태의 결제제도로 평가되고 있으나 점차 신용장 이외의 결제방식도 그 비중이 늘어가고 있는 추세이다.

03 무역결제의 시기와 수단 및 통화

쌍무계약(bilateral obligation contract)의 성질을 가지고 있는 무역계약에서는 매도인의 물품인도(delivery)와 매수인의 대금결제(payment)로 이루어지므로, 수출입 계약에서는 선적(인도)조건과 더불어 대금결제조건이 그 근간(basis)이며 핵심을 이룬다. 이러한 결제조건은 다음에 열거될 여러 가지 대금결제방식 가운데 어느 것에 의하도록 하는가의 문제로 귀착된다.

1. 무역결제의 시기

무역대금의 결제(payment)는 먼저 상품의 선적(shipment) 혹은 인도(delivery)와 대금지급(payment of bills)과의 시간적 격차에 따라 다음과 같이 구분될 수 있다.

1) 선지급(사전지급, advanced payment)

선지급이란 수출입대금을 물품이 선적 또는 인도되기 전에 미리(in advance) 결제하는 방법이다. 여기에 속하는 것으로는 ① 상품구매의 주문과 함께 현금결제가 되는 CWO(cash with order) 방식, ② 주문과 함께 T/T(telegraphic transfer) 등에 의해 송금하는 단순송금방식(remittance basis), ③ 신용장의 수익자인 매도인이 신용장 수취와 더불어 미리 대금부터 결제받을 수 있는 선대신용장(red clause L/C, packing L/C) 방식 등이 있다.

2) 동시지급(concurrent payment)

동시지급이란 현물이나 현물과 동일시되는 서류와 상환으로 대금지급이 이루어지는 방식이다. 여기에 속하는 것은 ① 물품의 선적 또는 인도나 물품을 화체화(貨體化)한 운송서류의 인도와 동시에 대금결제가 이루어지는 동시지급조건에는 현물인도와 동시에 현금결제가 일어나는 조건인 COD(cash on delivery : 현금상환지급), ② 선하증권과 보험증권 및 상업송장 등의 운송서류 인도와 동시에 현금결제가 이루어지는 조건인 CAD(cash against documents : 운송서류상환지급), ③ 신용장 거래에서는 어음발행인(drawer), 즉 매도인에 의해 발행된 어음이 어음지급인(drawee), 즉 매수인에게 제시되면 매수인이 이를 일람함과 동시에 어음대금을 지급해야 하는 일람출급어음(sight bill)으로 결제되는 일람지급방식(at sight basis), ④ 환어음을 추심(collection)하여 수출대금을 회수하는 무신용장거래의 경우 어음이 매수인(drawee)에게 제시와 동시에 대금지급이 있어야 운송서류가 그에게 인도되는 지급인도방식(D/P : documents against payment basis) 등이 있다.

3) 후지급(연지급, 연불지급 deferred payment)

후지급은 대금의 결제가 물품의 선적이나 인도 또는 운송서류의 인도 후 일정한 기간이 경과되어야 대금결제가 이루어지는, 즉 외상거래방식이 연지급조건으로서 동 방식은 매수인에게 유리한 조건이다. 후지급에는 단기연지급과 중장기연지급의 두 가지로 구분할 수 있는데 통상적으로는 물품의 선적이나 인도 후 또는 운송서류의 인도 후 1년 이내에 결제가 이루어지면 단기연지급, 그 이상의 기간, 즉 1년 초과 10년 이내(때로는 20년까지)의 기간에 결제되면 중장기연지급(deferred payment on mid and long-term)이라 한다.

이에 해당하는 것으로는 ① 기한부 신용장방식(usance credit basis), ② 추심결제의 인수인도방식(D/A : documents against acceptance basis), ③ 중장기연지급방식(deferred payment on mid or long-term basis), ④ 물품이나 운송서류가 수입지에 도착한 후 또는 그 후 일정기간이 경과한 후 T/T 등에 의해 지급하는 사후 송금 방식의 거래로 외상판매방식(sales on credit basis), ⑤ 거래관계가 빈번히 이루어지는 매매당사자간에 매거래시에 물품대금을 결제하지 않고 이것을 장부상에 상쇄하고 일정기간마다 그 차액만을 청산하여 결제하는 청산 또는 기탁방식(open or escrow account basis), ⑥ 물품의 소유권은 이전하지 않은 채 위탁하여 판매한 후 판매범위 내에서 대금을 결제하는 방식의 거래인 위탁판매방식(consignment sales basis) 등이 해당한다.

4) 혼합지급(mixed payment)

혼합지급은 선지급·동시지급 및 후지급방식을 혼합한 결제조건으로 이에 해당하는 것으로는 ① 플랜트, 조선 등 대형거래에 이용되는 중장기 연불수출입방식, ② 누진지급방식(progressive payment basis), 누진지급방식은 대금을 일시에 결제하지 않고 계약시·선적시·도착시 등으로 또는 공정에 따라 분할해서 지급하는 방식으로 분할지급(instalment payment)의 형태를 취하는 것이므로 앞에서 말한 중장기연불방식은 분할지급을 택하므로 누진지급의 일종이라 볼 수 있으나 어디까지나 후지급(연불) 부분이 주이므로 연불수출로 분류하는 것이 일반적이다.

2. 무역결제의 수단

1) 현금결제(cash payment)

동 방식은 현금으로 수출입대금을 직접 결제하는 방식으로 이에 해당하는 것은 ① 현금선지급(cash in advance : CIA) ② 주문시현금지급(cash with order : CWO) ③ 현품인도지급(cash on delivery : COD) ④ 서류상환지급(cash against documents : CAD) ⑤ 수취증상환지급신용장(payment on receipt L/C) 등이 있다.

2) 송금환결제(remittance payment)

동 방식은 송금수표(demand draft : D/D) 전신환(telegraphic transfer : T/T)이나 우편환(mail transfer : M/T) 등에 의하여 송금함으로써 대금을 결제하는 조건이다. 해당하는 방식으로는 ① 단순송금방식에 의한 수출입거래, ② 누진지급(progressive payment) 또는 분할지급(instalment payment) 방식, ③ 중장기연불수출입 등이 있다. 이 경우에도 순수한 연불부분을 제외한 선수금과 착수금(down payment) 및 공정별 지급부분은 일반적으로 송금환에 의해 결제된다. 이러한 송금환결제방식을 결제조건으로 이용하는 경우에는 "T/T basis in U.S. Dollars", "T/T in advance in favor of Supplier"라고 약정한다.

3) 어음결제(draft payment)

국내거래에서는 보통 채무자인 매수인이 매입대금결제용 어음을 발행하지만 격지자간의 거래인 무역매매에서는 반대로 채권자인 매도인이 매수인을 지급인으로 하는 어음을 발행하고 이를 매각(negotiation) 또는 추심(collection)을 하여 수출대금을 회수하는 이른바 역환방식(逆換方式)을 활용하며 때로는 신용장발행은행을 지급인으로 하는 환어음을 발행하기도 한다.

무역거래에서 사용되는 어음은 화환어음(documentary bill/draft)이 원칙이고 어음에 선하증권이나 보험증권 등의 운송서류가 담보물로 첨부되어 당해 어음의 지급불능(default)이나 지급거절(unpaid)과 같은 어음사고가 발생하였을 경우 선하증권으로 물품을 찾아 이를 매각하거나 보험증권으로 보험금을 찾아 전보(塡補)를 받을 수 있는 안전한 어음이다. 또 일반적이지만 드물게는 무담보어음(clean bill/draft)에 의하는 경우로 운송서류를 첨부하지 않고 환어음만 발행함으로써 담보물이 첨부되지 않은 불안전한 어음이다.

한편 무역거래에서 사용되는 어음을 신용장에 의한 어음과 무신용장거래에 의한 어음으로 대별할 수도 있다. 즉, 신용장방식(sight credit, usance credit)에 의한 거래에서 사용되는 어음은 일람지급어음(sight bill)과 기한부어음(usance bill)이며 무신용장거래인 추심결제방법(D/P·D/A)에 의한 수출입에서 발행되는 어음은 D/P어음(sight bill)과 D/A어음(usance bill)이다.

신용장방식의 거래가 훨씬 안전함은 물론이며, 화환어음(documentary bill)이 발행되는 조건의 신용장을 화환신용장이라 하고 그렇지 않은 것은 무화환신용장으로 무담보어음(clean Bill)이 이용되는 선대신용장 등이 있으나 오늘날의 무역결제는 화환어음(documentary bill)에 의하는 것이 가장 보편적이다.

4) 물품결제(payment of goods)

동 방식은 수출입 대가로 다른 물품을 수입 또는 수출하는 물물교환방식에 이용되는 결제조건이다. 동일한 거래당사자간에 수출과 수입이 연계된 무역거래로서 대응구매 기간, 대금청산의 형태, 교환되는 상품과의 관계 등에 따라 물물교환(barter trade), 구상무역(compensation trade), 대응구매(counter purchase), 제품환매(buy back), 산업협력(industrial cooperation) 등을 포함한 연계무역형태로 많이 이용되고 있다. 이들의 경우에도 화폐의 개념을 개입시켜 그 이동을 수반하면서 거래가 이루어지고 있으나, 순수한 물물교환무역, 즉 물품결제방식도 자원(resources)과 상품(goods)의 교역(trade)이라는 측면에서 이용된다.

3. 무역결제의 통화

무역계약에서 매수인은 계약에서 정하는 바에 따라 물품의 인도를 수령하고 대금을 지급하게 되는데, 이때 대금을 결제하기 위한 통화는 통상적으로 자국통화・상대국 통화・제3국 통화로 결제하는 방법 등 세 가지의 방식이 있다. 이 중 어느 통화로 결제할 것인가는 통화의 대외가치도 서로 달라 가격채산 시에 문제가 되므로 당사자 간의 합의나 협정된 방법대로 이루어지는 것이 원칙이다.

일반적으로 무역거래협정서 또는 실제 무역거래에서도 "Prices : Prices are to be quoted in U.S. Dollars on the basis of CIF Los Angeles unless otherwise specified.", "Descriptions : 500 dozen Style No. 10 Cotton Shirts @US$10.50 per dozen C.I.F. New York," "Under T/T basis in U.S. Dollars," "Payment Terms : Under D/P at sight in U.S. Dollars," "Payment Terms : Under D/A at 60 days after sight in U.S. Dollars." 등과 같이 결제통화를 협정하고 있다.

다만, 무역대금의 결제통화에서 주의할 것은 거래통화의 종류는 동일 명칭이면서도 그 화폐의 가치가 다른 것이 있다. 예를 들어 달러도 US Dollar, Canadian Dollar, Hong Kong Dollar, Australian Dollar 등 여러 가지가 있으며, 또 Pound의 경우에도 English Pound, Egyptian Pound, Australian Pound 등이 있다.

따라서 실제 무역거래에서는 환위험(exchange risk) 즉, 환시세의 변동이 심하지 않은 안정된 통화로서 ① 안정성(stability) ② 교환성(convertability) ③ 유통성(circulativeness) 등 국제 통용성 및 공신력이 높은 통화를 채택하여 구체적으로 "USD" 혹은 "US$"와 같이 결제통화의 표시와 함께 그 국가도 함께 표기하여 오해의 소지를 줄이는 것이 바람직하다. 현재 국제무역거래에서 사용되는 주요 결제통화는 미국 달러(USD : US$), 유로화(EUR : €), 일본 엔화(JPY : ¥) 등이 있다.

04 무역결제의 종류

무역대금의 결제방식은 크게 ① 송금(remittance)에 의한 결제방식, ② 추심(collection)에 의한 무신용장결제방식, ③ 화환신용장(documentary letter of credit)에 의한 결제방식, ④ 국제팩토링 방식(international factoring)과 포페이팅(forfaiting) 방식 등 기타의 특수한 결제방식 등으로 대별할 수 있다.

1. 무신용장 결제방식

1) 송금결제방식(payment method for remittance)

송금결제방식은 무역계약의 내용에 따라 수출상이 선적한 후 별도의 대금청구 절차를 취하지 않더라도 계약당시 합의한 시기가 되면 수입상이 자발적으로 물품대금을 수출상에게 보내주는 방식의 무역거래를 의미한다.

동 방식은 계약물품을 선적하기 전에 수입상이 수출상 앞으로 대금을 송금하여 주는 방식이다. 송금하는 방법은 수입상이 상품을 인도 전, 인도 후 또는 인도와 동시에 수출상에게 송금을 하여 지급함으로써 결제를 완료하는 방법을 말하며, 상품선적 전에 결제하는 사전송금방식(advance remittance before shipment)과 물품을 인도 받으면서 또는 서류와 상환으로 대금을 결제하는 동시지급송금방식(concurrent payment) 그리고 선적 후 송금하는 사후송금방식(later remittance after shipment) 등이 있다.

송금방식은 대금지급 의무자인 수입상이 수출상 앞으로 대금을 결제한다는 측면, 즉 환(foreign exchange)이 이루어지는 방향의 관점에서 순환(順換)의 일종으로 볼 수 있으며, 수출상이 선적을 이행하고 확보한 서류는 거래은행을 통한 전달이 아니고 수입상에게 직접 송부하게 된다. 수출상의 입장에서는 대금결제에 대한 위험을 줄일 수 있으나, 수입상에게는 물품인도를 받기 전에 대금전액을 송금해 준다는 것이 금융비용 부담 등 자금부담면에서 상대적으로 불리한 결제방식이다. 동 방식에는 송금수표(demand draft : D/D), 우편송금환(mail transfer : M/T), 전신송금환(telegraphic transfer : T/T) 등의 지급수단이 이용되고 있다.

2) 추심결제방식(payment settlement method)

동 방식은 매매당사자간의 계약에 의거하여 수출상이 상품을 선적한 후 관련 서류를 첨부한 화환어음을 수입상에게 제시하면 수입상이 그 어음에 대한 지급(payment) 또는 인수(acceptance)를 하여 결제하는 방식을 말하며 무신용장방식이라고도 한다.

동 방식은 채권자인 수출상이 수입대금을 지급해야 할 의무가 있는 채무자인 수입상 앞으로 대금결제를 청구한다는 점에서 송금방식과 반대방향으로 이루어지므로 추심결제방식은 역환(逆換)의 일종으로 볼 수 있다.

추심결제방식은 대금의 결제를 은행을 통한 추심에 의존하므로 만약 수입상이 대금지급의 의무를 이행하지 않으면 대금회수에 많은 어려움이 따르며 설사 회수를 하더라도 막대한 비용을 부담하게 될 가능성이 있다. 추심결제방식에서는 지급 및 인수(payment and acceptance)의 근거가 '환어음'이 되므로 어음의 존재가 필수요건이 되며 은행의 역할은 매매당사자를 대신하여 수출대금을 추심(collection)하거나 송금(remittance)하여 주는데 있다.

동 결제방식은 D/P(documents against payment) 방식과 D/A(documents against acceptance) 방식이 있는데, 동 결제방식은 송금방식에서 문제가 되었던 수입상의 상업위험(commercial risk)을 커버할 수 있는 보다 발전된 방식이다. 그러나 동 방식은 신용장방식과 같이 은행이 수출상에게 대금지급을 보장하는 것이 아니므로 만일 수입상이 대금결제를 지연 또는 거절하는 경우 추심은행(collecting bank)은 수출상에게 이 사실을 통보해 주는데 그치고 그 이후의 계약의 이행 및 클레임 문제는 수출상과 수입상이 직접 해결할 수밖에 없다.

따라서 동 결제방식은 매매당사자간의 매매계약에 의하여 대금결제가 이루어지는 순수 외상거래방식이므로 수입상의 신용을 절대적으로 한다. 그러므로 본사(本社)와 해외의 자회사(子會社)간의 거래에 주로 이용되지만, 최근에는 일반적인 무역거래에서도 그 비중이 점차 높아져가고 있다.

동 방식의 특징은 첫째, 채권자가 채무자에게서 대금을 결제받는 수단은 환어음을 이용하는 것이므로 반드시 어음의 존재가 필요하고 둘째, 채권자를 대신하여 채무자에게 대금을 받아주는 역할을 추심은행(collecting bank)이 담당하게 되므로 비록 신용장의 경우처럼 은행의 대금지급 의무가 없더라도 은행의 존재가 필수적이라는 점이다.

2. 신용장 결제방식

사전송금방식에 있어서 수입상은 계약상품을 입수할 수 있을지에 대한 의문을 갖게 되며 사후송금방식에서는 반대로 수출상이 선적한 상품의 대금을 일정기간 내에 회수할 수 있을까 하는 위험을 갖게 된다. 또한 추심결제방식(D/P·D/A)에서는 수출상이 수출대금 회수가 보장되지 않아 대금회수의 위험을 갖게 된다.

따라서 수출상은 상품의 인도 전에 대금을 받기를 희망하고 수입상은 상품을 인도받고 대금을 결제하기를 원한다. 왜냐하면 수출상은 상품을 먼저 인도하면 대금회수의 불안(신용위험 : credit risk)이 따르고 반대로 수입상이 대금을 먼저 지급하면 상품을 인도받지 못할 수 있는 위험(상업위험 : mercantile risk)이 따른다.

송금 또는 추심결제방식에 의한 일방의 불이익을 방지하고 매매당사자간의 신용결여에 따른 무역거래상의 어려운 점을 해결하기 위하여 등장한 것이 신용장(Letter of Credit : L/C)이다. 즉 신용장의 발행은행(issuing bank)이 수입상을 대신하여 대금지급의 확약을 함으로써 수출상의 대금회수 불능에 대한 위험을 방지하고 수입상은 조건과 일치하는 서류를 인도받으면서 발행은행에 대금을 지급하므로 상품인수 불능에 대한 위험을 방지할 수 있으며, 이로써 은행이 매매당사자 사이에 개입하여 당사자간의 상호 다른 위험을 제거하고 있다.

즉, 신용장은 제3자인 은행이 지급을 보증하는 것이므로 수입상의 신용과 크게 관계가 없으며 신용이 있는 은행이 대금의 지급을 확약하는 것이므로 수출상의 대금회수 불안과 수입상의 물품회수 불능의 위험을 해결하여 대금결제의 안전성이 보장되므로 현대 무역거래에서 주류를 이루고 있다.

신용장은 수입상의 요청(request)과 지시(instruction)에 의하여 신용장발행은행(issuing bank)이 발행하고, 수출상인 수익자(beneficiary)가 동 신용장에 명기된 제 조건을 일치시키고 요청된 운송서류(transport documents)와 환어음을 제시하면 이와 상환으로 발행은행 자신이 수익자에게 대금지급 시기가 'AT SIGHT'인 경우에는 직접 지급(payment) 또는 대금지급 시기가 'USANCE'인 경우에는 환어음을 인수(acceptance)하는 직접 약정의 방법과 다른 은행에게 간접적으로 지급, 환어음의 인수 또는 매입(negotiation)하도록 하는 간접 약정의 방법을 수권(authorization)한 증서(instrument)이다. 즉 "발행은행의 수출상에 대한 조건부 지급확약(conditional bank undertaking of payment)"으로 정의되는 거래이다.

이것을 분석하면 거래내용을 정하는 당사자는 수출상과 수입상이지만 거래에 따르는 대금의 지급책임은 은행이 진다는 점이다. 따라서 신용장에 의한 무역대금의 결제는 송금방식이나 추심방식의 단점을 해결하여 줌으로써 금융기능과 지급보증의 기능을 갖고 있기 때문에 무역대금 결제방식 중 가장 많이 이용되는 결제방식이다.

즉 신용장 결제방식은 "발행은행에 의한 취소불능의 조건부지급확약"으로 신용장 조건에 일치하는 소정의 서류와 상환으로 수출상에게 대금지급을 보증함은 물론 금융적 불편이나 신용위험을 감소시킬 수 있는 편리성 때문에 무역대금의 결제수단으로 가장 많이 이용되고 있다.

3. 기타의 결제방식

최근에는 무역기업들이 특수한 거래형태나 지역적인 거래사정을 고려하여 새로운 거래방식을 과감히 채택함으로써 변화하는 국제무역환경에 적극적으로 대응해 나감에 따라 무역거래의 대금결제방식도 국제팩토링(international factoring), 포페이팅(forfaiting) 등에 의한 결제방식 등도 사용되고 있다.

우선 팩토링(factoring)이라고 하면 판매자(client)가 구매자(customer)에게 물품이나 서비스를 외상조건으로 제공하여 얻어지는 외상매출채권(accountable receivable)을 관련 팩토링회사(factor)가 판매자로부터 할인·매입하여 대금을 지급한 후 외상조건에 따라 구매자로부터 외상대금을 회수함으로써 판매자에게 전도금융(conducted finance)을 제공하는 금융서비스를 말한다.

국제팩토링(international factoring)은 무신용장방식에 의하여 국제무역거래가 이루어질 때 수입 팩토링회사가 신용위험을 인수함으로써 즉, 신용승인을 통하여 지급보증의 기능을 하고 있으며 수출상의 외상매출채권에 대한 자금부담을 덜어주기 위하여 수출금액 범위 내에서 전도금융을 제공하는 방식이다.

국제팩토링 결제방식(international factoring payment method)은 국제상거래 부문에서 전 세계의 팩토링회사가 국제적인 회원망을 형성하여 상호 업무협약에 따라 국제간 금융서비스 업무를 제공하는 무신용장방식의 신용조건부 무역거래의 수행을 위한 종합무역 금융서비스로 수출시에는 외상수출에 대한 전도금융을 제공하고 수입시에는 팩토링 회사의 보증으로 연지급수입(deferred import)을 가능하게 하는 새로운 형태의 무역거래방식이다.

한편 Forfaiting이란 현금을 대가로 외상채권을 포기 또는 약속어음(promissory note)을 이전의 소비자에게 소구함이 없이 고정이자율로 할인하여 양도한다는 것을 뜻하는 금융기법으로 즉, 재화와 용역거래 특히 수출거래에 따른 환어음이나 약속어음을 이전의 소지자에게 소구함이 없이(without recourse) 고정이자율로 할인·매입하는 금융결제기법(financial settlement technique)을 말한다.

Forfaiter가 상환청구권을 포기하는 조건으로 환어음 또는 약속어음 등의 채권을 매입함으로써 수출상이 Forfaiting을 통해 수출대금을 영수한 경우 수입상의 대금지급 거절 또는 연기 등으로 발생할 수 있는 모든 위험에서 벗어날 수 있는 장점을 가지고 있다. Forfaiting은 신용장거래에서 만기일에 대금지급을 확약하는 인수와 유사하나 인수에 비하여 기간이 장기이고 연지급어음(deferred payment bill)을 매입한 자(forfaiter)는 본인 이전에 어음을 소지하였던 자에게 사후에 소구권을 행사할 수 없다는 점이 가장 중요한 특징이라고 할 수 있다.

표 1-1 무역결제방식

무역결제방식

송금방식	
선적시기 기준	• 사전송금방식(수출상 유리)
	• 사후송금방식(수입상 유리)
	• 송금수단 송금수표(Demand Draft) 우편환(Mail Transfer) 전신환(Telegraphic Tracsfer)
동시결제방식	• 현품인도방식(COD)
	• 서류상환인도방식(CAD) ☞ D/P와 유사
	• 전부 수입상 유리
특징	• 환어음 미발행
	• 은행은 송금창구
	• 선적서류는 수출상에서 수입상으로 송부
	• 국제규칙이 없음

추심방식	
결제시기	• D/P, At Sight(대금지급서류인도방식)
	• D/A, At 90 days after B/L date (어음인수서류인도방식) 특징
특징	• 수입상에게 유리한 결제방식
	• 환어음 발행
	• 결제대금은 은행을 통해서만 추심
	• 선적서류는 은행을 통해서만 송부
	• 국제규칙(URC) 적용

신용장방식	
분류기준	• 취소불능/타은행의 확인/매입은행의 지정여부
	• 결제시기/양도가능
	• 이체, 상환, 송금방식/특수신용장
	• 내국신용장 등 특징
특징	• 은행이 지급을 확약함
	• 환어음 발행, 미발행
	• 선적서류의 전문성 요구
	• 은행을 통해서만 결제 및 선적서류 업무가능
	• 국제규칙(UCP/ISBP)

▮ 표 1-2 ▮ 무역결제방식의 명칭

결제방식	약어 등	영문명칭	국문명칭
송금 T/T	CWO	Cash With Order	사전송금
	COD	Cash On Delivery	상품인도
	CAD	Cash Against Document	서류인도
	O/A	Open Account	건별외상
추심 Collection	D/P	Documents Against Payment	지급인도
	D/A	Documents Against Acceptance	인수인도
신용장 L/C	Sight	At Sight	일람지급
	Usance	Usance	기한부 = 연지급

▮ 표 1-3 ▮ 대금결제방식의 비교

결제방식	수출상의 입장	대응방안	수입상의 입장	대응방안
CWO	위험부담 없음		신용상태에 따라 대금회수와 상품인수가 불가능	선수금 환급보증서 (A/P Bond) 요구, 수입보험
COD	수출대금 영수가 보장 안됨	수출보험 가입	안전함	품질조건을 확실히 합의
CAD	수출대금 영수가 보장 안됨	〃	선적은 확인되지만 품질 확인은 불가능	선적전 검사 혹은 소량수입
O/A	대금영수 및 상품 회수가 보장 안됨	〃	가장 유리한 거래	제품 도착시 즉시 검사, 통보
D/P	대금영수가 보장 안됨	〃	선적은 확인되지만 품질 확인은 불가능	선적전 검사 혹은 소량수입
D/A	대금영수 및 상품 회수가 보장 안됨	〃	유리한 거래이지만 만기일에 지급을 하지 않으면 거래은행에게 신용을 잃음	제품 도착시 즉시 검사, 통보
L/C	대금영수가 확실	〃 UCP와 ISBP 규정에 따른 완벽한 서류 작성	제품의 품질을 보장 받을 수 없음	선적전 검사(PSI)

※ 품질보장 : 수입상이 품질을 보장 받기 위한 방법은 수출상이 제품을 선적하기 전에 제품을 직접 검사하는 방법이다. 이것을 PSI(Pre Shipment Inspection)이라고 한다.

※ 수입보험 : 수입보험은 수출용 원자재나 완제품에 한하여 가입이 가능하며 국내용인 경우, 광물인 경우에만 가입대상이 된다.

▌표 1-4▐ 송금 및 추심결제 방법의 비교

결 제 방 법	종 류	수 출 상(Seller)	수 입 상(Buyer)
선적전 송금결제방법 (remittance before shipment)	사전송금 방 식	유 리	경우에 따라 대금회수와 물품인수가 불능
선적후 송금결제방법 (remittance after shipment)	C O D	대리인의 신용에 따라 대금영수 및 물품회수가 불능	유 리
	C A D	대금의 영수가 보장 안됨	
추심결제방법(Collection)	D / A	대금영수 및 물품회수가 보장 안됨	유 리
	D / P	대금의 영수가 보장 안됨	

▌표 1-5▐ 결제방식별 비교

구 분	내 용
송금결제방법 (T/T)	• 수출상이 선적서류를 수입상에게 직접 송부하여 대금을 직접 청구하는 것 • 수입상의 신용이 중요하다.
추심결제방법 (Collection)	• 수출상이 선적서류를 추심의뢰은행을 통해서 수입상이 지정한 추심은행으로 송부하여 추심은행이 수입상으로부터 대금을 받아 결제하는 것
신용장결제방법 (Letter of Credit)	• 발행은행이 수출상에게 직접 지급을 확약하는 것 • 신용장 발행은행의 신용도가 중요하다.

▌표 1-6▐ 각 무역결제 방식의 비교

무역대금 지급방법 / 특 징	송금에 의한 방법	무신용장방식에 의한 어음의 추심방법	신용장방식에 의한 어음 결제
지급 방법	수입상이 전신송금, 보통(우편)송금, 송금수표로 지급	추심조건(D/P·D/A)에 의하여 수입상이 지급	지급약속에 의거하여 신용장 발행은행이 지급
이용을 위한 주요 조건	수출상이 송금방법에 동의할 것	수출상이 신용장을 발행하지 않는 조건에 동의할 것	수입상의 신용
운송서류의 송부 방법	수출상이 수입상에게 직접 송부	은행을 경유하여 송부	은행을 경유하여 송부
수입상에게 유리한 점과 불리한 점	대금선불이면 불리하고, 후불이면 유리 (절충안도 있음)	신용장 발행에 수반되는 수수료가 없음(수출상 측의 금융협력 요청을 받는 경우가 있음)	신용장 조건을 충족한 운송서류에 대해(만일 상품 중에 불량품이 있더라도) 지급해야 됨
수출상에게 유리한 점과 불리한 점	선수유리. 후수는 불리(수입상의 입장과는 정반대 절충안도 있음)	D/P·D/A로는 수입상으로부터의 대금회수가 문제이고 신용장에 비해 금융은 받기 어려움	수출금융의 이용이 용이(신용장 입수에 의해 당해 거래의 확실성이 뒷받침되기 때문)

05 무역결제와 외국환

1. 외국환의 의의

일반적으로 「換(exchange)」이란 격지자간의 채권·채무, 즉 대차관계(貸借關係)를 결제함에 있어서 직접 현금을 보내지 않고 제3자인 은행을 통하여 결제(지급·영수)하는 방법을 말하는데 외국환(foreign exchange)은 격지자가 외국에 있는 경우의 환(換)을 말한다. 국내 거주자간 이용하는 환을 내국환(domestic exchange), 다른 국가에 거주자끼리 이용하는 환을 외국환(外國換) 또는 외환(外換)이라고 한다.

즉 외국환(foreign exchange)이란 국제간의 거래에서 발생한 개인과 기업 상호간의 채권과 채무를 금융기관을 통하여 외화로 자금을 이동·결제하는 제도 및 수단을 의미하는데 자금결제 수단이라는 면에서는 내국환(domestic exchange)과 동일하나, 단지 차이점은 서로 다른 화폐제도 아래서 상이한 통화를 사용하는 국가간에서 발생한다는 점이다. 다시 말해서 내국환(內國換)은 동일 국내에서 동일 화폐제도하에 행하여지는데 반해, 외국환(外國換)은 어음의 관계자가 국내 및 국외에 있고, 화폐제도도 다르고 이동도 자유롭지 못하여 내국환보다 훨씬 복잡하다.

1) 외국환의 특성

환의 원리는 외국환과 내국환은 모두 격지자간의 대차결제방법(貸借決濟方法)이며, 은행이 중개하고 어음이나 수표 등의 신용수단을 이용한다는 점에서 마찬가지다. 그러나 외국환은 내국환과는 다른 몇 가지 특성이 있다.

첫째, 환거래당사자의 소재지이다. 즉, 환거래의 원인인 대차관계는 내국환의 경우 채권자와 채무자가 동일국내에 있지만 외국환의 경우에는 양당사자가 한편은 국내에, 상대방은 외국에 주소지를 갖고 있다.

둘째, 환결제의 형태이다. 내국환의 경우에는 중앙은행인 한국은행을 통하여 각 지역간의 결제차액, 즉 현금의 과부족이 최종적으로 결제되지만, 외국환의 경우에는 중앙은행이 없기 때문에 국제금융 및 외환시장이 그 역할을 대행한다. 따라서 그 최종 결제의 형태가 내국환에 비하여 훨씬 복잡하다.

셋째, 환율문제이다. 내국환은 동일국내의 거래이기 때문에 단일통화에 의하여 결제되지만 외국환의 경우에는 상이한 통화를 사용하는 외국과의 거래이므로 양국 통화의 교환비율인 환율문제가 생긴다. 따라서 환율은 여러 가지 원인에 의하여 변동하기 때문에 환율변동에 따른 환위험(foreign exchange risk)이 존재한다.

넷째, 선물환제도의 이용이다. 환율은 계속 변하기 때문에 환율변동에 따라 매매 당사자는 환위험(foreign exchange risk)에 직면하게 되므로 이를 회피하기 위하여 선물환제도(forward exchange system)를 이용한다.

다섯째, 결제를 위하여 이용되는 신용수단의 문제이다. 외국환의 경우에는 수출대금의 결제를 위하여 환어음에 운송서류를 첨부시킨 화환어음(documentary bill)을 이용하거나 또는 화환어음의 지급을 보증하는 화환신용장이 사용되고 있다.

여섯째, 국제수지(balance of payments)와의 관련이다. 외국환은 외국에 대한 대차의 결제이기 때문에 일국의 국제수지와 밀접한 관계를 가지게 되며, 국제수지는 일국의 경제에 중요한 영향을 미친다. 따라서 대부분의 국가는 국제수지의 균형을 위하여 외국환 관리를 하고 있으므로 내국환에 비하여 자금이동이 자유롭지 못하다.

2) 외국환의 종류

외국환이란 대외지급수단, 외화증권 및 외화채권을 말한다(외국환거래법 제3조 제1항 제13호).

(1) 대외지급수단

외국통화, 외국통화로 표시된 지급수단 기타 표시통화에 관계없이 외국에서 사용할 수 있는 지급수단을 말한다(외국환거래법 제3조 제1항 제4호).

지급수단은 정부지폐·은행권·주화·수표·우편환·신용장, 증권에 해당하지 아니하는 환어음·약속어음·우편 또는 전신에 의한 지급지시, 증표·플라스틱카드 또는 전자 또는 자기적 방법으로 재산적 가치가 입력되어 불특정 다수간에 지급을 위하여 통화에 갈음하여 사용할 수 있는 것으로서, 대금을 미리 받고 발행하는 선불카드 등이 있다(외국환거래법 제3조 제1항 제3호).

(2) 외화증권

외국통화로 표시된 증권 또는 외국에서 지급을 받을 수 있는 증권을 말한다(외국환거래법 제3조 제1항 제8호).

예를 들면, 외화증권에는 보통채권(straight bond : SB), 전환사채(convertible bond : CB), 신주인수권부사채(bond with equity warrant : BW), 주식예탁증서(depositary receipt : DR), 무기명양도성예금증서(negotiable certificate of deposit : CD) 등이 있다.

(3) 외화채권

외국통화로 표시된 채권 또는 외국에서 지급을 받을 수 있는 채권을 말한다(외국환거래법 제3조 제1항 제12호).

예를 들면, 수출환어음은 지급수단이나 선하증권은 선적된 물품에 대한 소유권을 나타내는 채권이며, 예금증서, 보험증서 등은 투자대상으로 유통될 수 없고 단지 그 증서로 인해 청구권만을 가지므로 채권이다.

3) 외국환의 특징

외국환은 통화를 달리하는 나라와 나라 사이에서 일어나는 것이므로 다음과 같은 특징을 가지고 있다.

(1) 환율의 개입

외국환은 통화를 달리하는 국가간의 결제수단이므로 서로 다른 통화간의 교환비율, 즉 환율(foreign exchange rate)의 적용문제가 따른다. 또한 환율은 여러 가지 원인에 의하여 변동하기 때문에 항상 환율변동에 따른 환위험(foreign exchange risk)이 존재하게 된다.

(2) 이자요소의 개입

외국과의 거래에는 시간적인 요소가 개재되므로 외국환거래에는 이자요소가 개입된다. 즉, 외국환의 수단을 환어음에 의할 경우 외국까지 환어음이 도달하기에는 일정한 우편기간이 소요되므로 해당기간에 대한 이자를 감안하여야 할 것이다. 이러한 이자요소를 배제하고 신속하게 환을 결제하기 위하여 전신환(telegraphic transfer)을 이용하게 되는데 이 경우에는 당일 중에 결제가 완료되므로 이자요소가 개입되지 않는다.

(3) 외국환 관리제도의 등장

외국환거래는 일국의 국제수지 및 국내 통화가치와 밀접한 관계를 갖기 때문에 외국환 관리제도가 존재한다. 즉, 외국환이 무제한으로 해외에 유출되거나 또는 투기성 외화자금이 국내에 유입되어 국내시장을 교란시킬 소지 등을 방지하기 위하여 국가에서 외국환의 수급에 대하여 관리하고 있다.

(4) 자금결제방법의 특수성

외국환은 그 거래대상 지역이 전 세계에 걸쳐있음에도 불구하고 내국환에 있어서의 중앙은행과 같은 기능을 담당하는 환의 중앙결제기관이 없을 뿐만 아니라 거래통화 역시 다양하기 때문에 환의 결제구조는 복잡하게 구성되어 있다. 따라서 외국환거래에 따른 자금결제는 각 은행의 독자적인 예치환거래은행(depositary correspondent bank)을 통해서만 가능하게 되는 특이한 형태를 지니며, 국제거래에서의 대금결제는 통상 지급지시(payment order)에 의해 이행된다.

이와 같이 외국환은 거래당사자 중 어느 한 쪽이 외국에 소재하고 있을 경우에 발생하는 환거래로 간주할 수 있는데 외국환의 정의에서 생각할 수 있는 것처럼 서로 다른 통화끼리의 교환행위를 추상적으로 가리키기도 하고 구체적으로 대외지급수단 그 자체를 총칭하기도 한다.

2. 외국환의 형태

1) 송금환(remittance)과 추심환(collection)

외국환은 대외지급 수단이며 국가간 대체결제 수단이기 때문에 자금의 수수가 필수적인데 이 때 외국환에 의하여 국제간 자금의 대차관계를 결제하는 방법에는 자금을 보내주는 방법을 송금환(送金換, remittance)이라 하고 자금을 청구하는 방법을 추심환(推尋換, collection)이라 한다. 전자는 환의 흐름이 자금의 흐름과 같은 방향으로 움직이기 때문에 순환(順換, remittance)이라고 하며, 후자는 환과 자금의 흐름이 서로 역행하므로 역환(逆換, collection exchange)이라고도 한다.

2) 당발환(outward exchange)과 타발환(inward exchange)

외국으로 자금을 송금하기 위해서는 해당국가의 은행을 각각 경유하여야 하는데 환거래의 시발점이 되는 은행을 당발은행이라 하고 당발은행에서 취급하는 외국환을 당발환(當發換, outward exchange)이라 한다. 그러나 같은 거래가 종결되는 은행측에서 보면 자금을 송금한 은행은 타발은행이 되고, 상대측 송금은행이 취급한 외국환은 타발환(他發換, inward exchange)이 된다.

3) 매도환(selling exchange)과 매입환(buying exchange)

외국환은행의 업무는 외국환과 원화의 교환, 즉 외환매매의 형태로 취급된다. 이때 외국환은행이 원화의 수납을 대가로 외국환을 매각하는 경우 이것을 매도환(賣渡換, selling exchange)이라 하며 수입어음결제가 대표적인 예이다. 반대로 원화의 지급을 대가로 외국환을 받아들이는 것을 매입환(買入換, buying exchange)이라 하며 수출환어음 매입(negotiation)이 그 한 예이다. 따라서 당발송금환의 취결은 매도환, 타발송금환의 지급은 매입환이 되며 당발추심환의 추심은 매입환, 타발추심환의 지급은 매도환이 된다.

4) 보통환(ordinary exchange)과 전신환(telegraphic exchange)

외국환의 결제는 예치환거래은행이 자행예금계좌에서 차기(debit ; 借記)함으로써 종결되는데, 이 과정에서 예치환거래은행에게 자행 예금을 인출(debit)하도록 지시하는 방법이 우편으로 전달되면 이는 보통환(普通換, ordinary exchange)으로서 환어음과 송금수표가 이용수단이며, 자금이 신속히 전달되어야 하는 경우에는 전신으로 결제를 지시하는 전신환(電信換, telegraphic exchange)의 방법이 이용된다.

표 1-7 외국환의 형태

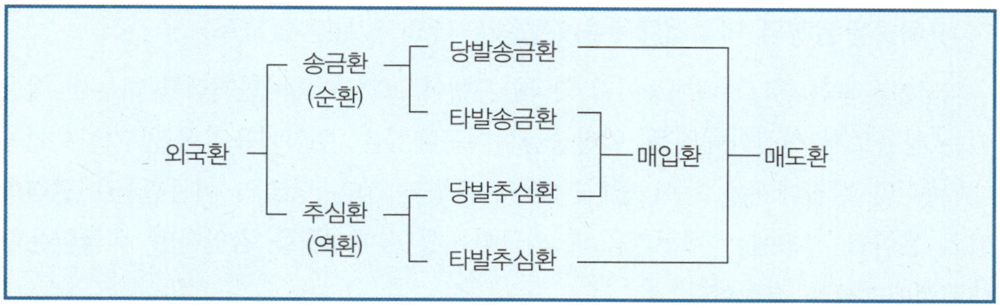

3. 우리나라의 환율구조

환율(Foreign Exchange Rate)이란 한 나라의 통화와 다른 나라 통화와의 교환비율을 말하며, 구체적으로 외환시장에서 외국환의 매매가격으로 나타난다. 즉, 일국 통화와의 대외가치를 나타내고 있다. 현행 외국환관리규정에 의하면 우리나라 환율은 기준환율, 재정환율 및 외국환 매매율로 대별되고, 다시 외국환은행간 매매율 및 한국은행 매매율 및 대고객 매매율로 구분된다.

1) 기준환율(base exchange rate)

기준환율은 외환매매 중개기관(금융결제원 자금중개실)을 통하여 외국환은행간 거래가 이루어진 미달러화의 익일물(제1영업일물, value tomorrow) 매매에서 형성되는 율(외국환은행간 장내거래율)을 거래량으로 가중 평균하여 산출되는 율(시장평균 환율, market average exchange rate)로 한다.

2) 재정환율(financial exchange rate)

미달러화 이외 기타통화의 재정환율은 최근 주요 국제금융시장(주로 동경)에서 형성된 미달러화 이외 해당 기타 통화와 미달러화의 매매중간율을 기준환율로 삼아서 재정환율(financial exchange rate)로 한다.

3) 외국환은행간 매매율(外國換銀行間 賣買率)

외국환은행간 매매율이란 외환시장에서 외국환은행 상호간의 외환거래에서 자유롭게 형성되는 환율을 말한다.

외국환은행이 대고객거래에서 발생하는 환리스크 회피와 외화자금의 과부족을 조정할 필요가 있어 각 외국환은행 상호간 외국환거래가 발생되는데, 이때 형성되는 환율이 외국환은행간 매매율이다. 이 율은 각 외국환은행의 외환수급에 따라 결정되는 시장율로서 여러 가지 매매율이 동시에 존재할 수 있게 된다.

4) 외국환은행의 대고객매매율(外國換銀行의 對顧客賣買率)

외국환은행의 대고객매매율이란 외국환은행이 고객과 외국환거래를 하는데 적용되는 환율로서 전신환매매율, 일람출급환어음매입율, 수입어음결제율, 기한부어음매입율 및 현찰매매율 등이 있다. 외국환은행의 장은 당일의 기준환율(미달러화 이외 통화의 경우에는 재정환율)과 외국환은행간 매매율을 감안하여 외국환은행 대고객매매율을 결정한다.

(1) 전신환매매율(T/T buying & selling rate)

전신환매매율(T/T buying & selling rate)이란 대금의 결제를 전신으로 실행하는 경우에 적용되는 환율로서 전신에 의한 송달은 1일 이내에 완료되므로 우송기간에 대한 금리요인이 개재되지 않는 순수한 의미의 환율이다.

예를 들면 전신송금의 경우 송금은행은 송금인으로부터 원화 송금대전을 받고 외환을 매도함과 동시에 지급은행 앞으로 전신으로 송금환의 지급을 지시하게 되므로 외화 송금대전이 송금은행의 해외 예치계정에서 즉시 지급된다. 즉, 송금은행은 송금환의 매도와 관련하여 자금부담의 문제가 발생하지 않는다. 이와 같이 송금은행이 송금인에게 외환을 매도할 때 적용되는 환율이 대고객전신환매도율(T/T selling rate)이다.

이와는 반대로 외국으로부터 전신으로 송금되어온 타발 송금환을 지급하는 국내 외국환은행은 이 타발송금을 매입하고 원화를 지급하게 되는데, 이를 매입하는 시점에 원화 송금대전은 이미 국내 외국환은행의 해외 예치계정에 입금된 것이므로 이 타발 전신송금환을 매입할 때 적용되는 환율이 대고객전신환매입율(T/T buying rate)이다.

전신환매도율은 당발송금환(D/D, M/T, T/T)의 취결과 타발추심(D/P, D/A)의 결제 등에 적용되고 전신환매입율은 대금이 자행계정에 입금된 후에 지급되는 타발 송금환 및 당발추심 등에 적용된다. 전신환매매율은 다른 대고객매매율의 기준이 되어 이를 중심으로 일람출급 환어음 매입율, 기한부어음 매입율 및 수입어음결제율을 정하는데, 이들 환율은 환어음의 자금화 또는 결제에 소요되는 기간에 해당하는 금리만큼을 차감하거나 가산하여 산정하므로 엄격한 의미에서의 환율은 바로 전신환매매율이라고 할 수 있다.

(2) 일람출급 환어음 매입율(sight buying rate)

일람출급 환어음매입율(sight buying rate)이란 환어음이 지급은행에 제시되어야만 지급되는 일람출급 환어음(bill of exchange at sight or demand draft)의 매입에 적용되는 환율로서 환어음의 우송기간이 경과하여야만 자금화가 되므로 해당 기간에 대한 금리를 전신환 매입율에서 차감한 율이다.

예컨대 수출상이 선적을 완료하고 환어음을 외국환은행에 매입신청하는 경우에 외국환은행은 환어음 매입대금을 먼저 원화로 지급하고 이를 해외의 신용장 발행은행을 통하여 외국의 수입상 앞으로 추심하게 된다. 추심이 완료되려면 매입한 환어음을 신용장 발행은행 앞으로 우송하여 지급인인 수입상에게 제시해야 하므로 추심대금은 우송기간 경과 후에야 비로소 매입은행 계정에 입금될 것이다. 즉, 매입은행은 동 기간만큼 수출업자에게 자금을 선대한 셈이 된다. 따라서 일람출급 환어음 매입율은 동 기간에 해당하는 금리를 전신환 매입율에서 공제한 율이 된다.

이와 반대로 일람출급 환어음 매도율의 경우, 즉 송금수표를 취결할 때에는 송금은행이 송금대전은 송금취결 시에 받고 실제로 외화자금은 송금수표가 해외의 지급은행에 제시된 때에 출금될 것이므로 우송기간에 해당하는 금리만큼 전신환 매도율보다 낮은 율로 외환을 매도하여야 할 것이다. 그러나 일람출급 환어음 매도의 경우 당일 또는 2~3일 이내라도 지급은행에 제시되면 이것이 지급되므로 은행은 일람출급 환어음 매도율을 따로 정하지 않고 전신환매도율을 적용하는 것이 일반적이다.

환어음의 우송기간에 대한 금리를 환가료(exchange commission)라고 하며 현행 연환가료율은 통화별 LIBOR + 은행별 실질조달 가산금리 + 업체별 가산금리의 공식에 의하여 각 은행이 자율적으로 결정토록 하고 있다.

일람출급환어음매입율(at sight buying rate)을 산식으로 표시하면 다음과 같다.

일람출급환어음매입율 = 전신환매입율 − (매매기준율 × 10/360 × 연환가료율)

다만, 일본, 홍콩, 싱가포르, 말레이시아, 태국, 인도네시아 등 동남아시아권 통화의 경우에는 우송기간을 9일, 이외의 통화는 10일을 적용하며, 수출환어음 등의 재매입거래의 경우에는 통화에 관계없이 12일로 하고 있다.

(3) 기한부 어음매입율(usance rate)

기한부 어음매입율(usance rate)이란 외국환은행이 수출업자로부터 일람후 또는 확정일자로부터 기산하여 일정기간 후에 지급되는 조건의 기한부어음을 매입할 때에 적용하는 환율이다. 따라서 외국환은행은 지급이 유예되는 어음기간동안의 금리를 일람출급환어음매입율에서 차감하여, 어음기간의 기산일이 선적일자(B/L Date) 등으로 되어 있는 경우에는 어음매입일로부터 만기일까지의 금리를 전신환 매입율에서 차감한다. 이를 산식으로 표시하면 다음과 같다.

- 일람후 정기출급인 경우
  일람출급환어음매입율 − (매매기준율 × 어음기간 / 360 × 연환가료율)
- 확정일자후 정기출급인 경우
  전신환매입율 − (매매기준율 × 어음의 매입일로부터 만기일까지의 기간/360 × 연환가료율)

(4) 수입어음결제율(import bill of exchange rate)

수입의 경우는 수출지에서 수출상이 선적을 하고 환어음을 발행하여 현지 거래은행에 매입신청하면 해외 환거래은행에 개설되어 있는 자행계정에서 동 어음매입대금이 차기되고 매입된 어음은 국내의 신용장발행은행으로 송부되어 온다. 따라서 신용장발행은행이 수입어음을 수입상에게 제시하여 수입대금을 받는 시점에는 이미 해외 환거래은행의 자행계정에서 대금이 차기되어 상당한 기간이 경과한 때이므로 그에 상당하는 금리를 더 받아야 한다. 통상 이 기간은 10일로 하고 이율은 일람출급환어음매입의 경우와 같다. 즉 수입어음 결제율(import bill of exchange rate)이란 수입어음을 결제할 때 적용하는 환율로서 전신환매도율에 어음의 우송기간에 해당하는 금리를 가산하여야 하는데, 이를 산식으로 표시하면 수입어음결제율 = 전신환매도율 + (매매기준율 × 표준우편일수/360일 × 연환가료율)과 같다.

(5) 현찰매매율(cash rate)

외화현찰을 매매하는 경우에는 매매의 대상이 되는 외화현찰의 보관비용, 운송비용이 소요될 뿐만 아니라 외화자산 운용면에서도 외화현금시재액은 비수익적이기 때문에 이와 같은 위험부담과 손실보전면을 고려하여 현찰매매율(cash rate)을 결정한다. 따라서 현찰 매도율(cash selling rate)과 매입율(cash buying rate)은 일반적으로 외국환은행 대고객 매매율의 최고율(the maximum rate of customer sales)과 최저율(the lowest rate of customer turnover)이 되고 있다.

(6) 장부가격(book rate)

장부가격(book rate)이란 외국환은행이 대고객 외국환거래에 따르는 수수료를 원화로 징수할 때 적용하는 환율로서 현행 장부가격의 산출방법은 통화별 매매기준율에서 원단위 미만을 절사하여 산출하고 있으나 최근 대부분의 외국환은행이 대고객 수수료 산출시 장부가격을 쓰지 않고 통화별 매매기준율을 사용하고 있다.

▌표 1-8 ▌ 외국환은행 대고객 매매율의 구조(미 달러화)

간격	매매율
	현찰매도율
(4.0% 이내)	
	수입어음결제율
(환 가 료)	
	전신환매도율
(3.0% 이내)	
	기준환율
(3.0% 이내)	
	전신환매입율
(환 가 료)	
	일람출급환어음매입율
(4.0% 이내)	
	현찰매입율

4. 외국환의 자금결제방식

1) 송금환(remittance)

송금환(remittance)은 당발송금환과 타발송금환으로 분류한다.

당발송금환(outward remittance)이란 국내의 송금인 또는 채무자가 외국의 수취인이나 채권자에게 자금을 송금할 목적으로 외국환은행에 송금대전을 원화 또는 외화로 지급하고 외국에 있는 수취인이나 채권자에게 송금하여 줄 것을 요청함으로써 성립된다.

당발송금환은 주로 해외지사 등의 유지활동비, 무역 관련 중개수수료, 해외유학생에 대한 수학비 송금, 도서구입비, 보험료, 통신료, 해외시험 응시료 등 무역외지급거래의 지급수단으로 많이 활용되고 있다.

타발송금환(inward remittance)이란 외국의 송금인 또는 채무자로부터 국내의 수취인이나 채권자에게 자금이 송금되어 온 경우에 외국환은행이 송금되어 온 외화를 매입하고 수취인이나 채권자에게 그 대전을 원화로 지급함으로써 성립된다. 타발송금환은 주로 해외교포의 대 본국송금, 해외취업자의 대 본국송금, 종교단체의 기부금 송금 등에 이용되고 있다.

(1) 송금환의 종류

송금환에는 송금수표(D/D ; demand draft), 우편송금환(M/T ; mail transfer) 및 전신송금환(T/T ; telegraphic transfer) 등의 세 가지 종류가 있다.

송금수표(demand draft : D/D)는 송금인이 발행은행으로부터 교부받은 송금수표를 직접 수취인에게 송부하고, 이를 받은 수취인은 송금수표에 기재되어 있는 지급은행에 지급제시하여 그 송금대전을 수취하는 방법이다. 따라서 송금수표에 의한 송금방법은 송금인의 책임하에 수취인에게 전달되므로 우편송금에 비하여 위험성이 높다. 또한 환거래계약에 따라서는 발행은행은 일정액 이상의 송금수표를 발행한 경우에 지급은행 앞으로 송금수표 발행통지서(drawing advice)를 작성하여 통지하게 되며, 지급은행은 수취인으로부터 지급제시가 있는 때에 송금수표와 발행통지서를 대조하여 내용 및 진위를 확인할 수 있게 된다.

우편송금환(mail transfer : M/T)은 송금은행이 지급은행 앞으로 수취인에게 일정 금액을 지급하여 줄 것을 위탁하는 지급지시서(payment order)를 발행하여 송금은행이 직접 우편으로 지급은행에 송부하여 주는 방법이며, 주로 시급을 요하지 않는 송금, 소액송금 등에 이용되고 있다.

전신송금환(telegraphic transfer : T/T)은 우편송금환과 같이 지급지시방법에 의하여 긴급을 요하는 송금 등에 많이 이용되며, 현재 가장 보편적으로 이용되고 있는 방법으로서 신속하고 편리하나 전신료가 비싸므로 그만큼 비용부담이 크다.

(2) 송금환의 흐름

가) 송금수표의 흐름

① 송금인은 자기의 거래외국환은행(송금은행)에 송금대전을 입금시키고 송금수표의 발급을 의뢰한다.

② 송금은행은 수취인의 거주지역이나 인근에 소재하는 자행의 환거래은행을 지급은행으로 하는 송금수표를 발행하여 이를 송금인에게 교부한다.

③ 송금은행은 지급은행 앞으로 송금수표의 발행을 통지함과 동시에 결제은행에게 송금대전을 자행계좌에서 차기(借記, debit)하여 지급은행 계좌에 대기(貸記, credit)할 것을 지시한다.

④ 한편 송금인은 교부받은 송금수표를 수취인 앞으로 송부한다.

⑤ 수취인은 그 송금수표를 지급은행에 제시한다.

⑥ 지급은행은 제시된 송금수표와 송금수표발행통지서를 대조한 후 송금대전을 수취인에게 지급한다.

⑦ 결제은행은 송금은행의 차기지시서(debit authorization)에 의하여 동 은행의 당좌 예치계정을 차기하여 지급은행의 계정에 대기한 후, 송금은행에게는 차기통지서(debit advice)를, 지급은행 앞으로는 대기통지서(credit advice)를 각각 송부하여 거래가 종료되었음을 통지한다.

그러나 지급은행이 송금은행의 예치환거래은행(depositary correspondent bank)일 경우에는 결제은행(reimbursing bank)을 별도로 선정할 필요가 없으므로 이 경우에는 자금을 결제하기 위하여 송금수표 발행통지서를 차기지시에 갈음하는 것이 보통이며 송금액이 소액일 경우에는 지급은행과의 환거래계약에 따라 송금수표 발행통지서마저 생략하는 수가 많다.

▌그림 1-1▐ 송금수표의 흐름

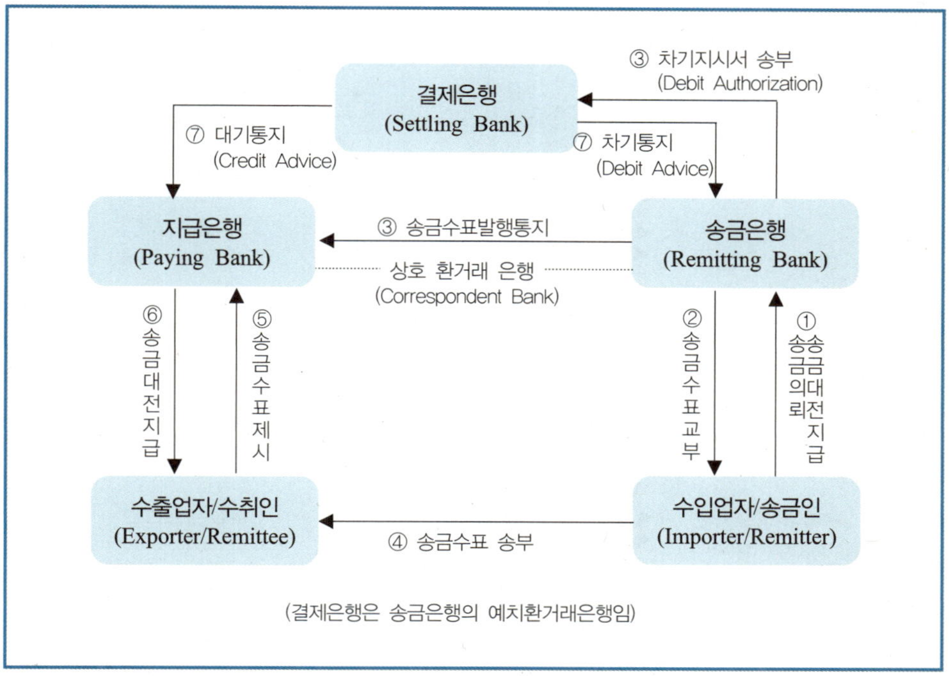

나) 우편 및 전신송금환의 흐름

① 송금인은 본·지사 또는 기타 채권·채무관계에 있는 수취인에게 송금을 하기 위해 자기의 거래외국환은행에 송금대전을 입금시키고 송금의뢰를 한다.

② 송금의뢰를 받은 송금은행은 수취인의 거주지 또는 인근에 소재한 자행의 환거래은행 중에서 지급은행을 선정하여 전신 또는 우편으로 송금대금 지급지시를 하는 동시에 결제은행 앞으로 우편 또는 전신으로 차기지시를 한다.

③ 지급은행은 수취인에게 송금도착 사실을 통지한다.

④ 송금도착통지를 받은 수취인은 지급은행 앞으로 지급청구를 하여 송금대전을 지급 받는다.

⑤ 결제은행은 송금은행의 차기지시에 의하여 동 은행의 당좌예치계정을 차기(debit, 출금)하여 지급은행의 계정에 대기(credit, 입금)시킨 후, 송금은행 및 지급은행 앞으로 각각 차기통지서 및 대기통지서를 송부한다.

여기에서도 송금수표의 경우와 마찬가지로 지급은행이 송금은행의 예치환거래은행인 경우에는 별도의 결제은행을 선정하지 않고 지급은행에게 송금은행의 계정에서 직접 차기하여 지급할 것으로 지시한다.

▮ 그림 1-2 ▮ 우편 및 전신송금환의 흐름

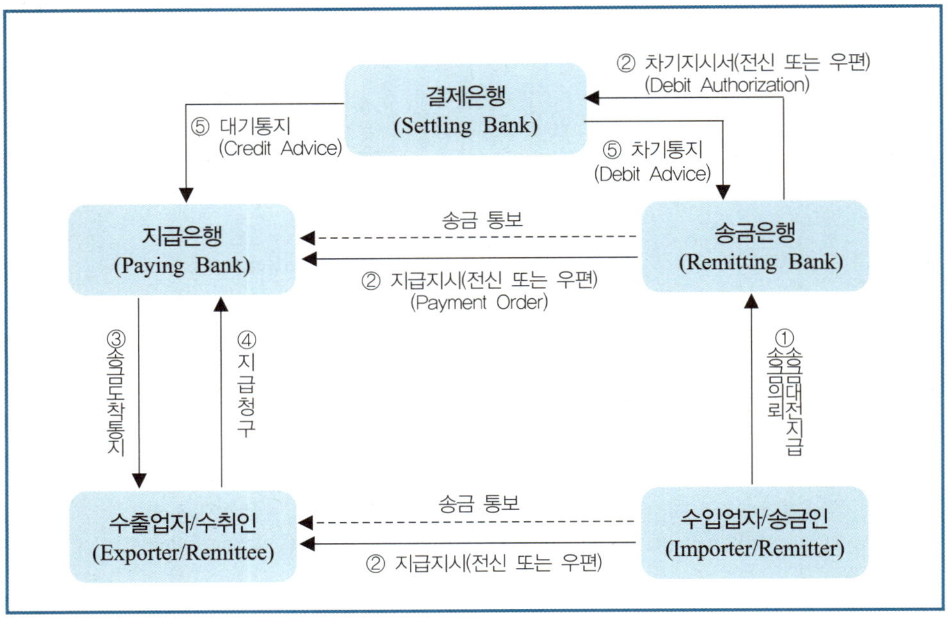

▮ 그림 1-3 ▮ 전신송금환에 의한 송금방식

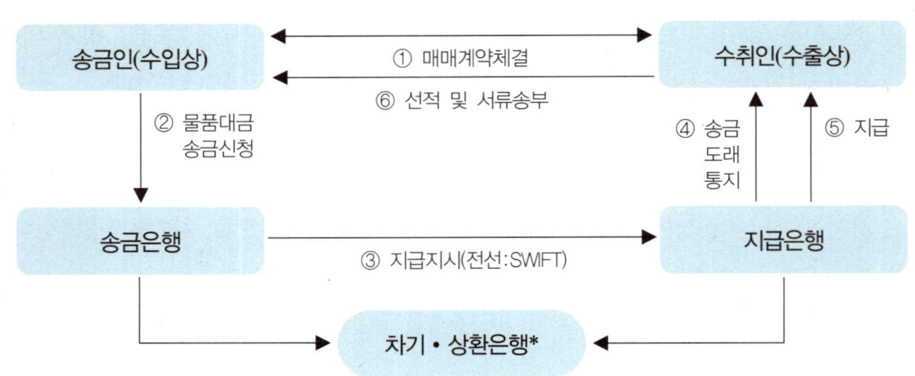

① 송금환(Remittance basis : 사전송금/사후송금)방식으로 약정
② 수입상은 거래은행에 송금의뢰
③ 송금은행은 수출지 또는 인근에 소재하는 자기 환거래은행을 통해 상환 또는 차기지시
④ 지급(결제)은행은 수출상게 송금내도 통지
⑤ 수출상의 계정에 입금
⑥ 수출상은 약정품을 선적하고 서류를 직접 수입상에게 송부

* **차기 및 상환은행 :** 차기(Debit)는 송금은행과 지급은행간에 서로의 외화계정을 개설(Depositary Correspondent Bank : 예치환거래은행)해 놓고 서로 차기지시에 따라 상대방의 계정에서 자금을 인출하는 방식을 말하며, 상환(Reimbursement)은 송금은행이 지급은행으로 하여금 자기의 예치환거래은행으로부터 자금을 인출하도록 요청하여 지급은행이 상환은행에 자금상환요청으로 입금을 받는 방식을 말한다

2) 추심환

추심환(collection)이란 송금환과는 반대로 채권자가 자금을 역으로 청구하는 역환임은 이미 살펴본 바와 같다. 즉, 지급지가 외국으로 되어 있는 외화수표 또는 어음 등을 고객으로부터 매입하거나 추심을 의뢰받아 직접 지급은행에 대하여 또는 환거래은행을 통하여 대금을 청구하여 지급받는 과정을 말한다.

"추심에 관한 통일규칙인 Uniform Rules for Collections(URC522)"에서는 추심의 개념을 더욱 구체적으로 설명하고 있다. 즉 추심이라 함은 은행이 위임을 받아 금융서류(환어음, 약속어음, 수표, 영수증 등) 및 상업서류(상업송장, 선적서류, 권리서류 등)를 인수 또는 지급받기 위하여 또는 인수조건 또는 지급조건으로 상업서류를 인도하기 위하여 취급한다는 것을 의미한다고 정의하고 있다.

(1) 추심환의 종류

추심에는 추심의 방향에 따라 당발추심(outward collection)과 타발추심(inward collection)으로 구분할 수 있다.

전자는 국내은행이 지급지가 외국인 외화수표나 어음을 매입하거나 매입의뢰를 받아 지급은행에 직접 또는 환거래은행을 통하여 대금을 청구하는 것이며, 후자는 이와 반대로 해외은행으로부터 외국환이 우송되어와 당해 외국환의 채무자 즉, 지급인에게 추심대금을 결제하도록 연락하여 동 대전을 지급받아 해외은행 앞으로 송금해 주는 것을 말한다.

또한 추심은 추심전매입(bills purchased : B/P)과 추심후지급(bills collected : B/C)으로 구분할 수 있다.

추심전매입(bills purchased : B/P)이란 고객의 요청에 따라 외화수표 또는 어음 등을 매입하여 대금을 고객에게 먼저 지급한 후 지급은행 앞으로 추심하여 매입대금을 회수하는 경우, 즉 외국환은행이 외화수표나 어음 등을 추심함에 있어서 그 대금을 먼저 고객에게 지급하는 매입절차의 방식을 말하는 것이다.

추심후지급(bills collected : B/C)이란 고객의 위임에 따라 외화수표 또는 어음 등을 추심하여 그 대금이 해외거래은행 당좌구좌에 입금되었다는 통지를 받고 추심의뢰인에게 대금을 지급하는 경우, 즉 추심에 의하여 추심은행으로부터 동 대금이 입금되었다는 통지를 받고 추심의뢰인에게 대금을 지급하는 방법을 말한다.

우리는 흔히 외국환업무 중 「네고(negotiation)」라는 말을 많이 듣는데, 이는 수출환어음이나 외화수표 등의 추심전매입을 의미하는 것이므로 그만큼 추심전매입이 외국환업무 중에서 차지하는 비중이 높다.

(2) 추심전 매입환의 흐름

그림 1-4 추심전 매입환의 흐름

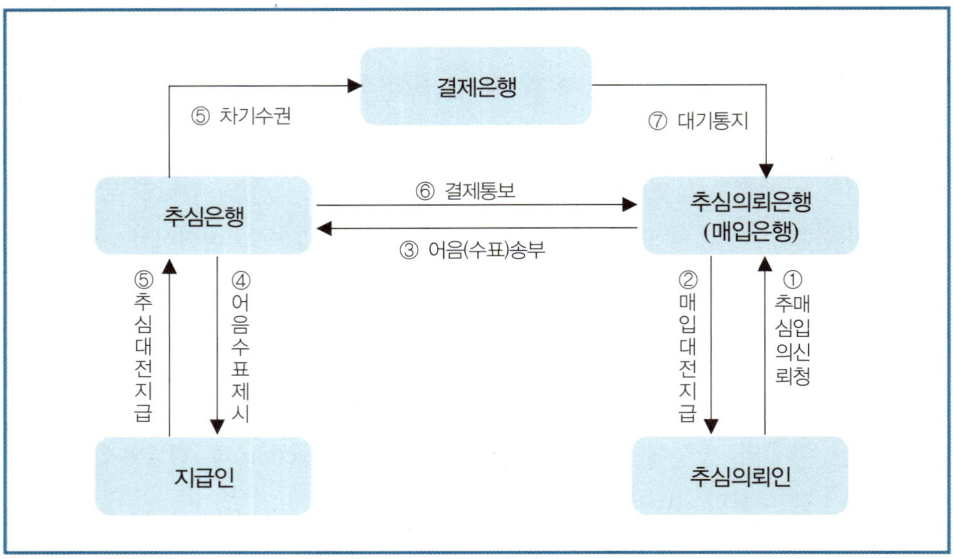

① 어음(수표)의 소지인인 추심의뢰인은 자기의 거래외국환은행(추심의뢰은행)에 추심을 의뢰한다.

② 추심의뢰은행(매입은행)은 그 외화수표나 어음 등을 추심전에 먼저 매입하고 대전을 추심의뢰인에게 지급한다.

③ 추심의뢰은행은 매입한 외화수표나 어음 등을 지급인 거주 지역 또는 인근의 자행 환거래은행 앞으로 송부한다.

④ 환거래은행(추심은행)은 송부되어 온 외화수표나 어음 등을 지급인에게 지급 제시한다.

⑤ 추심은행은 지급인으로부터 추심대전을 수납한다.

⑥ 추심은행은 추심의뢰은행 앞으로 추심을 위탁한 수표나 어음 등이 결제되었음을 통보함과 동시에 결제은행 앞으로 추심은행 계정에서 동 대전을 차기(debit, 출금)하여 추심의뢰 은행계정에 대기(credit, 입금)할 것을 지시한다.

⑦ 결제은행은 추심의뢰은행에게 추심대전이 동행의 계정에 대기(입금)되었음을 통지한다. 물론 이 경우에도 추심은행이 추심의뢰은행의 예치환거래은행일 경우에는 결제은행을 경유하지 아니하고 직접 추심은행이 동 은행이 보유하고 있는 추심의뢰은행 계정에 입금조치가 된다.

한편, 추심전 매입은 부도(dishonor)에 대비하여 세심한 주의를 기울여야 하는데, 부도가 나는 사유를 보면 ① Lost & Stolen Check(도난, 분실), ② Stale Date(유효기일 경과), ③ Not Sufficient Funds, Insufficient(NSF, ISF : 잔액부족), ④ Account Closed(계좌해지), ⑤ Stop Payment or Payment Stopped(지급정지), ⑥ Signature Forged(서명위조), ⑦ Endorsement Missing(배서불비), ⑧ Post Date(선일자 발행), ⑨ Forged Endorsement(배서위조) 등과 같은 것들이 있다.

이들은 주로 수표에 관한 사항들이며 신용장에 의하여 발행된 환어음의 경우에는 환어음 자체에 의하여 부도가 나기보다는 오히려 신용장거래에 따라 신용장조건과의 불일치에 의하여 부도가 발생하는 것이 대부분이다.

(3) 추심후 지급의 흐름

추심후 지급은 지급지가 외국으로 되어 있는 외화수표나 어음대금을 추심절차를 취한 후에 추심은행으로부터 대금이 결제 또는 입금되었다는 통보를 받은 후에 추심의뢰인에게 지급하는 것으로써, 추심후 지급대상이 되는 외국환은 당사자의 신용부족 때문에 추심전 매입을 할 수 없는 개인수표나 환거래가 없는 은행이 발행한 수표, 환어음 기타 수표상에 하자가 있어 추심전 매입을 할 수 없는 경우 등이다. 그리고 추심후 지급의 흐름은 추심의뢰인으로부터 외화수표나 어음 등을 직접 매입하지 않고 추심만을 위임받아 행하는 것이 다를 뿐 그 밖의 흐름에 있어서는 추심전 매입과 차이가 없다.

▮ 그림 1-5 ▮ 추심후 지급의 흐름

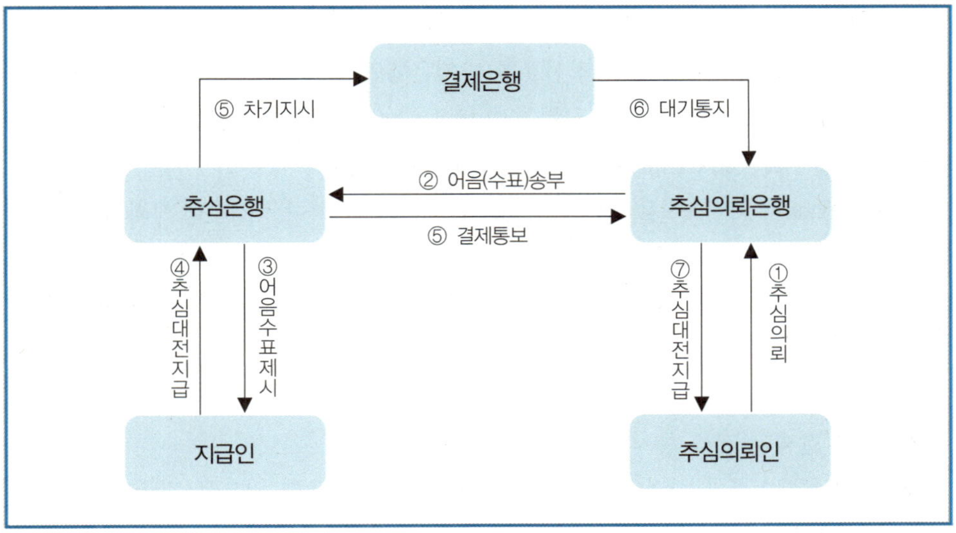

3) 무역결제에 따른 국제자금이동

국내에서의 자금결제는 중앙은행인 한국은행을 통하여 이루어지나 국제간 무역거래에서는 외국환은행은 스스로 외국의 은행들과 환거래계약을 체결하고 자금결제에 따른 서비스를 받아야 한다.

(1) 국제자금결제

한국 서울에 있는 수입상과 일본 동경에 있는 수출상과의 무역대금결제에 있어서 서울에 있는 ABC은행이 신용장 발행은행이며 동경에 있는 XYZ은행이 통지은행(겸 매입은행)이고 뉴욕의 Citi-Bank가 상환은행이라고 가정할 때 국제간 자금의 결제가 어떻게 이루어지는지 다음의 도표를 보고 살펴보기로 한다.

사례 1 국민은행과 동경은행이 모두 CITI-BANK와 환거래은행인 경우

① 서울에 있는 수입상과 동경에 있는 수출상간 무역계약을 체결한다.

② 수입상은 거래은행인 국민은행 앞으로 신용장발행을 의뢰한다.

③ 서울의 국민은행은 통지은행인 동경의 동경은행 앞으로 상환은행이 Citi-Bank, N.Y. U.S.A로 된 신용장을 발행하고 동 Citi-Bank 앞으로는 매입대전 출금 허가서(debit authorization)를 보낸다.

④ 동경은행은 수출상 앞으로 신용장이 도착하였음을 통지한다.

⑤ 수출상은 물품을 제조 및 가공한 후 수입상 앞으로 선적한다.

⑥ 수출상은 선적서류를 작성하여 거래은행인 동경은행 앞으로 매입을 의뢰한다.

⑦ 동경은행은 수출상이 제출한 선적서류와 환어음을 심사 후 신용장에서 요구하는 조건과 일치하는 경우 수출상 앞 대전을 지급한다.

⑧ 매입은행인 동경은행은 선적서류를 발행은행인 국민은행 앞으로 송부하고 상환은행인 Citi-Bank 앞으로 출금통지서(debit advice)를 보내고 동경은행 앞으로 매입대전을 상환청구(reimbursement claim)한다.

⑨ Citi-Bank는 매입대전을 국민은행 당좌계정에서 출금하여 동경은행 당좌계정에 입금한다.

⑩ Citi-Bank는 국민은행 앞으로 출금통지서(debit advice)를 보내고 동경은행 앞으로 입금통지서(credit advice)를 송부한다.

⑪ 국민은행은 동경은행으로부터 접수된 선적서류를 심사 후 수입상에게 지급제시하며 결제할 것을 통지한다.

⑫ 수입상은 서류와 상환(相換)으로 해당 대전을 국민은행 앞으로 지급한다.

▮ 그림 1-6 ▮ 국제간 자금결제 흐름도

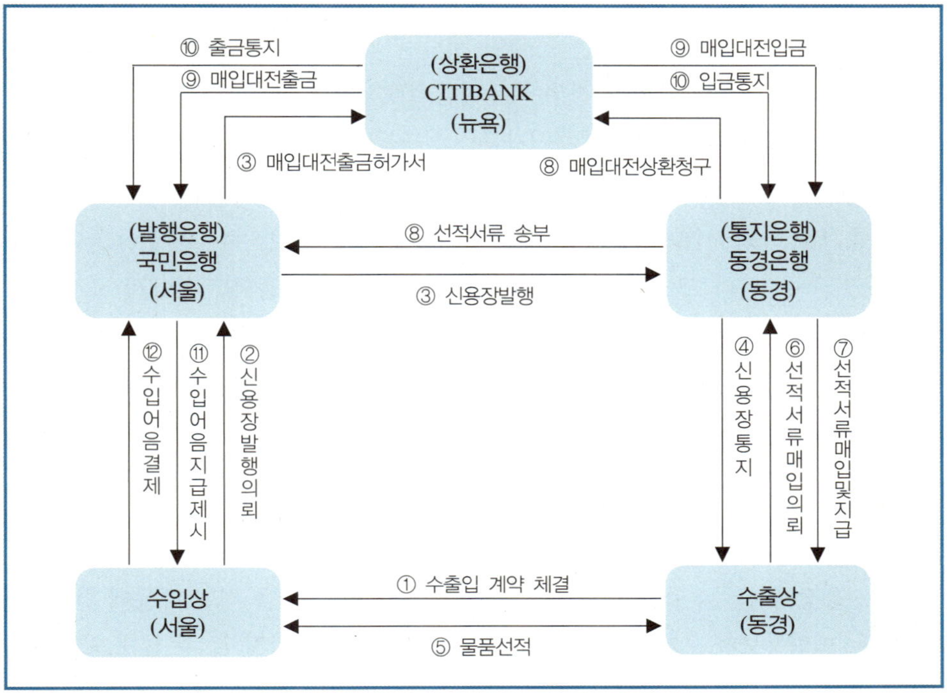

(2) 은행간 대금결제

무역거래에서 상품을 받은 수입상은 수출상에게 상품대금을 보내주어야 하며 이때 주로 자국은행을 통하여 상대국의 은행으로 송금하는 방식을 취하게 된다.

따라서 결제대금은 기업 간의 거래에서 발생했지만 이를 실제로 취급하는 것은 은행 간의 거래로 귀착되므로 은행간에 서로 대금을 주고받는 방법에는 어떤 것이 있으며, 그중 어떤 방법이 가장 많이 쓰이는지를 파악해야 할 필요가 있다.

은행간의 대금결제 수단으로 실제로 이용되는 유일한 방법은 "계정간 이체" 방식이다. 즉 송금하는 은행이 수령하는 은행의 구좌로 입금시키는 방법을 택하여야 하는데, 국제간에 신용장거래에서는 신용장의 발행과 동시에 미리 상환은행을 지정하여 상환수권서(reimbursement authorization)를 보내놓고, 매입은행 등으로 하여금 상환은행 앞으로 자금을 청구하도록 지시함으로써 신용장의 대금결제가 이루어지도록 하는 상환방식(reimbursement base), 지정은행이 발행은행의 해외 본·지점 또는 예치환거래은행일 경우에 당해 지정은행이 가지고 있는 발행은행의 계좌에서 자금을 인출(차기)하여 지급하도록 함으로써 신용장의 대금이 결제되도록 하는 차기방식(debit base) 및 발행은행 앞으로 서류가 내도되어 매입은행 등이 'Covering Letter'에 표시한 계좌정보에 따라 그 자금을 송금하여 줌으로써 신용장의 대금결제가 이루어지는 송금방식(remittance base) 등이 있다.

가) 예치환거래은행 상호간의 대금결제

돈을 보내는 은행과 돈을 받는 은행이 서로 환거래계약을 체결하고 있고 자행에 상대방 구좌를 보유하고 있을 경우에는 자금결제방법이 아주 간단하다.

먼저 수출상에게 매입대전으로 자기자금을 선 지급한 매입은행이 신용장관련 서류를 발행은행으로 송부할 때 "우리 은행에 예치된 귀행 구좌에서 매입대전을 인출하겠다"는 통지를 하고, 서류를 받은 발행은행이 "우리 은행에 예치된 귀행 구좌에 매입대전을 입금시키겠다"고 통보하면 양쪽 은행이 확인된 금액을 장부상에서 차기(借記) 또는 대기(貸記)하는 방법만으로 모든 결제를 마칠 수 있게 된다.

따라서 신용장의 종류가 지급신용장(straight credit), 연지급신용장(deferred Payment credit), 제한신용장(restricted credit), 인수신용장(acceptance credit) 등의 경우에 은행간 대금결제는 간단하다.

나) 무예치환거래은행 상호간의 대금결제

매입신용장에서는 수출상이 자의로 은행을 선택하여 매입을 하기 때문에 발행은행으로서는 매입통보가 오기까지 어느 은행으로 돈을 보내야 할지 알 수 없게 되고 또한 매입은행(negotiating bank)과 발행은행(issuing bank) 상호간에는 환거래계약이 체결되지 않은 경우가 대부분이다.

이와 같이 양쪽 은행 사이에 구좌개설이 되지 않은 경우에는 "계정간 이체방식"에 의한 자금결제가 불가능하기 때문에 부득이 양쪽 은행 사이에 제3의 은행을 개입시켜야 하고 이 제3의 은행을 통하여 자금결제를 하게 된다.

① 제3의 은행개입

해외 조직망이 충분히 확보되지 못한 발행은행은 자금결제의 편의를 위하여 전 세계 주요 지역마다 예치환 거래은행을 사전에 지정하여 놓고 그 은행을 통하여 결제를 하여야 한다. 따라서 신용장의 이용방식이 자유매입(negotiation)으로 정해진 경우 발행은행은 신용장 상에 특정은행의 명칭을 미리 밝혀놓고 "매입을 행한 은행은 ○○은행 앞으로 수출상이 발행한 상환용 어음을 송부하면 그 은행으로부터 결제를 받게 될 것이다"라는 요지의 문언을 두게 되며 이때 결제를 담당하는 이 제3의 은행을 상환은행(reimbursing bank)이라 하고 한다.

상환신용장을 발행할 때 발행은행은 상환은행 앞으로 "신용장번호 ○○와 관련하여 수출상이 귀행 앞으로 발행한 상환용 어음이 도착하면 귀행에 예치된 당행 구좌에서 동 금액을 인출하여 어음을 제시한 은행 구좌로 입금시키라"는 지시를 하게 되는데 이 지시를 상환수권(reimbursement authorization)이라 한다.

상환은행은 발행은행의 상환수권이 있는 경우에 한하여 상환업무를 담당하게 되며, 이때 발행은행은 상환은행에게 선적서류가 신용장조건과 일치하는 지의 여부 등에 관한 확인의무를 부과해서는 안된다(UCP 600, 제13조 b항 ii). 그러나 매입신용장임에도 불구하고 발행은행이 신용장발행시 제3의 은행인 상환은행의 명칭을 신용장상에 표기하지 않고 "매입을 담당할 은행이 제3의 은행을 지정하면 당행은 그 은행으로 신용장대금을 입금시키겠다"는 약속문구를 기재하는 경우가 있는데 이러한 신용장을 송금신용장(remittance L/C)이라 한다.

송금신용장에서는 발행은행이 수입상으로부터 대금결제를 받은 후 그 금액을 매입은행이 지정한 제3의 결제은행으로 송금하게 되므로 수입상에게 결제를 받을 당시에 해외에 있는 발행은행 계좌에서 돈이 인출되지 않기 때문에 금액 계산시에 환가료를 적용시키지 않고, 매입은행은 자신이 지정한 제3의 은행으로부터 입금통보가 오는 것이 통상 1개월 가량의 기간 소요가 있은 후가 되기 때문에 지연입금을 이유로 수출상에게 서류심사 마감 즉시 대금을 지급하지 않고 입금통보 확인 후에 추심방식으로 지급하는 경우가 대부분이다. 따라서 송금신용장을 다른 말로 추심신용장(collection L/C)이라고 하기도 한다.

② 매입은행의 상환요청

상환신용장인 경우 매입은행은 수출상으로부터 두 종류의 어음을 징구하게 되는데 하나는 어음상의 지급인이 발행은행으로 표시된 원어음(master draft)이고, 또 하나는 어음상의 지급인이 상환은행으로 표시된 상환용 어음(reimbursement draft)이다.

매입은행은 서류심사를 마친 후 발행은행이 지급인으로 표기된 어음에 수출상이 제시한 매입서류를 첨부하여 발행은행으로 송부하고, 상환은행에는 "상환용 어음"만 송부하게 된다. 그러나 실무적으로는 대부분의 매입은행은 미처 서류심사도 하기 전에 상환용 어음만 미리 상환은행으로 우송하여 대금결제부터 우선적으로 받고 나머지 업무를 처리하는 경향이 있는데 이는 원칙에 어긋나는 행위이다. 왜냐하면 발행은행은 매입은행에게 "서류심사결과 이상이 없을 경우 신용장대금은 상환은행으로 청구하라"고 지시했는데 서류심사도 하지 않고 상환은행으로부터 신용장대금을 받아 낸다는 것은 신용있는 은행이 취할 행위가 아니기 때문이다.

③ 신용공여협약(credit facility agreement)

일반적으로 상환은행으로 선정되는 은행은 자본규모가 크고 조직망이 잘 정비된 세계 일류은행인 경우가 많고 환거래계약 체결 시 발행은행이 예치한 돈은 요구불 예금이기 때문에 이자지급이 되지 않는 것이 원칙이다.

발행은행은 이자 지급이 되지 않기 때문에 비록 장래의 결제에 대비하여야 할 필요성을 인정하지만 영업이익 확보 목적상 상환은행에 언제나 거액의 자금을 예치해 놓을 수 없는 상황이다. 따라서 거액의 신용장을 다룰 때 상환은행에 예치해 놓은 발행은행의 예금잔고가 부족하여 부도위기에 처하는 경우가 발생할 가능성이 있는데 이 문제를 해결하기 위하여 발행은행과 상환은행은 환거래계약 체결시 이와 부수하여 별도의 예약을 체결하게 되는데 이것을 신용공여협약(credit facility agreement)이라 한다.

㉮ Credit Line의 설정

상환은행은 발행은행의 신용정도 여하에 따라 신용편의를 줄 수 있는 총 한도를 미리 정해 놓게 되는데 이것을 Credit Line이라 한다. Credit Line에는 현금을 대신 지급해야 할 금액한도 뿐만 아니라 상환은행이 발행은행 때문에 부담할 가능성이 있는 부채까지 포함하는 개념이므로 신용장업무와 관련하여 신용장의 확인, 인수(acceptance), 환어음의 할인(bills discounted), B/A(Banker's Acceptance), 지급보증 등 모든 여신행위를 이 한도 내에서 운영하게 되며 한도의 결정은 국제 일류 신용평가기관의 발행은행에 대한 신용평가 등급을 참조하여 정하게 된다.

㉯ Over Draft(당좌대월)

상환은행이 발행은행을 위하여 현금을 대신 지급하는 여신행위에는 Over Draft와 Refinance가 있다. Over Draft는 상환은행에 예치된 발행은행구좌에 현금잔고가 없거나, 부족한 경우에도 일정금액까지는 상환은행이 대신 지급해 줄 수 있도록 약정한 한도를 의미하며, Over Draft가 일어난 경우 발행은행은 일정기간별(1~2개월)로 동 계정의 현금잔고 상태를 마이너스 상태에서 플러스상태로 만들어 주면 된다. Over Draft는 회전방식으로 이용할 수 있다.

따라서 때때로 환거래은행이 보유하고 있는 당좌예치금 잔액이 지급하여야 할 금액에 미달할 경우가 생기는데, 당좌대월(over-draft facility)이란 이러한 결제자금의 일시적인 부족을 커버하는 수단으로 공여된다.

㉰ Refinance(은행간 재금융)

Over Draft 한도를 상회하는 거액자금을 결제해야 할 필요에 대비하여 제2의 방어선으로 구축해 놓은 제도가 Refinance이다. 상환은행의 지급거절은 발행은행의 대외신용 추락이 되므로 상환은행은 발행은행과 협약한 절차에 따라 당해 결제금액에 해당하는 만큼의 발행은행 수표를 발행하여 금융시장에 유통시키므로 부족한 결제자금을 메우게 되며, 발행은행은 유통된 수표의 만기일 전에 해당금액을 상환은행(reimbursing bank) 앞으로 송금하여 결제에 대비하게 된다.

제2편

송금결제방식

제2장 | 송금결제방식

01 송금결제방식의 개념

1. 송금결제방식의 의의

송금결제방식(remittance basis)은 신용장방식 또는 추심결제방식 이외의 대금결제 방법으로서 물품대금의 전액을 외화로 영수 또는 지급하는 조건을 말한다.

즉, 이 결제방식은 수입상이 계약상품의 인수하기 전이나 인수 후 또는 인수와 동시에 수출상에게 물품대금 전액을 외화로 송금하여 수입대금을 지불함으로써 결제를 완료하는 방법이다. 이것은 대금(代金)과 환(換)의 이동방향이 모두 수입상으로부터 수출상에게 같이 향한다고 하여 일명 "순환방식(順換方式)"이라고도 한다.

이 중에서 물품을 수출하기 전에 미리 대금전액을 외화로 지급하는 방식을 사전이나 서류를 인도할 때 또는 이를 인도한 후에 수입상이 대금을 외화로 지급하는 방식, COD(Cash On Delivery) 및 CAD(Cash Against Documents)를 대금상환도방식이라 한다. 또한 사전송금방식에 의한 대금결제에는 수입상이 수출상에게 송금하는 수단에 따라 수입상 개인의 수표송금방식(personal check base, banker's check), 현금방식, 은행의 송금수표방식(demand draft : D/D), 우편환송금방식(mail transfer : M/T) 또는 전신환송금방식(telegraphic transfer : T/T) 등으로 구분된다.

동 송금결제방식의 특징은 ① 환어음을 사용하지 않는다. 따라서 어음법이 적용되지 않는다 ② 적용되는 국제규칙이 없다 ③ 서류 및 대금결제는 수출입상간의 개인적 책임하에 직접 처리한다. 대금결제는 수입지의 은행을 통하여 수출상에게 송금되고 서류(상품)는 은행을 경유하지 않고 직접 수출상이 수입상에게 송부한다 ④ 소액·견본거래, 본·지사간 거래, 신용을 믿을 수 있는 거래선 사이에 사용되는 결제방식이다 ⑤ 수출입 결제방식 중에서 가장 낮은 은행 수수료를 부담한다.

송금결제방식을 통한 물품의 수출입은 결제자금의 금융적 편의와 안전성의 문제를 전혀 커버하지 못하는 가장 단순한 방식이라 할 수 있다.

2. 송금결제방식의 종류

1) 사전송금방식(payment in advance)

(1) 사전송금방식의 의의

사전송금방식(advance remittance before shipment)은 수입상이 계약상품의 선적전(before shipment)에 수출상에게 무역대금의 전액을 미리 송금(advance remittance)하여 지급하고 수출상은 계약서의 약정기일 이내에 계약상품을 선적하는 방식이며, 송금 횟수에 따라 일시선불 및 분할선불로 구분할 수 있다.

동 방식은 수출상의 입장에서는 대금결제에 대한 신용위험(credit risk)은 제거할 수 있으나, 수입상으로서는 물품인도를 받기 전에 대금을 송금하여 주기 때문에 계약상품을 수출상이 선적하지 않거나 계약과 다른 물품을 선적할 때 발생되는 상업위험(mercantile risk)을 배제할 수 없는 처지에 놓이게 되며, 선송금(先送金)에 따르는 자금 비용부담이 발생하기 때문에 수입상에게는 상대적으로 불리한 결제방식이라고 할 수 있다.

사전송금방식을 단순송금방식(advance payment) 또는 선지급방식(payment in advance or cash in advance)이라고도 하며 수입상이 수출상 앞으로 물품을 주문하면서 미리 대금을 송금한다는 의미로 주문지급(注文支給 : cash with order : CWO)이라고도 하며 "T/T in Advanced", "Prior to Ship" 등으로도 부른다.

사전송금에서 계약서의 "Terms of Payment" 난에 ① By T/T in advance within 10 days after the date of Sales Contract, ② By T/T remittance before shipment in favor of supplier, ③ T/T remittance after receiving firm offer sheet 등을 기재하며, 대금송금을 받을 은행의 명칭과 정확한 계좌번호를 계약서에 기재하거나 별도로 통보하여 알려준다.

사전송금방식이 비록 수입상에게 일방적으로 불리한 방식임에도 불구하고 실무에서 빈번하게 활용되는 이유는 ㉮ 수출입상간에 결제금액이 소액인 상품견본(sample)·시험상품(trial order) 등 인수의 위험이 적다고 판단되는 경우 ㉯ 수출상의 지명도·신용도가 높아 물품을 받는데 염려가 없다고 판단되는 경우 ㉰ 고정거래선, 본·지사간의 경우처럼 수출상에 대한 상당한 신뢰가 있는 경우 ㉱ 물품의 품귀현상으로 인하여 미리 송금하지 않으면 안되는 경우 등 송금방식 비중은 무역업체들의 해외 유통망 구축에 따른 신용위험 요인 감소로 신용장 이용 필요성이 감소되어 송금방식 거래는 소량의 빈번한 주문이 이루어지는 분야에서 복잡한 절차를 피하고자 할 경우 많이 사용된다.

(2) 사전송금방식의 종류

사전송금방식에는 당사자간에 매매계약을 체결할 때 대금을 우편으로 송금하고자 할 경우에는 수입상이 직접 송금수표(D/D : Demand Draft)를 우송하는 방법과 은행을 통하여 우편송금환(M/T : Mail Transfer)을 우송하는 방법이 있으며, 은행을 통하여 전신환(T/T : Telegraphic Transfer)으로 행하는 방법이 있으나, 현재 전신환에 의한 송금방식이 제일 많이 이용되고 있다.

전신송금방식(telegraphic transfer : T/T)은 수입상의 요청에 따라 외국환은행인 송금은행이 자행의 해외지점 또는 환거래은행인 지급은행에 대하여 일정한 금액을 수취인에게 지급하여 줄 것을 전신으로 지시하는 방식의 외국환을 말한다.

전신송금환의 지급방법은 지급은행이 수취인의 지급청구에 의해서 지급하는 청구지급(pay on application : P/A) 방법과 수취인으로부터 청구가 없어도 지급은행으로부터 수취인에게 통지하여 지급하는 통지지급(advice and pay : AP) 방법 등이 있는데, 즉, 동 방식은 지급지시서(payment order)를 전신환(T/T)의 형식으로 발행하여 이를 송금은행이 직접 지급은행 앞으로 송신하는 방식이다.

▮ 그림 2-1 ▮ 전신송금(T/T)의 결제과정

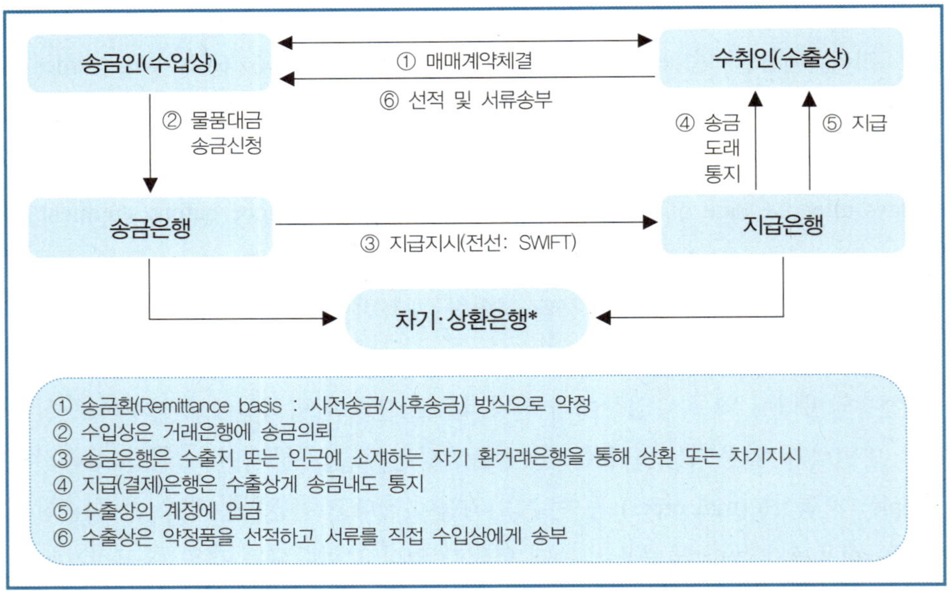

동 결제방식은 송금과정이 신속하고 편리할 뿐 아니라 송금환의 분실이나 도난의 위험, 환율변동에 따른 위험이 거의 없기 때문에 송금방식 중에서 가장 안전한 결제방식이다. 따라서 긴급을 요하는 대금의 송금이나 거액을 송금방식으로 안전하게 결제하고자 할 때 주로 이용되며, 다만 송금되는 수단이 전신환(T/T)으로 이루어져 전신료의 부담이 크다는 점이다.

2) 사후송금방식(later remittance)

(1) 사후송금방식의 의의

사후송금방식(later remittance after shipment)은 수출상이 대금을 받기 전에 수입상에게 상품과 선적서류를 발송하고, 수입상은 상품을 수령한 후에 물품대금을 수출상에게 송금하여 결제하는 방식이다. 대금결제 기간은 채권확보 차원에서 수출업체가 자율적으로 결정할 수 있다. 이 방식은 송금시점에 따라 선적서류지급불, 상품인도지급불, 외상불로 구분할 수 있다. 수입상의 입장에서는 계약물품을 인수한 후에 무역대금을 송금하여 결제하기 때문에 상업위험의 부담은 제거할 수 있지만, 수출상의 입장에서 보면, 계약물품을 먼저 선적하기 때문에 대금결제에 대한 신용위험을 배제할 수 없는 부담을 지게 된다.

사후송금방식은 그 성격에 따라서 여러 가지의 다른 용어로 표현되고 있는데, “Open Account(O/A)”, “COD”, “CAD”, “European D/P” 등이 있다.

사후송금 계약서의 “결제조건” 난에 ① By T/T within 10 days after the date of B/L, ② Buyer shall remit by wire transfer within 10 days after the date of B/L issuance, ③ Buyer shall remit by T/T payment within 10 days after the shipment, ④ Buyer shall remit by wire transfer within 60 days after the date of arrival at buyer’s warehouse in Hong Kong 등과 같이 기재하며, 대금송금을 받을 은행의 명칭과 정확한 계좌번호를 계약서에 기재하거나 별도로 통보하여 준다.

3) 동시결제방식(concurrent payment)

동시 결제방식은 수출상이 상품을 인도하여 수입상이 계약상품과의 일치 여부를 확인한 후 대금이 결제되는 방식으로 선적 이후에 상품대금이 결제되기 때문에 사후송금방식의 일종으로 볼 수 있으며 대금교환의 대상에 따라 현물상환 결제방식(COD)과 서류상환 결제방식(CAD)으로 구분된다.

동 결제방식은 단순송금 방식과는 달리 수입상이 물품 또는 서류가 인도될 당시 또는 그 인도된 후에 대금을 외화로 지급하는 것을 조건부로 수출입하는 방식을 말하며 이를 대금상환도 조건부 수출입방식이라고도 하며 대외무역법에서는 후송금방식(later remittance)이라고도 한다.

동 방식은 대금과 상환으로 인도하여야 할 대상물이 물품일 경우에는 COD(상품인도결제, 현물상환결제)방식이라 하고 대상물이 서류일 경우에는 CAD(서류결제 인도, 서류상환결제)방식으로 구분되며, 동 방식의 거래는 신용장 발행 및 외환결제에 어려움이 있는 지역과 과다한 인지세로 인하여 대금결제 시 환어음의 개입을 회피하는 유럽지역과의 수출입거래 시에 활용되고 있다.

(1) COD(Cash On Delivery, 상품인도 결제방식, 현물상환 결제방식)

가) 상품인도 결제방식의 의의

동 방식은 수출상이 수출상품을 선적한 후에 운송서류를 수출상의 해외지사나 대리인(주로 수입상의 국가에 소재함) 또는 거래은행에게 송부하고 수출상품이 목적지에 도착하면 그 지사나 대리인이 화물을 수입통관하여 수취하여 보관하였다가 수입상이 현품의 품질이나 수량을 직접 검사 후에 이상 여부를 확인하여 상품을 인도받으면서 대금을 현금으로 결제하는 방식이다. 다시 말해 동 방식은 계약물품이 목적지에 도착할 때 매수인이 물품을 검사한 후 물품과 상환으로 대금을 결제하는 방식이다.

선하증권상 수하인(consignee)이 수입국가에 있는 수출자 지사나 대리인 또는 그들의 지시식으로 발행되는 것이 일반적이며, 대금의 결제와 동시에 선하증권의 배서양도에 의해 물품을 인도하게 된다. 즉 COD방식은 물품의 인도와 동시에 대금이 결제되는 '동시결제방식'이라고 볼 수 있으나 수출상의 입장에서 보면 물품의 선적 후에 대금결제가 이루어지는 것이므로 사후송금방식으로 분류되는 것이다.

동 결제방식은 수입상이 대금을 지급하기 전에 물품의 품질을 직접 검사할 수 있다는 장점이 있기 때문에 상품가격이 고가이며 동일한 상품일지라도 상품의 색상, 가공방법, 순도 등에 따라서 가격의 차이가 현저하게 드러나는 보석류나 귀금속 상품 등 고가품 거래시 직접 물품의 검사를 하기 전에는 품질 등을 정확히 파악하기 어려운 경우의 거래에 활용된다. 최근에는 기업의 국제화에 따라서 해외지점(사무소, 지점, 현지법인 등)을 활용할 수 있기 때문에 일반적인 상품거래에도 자주 활용되고 있다.

나) 상품인도 결제방식의 특징

동 방식은 수입상이 상품대금을 결제하기 전에 직접 상품의 품질을 검사할 수 있다는 이점이 있는 반면에 수출상이 자신의 지사나 대리점이 상품의 수하인으로 기재된 서류(선하증권 등)를 송부하여 수입상이 대금을 지급하지 않고는 물품의 인수를 하지 못하게 함으로써 수출대금 미회수의 위험을 방지하고 있으며, 만약에 대금의 결제가 이루어지지 않을 경우에는 물품이 반송될 수 있도록 할 수 있다. 동 방식에서 물품 인도 시기는 수입상이 정한 장소 또는 계약시 합의한 장소에서 물품을 인도한 때이며 대금지급 장소는 물품인도 장소이다.

통상적으로 COD는 상품을 항공기로 운송할 때 많이 사용되는 방법이며 경우에 따라서는 특사배달 또는 항공회사와 제휴하여 운송인끼리 국제적인 협조를 하여 수입상에게 물품을 인도하면서 대금을 회수하여 주는 서비스까지 담당하고 있다.

다) 상품인도 결제방식의 거래절차

상품인도 결제방식의 일반적인 거래절차는 다음과 같다.

① 당사자간에 매매계약을 체결하면서 수출계약은 수입상의 서명이 되어 있는 계약서에 명시한 대금결제방식으로 이 방식을 약정한다.

② 수출상은 계약물품을 수출통관을 완료하고 이를 선적한다.

③ 수출상은 자신의 대리인 등에게 서류를 발송한다.
서류송부의 방법에는 두 가지가 있는데, 하나는 수출상이 직접 수입상의 소재지에 있는 자신의 해외지사 또는 대리인, 거래은행 앞으로 서류를 송부하는 방법과 다른 하나는 수출상이 자기의 거래은행을 통하여 수입상 거주지의 은행에 서류를 추심의뢰하는 방법이 있다. 수출상은 운송서류를 작성할 때, 수하인(consignee)을 수입상의 거래은행(to order of xxx bank)으로 하고 착하통지처(notify party)를 수입상으로 하여 수입상이 물품대금을 지급하지 않고는 운송인으로부터 물품을 인수하지 못하도록 함으로써 대금 미회수의 위험을 방지하고 대금결제가 되지 않는 경우 물품이 수입상에게 인도되지 않도록 조치할 수 있다.

④ 수출상의 대리인 등은 상품을 수입통관 하여 창고에 입고시킨다.

⑤ 수입상은 상품을 검사 후 인도 받으면서 대금을 수출상의 대리인 등에게 결제한다. 수입상으로서는 품질이나 수량을 미리 확인할 수 있어 안전한 거래이지만 수출상으로서는 수입상이 물품에 불만족하여 감액이나 매매계약 취소를 요구할 수 있는 위험을 부담해야 한다.

⑥ 수출상의 대리인 등은 은행을 통하여 결제받은 대금을 수출상에게 송금한다. 동 거래에서 개입하는 수출상의 대리인은 통상 수입상의 국가에 소재하고 있으며 수출상의 이익을 대신하여 상품의 판매행위를 돕는다.

▮ 그림 2-2 ▮ COD의 거래절차

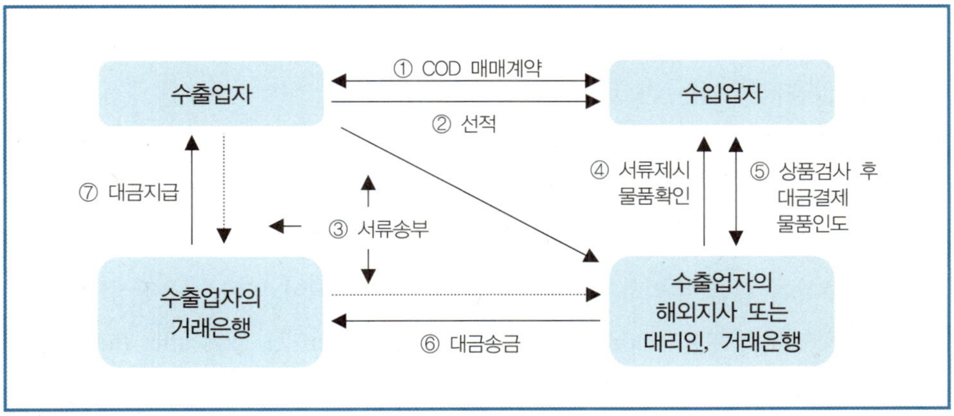

(2) CAD (Cash Against Documents : 서류인도 결제방식, 서류상환 결제방식)

가) 서류인도 결제방식의 의의

수출상이 수출상품을 선적한 후 선적을 증명하는 운송서류(상업송장, 선하증권, 보험서류 등)를 수입상의 지사나 대리인(주로 수출상의 국가에 소재함)에게 제시하거나 또는 해외의 수입상에게 직접 서류를 송부하여, 당해 서류와 상환으로 대금의 결제가 이루어지도록 하는 방식이다.

동 방식은 통상 수입상의 지사나 대리인 등이 수출국 내에서 물품의 제조과정을 점검하고 수출물품에 대한 '선적전 검사(Pre-Shipment Inspection : PSI)'를 행한 후 지급하는데, 대개의 경우 수입상(또는 대리인)이 운송서류를 접수하는 즉시 서류와 상환으로 대금의 결제가 이루어지는 것이 일반적이다.

동 방식에서 수입상의 대리인은 수입상의 이익을 대신하여 상품을 구매하는 것인데 수출상이 선적을 완료한 상태에서 수입상이 대리인에게 지시하여 서류인수를 거절하게 되면 수출상은 대금회수가 곤란하므로 계약 전에 상대방의 신용상태를 철저하게 확인하여야 한다.

나) 서류인도 결제방식의 특징

COD와 CAD방식은 모두 사후송금방식에 해당되며 BWT방식의 거래도 사후송금방식으로 구분할 수 있다. BWT(bonded warehouse transaction)는 수출상 측에서 상대방 수입국의 보세창고에 입고시킨 후에 수입지에 있는 수출상의 대리인(지사)이 견본품을 가지고 현지 판매활동을 통하여 수입선을 결정하고 수요에 따라서 보세창고에서 인도하는 방식의 거래를 의미한다.

동 거래의 특징은 수출상이 자신의 책임과 비용으로 해외의 현지까지 물품을 운반하고 현지 보세창고에 물품을 장치한 후에 매매계약이 성립된다는 것이다. 수입상의 입장에서는 필요한 물품을 현지에서 확인할 수 있으며 신속하게 수입할 수 있어 시간과 노력이 절감되며, 수출상의 입장에서는 수출대금의 회수가 늦어지고 상품이 판매되지 않을 경우에는 손실을 감수해야 한다.

이러한 BWT조건의 거래에서는 상품을 미리 수출지에 반출해야 하므로 선하증권의 발급일자가 신용장 발행일자 이전이 되므로 동 거래에서 신용장방식으로 이용할 때에는 UCP 600에서는 선적일로부터 21일이 경과되어 은행에 제시된 서류는 Stale B/L로 간주하여 이를 수리하지 않는다는 규정이 명시되어 있어 신용장상에 "Stale B/L is acceptable" 또는 "Documents presented later than 21 days after the date of shipment is acceptable"이라는 특수조항의 부여가 필요하다.

▮ 그림 2-3 ▮ CAD의 거래절차

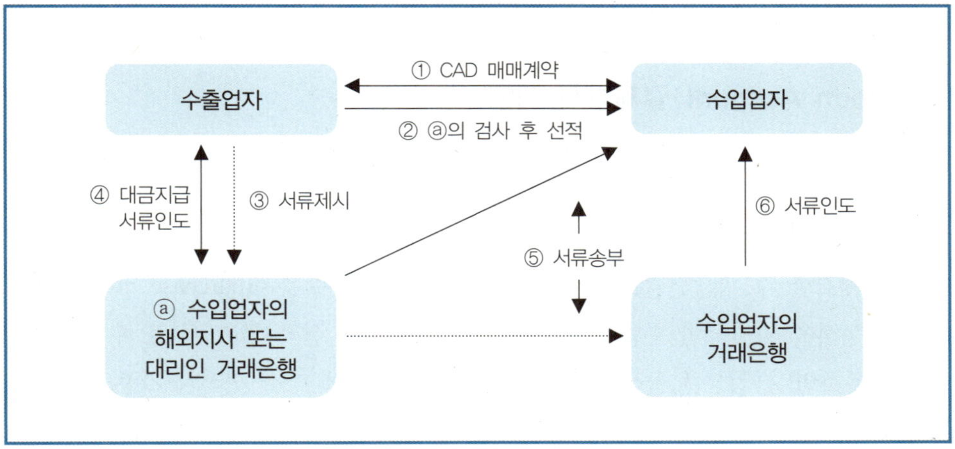

다) 서류인도결제방식의 거래절차

서류인도방식의 일반적인 거래절차는 다음과 같다.

① 당사자간에 매매계약을 체결하면서 대금결제방식으로 동 방식을 약정한다.

② 수출상은 물품을 수출통관하여 이를 선적한다.

③ 수출상은 수입상의 대리인 등에게 서류를 인도하면서 대금을 결제 받는다.

④ 수입상의 대리인 등은 수입상에게 서류를 발송하여 수입통관 하도록 한다. 서류송부의 방법에는 두 가지가 있을 수 있다. 하나는 수출상의 소재지에 있는 수입상의 해외지사 또는 대리인, 거래은행이 직접 수입상에게 송부하는 방법이고 다른 하나는 수입상의 거래은행으로 서류를 송부하는 방법이 있다.

COD방식과 CAD방식의 거래가 수출입상간의 직접적인 거래의 형태에서 벗어나 외국환은행을 통하여 이루어지는 경우에는 그 구분이 불명확하지만 실제적으로 거래의 대상이 되는 객체가 상품현물이라면 COD방식으로 간주하며, 그 대상 객체가 서류이면 CAD방식으로 간주하면 된다.

CAD방식 거래시 선적서류를 외국환은행을 통하여 송부하면 형식적으로 D/P방식과 유사하다. 그러나 추심결제 방식인 D/P와의 차이점은 D/P거래는 어음결제 방식으로서 환어음을 발행하여 "추심에 관한 통일규칙(Uniform Rules for Collections, URC 522)"에 의거 환어음을 추심하여 대금을 영수하고, 일반적으로 COD와 CAD방식의 거래에서는 수출상이 환어음을 발행하지 않는 송금방식의 거래이며, 서류가 은행을 경유하지 않고서도 직접 송부가 가능하기 때문에 매입(negotiation)이나 수출금융을 수혜 받을 수 없다는 차이가 있다.

02 Open Account 대금결제방식

1. Open Account 결제방식 개념

1) O/A결제방식의 의의

일정기간 동안(예컨대 통상적으로 30일에서 180일 동안) 수출입상간에 물품매매계약을 체결한 후, 매 건별로 무역(매매)계약서나 구매주문서(purchase order) 등에 의하여 선적을 지시하면 수출상이 물품을 선적한 후에 선적서류 원본을 수입상에게 직접 송부하면, 수입상은 물품매매계약서상의 결제조건에 따라 선적일 기준으로 일정기간이 경과한 후(또는 일정기일)에 수출상이 지정한 은행의 계좌(account)로 대금을 송금하여 결제하는 방법을 의미한다.

선적통지부 결제방식(Open Account, O/A)에서는 수출상이 수출품 선적을 완료하고 해외의 수입상에게 선적사실을 통지함과 동시에 채권이 발생하는 거래를 의미하며 선적통지 조건부 사후송금 결제방식의 거래형태로서 수출자가 수입자의 사업능력과 성실성을 믿어야만 거래의 성립이 가능한 거래형태이다.

O/A 방식에 의한 수출은 사후송금방식 수출의 일종으로서 수출상이 수입상과 기본수출입계약을 체결한 후 계약서의 "결제조건" 난에 "Open Account 60 days"라고 기재하고 대금송금을 받을 은행의 명칭과 정확한 계좌번호를 기재하며, 동 범위 내에서 매 건별로 무역(매매)계약서나 구매주문서에 따라 물품을 선적한다. 대금결제는 예컨대 선적일을 기준으로 일정기간 후(예 : at 60 days after B/L date)에 수출상이 지정한 은행(계좌) 앞으로 수입상이 송금하여 결제하는 방식이다.

또한 동 방식은 상호계산방식이라고도 하며 본·지사간 혹은 고정 거래처간에 지속적으로 수출입거래를 하는 경우 거래할 때마다 대금을 결제하지 않고 3개월 또는 6개월 단위로 미리 정한 결산시기에 양자간의 채권·채무를 상계한 후 대금의 차액만을 결제하는 경우도 있기 때문에 청산결제방식이라고도 부른다.

O/A거래는 수출상은 그 대금결제를 단지 수입상의 신용에만 전적으로 의존하게 되므로 대금회수와 관련한 불확실성을 피할 수 없게 된다. O/A거래는 일종의 국제간 외상판매방식의 형태이기 때문에 주로 본·지사간이나 신용이 확실한 고정거래선과 같이 대금회수의 위험이 없는 경우에 한하여 제한적으로 활용되고 있다.

O/A거래가 신용장 및 추심결제방식과의 차이점은 신용장방식 수출은 화환신용장 및 수출상이 발행한 환어음을 매개로 대금이 결제되고, 추심방식(D/P 및 D/A) 수출은 수출상이 발행한 환어음의 추심으로 대금이 결제되나, O/A방식 수출은 수출채권을

표시하는 환어음이 없이 수출입상간의 신용에 의하여 대금이 결제된다.

한편, COD 및 CAD방식과의 차이점은 COD 및 CAD 방식 수출과는 사후송금방식 수출이라는 점에서 동일하나 COD 및 CAD 방식은 선적서류 또는 수출물품이 수입상에게 인도되어야만 외화채권으로서 성립되어 대금결제가 이루어지나, O/A방식 수출은 선하증권 발급일(또는 선적일)로부터 일정기간 이내에 수출대금 결제가 이루어지도록 약정하고 있어 수출상이 선적하고 선적완료 사실을 해외수입상에게 통보하는 시점에서 외화채권이 성립되며 약정한 기간 내에 동 대금이 결제되는데 외국환은행은 이 외화채권을 매입할 수도 있다. O/A결제방식은 수출상이 일반적인 결제방식에 비해서 높은 금액을 요구할 가능성이 있고 수입상의 신용도가 낮아지면, 수출상이 O/A거래의 위험성으로 인하여 거래를 거절한다.

2) O/A결제방식의 장점

O/A거래가 비록 결제위험이 높은 것은 사실이지만 다음과 같은 장점이 있다.

첫째, 거래가 매우 단순하며 서류의 작성·심사에 따른 불필요한 수고와 은행수수료 등의 비용을 절감할 수 있다.

둘째, 수입상의 입장에서는 대금의 결제이전에 미리 상품의 품질 등을 점검할 수 있다는 점과 대금결제의 유예를 통한 현금유동성 확보측면에서 유리하다.

셋째, 일반적인 사후송금방식 수출의 경우에는 선적서류 또는 수출물품이 수입상에게 인도(delivery)되어야만 수출채권이 성립하여 대금결제가 이루어지는데 반해, O/A방식은 수출업체가 물품을 선적한 후 선적사실을 '통지'함과 동시에 수출채권이 확정된다는 점에서 분명한 차이가 있다. 이러한 특성에 의거하여 수출상은 선적완료 후 즉시 당해 외상수출채권을 거래은행에 매각함으로써 조기에 수출대금을 현금화할 수도 있게 되는데, 실무에서는 이를 흔히 'O/A NEGO'라 부르고 있다.

2. 외상수출채권의 매입절차

1) O/A Nego의 의의 및 특성

'Open Account'거래라 함은 수출상이 물품의 선적을 완료하고 해외의 수입상에게 동 사실을 통지함과 동시에 채권이 발생하는 '선적통지조건의 기한부 사후송금결제방식'의 거래를 말한다. 일반적인 사후송금방식의 거래에서는 선적서류 또는 물품이 수입상에게 인도된 후에야 수출채권이 성립하여 대금결제가 이루어진다는 점에서 양자는 분명한 차이를 보이고 있고, OA거래의 이러한 특성으로 수출상은 선적완료 후 즉시 당해 외상채권을 거래은행에 매각함으로써 조기에 현금화할 수 있게 되어 실무에서는 이러한 수출금융을 지칭하여 'OA NEGO'라 한다.

즉 거래은행과 수출대금채권에 대한 양수도 계약을 체결하고 아울러 수입상으로부터는 결제대금을 약정된 채권양수은행 계좌에 입금할 것을 승낙을 받아 거래하는 결제방식을 말하며, 이때 수출상은 물품을 선적하고 선하증권 등 선적서류를 직접 수입상에게 보낸 뒤 약정은행에 선적서류 사본을 제출하고 수출대금을 미리 결제받게 된다. 동 거래는 신용장거래 등에 비해 선적서류 취급 등의 시간과 금융비용을 대폭 줄일 수 있는 장점이 있으나, 은행 측에서는 여신행위이기 때문에 신용도가 좋은 일부 기업에 한해 허용하고 있다.

OA거래는 송금방식의 일종이므로 추심의 수단인 환어음이 발행되지 않으며, 선적서류의 원본은 수출상에 의해 직접 수입상 앞으로 송부되어 진다는 특징이 있다. OA거래에 의한 외상수출채권을 매입하는 은행은 신용장거래와 같이 발행은행의 대금결제의 보장 또는 D/P·D/A 등과 같이 추심은행을 통하여 물품(운송서류)에 대한 통제가 가능한 것도 아니고, 은행은 오로지 수입상의 신용에만 그 대금결제를 의존하여야 하며 선적서류에 의한 담보권의 행사조차 불가능하다.

따라서 은행은 재무상태나 신용도가 견실한 우량기업들에 한하여 OA NEGO를 허용할 수밖에 없게 되며, 이것이 바로 OA NEGO가 일부 대기업들을 위주로 제한적으로 활용되고 있는 가장 큰 원인이 된다. OA NEGO의 의미를 풀어보면 '선적통지조건의 기한부 사후송금방식 수출거래에 의한 외상채권의 매입'이라 정의해 볼 수 있다. 그러나 이러한 OA NEGO의 법률적 성격을 보면, OA NEGO란 수출상을 채권의 양도인으로 하고 매입은행을 채권의 양수인으로 하는 '환매조건부 채권양도'로 규정지을 수 있다. 즉 OA NEGO란 수출상이 매입은행에 대하여 지명채권을 양도하는 것이며, 만일 수입상이 대금지급을 거절하게 되면 수출상은 매입은행에 대하여 당해 외상수출채권의 환매채무를 이행하여야 하는 거래인 것이다.

2) OA NEGO 업무의 절차

OA거래란 수출입상 간에 일정기간 동안의 계속 거래와 관련한 기본매매계약(OA master contract)을 체결 한 후 수입상이 매 건별로 구매주문서(purchase order) 등에 의하여 선적을 지시하면 수출상은 그러한 지시에 따라 물품을 선적한 후 선적서류 원본을 수입상에게 송부하며, 이에 따라 수입상은 기본매매계약서상의 결제조건에 따라 선적일을 기준으로 일정기간이 경과한 시점(기본매매계약서상의 결제조건에 의하여 정해지는 만기일)에 수출상이 지정한 계좌(account)로 그 대금을 송금하여 결제하는 방식을 말한다.

OA 결제방식으로 수출을 하고 'OA NEGO'를 통하여 그 대금을 조기에 회수하고자 하는 자는 먼저 거래은행과 당해 외상수출채권의 양수도(OA NEGO)에 관한 상담을 통하여 거래승인을 얻은 후 이에 관한 여신(한도)거래약정을 체결하여야 한다. 또한 당해 채권의 양도에 관한 수입상의 서면동의를 얻는 등 필요한 절차를 마치고 그에 관한 서류를 은행에 제출하여야 하며, 수입상으로 하여금 외상수출채권의 만기일에 매입은행이 지정한 서류를 은행에 제출하여야 하며, 매입은행이 지정한 계좌로 관리번호(매입 Ref. No.)를 명시하여 입금하도록 조치하여야 한다. 은행은 수출상의 OA NEGO 상담이 접수되면 수출입상의 신용도는 물론 CASH FLOW 및 (환매)채무의 상환능력, 담보의 제공 여부, 수익성 및 기여도 등을 종합적으로 분석하여 당해 여신거래의 타당성 여부를 검토하게 되며, 소정의 조건이 충족되면 여신전결권자의 승인을 얻어 약정을 체결하게 된다.

OA NEGO는 '동일인 한도여신'에 포함하여 운용되며, 기타의 매입외환계정(D/P·D/A NEGO 등)과는 구분하여 별도로 운용하는 것이 원칙이나, 은행에 따라서는 D/A 매입외환 한도에 통합하여 운용하는 경우도 있다.

은행의 입장에서 'OA NEGO'는 갈수록 늘어가는 송금방식 거래를 활용한 대체 수익원 창출이라는 의미를 갖는 반면에, 채권회수 불능에 따른 신용위험에 직접적으로 노출되는 고위험 상품이다.

▌그림 2-4▐ Open Account 결제방식 흐름도

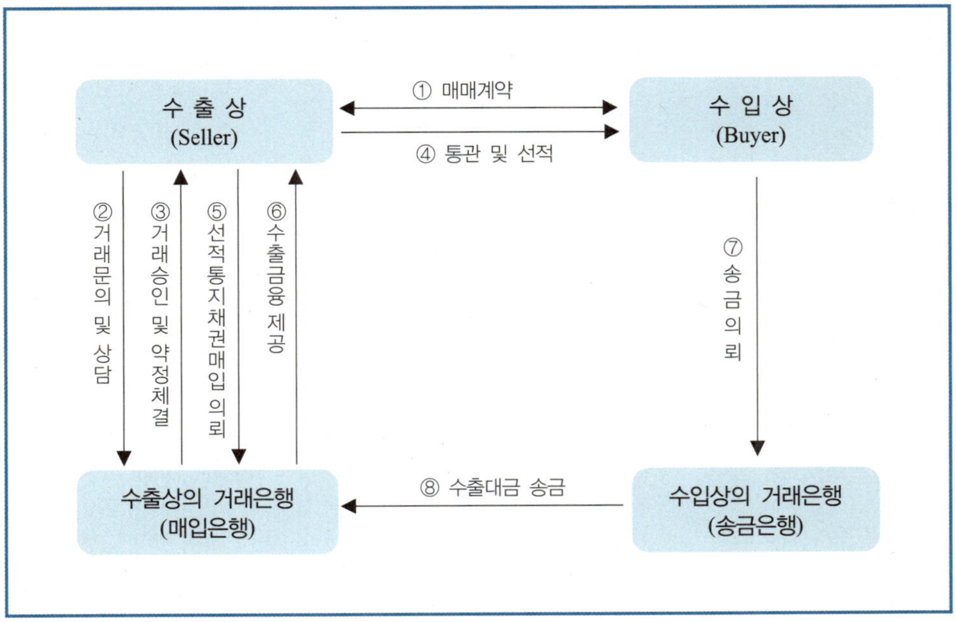

표 2-1 결제방식에 따른 당사자간의 이해관계

결 제 방 법	수출상의 입장	수입상의 입장
단순송금 결제방식 (advance payment before shipment)	위험 없음	경우에 따라 대금회수와 상품 인수 불가능
서류인도 결제방식 (cash against documents)	대금의 영수가 보장 안됨	선적된 것은 확인할 수 있지만 상품의 품질까지 확인할 수는 없음
상품인도 결제방식 (cash on delivery)	대금영수와 상품회수가 모두 불확실함	위험 없음
지급인도조건 결제방식(D/P) (documents against payment)	대금영수가 보장 안됨	선적된 것은 확신하지만 품질 확인은 불가능
인수인도조건 결제방식(D/A) (documents against acceptance)	대금영수 및 상품회수가 모두 보장 안됨	유리하지만 만기일에 지급을 않으면 은행의 신용을 잃음
신용장 결제방식 (documentary credit basis)	대금영수가 확실함	화물의 인도를 보장 받음

표 2-2 송금결제방식에서 무역상과의 이해관계

구 분	수출상	수입상
Check in Advance (수표 송금방식)	분실수표 또는 도난수표인 경우 물품회수 불가능(Banker's Check, Personal Check)	대금 사전지급 후 수출상이 물품을 인도하지 않는 경우 대금회수와 물품수령이 불가능
Cash in Advance (사전 송금방식)	위험 없음(T/T in Advanced)	대금지급 후 수출업자가 물품을 인도하지 않는 경우 대금회수와 물품수령이 불가능
COD (cash on delivery) (상품인도 결제방식)	수입상이 물품을 수령하지 않는 경우 대금수령과 물품회수가 불확실	위험 없음
CAD (cash against documents) (서류인도 결제방식)	대금수령이 보장되지 않음	본인의 직접적인 품질확인이 안됨
Open Account (선적통지부 사후송금방식)	수입업자가 대금을 지급하지 않으면 물품회수가 보장되지 않음	위험 없음

표 2-3 무역결제방식과 은행명칭

결제방식	수입국 은행	수출국 은행
송금결제방식(T/T)	송금은행(Remittance Bank)	지급은행(Paying Bank)
추심결제방식(Collection)	추심은행(Collecting Bank)	추심의뢰은행(Remitting Bank)
신용장결제방식(L/C)	발행은행(Issuing Bank)	통지은행(Advising Bank) 매입은행(Negotiating Bank)

표 2-4 송금결제방식의 종류별 요약

구분	송금결제방법	개 요	위험과 부담
※ 송금방식(remittance) 특징 ① 환어음을 사용하지 않음 ② 적용되는 국제규칙 없음 ③ 서류 및 대금결제는 수출·입자간의 책임하에 직접 처리함 ④ 소액·샘플거래, 본·지사간 거래, 신용을 믿을 수 있는 거래선 사이에 사용되는 결제방식임 ⑤ 수출입결제방식 중에서 가장 낮은 은행 수수료 부담			
선적시기기준	사전송금방식 (advance remittance before shipment)	• 선적 전에 수입상이 수출상에게 대금을 미리 송금하는 방식, 일시선불과 분할선불, 수입상 자금부담 • 단순송금방식(advance payment) • 선지급방식(payment in advance or cash in advance, T/T in advance) • 주문급(cash with order : CWO, 특정 상품의 주문생산)	상업위험 mercantile risk (수입상)
	사후송금방식 (later remittance after shipment)	• 수출상이 대금을 받기 전에 상품을 미리 선적하고, 수입상이 상품수령 후에 대금을 지급함 • 선적서류 지급불, 상품인도 지급불, 외상지급 • 후지급(open account), 연지급(deferred payment)	신용위험 credit risk (수출상)
동시결제방식	현품인도결제방식 COD (cash on delivery)	• 현금교환인도조건 : 수출상이 상품선적후 서류를 자신의 대리인(수입자 국가 소재)에게 송부하고, 대리인이 물품을 수취한 후 수입상이 현품을 확인하여 상품을 인수하고 대금 결제함(사후송금방식)	수입상의 대금지급거절가능성
	서류상환결제방식 CAD (cash against documents)	• 서류교환인도조건 : 수출상이 상품선적 후 서류를 수입상의 대리인(수출상 국가 소재)에게 인도하면서 대금결제 수취함(사후송금방식). • D/P의 유럽방식	수출상이 선적 후 수입상이 대금지급 거절 가능성
선적통지부 결제방식 (Open Account, OA)		• 수출상이 선적 후 매입은행에 선적통지채권을 매입의뢰하면 매입은행이 수출금융을 제공하는 방식 • 수입상은 송금은행을 통하여 대금을 매입은행에 송금, 결제기간은 통상적으로 30일에서 180일 • 외상거래, 상호계정방식, 청산거래방식(사후송금방식)	사후송금이므로 수출상의 신용위험이 존재함
혼합 방식 (Mixed Payment)		• 선지급, 동시지급 및 후지급을 혼합한 결제조건 • 송금방식거래에서 일반적으로 흔히 적용됨 • 누진불 지급방식(progressive payment base, installment payment) : 예컨대, 매수인이 주문과 동시에 대금의 1/3, 선적 완료 후 1/3, 잔액은 화물 도착 후에 지급하는 방식. 선박, 중기기관 및 기계, 설비류 등의 수출에 이용되는 방식. 미국에서는 'Rate Payment'라고 함	수출상은 후불부분, 수입상은 선불부분에 각각 위험관리 존재

■ 송금방식 매매계약서 사례

〈서식 2-1〉 송금방식 매매계약서(수출)

LOTTE TRADING CO., LTD.
Manufacturers, Exporter & Importers
TEL : (02)3471-5235 FAX : (02)3471-5273
C.P.O.BOX777, SEOUL, KOREA

Messrs : DORBY FROCKS LTD.
30 Liberty St. New York, N.Y. 10005 U.S.A.

Date : July 23, 2019
SALES CONTRACT NO.345

Gentlemen :
We as seller confirm having sold you as Buyer the following goods on the terms and conditions as stated below and on back hereof.

ITEM	COMMODITY	QUANTITY	UNIT PRICE	AMOUNT
Blue jeans	Men's Blue jean : Style No. 500	2,500pcs	CIF New York per Price @US$ 20.00	US$ 50,000
Blue jeans	Women's Blue jean : Style No. 600	2,500pcs	CIF New York per Price @US$ 20.00	US$ 50,000
TOTAL		**5,000pcs**		**US$ 100,000**

Origin : Republic of Korea
Shipment : Not later than August 23, 2019
Shipping port : Busan Port, Korea
Destination port : New York Port, U.S.A.
Partial shipment : Allowed
Transshipment : Allowed
Insurance : Seller to cover the C.I.F.price plus 10% against All Risks including War and SRCC Risks
Payment : By a T/T(Telegraphic Transfer) within 10 days after the date of Bill of Lading
Packing : Export standard packing
Inspection : Seller's inspection to be final

Document Required :
1) Full set of clean on board ocean Bills of Lading, to order of shipper blank endorsed, marked "freight prepaid" and notify Dorby Frocks Ltd.
2) Insurance Policy or Certificate for full invoice value plus 10% with claims payable in New York in the same currency as the Invoice, covering institute Cargo Clauses(All Risks) including War and SRCC risks
3) Signed Commercial Invoice in triplicate
4) Packing list in triplicate
5) Certificate of origin in duplicate
   Covering "5,000 pieces of blue jean US$ 20.00 per piece C.I.F. New York as per Contract No.345" Shipping Mark : <@>
   New York

BUYER
DORBY FROCKS LTD.
ROBERT REDFORD
(SIGNED)
PRESIDENT

SELLER
LOTTE TRADING CO., LTD.
GAYA KIM
(SIGNED)
PRESIDENT

**** Subject to the general terms of sale set forth on the back hereof.

〈서식 2-2〉 일반거래조건협정의 예문(I)

Agreement on General Terms and Conditions of Business

This Agreement entered into between DORBY FROCKS LTD. NEW YORK, USA(hereinafter called the Buyers) and LOTTE TRADING CO., LTD., Seoul, Korea(hereinafter called to as the Sellers) witness as follows:

(1) Business : Both Sellers and Buyers act as Principals and not as Agents.

(2) Samples and Quality : The Sellers are to supply the Buyers with samples free of charge and the quality of the goods to be shipped should be about equal to the sample on which an order is given.

(3) Quantity : Weight and Quantity determined by the seller, as set forth in shipping documents, shall be final.

(4) Prices : Unless otherwise specified, prices are to be quoted in U.S.Dollars on CIF New York basis.

(5) Firm Offers : All firm offers are to remain effective for three days including the day cabled. Sundays and National Holidays shall not be counted as days.

(6) Orders : Except in cases where firm offers are accepted all orders are to be subject to the Seller's final confirmation.

(7) Packing : Proper export wooden case packing is to be carried out, each case bearing the mark DATA with port mark, running case numbers, and the country of origin.

(8) Payment : By a T/T(Telegraphic Transfer) within 10 days after the date of B/L. Bill of Lading, Insurance Policy, Commercial Invoice and other documents which each contract requires.

(9) Shipment : Shipment is to be made within the time stipulated in each contract. The date of Bill of Lading shall be taken as conclusive proof of the day of shipment. Unless expressly agreed upon, the port of shipment shall be at the Seller's option.

(10) Marine Insurance : All shipments shall be covered on All Risks including War Risks and S.R.C.C. for the invoice amount plus 10 (ten) percent. All policies shall be made out in U.S.Dollar and claims payable in New York.

(11) Force Majeure : The Sellers shall not be responsible for the delay in shipment due to force majeure, including mobilization, war, strikes, riots, civil commotion, hostilities, blockade, requisition of vessels, prohibition of export, fires, floods, earthquakes, tempest and any other contingencies, which prevent shipment within the stipulated period. In the event of any of the aforesaid causes arising, documents proving its occurrence or existence shall be sent by the Sellers to the Buyers without delay.

(12) Delayed Shipment : In all cases of force majeure provided in the Article No. 11, the period of shipment stipulated shall be extended for a period of twenty one (21) days. In case shipment within the extended period should still be prevented by a continuance of the causes mentioned in the Article No. 11 or the consequences of any of them, It shall be at the Buyer's option either to allow the shipment of late goods or to cancel the order by giving the Sellers the notice of cancellation by cable.

(13) Claims : Claims, if any, shall be submitted by cable within fourteen 14 days after arrival of goods at destination. Certificates by recognized surveyors shall be sent by mail without delay.

(14) Arbitration : All claims which cannot be amicably settled between Sellers and Buyers shall be finally settled by arbitration in Seoul, Korea in accordance with the Commercial Arbitration Rules of the Korea Commercial Arbitration Board and under the Laws of Korea. The award rendered by the arbitrator shall be final and binding upon both parties concerned.

(15) Trade Terms : Unless specially stated, the trade terms under this contract shall be governed and interpreted by the latest Incoterms.

〈서식 2-3〉 사전송금방식 OFFER SHEET(수입)

INTERNATIONAL TANNIN TRADING LTD., KOREA

333.#222-11, ETAEWON-2DONG, YOUNGSAN-KU
SEOUL, KOREA
TEL : 02-790-7777 FAX : 02-790-8888

OFFER SHEET

MESSRS, FINE CO., LTD.

DATE : AUG. 07. 2019
OFFER NO. : ID-0677
PAGE : 1 OF 1

DEAR SIRS,
WE HAVE THE PLEASURE TO OFFER YOU THE UNDER-MENTIONED GOODS SUBJECT TO :

DESCRIPTION	QUANTITY	UNIT PRICE	AMOUNT
		CIF BUSAN	KOREA/KG
SYNTHETIC TANNING AGENT H.S NO. 3202-101000 LIGHTAN ATO	1,125 KGS	U$1.15	U$1,293.75

※※※ VERY IMPORTANT :
PAYMENT BANK : BANQUE CANTONALE DE GENEVE
P.O.BOX 3636 CH1211 GENEVA 3/SWITZERLAND
ACCOUNT NO. C3217.77.99 IN THE NAME OF INTERNATIONAL TENNIN TRADING LTD.

① PAYMENT : BY T/T IN ADVANCE IN FAVOR OF SUPPLIER.
IN FAVOR OF : INTERNATIONAL TANNIN TRADING LTD.
P.O.BOX 333 CH-1111 GENEVA 15 AIRPORT
SWITZERLAND
② PORT OF LOADING : ARGENTINA PORT
③ DESTINATION : BUSAN, KOREA
④ PARTIAL SHIPMENT AND TRANSSHIPMENT ARE ALLOWED
⑤ PACKING : EXPORT STANDARD PACKING
⑥ ORIGIN : ARGENTINA
⑦ VALIDITY : ONE MONTH(S)
SPECIAL INSTRUCTION : STALE B/L, FAXED COPY B/L WILL BE ACCEPTABLE

VERY TRULY YOURS

CONFIRMED & ACCEPTED BY
FINE CO., LTD.
JAE-SEUNG, KIM
PRESIDENT

INTERNATIONAL TANNIN TRADING LTD., KOREA
JAMES DEAN
PRESIDENT

〈서식 2-4〉 사후송금방식 외화송금신청서(수입)

은행용	실명확인	계	대리	부지점장

외화송금신청서(APPLICATION FOR REMITTANCE)
[지급신청서 및 거래외국환지정은행 지정신청서 겸용]
굵은 선 안에만 기입하시기 바랍니다.(Please write in marked area only. Tank you)

(주) 국민은행 앞
To **Kookmin** bank

2019. 08. 09

송금신청인				
성명(Applicant)	한글(Korean) (주) ABC 석유화학 (인)	영문(English) ABC Petrochemical Corp., LTD.		
내국인(사업자)	주민등록번호(사업자등록번호)	136-81-20888		
해외교포, 외국인(Foreigner)	여권번호(Passport No.)			
주소(Address)	7th floor KTP B/D Uoido-dong Youngdungpo-gu, SEOUL, KOREA	TEL	02-767-7799	

출금계좌지정			
계좌번호		비밀번호	
아래 송금신청에 따른 송금액 및 수수료를 상기 계좌에서 출금하여 주십시오. 예금주 (인)			

송금신청내용					
송금방법(Send by)	■ 전신송금(CABLE) ☐ CRS		Charge 부담	☐ 신청인(Applicant) ■ 수취인(Beneficiary)	
송금액(Amount)	USD 799,417.20		지급사유	물품대	
수취인 성명 (Beneficiary's Name)	SARUBENI CORP		신청인과의 관계	거래처	
수취인 주소 및 전화번호 (Beneficiary's Address & Tel. No.)	3-3 OHTEMACHI 3-CHOME CHIYODA KU TOKYO, JAPAN		국적 (Nationality)	JAPAN	
수취인 거래은행 (Beneficiary's Bank)	은행명 (Bank Name)	MIZUHO COPRORATE BANK, LTD.			
	주소 (Bank Address)	TOKYO, JAPAN			
	은행번호 (ABA NO. Fed Wire No. 등)		수취인계좌번호 (Bene's A/C No.)	501057	
자금중개은행(Intermediary Bank)					
수입대금의 경우 기재	품목(H.S.Code)	L/C or 계약서 No	수입신고번호	수입용도	대응수입예정일
					당초 : 변경 :

▣ 귀행을 ☐ 거주자의 증여성 지급 ☐ 해외체재비(해외유학생 또는 해외체재자) 지급을 위한 거래외국환 은행으로 지정하고자 합니다.(실명확인증표에 의하여 실명 확인 후 본 서식 상단에 실명 확인 필을 날인할 것)
▣ 본인은 외국환거래규정에 따라 외국환을 지급(매입)하고자 하며 귀행 영업점에 비치된 외환거래기본약관을 열람하고 그 내용에 따를 것을 확약하며 위와 같이 송금 신청합니다.
I/We hereby apply for payment(purchase) above amount of foreign currency in accordance with the Foreign Exchange Transaction Regulation and certify that I/We will observe the General Terms and Condition of Foreign Exchange Transactions kept in your bank and request you to make remittance as above.

신청인 **(주) ABC 석유화학 사장 김 재 승 (인)**

이 신청서는 외환통계자료로 활용하며 과세자료로 국세청에 통보될 수 있습니다.

위 사실을 (지정) 확인함 지정거래항목 : 지정확인번호 :

국 민 은 행 장 (인)

외화송금관리번호(Ref. No.)	09QT-OT-6008888	신청인성명	ABC Petrochemical Corp. LTD

인자란						
거래일자 2019. 08. 09	수취인 성명 SARUBENI CORP			ABA NO. 등		
지급은행 명칭 지급은행 주소	MIZUHO CORPORATE BANK, LTD. TOKYO, JAPAN					
수취인 계좌번호(A/C No.) 501057	수취은행 SWIFT Code		Charge 부담 수취인	신청인주민등록번호(여권번호) 610-81-20777		
송금종류 전신환	통화코드 USD	외화금액 799,417.20	송금수표번호 일본	지급사유 013	지정항목	지정고객번호

〈서식 2-4-1〉 수입신고필증 (갑지)

① 신고번호 10105-06-3200278	② 신고일 2019/06/12	③ 세관.과 110-10	⑥ 입항일 2019/06/13	* 처리기간 : 3일
④ B/L(AWB)번호 RE623	⑤ 화물관리번호 06HSKLW347-0001		⑦ 반입일 2019/06/13	⑧ 징수형태 43

신고인 정보			
⑨ 신고자 우리관세사무소 이 갑 돌 ⑩ 수입자 (주)ABC 석유화학 (717252 A) ⑪ 납세의무자 (ABC 석유화학-1-72-1-01-0/610-87-77777) (주소) 울산광역시 북구 부산동 777 (성명) 김 길 수 ⑫ 무역대리점 ⑬ 공급자 SARUBENI CORP (JP) / JPMAR0002R	⑭ 통관계획 B 입항전신고	⑱ 원산지증명서 유무 N	⑳ 총중량 795,440.0KG
	⑮ 신고구분 A 일반P/L신고	⑲ 가격신고서 유무 N	㉑ 총포장갯수 0 VL
	⑯ 거래구분 11 일반형태수입	㉒ 국내도착항 KRUSN 울산항	㉓ 운송형태 10-BU
	⑰ 종류 A 일반외화획득용	㉔ 적출국 JP JAPAN ㉕ 선기명 RYOEI MARU JP	
	㉖ MASTER B/L 번호		㉗ 운수기관부호

㉘ 검사(반입)장소 1104600- (본선선상)

● 품명·규격 (란번호/총란수 : 001/001)

㉙ 품 명 PROPYLENE ㉚ 거래품명 PROPYLENE	㉛ 상표 NO

㉜ 모델·규격	㉝ 성분	㉞ 수량	㉟ 단가	㊱ 금액
LIQUEFIED GAS, USE : INDUSTRIAL	100PCT PURITY BASIS	795,440 KG	1.005	799,417.2

㊲ 세번부호	2901.22-0000	㊴ 순중량	795,440.0KG	㊷ C/S검사	S 청CS검사생략	㊹ 사후기관	
㊳ 과세가격	$ 799,512	㊵ 수량		㊸ 검사변경			
	₩ 765,436,438	㊶ 환급물량	795,440.000KG	㊻ 원산지표시	JP-S- -	㊼ 특수세액	

㊺ 수입요건확인 (발급서류명)				

㊽ 세종	㊾ 세율(구분)	㊿ 감면율	(51) 세액	(52) 감면분납부호	감면액	※ 내국세종부호
관	0.00 (C 가가)		0			
부	10.00 (A)		76,543,643			

(53) 결제금액(인도조건-통화종류-금액-결제방법)	CFR-USD-799.417-TT			(55) 환율	957.3800
(54) 총과세금액	$ 799,512	(56) 운임	15,069,161	(58) 가산금액		(63) 납부번호	0127-020-11-04-1-5
	₩ 765,436,438	(57) 보험료	90,400	(59) 공제금액		(64) 부가가치세과표	765,436,438

(60) 세종	(61) 세액
관 세	
특소세	
교통세	
주 세	
교육세	
농특세	
부가세	76,543,640
신고지연가산세	
미신고가산세	
(62) 총세액합계	76,543,640

※ 관세사기재란

본 수입신고필증은 수입통관 사무처리에 관한 고시 제2-1-8조 규정에 의거 수입P/L신고에 의하여 수리된 것임

(65) 세관기재란
이 물품은 사후심사 결과에 따라 적용세율이 변경될 수 있습니다.

울산세관관할
관세사 이 갑 돌
전자서류수입통관증명

(66) 담당자	정 영 동 951628	(66) 접수일시	2019/06/12, 09:13	(68) 수리일자	2-22

업태 = 기초화합물 제조업외 종목 = 산업용기초화학물외 세관·과 : 110-10 신고번호 : 10105-06-3200278 Page : 1/1

*수입신고필증의 진위여부는 관세청통관포탈시스템(http://portal.custms.go.kr) 또는 수출입통관정보시스템(http://kcis.ktnet.co.kr)에 조회하여 확인하시기 바랍니다.

*본 수입신고필증은 세관에서 형식적인 요건만을 심사한 것이므로 신고내용이 사실과 다른 때에는 신고인 또는 수입화주가 책임을 져야 합니다.

〈서식 2-5〉 CAD OFFER SHEET(수입)

DONGHWA INTERNATIONAL INCORPORATION
Suite 701, Younkyo Bldg., 115-25, Nonhyun-dong, Kangnam-ku,
SEOUL, 135-010, KOREA
TEL : 02-3442-1181-5　FAX : 02-544-7468-9

OFFER SHEET

MESSRS,
YU YU INDUSTRIAL CO., LTD.
Seoul, Korea

Reged. No. : 8817619
OFFER NO. : DW-0622
Date : June 28, 2019

Gentlemen,
We take pleasure to offer you the undermentioned goods on the following terms and conditions :

BRAND/SUPPLIER	:	Intercolor s.r.l., Via Garibaldi N.46 41053 Maranello-Mo-/Italy
ORIGIN	:	Italy
PACKING	:	Export Standard Package
SHIPPING	:	From Italian Airport prompt
PAYMENT	:	By CAD in favor of above supplier
VALIDITY	:	July 30, 2019
REMARKS	:	House Airwaybill is acceptable Settling Bank : CARIMONTE BANCA SPA FIL. SPEZZANO

DESCRIPTION	QUANTITY	UNIT PRICE	AMOUNT
FERRITINE EXTRACT POWDER 129mg/gm up(Origin : Horse's Spluen) Zoological name : Equus caballuse HS No. : 3001-20-9000	200 KGS	US$900/kg	US$180,000.00
TOTAL	CIF SEOUL AIRPORT		US$180,000.00

ACCEPTED BY
YU YU INDUSTRIAL CO., LTD.
S.P. YOU
PRESIDENT

Sincerely Yours,
Dong Hwa International Inc
JAMES DEAN
PRESIDENT

제 3 편

추심결제방식

제3장 추심결제방식

01 추심결제방식의 개념

1. 추심의 의의

"추심(Collection)"이라 함은 은행이 접수된 지시에 따라 ① 지급 또는 인수를 받거나 ② 지급인도 또는 인수인도로 서류를 인도하거나 ③ 기타의 조건으로 서류를 인도하는 목적 등으로 금융서류 및 상업서류를 취급하는 것을 의미한다(URC522 제2조 a항). 따라서 추심이란 D/A·D/P 방식 등에 의한 서류인도와 무상거래(free of payment)와 같은 기타조건의 서류를 수입자에게 인도하여 지급(payment) 또는 인수(acceptance)를 받는 것을 말한다.

2. 추심서류

추심서류에는 금융서류와 상업서류가 있으며 추심의뢰은행(대금을 지급받기 위해 서류를 보내는 은행)은 이러한 서류를 추심의뢰서에 첨부하여 추심은행(서류를 수입자에게 인도할 은행)에 송부한다.

1) 금융서류(financial documents)

금융서류란 환어음·약속어음·수표 또는 기타 금전의 지급을 받기 위해 사용되는 증서를 말한다. 금융서류로는 주로 환어음(bill of exchange)이 사용되나 일부 유럽 및 남미 국가에서는 환어음에 첨부되는 과중한 인지대금의 부담을 피하기 위하여 영수증(receipt)을 사용하기도 한다.

2) 상업서류(commercial documents)

상업서류란 상업송장·운송서류·권리증서(documents of title) 등으로 금융서류가 아닌 서류를 의미한다. 즉, 상업서류란 신용장방식 거래에서의 서류와 같이 상업송장·운송서류·보험서류·포장명세서·원산지증명서 등 수입화물의 통관에 필요한 제서류(諸書類)를 말한다.

3) 추심지시서(collection instruction)

추심의뢰은행이 추심의뢰인의 지시에 따라 추심의 조건을 나열한 서류로서 신용장 거래의 서류송부표지(covering letter)에 해당하는 서류로 추심거래에 관여하는 당사자들의 추심서류 처리에 관한 기준을 제시하는 중요서류이다. 추심거래에 관여하는 모든 당사자는 추심서류를 처리하는데 있어 추심지시서에 기재된 지시와 추심에 관한 통일규칙(URC 522 ; Uniform Rules for Collections of the Commercial Paper)의 규정에 따라서만 업무를 수행하여야 한다.

4) 추심의 종류

상업서류가 첨부되지 아니하고 금융서류만으로 이루어진 추심을 무화환추심(clean collection)이라고 하여 주로 용역거래의 추심에 이용되며, 상업서류가 첨부된 금융서류만으로 이루어지는 추심을 화환추심(documentary collection)이라고 하여 주로 무역거래의 추심에 이용된다.

3. 추심결제방식의 의의

국제무역거래는 거래방법에 따라 신용장에 의한 거래방식과 신용장이 수반되지 않는 무신용장거래방식으로 크게 구분할 수 있는데, 이 무신용장거래방식 중 가장 대표적인 것이 추심결제(D/P·D/A) 방식이다.

추심결제방식은 단순히 매매당사자간의 계약에 의거하여 수출상이 상품을 선적한 후 관련 서류를 첨부한 화환어음을 수입상에게 제시하면 수입상이 그 어음에 대한 지급 또는 인수를 하여 결제하는 방법이다. 즉 수출상이 먼저 매매계약에 일치한 물품을 수입상 앞으로 선적한 후에 계약서에 명시된 선적서류에 수입상을 지급인으로 발행한 환어음을 첨부하여 수출상의 거래은행에 추심을 의뢰하면 이 은행이 수입상의 거래은행에 다시 추심을 의뢰하여 대금을 결제하는 방식이다.

추심결제방식에는 환어음의 지급인(수입상)이 선적서류를 영수함과 동시에 대금을 결제하는 일람지급(at sight)의 지급인도방식(D/P : Documents against Payment)과 환어음의 지급인(수입상)이 환어음의 앞면에 인수(acceptance)의 뜻만 표시한 후에 선적서류를 영수하고 일정기간 후(환어음의 만기일)에 대금을 결제하는 기한부거래의 인수인도방식(D/A : Documents against Acceptance)의 두 가지가 있지만, 환의 이동방향이 반대로 움직이기 때문에 이를 일명 "역환방식"이라고 한다.

동 방식은 신용장방식에서와 같이 은행이 수출상에게 대금지급을 보장하는 것이 아니라 매매당사자간의 매매계약에 의하여 대금결제가 이루어지는 순수 외상거래 방식이기 때문에 수입상의 신용을 절대적으로 한다.

4. 추심결제방식의 특성과 효용성

1) 추심결제방식의 특성

추심방식(collection)의 특징은 다음과 같다.

① 환어음을 사용하므로 각 국가의 어음법이 적용된다.
② 추심에 관한 통일규칙(Uniform Rules for Collections, 1995 Revision ICC Publication No. 522, URC 522)인 국제규칙이 적용된다.
③ 서류와 대금을 관계은행(추심은행, 추심의뢰은행, 제시은행)을 통해 송부한다.
④ 본·지사간 거래, 신용이 두터운 거래선 사이에 이용되고 은행의 지급확약이 없다.
⑤ 신용장거래보다 낮은 은행수수료를 부담한다.
⑥ 환어음의 지급인(drawee)은 계약서상의 수입상이 된다.

첫째, 추심방식은 환어음이 발행되고 거래은행을 통하여 그 대금을 추심한다는 점에서 송금방식과 구별이 된다. 송금방식에서는 채무자인 수입상이 수출상에게 그 대금을 송금하여 줌으로써 대금의 결제가 이루어지는 반면에, 추심결제방식은 채권자인 수출상이 환어음(bill of exchange, draft)을 발행하여 거래은행을 통하여 추심(collection) 함으로써 그 대금을 회수하는 방법이다.

둘째, 추심결제방식은 은행의 지급확약이 없고 수출입상간의 신용에 의해서만 이루어지는 거래이다. 수출상이 수입상에게 물품을 선·기적한 후에 수입상이 요구하는 운송서류와 환어음을 수출상의 거래은행인 추심의뢰은행(remitting bank)을 통하여 수입상의 거래은행인 추심은행(collecting bank)으로 송부하고, 수입상의 거래은행인 추심은행이 수입상으로부터 대금을 결제받아 수출상의 거래은행인 추심의뢰은행으로 결제해 주는 거래이다.

셋째, 추심거래에 관여하는 은행들은 위임사무의 처리를 위한 중개인 또는 보조자의 역할을 담당하게 될 뿐이다. 즉, 지급책임은 오로지 수입상에게 있다.

넷째, 수입상의 입장에서 보면 물품이나 선적서류를 검사한 후 또는 물품을 전매한 후 대금을 지급하기 때문에 유리하다고 볼 수 있으나, 수출상의 입장에서 보면 D/P의 경우는 대금의 영수가 보장되지 않을 수 있고, D/A의 경우는 대금영수 및 물품회수가 보장되지 않을 수 있는 위험이 있다.

다섯째, 국제상업회의소(ICC)가 제정한 "추심에 관한 통일 규칙(URC 522)"의 적용을 받게 된다. 따라서 "URC 522 "의 적용을 받기 위해서는 추심지시서에 "This collection is subject to Uniform Rules for Collections, 1995 Revision ICC Publication No. 522" 등과 같은 문언을 삽입하여야 한다.

2) 추심결제방식의 효용성

D/A·D/P거래는 남미나 유럽지역에서는 많이 이용되고 있으나 우리나라에서는 주로 해외지사와의 거래 등에 제한적으로 이루어져 왔으나 현재는 교역량의 증가와 함께 대외신용도가 향상됨에 따라 동 방식에 의한 대금결제가 점차 증가하고 있다. 이에 따라 대외무역법에서도 신용장에 의한 방식과 동일한 결제방식으로 인정하고 있으며 무역금융의 지원에도 차별을 두지 않고 있다.

동 결제방식은 수출대금의 결제를 전적으로 수입상의 신용에 의존하기 때문에 수입상이 계약체결 후 도산하거나 시장조건의 악화로 손해가 예상되는 경우에는 수입대금 결제를 기피하게 되어 수출상은 대금회수가 어렵게 되는 위험이 있다. 무역결제방법 중 가장 많이 이용되는 것이 신용장이고 그 다음이 대금회수의 위험에도 불구하고 동 추심결제방식이 이용되는 것은 다음과 같은 이유 때문이다.

첫째, 비용의 절감방안으로 활용된다. 신용장거래에서는 신용장발행수수료, 통지 및 인수수수료, 은행간의 코레스 비용 등이 소요되는데 비하여 D/P·D/A거래에서는 이러한 비용부담이 없다. 서로 신뢰할 수 있는 사이에는 추심방식이나 송금방식의 거래를 하여도 문제가 없는 경우에 비용절감을 위하여 동 거래가 활용된다.

둘째, 세계적인 무역환경에서 경쟁의 격화로 인하여 판매자시장(seller's market)에서 구매자시장(buyer's market)으로 전환되어, 수출상이 대금결제상의 불리함을 감수하고 D/P, D/A거래 및 송금방식의 거래를 하는 경우가 있다.

셋째, 기업의 국제화로 인하여 다수의 국제기업들이 세계 도처에 지사·현지법인·사무소 등을 설치하여 본·지사간 무역거래가 상당히 증가하였고, 본·지사간 무역거래에서는 신용장결제방식을 할 필요가 없으므로 추심방식이나 송금방식의 거래가 성립된다.

(3) 신용장거래와의 차이점

은행을 통한 서류의 송부와 대금의 추심이라는 추심결제의 특성 때문에 외관상으로는 신용장거래와 D/P·D/A가 별반 다른 점이 없는 것 같지만 양자 사이에는 다음과 같은 차이점이 있다.

첫째, 수입대금의 지급책임자가 다르다. 신용장거래에서는 수출상에 대한 지급책임자는 발행은행(issuing bank)이다. 따라서 발행은행이 수입상에게 수입대금을 결제받지 못하였다 하더라도 이것을 이유로 수출상에게 지급거절을 하는 것은 있을 수 없다. 신용장이란 기본계약과는 별도로 발행은행과 수출상간의 계약이므로 발행은행은 이에 대한 법적 책임을 부담해야 하는 것이다. 그러나 추심결제에서는 지급책임자는 수입상(drawee)이므로 수입상이 수입대금을 추심은행(collecting bank)에 결제하지 않을 경우 추심은행은 그 사실만 수출상에게 통보하면 되지 그 이상의 책임을 부담하지 않는다.

둘째, 국제규범이 다르다. 신용장은 신용장통일규칙(Uniform Customs and Practice for Documentary Credits, 2007 Revision ICC Publication No. 600)이 적용되지만 D/P·D/A거래는 화환어음 추심에 관한 통일규칙(Uniform Rules for Collections of the Commercial Paper, 1995 Revision ICC Publication No. 522)이 적용된다.

셋째, 화물의 소유권과 관련한 법적의미가 다르다. 신용장은 신용장발행시점부터 외국환거래 약정서의 기재사항에 따라 수입화물이 발행은행에 담보로 제공되기 때문에 수입상이 대금결제를 하지 않으면 발행은행이 이것을 마음대로 처분할 수 있게 된다. 그러나 추심결제에서는 추심대금의 결제가 있기 전까지는 화물의 소유권이 수출상에게 그대로 남아있게 된다. 따라서 수입상이 대금결제를 하지 않을 경우 추심은행은 이 서류를 추심의뢰은행(remitting bank)으로 송부하여야 하며, 추심은행은 추심업무의 수입자로서의 역할만을 행하는 것이다.

넷째, 서류심사 의무가 다르다. 신용장의 경우 은행은 수출상이 제출한 서류가 신용장조건과 일치하는 지의 여부를 일일이 확인하여야 하지만 D/P·D/A에서는 은행이 지급책임을 지는 것이 아니므로 서류의 내용심사를 할 의무가 없다. 따라서 추심의뢰은행(remitting bank)은 수출상의 서류를 받으면 서류의 목록이 추심의뢰서(collection instruction)에 기재된 목록과 일치되는지의 여부만 점검하지 서류의 내용부분은 심사하지 않는다.

다섯째, Nego대전 지급과 관련한 법적 의미가 다르다. 신용장에서 매입은행(negotiating bank)은 수출상이 제출한 서류가 신용장조건과 일치하면 은행의 자금을 선지급하여 서류를 매입하는 것이지만, D/P·D/A에서는 관련은행은 선적서류의 일치성을 심사해야 할 책임이나 대금지급의 의무가 없는 선의의 당사자로서 수출상의 추심대리인에 불과하여 자기자금을 수출상에게 지급할 의무가 없다. 다만 D/P Nego라는 것은 추심의뢰은행(remitting bank)이 수출상이 발행한 환어음을 수출보험에 부보한 후 보험금을 담보로 융자를 해주는 것이지 자기 자금을 선지급하여 서류를 매입하는 것이 아니다.

여섯째, 환어음상의 지급인(drawee)이 다르다. 신용장상에서 수출상이 발행하는 환어음상의 지급인은 반드시 발행은행(issuing bank) 또는 상환은행(결제은행 : reimbursing bank, settling bank)으로 표시되어야 하지만 D/P·D/A에서는 지급인(drawee)이 수입상(principal)으로 표기되어야 한다.

02 추심결제방식의 당사자와 의무관계

1. 추심결제방식의 당사자

매매계약에 의존하여 환어음이나 선적서류를 추심하는 과정에서 관여하는 자를 추심거래의 관계당사자(URC 522. 제3조)라고 하며 추심의뢰인(principal, drawer, customer), 추심의뢰은행(remitting bank), 추심은행(collecting bank) 및 제시은행(presenting bank)을 말하며, 그리고 수입상인 지급인(drawee)이 개입된다.

1) 추심의뢰인(principal)

이 당사자는 계약물품을 선적하고 자신의 거래은행에 추심의 취급을 의뢰하는 매매계약상의 매도인인 수출상을 말한다. 수출상은 선적을 이행한 후에 추심을 위하여 화환어음을 발행하기 때문에 발행자라고도 하며 수출대금을 청구하는 채권자 겸 추심의뢰은행의 고객이다. 추심의뢰인은 원칙적으로 추심에 따른 은행의 모든 수수료와 비용을 부담하여야 하며, 추심의뢰서에 그 비용을 지급인으로부터 추심하도록 명시하였더라도 그 지급인이 이를 거절한 때에는 의뢰인인 수출상이 최종적으로 부담하여야 할 의무를 지고 있다.

2) 추심의뢰은행(remitting bank)

추심의뢰인(수출상)으로부터 금융서류와 상업서류의 추심을 의뢰받은 수출국에 있는 은행으로 보통 수출상의 거래은행이 된다. 추심의뢰은행은 추심의뢰인의 대리인의 성격을 가지고 있으므로 추심의뢰인의 지시를 엄격히 따라야 하며 추심 의뢰인의 사전 동의없이 그 지시의 내용을 변경해서는 안 된다. 추심의뢰은행은 수출상의 금융상의 편의를 고려하여 우편기간과 유전스기간에 상당하는 추심 이자를 공제하고 추심전 매입을 하는 경우도 있다.

3) 추심은행(collecting bank)

추심의뢰은행 이외에 추심과정에 참여하는 모든 은행으로서 수입상의 거래은행을 말하는데, 추심의뢰은행이 요청한 추심의뢰서에 따라 지급인에게 추심하여 대금을 송부하는 은행을 말한다. 이 은행은 추심의뢰은행의 대리인인의 성격을 가지고 있기 때문에 추심의뢰은행의 지시를 엄격히 따라야 한다. 만일 추심은행이 이러한 추심의뢰서에 기재된 지시에 따를 수 없는 경우에는 그 취지를 추심의뢰은행에게 즉각적으로 통지하여야 하며, 추심결과도 추심의뢰은행에 통지하여야 한다.

4) 제시은행(presenting bank)

수입상인 지급인에게 직접 추심서류를 제시하는 수입국의 은행으로서 넓은 의미에서 추심은행(collecting bank)에 포함된다. 즉 추심은행이 수입상의 거래은행이 아닌 경우에는 제시은행이 존재하게 된다. 추심의뢰은행(remitting bank)으로부터 추심의뢰를 받은 추심은행은 수입상과의 거래관계 등으로 인하여 직접 수입상에 대한 서류의 제시가 곤란한 경우에는 다른 추심은행(제시은행)으로 추심서류를 송달하여 다시 추심의뢰하게 된다. 수출지의 추심의뢰은행이 수입국 소재 자행의 해외지점을 추심은행으로 선정한 경우 그 해외 지점과 수입상이 거래가 없는 때에는 수입상 거래은행으로 서류를 재송부하여 제시하게 되는데 이 경우에 수입상의 거래은행이 제시은행(presenting bank)이 된다.

5) 지급인(drawee)

관계당사자는 아니지만 수출지 추심의뢰은행의 추심의뢰에 대하여 최종지급을 하거나 인수를 담당하는 수입상을 말한다. 추심거래에 있어서 채무자로서 추심서류를 제시받고 추심의뢰한 상업어음에 대하여 지급(payment)을 하는 자 또는 인수(acceptance)하여 만기에 지급하는 자로서 수입상이 된다. 추심의뢰서에 상업어음의 제시를 받는 자로 명시되며 이러한 제시를 위하여 지급인의 완전한 주소가 표시되어야 한다. 추심당사자는 아니지만 지급인(drawee)은 추심의뢰서에 따라 제시은행으로부터 지급 또는 인수를 위한 제시를 받고(URC 522. 제3조 b항) 만기일에 대금을 지급하는 자를 말하며 추심의뢰서에 따라 제시를 받아야 할 수입상(buyer, drawee, importer, consignee)을 의미한다.

2. 추심결제 당사자의 의무와 면책

1) 추심에 관여하는 은행의 의무

추심에 관여하는 은행은 선량한 수임자로서 신의성실의 원칙에 따라서 상당한 주의를 가지고, 또한 현지의 관례와 법률에 따라서 성실히 행동하고 업무취급에 있어서 상당한 주의를 다하여야 한다(URC 522 제9조). 특히 추심의뢰은행은 추심거래가 관습이 서로 다른 국가간 상거래임에 따라 추심의뢰서 작성시 완전하고 정확하게 추심에 관한 지시를 하여야 한다. 은행은 접수된 서류가 추심지시서의 기재와 일치하는가를 확인하여야 하며, 누락사항이 있을 때에는 추심의뢰를 한 상대방에게 즉시 통지하여야 하지만 서류를 심사할 의무를 부담하지는 않는다(URC 522 제12조).

2) 물품의 인수·보관의무의 면책

물품은 추심은행의 사전동의 없이 추심은행의 주소로 직접 발송되거나 은행 또는 은행의 지시인에게 탁송되어서는 아니 된다. 그럼에도 불구하고 물품이 추심은행의 사전 동의없이 지급인에게 지급인도(D/P), 인수인도(D/A) 또는 기타의 조건으로 인도하기 위하여 직접 발송되거나, 추심은행 또는 은행의 지시인에게 탁송되는 경우에는 그 추심은행은 물품을 인수하여야 할 의무를 지지 아니하며 그 물품은 물품을 발송하는 당사자의 위험과 책임으로 남는다(URC 제10조). 이는 은행은 서류만을 취급하며 물품이나 또한 어떠한 근거가 되는 계약도 취급하지 않는다는 확립된 원칙에 근거하며 또한 은행은 운송인이나 창고 관리인이 아니기 때문이다. 은행은 화환추심이 관계되는 물품에 관하여 물품의 보관, 보험가입 등을 포함한 어떠한 조치도 취할 의무가 없다. 왜냐하면 물품을 발송한 것 자체가 잘못된 것이기 때문이다.

또한 추심은행은 화환추심과 관련된 물품의 보관이나 보험가입 등에 대하여 특별한 지시를 받은 경우라 하더라도 이에 따를 의무가 없다. 만약 추심은행이 물품의 보전을 위한 조치를 취하였더라도 그 결과에 대하여는 책임을 지지 아니하며, 다만 그 조치 내용을 추심의뢰은행 앞으로 통지하여야 한다.

이러한 추심은행의 물품보전 조치와 관련하여 발생하는 비용은 추심의뢰은행의 부담이며, 추심의뢰은행의 지시에 의하여 행동함으로써 추심은행에 발생한 모든 손해와 비용은 추심의뢰은행이 이를 보상(indemnify)하여야 한다(URC 522 제10조). 이는 추심의뢰은행의 지시와 무관하게 물품의 인도를 주선하는 은행이 추심금액보다도 많은 금액을 손해보는 일도 있을 수 있기 때문에 단순히 비용만이 아니라 손해까지 보상(indemnify)하여야 한다는 용어를 사용하였다.

3) 추심을 위한 제3당사자 이용에 대한 면책

추심의뢰은행이 수출상, 즉 추심의뢰인의 지시를 이행하기 위하여 다른 은행의 서비스를 이용하는 은행은 그 추심의뢰인의 비용과 위험부담으로 이를 행한다(URC 522 제11조 a항). 추심의뢰은행이 전달한 지시가 이행되지 않는 경우라도 그 추심의뢰은행은 아무런 의무나 책임을 지지 아니하며, 그 은행 자신이 그러한 다른 은행의 선택을 주도한 경우에도 그러하다(URC 522 제11조 b항).

다른 당사자에게 서비스를 이행하도록 지시하는 당사자인 추심의뢰인은 외국법률과 관행에 의하여 부과되는 모든 의무와 책임을 부담하여야 하며, 이로 인하여 발생한 은행의 비용과 손실에 대하여 보상하여야 한다(URC 522 제11조 c항).

4) 접수된 서류에 대한 면책

추심은행은 접수된 서류가 외관상 추심지시서에 기재된 것과 외관상 일치하는지를 확인하여야 하며, 만약 누락된 서류가 있거나 추심지시서의 내용과 다른 경우에는 지체없이 전신으로, 이것이 가능하지 않은 경우에는 다른 신속한 수단으로 추심지시서를 송부한 추심의뢰은행에게 통지하여야 한다. 추심은행은 서류의 내용에 대하여는 심사할 의무가 없으며, 추심지시서에 기재된 서류의 종류 및 통수가 맞는지의 여부만을 확인하고 접수된 대로 제시하면 된다. 그 이외의 사항은 면책이다(URC 522 제12조).

5) 서류의 효력에 대한 면책

은행은 서류의 형식, 충분성, 정확성, 진정성, 위조여부 또는 법적 효력, 서류상의 일반조건 또는 특별조건에 대하여 어떠한 의무나 책임도 지지 아니한다. 또한 은행은 서류에 의해 표시되는 물품의 명세, 수량, 중량, 품질, 상태, 포장, 인도, 가치 또는 실존 여부에 대해서도 책임이 없다. 또한 물품의 송하인, 운송인, 운송주선인, 수화인, 보험자 또는 다른 모든 당사자의 신의성실, 작위 및 또는 부작위, 파산, 지급능력, 이행 또는 신용상태에 대하여도 어떠한 의무나 책임도 지지 아니한다(URC 522 제13조). 이는 UCP 600 제34조(서류 효력에 대한 면책)의 규정을 원용한 것으로 은행은 자신의 통제범위를 벗어나는 사항에 대해서는 어떠한 의무도 부담하지 않도록 하고 있다.

6) 송달 중의 지연·멸실·번역의 오류에 대한 면책

은행은 모든 통보, 서신 또는 서류의 송달중의 지연 및/또는 멸실로 인하여 발생하는 결과와 모든 전신의 송달 중에 발생하는 지연, 훼손 또는 기타 오류 또는 전문 용어로 번역이나 해석상의 오류에 대하여 어떠한 의무나 책임을 지지 아니한다. 또한 은행은 접수된 지시의 정확성을 기하기 위해 발생되는 지연에 대해서도 어떠한 의무나 책임을 부담하지 않는다(URC 522 제14조). 동 조항은 UCP 600 제35조(전송과 및 번역에 관한 면책)를 원용한 것이다.

7) 불가향력적 사항에 대한 면책

은행은 천재, 소요, 폭동, 반란, 전쟁 또는 은행이 통제할 수 없는 원인에 의하거나 기타 불가항력적인 사유 및 동맹파업, 직장폐쇄로 인한 업무중단으로 발생하는 결과에 대하여 어떠한 의무나 책임을 부담하지 아니한다(URC 522 제15조). 동 규정은 UCP 600의 제36조(불가항력) 규정을 원용한 것이다.

03 추심결제방식의 종류

국제무역거래는 거래방법에 따라 신용장에 의한 거래방식과 신용장이 수반되지 않는 무신용장방식으로 크게 구분할 수 있는데, 이 무신용장거래방식 중에서 가장 중요한 것이 추심결제방법(D/P·D/A)의 거래방식이다.

추심결제방식에 의한 수출입은 취소불능 화환신용장 없이 계약에 의하여 화물환어음으로 대금결제를 하는 수출입을 말하는데, 이는 신용장이 개재되지 않기 때문에 본·지사(本·支社)간, 모회사(母會社)와 자회사(子會社)간, 오랜 거래관계가 있는 신용있는 상사끼리만 많이 이용되는 거래방식이다.

따라서 이 거래방식에 의한 수출입은 특정 은행이 수출입대금의 지급을 보증하는 거래가 아니므로 수출입상 당사자간의 계약에 의하여 거래가 이루어지며 은행은 단순히 수출입대금의 추심 및 추심의뢰업무만 수행하는 것으로서, 동 방식은 지급인도방식(D/P)과 인수인도방식(D/A)으로 구분된다.

1. 지급인도(D/P : Documents Against Payment)의 결제방식

지급인도(支給引渡)의 결제방식은 수출상이 수입상과의 매매계약에 따라 물품을 자신의 책임하에 선적한 후, 관련 서류가 첨부된 일람출급화환어음(documentary sight bill)을 수입상을 지급인(drawee)으로 발행하여 자신(수출상)의 거래은행인 추심의뢰은행(remitting bank)에 추심(collection)을 의뢰하면, 수출상의 거래은행은 그러한 서류가 첨부된 환어음을 수입상의 거래은행인 추심은행(collecting bank)으로 송부하여 추심을 의뢰한다. 그러면 수입상의 거래은행인 추심은행(collecting bank)은 그 환어음의 지급인(drawee)인 수입상으로부터 대금을 지급받으면서 서류를 수입상에게 추심대금과 상환(相換, interchange)으로 인도하고, 지급받은 대금은 추심을 의뢰하여 온 수출상의 거래은행인 추심의뢰은행(remitting bank)으로 송금하여 결제하는 방법으로 지급인도조건(支給引渡條件) 또는 지급도조건(支給渡條件)이라고도 한다.

이때 유의할 점은 추심거래에 참여하는 모든 은행은 수출업자의 단순한 추심대리인으로서 수출대금의 추심이나 추심의뢰의 업무만 수행한다는 것이다.

따라서 추심은행(collecting bank)이나 추심의뢰은행(remitting bank)들은 모두 환어음과 그 선적서류를 심사하여야 할 의무가 없으며, 기타 서명의 진실성이나 서명인의 권한 유무를 조사할 책임을 부담하지 않게 된다.

▮ 그림 3-1 ▮ D/P거래의 절차

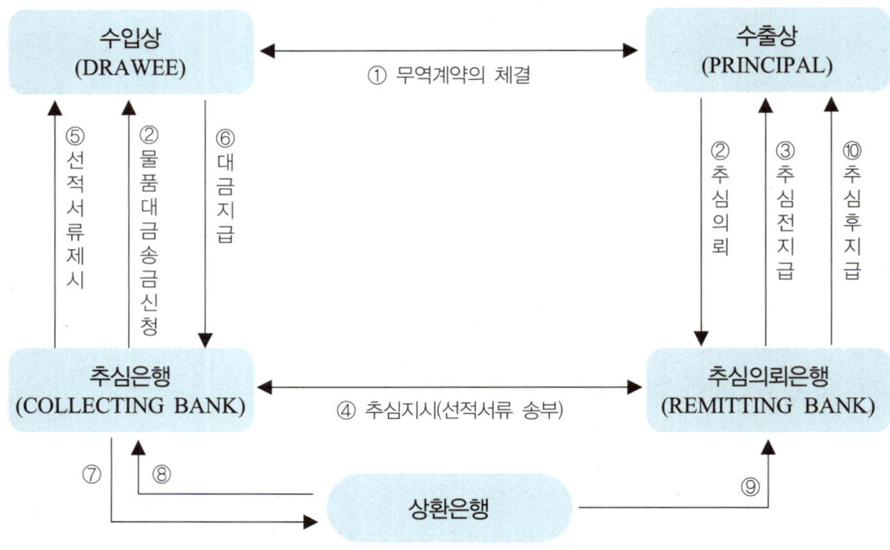

① D/P 방식으로 무역계약을 체결
② 수출상은 선적서류에 환어음을 첨부하여 외국환은행에 추심의뢰
③ 수출상은 추심 후(Bills collect) 또는 추심 전(Bills purchase)으로 은행과 협의 후 업무처리
④ 추심의뢰은행은 추심은행에 서류를 송부하여 추심을 의뢰하고 자행의 예치환거래 은행을 지정하여 동 은행에 입금시켜 주도록 지시(송금방식)
⑤ 추심은행은 추심의뢰은행으로부터 받은 서류를 수입상에게 제시
⑥ 수입상은 선적서류 심사 후 첨부된 환어음을 일람 후 즉시(at sight) 수입 대금을 지급하고 선적서류를 인도받음
⑦ 추심은행은 추심의뢰은행이 지정한 은행에 자기의 구좌에서 차기(debit entry)하여 추심의뢰은행의 구좌에 대기(credit entry)하여 줄 것을 지시
⑧-⑨ 결제은행은 추심은행의 구좌에서 차기하여 추심의뢰은행의 구좌에 대기한 후 각 은행에 ⑧ 차기통보(debit advice)하고 ⑨ 대기통보(credit advice)를 함
⑩ 추심후 지급일 경우 추심의뢰은행은 입금된 수출대금을 수출상에게 지급

2. 인수인도(D/A : Documents Against Acceptance)의 결제방식

인수인도(引受引渡)의 결제방식은 수출상이 수입상과의 매매계약에 따라 물품을 자신의 책임하에 선적한 후, 관련 서류가 첨부된 기한부화환어음(documentary usance bill or time bill)을 수입상을 지급인(drawee)으로 발행하여 자신의 거래은행인 추심의뢰은행(remitting bank)에 추심을 의뢰하면, 수출상의 거래은행은 그러한 서류가 첨부된 환어음을 수입상의 거래은행인 추심은행(collecting bank)으로 보내어 추심을 의뢰한다. 그러면 수입상의 거래은행인 추심은행(collecting bank)은 그 환어음의 지급인(drawee)인 수입상으로부터 어음의 인수·서명을 받으며 서류를 인도하고, 어음의

만기일(maturity date)에 대금을 지급받아 추심을 의뢰하여 온 수출상의 거래은행인 추심의뢰은행(remitting bank)으로 송금하여 결제하는 방법으로 인수인도조건(引受引渡條件) 또는 인수도조건(引受渡條件)이라고도 한다.

▌그림 3-2 ▌ D/A거래의 절차

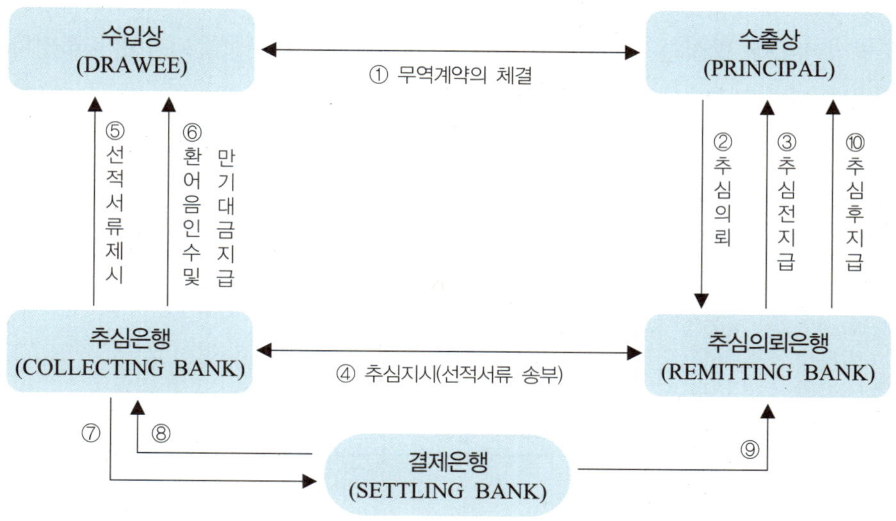

① D/A방식으로 무역계약을 체결
② 수출상은 선적서류에 기한부어음을 첨부하여 외국환은행에 추심의뢰
③ 수출상은 추심 후(Bills collect) 또는 추심 전(Bills purchase)으로 은행과 협의 후 업무처리
④ 추심의뢰은행은 추심은행에 서류를 송부하여 추심을 의뢰하고 자행의 예치환거래 은행을 지정하여 동 은행에 입금시켜 주도록 지시(송금방식)
⑤ 추심은행은 추심의뢰은행으로부터 받은 서류를 수입상에게 제시
⑥ 수입상은 선적서류 심사 후 첨부된 환어음에 인수(만기일지급약정)하고 선적서류를 인도받는다. Usance기간 이후에 수입대금을 지급
⑦ 추심은행은 추심의뢰은행이 지정한 은행에 자기의 구좌에서 차기(debit entry)하여 추심의뢰은행의 구좌에 대기(credit entry)하여 줄 것을 지시
⑧-⑨ 결제은행은 추심은행의 구좌에서 차기하여 추심의뢰은행의 구좌에 대기한 후 각 은행에 ⑧ 차기통보(debit advice)하고 ⑨ 대기통보(credit advice)를 함
⑩ 추심후 지급일 경우 추심의뢰은행은 입금된 수출대금을 수출상에게 지급

동 거래조건은 수입상이 기한부어음을 인수함으로써 관계 운송서류를 인도받고, 당해 수입물품을 통관하여 판매한 후 동 대금으로 어음만기일에 결제하게 됨으로써 수출상으로부터의 신용공여(외상거래)가 D/P조건에 추가된 형태라 하겠다. 따라서 수입상은 우선 수입물품을 인도받아 국내판매 또는 수출용 원자재로 사용한 후에 동 대금으로 만기일(maturity date)에 수입대금을 갚는 편리한 수입방법의 하나이다.

3. D/P와 D/A 결제방식의 차이

D/P거래와 D/A거래의 가장 큰 차이점은 D/P거래는 수출상이 일람출급 환어음(Sight Bill)을 발행하는데 비하여, D/A거래는 수출상이 기한부 환어음(Usance Bill)을 발행하여 수입상에게 환어음의 결제기간만큼 D/P방식보다 더 오랜 기간동안 신용을 공여한다는 점이다. 그리고 수출상이 화환어음을 추심의뢰할 때에는 선적서류의 인도방식이 D/P 방식인지 D/A방식인지를 명시하여야 하는데, 그 지시가 불명확한 경우에는 이를 D/P방식의 추심 환어음으로 간주한다.

표 3-1 추심결제방식에서 무역업자의 이해관계

구 분	수출업자	수입업자
D/P 지급인도(支給引渡)조건	대금수령이 보장되지 않음	지급하기 전에는 품질확인이 안됨
D/A 인수인도(引受引渡)조건	수입업자가 물품을 수령한 후 만기에 대금을 지급하지 않으면 물품 회수가 보장되지 않음	지급하기 전에 물품을 수령하기 때문에 위험이 없음

04 추심결제방식의 거래절차

1. D/P 결제방식의 거래절차

① 수출상과 수입상은 신용장 없이 추심방식(collection), 즉 D/P 방식의 대금결제 조건으로 무역계약을 체결한다.

② 수출상은 필요한 경우(수출제한품목에 해당하는 경우)에 수출승인(Export License : E/L)을 받고 수출상의 보험가입조건인 경우(CIF·CIP조건)에 보험계약을 체결한 후(수입상이 보험가입하는 조건인 경우에는 수입상이 보험계약을 체결함) 소정의 수출절차를 종료한 다음에 무역계약에 일치한 물품을 통관하여 기한 내에 선적을 완료하고 운송서류를 준비한다.

③~④ 수출상은 D/P 계약서에서 요구하고 있는 관련 제서류(상업송장, 선하증권, 보험서류 등 약정한 서류)와 수입상을 지급인(drawee)으로 작성한 일람출급환어음(documentary sight bill)을 발행하여 자신의 거래은행인 추심의뢰은행(remitting bank)에 제시하면서 수입상의 거래은행에 환어음대금을 추심(또는 추심전매입)을 의뢰하여 줄 것을 요청한다.

수출상으로부터 추심 요청을 받은 거래은행(추심의뢰은행 : remitting bank)은 추심에 필요한 모든 지시사항을 기재한 추심의뢰서(collection order)를 작성하고, 수출상이 추심(또는 추심전 매입)을 의뢰하면 서류에 하자가 없으며 부도에 대비한 채권보전 조치를 은행이 취한 경우에는 은행은 추심전매입(B/P ; Bill Purchased)으로 환어음을 추심전에 매입하고 그 대전을 선지급한다.

이때 은행은 선지급한 환어음대전을 받기 위하여 서류를 추심은행(collecting bank)에 송부하여 수입상으로부터 대금을 나중에 수취하므로 우편송달기간에 해당하는 이자성격의 환가료(exchange commission)를 공제한 「전신환매입율 - 환가료」로 산출한 금액을 수출업자에게 선지급하게 된다. 상기의 흐름도에서 ④는 추심전지급에 해당하는 것이다.

반면에, 추심의뢰은행이 선지급하지 않고 추심절차에 의하여 추심후지급(B/C ; Bill Collection)으로 취급하게 되면, 대금지급을 하지 않은 상태에서 환어음과 서류를 추심은행 앞으로 송부하여 추심은행이 수입상으로부터 대금을 수취한 후 서류를 인도하며 그 대금을 추심의뢰은행으로 보내고 추심의뢰은행은 이를 다시 수출상에게 지급한다. 추심후지급에서는 수출상에게 지급되는 경우 전신환매입율을 적용한다.

⑤ 추심의뢰은행(또는 추심전 매입은행)은 환어음/운송서류를 추심은행에 송부하고 대금을 자신의 해외 예치환거래은행의 계좌 입금시키도록 의뢰한다.

수출상으로부터 추심의뢰 요청을 받은 수출지의 추심의뢰은행(remitting bank)은 추심에 수반하는 모든 지시를 기재한 추심의뢰서를 작성하여 추심서류와 함께 추심은행(collecting bank)에 송달하여 수입상 앞으로 추심하여 줄 것을 요청한다. 이때 추심의뢰은행은 의뢰인이 지시한 경우에는 지정한 추심은행을 이용하며, 지정하지 아니한 경우에는 추심의뢰은행 임의로 선정한 지급지나 인수지 국가에 있는 어떠한 은행으로도 추심은행으로 이용할 수 있다(URC 제5조). 그리고 추심의뢰은행으로부터 추심의뢰를 받은 추심은행은 수입상과의 거래관계 등으로 인하여 직접 수입상에 대한 서류의 제시가 곤란한 경우에는 다른 추심은행(즉, 제시은행, presenting bank)으로 추심서류를 송달하여 다시 추심의뢰하게 된다. 대개의 경우는 추심은행이 수입상의 거래은행이 되도록 추심은행을 선정한다. 즉, 조속한 추심을 위하여 최초의 추심은행이 제시은행이 되도록 하는 것이다.

⑥ 추심은행(또는 제시은행)은 운송서류를 수령하고 이를 수입상에게 추심서류 도착통지를 하여 조속한 어음의 결제를 촉구한다.

⑦ 수입상은 운송서류에 하자가 없는 경우에 일람출급환어음을 일람(at sight)한

후에 수입대금을 지급하고 운송서류를 인도 받는다. 이때 전신환매도율을 적용하여 환산한 금액을 은행에 지급한다. 수입상은 관계 화물을 통관·인수하는 절차를 밟는다.

⑧~⑨ 추심은행은 추심의뢰은행이 지시한 결제은행의 자행계좌에서 차기(debit : 출금)하여 추심의뢰은행의 계좌에 대기(credit : 입금)할 것을 결제은행에 의뢰하며, 결제은행은 추심은행에게 차기(출금)을 통보(debit advice)한다. 결제은행은 추심의뢰은행 앞으로 대기(입금)(credit advice)되었음을 알린다.

⑩ 추심의뢰은행은 자기은행 계좌에 입금된 수출대금을 수출업자에게 지급한다. 이 경우는 이미 설명한 바와 같이 추심후지급(bill collection)의 절차를 통하여 성립한다.

마지막으로 수입상은 추심은행으로부터 인도받은 서류를 가지고 필요한 경우에 소정의 수입신고 절차를 필한 후 선하증권(또는 항공화물운송장)을 제시하고 수입물품을 인수하면 거래가 종료된다.

▌그림 3-3▐ 지급인도방식(D/P)의 거래 상세절차도

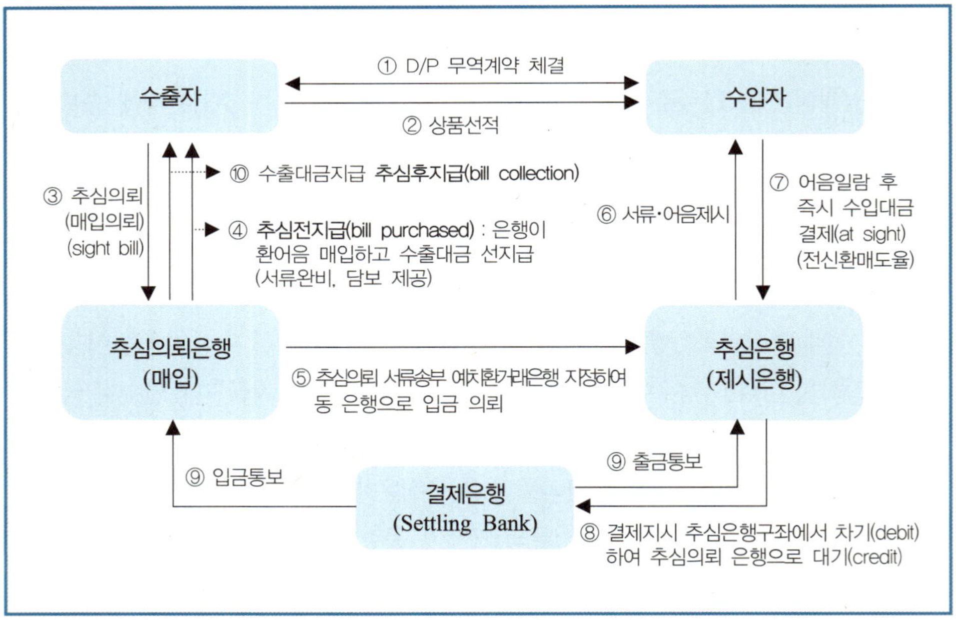

2. D/P Usance(기한부 D/P)

D/P Usance 거래란 추심은행이 Usance 기간동안 서류를 보관하고 있다가 그 이후에 제시하여 대금의 지급과 상환으로 서류를 인도하는 방식의 거래를 말한다.

D/P 거래에서 수입지의 추심은행(수입상 거래은행)은 추심서류가 도착한 경우

통상의 경우에는 즉시 수입상에게 서류를 인도하여야 하지만, 선하증권이나 어음의 발행일자 후 일정기간에 서류를 인도하여야 하는 경우가 있다.

전자를 'D/P at Sight'라 하고 후자를 'D/P Usance'라고 한다. 예컨대 결제조건이 "D/P at 30 days after B/L date"이면 추심은행은 서류가 도착하였더라도 "B/L 일자 후 30일의 날짜"에 서류를 인도하여야 한다. 만약 선하증권의 일자가 8월 20일이라면 9월 19일에야 수입상에게 서류를 인도하여야 한다. 'D/P at Sight'에서는 추심은행이 상품이 도착되지 않았더라도 수입상은 대금을 결제(지급)하고 서류를 인도받아야 하므로 자금부담이 되는 경우가 있다.

그러나 "D/P at 30 days after B/L date"와 같이 기재하여 물품 도착시기에 맞추어 서류를 인도하도록 하는 것이다. 추심은행은 반드시 'B/L 일자 후 30일'에 인도를 하여야 하며 그렇지 않으면 이로 인하여 발생하는 문제에 대하여 책임을 부담하여야 한다. 화물이 지정일자 전에 도착하여 어음지급인이 인도를 요구하는 경우라 하더라도 미리 인도하고자 하는 경우에는 반드시 추심의뢰은행의 용인을 받아야 하므로 추심은행은 추심업무(수입결제 업무) 처리 시 D/P Usance를 D/A로 착오하여 수입상의 결제가 이루어지지 않은 상태에서 서류를 인도해서는 안된다.

'D/P Usance'는 사고발생 또는 분쟁의 소지가 있어 "추심에 관한 통일규칙(uniform Rules for the Collections, URC522)"에서는 D/P Usance의 사용 관행을 억제하도록 하고 있다.

'D/P Usance'가 'D/A'와 다른 점은 'D/A'에서는 서류가 도착하는 즉시 인수하도록 하고 대금결제를 일정기간 후에 지급하는 것, 예컨대 "D/A 30 days after Sight"이면 수입상이 '환어음 및 선적서류를 인수한 날로부터 30일'에 지급하는 것이다. 'D/A'에서는 서류가 도착되는 즉시 수입상에게 인도가 되지만 'D/P Usance'에서는 서류가 도착되는 즉시 서류를 인도할 수 없으며 반드시 일정기간 후에 인도하여야 하며 서류를 인수할 때 수입상은 수입대금을 지급하여야 한다.

D/P Usance거래는 D/A거래에 따른 수출상의 위험부담 및 D/P거래에 따른 수입상의 불필요한 자금부담을 동시에 커버할 수 있는 결제방식이라 할 수 있다.

D/P Usance거래는 선적서류의 내도시점보다 운송화물의 도착기간이 상당일간 뒤늦는다는 점을 감안하여 고안된 결제방식으로서, 해상으로 물품을 운송하는 경우 등에 선적서류가 물품보다 일찍 도착함으로 인해 발생하는 수입상의 불필요한 자금부담을 배제시키기 위하여 주로 사용된다. Usance 기간은 대개 30일 정도가 일반적이며, 이는 서류 도착일로부터 수입화물이 도착할 때까지의 기간을 의미하는 것으로 수입상은 결국 이 기간동안 대금지급을 유예받는 효과를 거두게 된다.

3. D/A 결제방식의 거래절차

① 수출상과 수입상은 신용장 없이 추심방식(collection), 즉 D/A 방식의 대금결제 조건으로 매매계약을 체결한다.

② 수출상은 필요한 경우에 수출승인을 받고 수출상의 보험부보 조건인 경우에 보험계약을 체결한 후 소정의 수출절차를 종료한 다음에 계약상품을 선적하고 운송서류를 준비한다.

③ 수출상은 D/A계약서에서 요구하고 있는 상업송장, 선하증권, 보험서류 등 약정한 서류와 수입상 앞으로 기한부환어음(usance bill)을 수입상을 지급인으로 발행하여 추심의뢰은행(remitting bank)에 추심(또는 추심전매입)을 의뢰한다.

그림 3-4 인수인도방식(D/A)의 거래 상세절차도

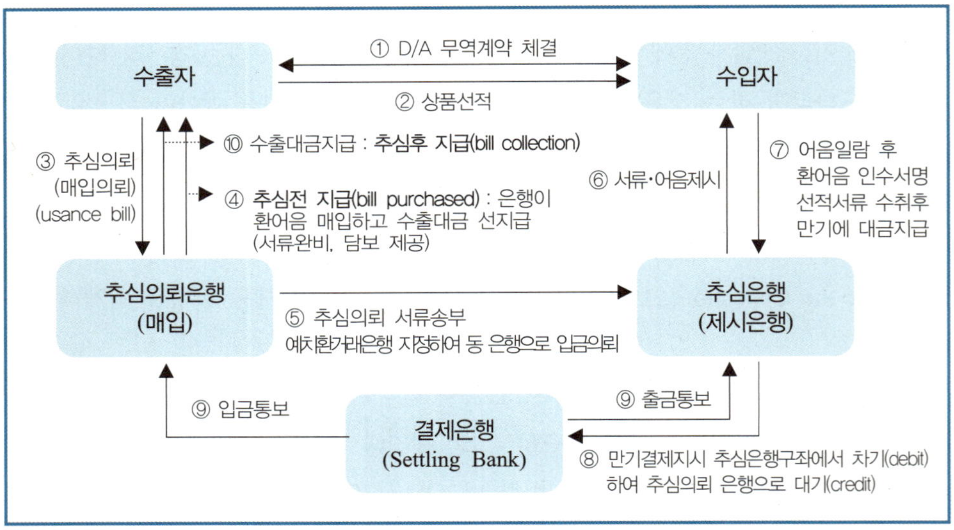

④ 수출상이 추심(또는 추심전매입)을 의뢰하면 서류에 하자가 없으며 부도에 대비한 채권보전조치를 은행이 취한 경우에 은행은 추심전매입(B/P ; Bill Purchased)으로 환어음을 추심전에 매입하고 그 대전을 선지급한다. 이때 은행은 선지급한 환어음 대전을 추심은행에 송부하여 수입상으로부터 대금을 만기일에 수취하므로 우편송달기간에 해당하는 이자성격의 환가료 및 Usance 기간에 해당하는 이자를 공제하여 산출한 금액을 수출상에게 선지급하게 된다.

반면에, 추심의뢰은행이 선지급하지 않고 추심절차에 의하여 추심은행(collecting bank)으로 환어음과 운송서류를 송부하여 수입상으로부터 어음의 만기일에 대금을 수취한 후에 그 대금을 추심의뢰은행으로 보내면 이를 다시 수출상에게 지급하는 추심후 지급(B/C : Bill Collection)의 경우에는 전신환매입률을 적용한다(아래의 흐름도에서 ④는 추심전 지급에 해당하는 것).

⑤ 추심의뢰은행(추심전 매입은행)은 환어음과 운송서류를 추심은행에 송부하고 Usance 기간 이후인 어음의 만기일(maturity date)에 대금을 자신의 해외 예치환 거래은행의 계좌에 입금시키도록 의뢰한다.

⑥ 서류를 접수한 수입상의 거래은행인 추심은행은 수입상에게 운송서류가 도착하였다는 내용의 서류도착을 통지하며 수입상에게 제시한다.

⑦ 서류도착 통지를 받은 수입상은 운송서류에 하자가 없는 경우에 제시된 기한부 어음에 "Accepted by ~"라고 배서하여 인수·서명표시를 하고 선적서류를 인도받는다. 수입상은 추심은행으로부터 인도받은 서류로 소정의 수입통관 절차를 필한 후 선하증권을 제시하고 수입물품을 인수한다. 수입상은 Usance 기간 이후인 어음의 만기일에 수입대금을 전신환매도율을 적용하여 환산한 금액을 추심은행에 지급·결제한다.

⑧~⑨ 수입상의 거래은행인 추심은행(collecting bank)은 수출업자의 거래은행인 추심의뢰은행(remitting bank)으로 송금한다.

⑩ 수출상의 거래은행인 추심의뢰은행은 추심은행으로부터 송금되어온 수출대금을 수출업자에게 지급한다. 이 경우는 이미 설명한 바와 같이 추심후 지급(bill collection)의 절차를 통하여 성립한다.

▌그림 3-5▐ D/P·D/A의 거래과정

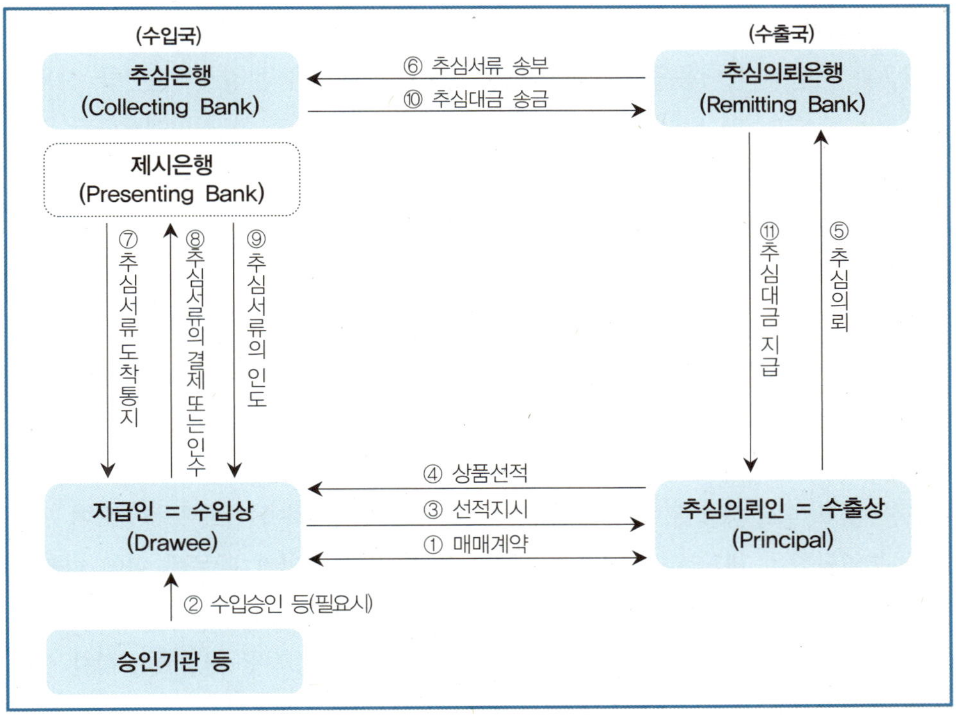

D/P·D/A거래 절차도의 순서에 따른 상세한 실무적인 설명은 절차도에서 추심의뢰은행(remitting bank)과 추심은행(collecting bank)은 무예치환거래은행(non-depositary correspondent bank)이기 때문에 양 은행의 계좌를 동시에 보유하고 있는 결제은행(settling bank, reimbursing bank)을 통하여 대금이 결제되는 과정을 기준으로 작성되었다. 따라서 추심의뢰은행(remitting bank)과 추심은행(collecting bank)이 서로 상대방의 계좌(account)를 보유하고 있는 예치환거래은행(depositary correspondent bank) 관계인 경우에 결제은행(settling bank, reimbursing bank)은 필요 없다.

4. 추심에 관한 통일규칙

추심결제방식이란 수출상이 수입상에게 물품을 보낸 후에 수입상이 물품을 찾을 수 있는 선적서류를 은행을 통하여 송부하고, 대금도 은행을 통하여 받도록 한 거래이다. 추심결제방식에는 D/P와 D/A가 있는데 이 방식의 거래를 규제하는 국제규범이 있기 때문에 매매당사자는 이 규범에 맞추어 거래를 하여야 한다.

대금결제방법 중 신용장거래에 대해서는 관계 당사자간에 「화환신용장에 관한 통일규칙 및 관례(Uniform Customs and Practice for Documentary Credits, 2007 Revision, ICC Publication No. 600 ; UCP 600」가 적용되고, 그 신용장대금의 상환에 대해서는 관계은행 간에 「신용장 대금상환에 관한 통일규칙(ICC Uniform Rules for Bank-to-Bank Reimbursement under Documentary Credits ; URR 725」이 적용된다.

그러나 신용장이 아니고 D/P·D/A같이 은행의 지급확약 없이 수출자가 일람출급환어음과 기한부 환어음을 발행함으로써 거래자에게 어음의 결제기간만큼 신용을 공여하는 추심방식에 의한 대금결제 시에는 관계 당사자간의 분쟁을 예방하기 위해 국제상업회의소(ICC)가 제정한 「추심에 관한 통일규칙(Uniform Rules for Collections of the Commercial Paper, 1995 Revision ICC Publication No. 522 ; URC 522)」이 제정되어 있다.

제정규칙은 추심관행, 규칙 적용상의 문제점 등을 분석하여 추심을 둘러싼 분쟁을 예방할 수 있도록 추심의 형식 및 구성내용을 보완하여 추심지시서(collection instruction)에 관련된 사항을 상세히 규정하고 서류작성에 대한 지시사항과 서류의 효력 및 불가항력에 관한 면책조항 등을 별도로 설정하였다.

또한 장(章)별로 해당 조항에 표제어를 달아 내용을 이해하기 쉽도록 하였으며 이에 따라 통일규칙은 제7장 제26개조로 구성하여 마련된 것이기 때문에 이에 따라서 절차를 진행시켜야 하는 바 동 규범의 주요 내용은 다음과 같다.

첫째, 은행을 통하여 선적서류의 송부이다. 수출상은 선적후 동 규범에서 정한 선적서류를 계약서에 명기된 추심의뢰은행(remitting bank)에 제출하고 추심의뢰은행이 수입지에 있는 추심은행(collecting bank)으로 서류를 우송하여야 하므로 수출상이 선적서류를 직접 수입상에게 송부하는 행위는 금지된다. 수출상이 은행에 제출하는 서류는 운송서류, 보험서류(가격조건이 CIF, CIP일 경우), 상업송장, 환어음, 포장명세서, 기타서류이며, URC에 그 목록이 기재되어 있다.

둘째, 은행을 통한 대금의 추심이다. 추심의뢰은행(remitting bank)에서 보낸 서류는 계약서에 명기된 수입지은행으로 도착하게 되며 이 수입상 거래은행을 추심은행(collecting bank)이라 한다.

추심은행은 거래조건이 D/P인 경우에는 수출상이 상품을 선적한 후 수입상을 지급인으로 발행된 일람출급 환어음(sight bill)과 관련 서류를 첨부하여 추심의뢰은행(remitting bank)에 추심을 의뢰하면, 추심의뢰은행은 그러한 서류가 첨부된 환어음을 수입상이 지정한 추심은행(collecting bank)으로 송부하여 추심을 의뢰하면, 추심은행은 그 환어음의 지급인인 수입상으로부터 대금을 지급받아 추심의뢰은행으로 송금하여 결제하는 방식이며, D/A인 경우에는 추심은행이 기한부환어음(usance bill)의 지급인인 수입상으로부터 어음의 인수(acceptance)를 받으면서 서류를 인도(delivery)하고 그 어음의 만기일(maturity date)에 수입상으로부터 대금을 지급받아 추심의뢰은행으로 송금하여 결제하는 방식이다.

따라서 수입상이 수입대금을 직접 수출상에게 송금하는 행위는 금지되며 반드시 추심은행에 결제하여야 하며, 추심은행이 수입상에게 결제받은 대금을 추심의뢰은행으로 보내면 추심의뢰은행이 이 대금을 수출상에게 전달하게 된다.

셋째, 어음부 거래이다. 추심결제에서 수입상은 상품대금을 결제하는 것이 아니라 수출상이 자신 앞으로 발행한 어음을 결제하는 것이다.

따라서 만일 수출상이 물건만 보내고 선적서류에 환어음을 첨부하지 않는다면 수입상에게 결제의무가 일어나지 않는다. 이점이 다 같은 무신용장 거래인데도 송금방식과 추심방식이 달라지는 근본적인 차이점이다.

추심에 관한 통일규칙은 본 규칙의 준거문언이 제4조에 언급된 추심지시서(collection instruction)의 본문에 삽입된 경우 제2조에 정의된 모든 추심에 적용되며, 별도의 명시적인 합의가 없거나 또는 국가·주 또는 지방의 법률 및 또는 규칙의 규정에 위배되지 아니하는 한 모든 관계 당사자를 구속한다.

추심당사자
- 의뢰인(Principal)
- 추심의뢰은행(Remitting Bank)
- 추심은행(Collecting Bank)
- 제시은행(Presenting Bank)

은행이 어떠한 이유로 접수된 추심 또는 어떠한 관련 지시서를 취급하지 않을 것을 결정한 경우에는 추심 또는 그 지시서를 송부한 당사자에게 전신 또는 그것이 가능하지 않은 경우, 다른 신속한 수단으로 지체없이 통지하여야 한다.

따라서 D/P·D/A거래의 정확한 이해를 위해서는 이 「추심에 관한 통일규칙(Uniform Rules for Collections, ICC Publication No.522 ; URC 522)」 국제규범을 정확히 숙지하고 있어야 한다. 다만 주 및/또는 지역의 법률에 반하지 않는 한 모든 관계 당사자를 구속한다고 규정하고 있음을 유념하여야 한다.

표 3-2 추심과 매입의 차이점

추 심	매 입
Collection	Negotiation
수출상의 요청에 따라 추심의뢰은행이 추심을 지시하고 추심은행이 수입상에게 서류를 제시하여 수입상으로부터 대금을 찾은 행위	매입은행이 수출상의 선적서류를 사주는 행위 원금에서 매입이자(환가료)를 공제한 할인가격으로 사는 행위
대금이 후지급 됨	대금이 선지급 됨
환가료를 부담하지 않음	환가료를 부담함
B/C : Bill Collection	B/P : Bill Purchased

표 3-3 추심결제방식과 신용장결제방식의 공통점

구 분	공통점
환어음	환어음이 발행
대금 결제시기(일람출급)	D/P = At Sight
대금 결제시기(기한부)	D/A = Usance
결제방식	역환(逆換)
서류송부	은행을 통한 서류송부

표 3-4 추심결제방식과 신용장결제방식의 차이점

구 분	추심결제방식	신용장결제방식
대금지급 책임	수입상(은행 지급확약 없음)	발행은행(은행 지급확약 있음)
국제규범	URC 522	UCP 600, ISBP 745
화물 소유권	수입상	발행은행
수수료	단순하고 낮다	다양하고 높다
서류심사 의무	추심은행의 심사의무 없음	발행은행의 심사의무 있음
Drawee(어음 지급인)	수입상	발행은행/지정은행
사용방법	추심(Collection)	매입(Negotiation)

▌표 3-5▐ 대금결제방식의 요약 비교

구 분	국제규칙	서류발송	환어음	대금지급인	환의 흐름	은행지급확약	수수료
송금	X	당사자	X	수입상	순환	X	3
추심	URC	은행	O(추심)	수입상	역환	X	2
신용장	UCP, ISBP	은행	O(매입)	은행	역환	O	1

▌표 3-6▐ 송금·추심·신용장의 결제방법 비교

구 분	결제방법	지급시기 비교
송금결제방식 (T/T)	사전송금방식(CWO)	
	사후송금방식(COD, CAD, O/A)	
추심결제방식 (Collection)	D/P(선적서류 지급인도조건)	L/C(At Sight)
	D/A(선적서류 인수인도조건)	L/C(Usance)
신용장결제방식 (Letter of Credit)	At Sight(일람출급)	Collection(D/P)
	Usance(기한부)	Collection(D/A)

▌표 3-7▐ 무역결제방식에 따른 추심결제방식과 신용장결제방식의 비교

구 분	추심(Collection)	신용장(L/C)
즉시지급	은행의 지급확약 없음	은행의 지급확약
	D/P	At Sight
	Payment	Payment
	즉시 지급	즉시 지급
	(대금)지급 → (서류)인도	서류일람 → 대금지급
	은행이 수입상에게 받아 지급	은행이 서류 검토 후 즉시 지급
기한부지급	은행의 지급확약 없음	은행의 지급확약
	D/A	Usance
	D/A at ×× days after sight	At ×× days after sight
	D/A at ×× days after B/L date	At ×× days after B/L date
	D/A at ×× days after date	At ×× days after date
	Acceptance → Payment(만기)	Acceptance → Payment(만기)
	만기에 지급	만기에 지급
	인수(의사표시) → (서류)인도	서류일람 → 인수 → 대금지급
	은행이 만기에 대금 받아 지급	은행이 인수 후 만기지급

표 3-8 무역대금결제방법 요약(추심결제방식)

<table>
<tr><td colspan="2">※ 추심방식(collection) 특징</td></tr>
<tr><td colspan="2">① 환어음 사용(어음법 적용)
② 국제규칙(URC, 추심통일규칙) 적용됨
③ 서류와 대금을 관계은행(추심은행, 추심의뢰은행, 제시은행)을 통하여 송부함
④ 본·지사간 거래, 신용이 아주 두터운 거래선 사이에 사용됨. 은행의 지급확약이 없음
⑤ 신용장거래보다 낮은 은행수수료 부담
⑥ 환어음의 지급인(Drawee)은 수입상임</td></tr>
<tr><td colspan="2">※ 추심결제방식</td></tr>
<tr><td colspan="2">★ D/P(Documents against Payment : 지급인도조건)</td></tr>
<tr><td>수출상이 상품선적 후 서류와 일람지급화환어음을 수출상 거래은행(추심의뢰은행)을 통하여 수입상 거래은행(추심은행)으로 송부하고, 추심은행은 서류를 수입상에게 인도하면서 지급받은 대금을 추심의뢰은행에 송금하여 결제받는 방법.
• 무신용장 At Sight 방식</td><td>수입상 유리. 수출상은 대금지급 거절위험</td></tr>
<tr><td colspan="2">★ D/A(Documents against Acceptance : 인수인도조건)</td></tr>
<tr><td>수출상이 상품선적 후 서류와 기한부화환어음을 수출상 거래은행(추심의뢰은행)을 통하여 수입상 거래은행(추심은행)으로 송부하고, 추심은행은 서류를 수입상에게 인도하면 수입상이 환어음을 인수은행에 송금하여 결제받는 방법.
• 무신용장 Usance방식(예 : at 90 days after sight)</td><td>수입상 유리. 수출상은 대금지급 거절위험</td></tr>
<tr><td colspan="2">1. 매매계약 체결</td></tr>
<tr><td colspan="2">수출자와 수입자가 D/P, D/A방식 매매계약 체결하고 지급조건에 다음과 같이 합의함
① D/P “Payment Terms : By a documentary bill of exchange at sight”
② D/A “Payment Terms : By a documentary bill of exchange at XX days after sight”</td></tr>
<tr><td colspan="2">2. 추심의뢰</td></tr>
<tr><td colspan="2">① 수출자는 수출물품 선적후 수입자를 지급인으로 작성한 환어음과 계약조건에 따른 서류를 구비하여 추심의뢰은행에 제시하여 수입지 은행(추심은행)으로 추심하여 줄 것을 의뢰함
② 수출자 거래은행은 수출자가 제시한 선적서류에 결제조건 등 추심에 수반되는 제조건을 작성한 추심의뢰서를 첨부하여 수입지 은행 앞으로 송부함</td></tr>
<tr><td colspan="2">3. 추심서류 도착</td></tr>
<tr><td colspan="2">추심은행은 추심의뢰은행으로부터 추심서류가 내도되면, 수입자에게 추심서류 도착통지를 하여 조속한 어음의 결제(어음 제시 즉시 결제 : D/P) 또는 인수(기한부 지급 : D/A)를 요청함</td></tr>
<tr><td colspan="2">4. 선적서류 결제 및 인수</td></tr>
<tr><td colspan="2">① 추심서류를 받은 수입자는 추심서류에 하자가 있으면 지급(인수)거절을 하고, 하자가 없으면 추심대금을 결제(D/P)하거나 인수(D/A)하고 추심은행은 서류를 수입자에게 인도함
② D/P의 경우 추심은행은 결제와 동시에 추심의뢰은행 앞 추심대금을 송금하며, D/A의 경우는 어음의 만기일에 수입자에게 어음을 제시하고 추심대금을 결제받아 송금함</td></tr>
<tr><td colspan="2">5. 통 관</td></tr>
<tr><td colspan="2">수입자는 인수한 선적서류와 기타 통관에 필요한 서류를 구비하여 통관함</td></tr>
</table>

표 3-9 D/P·D/A 서류의 매입 요약

구 분	내 용
의미	① D/P·D/A는 은행의 지급확약이 없는 거래로, 수출입 당사자간의 계약서를 근거로 하여 수출상은 계약물품을 선적한 후에 수출환어음 및 선적서류를 구비하여 자기의 위험과 비용부담으로 거래은행은 추심의뢰은행을 통하여 대금을 추심하는 거래임 ② 수출자는 수출계약서에 의거 관계화물을 선적한 후 운송서류 등을 구비하고 수입상을 지급인으로 하는 일람지급 혹은 기한부 수출환어음을 발행하여 거래은행인 추심의뢰은행에 추심전 매입을 의뢰함으로써 대금을 회수하게 됨 ③ D/P, D/A 거래는 '추심에 관한 통일규칙'(URC 522)의 적용을 받음
매입신청	• 거래약정 여부 및 여신한도 확인 후 다음의 서류를 제출함 화환어음추심의뢰서, D/P 또는 D/A 수출계약서 원본, 계약서에서 요구하는 제 서류 및 환어음, 수출승인서(필요한 경우), 기타 필요한 서류(수출신고필증 등)
계약서 검 토	① 계약서가 유효하게 작성되었는지 여부(양 당사자의 서명 유무 등) ② 계약서의 유효기간이 경과되지 않았는지 여부 ③ 계약서에서 추심은행을 별도로 지정하고 있지 않는지의 여부 ④ 계약서 이면에 매입사실의 표시가 없는지 여부 ⑤ 제한품목의 경우 관련 협회 또는 조합의 추천을 받았는지 여부 ⑥ '특정거래형태의 수출입 인정' 대상에 해당하지 않는지 여부 ⑦ 무역어음 인수 또는 무역금융 취급 여부
운송서류 점검사항	신용장방식에 의한 수출환어음 매입시의 검토사항과 유사하지만, 다음과 같은 경우에는 은행에서 추심전 매입을 억제하고 있음 ① 해상보험에 부보되지 않은 건 ② 선하증권 1통을 수입상 앞으로 직접 송부하는 경우나 항공화물운송장의 수하인이 수입상으로 되어 있어 환어음의 지급·인수 없이도 화물의 인수가 가능한 건 ③ 이미 매입한 D/P·D/A 어음이 인수거절 또는 지급거절 되었거나 미입금된 건이 있는 등 신용상태가 불량한 수입상에 수출하는 건
수수료	신용장방식과 동일하나 환가료 등의 수수료 징수에 있어서는 은행별·어음 기간별 등에 따라서 요율 및 징수시기 등에 다소 차이가 있음
추심 지시서	① 추심의뢰은행(매입은행)은 의뢰인이 추심은행을 지정하였을 때에는 지정된 추심은행 앞으로, 지정하지 않은 때에는 추심의뢰은행이 임의로 선정한 은행(수입상 소재지역의 환거래은행) 앞으로 추심서류를 발송하며, 완전하고 명확한 지시가 기재된 추심지시서를 첨부하여야 함(URC 522 제4조). ② 추심지시서의 주요내용은 서류인도조건, 추심결과의 통지, 추심대금 송금방법에 대한 지시, 거절증서에 관한 지시(URC 522 제24조), 상품보관에 관한 지시, 지급거절 또는 인수거절에 대비한 예비지급인에 관한 지시, 수수료 및 제 비용의 부담자 표시, 이자징수에 관한 지시, 기타 특수한 지시 등이 있다.
실무적 유의사항	① D/P·D/A거래에서 경우에 따라서는 수입상이 자금사정 또는 시장악화 등을 이유로 또는 아무런 이유없이 지급연기를 요구하거나 화물의 하자를 내세워 대금의 감액을 요구하는 상황이 발생될 우려가 있음 ② 이러한 사태해결을 위하여 수출상과 수입상의 직접·간접의 여러 가지 절충에도 불구하고 전혀 해결의 가망이 없을 경우에 추심의뢰은행(매입은행)은 추심의뢰인에게 매입금액 및 제 비용의 상환을 소구권을 근거로 청구함

〈서식 3-1〉 D/A CONTRACT

D/A CONTRACT (NO. 140326)

THIS D/A CONTRACT OS MADE IN ACCORDANCE WITH SUPPLY AGREEMENT N. HCP 89.030.4001 DATED JUNE 30, 2019 AND AGREED ON MAR. 20, 2018 BY AND BETWEEN FOLLOWING PARTIES CONCERNED.

(1) JANGSUNG CORPORATION, SEOUL, KOREA(HEREINAFTER CALLED SELLER)

(2) GRUPPO LEPETIT S.P.A., ITALY(HEREINAFTER CALLED BUYER)

FOR THE TRANSACTION OF THE FOLLOWING MERCHANDISE TO BE SHIPPED DURING THE PERIOD IN ACCORDANCE WITH TERMS AND CONDITIONS DESCRIBED HEREUNDER :

1. PAYMENT : THE CONTRACT AMOUNT WILL BE PAID AGAINST FOLLOWING DOCUMENTS AT 90 DAYS FROM B/L DATE.
   (1) SIGNED COMMERCIAL INVOICE IN 3 COPIES ISSUED AT THE NAME OF GRUPPO LEPETIT S.P.A. VIA ROBERTO LEPETIT, 9, 20020, LAINATE(MI), ITALY.
   (2) FULL SET OF CLEAN ON BOARD BILLS OF LADING CONSIGNED TO THE ORDER OF CARIPLO, VIA RE UMBERTO, 1, 17-20020, LAINATE(MI), ITALY, MARKED FREIGHT PREPAID AND SHOWING NOTIFY PARTY AS BOSSI AND C., VIA D. FIASELLAA, 1, 16121, GENOA, ITALY.
   (3) WEIGHT/MEASUREMENT NOTE
   (4) INSURANCE POLICY

2. COMMODITY : GAUZE SPONGES AS PER ORDER NO. GR/01/1/106368

SIZE	QUANTITY	CIF GENOA	AMOUNT
50CM X 60CM-4PLY	13,500 PCS	US$ 0.3931	US$ 5,306.85
5CM X 60CM-4PLY	45,000 PCS	US$ 0.1236	US$ 5,562.00
TOTAL	58,500 PCS		US$10,868.85

3. SHIPMENT : TILL APRIL 30, 2019

4. VALIDITY : TILL MAY 10, 2019

5. BANK : CARIPLO, VIA RE UMBERTO 1, 17-20020, LAINATE(MI), ITALY(ATTENTION : MR,PAGANI)
   THIS CONTRACT WILL BE EFFECTIVE PROMPTLY AFTER BEING SIGNED BY BOTH PARTIES CONCERNED.

BUYER : GRUPPO LEPETIT S.P.A.
Philip Adams,
Philip Adams, Vice President

SELLER : JANGSUNG CORPORATION
M.Y. Song,
M.Y.Song, Director Trading Dept

〈서식 3-1-1〉 선적서류 매입(추심) 의뢰서

매입/추심의뢰서	담당	대리/과장	차장	부점장

한빛은행 앞 2019 년 3 월 26 일

접수 번호	HG506010076-3305

다음 내용의 수출환어음 또는 선적서류를 기 약정한 바에 의하여 매입 / 추심하여 주시고 동 대전을 아래와 같이 처리하여 주시기 바랍니다.

(1) L/C 및 선적서류 내용

L/C CONTRACT NO.	D/A NO.140326	DATED	MAR. 20, 2019
TENOR	AT 90 DAYS FROM B/L DATE	TRADE TERM	CIF GENOA, ITALY
AMOUNT	USD10,868.85	DEDUCTED	
OPENING BANK/ COLLECTING BANK	CARIPLO, VIA RE UMBERTO	E/D	MAY. 10, 2019
BENEFICIARY	JANGSUNG CORPORATION	S/D	APR. 30, 2019
ACCOUNTEE	GRUPPO LEPETIT S.P.A, ITALY	H.S. NO.	3005.90.2000
COMMODITY	GAUZE SPONGES	TRANS-SHIP	ALLOWED, NOT
DESTINATION	GENOA, ITALY	PARTIAL-SHIP	ALLOWED, NOT

(2) 선적내용

수 출 구 분	☐ 일반 L/C ☐ 본지사간 L/C ■ 일반 D/P, D/A ☐ 본지사간 D/P, D/A ☐ 외화표시 물품공급 ☐ 수출선수금 ☐ 중계무역 ☐ 단순송금		
수 출 금 액 (FOB)	자사제품 USD9,911.-	타사제품	
수 출 면 장 일 자	2019 년 03 월 22 일	E/L NO.	E-19G5-903-00194

(3) 대전처리내역

매 입 금 액		×ⓐ
대 체 금 액		=₩
무 역 금 융	A	㉧
	B	㉧
제수입보증금		전 금 (계좌번호)
우 편 료		

(4) DA, DP 한도

승 인 기 일	
승 인 액	
대출액(본건포함)	
한 도 잔 액	

(5) 기타

주 소 서울特別市 西草區 西草洞 1670-6
상사명 長 聖 交 易 株 式 會 社
대표자 代表理事 李 錫 穆 ㉧

인 감 대 조

외양(212×275) 백상지 60g/㎡

〈서식 3-1-2〉 COVERING LETTER

HANVIT BANK

FOR CUSTOMERS

C.P.O BOX 1033
SEOUL, KOREA

BIC : HANIKRSE
TELEX : K23823
FAX : (02)753-2392
TEL : (02)

SEOUL BIC : HANIKRSE
TLX : 23823
PUSAN BIC : HANIKRSE
TLX : 53543

DATE : **MAR. 26, 2019**

PLEASE ALWAYS QUOTE

OUR REF NO.
HG506010076-3305

MAIL TO	**CARIPLO, VIA RE UMBERTO 1, 17-20020, LAINATE(MII), ITALY (ATTENTION : MR. PAGANI)**

GENTLEMEN :
WE ENCLOSE THE ITEM DESCRIBED HEREON FOR COLLECTION. PLEASE HANDLE IN ACCORDANCE WITH THE INSTRUCTIONS BELOW.

DRAWER	**JANGSUNG CORPORATION. C.P.O. BOX 3829, SEOUL, KOREA**			
DRAWEE	**GRUPPO LEPETIT S.P.A., VIA ROBERTO LEPETIT, 8, 20020, LAINATE, MILANO, ITALY**			
CONTRACT	NUMBER	**DA NO. 140326**	DATE	**MAR. 20, 2019**
DRAFT	NUMBER		DATE	**MAR. 26, 2019**
	TENOR	**At 90 DAYS FROM B/L DATE**	MATURITY	**JUN. 22, 2019**
	AMOUNT	**US$10,868.85**		
	DOCUMENTS TO BE DELIVERED AGAINST **ACCEPTANCE**			
COMMODITY	**GAUZE SPONGES**			

The relative documents enclosed (duplicate draft and documents will follow by next mail, if any)

DOCUMENTS	DRAFT	COMM INVOICE		B/L		AWB		INSURANCE POL/CERT		INSP CERT	W/M LIST	PKG LIST	CERT ORIGIN	CUST INVOICE	B/CERT	TEST	GSP
1ST MAIL	1	3	c	3/3	c			2/2	c	1	1	1	1			1	
2ND MAIL	1		c	/	c			/	c	c	c	c	c			c	

INSTRUCTIONS TO THE PAYING BANK(Marked "X")

	Please credit the proceeds to our A/C with you under cable advice to us
×	Please remit the proceeds by cable to our A/C(**A/C NO. 10952822**) with **CITIBANK, NEW YORK AT MATURITY(JUN. 22, 2019)** under cable advice to us quoting our reference No.
	Collect all your charges and expenses from drawee.
×	No Protest
×	Please acknowledge receipt by airmail.
×	Advise dishonor by cable giving reasons.
×	Advise date of acceptance and maturity of time bills by airmail.

THIS COLLECTION IS SUBJECT TO UNIFORM RULES FOR COLLECTION 1995 REVISION, I.C.C. PUBLICATION NO.522

SPECIAL INSTRUCTIONS

AUTHORIZED SIGNATURE

외양 1016D (216×303) NCR

〈서식 3-1-3〉 COMMERCIAL INVOICE

<table>
<tr><td colspan="2">① Shipper/Exporter
JANGSUNG CORPORATION</td><td colspan="3">⑧ No. & date of invoice
JSEX-140326 OF MAR. 20, 2019</td></tr>
<tr><td colspan="2">② For account & risk of Messrs.
GRUPPO LEPETIT S.P.A.,
VIA ROBERTO LEPETIT, 8, 20020,
LANATE, MILANO, ITALY</td><td colspan="3">⑨ No. & date of L/C

⑩ L/C issuing bank
GARIPLO, VIA RE UMBERTO, 1, 20020
LAINATE(MI), ITALY
(ATTENTION : MR. PAGANI)</td></tr>
<tr><td colspan="2">③ Notify party
BOSSI AND C.,
GENOA, ITALY</td><td colspan="3" rowspan="3">⑪ Remarks :
- ORDER NO. GR/01/1/106368
- BATCH NO. 9602002
- EXPIRY DATE : MARCH 31, 2019</td></tr>
<tr><td>④ Port of loading
BUSAN, KOREA</td><td>⑤ Final destination
GENOA, ITALY</td></tr>
<tr><td>⑥ Carrier
MED TOKYO
V-15-118-W</td><td>⑦ Sailing on or about
MARCH. 25, 2019</td></tr>
<tr><td>⑫ Marks and numbers of Package</td><td>⑬ Description of Goods</td><td>⑭ Quantity/Unit</td><td>⑮ Unit/Price</td><td>⑯ Amount</td></tr>
<tr><td></td><td></td><td></td><td>CIF GENOA</td><td></td></tr>
<tr><td>AS PER
BUYER'S LABEL
(NO OTHER MARK)</td><td>GAUZE SPONGES AS PER
ORDER NO. GR/01/1/106368</td><td></td><td></td><td></td></tr>
<tr><td></td><td>50CM x 60CM-4PLY</td><td>13,500PCS</td><td>U$0.3931</td><td>U$5,306.85</td></tr>
<tr><td></td><td>5CM x 60CM-4PLY</td><td>45,000PCS</td><td>U$0.1236</td><td>U$5,562.00</td></tr>
<tr><td></td><td>*TOTAL*</td><td>58,500PCS</td><td></td><td>U$10,868.85</td></tr>
<tr><td colspan="5">⑰ Address: C.P.O.Box 3829
Seoul 100-638, Korea
Tel : 82-2-5232893
Telex : K22660
Cable : PHARMEX SEOUL
Fax : 82-2-5232895

JANGSUNG CORPORATION
⑱ Signed by S. M. LEE. President</td></tr>
</table>

〈서식 3-1-4〉 PACKING LIST

① Shipping/Exporter JANGSUNG CORPORATION	⑧ No.& Date of invoice JSEX-140326 OF MAR. 20, 2019
② For account & risk of Messrs. GRUPPO LEPETIT S.P.A., VIA ROBERTO LEPETIT, 8, 20020, LANATE, MILANO, ITALY	⑨ Remarks : - ORDER NO. GR/01/1/106368 - BATCH NO. 9602002 - EXPIRY DATE : MARCH. 31, 2019
③ Notify party BOSSI AND C., GENOA, ITALY	
④ Port of loading BUSAN, KOREA / ⑤ Final destination GENOA, ITALY	
⑥ Carrier MED TOKYO V-15-118- / ⑦ Sailing on or about MARCH. 25, 2019	

⑩ Marks and numbers of Package	⑪ Description of goods	⑫ Quantity	⑬ Net-weight	⑭ Gross-weight	⑮ Measurement
AS PER BUYER'S LABEL (NO OTHER MARK)	GAUZE SPONGES AS PER ORDER NO. GR/01/1/106368				
	PCS/CTN CTNS				
	50CM x 60CM-4PLY	13,500PCS	500		27
	5CM x 60CM-4PLY	44,000PCS	2,000		22
	5CM x 60CM-4PLY	1,000PCS	1,000		1
	TOTAL	58,500PCS			50CTNS

- NET WEIGHT : 839KGS
GROSS WEIGHT : 950KGS
MEASUREMENT : 4.000CBM

⑯ Address : C.P.O.Box 3829
Seoul 100-638, Korea
Tel : 82-2-5232893
Telex : K22660
Cable : PHARMEX SEOUL
Fax : 82-2-5232895

JANGSUNG CORPORATION
⑰ Signed by S. M. Lee President

〈서식 3-1-5〉 BILL OF LADING

Shipper JANGSUNG CORPORATION. C.P.O. BOX 3829, SEOUL, KOREA	**B/L No. NFR-6002**
Consignee TO THE ORDER OF CARIPLO, VIA RE UMBERTO 1, 17-20020, LAINATE(MI). ITALY	**COMBINED TRANSPORT** **BILL OF LADING** **NAM SUNG MARITIME CO., LTD.** TELEPHONE : REP (02)756-5141, FAX : (02)755-4822 PAIK NAM BLDG. 1002 188-3, 1-GA ULCHI-RO, CHUNG-KU SEOUL (100-191) KOREA
Notify Address BOSSI AND C., VIA D. FIASELLAA, 1, 16121, GENOA, ITALY	은 행 보 관 용

Place of Receipt BUSAN, KOREA	Ocean Vessel MED TOKYO V-15-118W	Port of Loading BUSAN, KOREA
Port of Discharge GENOA	Place of Delivery GENOA, ITALY	Final destination

Marks and numbers	Number and kind of packages	Description of goods	Gross weight	Measurement
			950.000KGS	4.000CBM
AS PER BUYER'S LABEL (NO OTHER MARK)	50CTNS	SAID TO CONTAIN; 50 CARTONS OF GAUZE SPONGES AS PER ORDER NO. GR/01/1/106368 FREIGHT PREPAID SAY : FIFTY (50) CARTONS ONLY.		

LADEN ON BOARD
MAR. 25, 2019
----

according to the declaration of the merchant

The goods and instructions are accepted and dealt with subject to the Standard Conditions printed overleaf.
Taken in charge in apparent good order and condition unless otherwise noted herein, at the place of receipt for transport and delivery as mentioned above one of these Combined Transport Bills of Lading must be surrendered duly endorsed exchange for the goods in Witness where of the original Combined Transport Bills of Lading all of this tenor and date have been signed in the number stated below, one of which being accomplished the other(s) to be void.

FREIGHT & CHARGES	RATE	PREPAID	COLLECT	
AS ARRANGED				Freight payable at SEOUL, KOREA
				Place and date of issue SEOUL, KOREA MAR. 25, 2019
				Number of Original BLs THREE(3)

FOR DELIVERY OF GOODS PLEASE APPLY TO : FRANCESCO PARIS-GENOA CASA DI SPEDIEIONI S.P.A. VIA A ALGAI, 5 TEL : 3910-265441 ATTN : D.SORRENTI	**NAM SUNG MARITIME CO., LTD.** **BY** ______________________ **ACTING AS A CARRIER**

〈서식 3-1-6〉 WEIGHT/MEASUREMENT NOTE

WEIGHT/MEASUREMENT NOTE

MAR. 20, 2019

TO WHOM IT MAY CONCERN :

WEIGHT/MEASUREMENT NOTE

- ORDER NO. GR/01/1/106368

- OUR COMMERCIAL INVOICE NO. : JSEX-140326

GAUZE SPONGES
AS PER ORDER NO.
GR/01/1/106368.

SIZE	QUANTITY	NET W'T	GROSS W'T	CBM
50CM X 60CM-4PLY	13,500PCS			
5CM X 60CM-6PLY	45,000PCS			
** TOTAL **	58,500PCS	839KGS	950KGS	4.000

TRULY YOURS,

JANGSUNG CORPORATION
S. M. Lee
S. M. Lee Preaident

〈서식 3-1-7〉 해상보험증권

AMERICAN HOME ASSURANCE COMPANY KOREA

60-1, CHUNG MU RO 3-KA, CHING-KU, SEOUL, KOREA CABLE ADDRESS : AMINTKOREA SEOUL FAX : 275-9531

MARINE CARGO INSURANCE POLICY

Policy No. YCK6581C00 Assured(s), etc. JANGSUNG CORP

Claim, if any, payable at: AIG EUROPE VIA VALCAVA 6 20155 MILANO, ITALY TEL (392) 36901 FAX (392) 369-0289 Claims are payable in the	Ref. No. INVOICE NO, JSEX-140326
Survey should be approved by: STEFANO L SCHIAPPACASSF VIA DEL LAGO. 13-12 16011 ARENZANO-GENOA	Amount insured Cargo USD11,955.74 (USD10,868.85 × 110.00%)

Local Vessel	From (interior port or place of loading)	Conditions INSTITUTE CARGO CLAUSES (WA 3%) WAR & STRIKES. RIOT & C.C
Ship or Vessel called the	Sailing or on about	
at and from	Transhipped at	
arrived at	thence to	

Goods and Merchandises GAUGES SPONGES AS PER ORDER NO. GR/01/1/106368	Subject to the following Clauses as per back here of. ·Institute Cargo Clauses, Institute War Clauses Institute Strikes Riots & Civil Commotions Clauses Special Replacement Clause(applying to machine) ·On-Deck Clause ·Institute Radioactive Contamination Exclusion Clause as attached.

Marks and Numbers as per Invoice No. specified above.

Place and Date Signed in. SEOUL KOREA 2019.03.22   No. of Policies issued. DUPLICATE

1. Warranted free of capture, seizure, arrest restraint or detainment, and the consequences thereof or of any attempt thereat; also from the consequences of hostilities or warlike operations, whether there be a declaration of war or not; but this warranty shall not exclude collision, contact with any fixed or floating object (other then a mine or torpedo), stranding, heavy weather or fire unless caused directly (and independently of the nature of the voyage or service which the vessel concerned or, in the case of a collision, any other vessel involved therein, is performing) by a hostile act by or against a belligerent power; and for the purpose of this warranty "power" includes any authority maintaining naval, military or air forces in association with a power.

2. Warranted free of loss or damage

(a) Caused by strikers, locked-out workmen, or persons taking part in labour disturbances, riots or civil commotions;

(b) resulting from strikes, lock-outs, labour disturbances, riots or civil commotions.

3. (a) Should the risks excluded by Clause 1 (F.C.&S.Clause) be reinstated in this Policy by deletion of the said Clause. or should the risks or any of them mentioned in that clause or the risks of mines, torpedoes, bombs or other engines of war be insured under this Policy, Clause (b) below shall become operative and anything contained in this contract which is inconsistent with Clause (b) or which affords more extensive protection against the aforesaid risk than that afforded by the Institute War Clauses relevant to the particular form of transit covered by this insurance is null and void.

(b) This policy is warranted free of any claim based upon loss of. or frustration of, the insured voyage or adventure caused by arrests restraints or detainments of Kings Princes Peoples Usurpers or persons attempting to usurp power.

☞ In the event of loss or damage arising under this, Policy.
no claims will be admitted unless a survey has been held with the approval of this Company's Office or Agents specified in this Policy.

Be it known that The descriptions to be inserted in the following clauses are shown as above.
as well in his or their own Name, as for and in the Name and Names of all and every other Person or Persons to whom the same doth, may shall appertain, in part or in all, doth make Assurance, and cause himself or themselves and them and every of them, to be Assured, lost or lost, at and from upon any kind of Goods and Merchandises, in the good Ship or Vessel call the whereof is Master, for this present Voyage, or whosoever else shall go Master in the said Ship, or by whatsoever other Name or Names the said Ship, or the Master thereof, is or shall be named or called, beginning the Adventure upon the said Goods and Merchandises from the loading thereof aboard the said Ship as above, and shall so continue and end during her abode there, upon the said Ship, & c; and further, until the said Ship, with all her Goods and Merchandises whatsoever, shall be arrive at and upon the Goods and Merchandises until the same be there discharged and safely landed, and shall be lawful for the said Ship. &c., in this Voyage to proceed and touch and stay at any Ports or Places whatsoever without Prejudice to this Assurance. The said goods and Merchandises, &c., for so much as concerns the Assured by Agreement between the Assured at Assurers in this Policy are and shall be valued at
TOUCHING the Adventures and Perils which the said Company are contented to bear and do take upon therm selves in this Voyage. they are the Seas Men-of-War, Fire, Enemies, Pirates, Rovers, Thieves, Jettisons, Letters of Mart and Countermart, Surprisals, Takings at Sea, Arrest Restraints and Detainments of all Kings, Princes and People, of what Nation, Condition, or Quality soever, Barratry of the Master and Marine and of all other Perils, Losses and Misfortunes that have or shall be lawful to the Assured, his or their Factors, Servants and Assigns, to labour and travel for, in and about the Defence, Safeguard and Revery of the said Goods and Merchandises, or any part thereof, where Prejudice to this Assurance; to the Charges whereof the said Company will contribute. And it is especially declared and agreed that no acts of Assurer or Assured in recovering, saving, or preserving the preoperty assured, shall be considered as a waiver or acceptance of abandonment at it is agreed that this writing or Policy of Assurance shall be of as much Force and Effect as the surest Writing or Policy of Assurance made London. And so the said Company are contented, and do hereby promise and bind themselves to the Assured, his or their Executors, as ministrator, or Assigns, for the true Performance of the Premises; confessing themselves paid the Consideration due unto the, for this Assurance at and after the rate of as arranged Per cent.
N.B. Corn, Fish, Salt, Fruit, Flour and Seed are warranted free from Average, unless general, or the Ship be stranded; Sugar, Tobacco. Hem Flax, Hides and Skins are warranted free from Average. under Five Pounds per cent., and all other Goods, also the Ship and Freight, warranted free from Average, under Three Pounds per cent., unless general, or the Ship be stranded, sunk or burnt.
All questions of liability arising under this policy are to be governed by the laws and customs of England.
IN WITNESS whereof, I the Undersigned of American Home Assurance Company Korea on behalf of the said Company have subscribe my name in to Policies of the same tenor and date, one of Which being accomplished, the others to be void, as after the date specified as above
For AMERICAN HOME ASSURANCE COMPANY KOREA.

In case loss or damage, please follow the "IMPORTANT" clause printed on the back hereof.   J. S. Lim

〈서식 3-2〉 D/P CONTRACT

ROUSSEL KOREA CO., LTD

735, Yeoksam 1-dong, Kangnam-ku, Seoul, Korea, Kangnam P.O. Box, 1482
Tel : (82-2)565-1772-5, (82-2)565-7636-9, Fax : (82-2)565-1767

WE TRANSMIT OFFER FROM ROUSSEL FINE CHEMICALS TO YU YU INDUSTRIAL CO., LTD

FIRM OFFER

OFFER NO.	R5-BET 1
REG. NO.	1690507
DATE	OCT. 19, 2019
COMPANY NO.	213-16-02592

Messrs : YU YU INDUSTRIAL CO., LTD.
212, Suksu-dong, Manan-ku, Anyang-si, Kyungki-do, Korea

Roussel Fine Chemicals are pleased to offer you the undermentioned goods on the terms and conditions described as follows :

Origin	France	Validity	December. 20, 2019
Shipping Port	European Airport	Shipping Date	November. 30, 2019
Manufacturer	Roussel	Destination	Seoul Airport
Insurance	Seller	Packing	Export Standard(100g)
Payment	D/P at Sight		
Supplier	ROUSSEL UCLAF 102, route de Noisy 93235, Romainville Cedex France		
D/P BANK	Cho Hung Bank, Head Office C.P.O. Box 2997, Seoul, Korea		
FOB ( ), CIF (✓), Others ( )		Remark	Certificate of Analysis to be presented

Accepted by :
YU YU INDUSTRIAL CO., LTD.
S C YOU
S P, YOU, President

Very truly yours,

Signature ------------------------------------

HS NO	Commodity/Specification	Quantity	Amount	Amount
2937.22.9000	Betamethasone Dipropionate USP micronized	1kg (10×100g)	US$5,200.00	US$5,200.00

Total Amount : US$5,200.00

〈서식 3-3〉 D/A CONTRACT

D/A CONTRACT
PACIFIC COSMETICS CO., LTD
C.P.O. BOX 1195, SEOUL, KOREA

Messrs, PACIFIC PRODUCTS GMBH.
HOLZWEG 14
6370 OBSERUSEL/TS
GERMANY

Date : May 30, 2019
NO. : INT'-PPG-004/DA

Dear Sirs,
We as Seller confirm having sold you as Buyer the following goods on the terms and conditions as stated below and on the back hereof.

Item #	Description		Quantity	Unit Price	Amount
	AMORE STEM Ⅲ BRAND COSMETICS			C I F HAMBURG	
1603.00-9000	SKIN CONTROL LOTION	100ML	500	DM9.20	DM4,600.00
	SAMMI BRAND COSMETICS				
	MOISTURIZING LOTION	125ML	1,000	7.21	7,210.00
	MOISTURIZING CREAM	50ML	500	7.52	3,760.00
	EYE CREM CONCENTRATE	15ML	300	4.91	1,473.00
	CLEASING LOTION	5ML	3,000		FREE OF CHARGE
	SKIN SOFTENER	5ML	3,000		FREE OF CHARGE
	MOISTURIZING CREAM	5GR	3,000		FREE OF CHARGE
	TOTAL :		2,300PCS		DM17,043.00
	MINIATURE COSMETICS		9,000PCS		

* REMARKS : The CHARTERED BANK IN HAMBURG AS BUYER'S BANK AND KOREA EXCHANGE BANK IN KOREA AS SELLER'S BANK

Payment : AT 270 DAYS FROM B/L DATE IN DEUTCH MARK UNDER D/A BASES(USANCE INTEREST TO BE COVERED BY SELLER)
Price Term : CIF HAMBURG, GERMANY
Origin : REPUBLIC OF KOREA
Shipment : NOT LATER THAN OCT. 31, 2019.
Destination : HAMBURG, GERMANY BY SEA
Shipping Marks : P . P . G.
HAMBURG, GERMANY
C/T NO:1-UP
MADE IN KOREA
Inspection : MAKER'S INSPECTION TO BE FINAL
Packing : MAKER'S EXPORT STANDARD PACKING
Insurance : TO BE COVERED BY SELLER
Shipping Documents :
A. COMMERCIAL INVOICE IN TRIPLICATE.
B. PACKING LIST IN DUPLICATE.
C. FULL SET OF CLEAN OCEAN BILL OF LADING MADE OUT TO THE ORDER OF PACIFIC PRODUCTS GMBH MARKED FREIGHT PREPAID AND NOTIFY BUYER.
D. INSURANCE POLICY IN DUPLICATE
E. RELEVANT DRAFT TO BE DRAWN ON BUYER AT 270 DAYS FROM B/L DATE FOR 100% INVOICE VALUE.
F. BENEFICIARY'S CERTIFICATE STATING THAT THE DUPLICATE SET OF THE STIPULATED DOCUMENTS INCLUDING 1/3 ORIGINAL B/L AND A COPY OF C/I AND P/L HAVE BEEN SENT TO DIRECTLY TO APPLICANT.

Buyer,
PACIFIC PRODUCTS GMBH.
Y.J. SOUTH MANAGER

Seller,
PACIFIC COSMETICS CO., LTD
C.W. KIM/ MANAGER

P.S. : Please sign and return the Duplicate to Seller after confirming.

제 4 편

신용장결제방식

제4장 신용장결제방식

01 신용장의 개념

1. 신용장의 의미

일반적으로 신용장(Letter of Credit : L/C)이란 무역거래의 대금지급 및 상품수입의 원활화를 기하기 위하여 수입상의 거래은행이 수입상의 요청(request)과 지시(instruction)에 따라 수출상이나 그의 지시인으로 하여금 일정기간이나 일정조건 아래 운송서류를 담보로 하여 발행은행이나 동 발행은행이 지정하는 환거래은행을 지급인(drawee)으로 하는 화환어음을 발행하도록 하여 동 환어음이 제시될 때에는 지급(payment)·인수(acceptance) 또는 매입(negotiation)할 것을 어음발행인(drawer)과 어음수취인(payee)에 대하여 약정하는 증서이다.

즉 일반적으로 신용장이란 신용장 발행의뢰인(applicant)의 요청과 지시에 의하여 발행은행(issuing bank)이 발행하고, 수출상인 수익자(beneficiary)가 신용장에 명기된 제조건을 일치시키고 요청된 서류를 제시하면, 발행은행(issuing bank) 자신이 수익자(beneficiary)에게 대금지급시기가 'At Sight' 경우에는 직접 지급(payment) 또는 대금지급시기가 'Usance' 경우에는 환어음을 인수(acceptance)하는 직접약정의 방법과 다른 은행에게 간접적으로 지급, 환어음의 인수 또는 매입(negotiation)하도록 하는 간접약정의 방법을 수권(authorization)하여 대금을 지급할 것을 약속하는 발행은행의 조건부 지급확약서(conditional bank undertaking of payment)이다.

다시 말해서 무역거래에서 대금결제의 원활을 기하기 위하여 신용장에서 요구하는 서류를 조건과 일치하는 제시(complying presentation)를 준비하여 제시하면 수입상을 대신하여 발행은행(issuing bank)이 지급의 이행 혹은 신용장에 의하여 발행된 환어음의 지급(payment)·인수(acceptance)를 수출상(beneficiary) 또는 환어음 매입은행(negotiating bank) 및 선의의 어음 소지인(bona-fide holder)에게 확약하는 서장(instruments)이다.

이를 요약하면 ① 수입상(applicant)의 요청과 지시에 의하여 신용장을 발행한 발행은행(issuing bank)이 ② 수출상인 수익자(beneficiary)가 신용장에 명기된 제 조건을 일치시키고 요청된 서류를 제시하면 이와 상환으로 ③ 지급의 이행 또는 어음의 지급·인수를 하거나 타 은행에게 지급의 이행 또는 어음의 지급(payment)·인수(acceptance)·매입(negotiation)을 하도록 수권(授權)한 약정서이다.

표 4-1 수출입 대금결제방식 요약표

<table>
<tr><td colspan="2" rowspan="4">신용장방식
(Documentary Credit)</td><td rowspan="2">At Sight L/C
(일람출급)</td><td colspan="2">지급신용장(Sight Payment)</td><td rowspan="2">• Red Clause L/C
• Installment Shipment L/C</td></tr>
<tr><td>매입신용장(Negotiation)</td><td rowspan="2">Shipper's
Banker's</td></tr>
<tr><td rowspan="2">Usance L/C
(기한부)</td><td>인수신용장(Acceptance)</td><td rowspan="2">• Clean L/C
• Standby L/C</td></tr>
<tr><td colspan="2">연지급신용장(Deferred Payment)</td></tr>
<tr><td rowspan="9">무신용장방식</td><td rowspan="3">추심방식
(Collection)</td><td colspan="2" rowspan="2">D/P(Documents against Payment) : 지급인도조건</td><td colspan="2">D/P at Sight</td></tr>
<tr><td colspan="2">D/P Usance</td></tr>
<tr><td colspan="4">D/A(Documents against Acceptance) : 인수인도조건</td></tr>
<tr><td rowspan="6">송금방식
(Remittance)</td><td>사전지급</td><td colspan="2">단순송금방식(Advance Remittance, TT in Advanced, CWO)</td><td rowspan="6">분할
지급
방식</td></tr>
<tr><td rowspan="5">사후지급</td><td rowspan="3">동시
결제
방식</td><td>COD(Cash On Delivery) : 상품인도결제방식</td></tr>
<tr><td>CAD(Cash Against Document) : 서류인도결제방식</td></tr>
<tr><td>European D/P</td></tr>
<tr><td colspan="2">사후송금방식(Later Remittance = 변형 CAD)</td></tr>
<tr><td colspan="2">OA(Open Account) : 선적통지조건의 기한부 사후송금 결제방식</td></tr>
<tr><td colspan="2">Others</td><td colspan="4">International Factoring, Forfaiting 등</td></tr>
</table>

표 4-2 신용장의 정의 요약(UCP 600)

UCP600	의 미
제1조	• UCP는 "화환신용장(documentary letter of credit)" 및 "보증신용장(standby letter of credit)"을 포함하여 적용된다.
제2조	• Credit이란 그 명칭이나 기술에 관계없이 일치하는 제시(complying presentation)에 대하여 발행은행이 취소불능으로 지급(payment)·인수(acceptance)·연지급(deferred payment) 확약을 하겠다는 확약을 구성하는 모든 약정을 의미한다. • 일치하는 제시(complying presentation)란 신용장의 제조건, 이 규칙 및 국제표준 은행관행(international standard banking practice, ISBP)의 적용가능한 규정에 따른 제시를 의미한다. UCP 600 제15조에서 일치하는 제시에 대하여 별도 조항으로도 규정하고 있다. • 결제(Honour, 일람후 지급·연지급 확약·인수 후 지급)란 매입을 제외한 지급(sight payment), 연지급(deferred payment), 인수(acceptance)를 포함하는 개념으로 사용한다.
제3조	• Credit은 취소불능(irrevocable)의 표시가 없는 경우에도 취소불능으로 간주한다.
	• 다른 국가에 있는 어떤 은행의 지점(branches of a bank in different countries)은 독립된 은행(separate banks)으로 간주한다.

2. 신용장의 성격

신용장은 은행의 확약이기 때문에, 수출상으로서는 수입상의 지급능력이나 의사와 관계없이 은행의 신용을 이용할 수 있지만, 그러한 확약은 발행은행이 무조건으로 지급을 약속하는 것은 아니고, 첫째, 신용장의 조건이 충족되어 있고 둘째, 신용장에 기재된 서류의 제출(즉, 서류와 상환으로) 셋째, 서류의 제출처는 발행은행(만약 있다면 확인은행) 혹은 지정은행이 된다는 조건부의 확약이 된다. 즉 발행은행의 조건부 지급확약서(conditional bank undertaking of payment)이다.

① "발행은행"이란 발행은행이 대금지급의 결정적/최종적인 지급책임 의무를 부담한다는 의미이며, 수입상의 파산이나 지급불능에 따른 수출상의 대금회수 불능 위험은 없음을 의미한다.

② "조건부"란 신용장에 기재된 조건에 일치하는 서류를 수출상이 제시하여야 한다는 의미이며, 신용장의 모든 내용이 조건임을 의미한다.

③ "지급확약서(undertaking of payment)"란 발행은행이 대금지급을 확약하는 것이며, 또한 지급보증은 일차적으로 수입상이 지급의무, 발행은행은 2차적 지급책임의 개념이다.

따라서 신용장상의 수출상은 신용장의 모든 조건을 충족시켰을 때에만 지급을 요구할 권리를 가지게 된다. 그러므로 신용장거래의 본질적 성격은 물품이 운송서류에 의해서 표창되고, 이러한 권리증권이 무역거래의 금융결제수단으로 사용되는 서류거래라는 성질에 있다는 데 있다.

대금결제방법 중 신용장거래에 대해서는 관계 당사자간에 「화환신용장에 관한 통일규칙 및 관례(Uniform Customs and Practice for Documentary Credits ; UCP 600」가 적용되고, 전자상거래의 확산으로 종이서류를 중심으로 규정된 UCP 규정을 모든 국제무역 거래에 적용하기에는 한계가 있게 됨에 따라 UCP 500의 추록으로 "전자적 제시를 위한 화환신용장 통일규칙 및 관례의 추록(Supplement to UCP 500 for Electronic Presentation"이 제정·적용되고 있다.

또한 UCP를 이용하는 경우 은행이 서류를 검토할 때 객관성과 통일성을 유지하게 하려고 판단기준을 정하고 화환신용장 하에서의 서류점검에 관한 국제표준은행관행(International Standard Banking Practice for the Examination of Documents under Documentary Credit, ISBP 745)를 공표하여 시행되고 있으며, 그 신용장 대금의 상환에 대해서는 관계되는 은행간에 「신용장대금상환에 관한 통일규칙(ICC Uniform Rules for Bank-to-Bank Reimbursement under Documentary Credits ; URR 725」이 적용되고 있다.

3. 신용장의 필요성

국제무역거래는 상품의 인도와 대금의 결제에 있어 매우 복잡하면서도 많은 위험을 내포하고 있다. 따라서 수출상은 대금회수불능의 사태를 염려하여 물품을 인도하기 전에 그 대금을 미리 지급 받고자 할 것이며, 반대로 수입상은 계약에 일치하지 않은 물품이 도착하는 것을 염려하여 물품을 먼저 수령한 후에 대금을 지급하고자 할 것이다. 이때 수출상은 물품을 선적하기도 전에 수입상이 대금을 먼저 지급하게 되면 수출상은 수입상이 주문한 물품을 생산 또는 구매하는 자금을 쉽게 조달할 수 있어 매우 유리하게 되지만, 수입상은 수출상이 선적기일을 경과하거나 약정품을 계약조건과 불일치하게 선적할 경우에는 불이익을 감수하여야 한다. 또한 수출상이 물품을 선적한 후에야 대금이 회수된다면, 수입상은 물품을 수령하기까지 자금혜택뿐 아니라 수출상의 불일치한 계약이행에 대한 클레임의 제기 또는 지급거절을 할 수 있는 유리한 입장에 서게 되지만, 수출상은 수입상에 의한 대금의 감액요구, 지급의 지연 또는 지급거절 등의 불이익을 감수하여야 한다. 따라서 이런 관계에서는 수출상과 수입상의 이해관계는 언제나 상충되기 마련이다.

이러한 경우 신용도가 높은 은행이 수입상을 대신하여 수출상에 대하여 대금의 지급을 확약한다면, 수출상은 안심하고 물품을 수출할 수 있을 것이며, 수입상은 상품의 소유권을 나타내는 서류와 상환(相換)으로 자기의 은행에 대금을 지급하게 된다면 역시 안심하고 수입을 할 수 있을 것이다. 이와 같이 신용장거래는 수출입상 모두를 만족시켜주는 대금결제방식이다.

표 4-3 신용장의 필요성

구 분	종 류	대금지급인	수출상의 대금 미회수 위험부담
송금방식	사전송금	수입상	없음
	사후송금	수입상	수입상이 상품인수거절 또는 대금지급 거절시 수출상은 대금 미회수 위험이 있음 ※ 수입상의 신용도가 중요함
추심방식 (사후방식)	D/P	수입상	
	D/A	수입상	
신용장방식 (사후방식)	At Sight	발행은행	발행은행이 수출상에게 대금지급을 확약함 ※ 발행은행의 신용도가 중요함
	Usance	발행은행	

실무적으로 사전송금형태는 Seller's Market 상황에서 발생하므로 흔하지 않고, Buyer's Market 상황에서 특히 사후결제형태는 수출상이 대금회수에 대한 안전성이 없기 때문에 국제무역에서 안심하고 거래를 이행하기에는 위험이 존재한다.

따라서 수입상 대신에 발행은행이 수출상 앞으로 무역대금의 미회수위험을 제거해 주는 "발행은행의 조건부 지급확약서"인 신용장(Letter of Credit ; L/C)을 발행해 주는 제도가 생성되어 무역거래의 활성화를 도모하게 되었다.

추심결제방식(D/P·D/A) 거래에서 환어음의 지급인은 수입상이며, 신용장결제방식에서 수출상에 대한 대금지급의 책임자는 발행은행이지만 환어음의 지급인은 발행은행 또는 발행은행의 예치환거래은행인 상환은행(결제은행)이 된다.

신용장 결제방식에서 발행은행이 조건부로 대금지급을 확약한다는 의미는 신용장에 기재된 내용 전체가 조건으로 간주될 수 있으며 수출자가 대금지급을 확약받기 위해서는 이러한 신용장의 조건에 일치하게 작성된 서류를 제시하여야 한다. 따라서 이러한 여러 가지 조건일치 여부 심사를 위하여 신용장 거래는 거래의 절차가 매우 복잡하고 비용이 많이 소요되며 발행은행이 지급책임자가 되기 때문에 거래의 흐름이 매우 번잡·복잡하다는 것이다.

4. 신용장의 기본조건

신용장이 신용장으로서의 역할을 하기 위한 기본요건들에 대하여 신용장과 관련하여 신용장통일규칙에 규정되어 있는 사항을 위주로 살펴보면 다음과 같다.

1) 신용장통일규칙 준거 문언

당해 신용장거래가 신용장통일규칙의 적용을 받기 위해서는 신용장의 본문에 신용장통일규칙을 준거한다는 뜻의 문언을 기재하여야 한다(UCP 600 제1조). 신용장통일규칙은 모든 신용장에 자동적으로 적용되는 것이 아니므로, 만약 신용장상에 그러한 뜻의 문언을 기재하지 않는 경우에는 분쟁 발생시 그 해결에 많은 어려움이 따르게 된다.

신용장통일규칙 준거문언의 기재 예는 "This documentary credit is subject to the uniform customs and practice for documentary credit, 2007 revision, ICC Publication No.600"과 같다. 'SWIFT 신용장'은 과거에는 자동 적용되는 것으로 간주되었지만 현재는 SWIFT 관련 규칙의 변경으로 인하여, 비록 SWIFT에 의하여 신용장을 발행하는 경우라 하더라도 반드시 그 본문에 UCP 준거문언을 명시('MT 700'의 '40E' Field, Applicable Rule : UCP latest version)해 주어야 한다.

또한 "신용장상에서 상환이 지정은행에 의해서 다른 당사자(상환은행) 앞으로 청구하므로서 이루어진다고 명시된 경우, 동 신용장의 상환이 은행간 대금상환에 관한 ICC규칙에 따른다는 것을 기재하여야 한다"고 명문화되었다.

2) 서류의 명세

신용장은 서류의 제시를 조건으로 하는 조건부 지급확약서이므로 제시되어야 하는 서류에 대한 명시가 있어야 한다. 신용장통일규칙 제5조에서는 신용장거래가 서류에 의한 거래임을 명시하고 있으며, 신용장 거래가 서류에 의한 거래임을 명백히 하고 있어 서류에 대한 명시가 없는 경우에는 완전한 의미의 신용장이 될 수 없다. 또한 제7조 및 제16조에 의하면 발행은행은 약정된 서류가 지정은행 또는 발행은행에 제시되고 그것이 신용장의 제 조건에 일치하는 경우에만 결제의 의무를 부담한다고 규정하고 있다. 그러므로 신용장에는 반드시 제출서류에 관한 조항이 명시되어 있어야 하고, 제시되는 서류는 신용장의 조건과 일치하여야 한다.

3) 취소불능의 표시

신용장에는 당해 신용장이 취소가능한 것인지 또는 취소불능한 것인지를 표시해 주어야 한다. 취소가능신용장과 취소불능신용장은 그 기능면에서 상당한 차이가 있기 때문이며, 취소불능신용장(irrevocable credit)이란 발행은행·확인은행(확인은행이 있는 경우)·수익자 모두의 합의 없이는 취소될 수 없는 신용장을 말한다. 'UCP 500 제6조 c항'에 의하면, 신용장상에 취소가능 여부에 대한 별도의 언급이 없는 경우에는 '취소불능신용장'으로 간주한다고 규정되어 있다.

그러나 'UCP 600'에서는 신용장에 대하여 정의하기를, '일치하는 제시(complying presentation)에 대하여 그 대금을 결제(honour) 하겠다는 발행은행의 취소 불가능한 약정'이라고 규정함으로써, 취소가능신용장의 적용 자체를 배제하고 있다(UCP 600 제2조). 따라서 UCP 600의 적용을 받는 신용장 하에서는, 신용장상에 취소불능이라는 표시가 없더라도 당연히 취소불능신용장이 된다(UCP 600 제3조).

4) 신용장의 사용방법

(1) 신용장의 이용방법(availability)

신용장을 발행할 때에는 첫째, 일람지급(sight payment), 연지급(deferred payment), 인수(acceptance) 또는 매입(negotiation)에 의하여 사용 가능한가를 명시하여야 하고, 둘째, 특정은행만이 신용장을 사용할 수 있는가 또는 어느 은행이나 사용할 수 있는가를 반드시 명시하여야 한다(UCP 600 제6조 b항). 이와 같은 신용장의 이용방법에 따라 신용장의 종류가 구분되는데, 지급신용장(payment credit), 연지급신용장(deferred payment credit), 인수신용장(acceptance credit), 매입신용장(negotiation credit) 등이다.

(2) 신용장의 이용은행(place for presentation)

신용장은 그 신용장이 이용 가능한 은행을 명시하여야 한다. 신용장을 이용할 수 있는 은행은 발행은행·확인은행·기타 지정은행(지급은행·연지급은행·인수은행·매입은행)이다. 지급신용장, 연지급신용장, 인수신용장과 같이 지정된 은행(지급은행·연지급은행·인수은행)에서만 이용할 수 있는 신용장을 '지정신용장(straight credit)'이라고 한다. 매입신용장은 어느 은행에서나 매입에 의해 이용이 가능한 것이 원칙이지만, 경우에 따라서는 특정의 은행으로 매입을 제한하는 경우가 있다. 이렇게 매입이 제한되어 있는 신용장을 '제한신용장(restricted credit)'이라고 한다.

지정신용장과 제한신용장은 모두 특정의 은행에서만 신용장을 이용할 수 있다고 하여 이를 '특정신용장(special credit)' 또는 '지명신용장(nominated credit)'이라 부르기도 한다. 이에 반하여 어느 은행에서나 이용이 가능한 신용장을 '일반신용장(general credit)' 또는 '개방신용장(open credit)'이라고 하는데, 매입신용장 중에서도 그 이용은행이 제한되어 있지 않은 '자유매입신용장(freely negotiable credit)'이 이에 해당한다.

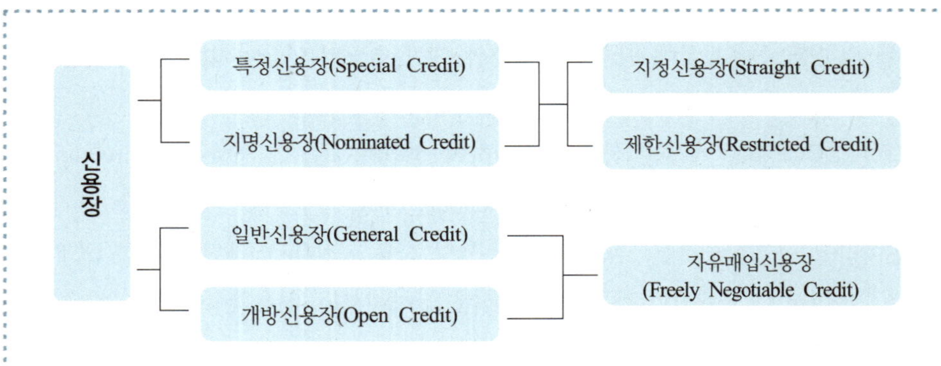

5) 유효기일과 종료지점의 표시

신용장도 지급확약서의 일종이므로 반드시 유효기일(expiry date)과 유효기일이 종료하는 지점의 기재가 있어야 한다. 신용장의 유효기일이라 함은 지급·인수·매입이 이루어져야 하는 최종일자를 의미하는 것이 아니라, 지급·인수·매입을 위하여 신용장에 명시된 서류 및/또는 환어음을 제시하여야 하는 최종일자를 의미한다. 다시 말하면 수익자가 신용장 조건에 일치하는 서류를 제시하고 신용장 대금을 청구할 수 있는 최종일자를 의미한다. 신용장은 그 조건과 일치하는 서류의 제시에 대하여 지급을 확약하는 일종의 보증이므로, 보증채무의 종료기일이라 할 수 있는 '유효기일(expiry date)'을 반드시 기재하여야 한다.

또한 신용장은 그 유효기일이 종료하는 장소 즉, 유효기일까지 서류 및/또는 환어음이 제시되어야 할 장소를 명시하고 있어야 한다. 신용장상에 별도의 명시가 없는 한, 신용장이 이용가능한 은행(지정은행, 자유매입신용장의 경우에는 모든 은행)의 장소가 곧 제시를 위한 장소이며, 이곳이 바로 유효기일의 종료 장소가 된다. 유효기일의 종료장소는 발행은행(수입국)이 될 수도 있고, 매입은행(수출국)이 될 수도 있으며, 제3국에 소재하는 지정은행이 될 수도 있다.

6) 서류제시기간의 표시

서류제시 기간이란 선적일자 이후부터 신용장의 조건과 일치하는 서류가 매입은행 등에 제시되어야 하는 기간을 말한다. 즉 신용장조건에 따라 지급·인수·매입을 위하여 서류를 제시하여야 할 '선적일 이후의 일정기간'이 반드시 기재되어야 하며 그 기재가 없으면 선적일 이후부터 21일 이내에 제시되어야 하는 것으로 간주되지만 어떠한 경우에도 서류는 신용장의 유효기일 이전에 제시되어야 한다. 이와 같이 서류제시 기일을 제한하는 이유는 물품은 도착되었으나 서류가 도착하지 않음으로 인하여 수입상은 통관할 수가 없고, 이로 인한 창고료·보험료 등의 추가적인 부대비용이 소요됨은 물론, 적절한 판매시점을 실기(失機)함으로써 손실을 입을 수 있기 때문이다. 물론, 수입화물선취보증제도를 활용하여 고충을 해결할 수 있지만 L/G 보증료 등의 추가적인 비용 부담은 피할 수 없게 된다.

7) 지급확약의 문언

신용장상에는 발행은행의 지급확약 문언이 기재되어야 하는데, 그 내용은 신용장의 종류에 따라 달라지게 된다.

① 지급신용장의 경우에는 "We hereby engage that payment will be duly made against document presented in conformity with the terms and conditions of this credit" 등으로 표시된다.

② 인수신용장일 경우에는 "We hereby engage that drafts drawn in conformity with the terms and conditions of this credit will be duly accepted on presentation and duly honored at maturity" 등으로 표시된다.

③ 매입신용장의 경우에는 "We hereby engage with drawers, endorsers and bonafide holders that drafts drawn and negotiated in compliance with the terms and conditions of this credit will be duly honored on presentation and that drafts accepted within the terms of this credit will be duly honored at maturity" 등으로 표시된다.

5. 신용장의 순환과정

① 무역거래 당사자가 매매계약을 체결 시 매수인인 수입상(신용장발행의뢰인)은 외국의 수출상인 매도인과 일반거래조건협정서나 매매계약서에 대금결제 방법으로서 취소불능화환신용장에 의해 결제하기로 합의한다.

② 수입상은 수출입공고 등에서 수입이 제한되는 품목인 경우 관련기관에 수입승인을 신청하여 수입승인서(I/L : import license)를 발급받는다. 한편 수입하고자 하는 물품이 통합공고상 수입제한 품목인 경우 주무부처의 사전허가를 얻는다.

③ 지급확약의 방식인 신용장 발행을 위하여 수입상(발행의뢰인)은 자신의 거래은행과 신용장 발행계약을 체결하고 거래은행에 발행될 신용장의 제조건을 신용장 발행신청서(application for irrevocable documentary credit)에 간단·명료·정확하게 기재하고 그리고 수입계약서의 조건(대금결제방법, 선적항, 도착항, 선적기일, 유효기일 등)과 일치되게 작성하여 매도인 앞으로 수입신용장을 발행해 주도록 의뢰한다.

④ 신용장발행을 의뢰받은 신용장발행은행은 발행의뢰인의 지시를 준수하여 수출자(수익자) 앞으로 신용장을 발행하여 전신 또는 우편으로 수출상이 소재하고 있는 환거래은행 또는 자행의 본·지점인 통지은행 앞으로 신용장을 송부하여 수출상에게 통지하여 주도록 요청한다.

한편 신용장발행은행은 신용장을 발행함과 동시에 상환은행에게 상환수권서(reimbursement authorization, debit authorization ; RA)를 송부한다.

⑤ 수익자 소재지의 수출지의 통지은행은 신용장의 외관상의 진정성을 확인하여 수출상에게 신용장 도착을 통지한다. 이 경우 통지은행이 발행은행 으로부터 확인(confirmation)의 요청이 있는 경우에는 신용장에 확인을 부가하여 통지할 수 있다. 양도가능신용장(transferable credit)을 수령한 수출상은 신용장상에 지정된 은행(transferring bank)에 양도를 요청함으로써 신용장 금액의 전부 또는 일부에 대하여 제3자(second beneficiary)에게 그 사용 권리를 이전할 수 있다(UCP 600 제38조).

⑥~⑩ 신용장을 수취한 수출상은 그 신용장조건이 매매계약조건과 일치하는가를 반드시 확인하고, 해당되는 경우 이를 토대로 수출승인을 신청하여 수출승인서(export license ; E/L)를 발급·신청하여 교부받는다. 신용장을 받은 수출상은 약정된 물품을 제조·생산 또는 집하하여 선박이나 항공기에 선·기적한 후 신용장에서 요구하는 제반 선적서류와 환어음을 준비하여 신용장에서 지정된 지급·

인수 또는 매입은행 또는 개방매입신용장의 경우에는 자신에게 유리한 은행에 이를 제시하여 매입을 의뢰한다. 지정은행에 지급·연지급·인수를 위한 제시를 하거나, 자유매입신용장의 경우에는 자신의 거래은행에 추심전 매입(negotiation)을 의뢰하여 수출대금을 회수하게 된다. 즉, 수출지의 매입은행(negotiating bank)은 수익자가 제시한 서류가 신용장의 제조건과 일치하면 이와 상환으로 수출상에게 환어음대금을 지급한다.

⑪~⑫ 매입은행은 수출상에게 지급한 환어음대금을 결제받기 위해 신용장상의 지시에 따라 보통 신용장 발행은행 앞으로 환어음 및 운송서류를 송부하고 신용장대금의 상환을 청구한다. 이때 발행은행은 제시된 서류를 검토한 후, 제시된 서류가 신용장의 조건과 일치하는 경우에 한하여 대금을 상환하게 된다. 매입은행은 환어음대금을 발행은행에 상환청구하여 수출대금을 상환받지만, 상환은행이 별도로 있을 경우에는 상환은행 앞으로 어음상환청구를 하고, 선적서류는 발행은행 앞으로 송부하여 수출대금을 상환받는다.

⑬~⑭ 발행은행은 매입은행으로부터 운송서류와 환어음이 도착하면 수입상에게 운송서류 도착을 통지(arrival notice of documents)한다. 발행은행은 수입상으로부터 수입대금을 결제 또는 인수한 후 운송서류를 수입상에게 인도한다. 발행은행은 매입은행에 대금결제를 직접 하거나, 상환은행에 수권하였을 경우에는 상환청구에 응하여 상환은행이 대금결제를 한다. 이 경우 발행은행은 상환에 따른 상환대금을 결제하게 된다. 만일, 수입화물은 이미 도착하였으나 우편지연, 매입지연 등의 사유로 운송서류의 원본(B/L)이나 항공화물운송장(AWB) 도착하지 않은 경우에는 발행은행에서 수입화물선취보증서(L/G : Letter of Guarantee, SSB : Shipside Bond, Shipping L/G)나 항공화물운송장에 의한 수입화물인도승낙서를 발급받아 이를 선박회사나 항공사에 제출하고 수입화물을 미리 인수할 수 있으나, 나중에 도착하는 선적서류에 하자가 있더라도 발행은행은 지급거절을 할 수 없음을 유의하여야 한다. 또한 수입상이 수입화물은 도착하였지만 대금결제자금이 없는 경우에는 발행은행이 수입화물에 대한 담보권과 소유권을 유지하면서 수입상이 수입대금을 결제하기 전에 수입화물을 인도하여 줌으로써 수입상으로 하여금 적절한 시기에 처분하여 약정기일에 수입대금을 결제할 수 있는 편리한 제도로서 만일 수입상이 발행은행에 대금을 불입하지 않고 선적서류를 먼저 인수하고자 한다면 발행은행에 수입담보화물보관증의 성격을 가지고 있는 대도증서(貸渡證書, trust receipt ; T/R)를 제공하고 서류를 인도받는다.

⑮~⑯ 선박 또는 항공운송사는 화물이 도착하면 수입상에게 화물이 도착한 사실을 통지(arrival notice of cargo)하여 수입화물을 인수준비 하도록 통지한다.

화물 도착통지를 받고 선적서류를 인수한 수입상은 선박 또는 항공회사에 선하증권(B/L: Bill of Lading) 또는 항공운송장(AWB: Air Waybill)을 제시하고 해당되는 경우 해상 또는 항공 운송료를 정산하고 화물인도지시서(D/O: Delivery Order)를 수취한 후 수입물품을 세관에 수입신고 후(EDI 신고) 수입신고서 심사 및 검사가 끝나면 지정은행에 관세 등을 납부하고 세관에서 소정의 수입통관절차를 거쳐 수입신고필증(import permit)을 교부받고 선박회사 또는 항공사의 CY나 CFS에서 수입화물을 수령한다. 이때 수입상은 물품이 계약과 일치하는 지의 여부를 검사하여야 하며 만약 물품이 계약에 부적합할 때에는 계약서에서 약정한 기일 내에 클레임을 제기한다.

그림 4-1 신용장거래의 메커니즘

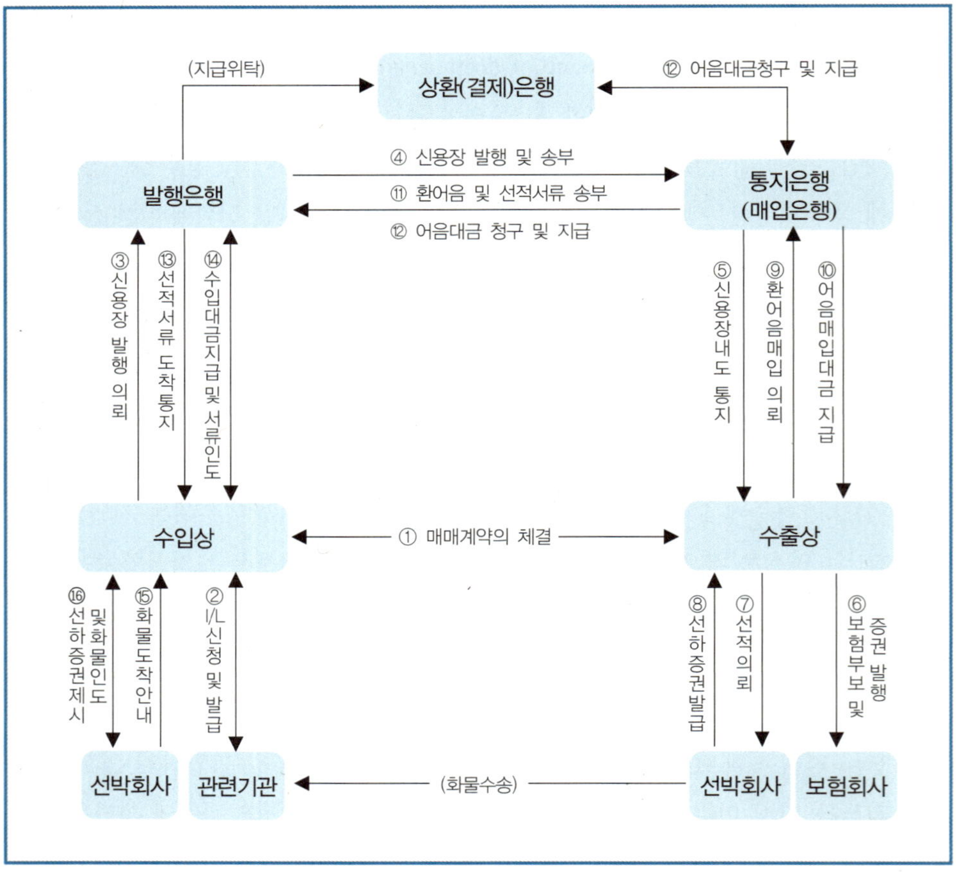

02 신용장의 기능과 효용성

1. 신용장의 기능

수출상은 상품의 인도전에 대금을 받기를 원하고 수입상은 상품을 받고 결제하기를 원하므로 수출상은 상품을 먼저 인도하면 대금회수에 불안이 따르고 반대로 수입상은 대금을 먼저 지급하면 상품을 인도(引渡)받지 못할 수 있는 위험이 따른다. 즉 수출상은 수입상의 지급불능 또는 지급거절이라는 위험과 수입상은 물품의 대금을 지급하고도 목적하는 상품을 입수하지 못하는 위험 등 이러한 신용위험(credit risk)과 상업위험(mercantile risk)은 신용장에 의한 거래를 함으로써 안전하고 확실한 대금회수를 보장받는 동시에 계약내용에 따라 약정물품의 입수를 보장받을 수 있다.

신용장의 발행은행이 수입상을 대신하여 대금지급을 확약함으로써 수출상의 대금회수 불능에 대한 위험을 방지하고 수입상은 조건과 일치하는 서류를 인도받으면서 발행은행에 대금을 지급하므로 상품 불인도(不引渡)에 대한 위험을 방지할 수 있어 은행이 매매당사자간에 개입하여 당사자간의 상호 다른 위험을 제거하고 있다.

1) 대금결제 기능(means of settlement)

신용장거래는 매매당사자 이외에 제3자인 발행은행이 개입하여 신용장조건과 일치하는 서류와 상환으로 상품대전의 지급을 보증함으로써 신용장조건과 일치하는 서류의 제시조건하에 상품거래를 서류거래화 하여 매매당사자인 수출상에게는 대금회수 전의 상품선적에 대한 대금회수의 위험을 제거하여 주는 한편, 수입상에게는 신용장에 의하여 수출상이 의무를 이행하도록 하며 상품인수 전 대금지급을 확약하는 대금결제 수단으로서의 기능을 갖는다. 오늘날 국제무역거래의 대금결제 방식으로서 주류를 이루게 된 것도 신용장의 대금결제 수단으로서의 기능 때문이다.

2) 신용편의 기능(credit facility)

신용장은 거래당사자에게 각종 금융상의 혜택을 주는 기능을 한다. 즉 수출상은 수출신용장을 근거로 수출물품을 확보하는 데 필요한 무역관련 금융을 제공받을 수 있으며 상품선적 즉시 네고(negotiation)를 통해 대금회수를 가능하게 한다. 반면, 수입상은 수입상품의 도착 및 선적서류의 도착과 더불어 대금지급을 가능하게 하는 금융수단으로서의 기능을 갖고 있으며, 수입화물의 대도(T/R; Trust Receipt)를 이용하면 금융상의 부담이 경감된다.

해설

◈ 신용위험(信用危險, credit risk) : 수출상이 수출대금을 계약에 따라 수입상으로부터 회수할 수 없는 위험을 말하며 이는 계약 성립 후 수입국내에서 계약제품의 가격이 하락하여 시장성이 없다고 판단하여 수입상이 수입을 거절할 수도 있을 수 있고 수입상이 부도 등으로 인하여 대금 지급능력을 상실할 수 있는 위험을 말하며 사후송금방식이나 D/P·D/A 등 추심결제방법에서 수출상이 부담하는 위험이 될 수 있다.

◈ 상업위험(商業危險, mercantile risk) : 이 위험은 사전송금의 경우에 수출상이 계약물품을 일정 기간 내에 수입상에게 선적하여 수입상이 약정된 선적기일 내에 상품을 인수할 수 있는 지의 여부에 대한 위험을 말하며 주로 수입상이 부담하는 위험이다.

2. 수출입업자의 효용성

1) 수출업자의 효용성

첫째, 신용장은 수입상의 신용과 관계없이 수입국 소재 발행은행의 신용으로 대금지급이 약속되는 것이므로, 발행은행이 파산하거나 불가항력이 발생하지 않는 한, 어느 다른 결제방식보다도 수출상에게는 대금회수가 확실하다. 따라서 수입상의 지급불능 또는 지급거절에 의하여 대금을 회수할 수 없게 되는 신용위험(credit risk)을 제거하여 준다.

둘째, 취소불능신용장의 발행은 발행은행의 지급보장을 전제로 한 것이기 때문에 신용장의 일방적 취소 또는 변경의 위험이 전혀 없으므로 수출상은 수입상의 신용상태에 대하여 불안함을 느끼지 않고 주문받은 수출상품의 집하(集荷)나 원자재를 구입하여 제조(製造)하는 데에 전념할 수 있다.

셋째, 수출상의 수출대금은 물품 선적 후 즉시 신용장 조건에 일치한 선적서류 및 환어음을 갖추어 자신의 거래은행인 매입은행을 통하여 소정이자(환가료)만 공제하고 수출대금을 회수할 수 있기 때문에 물품이 수입상의 수중에 들어간 후에야 지급되는 기타의 결제방식보다도 대금회수가 즉각적으로 이루어지게 된다.

넷째, 수출상은 신용장을 담보로 선적 전에도 무역금융의 혜택을 누릴 수 있다. 주요 금융기관에서는 수출 신용장을 받은 수출상에게 수출품을 집하·생산하기 위한 필요한 원자재를 조달 또는 수입하는데 필요한 자금을 융자해 주고 있다.

2) 수입업자의 효용성

첫째, 수입상이 대금결제의 방식으로 수출상에게 신용장을 제공하게 되면, 이는 자신의 신용을 은행의 신용으로 대체하는 것이기 때문에, 수입상은 은행의 신용을 배경으로 수출상과의 계약체결시 제품의 가격, 품질, 인도 또는 기타 모든 계약조건을 자기에게 유리한 쪽으로 체결할 수 있다.

둘째, 신용장은 그 조건에 엄격히 일치한 선적서류와 상환으로 대금결제가 이루어지고 또한 수출상은 대금회수를 위하여 신용장에서 요구한 운송서류를 비롯한 제반서류를 정확히 제시해야 하므로, 수입상은 운송서류를 받고 대금을 지급할 때 계약조건에 일치한 상품이 정확히 선적되었을 것이라는 확신을 가질 수 있다.

셋째, 신용장에는 그 유효기일과 최종 선적기일을 명시하고 있고, 수출상은 신용장에 명시된 기일을 경과하지 않은 경우에만 수출대금을 회수할 수 있기 때문에 선적기일을 지킬 뿐만 아니라 경우에 따라서는 일정한 선적시기를 제한할 수도 있으므로, 수입상은 자신이 원하는 일자에 상품을 입수할 수 있다.

넷째, 수입상은 비록 수입자금이 없더라도 거래은행의 신용으로 신용장을 발행하거나 상품이 도착한 후 지급하게 되므로 금융상 유리하며, 기한부신용장일 경우에는 수입상품의 판매대전으로 결제할 수 있는 이점이 있다. 즉, 운송서류를 인도받으면서 발행은행으로부터 화물대도(T/R : Trust Receipt)에 의한 신용을 공여받아 상품이 도착 판매되는 기간동안 대금의 결제를 연기받는 혜택을 받을 수 있다.

3. 은행의 효용성

첫째, 무신용장방식거래에 있어서는 선적서류의 매입은 수출상에 대한 신용공여를 의미하는 것이므로 위험이 따르게 된다. 그러나 신용장거래에 있어서는 발행은행 및 매입은행 등은 독립성과 추상성의 원칙으로 업무수행이 용이하며 신용장조건에 일치하는 서류를 매입하므로 수출국 소재의 매입은행들은 발행은행으로부터 지급이 보장되어 대금회수의 불확실성을 제거할 수가 있다.

한편 매입은행은 수출상이 발행하는 환어음의 선의의 소지인으로서 그 어음이 지급거절 또는 인수거절 되는 경우에는 최초의 발행인인 수출상에게 소구권을 행사할 수 있다.

둘째, 신용장의 발행은행도 신용장을 발행할 때 발행의뢰인인 수입상으로부터 수입금액의 입금을 요구하거나 담보차입증(擔保借入證)을 받기 때문에 수익자에 대하여 독자적으로 지급확약에 따른 위험을 수입상에게 전가시킬 수 있다. 또한 수출상이 제시하는 운송서류를 발행은행의 지시식으로 발행하도록 신용장에 규정하므로 운송중인 화물의 담보권을 취득할 수 있다. 입금액의 입금을 요구하거나 담보차입증을 받기 때문에 수익자에 대하여 독자적으로 지급확약에 따른 위험을 수입상에게 전가시킬 수 있다.

제5장 ▮ 신용장거래의 특성과 거래원칙

01 신용장거래의 특성

신용장거래는 매매계약 또는 기타 계약에 근거한 상품거래의 대금결제를 종결시키는 데에 그 목적이 있으나 지급을 보증하는 주체도 은행이며 신용장에 의한 수출입거래 당사자간의 의무이행 여부를 판단하는 것도 은행이 된다.

따라서 상품거래에 대한 지식과 경험이 없는 이러한 은행을 보호하고 상품거래에 의한 매매계약 등의 구속으로부터 해방시킴으로써 자유롭고 원활한 신용장거래가 이루어지도록 하기 위하여 다음과 같은, 즉 매매계약 또는 기타 계약으로부터의 독립성과 서류에 의한 거래인 추상성을 부여하고 있다.

이 두 원칙은 신용장거래에 있어서 황금률(golden rule)로 인정되고 있다.

▮ 그림 5-1 ▮ 신용장거래의 특성

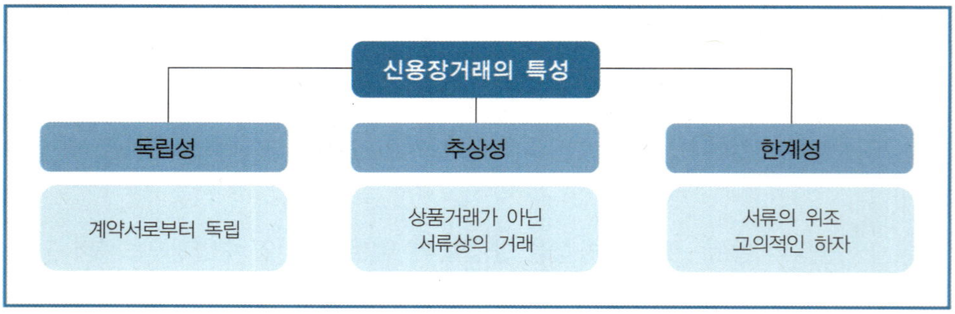

1) 독립성의 원칙(principle of independence)

신용장의 독립성의 원칙(independence principle of the credit)이란 신용장은 매매계약에 근거하여 발행되지만 일단 신용장이 발행되면 그 매매계약과는 독립된 별개의 독립된 거래로 간주하고 서류자체만을 가지고 판단하여야 한다는 법률원칙(legal principle)을 독립성의 원칙(the principle of independence)이라고 한다.

거의 모든 신용장은 매수인과 매도인 사이에 체결된 매매계약 등에 의거하여 발행되는 것이다. 즉, 무역거래의 당사자는 매매계약의 지급방식으로서 신용장에 의한 방식을 선택한다고 합의하며 따라서 매매계약의 확정과 함께 수입상은 자기의 거래은행에 의뢰하여 신용장을 발행한다. 그러나 신용장이 일단 은행에 의하여 발행되면 그 신용장은 그 근거가 되었던 수출상과 수입상간의 매매계약으로부터 완전히 독립되어 그 자체로서 별도의 법률관계를 형성하게 되는 이른바 무관한 거래원칙을 신용장거래의 독립성의 원칙이라고 한다. 만일 신용장이 그러한 계약에 관한 참조사항을 언급하고 있다 하더라도 신용장의 관계 당사자들은 그 계약의 조건에 하등의 영향이나 구속도 받지 않는다.

이에 대하여는 신용장통일규칙 제4조 a항에서 "신용장은 그 성질상 그것이 근거될 수 있는 매매계약 또는 기타 계약과는 독립된 거래이다. 은행은 그러한 계약에 관한 어떠한 참조사항이 신용장에 포함되어 있더라도 그러한 계약과는 아무런 관계가 없으며 또한 이에 구속되지 아니한다"라고 규정하여 신용장의 독립성을 명백히 하고 있다. 따라서 은행은 매매계약 등에 관계되는 이유 또는 항변으로 권리를 침해당하거나 의무나 책임을 추궁당하는 일이 있을 수 없다.

그런데 실무에 있어, 만일 신용장이 "… in accordance with Sales Contract No.234"와 같이 참조조항을 포함하고 있는 경우, 수익자는 상업송장상에 모든 조건들이 매매계약의 조건들과 일치되게 이루어졌다는 진술서나 확인서를 포함시킴으로써 후일 발행의뢰인인 수입상과의 분쟁을 방지할 수 있게 된다. 그러나 만일 원신용장에 매매계약 등의 사본이 첨부되어 "The attached sales contract No.345 should be considered as an integral part of this credit" 등의 문언을 포함하여 매매계약의 사본 등을 요구하는 경우도 있다. 그런데 첨부된 Sales Contract 등이 지나치게 상세한 내용을 포함하고 있거나 원신용장의 조건과 모순되는 내용이 있는 경우 등은 UCP 제4조 b항 "발행은행은 신용장의 필수적인 부분으로서 근거계약의 사본 등을 포함시키고자 하는 어떠한 시도도 저지하여야 한다"의 취지에 어긋나므로 발행은행은 이러한 시도를 저지하여야 하며 이러한 신용장을 접수한 수익자나 지정은행은 Sales Contract 등의 내용을 신용장 조건으로부터 제외시키도록 발행은행에 요구하여 조건변경을 받아둠으로써 후일의 분쟁을 피할 수 있다. 이것은 신용장거래를 매매계약에 연계시키게 되면 은행이 매매계약의 내용을 일일이 확인하여야 하는 바, 이는 현실적으로 불가능하므로 이러한 구속으로부터 은행을 해방시켜 신용장거래가 원활하게 이루어지도록 함에 그 취지가 있다.

2) 추상성의 원칙(principle of abstraction)

신용장의 추상성의 원칙(abstraction principle of the credit)이란 신용장의 모든 관계당사자는 계약물품과는 아무런 관계없이 계약물품을 상징하는 서류에 의하여 거래한다는 것을 말한다. 즉, 은행은 매매계약에서 언급된 물품과 실제로 매수인에게 도착된 물품 여하에 관계없이 은행은 신용장에서 요구하는 서류만을 가지고 대금지급 여부를 판단한다는 것이다. 여기서 추상성이란 의미는 매매계약에서 언급된 물품을 상징화한 서류를 지칭하는 것으로 물품이나 서비스 자체의 거래가 아니라 이들을 추상화한 독립된 거래라는 의미이다.

신용장통일규칙 제5조에서는 “은행은 서류를 취급하는 것이며 그 서류와 관련될 수 있는 물품, 용역 또는 이행을 취급하는 것은 아니다”라고 규정하여 제3조에서 규정한 독립성과 함께 신용장 거래의 또 하나의 특성인 추상성을 명확하게 하고 있다.

신용장거래에서 발생되는 분쟁의 대부분은 서류상의 내용과 실질상의 물품, 용역 또는 계약의 이행사항이 일치하지 않는 경우에 나타난다. 그러나 만일 이러한 서류상의 문제가 분쟁해결의 기준이 되고 은행이 이들 사항에 책임을 져야 한다면 어느 은행도 마음 놓고 신용장거래를 할 수 없을 것이다.

이와 같이 신용장 거래에서는 모든 판단의 기준이 실제의 사실이 아닌 서류에 있다고 추상화함으로써 상품이나 기타 실질거래에 지식이 불충분하고 경험이 부족한 은행들로 하여금 적극적으로 신용장거래를 행할 수 있도록 보장하여 국제무역거래를 원활하게 하고 있다.

3) 신용장거래의 한계성(limitation)

신용장의 독립성과 추상성은 은행이 안심하고 신용장 거래에 개입할 수 있도록 유도하여 대금결제를 원활하게 하고 신용장은 국제간의 무역거래를 촉진시켜주는 편리한 수단이지만 원만한 계약이행을 위해서는 궁극적으로 무역거래 당사자간의 성실성이 무엇보다도 중요한 것이며 신용장이 발행되었다고 해서 모든 것이 원만하게 해결되는 것은 아니다. 따라서 신용장도 이행할 수 없는 한계를 가지고 있다.

첫째는 수입상에 대한 한계로서 수입상이 요구하는 상품을 반드시 입수할 수 있다는 보장이 되지 않는다는 점이다. 즉, 수입상의 입장에서 실물거래인 무역거래에서 신용장이 물품의 품질을 완전히 보장할 수는 없다. 신용장의 거래는 어디까지나 서류상의 거래이기 때문에 수출상이 이러한 특성을 악용하여 품질이 나쁜 상품 또는 전혀 다른 상품을 선적하고 서류만 신용장조건대로 작성하여 제시하면 은행은 반드시 대금지급을 하므로 수입상 입장에서는 자신이 원하는 상품이 정확하게 수입될 것이라는 보장이 없다. 따라서 수입상은 선적전 검사(pre-shipment inspection), 검사대행 기관을 통한 검사증명서(inspection certificate) 및 하자보증서(warranty bond) 제시를 요구하여 극복하는 방안을 강구하여야 한다.

둘째는 수출상에 대한 한계로서 신용장거래는 서류에 의한 거래이므로 서류만을 근거로 지급을 하게 된다. 그러나 수입상이 이러한 특성을 악용하여 수출상이 매매계약 내용을 성실히 이행하였음에도 불구하고 서류상의 오류를 트집 잡아 지급을 거절하거나 가격할인을 요구하는 경우가 있다. 수출상의 입장에서는 양질의 물품을 공급하였더라도 서류상의 하자로 인한 대금결제의 지연 또는 지급거절을 방치할 수는 없다. 따라서 UCP, ISBP 등에 따른 정확한 서류작성, 신용도 높은 확인신용장 요청 및 수출보험에 가입하는 등의 대응방안을 강구하여야 한다.

셋째, 신용장은 독립된 완전무결한 지급수단이 될 수는 없다. 신용장은 일종의 계약 성격을 지니고 있는 조건부 지급확약서라고 볼 수 있으며 그 자체가 완전하게 독립된 지급수단으로는 간주할 수 없는 것이다. 신용장상에 명시되어 있는 제반조건과 일치하는 서류를 소정기일 내에 제시할 것을 조건으로 지급하겠다는 발행은행의 조건부 지급확약서로서 국제 무역거래 지급방식은 수입상과 수출상이 상호간의 신의성실원칙에 입각하여 원만한 계약이행을 위한 국제간의 상품거래를 수행할 수 있도록 뒷받침해 주는 편리한 수단에 불과한 것이다.

표 5-1 화환신용장의 한계

구분	내용
수출자 입장	① 신용장거래는 서류에 의한 거래이므로 서류만을 근거로 발행은행이 지급을 확약하고 있다. ② 따라서 수입자가 이러한 성질을 악용하여 수출상이 계약내용을 성실하게 이행하였음에도 불구하고 서류상의 사소한 불일치(minor discrepancy)를 트집잡아 지급을 거절하거나 가격할인을 요구할 수 있다. ☞ "신용장에서 서류의 심사를 위한 국제표준은행관행"(ISBP) ; 사소한 하자로 인한 지급거절위험이 많이 감소되고 있는 추세이다.
수입자 입장	① 수입상이 요구하는 상품을 반드시 수취할 수 있다는 보장이 없다는 점이다. ② 신용장 거래는 오직 서류상의 거래이기 때문에 수출자가 이러한 추상성을 악용하여 매매계약서와 다른 저질품이나 전혀 다른 상품을 선적하고 서류만 신용장 조건대로 작성하여 제시하더라도 발행은행은 대금을 지급하여야 하고 수입자는 발행은행에 반드시 대금지급을 하여야 하므로 수입자 입장에서는 자기가 원하는 상품이 정확하게 입수될 것이라는 확실한 보장이 없다. ☞ 수입자가 신용장에 "검사증명서"를 요구하여 이러한 위험을 방지할 수 있다. ☞ Injunction : 우리나라의 가처분에 해당하는 것으로 신용장거래에서 수입상의 신청에 의하여 신용장발행은행에 대금지급을 금지하는 법원의 결정을 의미한다.
화환신용장은 발행은행의 조건부 지급확약서라는 성격 때문에 수표나 어음과 같은 유통성이 부여된 독립된 지급수단은 아니며 유가증권도 아니다.	

02 신용장의 거래원칙

1) 엄격일치 원칙의 준수

엄격일치의 원칙(doctrine of strict compliance)이란 수익자가 수출대금을 회수하기 위하여 은행에 제시하는 모든 서류는 신용장 조건과 완전히 일치하여야만 그 제시된 서류를 수리한다는 원칙을 의미한다. 즉 은행이 신용장 조건에 엄격히 일치하지 않은 서류를 거절할 수 있는 권리를 가지고 있다는 법률적 원칙을 편리하게 엄격일치의 원칙(doctrine of strict compliance)이라고 한다.

신용장 거래에서는 대금지급이 단지 서류와의 상환으로 이루어지기 때문에 은행이 잘못 판단하면 발행은행이나 발행의뢰인의 의사에 반하여 대금지급이 이루어지는 결과를 초래할 수도 있다. 따라서 은행의 서류 심사기준은 엄격하게 적용할 필요가 있는데, 수익자에 의하여 제시된 서류가 신용장조건과 완벽하게 일치되어야 대금지급이 이루어진다는 원칙을 엄격일치의 원칙(嚴格一致의 原則)이라 한다.

그러므로 신용장거래에서 은행은 모든 신용장에서의 지시사항을 엄격히 준수하여야 할 책임을 지고 있는 것이다. 이런 관점에서 은행은 서류상 미비하거나 그 조건에서 강조하고 있지 않은 중요하지 않은 부분에 이르기까지 신용장의 조건에 엄격히 일치하지 않는 경우에는 이를 거절하여야 한다.

이러한 원칙은 거래은행의 서류심사 의무에서뿐만 아니라 발행은행 고객으로부터의 신용장발행의뢰인 또는 지시의 수행과 통지은행의 신용장 통지에서도 엄격히 준수되어야 한다. 또한 이러한 원칙은 신용장거래가 상품거래가 아닌 서류거래이므로 서류만으로 지급 여부를 결정하게 되는 까닭에 서류가 신용장 조건에 일치하여야 하는 것은 당연하다고 볼 수 있다.

이 원칙은 수익자가 제시한 서류와 신용장조건과의 일치성 여부에 관한 심사는 오로지 서류의 문면상으로 판단함으로써 실질적인 서류심사를 부정하는 입장을 취하고 있기 때문에, 은행은 신용장조건에 엄격히 일치하지 않는 서류를 거절할 수 있는 권리를 가지고 있다는 법률원칙을 말한다.

부연하자면, 화환신용장의 토대는 은행이 물품, 서비스 또는 기타 이행이 아니라 서류만을 근거로 거래하는 것이기 때문에, 법원은 채권자의 클레임실행에 대한 정지조건으로서 서류가 신용장조건과 엄격히 일치할 것을 주장하게 된다는 것이다. 사실 이 원칙은 신용장 독립성의 원칙의 당연한 결과로서 주로 은행 관습과 판례법에서 인정되어 오고 있다.

2) 상당일치의 원칙

상당일치의 원칙(相當一致의 原則 ; doctrine of substantial compliance)이란 엄격일치의 원칙이 엄격하게 적용되는 신용장거래에서도 커다란 하자가 없는 상태에서 신용장의 조건과 상당히 그리고 실질적으로 일치하는 서류의 경우 그러한 서류를 인수하는 것을 말한다. 이는 신용장통일규칙에서의 엄격일치의 원칙을 다소 완화하여 제시된 서류가 신용장상의 제반 조건과 상호 모순되는 내용이 아닌 한 어느 정도까지 일치하면 은행은 그러한 서류를 인수하여 대금지급을 할 의무가 있다고 하는 원칙으로서 실질일치의 원칙(實質一致의 原則 ; doctrine of substantial compliance)이라고도 한다.

종래의 엄격일치의 원칙은 계약 내용을 정확하게 인지하고 있는 수출업자가 작성하는 서류인 상업송장에만 적용하고, 운송인이 발행한 운송서류, 보험자가 발행한 보험서류 등과 같이 수출업자가 아닌 다른 당사자들이 발행한 서류들은 상호 모순되지 않고 그다지 커다란 하자가 아닌 경우에 이를 대금지급 거절을 위한 방편으로 악용되는 것을 막기 위하여 상당일치의 원칙이 인정되고 있다. 엄격일치의 원칙이 엄격히 적용되는 신용장거래에서도 몇몇의 경우 그 일반적인 뜻에 큰 하자(瑕疵)가 없는 상당히 실질적으로 일치하는 서류의 경우에도 인수를 규정하고 있다.

신용장통일규칙 제14조의 e항 규정과 제18조 c항의 규정은 엄격일치의 원칙을 다소 완화하여 서류가 내용상 신용장 조건과 상호 모순되는 내용이 아닌 한 어느 정도까지 일치하면 은행은 이를 지급할 의무가 있다고 하는 실질일치의 원칙을 나타낸 조항으로서, 동조에서 규정한 바대로 그 내용상 상호 모순성이 없으면 서류를 인수하여야 한다는 것을 규정하고 있다.

만일 신용장에서 요구하는 선하증권이 “as per pro-forma invoice” 또는 “as per contract description”과 같이 되어 있으면 선하증권에 표기해야 하는 상품명만도 수 페이지에 달할 수 있으므로, 종래의 엄격일치 원칙을 상업송장에만 귀착시키고 다른 서류들은 명백히 모순되거나 반대되지 않는 한 은행의 서류 수리를 규정함으로써 신용장거래의 원활화를 기하려 하는 것으로 여겨진다.

미국의 일부 법원들은 엄격일치의 원칙을 일부 수정 내지 완화하여 신용장조건과 서류가 실질적으로 즉, 상당히 일치하면 신용장조건을 충족한 것으로 보는 상당일치 또는 실질적 일치기준을 일부 사건에서 적용하고 있다. 이러한 입장은 미국에서 채택되어 상당한 수의 판결들이 나오고 있는 실정이지만 엄격일치의 원칙을 옹호하는 입장에서는 은행의 자의적인 판단이 엄격일치 원칙의 근본을 해한다는 입장에서 이들 판결들과 엄격일치 원칙의 완화에 대한 비판도 많다.

3) 엄격일치·상당일치 사례와 국제표준은행관행

은행에 제시되는 모든 서류는 신용장 조건과 문명상 엄밀하게 일치하여야 한다는 원칙을 엄격(엄밀)일치의 원칙(the doctrine of strict compliance)이라고 한다.

엄격일치원칙에 의하면, ㉮ 서류는 지정된 대로 모든 서류가 은행에 제시되어야 하고, ㉯ 서류는 반드시 신용장에서 요구된 조건과 정확하게 일치하여야 하며, ㉰ 서류상의 상품명세는 반드시 신용장상의 명세와 일치하여야 한다.

이러한 엄격일치원칙의 모순은 서류의 불일치사항이 경미하거나 부분적인 사항의 사소한 불일치가 있어도 대금지급을 거절하게 되며, 또한 서류는 엄격하게 일치하지만 서류가 허위로 작성된 경우에도 지급하여야 하는가의 문제점에 있다.

서류심사기준에 관한 UCP 600 제14조 내용을 종합하면 다음과 같다.

① 지정은행, 확인은행 및 발행은행은 서류가 문면상 일치하는 제시(신용장의 제조건, UCP, ISBP의 적용가능한 규정에 따른 제시)를 구성하는 일치성을 결정하기 위하여 서류만을 기초로 하여 심사하고, 심사 기간은 서류제시일의 다음 영업일을 기산일로 하여 제5영업일(five banking days) 이내이다. 하나 또는 그 이상의 운송서류의 원본을 포함하는 제시는 이 규칙에서 규정하고 있는 선적일 후 21일보다 늦지 않게 수익자에 의하여 또는 대리하여 이행되어야 하며, 어떠한 경우에도 서류제시는 신용장 유효기일 이내에 제시되어야 한다.

② 서류자체의 자료간의 상충, 기타 모든 서류 상호간의 상충, 또는 신용장의 제조건과의 상충이 있어서는 안된다.

③ 상업송장 이외의 기타 모든 서류의 물품, 용역 또는 이행의 명세는 신용장상의 명세와 상충되지 아니하는 일반용어로 기술될 수 있다.

④ 기본서류(운송서류, 보험서류, 상업송장) 이외의 다른 서류의 발행인 또는 자료내용을 명시하지 않은 경우 신용장상의 자료와 상충되지 않는다면 은행은 그 서류를 제시된 대로 수리한다.

⑤ 신용장에서 요구하지 않았으나 제시된 서류는 무시되고 제시인에게 반환할 수 있다.

⑥ 신용장이 제시되어야 하는 서류를 명기하지 않고 조건만을 포함하고 있는 경우에 은행은 그러한 조건은 명기되지 않은 것으로 간주하고 이를 무시한다.

⑦ 서류는 신용장의 발행일자보다 이전의 일자가 기재될 수 있으나, 그 서류의 제시일(date of presentation)보다 늦은 일자가 기재되어서는 안 된다.

⑧ 서류상에 기재된 수익자 및 발행의뢰인의 주소는 신용장 또는 기타 모든 명시된 서류상의 이들 주소와 동일할 필요는 없지만, 신용장에 언급된 각각의 주소와

동일한 국가 내에 있어야 하며, 수익자 및 발행신청인의 주소의 일부로서 기재된 연락처명세(팩스, 전화, 전자우편 등)가 명기된 경우에 이들 명세는 무시된다. 그러나 발행신청인의 모든 주소 및 연락처명세가 제19조(복합운송 서류), 제20조(선하증권), 제21조(비유통성 해상화물운송장), 제22조(용선계약선하증권), 제23조(항공운송서류), 제24조(도로, 철도 또는 내륙수로 운송서류) 또는 착하통지처(notify party) 명세의 일부로서 보이는 경우에는 이러한 주소 및 연락처명세(contract details)는 신용장에 명시된 대로 기재되어야 한다.

⑨ 모든 서류상에 표시된 물품의 선적인(shipper, 송화인) 또는 탁송인(consignor)은 신용장의 수익자일 필요는 없다.

⑩ 운송서류가 이 규칙의 제19조~제24조의 요구조건을 충족시킨다면 그 운송서류는 운송인(carrier), 선주(owner), 선장(master) 또는 용선자(charterer) 이외의 모든 당사자에 의하여 발행될 수 있다.

다음 표에서는 신용장거래의 분쟁을 법정에서 해결하는 과정에서 형성된 엄격일치원칙(the doctrine of strict compliance) 및 상당일치원칙(substantial compliance rule)과 국제표준은행관행(ISBP)의 내용을 비교하여 설명하고 있다.

표 5-2 엄격일치원칙·상당일치원칙과 국제표준은행관행(ISBP) 내용 비교

구분	엄격일치원칙	상당일치원칙
의미	신용장의 제 조건에 엄격하게 일치하지 않는 서류는 대금지급을 거절한다는 원칙	서류가 신용장조건과 상당하게 일치하면 은행은 이를 지급확약한다는 원칙
기준	신용장의 제 조건과 문구가 일치하여야 함	사소한 하자는 무시하고 지급할 수 있음
문제점	서류심사기준인 국제은행표준관습 내용의 애매모호한 정의로 인하여 엄격일치 기준을 설정하기가 쉽지 않음	사소한 하자도 발행은행이나 수입상 입장에서는 지급거절 사유로 제시할 수 있어서 법원의 판결까지 대금지급이 연기됨
판례 예시	다음과 같은 불일치는 지급거절사유임 ① 상업송장의 상품명세에는 '중고품'인데 신용장 상품명세는 그런 문구가 없어 하자 ② 신용장에는 'Cars model T'인데 상업송장의 'Cars medel T and Y'는 하자 ③ 수화인의 명칭이 'Mohamad Soran', 서류에는 'Mohamad Sofan'은 중요 하자임 ④ 신용장에는 'Canned White Peach', 선하증권에는 'Canned Fruit'는 하자임	다음 경우는 지급거절사유가 아님 ① 신용장의 상품명세는 'Cattle(가축)', 서류에는 'Hogs'(돼지)인 경우 지급 가능 ② 'Street'를 'St.'으로 'Limited'를 'Ltd.' 등의 약어로 사용한 것은 하자가 아님 ③ 'uPVC'를 'UPVC'로 표기한 것(소문자와 대문자 차이)은 하자가 아님 ④ 신용장에는 'Hyeleem Trading Co.' 포장명세서는 'Heyleem Trading Co.'
하자 기준	신용장의 요구서류와 불일치하는 서류나 증명서의 제시, 신용장상에 명시된 기일이 경과된 서류의 제시 등 명백한 하자는 엄격일치원칙 기준이 적용되는 중요한 하자임	

<table>
<tr><th>구분</th><th>엄격일치원칙</th><th>상당일치원칙</th></tr>
<tr><td>참조</td><td colspan="2">UCP 600 제18조 '상업송장의 상품명세는 신용장상의 상품명세와 일치하여야 한다. 기타의 모든 서류상의 상품명세는 신용장상의 상품명세와 모순되지 아니하는 일반용어로 기술될 수 있다.' → '상품명세에 관한 상업송장 엄격일치 준수'의 의미로 해석됨</td></tr>
<tr><td>판례 결과</td><td colspan="2">각국의 수많은 판례를 분석한 결과에 의하면 각각의 분쟁사안에 대하여 중요성의 정도, 신의성실의 원칙, 국제상관습, 하자의 내용이 거래에 미치는 영향, 사기거래의 원칙 등에 따라서 판결의 내용이 다르게 결정될 수 있다. 2003년 1월 1일 이후 세계 각국의 조건 일치성에 관한 판례는 ISBP를 기준으로 한 결과가 나타나고 있다.</td></tr>
<tr><td>실무적 유의점</td><td colspan="2">각국의 수많은 판례를 분석한 결과에 의하면 각각의 분쟁사안에 대하여 중요성의 정도, 신의성실의 원칙, 국제상관습, 하자의 내용이 거래에 미치는 영향, 사기거래의 원칙 등에 따라서 판결의 내용이 다르게 결정될 수 있다.
① 위의 판례에서 보는 것처럼 너무나도 사소한 하자, 명백한 오타 등 하자의 내용이 계약상품과는 하등의 관계가 없는 경미한 하자인 경우에 법원은 상당일치원칙을 적용하여 지급하라는 판결을 내리고 있다.
② 그러나 신용장거래에서는 서류만을 근거로 하여 대금지급을 이행하기 때문에 수출상은 엄격일치원칙을 준수하여 서류를 제시하여야 하며 사후적으로 서류의 경미한 하자가 발생되어 지급거절을 당하는 경우에 상업송장을 제외한 기타서류의 사소한 하자는 UCP 600 제18조의 규정을 근거로 발행은행 및 수입상에게 지급거절의 부당함을 호소하여야 한다.
③ 그러나 사소한 하자에도 불구하고 일단 지급거절통보를 당하게 되는 수출상은 분쟁이 해결될 때까지 여러 가지 어려움에 봉착하기 때문에 서류의 면밀한 검토가 중요하다.
④ 서류의 불일치로 인한 분쟁발생의 경우에는 ISBP(국제표준은행관행)의 서류별 심사기준 해당조항을 숙지하여 이를 해결하여야 한다.</td></tr>
<tr><td>국제 표준 은행 관행 (ISBP)</td><td colspan="2">"화환신용장 하에서 서류의 심사를 위한 국제표준은행관행(ISBP)" ; 2003년 1월 1일부터 시행됨
① 제정목적은 서류 심사의 기준을 전 세계적으로 통일하여 분쟁을 최소화하려는 것
② UCP 600 제14조에는 서류는 ISBP에 따라 심사되어야 한다고 명기하고 있으므로 UCP 600을 적용하는 신용장에는 ISBP를 적용한다는 문언을 추가할 필요가 없음
③ 실무에서 가장 많이 등장하는 관행들을 200개의 조항으로 선정하여 문서화하였음
④ 현재는 2007년 7월 1일부터 발효된 UCP 600과의 보조를 위해 2013년 7월부터 개정된 ISBP(ICC Pub. No. 745)가 실무에 적용되고 있음.</td></tr>
</table>

4) 서류거래의 원칙과 심사의 원칙

신용장거래에서 은행은 수익자가 제시한 서류에 대한 지급 여부를 판단하기 위하여 서류를 심사하여야 한다. 일반적으로 서류심사에 적용되는 불일치의 판단기준으로는 신용장통일규칙이 제정되기 이전부터 법원의 판결을 통하여 법률원칙으로 성립되어 온 전통적인 서류심사기준인 엄격일치의 원칙과 상당일치의 원칙이 있으며, 제5차 개정 신용장통일규칙에서부터 서류심사기준으로 도입된 국제표준은행관행(International Standard Banking Practice)이 있다.

서류거래의 원칙(principle of documentary transaction)이란 신용장거래 당사자는 서류거래를 하는 것이지 물품거래를 하는 것은 아니라는 원칙을 말하는데, 독립·추상성의 원칙과 유사한 개념이다. 은행이 신용장에 명시된 서류와의 상환만 지급하도록 한다면 은행의 의무는 한결 단순해지며 근거계약으로부터 독립된 거래로 존재할 수 있게 된다. 이와 같이 신용장의 독립·추상성을 실현시키고 은행의 의무를 신용장에 명시된 서류의 문면(文面)만으로 신용장조건을 만족시키고 있는가를 판단하고 이에 따라 지급을 이행하도록 단순화시킨 특성을 서류거래의 원칙이라 하며 독립·추상성의 원칙과 유사한 원칙이다.

은행은 수익자인 수출상로부터 서류를 수취하고 신용장조건과의 일치성 여부를 확인한 후 대금을 지급하게 되는데, 이러한 은행의 서류검증의무는 '은행은 모든 서류가 신용장조건, 신용장 통일규칙 및 국제표준은행관행에 따라 제시하였는가, 즉 일치성을 결정하기 위하여 서류만을 기초로 심사하여야 한다'라고 정의하고 있다. 이는 약정된 서류가 문면상 신용장조건에 일치하는가의 여부는 신용장 조건, 본 규칙 및 국제표준은행관행에 의해 결정된다. 은행이 국제적인 표준관행 및 신용장통일규칙에 의하여 서류를 심사한다는 것은, 신용장조건에 엄격하게 일치하는가의 여부를 심사하여야 하며, 자의적이거나 태만하지 않으며, 항상 공정·능숙하고, 미래지향적 관행을 택하여 서류를 심사한다는 것이다.

서류가 문면상 다른 서류와 서로 모순이 된다는 것은 동 서류가 문면상 신용장 조건에 일치하지 않는 것으로 간주되며, 신용장거래은행의 서류점검의무는 문면상의 점검의무라고 할 수 있다. 이는 제시된 서류의 형식, 기재문언이 신용장에서 요구하고 있는 형식, 기재문언과 상호 모순된 점이 없이 일치하고 있는지 여부를 조사하고 검사하는 의무를 말한다.

본 조항에서 신용장거래에 일치하여야 한다고 하는 것은 그 내용상의 조건을 말하는 것이 아니며 다만 문면상의 일치성에 관한 것이다. 은행에서 수리되는 서류는 그것이 신용장의 조건과 문면상 일치하여야 함은 물론 이들 서류 상호간에 모순이 없이 일관성을 갖추고 있어야 한다. 그러므로 은행은 제출되는 서류가 문면상 신용장의 조건 등에 일치하는가를 심사할 책임을 부담하게 된다.

법적 요건의 구비 또는 유효성 등에 관한 서류심사의 책임에 있어서, 은행은 관례적으로 당연히 성실한 주의를 요하는 등과 같은 서류의 항목 즉, ㉮ 서류의 유효기간, ㉯ 제시된 서류와 문면상의 내용과 신용장상의 제반 조건과의 일치성, ㉰ 환어음 금액·송장금액·신용장금액 간의 모순성 여부, ㉱ 계약상품의 단위·명세 및 수량 등의 기재의 정확성, ㉲ 보험서류의 경우 담보내용 및 범위, 부보금액, 보험금 지급장소, 부보통화의 정확성, ㉯ 선하증권 등의 운송서류의 발행일자, 배서, 운임지급 여부, 분할 선적 및 환적에 관한 기재내용의 정확성, ㉰ 각종 서류 상호간의 모순성 여부 및 기타 서류의 문면상에 나타나 있는 서류의 발행일자, 발행기관, 작성자의 기명·날인 또는 서명의 누락 여부, 또는 권리양도의 적법성 등에 관한 사항 등 서류의 항목에 대하여 구체적으로 심사하여야 한다.

5) 은행의 면책

국제무역거래에서 거래은행의 역할은 본래 상품거래에서 야기하는 모든 위험을 담보해 주는 데 있는 것이 아니고, 대금결제의 위험을 제거하여 상품거래를 원활히 하는 데 있다. UCP 600 제34조의 내용처럼 은행은 신용장거래에 관계되는 모든 상품거래의 관습이나 특수사정을 전부 인지할 필요는 없으나 신용장에서 요구된 서류들을 확인할 수 있을 정도로 충분히 서류들을 검사할 의무는 있다고 할 수 있다. 따라서 이러한 관점에서 은행은 다음과 같은 심사의무는 면책된다.

1) 서류자체의 형식

은행은 서류 자체에 관하여 모든 서류의 형식, 충분성, 정확성, 진정성, 허위성 또는 법적 효력에 대하여, 또한 서류에 명시되거나 또는 이에 부가된 일반조건 및 특수조건에 대하여 어떠한 책임이나 의무를 부담하지 아니한다. 따라서 문면상 식별할 수 없는 위조나 변조로부터 보호받는다.

2) 서류의 진정성, 위조 및 법적 효력

서류의 진정성, 위조 또는 법적 효력에 대해서는 신용장거래의 실무면에서 종종 관계당사자간의 쟁점이 되어 경우에 따라서는 신용장거래의 근간을 흔드는 사태를 초래할지도 모르는 문제이지만, 신용장통일규칙은 이점에 대해서 은행의 면책을 명확히 규정하여 은행면책규정의 핵심을 이루는 것이라고 말할 수 있다. 그러므로 서류의 진정성, 위조·변조 및 법적 효력에 대해서는 문면상으로 보아 이상이 있다고 인정되지 않는 한, 은행은 이들에 대하여 음미하여 심사할 의무는 없으며, 아무런 책임과 의무도 부담하지 않는다고 해석하여야 할 것이다. 그러나 서류가 변조된 사실을 미리 알았거나 또는 쉽게 알 수 있음에도 불구하고 통상 행해지는 정도의 점검을 하지 않는 등 은행측이 의무를 태만하는 경우에는 면책되지 아니한다.

3) 서류문면상의 일반적·특수조건에 대한 면책

은행은 제시된 서류상에 인쇄된 일반적 조건 및 약정과 타이프·부전 등에 의해서 부가·삽입된 일반적 조건 또는 특수조건에 대해서도 어떠한 책임을 부담하지 아니한다. 선하증권을 포함한 운송서류 또는 보험서류에 인쇄된 보통약관 및 따로 부기된 특수약관의 내용에 대하여 전문적 지식이 없는 은행에 조사할 의무를 부담시키는 것은 대단히 어려운 일을 강요하는 것이 된다. 많은 업무를 신속하게 처리하여야 하는 은행의 입장 및 신용장거래의 실상을 고려하여 일반·특수 조건에 대해서도 은행의 면책을 명확하게 규정하고 있다. 다만, 운송서류 등에 삽입된 소위 부가문언(superimposed clause)이 신용장조건 또는 신용장통일규칙을 명백히 위반하고 있음에도 불구하고 은행이 이를 발견하지 못한 경우까지 은행이 면책되는 것은 아니라는 점에 주의할 필요가 있다.

4) 물품의 명세·가치·실존 여부에 대한 면책

은행은 서류에 기재된 물품의 명세 등에 대하여, 즉 물품에 대한 정확한 표시, 수량, 중량, 품질의 실태, 물품의 현상과 포장 등의 실상, 물품이 현실적으로 존재하고 있다는 것 또는 그 가치가 표시된 대로 있다는 것 등에 대해서도 책임을 지지 않는다. 이 점에 대해서는 운송인이 선하증권상의 부지약관(unknown clause)에 의하여 면책된다는 것과 같은 취지로 생각할 수 있다.

5) 서류의 작성, 발행자에 대한 면책

은행은 신용장거래 특성에 의해 매매계약과는 별개의 서류거래라는 점에서 물품거래에 관련된 운송계약 또는 보험계약상의 당사자는 아니므로 은행은 신용장의 거래당사자로서의 범위 내에서만 책임과 의무를 지므로 명백히 각 서류가 가리키는 기타 계약에서의 당사자에 관한 일에 대해서는 면책된다. 따라서 물품의 매매계약, 운송계약 또는 보험계약의 당사자가 아닌 은행은 계약당사자인 송하인, 운송인, 보험자 등의 성실성, 작위 또는 부작위, 지급능력, 이행능력 또는 신용상태 등에 대해 아무런 의무나 책임도 추궁 당하지 아니한다. 그러나 위조된 선적서류를 은행에 제출하는 자가 환어음의 발행인인 수출상이라면 이는 은행과의 계약을 위반한 것이 되며, 이에 대해 은행이 착오로 대금지급을 한 경우에도 이를 상환받을 수 있다.

6) 사기거래배제의 원칙(fraud rule)과 지급금지명령(injunction)

(1) 사기거래배제 원칙의 정의

사기거래배제(詐欺去來排除)의 원칙(fraud rule)은 신용장의 독립·추상성의 원칙과 상반되는 원칙으로서 비록 서류가 신용장조건에 일치하더라도 위조(僞造) 또는 사기(詐欺)에 의한 허위작성(虛僞作成)된 서류(書類)라는 것이 밝혀지면 은행은 이를 수리할 의무가 없으며 지급거절할 수 있다는 것으로 사기사실에 대한 명백한 입증, 사기사실에 의하여 피해가 발생한 경우에만 인정되는 예외규칙이다.

법원의 지급금지명령(injunction)이란 우리나라의 가처분(假處分)에 해당하는 것으로 신용장거래에서는 신용장발행은행에 대금지급을 금지하는 법원의 결정을 의미한다. 그러나 이것은 신용장거래가 서류거래라는 대원칙을 훼손하는 것이므로 사기(fraud)와 같은 불법성에 기인한 법원의 지급금지명령 적용은 엄격히 제한되어야 한다. 만약 발행의뢰인이 법원에 수익자로 하여금 서류의 제시를 못하게 하거나 은행에 지급을 금지하기 위한 가처분(injunction)을 신청하는 경우, 법원은 가처분을 내리기 전에 명백한 사기의 증거(clear proof of fraud)를 요한다는 판례가 있다. 또한 만약 수익자의 행동이 매매계약을 무효화시킬 정도가 아니라면 의도적인 기망(欺罔)이 있고 외면적인 행위가 부족(lack of colorable basis)하였다고 할지라도 대금의 지급거절을 정당화할 수 없다는 판례도 있다.

신용장통일규칙의 경우에는 사기나 위조에 관한 규정을 마련하고 있지 않기 때문에 법원의 지급금지명령은 신용장의 본질을 훼손하는 것으로 볼 수 있다. 수입상 보호라는 명문하에 법원이 발행은행에게 지급정기 가처분 명령인 법원의 지급금지명령을 남발한다면 신용장의 기본원리인 독립·추상성은 아무 의미가 없게 되고 위험을 이유로 매입은행이 매입을 거절할 가능성이 있게 될 것이다.

지급금지명령(injunction)의 원칙은 미국 통일상법전(UCC : Uniform Commercial Code)에서 서류가 사기적(詐欺的) 또는 위조(僞造)인 경우에 있어 발행은행의 지급거절권이나 지급의무의 범위를 그리고 발행의뢰인의 지급금지명령 획득 가능성을 명문화한 것을 의미한다. 그러나 신용장통일규칙에서는 사기나 위조에 관한 규정을 마련하고 있지 않기 때문에 지급금지명령의 원칙은 신용장의 본질인 독립성·추상성을 훼손하는 것으로 볼 수 있다.

법원의 지급금지명령은 수입상을 보호한다는 취지는 인정하지만, 첫째, 발행은행의 대금지급 이전일 것, 둘째, 수출상의 사기행위에 대한 명백하고 확실한 증거가 존재할 것, 셋째, 매입은행의 피해가 없을 것 등의 요건을 갖춘 경우에 한정하여 적용되어야 할 것이다.

제시된 서류가 위조·변조되었거나 신용장대금 지급청구가 사기적인 경우에는 일정한 요건하에 발행은행은 지정은행의 대금상환이나 수익자의 지급청구를 거절할 수 있고 또한 거절하도록 제한을 할 수 있다는 것이다. 이를 이른바 사기거래배제의 원칙(詐欺去來排除의 原則 ; fraud rule)이라 하는데, 독립성의 원칙에 대한 예외(例外)로서 이를 인정하는 이유는 사기적인 청구를 하는 수익자의 부당이득을 방지하고자 하는데 그 목적이 있다.

신용장거래에서는 '독립·추상성의 원칙'에 의하여 발행은행은 독자적이며 수익자와 발행의뢰인 사이의 기본계약에서부터 독립된다는 골격을 이루어왔다고 할 수 있으나, 국제무역거래에서 수익자가 발행의뢰인에게 기본계약에 따른 의무를 이행하지 않았음에도 불구하고 사기에 의한 방법으로 위조·허위의 방법으로 신용장조건에 일치하는 완벽한 서류를 제시한 경우에 독립·추상성의 원칙에 의해 물품대금을 지급하여야 하는 불합리한 경우도 발생할 수 있다.

신용장 거래가 서류상의 거래이며, 서류의 진위판단과 관련된 은행의 면책을 악용하려는 파렴치한 행동을 방지하기 위하여 발행은행은 사기행위에 대한 명백한 증거가 있는 경우 신용장상의 조건과 일치하는 서류에 대하여 지급을 거절할 수 있다는 판례가 있다. 이는 신용장제도를 악용한 사기적 지급청구행위에 대처하기 위한 수단으로 강구되었지만, 은행의 공신력을 감안하면 명백한 증거가 뒷받침해주는 경우에 한하여 사용되어야 한다.

따라서 차선책으로 법원으로부터 지급 정지명령(injunction)을 받아 대금지급을 거절하면 은행의 공신력도 유지하면서 사기적 지급청구에 대처하는 방안이 될 것이다. 이와 같이 관계당사자의 악의적인 사기(fraud)에 의한 거래의 경우에 한하여, 법원은 신용장의 '독립·추상성의 원칙'에 예외를 인정하여 은행간에 취소불능의 지급의무를 부담시키지 않도록 하고 있는데 이 원칙을 사기거래배제의 원칙(詐欺去來排除의 原則, fraud rule)이라고 한다.

사기거래배제 원칙의 적용은 영미법을 중심으로 형성되었으며, 현재 여러 국가에서 널리 인정되고 있는데, 이러한 원칙은 신용장통일규칙상에는 명시되어 있지 않으나 미국 통일상법전(Uniform Commercial Code ; UCC, Article 5-109 b항)에는 명시규정을 두고 있는데, 주요내용을 살펴보면 다음과 같다.

① 발행은행의 판단에 의한 지급거절 : 신용장에서 요구하는 서류가 위조되었거나 사기목적으로 작성된 경우라 할지라도, 신용장의 조건과 문면상으로 일치하는 서류의 제시에 대하여 이를 당연히 결제하여야 한다면, 이는 발행은행이나 발행의뢰인을 상대로 한 수익자의 사기행위를 조장하는 결과를 초래할 수 있게 된다. 따라서 이와 같은 경우에 발행은행은 마땅히 그 대금의 지급을 거절할 수 있어야 한다.

② 법원의 명령(Injunction)에 의한 지급거절 : 신용장에서 요구하는 서류가 위조되었거나 또는 사기목적으로 작성된 경우 이를 결제하게 되면 그것은 수익자의 사기행위를 용이하게 할 뿐이라는 발행의뢰인의 주장이 있을 경우 재판관할권이 있는 법원은 그러한 입증자료를 제출받아 그 사실 및 법률관계를 심리한

후 발행은행에 대하여 일시적 또는 영구적으로 신용장 대금의 결제를 금지하도록 명할 수 있다. 이 경우에 법원은 그러한 보전처분(relief)으로 손해를 입을 수 있는 수익자 또는 발행은행 또는 지정은행 등을 보호하기 위하여 적절한 조치를 취하여야 한다.

동 Fraud Rule은 1941년 미국 법원에 의해 독립·추상성에 의한 은행의 지급의무를 정지시키기 위하여 일정한 행위를 함을 금지하는 법원의 명령인 지급명령(injunction)으로 내린 "Sztejin vs Henry Schroder Banking Corporation 사건"에서 재판부가 발행은행에게 "매입은행이 비록 하자없는 서류를 제시하고 대금지급 청구를 했더라도 수출상의 사기행위에 방조하는 대금지급은 허용할 수 없으므로 발행은행은 대금지급을 하지 말라"라고 판시한 데에서 유래한다.

(2) 사기거래배제 원칙의 성립요건

Fraud Rule은 사기예외의 원칙으로 신용장의 독립성·추상성의 원칙을 적용하여 서류거래만으로 대금지급이 결정된다는 것은 신용장의 사기거래를 조장할 수 있으므로 신용장의 독립성·추상성 원칙의 적용을 배제한다는 것으로 '사기성 예외(fraud exception)'라고도 한다.

신용장거래에서 사기거래배제의 원칙이 성립되기 위해서는 사안에 따라 다양한 요건이 필요하지만 일반적으로 다음의 요건이 충족되어야 한다.

첫째, 사기(詐欺)가 성립(成立)되기 위해서는 부실표시(false representation) 또는 허위로 조작되거나 상대를 속이려는 의도가 있어야 한다. 신용장거래에서의 사기는 신용장에 요구된 서류를 수익자가 위조·변조(僞造·變造)시키는 서류상의 사기(fraud in the documents)가 많은데, 실제의 사실이 명백한 사기이며 또한 명백한 증거로 입증되어야 한다. 예를 들어 거래상품을 순한 "청주"로 약정하였는데 "해수"를 선적하였거나, "신상품"의 권투장갑을 약정하였는데 "곰팡이가 난 장갑"을 선적한 경우에는 이는 명백한 사기가 된다.

둘째, 서류의 사기는 발행은행이 서류를 지급거절하기 이전이나 법원의 지급금지 명령(支給禁止 命令)을 내리기 이전에 발행되었어야 한다. 즉, 신용장의 사기가 명백히 입증된 경우에만 신용장의 독립·추상성의 원칙에 예외(例外)가 될 수 있다는 견해(見解)이므로 사기(詐欺)가 발생한 뒤 그 사기로 인하여 지급금지 명령을 획득할 수 있는 것이지 앞으로 발생할 수 있거나 또는 사기의 가능성만으로는 지급금지 명령을 획득할 수는 없게 된다.

제6장 ▌신용장거래의 관련 당사자

01 신용장의 기본 당사자

신용장의 거래에 관계하는 당사자(parties concerned)는 크게 기본 당사자와 기타 당사자로 나눌 수 있다. 기본 당사자란 신용장거래에서 직접적인 권리와 의무를 갖게 되는 자들로서, 발행은행(issuing bank), 수익자(beneficiary)를 말하며, 그러나 만일 확인신용장(confirmed letter of credit)인 경우에는 확인은행(confirming bank)도 기본 당사자에 추가된다. 이들 기본 당사자는 신용장에 관한 권리와 의무의 직접 당사자이기 때문에 취소불능신용장이 발행된 경우에는 기본당사자 전원의 합의가 없이는 취소나 변경이 불가능하다.

1) 발행은행(issuing bank)

UCP 600 제2조 정의와 제7조 발행은행의 확약에 따르면 발행은행은 발행의뢰인의 신청 또는 그 자신을 위하여 신용장을 발행하는 은행이라고 정의하고 있다. 또한 신용장의 조건 등에 따라 수출상인 수익자가 제시한 소정의 서류가 신용장 조건과 일치한다면 이와 상환(相換)으로 지급하거나 또는 수익자가 발행한 환어음을 지급 또는 인수할 것을 약속하며 신용장을 발행한 시점부터 지급 또는 인수할 취소불능의 의무를 부담하는 은행이다.

따라서 신용장의 발행은행은 신용장을 발행할 뿐 아니라 수익자에 대하여 신용장에 따라 발행되는 환어음을 지급하거나 인수하는 최종적인 의무를 부담한다. 또한 이 은행은 타 은행에게 그러한 서류와 상환으로 지급, 환어음의 인수 및 지급 또는 매입하도록 권한을 부여해 준다. 이 은행은 “Opening Bank”, “Establishing Bank”, 또한 신용을 공여 한다는 관점에서 “Credit Writing Bank”, “Grantor” 등으로 불리고 있으나, 신용장통일규칙에서는 “Issuing Bank”라고 통일하여 부르고 있다.

2) 수익자(beneficiary)

수익자 혹은 수혜자란 신용장 발행을 통하여 이익을 얻게 되는 당사자라고 정의(UCP 600 제2조)하고 있다. 즉 발행은행이 발행한 신용장에 의거하여 대금의 지급을 받아 이익을 받게 되는 자를 말한다. 보통 수익자는 매매계약서상에는 매도인(seller)이며 수출자(exporter)로 되어 있으며, 발행된 신용장을 받는 수신인(addressee), 신용장을 자신의 이익에 맞도록 이용하는 사용자(user), 은행으로부터 신용을 제공받는 신용수령인(accreditee), 환어음의 대금을 수령하는 대금의 영수인(payee), 환어음을 발행하는 발행인(drawer), 화물을 선적하는 선적인(shipper), 운송인과 운송계약을 체결하여 화물을 발송하는 송하인(consignor) 등으로 불리기도 하나, 신용장통일규칙에서는 이를 "Beneficiary"로서 불리며 신용장에서는 "In favor of …" 또는 "F/O …"라고 약하여 표시되기도 한다.

3) 확인은행(confirming bank)

신용장의 "확인(confirmation)"이란 발행은행이 지급 또는 인수를 확약한 취소불능 신용장에 대하여 타 은행(일반적으로 통지은행)이 발행은행의 수권이나 요청에 따라 추가로 수익자에게 지급, 인수 또는 매입을 확약하는 것을 말한다. 이처럼 취소불능 신용장에 대하여 발행은행의 수권이나 요청에 따라 추가로 수익자에게 지급, 인수 또는 매입을 확약하는 은행을 "확인은행(confirming bank)"이라 한다. 이러한 확인은행이 신용장거래에 등장하게 되는 경우는 신용장을 발행한 수입국의 발행은행이 지급확약을 위반, 파산 또는 지급불능 등의 사태가 발생하거나, 발행은행 국가가 내란이나 전쟁으로 은행업무가 중단되거나, 발행은행 국가의 외환보유 상태가 좋지 않아 중앙은행이나 정부가 대외지급을 중지 또는 연기하도록 하는 것과 같이 신용장 발행국이나 발행은행 신용이 의심가는 경우 등이다.

02 신용장의 기타 당사자

기타 당사자는 신용장거래에서 직접적인 권리와 의무는 갖고 있지 않지만, 신용장의 원활한 거래를 위하여 간접적으로 거래에 참여하거나 협조하는 기타의 모든 관계 역할을 맡고 있는 자를 말한다. 예컨대, 발행의뢰인(applicant), 통지은행(advising bank), 지급은행(paying bank), 인수은행(accepting bank), 매입은행(negotiating bank), 상환은행(reimbursing bank) 등이 이에 해당한다.

1) 신용장발행의뢰인(applicant for the credit)

"신용장발행의뢰인" 또는 "신용장발행신청인"은 수출상과의 매매계약에 따라 수출상 앞으로 신용장의 발행을 해 줄 것을 자신의 거래은행인 발행은행에 요청하거나 지시하는 자를 말하며 신용장발행의뢰인은 신용장 발행을 신청하는 당사자라고 정의(UCP 600 제2조)하고 있다. 이 당사자는 보통 매매계약서상의 매수인(buyer)이며 수입상(importer)이 되며, 은행으로부터 신용을 공여받기 때문에 수신매수인(accredited buyer), 신용장의 발행인이기 때문에 Opener, Issuer라고도 한다.

또한 발행의뢰인은 신용장의 발행을 제시 혹은 요구한 자라는 의미에서 제시인(order, by order of … : B/O)이라고 부르며, 무역대금의 최종적인 결제인이 되기 때문에 대금결제인, 채무자(accountee, for account of … : A/C) 혹은 환어음지급인(drawee)이라 부르기도 하며, 화물의 실질적인 수령인이 된다는 관점에서 수하인(consignee)이라고도 한다. 미국 통일상법전(UCC)에서는 신용장발행은행의 고객이란 의미에서 고객(customer)이라고 부르기도 하지만, 신용장통일규칙에서는 "Applicant for the Credit" 혹은 "Applicant"라고 통일하여 부르고 있다.

표 6-1 수출상과 수입상의 명칭 비교

거래내용	수 출 상		수 입 상	
매매관계	Seller	매도인	Buyer	매수인
무역관계	Exporter	수출상	Importer	수입상
신용장관계	Beneficiary User Addressee	수익자 신용장 사용인 신용장 수령인	Applicant Opener Customer	발행의뢰인
환어음관계	Drawer Payee	발행인 대금수취인	Drawee Payer	지급인
계정 관계	Accounter	대금수령인	Accountee	대금결제인
운송 관계	Consignor	송하인	Consignee	수하인

2) 통지은행(advising bank)

신용장거래에서 통지은행은 수입상의 지시에 따라 발행은행이 발행한 신용장이 수익자의 소재지에 위치하고 발행은행의 본점·지점 혹은 환거래은행을 통하여 수익자에게 신용장이 발행된 사실과 그 신용장의 내용이 통지될 때 그 전달역할을 담당하는 은행으로서 이를 "Advising Bank", "Notifying Bank", "Transmitting Bank" 등으로 부른다. 일반적으로 통지은행은 발행은행의 예치환거래은행으로서 필요한 경우 확인을 추가하거나, 지급은행 또는 인수은행 역할을 한다. 통지은행은 발행은행의 위탁을 받아 수익자에게 신용장발행의 사실과 내용을 단순히 통지해 주는 은행으로 신용장에 대한 하등의 책임이나 의무를 지거나 대금지급에 관한 확약을 하지 않는다. 그러나 UCP 600 제9조 b항에서 통지은행은 신용장을 통지함으로써 외면상의 진정성에 대하여 스스로 충족된다는 점과 그 통지가 송부받은 신용장의 조건들을 정확하게 반영하고 있다는 것을 규정하여 통지은행의 책임이 확대되었다.

3) 지급은행(paying bank)

신용장상에 매입은행에 의한 수출환어음 매입 대신 특정은행으로 하여금 선적서류의 대가로 수익자에게 신용장 금액을 지급하도록 명시하고 있는 경우 이를 지정신용장(straight credit)이라고 하는데, 이와 같은 지정신용장에 의거하여 발행은행으로부터 지급을 위탁받은 은행을 지급은행(paying bank)이라고 한다. 즉 발행은행과 예치환거래계약을 체결하여 자행에 발행은행 명의의 예금계정을 설치하여 두고 신용장의 조건과 일치되는 서류가 제시될 때 또는 그러한 서류가 첨부된 환어음(일람출급)이 자행을 지급인으로 하여 제시될 때 발행은행의 예금계정에서 차감하면서 지급을 이행하는 은행을 지급은행이라 한다.

지급은행은 일반적으로 발행은행 자신이나 발행은행의 지정을 받은 예치환거래은행 또는 발행은행이 결제대금의 전액을 미리 위탁시켜 둔 지정은행만이 되므로 지급은행으로 지정된 은행은 신용장에서 요구된 서류와 상환으로 전금액을 지급하거나 자신 앞으로 발행된 환어음의 액면가액(額面價額)을 확인함이 없이 전부 지급하게 된다. 신용장 조건에 따른 지급(payment)에는 일람후 즉시 대금의 지급이 이루어지는 '일람지급(sight payment)'과 신용장에서 정하는 미래의 특정일자에 그 대금을 정히 지급할 것을 확약하는 '연지급(deferred payment)'의 방법이 있다.

4) 인수은행(accepting bank)

수출물품을 선적한 후 수익자로 하여금 기한부환어음을 발행하도록 하는 신용장을 기한부신용장(usance credit)이라고 하며, 이와 같은 기한부신용장에 의거하여 발행된 기한부어음을 인수하는 은행을 인수은행(accepting bank)이라고 한다. 즉 신용장 거래에서 수익자가 신용장의 조건과 일치되는 서류가 첨부된 기한부 환어음(usance bill or time bill)을 발행하여 은행에 제시하면, 이 기한부 환어음을 인수하도록 수권된 은행을 말한다. 그러므로 인수은행은 자행 앞으로 발행된 기한부환어음을 인수한 경우에는 그 어음의 만기일(maturity date)에 반드시 지급할 의무를 지게 되므로 인수은행은 어음의 만기일에 가서는 지급은행이 된다.

5) 매입은행(negotiating bank)

수익자는 물품선적을 완료한 후 발행은행이나 상환은행 등 신용장상에 명시된 지급인 앞으로 환어음을 발행하고, 신용장에서 요구하는 선적서류를 구비하여 거래은행에 환어음의 매입(negotiation)을 의뢰한다. 이때 환어음을 매입하는 은행을 매입은행(negotiating bank)이라고 한다. 또한 한 은행에서 매입한 환어음을 타 은행에서 다시 매입하는 것을 재매입(renegotiation, re-nego)이라고 하며 재매입을 하는 은행을 재매입은행(renegotiating bank)이라고 한다. 즉 발행은행이 매입은행을 지정하여 제한하는 매입제한신용장(restricted credit)인 경우 수익자의 거래은행이 지정된 매입은행과 다를 경우에는 재매입(renegotiation, re-nego) 절차를 거쳐야 한다. 이때 수익자로부터 1차 매입을 의뢰받은 수익자의 거래은행이 재매입의뢰은행이다. 재매입시 환가료 적용기간은 12일로 일반적인 경우보다 2일을 추가 적용하여 1차 매입은행이 3일, 재매입 은행이 9일간의 환가료를 수취한다.

6) 상환 · 결제은행(reimbursing · settling bank)

발행은행의 지급위탁을 받은 수출지 또는 제3국에 있는 발행은행의 예치환거래은행(제3의 은행)은 매입은행이 제시한 환어음대금을 발행은행을 대신하여 상환업무를 수행하는 이 제3의 은행을 상환은행(reimbursing bank)이라고 한다. 이처럼 매입은행이 환어음을 제시하는 제3의 은행에 발행은행 및 매입은행의 은행계정이 개설되어 있어 단순하게 발행은행과 매입은행의 계정간에 정리만 행하는 경우 이러한 은행을 상환은행이라고 한다. 그리고 제3의 은행에 발행은행의 계정은 있고 매입은행의 은행계정이 없으나 발행은행의 지급위탁에 따라 매입은행이 제시한 환어음을 결제하는 경우의 은행을 결제은행(settling bank)이라 한다.

대금을 결제한다는 의미에서 결제은행, 어음에 대하여 지급을 하는 은행이라는 점에서 어음지급은행(drawee bank)이라고도 한다. 상환은행은 발행은행의 예치계정을 보유하고 있으며 발행은행의 상환수권이나 지시(reimbursement authorization instruction)에 따라 상환업무를 대행하게 된다.

7) 연지급은행(deferred payment undertaking bank)

신용장(deferred payment L/C)의 제 조건에 일치하는 서류의 제시에 대하여 연지급 확약서(deferred payment undertaking)를 발급한 후 만기에 그 대금을 지급하도록 수권된 은행을 '연지급은행(deferred payment undertaking bank)'이라고 한다. 신용장에 연지급(deferred payment)이 약정되어 있으면 환어음을 제시하지 않고도 신용장상의 규정에 따라 결정되는 만기일에 대금을 지급받을 수 있다.

연지급거래는 신용장이 중·장기 무역거래에 사용되는 경우를 수용하기 위하여 규정된 용어로서, 유럽지역의 일부 국가에서 환어음의 발행 또는 인수와 관련하여 높은 세율의 인지세를 부과하기 때문에 환어음을 발행하지 않고 단지 서류와 상환으로 연지급확약서를 교부받아 지정된 만기일(maturity date)에 대금을 지급받을 수 있도록 하기 위하여 연지급방식의 신용장이 종종 이용되고 있다.

8) 양도은행(transferring bank)

양도가능신용장(transferable credit)에서 최초 수익자(1st beneficiary)가 제2의 수익자(2nd beneficiary)에게 신용장의 모든 권리와 의무를 이전시킬 수 있는 양도가능신용장(transferable credit)의 양도절차를 의뢰받은 은행을 양도은행(transferring bank)이라고 한다. 주로 발행은행의 본·지점 또는 환거래은행인 통지은행이 양도은행의 역할을 담당하게 된다.

양도취급은행은 ① 지급신용장 : 지급은행, ② 연지급신용장 : 연지급은행, ③ 인수신용장 : 인수은행, ④ 매입제한신용장 : 매입제한은행, ⑤ 자유매입신용장 : 신용장에서 양도은행으로 지정된 은행 등이 된다. 양도취급은행은 동 의뢰서의 내용에 따라 원신용장 원본 뒷면에 양도사실을 명기한다.

해설

◈ 매입·지급·연지급·인수 및 상환의 의미

① **매입(Negotiation)**이라 함은 수출지의 은행이 수출상이 제시하는 운송서류(환어음, 선적서류, 상업송장 등)를 할인가격(신용장금액에서 이자, 수수료 등을 공제한 금액)으로 사는 것을 말한다. UCP 600에서는 매입을 일치하는 제시에 대하여 지정은행이 당해 지정은행에 상환하여야 할 은행영업일 또는 그 이전에 대금지급하거나 대금지급에 동의함으로써 환어음 또는 서류를 매수(purchase)하는 것이라고 정의하고 있다.

② **지급(Payment)**이라 함은 발행은행의 요청에 따라 지정된 수출지의 특정은행(예치환거래은행)이나 발행은행 자신이 매입은행이나 수익자가 제시하는 서류를 받고 약정된 신용장금액을 액면가액 그대로 지급하는 것을 말한다.

③ **연지급(Deferred Payment)이라 함은** 운송서류를 인수한 후 일정기간 후에 수입대금을 지급하겠다는 의사표시이며, 기한부신용장과 D/A가 이에 속한다.

④ **인수(Acceptance)**라 함은 발행은행의 요청에 따라 지정된 수출지의 은행이 수익자 또는 매입은행에 대하여 기한부신용장의 어음을 어음 만기시에 발행은행에 제시하면 대금을 지급하겠다고 하는 의사표시를 말한다.

⑤ **상환(Reimbursement)**이라 함은 수출지 또는 제3국에 소재하는 발행은행의 예치환거래은행이 발행은행의 요청과 지시에 따라 일람불 또는 기한부신용장의 대금을 어음수령과 동시에 지급하는 것을 말한다.

03 화환신용장 거래절차(일람지급·매입·상환방식)

▌그림 6-1▐ 화환신용장 거래절차(일람·매입·상환방식)

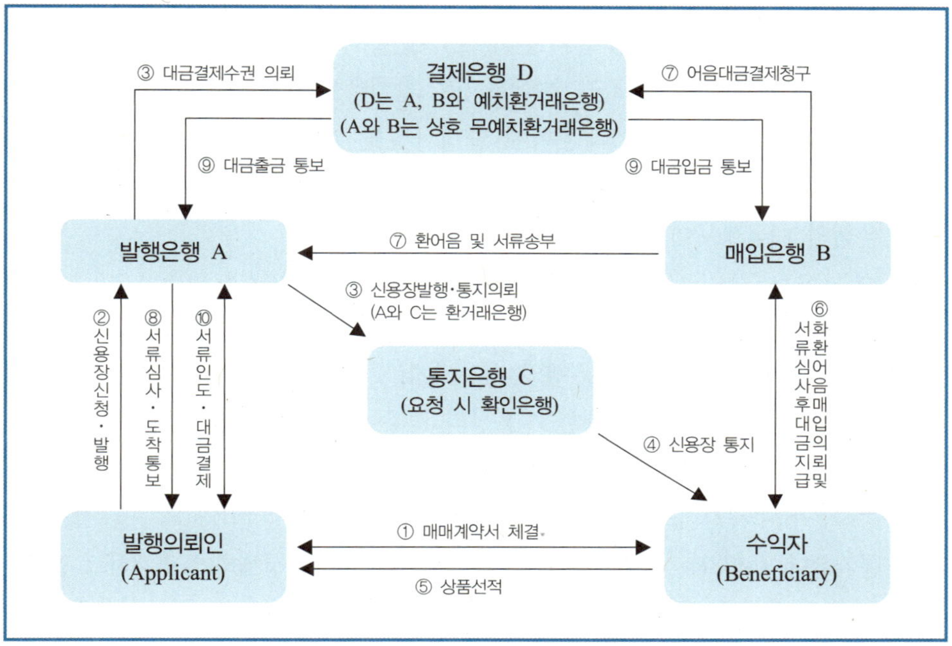

① **매매계약 체결**: 수출상과 수입상은 무역계약을 체결시 대금지급방식을 일람지급 화환신용장 결제방식에 의하기로 상호 약정하면서 계약서의 Payment 난에 ㉮ “Sight Draft for the invoice amount under irrevocable L/C”, ㉯ “By an irrevocable L/C at sight confirmed by the ××× bank in Seoul, Korea” 등으로 기재하여 신용장으로 결제하도록 계약하며, 매매계약서상에 대금지급은 자유매입 취소불능신용장(freely negotiable letter of credit)을 발행하도록 명시하고 신용장 발행기한(L/C to be issued within xx days after contract. L/C to be issued by xx date)을 명시하는 것이 바람직하다.

☞ UCP 600 제4조(독립성 원칙) 및 제5조(추상성 원칙) 참조

② **신용장발행신청·발행**: 수입상은 수입물품이 수입승인에 해당하는 경우에 수입승인기관에 수입승인신청서 발행을 의뢰하여 발급받고, 수입상은 매매계약서에 자신이 보험부보의무가 있는 조건일 경우에 보험회사와 보험계약을 체결한다. 수입상은 매매계약서에 약정되어 있는 기한내에 자신이 거래하고 있는 외국환거래은행에 ㉮ 발행은행은 발행의뢰인의 신용상태 조사한 후 외국환 거래약정서 체결, ㉯ 발행의뢰인의 담보제공 여부(일부 또는 전체금액), ㉰ 발행한도

약정(credit line), ㉣ 발행신청서 심사, ㉤ 발행수수료(terms charge), 전신요금(cable charge) 등 관련 수수료 지급 등을 이행하고 취소불능화환신용장발행신청서는 매매계약에서 정한 제조건을 간단·명료·정확하게 화환신용장의 발행신청을 의뢰한다.

☞ UCP 600 제7조(발행은행 의무) 및 제8조(확인은행 의무) 참조

③ 신용장발행·통지의뢰·대금결제수권의뢰 : 발행은행이 수익자 소재지의 발행은행의 본·지점이나 환거래은행에 발행사실을 알리고 이들로 하여금 수익자에게 통지하도록 하고, 발행은행은 결제은행으로 대금결제 수권의뢰하여 매입은행의 대금청구에 대비한다.

☞ UCP 600 제13조(은행간 상환약정) 및 제11조(전신과 사전통지된 신용장) 참조

④ 신용장 통지·진위검토 및 필요시 확인(confirmation) : 통지은행은 신용장의 외견상 진정성을 검토하고, 발행은행의 신용도가 낮거나 국가위험도가 높은 지역에 소재하는 발행은행이 발행한 신용장의 경우에 수익자(수출상)의 보호를 목적으로 지급확약 의무를 부담하고 있는 발행은행의 요청으로 제3의 은행(확인은행·통지은행)이 2차적으로 신용장에 대하여 추가적으로 지급확약 의무를 첨가하여 통지한다. 수익자는 신용장의 수취 후 신용장의 내용을 상세하게 점검하고 필요한 경우 신용장의 조건변경을 요청한다.

☞ UCP 600 제9조(신용장 및 이에 대한 조건변경의 통지) 및 제10조(조건변경) 참조

⑤ 상품선적 : 화환신용장 통지를 받은 수출상은 수출상품이 수출승인에 해당하는 경우에 수출승인기관에 수출승인서를 발행받고, 수출상은 수출물품의 원자재를 수입 또는 국내 구매하여 제조·가공하여 수출물품의 준비를 하거나 내국신용장이나 구매확인서에 의하여 또는 외국에서 수입하여 수출완제품을 준비하는 방법으로 수출상품의 생산·조달 등 확보절차에 착수한다. 이때 필요한 경우에는 즉, 해외 원자재 수입신용장을 발행하거나 국내에서 구매하는 경우 내국신용장을 발행하는 경우 등에 무역금융을 제공받을 수 있는지를 검토한다. 상품의 선적은 신용장상의 최종 선적기일 이내에 이루어져야 하므로 세관에 수출신고 절차 후 선박회사나 항공사에 선적의뢰서(Shipping Request : S/R)를 제출하여 선박회사나 항공사에 화물을 선(기)적하고 선하증권(B/L)이나 항공화물운송장(Air Waybill)을 수취한다.

☞ 선적서류 관련 UCP 조항(제19조 내지 제25조 및 제26조, 제27조) 참조

⑥ 선적서류매입 의뢰 및 매입은행의 서류심사 후 매입(Nego) : 신용장의 제조건과 제시된 서류의 기재내용 일치여부를 심사한 후 일치하는 경우에 환가료(exchange commission : 매입은행이 자기자금을 먼저 지급함에 따른 자금부담 이자로

서류를 발행은행에 송부하여 대금을 받을 때까지의 기간에 해당하는 이자 성격의 금액) 및 취급 수수료를 공제하고 매입은행이 자기자금으로 대금을 먼저 지급한다(negotiation credit일 경우). 일반적으로 매입은행과 통지은행은 동일한 은행일 경우가 많다.

☞ UCP600 제3조(해석) 및 제14조(서류심상의 기준), 제15조(일치하는 제시), 제33조(제시기간) 등 서류심사 관련 UCP 관련 조항, ISBP(국제표준은행관행)의 관련 조항 참조

⑦ 서류송부·대금결제청구 : 매입은행은 매입한 서류를 발행은행으로 송부하고, 대금청구를 위하여 상환방식·매입방식의 신용장 상에 기재되어 있는 결제은행 앞으로 결제용 환어음을 송부하여 대금결제신청을 한다. 발행은행 A와 매입은행 B는 무예치환거래은행의 관계이므로 이 두 은행이 예치환거래은행 관계라면 결제은행 D의 존재 및 역할은 필요하지 않으며, '환어음 서류송부' 절차에 이어서 발행은행 A의 서류심사 후 대금결제가 이루어진다.

⑧ 서류심사·도착통보 : 발행은행은 서류를 심사하여 신용장의 조건일치 여부를 확인한 후 수입상에게 서류의 도착을 통지한다. 서류의 일치 여부에 따른 지급 또는 부도권한은 서류접수 익일부터 5은행영업일 내에 발행은행이 결정할 수 있으며 부도통보시에는 하자내용의 전부를 한꺼번에 통보해야 한다.

☞ UCP 600 제16조(하자있는 서류, 권리포기 및 통지) 및 제14조(서류심사의 기준) 참조

⑨ 대금결제 : 발행은행은 매입은행으로부터 송부된 서류를 심사하여 신용장의 조건일치 여부를 확인한 후 수입상에게 서류의 도착(arrival notice of documents)을 통지하며, 서류의 조건일치 여부를 심사한 후 하자가 없을 경우에 발행은행의 자기자금으로 먼저 매입은행에게 대금을 결제한다. 발행은행의 대금상환수권을 받은 상환은행(reimbursing bank)은 발행은행의 계정에서 출금하여 매입은행의 구좌로 대금을 입금하고 각각 출금통보(debit advice)와 입금통보(credit advice)를 동시에 한다. 발행은행으로부터 대금을 받지 못할 경우 매입은행은 수익자에게 지급했던 대금의 반환요청(소구권)을 이행할 수 있다.

⑩ 서류인도·상품인수 : 발행은행은 서류를 수입자에게 인도하면서 대금을 지급받는다. 화물도착통보(arrival notice of cargo)를 받은 수입업자는 수입신고와 수입통관절차를 마친 후 선하증권을 선박회사에 제시하고 운임정산을 마친 후 화물인도지시서(delivery order)를 받아 CY나 CFS에서 수입화물을 인수한다. 이때 수입상은 물품이 계약과 일치하는 지의 여부를 검사하여야 하며 만약 물품이 계약에 부적합할 때에는 계약서에서 약정한 기일 내에 클레임을 제기한다.

제7장 신용장의 구분과 종류

01 신용장의 구분

신용장은 그 분류상 국제적으로 통일된 기준이 없고 하나의 신용장이 그 사용방법이나 결제기간 등에 따라 여러 가지로 분류될 수 있기 때문에 보편적인 분류방법이라고 단정할 수는 없다. 이는 하나의 화환신용장(documentary credit)이 발행방법에 따라 서신신용장(letter credit) 또는 전신신용장(cable credit)이라 하고 사용방법상 취소불능신용장(irrevocable credit)이자 대금지급조건으로는 일람출급신용장(sight credit), 기한부신용장(usance credit), 매입신용장(negotiation credit), 지급신용장(payment credit), 인수신용장(acceptance) 등으로 부르며, 매입이 지정되지 않은 자유매입신용장(open credit)과 매입이 지정된 매입제한신용장(restricted credit) 등과 같이 거래성격에 따라 다양한 명칭을 나타낼 수 있다.

다음의 "수출신용장통지서" 예시는 해외에 소재하고 있는 신용장 발행은행에서 SWIFT 시스템을 통하여 통지된 원본신용장(Master Letter of Credit)을 통지은행에서 무역자동화 시스템을 이용하여 수출업자인 수익자에게 통지한 내용이다. 동 신용장을 모델로 하여 모든 내용을 원용하여 설명한 것이며 신용장의 종류에 따라서 신용장 상에 다르게 표현되는 문구만을 제시하여 설명하기로 한다. 아래에 예시한 신용장은 ① 일람출급신용장, ② 자유매입신용장, ③ 양도불능신용장, ④ 상환신용장, ⑤ 화환신용장, ⑥ 상업신용장, ⑦ 무확인신용장, ⑧ 수출신용장 등의 성격이 포함되어 있다고 할 수 있다.

따라서 이 장에서는 설명하고 있는 다양한 신용장의 종류는 이와 같이 신용장의 모든 내용이 다른 것이 아니며 신용장의 종류에 따라서 신용장 상에 표시되는 문구가 일부 적합한 표현으로 다르게 명시될 뿐이어서 신용장의 종류 구분에 따라서 적절하게 활용하면 실무적으로 정확하게 신용장의 내용을 파악하고 수출입업무를 이해할 수 있다.

02 신용장의 종류

〈서식 7-1〉 신용장의 종류 설명 표본

<table>
<tr><td colspan="2">KOREA EXCHANGE BANK(통지은행) ORIGINAL
Head Office : 181, 2-ka, Ulchi-ro, Chung-ku, Seoul, 100-793, KOREA
TEL : 02-729-8525 SWIFT : KOEXKRSE, CPO BOX. 2924, CABLE : KOEXBANK</td></tr>
<tr><td>ISSUING BANK(발행은행)
FUJI BANK LTD TOKYO(H.O)</td><td>APPLICANT(발행의뢰인)
PACIFIC OVERSEAS INC
22-7 3-CHOME HIGASHI IKEBUKRO
TOSHIMA-KU, TOKYO JAPAN</td></tr>
<tr><td rowspan="2">BENEFICIARY(수익자)
ESQUIRE CO LTD
656-75 SUNGSU 1KA-DONG SUNGDONG-KU SEOUL
133-110 KOREA</td><td>AMOUNT(발행금액) USD32,300.00</td></tr>
<tr><td>EXPIRY DATE(유효기일) AUG-10-2019</td></tr>
<tr><td colspan="2">Dear Sir(s)
We have been requested by the issuing bank without responsibility on our part to advise you of authenticated cable reading as follows :
——— < NORMAL > ———
27 Sequence of Total : 1/2(본 신용장의 총 페이지 수, 2페이지 중 1페이지)
40A Form of Documentary Credit : IRREVOCABLE(신용장의 종류)
20 Documentary Credit No. : LC 0121/702545(신용장의 번호)
31C Date of Issue : 2019 / 07 / 04(신용장의 발행일자)
31D Date and Place of Expiry : 2019 / 08 / 10 NEGOTIATING BANK'S COUNTER (신용장의 유효기일 및 장소)
50 Applicant : PACIFIC OVERSEAS INC(신용장 발행의뢰인, 수입상)
22-7 3-CHOME HIGASHI-IKEBUKURO TOSHIMA-KU, TOKYO, JAPAN
59 Beneficiary : ESQUIRE CO LTD(수익자, 수출상)
656-75 SUNGSU 1KA-DONG SUNGDONG-KU, SEOUL KOREA
32B Currency Code, Amount : USD32,300.00(신용장의 금액)
39A Percentage Credit Amount Tolerance : 10/10(신용장의 금액, 상하 편차 허용조건)
41D Available With ... By : ANY BANK[신용장의 사용방법(방법, 제한조건)]
BY NEGOTIATION
42C Drafts at.. : SIGHT FOR 100.00 PERCENT INVOICE VALUE(환어음의 지급방식)
42D Drawee : THE FUJI BANK LTD NEW YORK BRANCH(환어음의 지급인)
NEW YORK, N.Y. U.S.A.
43P Partial Shipment : ALLOWED(분할선적)
43T Transshipments : PROHIBITED(환적)
44A Loading on Board/Dispatch/Taking in Charge at/from : KOREAN PORTS(선적지)
44B For Transportation to : SHANGHAI PORT, CHINA(도착지)
44C Latest Date of Shipment : 2019 / 07 / 31(최종 선적일)
45B Description of Goods and/or Service : (물품의 명세)
ABOUT 10,000 SQ.FT OF KIP SKIN GRAIN LEATHER FOR SHOE UPPER
AS PER APPLICANT'S CONTRACT NO. 8267 CFR SHANGHAI PORT, CHINA
CFR SHANGHAI PORT, CHINA</td></tr>
</table>

46B Documents Required : (요구서류에 관한 사항, 서류의 종류 부수)

+ SIGNED COMMERCIAL INVOICE IN 3 COPIES(상업송장)
+ FULL SET CLEAN ON BOARD OCEAN BILLS OF LADING MADE OUT TO THE ORDER OF SUZHOUMARS LEATHER GOODS CO., LTD NO.103 Z H. RD, LIUHE TOWN, TAICANG CITY JIANGSU PROVINCE, CHINA MARKED FREIGHT PREPAID AND NOTIFY SAME AS THE CONSIGNEE(선하증권 사항)
+ PACKING LIST IN 2 COPIES(포장명세서 사항)
+ INSPECTION CERTIFICATE BY NOW TRADING CO., LTD.(검사증명서 사항)

47B Additional Conditions : (특수조건 및 부가조건)

+ T.T. REIMBURSEMENT IS NOT ACCEPTABLE(전신상환 금지)
+ THIS CREDIT IS NOT TRANSFERABLE(양도불능 신용장)

1) 10 PERCENT MORE OR LESS IN QUANTITY AND AMOUNT ALLOWED (수량과 금액의 10%의 과부족 인정)
2) ONE SET OF SHIPPING DOCUMENTS MUST BE SENT BY FAX TO APPLICANT AFTER SHIPMENT(선적서류 사본을 선적 후 수입상에게 Fax로 송부할 것)
3) INSTRUCTIONS TO NEGOTIATING BANK : DESPITE ABOVE DESCRIPTION ABOUT DRAFTS, DRAFTS FOR REIMBURSEMENT MAY BE DISPENSED WITH IF BENEFICIARY / NEGOTIATING BANK SO PREFERS.(매입은행에 대한 지시사항)
4) A DISCREPANCY FEE JPY4,000.-OR EQUIVALENT, TO BE ALWAYS PAYABLE BY BENEFICIARY, SHOULD BE DEDUCTED FROM THE AMOUNT CLAIMED FOR EACH PRESENTATION OF DISCREPANT DOCUMENTS.(신용장의 제조건과 불일치하는 하자에 대한 수수료를 공제하겠다는 조건)

48 Period for Presentation : DOCUMENTS TO BE PRESENTED WITHIN 10 DAYS AFTER THE DATE OF SHIPMENT(서류의 제시일자)

49 Confirmation Instruction : WITHOUT(신용장의 확인) : 무확인

53A Reimbursing Bank - BIC : FUJIUS3N, FUJI BANK LTD.(상환은행) NEW YORK, NY, U.S.A.

57D Advise Thru Bank - name/addr : SUNGDONG BRANCH SEOUL KOREA(통지경유은행)

71B Charges : ALL BANKING CHARGES OUTSIDE JAPAN ARE FOR ACCOUNT OF THE BENEFICIARY(신용장 취급 수수료 부담조건)

78 Instruction to the Paying/Accepting/Negotiating Bank : (지급/인수/매입은행에 지시사항)

+ ALL DOCUMENTS TO BE SENT TO US IN ONE LOT BY REGISTERED AIRMAIL ADDRESSING TO THE FUJI BANK LTD, TOKYO DRAFTS TO BE AIRMAILED TO DRAWEE BANK IN ONE LOT FOR REIMBURSEMENT

Except so far as otherwise expressly state, this documentary credit is subject to the "Uniform Customs and Practice for documentary credits" (2007 Revision) International Chamber of Commerce (Publication No.600) (신용장통일규칙 준거문언)

"This letter is solely an advice of credit opened by the above mentioned correspondent and conveys no engagement by us" "We reserve the right to make such amendments to this advice as may be necessary upon receipt of mail confirmation and assume no responsibility for any errors and/or omissions in the transmission and/or translation of the cable." (통지은행 면책문언)

1) 경제적 기능에 따른 분류

(1) 상업신용장(commercial credit) vs 클린신용장(clean credit)

국제거래는 무역거래와 무역외거래로 구분되는데, 무역거래, 즉 물품(commodity or goods)의 이동을 수반하는 거래에 수반되는 신용장을 '상업신용장(commercial credit)' 또는 '무역신용장(trade credit)'이라고 하며, 무역외거래(여행·운수·보험·건설·수수료·기술용역 대가·기타 서비스 등)의 결제수단 또는 각종 채무의 보증수단으로 사용되는 신용장을 '클린신용장(clean credit)'이라고 한다.

클린신용장은 국제입찰 참가에 수반되는 입찰보증금(bid bond), 계약이행보증금(performance bond), 선수금환급보증금(advance payment bond) 등을 차입할 때 동 채무를 보증할 목적으로 사용되는 보증신용장(standby credit)도 이에 해당한다. 상업신용장은 대개 환어음과 함께 이를 담보하는 운송증권 및 기타의 서류들을 요구하는 반면에, 클린신용장은 환어음만을 요구하거나 또는 운송증권 이외의 기타 서류들만을 첨부하도록 요구하는 것이 일반적이다.

2) 운송서류의 첨부여부에 따른 분류

(1) 화환신용장(documentary credit) vs 무화환신용장(documentary clean credit)

화환신용장과 무화환신용장은 모두 상품거래에 관한 신용장으로서, 화환신용장은 상품거래에 따른 환어음과 이를 담보하는 상업송장, 선하증권 및 보험증권 등의 운송서류를 수출상이 은행에 제시하고 은행은 동 서류와 상환하여 신용장대금을 지급하는 방식의 신용장을 말한다. 이러한 신용장은 대금결제의 선행조건으로 물품의 소유권 또는 점유권 이전이라는 대차관계의 존재를 전제하는 한편, 대금청구시의 구비서류로 매매당사자가 아닌 제3자(선박회사 및 보험회사)가 발행한 서류를 제출토록 한다는 데 그 본질이 있는 것이다.

한편 무화환신용장은 환어음을 담보하는 운송서류의 제시를 요구하지 않는 신용장을 의미하므로 이를 '담보신용장'과 '무담보신용장'으로 구분하기도 한다.

무담보 신용장은 선적서류의 첨부없이 수익자가 발행하는 환어음만으로 발행은행이 지급·인수·매입을 확약하는 신용장이기 때문에 선적서류가 아예 없는 Clean Credit 와는 다르다. 즉, 무담보 신용장거래에서는 선적서류가 존재하고 있지만 수익자가 선적서류를 은행에 제시하는 것이 아니라 수입상에게 직접 송부하기 때문에 환어음만을 은행에 제출하는 것이므로 그 본질은 상업신용장에 해당된다. 무담보 신용장은 담보물건인 상품의 권리를 대표하는 선하증권 등 선적서류가 수입상에게 직접 송부되므로 발행은행의 입장에서는 담보(선적화물)가 없는 상태에서 지급확약을 부담하게 되어 위험성이 높다.

따라서 무담보 신용장은 동일한 기업의 본점과 지점간의 거래나 오래된 거래관계로 확립된 신뢰성을 바탕으로 한 당사자들 간에 이용되며, 발행은행이 무담보 신용장을 발행하는 경우에는 발행의뢰인인 수입상에 대하여 신용도를 신뢰하거나 발행금액에 해당하는 전액담보물(full margin)을 확보한다.

앞의 클린신용장과 무화환신용장은 모두 운송서류를 요구하지 않는다는 점에서는 유사하지만, 클린신용장은 운송서류가 수반되지 않는 무역외거래에 사용되는 신용장임에 반하여, 무화환신용장은 운송서류가 수반되는 무역거래임에도 불구하고 이를 요구하지 않는 신용장이라는 점에서 양자의 차이가 있다.

3) 취소가능 여부에 따른 분류

(1) 취소가능신용장(revocable credit) vs 취소불능신용장(irrevocable credit)

취소가능신용장이 실제로 사용되는 경우가 거의 없다는 관행을 반영하여, UCP 600에서는 취소가능신용장을 인정하지 않고 있다. 신용장은 취소불능이라는 표시가 없는 경우에도 취소불능이라고 규정(UCP 600 제3조)하고 있고, 제2조에서 "신용장이란 그 명칭이나 기술에 관계없이 발행은행이 일치하는 제시에 대하여 결제(일람지급·인수·연지급확약)하겠다는 확약으로서 취소가 불가능한 모든 약정을 의미한다"라고 규정하고 있다.

취소불능신용장이란 신용장조건에 일치한 소정의 서류가 제시되면 이에 대금을 지급하겠다는 발행은행의 일정한 확약으로서 일단 발행된 후에는 발행은행, 확인은행(있는 경우) 및 수익자 전원의 합의 없이는 그 조건을 변경하거나 취소할 수 없는 신용장을 말한다. 즉, 취소불능신용장은 발행은행이 신용장에 명기된 서류가 제시되고 신용장조건이 충족되는 것을 조건으로 발행은행이 직접 환어음을 지급, 인수 또는 매입을 하거나 또는 타 은행에 수권 하겠다는 것을 수익자 또는 경우에 따라서는 선의의 어음소지인(bona fide holder)에게 확약하는 법률적 구속력을 가지는 특성을 가지고 있다.

따라서 발행은행은 취소불능신용장을 발행한 경우에는 수익자에 대하여 일방적으로 이를 변경하거나 취소할 수 없으며, 절대적이며 최종적이지만 조건부적인 지급의무를 부담하게 되는 반면에, 수익자는 발행은행에 대하여 독립추상성에 의해 일방적이지만 조건부적인 대금지급 청구권을 취득하게 된다. 여기에서 수익자는 발행은행에 대하여 조건부 청구권을, 또 발행은행은 수익자에 대하여 조건부 지급확약을 하고 있다는 것은 취소불능 신용장상에 약정된 서류가 신용장의 조건과 일치한 경우에만 발행은행이 지급, 연지급, 인수 또는 매입할 것을 확약하고 있음을 의미한다.

4) 타 은행의 확인 유무에 따른 분류

(1) 확인신용장(confirmed credit) vs 무확인신용장(unconfirmed credit)

발행은행이 지급·인수 또는 매입을 확약한 취소불능신용장에 타은행(발행은행에 대한 신용을 공여하고 있는 은행, 주로 통지은행)이 발행은행의 수권이나 요청에 따라 추가로 지급이나 인수를 확약하거나, 구상권을 행사하지 않는 조건으로 환어음의 매입을 확약하는 행위를 신용장의 '확인(confirmation)'이라고 하며, 그러한 내용이 담겨진 신용장을 확인신용장이라고 한다.

즉 신용장의 확인(confirmation)이란 발행은행이 1차적으로 지급·인수 또는 매입을 확약하고 있는 취소불능신용장에 대하여 신용장 발행은행 이외의 은행(일반적으로 발행은행의 예치환거래은행으로 수익자 소재지의 통지은행)인 제3의 은행이 신용장에 의거하여 발행된 어음을 2차적으로 지급, 인수 또는 매입함에 대하여 발행은행과 동일한 확약을 부가하는 것을 말한다.

확인은행의 2차적인 지급확약은 발행은행의 지급확약에 따른 부차적인 지급확약이 아니라 별도의 독립된 직접적인 지급확약이 되는 것이다. 이와 같이 확인신용장이 활용되는 것은 발행은행의 Credit Risk 또는 발행은행 소재국의 Country Risk가 높다고 판단되는 경우에 수익자는 그에 따른 위험을 제거하기 위한 수단으로 확인신용장을 요구하기 때문이다.

무확인신용장(unconfirmed credit) 혹은 무확인신용장은 신용장 발행은행 이외의 제3은행의 확약이 없는 오로지 발행은행의 지급확약으로만 구성되어 있는 신용장을 말하며, 대부분의 상업신용장은 이 무확인신용장이 이용된다.

5) 발행방법에 따른 분류

(1) 우편신용장(mail credit) vs 전신신용장(cable credit)

우편(서신) 신용장은 신용장을 발행할 때 발행은행이 자행의 양식을 사용하여 서신 형식으로 신용장을 작성하여 우편으로 통지은행으로 발송하여 통지하는 신용장이다. 전신신용장은 통신수단의 발달로 은행이 전신을 이용하여 신용장을 발행하는 방법으로, 우편신용장보다 신속하고 능률적인 방법이다. 최근에 와서는 SWIFT(Society for Worldwide Inter-bank Financial Telecommunication : 국제은행간 자금결제 전산망) 등 획기적인 통신수단의 등장과 함께 많은 은행들이 이러한 방법으로 신용장을 발행하고 있다. 여기에는 전통적으로 ① Short Cable(약식전보), ② Cypher(전신약어)에 의한 방법, ③ Full Cable(정식전보), ④ Swift에 의한 방법 등이 있다.

6) 상환청구권 유무에 따른 분류

(1) 상환청구가능(with recourse) vs 상환청구불능신용장(without recourse credit)

상환청구가능신용장은 환어음을 매입한 은행이나 이를 소지하고 있는 선의의 소지인(bona fide holder) 또는 배서인이 환어음의 지급인, 즉 발행은행에 의하여 어떠한 이유로든 지급이나 인수가 거절될 때는 그 환어음 발행인에게 상환을 청구할 수 있게 되어있는 신용장을 말한다. 일반적으로 신용장에 상환청구에 관한 별도의 표시가 없거나 "With Recourse"라는 용어가 있으면 모두 상환청구가능신용장으로 인정된다.

상환청구불능신용장은 신용장에서 "Without Recourse"가 표시된 환어음을 요구할 경우의 신용장을 상환청구불능신용장이라 한다. 그러나 우리나라는 은행연합회협정 및 어음법 제9조에서는 『어음발행인은 어음을 발행함으로 인하여 그 어음의 인수와 지급을 담보하는 것으로 인수나 지급이 없을 때에는 스스로 지급을 할 의무를 부담한다. 그러나 이 의무 중에서 인수담보 책임만은 어음면에 면책문구를 기재하여 이것을 면할 수 있다. 이에 반하여 지급의 무담보는 어떠한 경우에도 허용되지 않으며, 이러한 기재를 하여도 그 기재는 하지 아니한 것으로 본다』라고 규정하고 있어 지급 무담보 의미의 상환청구불능(without recourse)은 인정되지 않고 있으나, 구미 각국에서는 어음법에서도 이를 인정하고 있다.

환어음 및 부대 선적서류가 신용장조건과 일치하게 발행된 경우 동 어음의 지급인은 발행은행이 되며, 매입에 의하여 선적서류의 소유권이 수출상으로부터 매입은행에 이전된 상태에서 매입은행이 발행은행 측의 부당행위로 인하여 대금지급을 못 받는 것은 신용장의 일반원리인 독립추상성과도 어긋나는 처사다. 특히 매입은행을 발행은행이 사전에 지정한 형식의 신용장(straight credit)이거나, 상환은행이나 인수은행이 지정되어 있는 신용장까지도 "Without Recourse"를 인정하지 않는 것은 우리나라 은행들만의 독단이라 하지 않을 수 없다.

그러나 우리나라에서도 수출상 또는 매입은행이 확인은행에게 직접 대금지급 청구를 했을 경우(예 : 통지은행이 확인·매입·인수은행의 지위를 겸하고 있을 경우 수출상이 동 은행에 매입의뢰하는 경우) 확인은행은 "Without Recourse"를 주장할 수 없게 된다. 왜냐하면 발행은행 및 확인은행의 지급행위는 그 자체가 최종적인 것이므로 논리상 확인은행이 발행은행의 상환불능을 이유로 지급거절 또는 상환청구를 할 수 없기 때문이다(UCP 600 제7조 및 8조).

7) 대금결제방법의 간편도에 따른 분류

(1) 단순·송금·상환신용장(simple·remittance·reimbursement credit)

단순신용장(simple credit)은 수출지의 매입은행이 발행은행의 당좌구좌를 갖고 있는 예치환거래은행인 경우 은행간의 신용장대금의 결제는 발행은행이 자행에 예치된 매입은행의 구좌에 신용장대금을 입금시키고(발행은행구좌에서 신용장대금 결제액을 자행구좌로 이기하는 것), 반대로 매입은행은 자행에 예치된 발행은행 구좌에서 출금시키는 등 양 은행간의 계정정리만으로 결제를 정리하게 되는 신용장을 단순신용장이라 한다. 이러한 신용장은 발행은행과 매입은행이 본·지점간인 경우 및 지정신용장(straight credit)의 형식에서 볼 수 있으며 예문은 다음과 같다.

① 매입은행 지정문언 : We hereby issue in your favour this documentary credit which is available by payment against documents---.

② 계정차기 허용문언 : Please pay the sum due to the debit of our account with you, Please debit our account with you and credit you're a/c on maturity. "On maturity we shall credit your a/c with ourselves" "Please debit our account with you"

송금신용장(remittance credit)은 매입은행이 발행은행으로부터 대금결제를 받으려면 발행은행에 서류를 송부한 후에 발행은행과 매입은행이 합의하여 지정하는 특정은행에 발행은행이 신용장대금을 송금하게 되고 이 송금이 이루어진 후에야 매입은행이 수익자에게 대금을 지급하는 방식의 신용장이다. 송금신용장은 매입은행이 발행은행의 예치환거래은행이 아니거나 발행은행이 거액의 신용장을 취급할 때 수출지 은행에 "은행간 대여금융(refinance)"을 요청하지 않고 발행의뢰인으로부터 결제대금을 받아서 지급하고자 할 때 이용된다.

송금신용장의 경우 매입은행은 환가료 기간 이내에 자신이 수출상에게 선지급한 금액을 입금받지 못하는 경우가 많으므로 매입시 자기자금을 수출상에게 선지급하지 않고 상환은행으로부터 입금통보를 받은 후에 매입대금을 지급하는 경우가 많다. 이러한 신용장에서는 수출상이 매입 시 매입은행에 환가료를 지급하지 않음은 물론 수입상도 수입어음 결제율로 결제대금을 계산하지 않고 전신환 매도율로만 계산하게 된다. 따라서 이러한 신용장은 ① 매입은행이 발행은행의 예치환거래은행이 아니거나, ② 발행은행이 거액의 신용장을 취급할 때 수출지 은행에 Refinance를 요청하지 않고 발행의뢰인으로부터 결제대금을 받아서 지급하고자 할 때, ③ 신용장상의 표시통화가 희귀통화인 경우에 많이 이용된다.

송금신용장의 결제관련 기재문언의 예는 다음과 같다.

① 환어음의 송부처 지정문언 : "we will remit the proceeds to your account with the bank designated by you upon receipt of the drafts and documents in order", "proceeds drawn under this credit will be remitted as per instruction of the negotiating bank upon receipt of the documents in compliance with the terms and conditions of the credit"

② 송금방법 관련 문언 : We shall make payment as per negotiating bank's instructions to be received, "upon receipt of documents in compliance with the terms of the credit, we will remit the proceeds as per your instruction" 등이 있다.

상환신용장(reimbursement credit)은 신용장의 통화가 수출·수입양국의 화폐가 아닌 제3국의 통화이거나, 수출지에 발행은행의 예치환거래은행이 없을 경우 매입은행은 신용장상에 발행은행이 지정한 특정은행, 즉 상환은행(reimbursing bank)에 수출상이 발행한 상환용 환어음을 제시하여 대금결제를 받게 된다. 이때 매입은행은 선적서류는 발행은행으로 송부하고 상환용 환어음은 지정된 상환은행에 제시하게 되는데, 상환은행은 발행은행의 상환수권 내용에 따라 신용장대금을 최종 결제하게 되며 이러한 방식의 신용장을 상환신용장이라 하고 최종 결제은행을 상환은행(reimbursing bank) 또는 결제은행(settling bank)이라 한다.

결국 송금신용장과 상환신용장의 차이는 전자의 경우 상환은행의 지정권이 매입은행에 위임되어 있는 경우를 말하고, 후자의 경우에는 신용장 발행 시 발행은행이 특정한 제3의 은행을 상환은행으로 신용장상에 명문으로 밝혀 놓은 경우를 말한다.

한편 상환은행은 발행은행에서 보낸 상환수권서의 내용에 따라 지정된 금액을 발행은행 구좌에서 차기하여 매입은행 구좌로 대기하는 방법으로 신용장대금에 대한 최종결제를 끝마치게 된다. 상환은행의 역할이 최종결제 담당이라는 의미에서 또 다른 명칭으로 이를 결제은행(settling bank)이라고 부른다.

① 상환은행의 지정문언 : ---which is available by negotiation of your draft at xx sight drawn on Citibank, New York, N.Y. U.S.A., "negotiating bank should forward the draft(s) drawn hereunder in one airmail to the drawee bank together with certificate that all terms of the credit have complied with and required documents have been forwarded directly to us by separate airmail"

② 서류송부 방법의 기재문언 : In reimbursement, the negotiation bank is authorized reimburse itself by sending beneficiary's draft to the above drawee bank, "please send the drafts to XXX bank accompaning with your certificate stating that all documents sent to us have been complied with all terms and conditions of this credit", "in reimbursement, please draw your own draw your own drafts at sight on XXX Bank(drawee bank)"

표 7-1 단순신용장(차기신용장)·상환신용장·송금신용장 비교

구 분	주 요 내 용
단순신용장 (simple credit)	신용장을 지급·인수·매입한 은행에 발행은행이 자신의 명의로 예치된 환계정이 있는 예치환거래은행의 관계일 때, 타은행이 신용장에서 요구하는 제조건에 일치한 서류의 제시에 대한 정당한 대금지급에 대하여 발행은행의 예치환계정에서 대체하여 대금을 상환받는 형태의 신용장, 예치환거래은행은 통지은행(지급은행)이 서류를 매입할 때 발행은행 명의의 예치금계정에서 차기(debit, 출금)하여 수익자에게 신용장대금을 지급하게 되므로 차기신용장(debit base credit)이라고도 함
상환신용장 (reimbursement credit)	신용장을 지급·인수·매입한 수출지역의 서류매입은행과 발행은행이 자신의 명의로 예치환계정을 보유하지 않은 무예치환거래은행의 관계일 때, 발행은행이 별도로 지정한 제3의 은행인 발행은행이 예치환거래은행인 결제은행(settling bank) 또는 상환은행(reimbursing bank) 앞으로 환어음을 송부하여 대금을 지급받는 신용장
송금신용장 (remittance credit)	신용장발행은행이 상환에 대한 지시가 없이 매입은행이 신용장에 의거 정당한 매입절차를 완료한 후 자신이 상환받기를 원하는 은행을 지정하여 그 은행으로 자금을 송금할 것을 요청하면 발행은행은 이 지시에 따라 지정된 은행으로 매입대금을 송금하는 방식의 신용장. 신용장에 수출대금 상환은행이 지정되지 않고 또한 통지은행과 발행은행이 예치환거래 관계가 아닐 때 사용되는 신용장. 송금신용장은 단순신용장이나 상환신용장에 비하여 대금상환이 늦어지는 단점이 있으며 서류상의 사소한 하자를 이유로 입금을 지연시키는 등의 문제 발생 소지가 있음

8) 매입은행의 지정 여부에 따른 분류

(1) 자유매입신용장(open credit) vs 매입제한신용장(restricted credit)

자유매입신용장(open, general credit)은 매입은행에 아무런 제한이나 지정이 없는 신용장을 말한다. 이 신용장을 매입은행이 특정되지 않는다 하여 보통신용장(general credit), 매입이 모든 은행에 개방되어 있다 하여 개방신용장(open credit), 자유매입신용장(freely negotiable L/C)이라고도 한다. 동 신용장하에서 발행은행의 지급확약을 받고 있는 자는 환어음의 발행인(drawer), 환어음의 배서인(endorser), 환어음을 선의로 취득한 자(bona-fide-holder) 등이 모두 포함된다.

따라서 동 신용장의 일반적인 특징은 첫째, 발행은행과 매입은행은 무예치환거래은행이 원칙이고, 둘째, 수출업자가 발행한 어음의 양도에 의하여 대금의 최종 수취인이 결정되는 어음부 신용장이며, 셋째, 수출상이 부정한 방법으로 이중 매입할 가능성을 봉쇄하고 선의의 매입은행을 보호하는 취지에서 매입의뢰시 반드시 신용장 원본을 회수하여 그 이면(裏面)에 매입의뢰 사항의 배서(背書)를 의무화하고 있다는 점이다.

동 자유매입신용장은 발행은행의 지급확약문언에 기재되는 문언은 다음과 같다.

① "We hereby agree with the drawers, endorsers and bona-fide-holders of drafts drawn under and in compliance with the terms of this credit that such drafts shall be duly honored on presentation of the documents",

② "We hereby --- that such drafts shall be duly honored on presentation and surrender of the documents".

③ 매입시의 주의사항 문언은 "If the credit is available by negotiation, each presentation must be noted on the reverse of this advice by the bank where the credit is available." 등이 이용된다.

매입제한신용장(restricted credit, special credit)은 신용장면에서 수출상이 발행하는 환어음의 매입·인수·상환을 어느 특정은행으로 지정 혹은 한정하는 광의의 지정신용장을 말하는데, 이 신용장을 특수신용장(special credit), 매입제한신용장(negotiation restricted credit) 혹은 지정신용장이라고도 한다.

동 신용장하에서는 수출상의 매입은행 선택권이 허용되지 않는다는 점에서 지정신용장과 근본적인 차이가 있는 바, 특히 매입제한 신용장에서 수출상으로부터 1차로 선적서류를 매입한 은행은 반드시 신용장에 지정되어 있는 특정은행 앞으로 재매입(renegotiation)을 의뢰하여야 하므로 불가피하게 재매입이 일어나게 된다. 우리나라의 경우 재매입이 일어나는 신용장에서는 수출상에게 환가료를 적용할 때 12일 간의 우편일수(mail days) 이자율을 적용하게 됨을 유의하여야 한다.

따라서 동 신용장의 특징은 첫째, 발행은행과 매입·인수·상환을 담당한 은행은 상호예치환거래은행이어야 하고, 둘째, 수출상에게 매입은행 선택권이 허용되지 않으므로 이에 대한 편의를 위하여 어음발행이 필수적이므로 어음부 신용장이며, 셋째, 비록 어음발행을 허용한다 하더라도 이중 매입의 위험은 제거되므로 비배서(非背書)를 원칙으로 하는 것이다. 매입은행 제한신용장은 신용장 원본에 매입을 제한하는 명시적인 문구가 기재되어 있는 매입제한신용장(negotiation restricted credit)과 상환문구를 통지은행용 사본에만 표시하고 있어 결과적으로 매입이 제한되는 상환제한신용장(reimbursement restricted credit)으로 구분되며, 제한신용장의 기재문언 예는 다음과 같다.

① 매입제한인 경우 "This credit is available through XXX Banks only …", "Negotiation under this letter of credit is restricted to XXX Bank" 등으로 표시된다.

② 인수제한인 경우 "---drafts drawn in conformity with the terms of this credit will be duly accepted on presentation---" 등으로 표시되며,

③ 상환제한인 경우 "We are holding special instructions regarding reimbursement", "The negotiating bank is authorized to reimburse itself by sending beneficiary's drafts to the above drawee bank", "Reimbursement will be effected to you upon receiving your advice of negotiation" 등으로 표시된다.

※ 수출상의 거래은행에서 매입을 의뢰할 경우에는 매입제한 지정은행에서 Release Letter에 "To Whom it may Concern", 즉 "Re : Credit No...., Issued By...., Our Ref No....., Amount...."의 내용을 "At the request of the beneficiary, We hereby release the Restriction Clause concerning the Negotiation under the above credit without any responsibility on our part. This Letter of Credit, therefore, should be considered as a General Credit."과 같이 발급받아 수출상의 거래은행에 매입의뢰시 신용장과 함께 제시한다.

9) 매입허용 여부(사용방법)에 따른 분류

(1) 매입신용장(negotiation credit)

매입신용장은 수익자가 발행한 환어음이 매입될 것을 예상하여 발행은행이 수익자(drawer)뿐만 아니라 배서인(endorser) 및 선의의 소지인(bona-fide-holder)에게도 지급확약을 확대하고 있는 신용장을 말한다.

신용장에 발행은행의 지급확약 문언은 상기의 내용과 "We hereby --- that such drafts will be duly honored on due presentation and on delivery of documents as specified to the drawee bank" 등과 같은 문언으로 기재된다. 또한 매입신용장이 발행될 경우 환어음의 매입을 위한 유효기일은 "Drafts must be presented for negotiation within 10 days after the date of issuance of transportation documents but within the credit validity" 등과 같은 문언으로 표시된다.

매입신용장은 수출상 소재지역의 은행과 발행은행이 무예치환거래은행 관계일 경우에 발행될 수 있는 신용장으로서 Sight 방식이던 Usance 방식이던 발행은행과 매입은행은 무예치환거래은행 관계이므로 양자간의 자금결제를 위하여 제3자가 개입되어야 한다. 신용장 발행시 발행은행이 결제은행을 신용장상에 지정하는 경우를 매입상환신용장이라 하고 매입은행이 추후에 지정하는 것을 매입송금신용장이라 한다. 동 두 경우의 신용장에 의한 수출입거래 절차는 다음과 같다.

가) 매입상환신용장의 경우

▌그림 7-1 ▌ 매입상환신용장의 거래절차

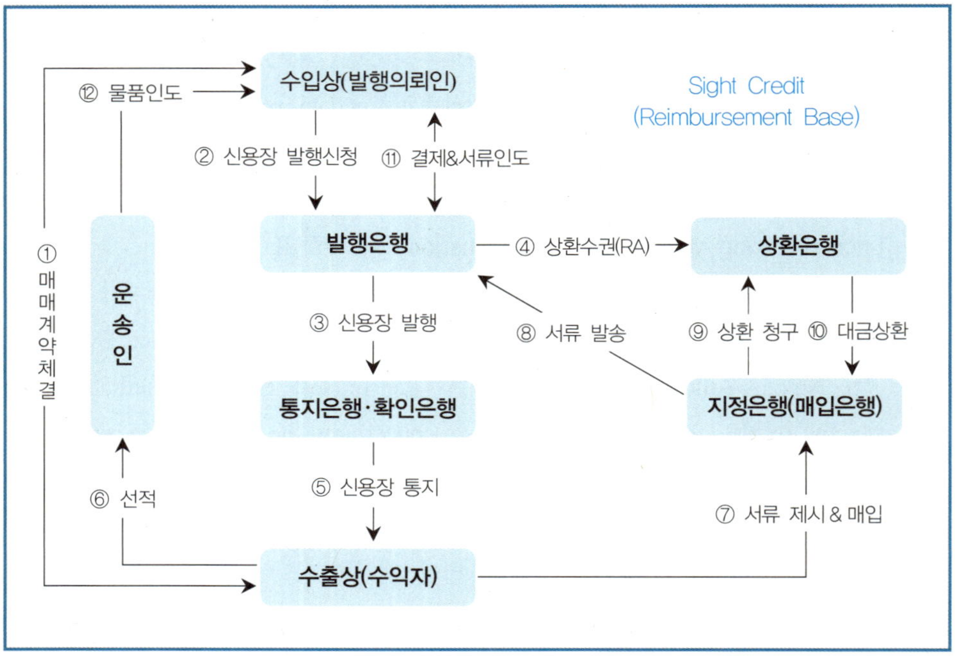

① 수출상과 수입상은 대금결제를 신용장 방식으로 하는 무역계약을 체결한다.

② 수입상은 거래은행에 신용장 발행을 의뢰한다.

③ 발행은행은 수출지에 소재하고 있는 무예치환거래은행에 신용장 발행을 통지하고 상환은행에는 상환수권(reimbursement authorization)을 한다.

④ 통지은행은 수출자에게 신용장을 통지한다.

⑤ 수출상은 신용장 내용에 부합되는 서류를 구비하고 상환은행을 지급인으로 하는 환어음을 발행하여 매입은행에 서류를 제시하여 매입을 의뢰한다.

⑥ 매입은행은 서류를 심사하여 하자가 없으면 환어음이 첨부된 서류를 매입하고 수출대금을 선지급(추심전 매입)한다.

- 매입금액 = (신용장 금액 × 전신환 매입율) − 환가료
- 환 가 료 = 신용장금액 − 대고객매매기준율

⑦ 수출상으로부터 선적서류를 매입한 매입은행은 신용장에서 지시한 방법으로 환어음을 상환은행으로 송부하여 대금을 청구하며 기타 선적서류는 발행은행으로 송부한다.

⑧ 환어음을 받은 상환은행은 신용장발행은행의 구좌에서 차기(借記·출금)하여 매입은행의 구좌에 대기(貸記·입금)한 후 발행은행과 매입은행에 각각 차기통보(debit advice) 및 대기통보(credit advice)를 한다.

⑨~⑩ 발행은행은 선적서류를 심사한 후 수입상에게 제시하고 수입상은 수입대금을 결제한다.

- 결제금액 = (신용장 금액 × 전신환매도율) − 환가료
- 환 가 료 = 신용장금액 × 대고객매매기준율

나) 매입송금신용장의 경우

그림 7-2 매입송금신용장의 거래절차

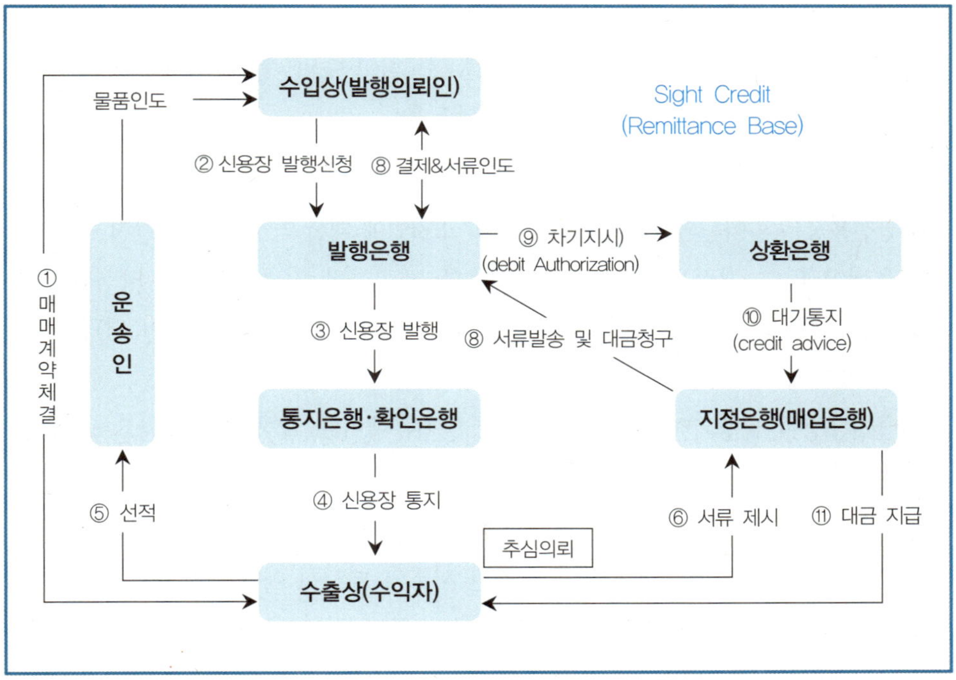

① 수출상과 수입상은 대금결제를 신용장 방식으로 하는 무역계약을 체결한다.

② 수입상은 거래은행에 신용장 발행을 의뢰한다.

③ 발행은행은 수출지에 소재하고 있는 무예치환거래은행(non-depositary correspondent bank)에 신용장 발행을 통지한다.

④ 통지은행은 수출자에게 신용장을 통지한다.

⑤ 수출자는 신용장 내용에 부합되는 서류를 구비하고 상환은행을 지급인으로 하는 환어음을 발행하여 매입은행에 서류를 제시하여 매입을 의뢰한다.

⑥ 매입은행은 서류를 심사하여 하자가 없으면 환어음이 첨부된 서류를 매입하고 수출대금을 선지급(추심전 매입행위)을 한다.

- 매입금액 = (신용장 금액 × 전신환 매입율) − 환가료
- 환 가 료 = 신용장금액 × 대고객매매기준율

⑦ 수출상으로부터 선적서류를 매입한 매입은행은 환어음을 포함한 선적서류를 발행은행으로 송부하고 결제은행을 지정하여 동 은행의 매입은행 구좌에 신용장 대금을 입금시켜 주도록 지시한다.

⑧ 발행은행은 서류를 심사한 후 하자가 없으면 결제은행에 지시하여 발행은행의 구좌에서 차기(출금)하여 매입은행의 구좌에 대기(입금)할 것을 지시한다.

⑨ 결제은행은 지시된 대로 이행한 후 발행은행에는 차기통보(debit advice), 매입은행에는 대기통보(credit advice)를 각각 한다.

⑩~⑪ 발행은행은 수입상에게 선적서류를 인도하고 수입상은 수입대금을 결제한다.

- 결제금액 = (신용장 금액 × 전신환매도율)

(2) 지급신용장(straight credit)

지급신용장은 환어음의 배서인이나 선의의 소지인에 대한 약정은 없고 단지 수익자가 발행은행이나 그 지정은행에 직접 환어음을 제시하면 지급하겠다는 약정만 있는 신용장을 말한다. 즉, 지급신용장이란 매입과 지급업무를 동일은행만이 담당하도록 특별히 제한해 놓은 신용장을 말한다.

지급신용장이 발행되면 수익자는 반드시 발행은행이나 그 지정은행 앞으로 환어음을 발행하여 직접 발행은행이나 지급은행 또는 인수은행에 제시하여야 한다. 신용장통일규칙 제7조에서 발행은행은 지급신용장과 인수신용장은 반드시 지급은행이나 인수은행을 지정하여 신용장조건과 일치된 서류의 제시시 지급 또는 인수토록 수권하고 동 수권된 은행에 대하여 상환할 의무를 부담한다고 규정하고 있다.

신용장통일규칙은 모든 신용장은 일람지급(sight payment), 연지급(deferred payment), 인수(acceptance) 또는 매입(negotiation) 중 어느 것에 의하여 사용가능한지를 명시하고 있어야 한다고 규정하고 있다.

따라서 지정신용장(straight credit)은 광의의 매입은행을 지정하는 신용장으로 일람지급신용장(payment credit)과 연지급신용장(deferred payment credit) 및 인수신용장(acceptance credit)이 이에 해당한다. 유효기일과 관련하여 "at the counter of 지정은행"으로 기재되어 있으면 지정은행이 매입은행이 되고, 다음과 같은 지급확약문언 또는 이와 유사한 문언이 기재되어 있는 경우에는 통지은행이 지정은행이 된다.

실무적으로 이러한 지정신용장에 대한 서류의 매입은 매입제한 신용장(restricted credit)에 준하여 처리하며, 지정신용장은 매입은행이 특정되어 있다고 하여 특수신용장(special credit) 또는 지정신용장(nominated credit)이라고도 한다. 이러한 신용장 하에서 발행은행은 수출상이 지정된 은행에서 매입할 경우에만 지급책임을 진다는 취지의 문언을 기재하고 있으므로 만일 수출상이 이를 위반하고 수출상이 선택한 은행에서 매입할 경우 발행은행은 매입은행의 청구를 거절할 수 있게 된다.

따라서 동 신용장의 일반적인 특징은 첫째, 발행은행과 수출지의 지정은행이 상호 예치환거래은행이어야 하고, 둘째, 수출상의 대금청구 상대방이 미리 지정된 상황이고 신용장에서 특별히 어음발행을 요구하고 있는 경우를 제외하고 무어음이 원칙이며 (발행은행이 영국소재 은행일 경우에는 지정신용장에서도 어음을 발행하여야 함), 셋째, 무어음인 상태에서는 수출상이 이중매입할 가능성이 없으므로 굳이 신용장원본 이면에 배서를 할 필요가 없어 비배서를 원칙으로 한다.

지급신용장은 Sight방식으로 수입할 경우 신용장발행은행이 수출상이 소재하는 지역에 본·지점이나 예치환거래은행이 있을 경우 발행할 수 있는 신용장으로 수출자가 신용장조건에 부합되는 서류를 지급은행(발행은행의 지점 또는 예치환 거래은행)에 제시하면 지급은행이 발행은행의 구좌에서 직접 차기하여 신용장대금을 지급하도록 위임된 지급신용장의 거래절차 [그림 7-3]을 살펴보면 다음과 같다.

▮ 그림 7-3 ▮ 지급신용장의 거래절차

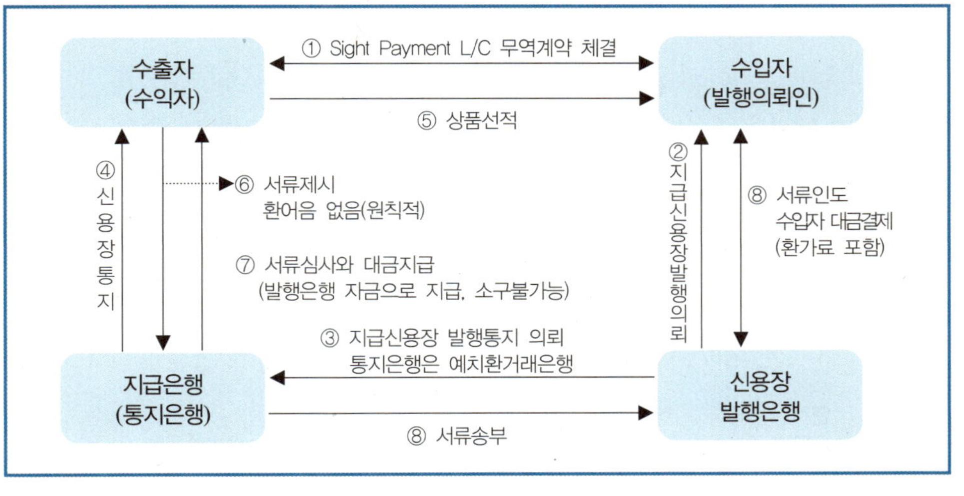

① 수출입상간에 대금결제를 Sight Payment Credit방식으로 무역계약을 체결.

② 수입상은 거래은행에 Sight Payment Credit 발행을 의뢰한다.

③ 발행은행은 지급신용장을 발행하여 수출지역에 소재하고 있는 해외 본·지점이나 예치환거래은행을 통지은행 및 지급은행으로 선정하고 발행·통지한다.

④ 통지은행을 통하여 수출상에게 신용장이 통지되고 추후에 수출상은 신용장 조건에 일치되는 서류를 지급은행에 제시한다.

⑤ 수출자는 세관에 수출신고 절차를 거쳐 선박회사에 선적의뢰를 하여 상품을 선적한 후에 신용장에서 요구하는 서류를 준비한다.

⑥ 신용장의 제조건에 일치하는 서류를 지급은행에 제시한다.

⑦ 지급은행은 서류를 심사한 후 이상이 없으면 발행은행의 구좌에서 차기(출금)하여 수출상에게 지급(지급금액 = 신용장 금액 × 전신환매입율)한다. 만약 발행은행이 지정한 지급은행이 발행은행의 예치환거래은행이 아닐 경우에는 제3의 결제은행(상환은행)을 결정하고, 결제은행이 발행은행의 구좌에서 차기(debit : 출금)하여 지급은행의 구좌에서 대기(credit : 입금)하는 과정을 거치게 된다.

⑧ 지급은행은 발행은행에 서류를 송부하고 발행은행은 서류심사 후 수입상에게 제시한다.

⑨ 수입상은 수입대금을 결제하고 서류를 인도받는다. 만약 한국의 수입자가 지급신용장을 발행하여 수입대금을 결제할 경우 선적서류가 발행은행에 도착되기 이전에 발행은행의 본·지점 또는 예치환거래은행의 발행은행 구좌에서 미리 지급되었으므로 환가료를 지급하여야 한다(결제금액 = 신용장금액 × 전신환매도율 + 환가료).

▌그림 7-4▐ 연지급신용장(Deferred Payment Credit) 거래절차도

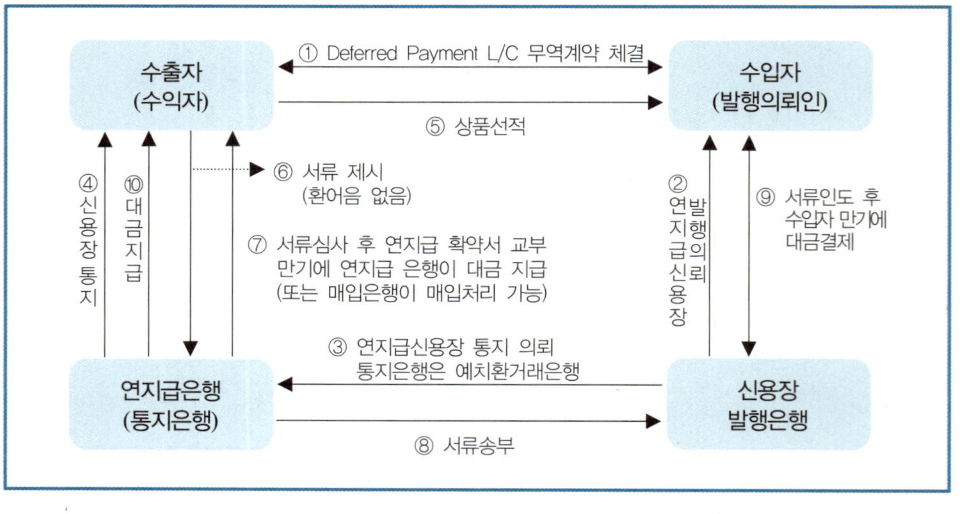

① 수출상과 수입상이 대금결제를 Deferred Payment L/C 방식으로 하는 무역계약을 체결한다.

② 수입상은 거래은행에 Deferred Payment L/C의 발행을 의뢰한다.

③ 발행은행은 수출지역에 소재하는 본·지점이나 예치환거래은행을 통지은행 및 연지급은행으로 선정하고 연지급신용장의 발행을 통지한다.

④ 통지은행을 통하여 수출상에게 신용장이 통지되고 추후에 수출상은 신용장 조건에 일치되는 서류를 연지급은행에 제시한다.

⑤ 수출상은 세관에 수출신고 절차를 거쳐 선박회사에 선적의뢰를 하여 상품을 선적한 후에 요구서류를 준비한다.

⑥ 신용장의 제조건에 일치하는 서류를 연지급은행에 제시한다. 원칙적으로 환어음 작성이 생략된다.

⑦ 연지급은행은 서류를 심사한 후 조건이 일치하는 것을 확인한 후에 수출상에게 연지급확약서(deferred payment undertaking)를 교부한다.

⑧ 연지급은행은 발행은행에 서류를 송부하고 발행은행은 서류심사 후 수입상에게 제시한다.

⑨ 수입상은 연지급기간 만료일에 수입대금을 결제한다.
(결제금액 = 신용장금액 × 전신환매도율)

⑩ 연지급은행은 연지급기간 만료일에 수출대금을 수출상에게 지급한다.
(결제금액 = 신용장금액 × 전신환매입율)

(3) 인수신용장(acceptance credit)

발행은행이 자기의 해외지점이나 예치환거래은행(주로 통지은행)을 인수은행으로 정하고 그 은행을 지급인으로 수익자가 발행한 기한부 환어음을 인수하는 것을 명시하고 있는 신용장이다.

① 선저거류 제출시 항상 환어음이 필요한 어음부신용장이다.

② 발행은행이 특정은행을 인수은행(실무적으로는 통지은행이며 발행은행의 예치환거래은행임)으로 지정하고 그 인수은행으로부터 인수편의를 제공받을 때 사용된다. 인수편의(acceptance facility)란 수입상이 기한부 수입을 하고자 하는 경우, 해외에 있는 예치환거래은행(인수은행)이 발행은행을 위하여 환어음의 인수(및 할인)와 신용장대금을 대신 지급하여 주고, 어음의 만기에 발행은행으로부터 그 대금을 회수하는 형태의 신공공여를 말한다.

③ 기한부신용장으로만 사용된다.

④ 지정된 인수은행(일반적으로 통지은행)만이 인수업무를 담당할 수 있다.

⑤ 신용장 뒷면에 매입사실 기재를 요구하지 않는 미기재 신용장이다.

⑥ 소구권을 행사할 수 없는 소구불능신용장(without recourse credit)이다.

⑦ 인수신용장은 지급인으로 지정된 은행이 환어음을 인수(acceptance)한다는 것을 명시하고 있는 신용장이다.

⑧ 인수신용장에서 표시되는 문구 예시 : "We hereby issue in your favor irrevocable documentary credit which is available by acceptance of your draft at 30 days after sight drawn on xxx bank"

10) 지급기간에 따른 분류

(1) 일람출급신용장(Sight Credit, Sight Payment Credit)

동 신용장은 신용장에 의하여 발행된 환어음이 일람출급인 신용장으로 환어음이 지급인에게 제시되면 즉시 지급이 이루어지는 즉, 수출지에서 매입은행이 선적서류를 송부하면 발행은행은 서류상의 하자가 없는 즉시 신용장대금의 전액을 매입은행 구좌에 입금시켜 주는 형식의 현금거래 신용장을 말한다. 우리나라의 경우는 발행은행이 대금지급을 지연할 수 있는 기간은 도착한 서류의 신용장조건과의 일치 여부 검토기간인 5은행 영업일 이내로 한정하고 있기 때문에 만일 그 기간까지 발행의뢰인이 결제하지 않으면 자기자금으로 우선 지급하여야 한다.

일람불 신용장의 기재문언 예는 ① 일람지급인 경우 : ---which is available by sight payment against presentation---, ---payment will be duly made against document presented in conformity with the terms of this credit. ② 일람매입인 경우 : ---which is available by negotiation of your draft at sight drawn on---, ---we hereby engage with drawers and bona-fide-holders that drafts drawn and negotiated---. 등이 있다.

(2) 기한부신용장(usance credit, acceptance credit)

동 신용장은 발행된 환어음의 기간(tenor)이 기한부인 경우로서 서류제시 후 일정 기간이 경과한 후에 대금을 지급하는 신용장으로 일정기간에 대한 기간의 이익을 수입상이 향유(享有)하며 인수신용장, 연지급신용장, 기한부매입신용장이 이에 해당한다. 따라서 환어음이 지급인에게 제시되면 즉시 인수가 이루어지고 만기일(maturity date, due date)이 도래하면 지급할 것을 약속한다. 이는 다시 일정기간에 대한 신용공여를 누가 하느냐에 따라 은행이 신용을 공여하는 "Banker's Usance"와 수출상 자신이 공여하는 "Shipper's Usance"로 분류된다.

한편 환어음의 발행을 요구하지 않고 서류만의 제시로 신용장조건에 따라 결정되는 일자에 지급을 이행할 것을 확약하는 경우도 있는데, 그러한 신용장은 Deferred Payment Credit라고 부른다.

Usance 어음의 기일에는 ㉠ 일람후정기출급(at xxx days after sight), ㉡ 일부후정기출급(at xxx days after date), ㉢ 확정일후정기출급(at xxx days after B/L date 또는 at xxx days after negotiation) 등이 있다.

기한부 신용장의 기재문언 예는 ① 기한부 매입인 경우 : ---which is available by your draft at 90 days after sight drawn on---, we hereby engage with drawers and bona-fide-holders---, ② 기한부 인수인 경우 : ---which is available by acceptance of your draft at 90 days after sight drawn on---, ③ 기한부 연지급인 경우 : ---which is available by payment at 90 days after B/L date---, ---payment will be duly undertaken against documents presented in conformity with the terms of this credit---.

(3) 할부지급신용장(installment payment credit)

수출상이 상품선적을 수회에 걸쳐서 일정한 기간별로 분할하여 선적하도록 약정한 신용장을 말하며, 당해 분할선적과 관련하여 그 분할 회수, 각 분할 분의 선적시기, 각 분할 분의 선적수량 등에 대하여 신용장이 별도의 할부일정(instalment schedule)을 명시하고 있는 것을 할부선적신용장(instalment shipment credit)이라 하고, 신용장 대금의 결제가 수회에 걸쳐 할부방식으로 이루어지는 신용장, 즉 수입상이 선적서류를 인도받을 때는 착수금조로 대금의 일부만 지급하거나 또는 선적 직후 일람불로 대금의 일부를 지급하고 그 잔액은 일정 거치기간(grace period)이 경과한 후 수회에 걸쳐 분할하여 상환토록 약정된 신용장으로서 일반적으로 플랜트수출과 같이 금액이 거대한 경우에 수입상의 편익을 위해 이용되며, 할부지급신용장(instalment payment credit)이라 부르기도 한다.

▌그림 7-5 ▌ 일람출급신용장 · 기한부신용장 · 할부지급신용장

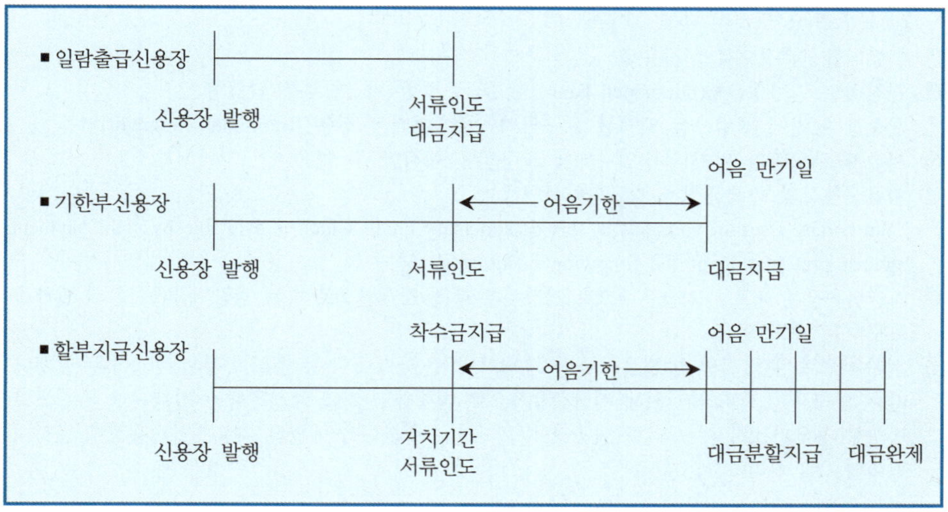

▌표 7-2 ▌ Sight·Deferred Payment Credit·Acceptance Credit·Negotiation Credit 비교

구 분 및 주 요 내 용
★ 매입신용장(negotiation credit)
신용장에 근거하여 수익자가 발행한 환어음을 매입(negotiation)하는 방법으로 대금을 지급하도록 명시된 신용장. 환어음 발행인뿐만 아니라 배서인(endorser), 선의의 소지인(bona-fide holder)에 대해서도 발행은행이 지급을 확약하고 있음. ① 선적서류 매입 의뢰시 환어음을 제시하여야 하는 어음부 신용장이다. 따라서 환어음상의 배서인에 대한 지급확약이 있음 ② 매입은행이 발행은행의 무예치 환거래은행인 경우에도 사용함 ③ 일람출급 또는 기한부신용장으로 사용함 ④ 어느 은행이나 매입할 수 있는 것이 일반적이고, 예외적으로 지정은행만이 매입할 수 있는 경우가 있음. 신용장상 매입표시 예시는 다음과 같음. • 자유매입신용장(freely negotiable credit), 일반신용장(general credit), 개방신용장(open credit) : "Available with/by any bank by negotiation" • 매입제한신용장(negotiation restricted credit), 특정신용장(special credit) : "Available with/by ABC bank by negotiation" ⑤ 신용장 뒷면에 매입사실의 배서를 요구하는 배서신용장(notation credit)임 ⑥ 매입서류가 부도·반환되면 매입은행은 수익자에게 소구권을 행사할 수 있음 ⑦ 매입신용장의 발행은행 지급확약문언 예시 : "We hereby agree with the drawer, endorser and bona-fide-holder of drafts drawn under and in compliance with the terms of this credit that such drafts shall be duly honored on presentation of and on delivery of the documents as specified to the drawee bank"
★ 지급신용장(payment credit)
발행은행이 신용장을 발행할 때 수출지에 소재하고 있는 자기의 예치환거래은행이나 해외 본·지점을 지급은행(일반적으로 통지은행)으로 지정하고 수익자가 지정은행에 직접 서류를 제시하면 지급하겠다고 약정한 신용장 ① 원칙적으로 어음을 필요로 하지 않음 ② 통지은행이 발행은행의 예치환거래은행이나 해외 본·지점일 경우에 통지은행을 지정은행(지급은행)으로 하여 주로 사용됨 ③ 일람지급신용장으로만 사용됨 ④ 원칙적으로 지정은행(nominated bank)인 지급은행만 지급업무를 담당함 ⑤ 신용장 뒷면에 매입사실 배서를 요구하지 않는 비배서 신용장(non-notation credit)임 ⑥ 서류가 부도반환 되어도 수익자에게 소구권을 행사할 수 없음 ⑦ 지급신용장의 발행은행의 지급확약문구 : "We hereby issue in your favour this documentary credit which is available by sight payment against presentation of the following documents" ⑧ 지급신용장은 때로는 지급은행으로 지정된 은행을 지급인으로 하는 일람지급환어음의 발행을 요구하는 것도 있음 ⑨ 실무적으로 유럽지역 발행은행들이 우리나라 은행으로 신용장을 송부할 때 어음 발행에 따른 인지세를 회피하기 위해 지급신용장으로 발행하고 지급 지정은행을 발행은행 자신으로 명시한 경우가 많은데 이러한 신용장에 근거한 수출환어음 매입은 자유매입신용장에 준하여 직매입으로 처리하고 있음

구 분 및 주 요 내 용
★ 연지급신용장(deferred payment credit)
신용장상에서 지정한 연지급 확약은행에 제조건과 일치하는 서류를 제시하고 신용장에 명시되어 있는 조항에 의하여 결정되는 만기일에 지급된다고 약정하는 기한부신용장임 ① 무어음신용장임 ② 대개의 경우 수출지의 연지급은행이 발행은행의 예치환거래은행일 때 사용된다. 이 신용장에서는 일반적으로 수익자가 소재하는 지역의 통지은행이 연지급은행이 되며 통지은행이 발행은행의 예치환 거래은행 또는 해외지점일 때 이용됨 ③ 지정된 연지급은행(일반적으로 통지은행)만이 지급업무를 담당함 ④ 신용장 뒷면에 매입사실 배서를 요구하지 않는 비배서신용장(non-notation credit) ⑤ 서류가 부도반환 되어도 수익자에게 소구권을 행사할 수 없음 ⑥ 환어음이 첨부되지 않기 때문에 수익자가 서류를 제시할 때 만기일에 지급한다는 확약내용이 기재된 연지급확약서(deferred payment undertaking)를 연지급은행이 발행함 ⑦ 연지급신용장의 신용장상 예문 : "Available with/by ABC bank by deferred payment" "Credit available with xxx bank(the nominated bank) by deferred payment at 90 days after the date of issuance of the transport documents detailed herein"
★ 인수신용장(acceptance credit)
발행은행이 자기의 해외지점이나 예치환거래은행(주로 통지은행)을 인수은행으로 지정하고 그 은행을 지급인으로 수익자가 발행한 기한부 환어음을 인수하는 것을 명시하고 있는 신용장 ① 선적서류 제출시 항상 환어음이 필요한 어음부신용장(with draft credit)임 ② 발행은행이 특정은행을 인수은행(실무적으로는 통지은행)으로 지정하고 그 인수은행으로부터 인수편의를 제공받을 때 사용됨. 인수편의(acceptance facility)란 수입상이 기한부 수입을 하고자 하는 경우, 해외에 있는 예치환거래은행(인수은행)이 발행은행을 위하여 환어음의 인수(및 할인)와 신용장대금을 대신 지급하여 주고, 어음의 만기에 발행은행으로부터 그 대금을 회수하는 형태의 신용공여를 말함 ③ 지정된 인수은행(일반적으로 통지은행)만이 인수업무를 담당할 수 있음 ④ 신용장 뒷면에 매입사실 배서를 요구하지 않는 비배서 신용장(non-notation credit) ⑤ 소구권을 행사할 수 없는 소구불능신용장(without recourse credit)임 ⑥ 인수신용장은 지급인으로 지정된 은행이 환어음을 인수(acceptance)한다는 것을 명시하고 있는 신용장 ⑦ 인수신용장에서 표시되는 문구 예시 : "We hereby issue in your favor irrevocable documentary credit which is available by acceptance of your draft at 30 days after sight drawn on xxx bank."

▌표 7-3▐ 일람출급신용장(Sight Credit)·기한부신용장(Usance Credit) 비교

구 분 및 주 요 내 용
★ 일람출급신용장(sight credit)
① 수익자가 일람출급환어음을 발행하거나, 환어음 없이 선적서류를 직접 발행은행, 확인은행 또는 지정은행에 제시하면 그 선적서류가 신용장의 제조건과 일치하고 있는 한 선적서류와 상환으로 즉시 지급되는 신용장 ② 지급신용장의 경우 • 지급표시문언 : "We hereby issue in your favor this documentary credit which is available by sight payment against presentation ~" • 발행은행의 지급확약문언 : "We hereby engage that payment will be duly made against documents presented in conformity with the terms of this credit." ③ 매입신용장의 경우 : 일람출급신용장은 환어음의 매입을 허용하여 매입은행을 지정하거나 모든 은행이 환어음을 자유로이 매입할 수 있도록 허용하는 신용장. 무역현장에서 가장 빈번하게 사용되고 있는 신용장은 일람출급환어음의 매입을 허용하는 신용장. 매입표시 문언과 은행확약문언은 다음과 같다. • 매입표시문언 : "We hereby establish this documentary credit in your favor available by negotiation of your draft at sight drawn on ~" • 발행은행의 지급확약문언 : "We hereby engage wit drawers and/or bona fide holders that drafts drawn and negotiated in conformity with the terms of this credit will be duly honoured on presentation."
★ 기한부신용장(usance credit)
① 신용장에 의하여 발행되는 환어음의 지급조건이 기한부어음(usance draft)을 발행할 것을 요구하고 있으며 수익자가 선적서류와 함께 기한부 환어음을 제시하면 동 환어음을 인수하고 그 만기일에 지급한다고 약정한 신용장. 기한부 신용장에서 환어음의 지급인은 우선 제시된 어음을 인수하여 어음상에 'acceptance'를 표시하여야 하고 대금의 지급은 어음의 만기일에 이행함. ② 기한부 매입신용장 : 기한부 환어음을 발행하도록 하되 인수은행이 환어음을 인수하기 전에 제3의 은행이 이를 매입할 수 있도록 허용한 신용장. • 기한부 표시문언 : "We hereby issue this documentary credit in your favor available by negotiation of your draft at 90 days after sight drawn on xxx Bank ~" • 발행은행의 지급확약 문언 : "We hereby engage with drawers and/or bona fide holders that drafts accepted within the terms of this credit will be duly honored at maturity." ③ 기한부 인수신용장 : 환어음의 인수은행과 그 만기일이 지정되어 있으며 기한부환어음을 별도로 발행하도록 하고 있음. • 기한부 표시문언 : "We hereby issue in your favor this documentary credit available by acceptance of your draft at 90 days after sight drawn on ~" • 발행은행의 지급확약 문언 : "We hereby engage that drafts drawn in conformity with the terms of this credit will be duly accepted on presentation and duly honoured at maturity." • 상환지시 문언 : "In reimbursement, please debit our account with you at discount time for discount charge and acceptance commissions and at maturity for the principle under advice to us."

11) 기한부신용장(Usance Credit)

무역거래에서 Sight(일람불)방식과는 달리 Usance(기한부)방식은 수출자가 신용장에 명시된 서류와 함께 기한부환어음을 제시하면 당해 환어음을 인수하고 그 만기일(at maturity)에 대금을 지급한다고 약정된 신용장을 말한다. 그런데 국제매매는 본질적으로 매도인과 매수인의 거래이며 수입상에게 기한부만큼의 기간동안 지급을 유예시키는 당사자가 누구인가에 따라서 다음과 같이 분류한다.

▮ 그림 7-6 ▮ 기한부신용장의 종류

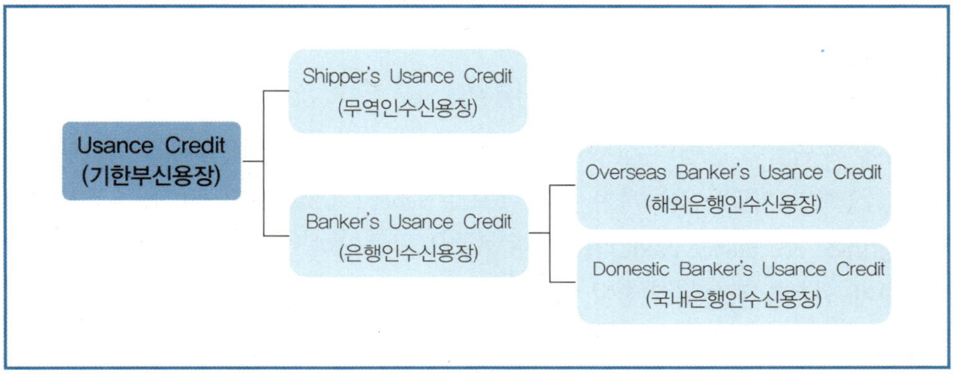

(1) Shipper's Usance & Banker's Usance

기한부 신용장거래에서 수출상이 발행하는 환어음은 기한부어음(time draft, term draft)이기 때문에 수입상은 만기일까지 결제대금을 유예받을 수 있는 이익을 향유할 수 있다. 기한부 신용장거래에서 이익을 공여하는 것을 인수금융(acceptance financing)이라고 하며, 인수금융을 관계당사자 중에서 화주(shipper)인 수출상이 공여하도록 신용장상에 명시하고 있으면 Shipper's Usance Credit이라고 하며, 발행은행이나 인수은행과 같은 은행이 인수금융을 공여하도록 신용장상에 표시하고 있는 것을 Banker's Usance Credit이라고 한다.

Shipper's Usance란 Usance기간 동안 신용공여를 수출상이 수입상에게 하는 것으로 수출입상 간의 계약에 의하여 기간 동안의 원리금을 어음만기일에 지급하는 형태이며 일반적으로 Shipper's Usance는 원리금을 신용장에 지시된 대로 수출상에게 대금을 지급하는 점에서 Banker's Usance와 다른 점이다.

원칙적으로 Usance거래에서는 이자부담의 주체는 Usance기간만큼 대금지급을 유예받는 수입상이 되어야 하지만 Shipper's Usance는 수출상이 외상을 제공하므로 이자를 별도로 받든지 아니면 수출가격에 포함시키든지 할 것이며, 이자율의 수준은 은행마다 상이하므로 일정한 이자율을 정하기가 곤란하다. Banker's Usance는 어음인수은행이 Usance기간 동안 신용을 공여하는 형태로서 발행은행이 자기의 거래은행(환거래은행으로서 신용을 공여하는 은행)을 인수은행으로 지정하고 인수은행으로 하여금 수출자가 발행한 기한부어음을 인수·할인하게 하여 어음금액 전액을 매입은행을 통하여 수출자에게 지급하고, 인수수수료와 할인료는 발행은행에 청구함으로써 수출자는 일람불어음신용장(At Sight L/C)과 마찬가지로 결제대금을 수령하며 수입자는 Usance기간 동안의 이자만 선지급(인수 후 3~4일 정도)하고 원금은 만기일에 발행은행을 통하여 지급하거나(이자선급), 원금과 이자를 만기일에 결제(이자후급)하게 되며 송부되어온 선적서류를 인수 후 해당 수입화물을 찾고 원금은 만기일에 발행은행을 통하여 지불하는 것을 의미한다.

(2) Shipper's Usance(선적인 인수신용장)

화주인 수출상이 은행의 신용공여를 향유받지 않고 수입상에 대하여 기한부어음의 만기일까지 지급을 유예하여 주는 것으로 Seller's Usance Credit 또는 무역인수신용장(trade acceptance credit)이라고도 부른다. 수출상이 신용을 공여한다는 의미는 수출상이 선적을 하여 수입상이 상품을 수취한 후 신용장에서 정한 일정기간 후에 물품대금을 받는다는 것을 말한다.

동 방식에서는 수입신용장 발행은행을 지급인(drawee)으로 하고 발행은행에 수입환어음인 기한부어음과 서류가 도착하면 수입상이 인수하여 인수사실과 만기일은 매입은행 앞으로 통지하고 만기일에 수입대금을 결제한다. 신용장통일 규칙상 환어음의 지급인은 발행은행이 되므로 발행은행 명칭을 지급인 난에 표시하며 운송서류와 함께 환어음이 송부되어 오면 발행은행은 수입상에게 서류의 수리 여부를 확인하게 되는 것이며 유전스기간의 이자는 수출상이 부담한다.

Shipper's Usance Credit은 수출상과 수입상의 상호계약에 의하여 원리금을 동시에 만기에 지급하는 형태이며 원리금을 신용장금액에 포함하여 발행하고 있는 것이 일반적이며, 어음의 지급인은 발행은행으로 한다.

이러한 Shipper's Usance의 이자지급 문구는 다음과 같다.

① 이자가 신용장금액에 포함되어 있는 경우 : "Usance interest is for account of beneficiary", "Acceptance commission and discount charges are for Seller's (또는 beneficiary's) account"

② 이자가 신용장금액에 포함되어 있지 않은 경우 : "Usance interest is for account of buyer and the negotiating bank is requested to inform us of the interest up to the maturity at our prevailing rate"

③ 무역인수신용장에서 환어음의 만기일에 대금을 지급하는 방법은 송금방식 또는 제3은행을 통한 결제방법을 이용하므로 Instructions to the Paying / Accepting / Negotiating Bank 난에 다음의 예시와 같이 기재한다.

ⓐ 송금방식으로 지급하는 경우: "Interest are for seller's account. In reimbursement, we will remit the proceeds as per negotiating bank's instruction at maturity."

ⓑ 제3의 결제은행(상환은행)을 통한 상환베이스로 지급하는 경우: "Interest are for seller's account. In reimbursement, please draw your own drafts at sight on xxx Bank(drawee bank) at maturity."

ⓒ 차기베이스로 지급하는 경우: "Usance Interest is for beneficiary's account. In reimbursement, please debit our account with you for the face amount od drafts only at maturity under advise to us."

▮ 그림 7-7 ▮ Shipper's Usance(Remittance Base) 흐름도

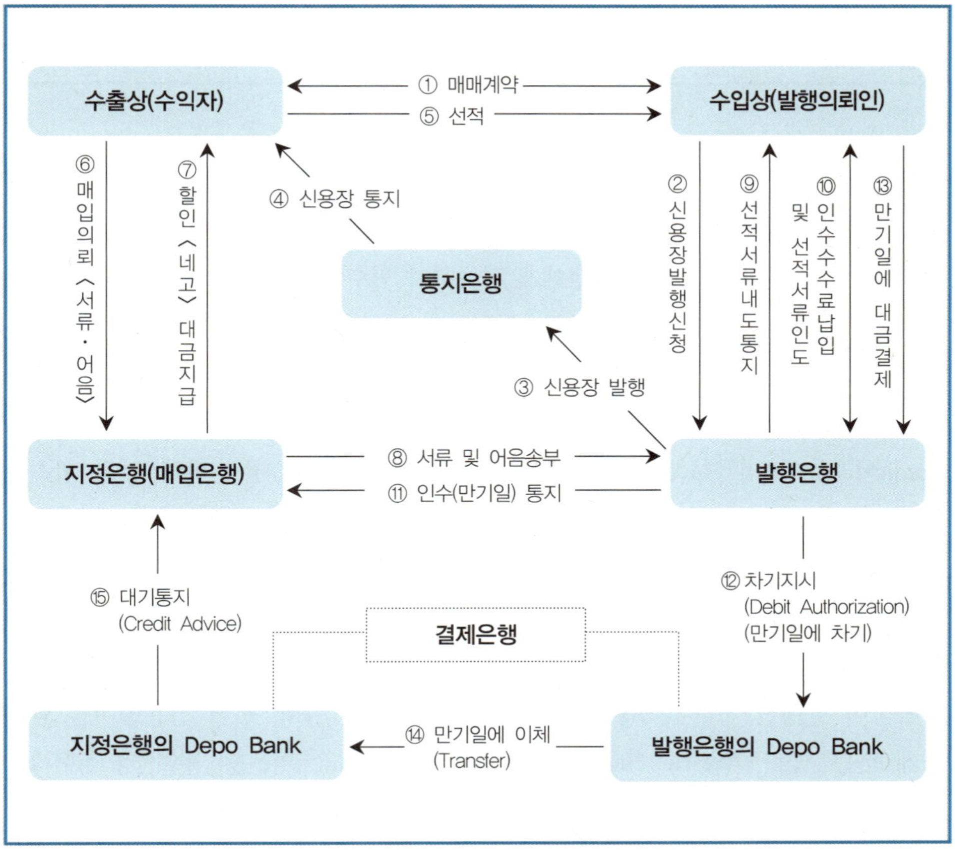

▌그림 7-8 ▌ Shipper's Usance(Reimbursement Base) 흐름도

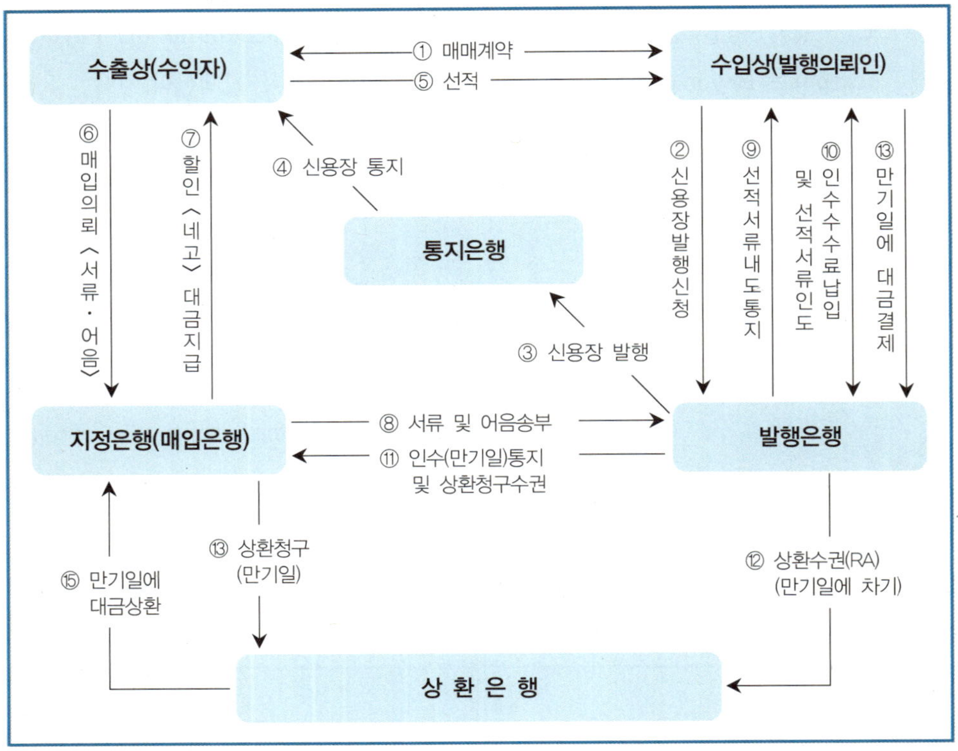

(3) Banker's Usance Credit

기한부환어음의 지급을 유예시켜 주는 주체가 은행이 되는 것으로 수출상이 발행한 기한부어음을 만기일 이전에 인수은행이 인수 및 할인하여 매입하고, 어음금액 전액은 매입은행을 통하여 수출상에게 지급하며 인수수수료와 할인료는 발행은행에 청구하여 수출상은 At Sight Basis와 동일하게 매입대전을 수취하고 수입상은 인수수수료와 할인료만 선지급하고 원금은 만기일에 발행은행을 통하여 지급하거나(이자선급), 원금과 이자를 만기일에 결제(이자후급)하게 되는 것을 Banker's Usance Credit이라고 하며 Buyer's Usance라고도 부른다. 미국에서는 이와 같은 방식을 Banker's Acceptance라고 한다.

Banker's Usance Credit에서 신용공여를 국내의 발행은행이 담당하는 경우를 Domestic Import Usance Credit(내국 수입유전스 신용장)이라고 하며, 발행은행이 해외에 있는 자신의 환거래은행을 인수은행으로 지정하고 인수은행으로 하여금 수출상이 발행한 기한부어음을 인수하여 할인 매입하도록 하여 신용공여를 담당하게 하는 것을 Overseas Banker's Acceptance Credit(해외은행 인수신용장)이라고 한다. 수출상이 일람불로 대금지급을 받기 때문에 Shipper's Usance보다는 수출금액이 수입상이 부담하는 Usance Interest만큼은 저렴해야 한다.

▮ 그림 7-9 ▮ Banker's Usance거래의 도해

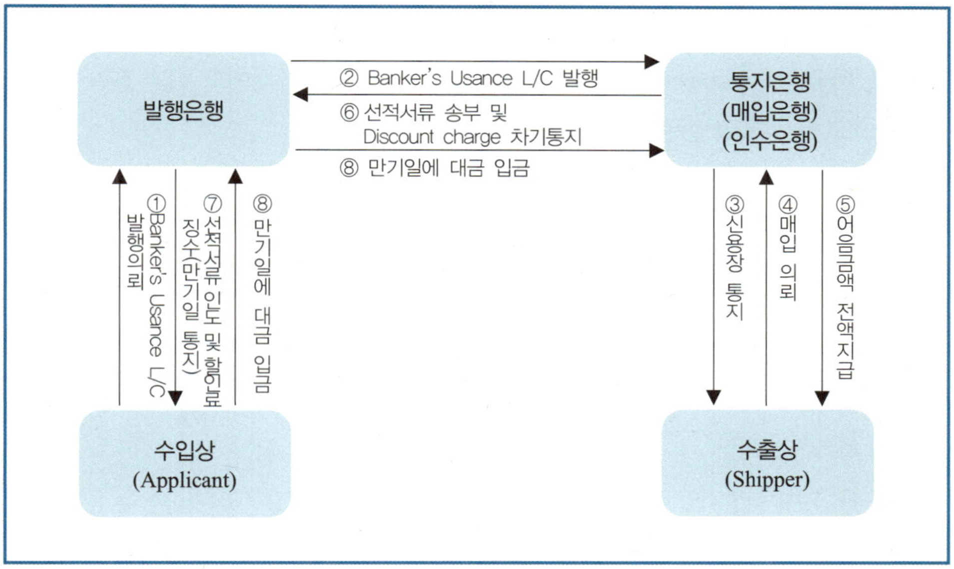

① 내국 수입 유전스(Domestic Import Usance, 국내은행 인수신용장)

Domestic Import Usance는 외국환은행이 기한부 수입신용장을 발행하고 동 신용장에 의거하여 외국의 수출상이 발행한 기한부어음을 국내은행(신용장발행은행)이 인수하여 할인·매입함으로써 수출상에게는 일람불로 수출대금을 지급하고 수입상에게는 일정기간 수입대금의 결제를 유예하여 주는 방식의 신용장을 말한다.

인수금융이 국내에서 발생하므로 인수수수료와 할인료가 해외로 유출되지 않는다. 동 방식에서는 해외의 수출상이 일람불어음과 동일하게 선적과 함께 수출대전을 받을 수 있다는 점에서 Overseas Banker's Usance와 같으나 Overseas Banker's Usance에서는 기한부어음의 인수가 발행은행에게 신용공여 한도를 제공한 해외환거래은행에서 이루어지고 어음의 만기일에 발행은행의 예치금계정에서 차기하는 것이다. 이에 비하여 내국수입유전스는 어음의 지급인을 발행은행으로 지정하여 국내에서 발행은행이 어음을 인수하고 만기일까지 수입상으로 하여금 수입어음의 결제를 유예시켜 주는 신용공여의 형태라는 점에서 다른 것이다.

내국수입 Usance제도를 도입하게 된 주요한 목적은 다음과 같이 설명될 수 있다.

첫째, 기한부 수입방식이 Shipper's Usance 또는 해외의 인수은행의 신용공여에 의하는 Overseas Banker's Usance 등 무역신용의 해외의존 일변도를 지양하고, 신용공여를 국내은행에 의하도록 함으로써 국내 금융기관의 국제화를 도모하고 무역신용의 비용을 국내은행에 귀속시킴으로써 국내은행의 수익증대를 꾀할 수 있고 국가적으로 볼 때 Usance 이자의 해외지급에 따르는 외화를 절약할 수 있다.

둘째, 국내은행이 인수한 어음을 국내에 유통시켜 단기외화자금 시장의 형성에 기여토록 함으로써 국내 외환시장의 육성에 이바지한다.

셋째, 내국수입 Usance에 의하여 창출된 어음은 국내유통 외에도 해외 B/A 시장에 매각함으로써 외자조달원의 다양화를 도모할 수 있다.

넷째, 보유외환을 효율적으로 이용할 수 있다.

▮ 그림 7-10 ▮ Domestic Banker's Usance(remittance base) 흐름도

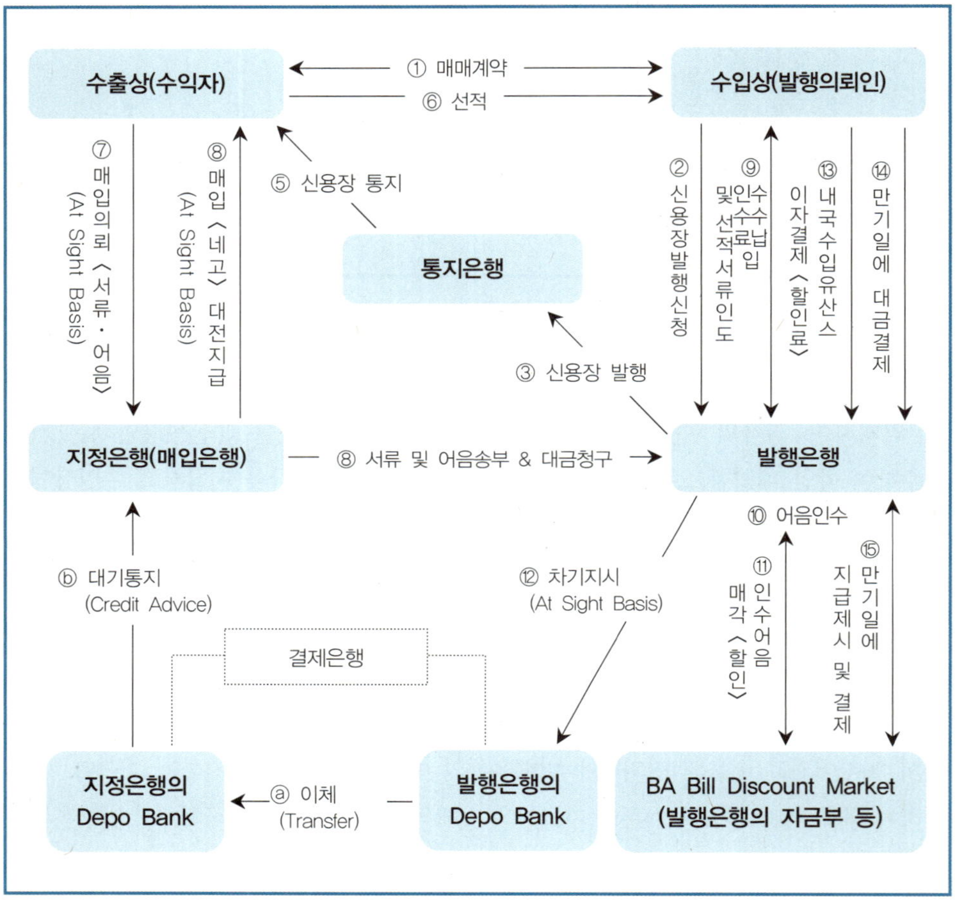

내국수입유전스에 표기되는 신용장상의 특수조항 문구는 ① Negotiation under this credit may be effected on at sight basis. ② Beneficiary's usance drafts must be negotiated on at sight basis. ③ Acceptance Commission and discount charge are for buyer's account. 등과 같으며, 한편 매입은행 앞으로 지시되는 문언의 예를 들면 ① Acceptance Commission and Discount Charges are for buyer's a/c. ② Payment under this L/C to be made on at sight basis regardless of drafts tenor. ③ Upon receipt of documents, we will remit the proceeds as per your instruction. ④ In reimbursement, upon receipt of the drafts and documents in goods order we shall remit the proceeds as per the negotiating bank's instruction. 등과 같다(송금방식).

그림 7-11 Domestic Banker's Usance(reimbursement base) 흐름도

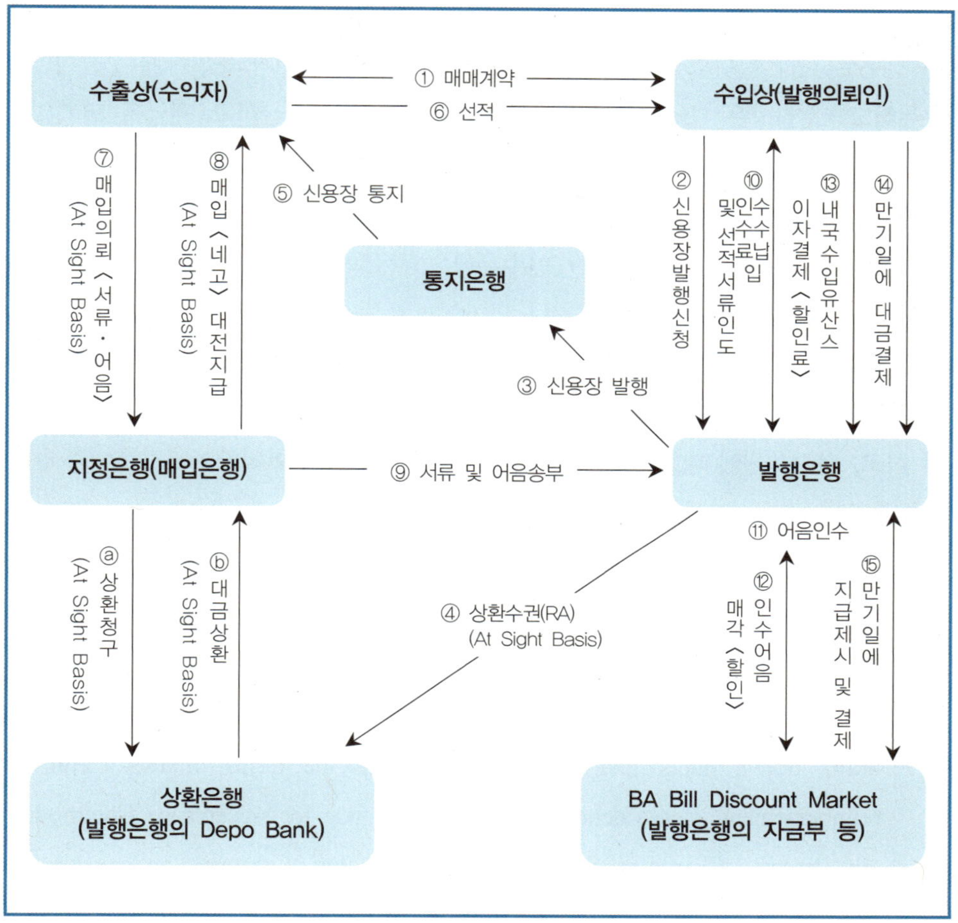

내국수입유산스제도는 해외의 수출상이 일람불어음과 동일하게 선적과 함께 수출대전을 회수할 수 있다는 측면에서는 Banker's Usance와 같으나 Banker's Usance는 당해 어음의 인수가 신용장 발행은행에게 신용공여한도를 제공한 해외환거래은행에서 발생되고 어음의 만기일에 발행은행의 예치금계정에서 차기(debit : 출금)하는데 비하여 내국수입유산스는 어음의 지급인을 발행은행으로 지정하여 국내에서 발행은행이 인수하고 어음의 만기일까지 수입상으로 하여금 수입어음의 대금결제를 유예하여 주는 신용공여라는 점에서 다른 것이다. 인수어음은 국내 유통으로 인수시장의 활성화에 기여하고 있다.

② 해외은행 유전스(overseas banker's usance, 해외은행 인수신용장)

은행이 Usance기간 동안의 신용을 공여하는 방식으로 발행은행이 자신의 해외환거래은행을 인수은행으로 지정하고 인수은행으로 하여금 수출상이 발행한 기한부어음을 인수하여 할인·매입하게 하여 어음금액 전액을 매입은행을 통하여 수출상에게 지급하고 인수수수료(acceptance commission)와 할인료(discount charge)는 발행은행에 청구토록 하여 수출상은 일람불신용장(sight basis credit)과 동일하게 수출대금을 수취하고, 수입상은 Usance기간에 해당되는 이자만 선지급하고 원금은 만기일에 발행은행을 통하여 지급하거나(이자선급), 원금과 이자를 만기일에 결제(이자후급)하게 되는 것을 해외은행 유전스(overseas banker's usance)라고 한다.

기한부어음을 인수하여 할인한 인수은행은 자신의 신용을 바탕으로 하여 당해 기한부어음을 B/A시장에 매각하거나 만기일까지 보관하게 된다. 그러므로 이러한 방식에서는 어음의 지급인이 해외 인수은행이 되는 것이다. 해외은행 인수 신용장은 일람출급조건으로 대금을 지급하므로 매입은행에 대하여는 이러한 사실을 표시하여야 하고, 인수은행에 대하여는 인수이율의 기준을 사전에 협의하여 표시할 수 있다.

ⓐ Instructions to the Negotiating Bank : "Acceptance commission and discount charges are for buyer's a/c. Payment under this L/C is to be made on at sight basis regardless of drafts tenor. In reimbursement, Please present beneficiary's drafts to the drawee bank for acceptance."

ⓑ Instructions to the Accepting Bank : "Please accept and discount beneficiary's drafts drawn under and in compliance with the terms of this credit. In reimbursement, please debit our account with you for Acceptance Commission and Discount Charge at sight, and for face amount at maturity under advice to us. Interest should not exceed 6 months LIBOR plus 0.5 pct P.A."

기한부신용장임에도 불구하고 수출상은 별도의 금융비용 부담없이 Sight Basis로 수출대금을 회수할 수 있고, 수입상은 은행의 신용공여를 통하여 일정기간 대금지급을 유예받은 후 환어음의 만기에 이를 결제할 수 있게 되는 것이다. 따라서 수입상은 본인을 위하여 여신(인수 및 할인편의)을 공여한 은행에 대하여 그 보상으로 'A/D Charge(acceptance commission & discount charge)'를 지불하여야 한다.

국내에서 발행되는 Overseas Banker's Usance 신용장은 대개 '인수신용장'이 아닌 '매입신용장'의 형태로 발행되는 것이 일반적인 관행이며, 이에 관한 기재 예는 "We hereby issue in your favour this documentary credit which is available by negotiation of your draft at 90 days after sight drawn on ××× Bank."와 같다.

예문에서 'drawn on(42A)' 다음에 발행은행의 해외 본·지점 또는 인수편의를 공여하는 해외 예치환거래은행명을 기재하게 된다. 신용공여은행이 환어음을 인수할 때의 '인수수수료'와 이 어음을 할인하여 대금을 일람불로 지급할 경우에 발생하는 '할인료'는 발행은행으로 청구되며, 이는 최종적으로 수입상이 부담하게 된다. 따라서 매입은행에게는 기한부신용장임에도 불구하고 환어음상의 기간에 관계없이 일람불로 매입하도록 지시하여야 한다.

▌그림 7-12▐ Overseas Banker's Usance(reimbursement base) 흐름도

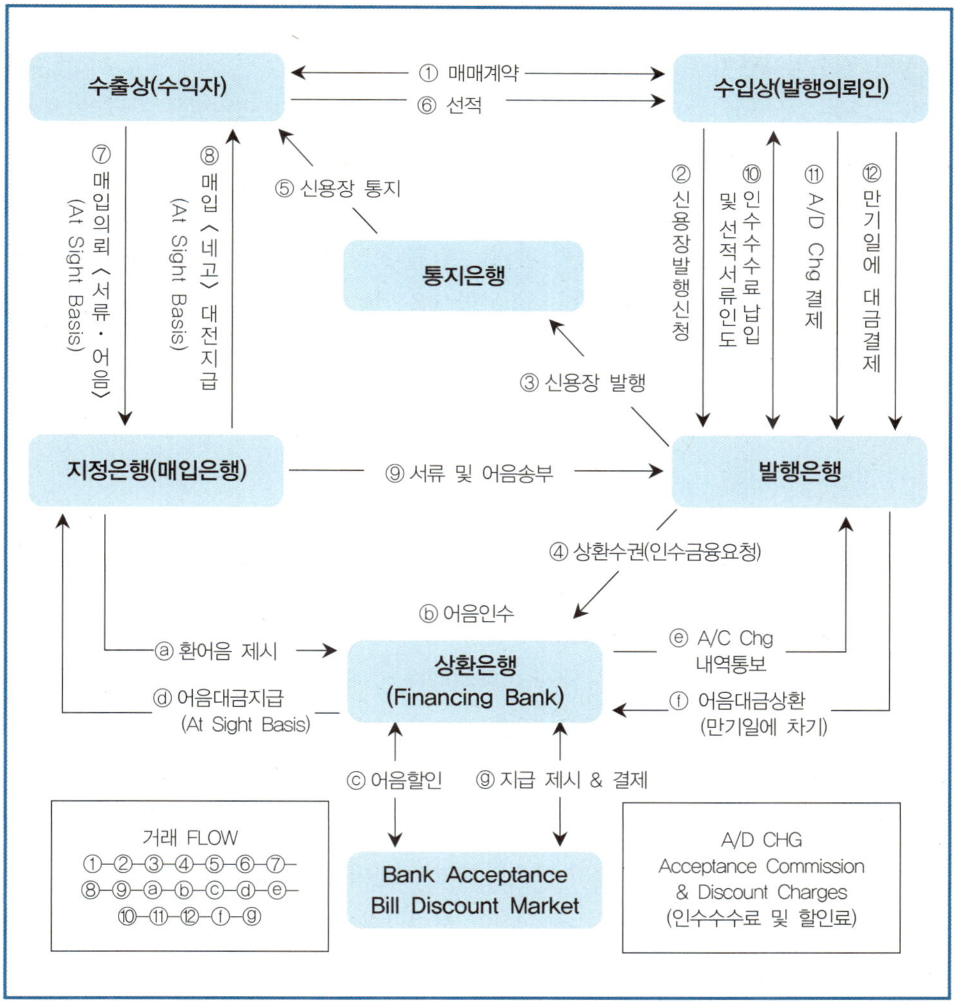

12) 양도 허용 여부에 따른 분류

(1) 양도가능신용장(transferable credit) vs 양도불능신용장(non-transferable credit)

신용장의 양도(transfer)란 신용장상의 수익자가 향유하는 권리의 전부 또는 일부를 수익자가 지정하는 제3자에게 양도하는 것을 말하며, 양도가능신용장(transferable credit)은 신용장에 "transferable"이란 명시적인 문언이 있어 원수익자가 지급, 인수 또는 매입은행에 대하여 신용장의 전부 또는 일부를 사용할 수 있도록 수익자가 지정은행(양도은행)에게 신용장의 양도(transfer)를 요청할 수 있는 신용장을 말한다. 즉 신용장 권리의 전부 또는 일부를 타인에게 양도할 수 있도록 허용하는 신용장을 말한다.

한편, 양도은행에 의하여 제2수익자가 원신용장의 수익자로부터 양도받은 신용장은 양도신용장(transferred credit)이라고 한다. 양도불능신용장(non-transferable credit)이란 신용장상에 양도가능(transferable)의 명시적인 문언이 없어 오직 신용장상에 지정된 원수익자만이 이를 사용할 수 있다.

양도가능신용장에서 양도를 위한 요건들을 요약하면 ① 양도은행은 지급·연지급·인수·매입을 수권받은 지정은행 또는 자유매입신용장의 경우에는 신용장에서 특별히 양도은행으로 수권된 은행만이 양도할 수 있다. ② 신용장에 "transferable"이라는 용어가 있어야 한다. ③ 양도은행이 합의한 범위와 방법에 따라서만 양도될 수 있다. ④ 단 1회에 한하여 양도될 수 있다. ⑤ 분할어음발행 또는 분할선적이 허용된 경우에 한하여 분할양도가 가능하다 등과 같으며 자세한 내용은 <p.306 신용장의 양도 참조>.

13) 보증신용장과 은행보증서

(1) 보증신용장(standby credit)

보증신용장(standby credit)은 금융의 담보 또는 채무이행의 보증을 목적으로 발행되는 무화환신용장(clean credit)으로 보증신용장 발행은행이 상대방으로 하여금 특정인에게 금융지원 또는 채무보증 등을 이행하도록 하고, 특정인이 만기에 채무의 상환을 하지 않을 경우에 지급을 대신 이행하겠다는 내용을 기재한 약속증서로 무화환신용장을 의미한다. 보증신용장은 주로 무역외거래 및 자본거래 등에 대한 보증수단으로 사용된다는 점에서 화환신용장(documentary credit)과 차이가 있다.

일반적으로 보증신용장은 해외 현지법인이나 지점 또는 관련거래선이 자국상사의 영업과 관련하여 현지은행에 현지 금융담보의 조건이나 건설, 용역 및 플랜트수출과 관련한 입찰보증, 계약이행보증, 하자보증, 선수금환급보증 등에 대한 지급보증서의 대용으로 국내 외국환은행이 해외은행 앞으로 발행하여 사용되고 있다.

보증신용장도 화환신용장과 동일하게 UCP 600의 적용을 받지만, UCP는 복잡하고 다양한 형태의 'Standby Credit'에는 완전하게 적용할 수도 없다는 문제점이 있어 'Standby Credit'에 관한 별도의 구체적인 국제규칙인 보증신용장통일규칙(ISP 98 : International Standby Practice 1998, ICC Publication No. 590)이 제정되어 적용하고 있다.

표 7-4 화환신용장·보증신용장·은행보증서의 비교

구 분	Documentary Credit	Standby Credit	Bank Guarantee
의 의	상품거래에 따른 환어음과 이를 담보하는 운송서류의 제시를 요구하는 Credit	금융의 담보 또는 채무 이행의 보증을 목적으로 발행되는 Clean Credit	보증서의 외형만 지니고 있을 뿐 Standby Credit와 성격과 내용에서 동일함
용 도	상품수출입 대금결제용	수출선수금환급보증, 현지 금융담보보증, 운임지급 보증, 보험보증, 입찰보증, 계약이행보증, 선수금환급 보증, 유보금환급보증, 하자보증, 대출(물품대금) 지급보증 등 다양한 용도	Standby Credit와 유사함
적용규칙	UCP	UCP, ISP98	URDG 758
제시서류	선적서류	불이행진술서 (certificate of default)	서면청구서 및 서면진술서
발행(보증)은행 지급의무 발생시기	수익자가 신용장 조건에 일치하는 서류를 제시한 경우	발행의뢰인이 수익자와의 채무계약을 정당하게 이행하지 않았다는 확인시	수익자가 보증서에서 요구하는 서류를 유효기일 내에 지급을 청구한 때
SWIFT M/T	MT700	MT700, MT799	MT760

(2) 보증서와 은행보증서

보증서(Letter of Guarantee)를 발행한 보증인은 주 채무자가 채무를 이행하지 못하는 경우에 한하여 2차적으로 보충적인 책임을 지지만, 보증신용장의 발행은행은 신용장의 조건과 문면상 일치하는 서류의 제시에 대하여 원인계약과는 관계없이 대금을 지급하여야 하는 1차적으로 독립적인 채무를 부담한다.

보증서는 원인계약과의 부종성(附從性)이 강하여 보증신용장과는 달리 독립·추상성을 인정받지 못하는 것이 일반적이라 부당청구 및 지급거부 등과 같은 분쟁발생의 소지를 지니게 된다. 따라서 이러한 단순한 지급보증서의 약점을 보충하기 위하여 주 채무의 이행여부와는 관계없이 문면상 보증서 조건에 일치하는 채권자(수익자)

측의 청구에 대하여 무조건 지급을 약속하는 은행보증서(Bank Guarantee)가 널리 이용되고 있는데, 이를 '청구보증(Demand Guarantee)', '요구불(청구불)보증' 또는 '독립적 보증(Independent Guarantee)'이라고 부른다. '독립적 보증'은 일반보증과는 달리 주 채무자의 채무불이행시 보충적으로 2차적 책임을 지는 것이 아니고, 주 채무자와는 독립된 1차적 책임을 부담하는 보증을 말한다.

이러한 '독립적 보증'에 관한 국제규칙으로 ICC에 의해 제정·개정된 '독립적 보증에 관한 통일규칙(URDG 758 : Uniform Rules for Demand Guarantee, ICC Publication No.758, 참고 : Guide to URDG 758, ICC Pub. No.702)'이 적용된다.

(3) 보증의 종류

① 직접보증(직접 발행)

보증서 발행은행이 직접 해외의 수익자에게 보증서를 발행하는 경우로 주로 발행은행과 환거래계약관계에 있는 수익자의 인근 소재은행을 통하여 통지한다.

- 보증의뢰인(applicant) : 원인계약상의 채무자 또는 의무부담자로서 채무이행을 담보하기 위하여 보증서의 발행을 의뢰하는 자로서 보통 주채무자 본인이 되는 것이 일반적이나, 주 채무자를 위하여 행동하는 제3자가 될 수도 있다.
- 보증인(guarantor) : 보증의뢰인의 요청에 의하여 보증서를 발행하는 자를 말하며, 일반적으로 보증의뢰인의 거래은행으로 그와 동일한 국가에 소재한다.
- 수익자(beneficiary) : 보증의 혜택을 받는 자, 원인계약(기초거래)상의 채권자를 말한다.

② 간접보증(재발행)

- 보증의뢰인 : 직접보증의 경우와 동일한 자를 의미한다.
- 보증의뢰은행(1차 보증인 : 보증의뢰인의 거래은행) : 다른 은행(2차 보증인)이 원인계약(기초거래)상의 채권자를 수익자로 하는 제2차 보증서를 발행할 수 있도록 동 은행을 수익자로 하는 1차 보증서를 발행하는 은행을 말한다. 보증 의뢰은행이 발행하는 1차 보증서를 다른 은행(2차 보증인)이 제2차 보증서를 발행함에 따른 보증채무를 담보한다.
- 보증서발행은행(2차 보증인 : 수익자의 거래은행 : 보증의뢰은행(1차 보증인)으로 부터 받은 1차 보증서에 근거하여 자신 스스로가 보증인이 되어 최종 수익자 앞으로 제2차 보증서를 발행하는 수익자의 거래은행을 의미한다.
- 수익자 : 원인계약(기초거래)상의 채권자로서 보증의 혜택을 받는 자를 말한다.

(4) 보증내용에 따른 유형

보증구분		주 요 내 용
입찰보증		Bid Bond(Tender Guarantee), 발행의뢰인이 입찰에 응하여 낙찰될 경우에 계약체결을 보증할 목적
계약이행보증		Performance Bond(Performance Guarantee), 수출입계약 또는 공사계약의 이행을 보증할 목적
선수금환급보증		Advance Payment Bond(Repayment Guarantee), 국제계약이 체결된 후에 시공자 또는 수출자에게 계약금액의 일정액에 대하여 운영자금조로 선수금을 지급하게 됨. 수익자로부터 받은 선수금에 대하여 그 계약이행을 보장하거나 또는 계약불이행시 선수금 반환을 보증할 목적
유보금환급보증		Retention Money Bond(Retention Guarantee), 계약이행이 완료된 후 하자 등을 담보하기 위하여 일정금액의 유보금을 예치하여야 함. 동 유보금을 선지급하는 대신 하자발생 등 계약위반 사실이 발생하면 유보금의 환급을 보증할 목적
하자보수유지보증		Maintenance Bond(Warranty Guarantee), 계약이행 후 하자 발생시 물품의 반품 및 보수공사를 요구하게 되는 것에 대한 보증금 대신 은행이 보증서를 발급하는 목적. 공사완공 후 일정기간 동안에 대한 하자보수 책임을 보장하거나 또는 기계·설비 등을 수출한 후 일정기간 내에 고장이나 하자가 발생시 그 보수의 수리 등을 보장할 목적
대출(물품대금) 지급보증		Payment Guarantee, 수출상을 위하여 수입상의 대금지급 의무를 보증할 목적
기타 보증의 종류		Counter Standby : 수익자가 당해 보증신용장의 조건에 의해 2차적인 다른 신용장 등을 발행함에 있어 부담해야 하는 채무를 담보할 목적
		Financial Standby : 차입금 상환의 의무를 입증하는 수단 및 그 대금지급을 보장하기 위한 수단으로 활용할 목적
		Insurance Standby : 발행의뢰인의 보험/재보험 의무를 보장하기 위한 목적
		Commercial Standby : 계약에 의해 미리 정해진 방법대로 대금이 지급되지 않았을 때를 대비하여 당해 상품 또는 서비스에 대한 발행의뢰인의 대금지급 의무를 보장할 목적으로 활용
		Direct Pay : 대금지급의 1차적인 수단, 즉 지급수단의 목적으로 발행되는 보증신용장. 계약불이행 또는 미지급이라는 사건과 연결될 수도 있고 연결되지 않은 상태로 사용될 수도 있음
주요 활용 사례	현지금융 관련보증	우리나라 기업의 해외지점 또는 현지법인이 현지의 금융기관으로부터 영업활동과 관련한 운영자금 및 시설자금을 차입할 경우 또는 수출입거래와 관련한 신용장 발행 등의 보증을 제공받고자 할 때, 국내의 본사기업이 현지법인 등의 그러한 현지금융 채무를 보증할 목적으로 활용
	해외건설 관련보증	우리나라의 기업이 해외에서 수행하는 건설·토목공사 또는 산업설비·플랜트 수출, 기타 해외용역사업 등에 따른 입찰보증, 이행보증, 선수금보증, 하자보증 등을 목적으로 활용
	수출선수금 환급보증	선대신용장 또는 사전송금에 의해 미리 수취한 수출선수금과 관련하여, 계약물품을 선적하지 못할 경우 당해 선수금의 반환을 보증하기 위한 목적
	상업보증	사후송금방식의 거래 또는 O/A(Open Account) 거래 등에서 수입상이 물품을 수령하고 대금을 송금하지 않을 경우를 대비하여 수입상의 대금지급 의무 이행을 보장할 목적으로 활용

14) 특수 신용장

(1) 회전신용장(Revolving Credit)

회전신용장이란 동일 거래선과 동일품목을 지속적으로 거래할 때 거래시마다 신용장을 발행하는 불편을 피하고, 발행비용 절감 및 절차 간소화를 목적으로 이용되는 신용장으로써 처음 발행한 신용장 금액이 이행되면 일정 기간이 경과한 후 자동적으로 동액의 신용장 금액이 소생되는 방식의 신용장이다.

회전신용장을 Self-Continuing Credit이라고도 하며 신용장회전(revolving)의 방법으로는 ① 발행은행으로부터 환어음에 대한 지급통지가 있으면 회전되는 방법, ② 환어음이 결제되는 일정한 일수를 정하여 그 기간 내에 지급거절통지가 없으면 회전되는 방법, ③ 월력(月曆)상의 일정한 기간, 즉 월별이나 격월 등 기간이 경과하면 다시 자동적으로 그 금액이 갱생(更生)되어 회전되는 방법 등이 있다.

첫째, 누적적 회전방법(cumulative method)은 전회의 미이행된 선적분이 다음 선적시 전회의 미 이행분까지 포함하여 이행하는 방법, 예를 들어 매월 갱신되는 조건의 US$100,000의 신용장을 발행하였을 경우에 3월에 US$90,000이 사용되었다면 4월에는 전월의 미 사용금액인 US$10,000을 포함하여 US$110,000을 사용할 수 있는 것이 누적적 방법이며 이러한 신용장을 Cumulative Revolving Credit라고 한다.

둘째, 비누적적 회전방법(non-cumulative method)은 해당기간에 이행되지 않은 미 선적분이 자동적으로 취소되어 미사용한 US$10,000은 무효가 되며 원래의 금액인 US$100,000만을 다시 사용할 수 있는 것이 비누적적 방법이며 이러한 신용장을 Non-Cumulative Revolving Credit라고 한다. 회전신용장 발행시에는 '회전의 갱신시기', '회전의 방법' 및 '미사용 잔액의 처리방법'이 명확히 표시되어야 한다.

* Revolving 문언의 예시 : "The amount of drawings under this credit becomes automatically reinstated on payment by us. Draft drawn under this credit must not exceed to US$~ in any calendar month,"
* 누적회전 문구의 예시 : "Any shipment not to exceed invoice value of USD99,000. After a draft has been paid under this credit, the credit reverts to its original amount USD99,000. Any unused portion of monthly availment may be used during any subsequent month."
* 비누적회전 문구의 예시 : "Upon receipt by the beneficiary of notice from Korea Exchange Bank, Seoul that a draft again becomes available under the credit. Notwithstanding anything contained in the foregoing clause, drawings under this credit are limited to USD99,000 in any calendar month."

(2) 선대신용장(packing credit)

선대신용장은 전대신용장이라고도 하며 신용장발행은행이 선적서류의 매입은행에 대하여 당해 신용장조건에 따라서 작성된 서류 및 화환어음의 인수와 지급을 확약하는 이외에 신용장의 수익자가 수출물품의 생산·가공 등에 필요한 자금을 선적 전에 융통해 주기 위하여 일정한 조건으로 선지급(advance payment)할 수 있도록 수권하는 문언을 신용장상에 기재하고 그 선대금액의 지급을 확약하는 신용장으로 'Advance Payment Credit(선수금신용장)'이라고도 한다.

즉 수출상이 해당상품의 선적전에 대금을 선지급 받을 수 있도록 수권하고 있는 신용장으로 그 선대받은 대전이 수출상품의 제조 및 포장(packing)이나 집하에 사용되는 신용장으로 발행은행이 매입은행으로 하여금 수출상에게 선적전에 일정한 조건으로 수출대금을 선대할 수 있도록 수권하는 문언을 신용장에 기재하고 그 선대금의 상환을 확약한 신용장이다. 이를 선대·선수금신용장(red clause credit, packing credit, advance payment credit) 또는 수출상의 집하자금(集荷資金)의 융자라는 의미에서 "Packing Credit(집하신용장)"이라고 부르며 이러한 신용장을 수취한 수익자는 선대금액에 해당하는 무화환어음(clean draft)과 영수증(simple receipt)을 가지고 지정은행에서 매입을 의뢰하게 되며 선수금의 상환은 관련 신용장조건과 일치하는 선적서류의 매입을 통하여 이루어진다.

선대신용장하에서는 수익자가 영수증과 확약서를 제출함으로써 선대금의 지급을 받을 수 있다. 영수증과 확약서의 작성 예시를 들면 다음과 같다.

① 영수증 작성 예시

SIMPLE RECEIPT
TO : (발행은행) We have duly received (선대금액) representing 40% advance payment under red clauses credit No. (신용장번호) issued by (발행은행명칭) dated (발행일자)

② 확약서 작성 예시

LETTER OF UNDERTAKING
TO : (발행은행) We hereby undertake you that we will repay, without fail, advance payment for (선대금액) by shipment in accordance with terms of red clause credit No. (신용장번호) issued by (발행은행명칭) dated (발행일자)

(3) 구상무역신용장(compensation trade credit)

연계무역은 수출입 당사국 중 어느 특정국가가 외환사정이 어려워 현금결제가 곤란한 경우, 현물거래로서 구상무역에 의해 수출입물품대금을 그에 상응하는 수입 또는 수출로 매매당사자간에 상계하는 수출입에 사용하는 신용장을 말한다. 구상무역은 두 국가간의 수출입균형을 유지하기 위하여 이용되는 거래방식이다.

우리나라 대외무역법에서는 구상무역을 연계무역으로 개념을 확대하여서 ① 물물교환(barter trade), ② 구상무역(compensation trade), ③ 대응구매(counter purchase), ④ 산업협력(industrial cooperation) 등의 형태로 이루어지는 수출입으로 규정하고 있다.

구상무역은 대금결제시의 환의 개재 여부에 따라서 무환구상무역, 유환구상무역으로 분류하는데, 전자는 무환방식에 의한 물물교환의 바터무역(barter trade)을 의미하며, 후자는 수출입 국가간의 수출입대금 결제시 선수출 또는 선수입에 상응하는 물품대금을 외화로 수취하거나 지급하는 거래방식을 말한다. 유환구상무역을 위한 신용장은 특수한 신용장으로 동시개설신용장(back to back credit), 기탁신용장(escrow credit), 토마스신용장(tomas credit)이 사용된다.

① 동시개설신용장(Back to Back Credit)

구상무역을 요청하는 구상무역조건부 무역거래에 근거하여 발행된 신용장을 지칭하며 Back to Back Credit은 다음과 같은 두 가지의 의미로 사용된다.

첫째는 원 신용장(Master Credit)의 수익자가 원신용장을 견질로 하여 당해 물품의 공급상을 수익자로 하여 다시 국외에 발행되는 제2의 신용장(Baby L/C 또는 Sub L/C)을 뜻한다.

둘째는 수출과 수입을 연계하여 수출입의 균형을 기하기 위한 연계무역하에서 사용되는 신용장, 즉 연계무역하에서 어느 일방이 먼저 수입 신용장을 발행하는 경우에 외국의 수출상이 자신의 상품 또는 자국의 상품에 대하여 일정 금액 이상의 '대응수입 신용장'을 발행하는 경우에 한하여 당해 수입 신용장이 유효하다는 조건을 붙인 신용장을 말한다.

즉, 신용장의 발행과 동시에 신용장의 효력이 발생하는 것이 아니라, 대응수입 신용장이 발행되어야 비로소 그 효력을 발생하는 조건부 신용장으로서 동시·동액 발행조건의 예시는 "This Letter of Credit shall not be available unless and until standard prime banker's irrevocable Letter of Credit in favor of XX Company, Seoul for account of YY Company, New York for an aggregate amount of USD500,000 have been established pursuant to the contract No.111 for the export of the goods described as follows." 등과 같다.

② 기탁신용장(Escrow Credit)

기탁신용장은 수입상이 수입신용장을 발행하는 경우에 신용장의 한 조건으로 당해 신용장에 의하여 발행되는 환어음의 매입대금을 수익자에게 지급하지 아니하고 수익자명의로 상호약정에 따라 수익자명의의 기탁계정(escrow account)에 기탁하여 두었다가, 그 수익자가 원 신용장 발행국으로부터 수입하는 상품의 결제대전에만 사용하도록 명시된 신용장을 말한다.

원래 'Escrow'라는 의미는 특정물을 제3자에게 기탁하고 일정조건이 충족된 경우에 상대방에게 교부할 것을 의뢰하는 일종의 신탁행위를 말한다. 이처럼 특정물을 채권자의 명의로 제3자(은행)에게 예치할 때 그 계정을 기탁계정(escrow account)이라고 한다. 따라서 이 경우 최초의 수입상은 결제자금을 현금으로 입금하지 않고 지급보증서 등으로 대체입금 하여도 가능하며 이렇게 될 경우 수출입 쌍방은 현금결제 없이 신용장의 발행만 반복하는 것으로서 교역의 목적을 달성할 수 있게 된다.

따라서 기탁신용장은 동시발행신용장보다 물품의 선택액의 미사용 잔액이 남을 수가 있는데, 총 금액의 1% 미만이나 USD1,000 미만 정도의 소액은 현금으로 지급될 수 있다. 그리고 당사자간에 이에 대한 별도의 약정이 없는 한, 수입상은 수익자 명의의 기탁계정은 약정에 의하여 매입은행, 신용장 발행은행 또는 제3국에 소재하고 있는 환거래은행 중에서 어느 곳이나 계좌를 설치하여 운용할 수 있다.

기탁신용장 기재문구의 예시는 "It is a further condition of this credit that the proceeds of same remain blocked at your bank in a special account in the name of the beneficiary for account of XYZ till fulfillment of irrevocable undertaking of the beneficiary to use the funds of this letter of credit exclusively for the goods mentioned above"(이 신용장의 대금은 위에 언급한 물품에만 사용한다는 수익자의 취소불능의 약정이 이행될 때까지 XYZ의 부담으로 하여 수익자 명의로 발행된 귀행의 특별계정에 이 대금이 예치되어야 하는 것이 이 신용장의 추가조건이다) 등과 같다.

③ 토마스신용장(Tomas Credit)

수출입상 양 당사자간에 서로 같은 금액의 신용장을 발행하는데 있어서 한 쪽은 먼저 신용장을 발행하고 상대방은 동일한 금액을 일정기간이 지난 후에 신용장을 발행하겠다는 보증서를 제출하여야만 상대방에서 내도된 신용장이 유효한 조건의 신용장을 토마스신용장(Tomas Credit)이라고 한다.

동 신용장은 선수출 후수입의 경우를 'Tomas Credit'이라고 하며 선수입 후수출의 경우를 'Reverse Tomas Credit'이라고 한다. 이러한 방식의 신용장은 수출국의 수출상품은 확정되었지만 그 대가로 수입할 상품이 결정되지 않은 경우에 이용된다. 일반적으로 Tomas Credit 상에서 기재되는 문언은 "This credit shall be available upon receipt by us of your secured irrevocable stand by credit for which you would issue and advise to us relative documentary credit in favor of Korean Trading Co., for account of American Trading Co., in the amount of U.S. Dollars 100,000 according to the terms and condition of contract No.1234 dated May 5, 2019 between the said two parties." 등과 같다.

④ 견질신용장(back to back credit)

외국에서 내도한 원수출신용장(Master L/C)을 견질로 동 신용장의 수익자가 자기의 거래은행에 신용장의 발행을 요청하여 실제의 물품공급자를 수익자로 새로운 신용장을 발행하게 되는데 이렇게 새로이 발행된 신용장을 Back to Back Credit라고 한다. 동 신용장의 수익자는 국내에 있을 수도 있고 제3국에 있을 수도 있다.

전자의 경우에는 이를 내국신용장(Local L/C)이라고 부르고, 후자의 경우를 Sub L/C 또는 Baby L/C라고도 부른다. 견질신용장은 오로지 원신용장의 수익자가 자기 책임하에 원신용장을 담보로 수출지 거래은행(견질 신용장의 발행은행)의 동의하에 발행하는 것이므로 제2신용장의 수익자는 원신용장의 발행은행 측과 아무런 관계도 없는 것이다. 다만 동 신용장은 주로 거액의 신용장을 수령한 원신용장의 수익자(견질 신용장의 발행의뢰인)가 국제금융을 이용하고자 할 때에 많이 발행된다. 견질신용장의 발행범위는 원신용장의 범위내로 국한되나 수개의 신용장으로 분할·발행되어도 상관없고 견질신용장의 수익자가 이를 담보로 하여 제3, 제4의 견질신용장을 발행하는 것도 가능하다.

15) Cargo Receipt Credit

원양어선 등이 공해(公海)상에서 포획(捕獲)한 수산물을 직접 해외 거래선에게 인도할 경우에는 성질상 객관적인 위치에 있는 제3자 발행 운송서류를 구할 수 없으므로 선하증권 대신에 거래선으로부터 물품인수증(cargo receipt)이나 확인서 등을 받게 되며, 원양어선 선장으로부터 이러한 서류를 전달받은 본사는 환어음에 동 서류를 첨부하여 거래은행에 제출함으로써 매입의뢰(negotiation)를 하게 된다.

이와 같은 신용장을 Cargo Receipt Credit라고 하며 신용장상에 기재되는 문언은 "Cargo Receipt stating(certifying) that the applicant for the credit(or buyer) has duly received the undermentioned merchandise"라고 기재된다.

16) 내국신용장

(1) 내국신용장의 의의

내국신용장은 수출용 완제품 또는 수출용 원자재의 국내 공급업체에게 대금결제의 확실성을 보장해 주기 위하여 물품구매자를 개설의뢰인으로 하고 공급자를 수혜자로 하여 외국환은행이 발급하는 국내 업자간 지급보증제도를 의미한다.

내국신용장은 융자대상증빙(신용장기준금융) 또는 과거수출실적(실적기준금융)을 보유한 국내 수출업체가 수출물품을 제조·가공하는데 소요되는 수출용 원자재 또는 수출용 완제품을 국내 다른 업체로부터 원활하게 조달하기 위하여 국내 공급 업체를 수혜자로 하여 외국환은행인 발행은행이 지급확약한 국내용 신용장이다.

수출업체는 내국신용장에 의하여 수출용 원자재 또는 완제품을 간편하고 원활하게 조달할 수 있으며, 수혜자가 내국신용장에 의하여 공급한 실적은 융자대상수출실적으로 인정된다. 원 신용장(original credit, Master L/C)의 수익자인 수출업자가 수출상품 생산에 필요한 원료 공급자나 협력업체 앞으로 자기가 받은 신용장을 견질로 하여 자기 거래은행으로 하여금 제2의 신용장을 발행해 주게 하는데, 이와 같은 방법으로 발행된 신용장을 내국신용장이라고 한다.

▮ 그림 7-13 ▮ 내국신용장 개념

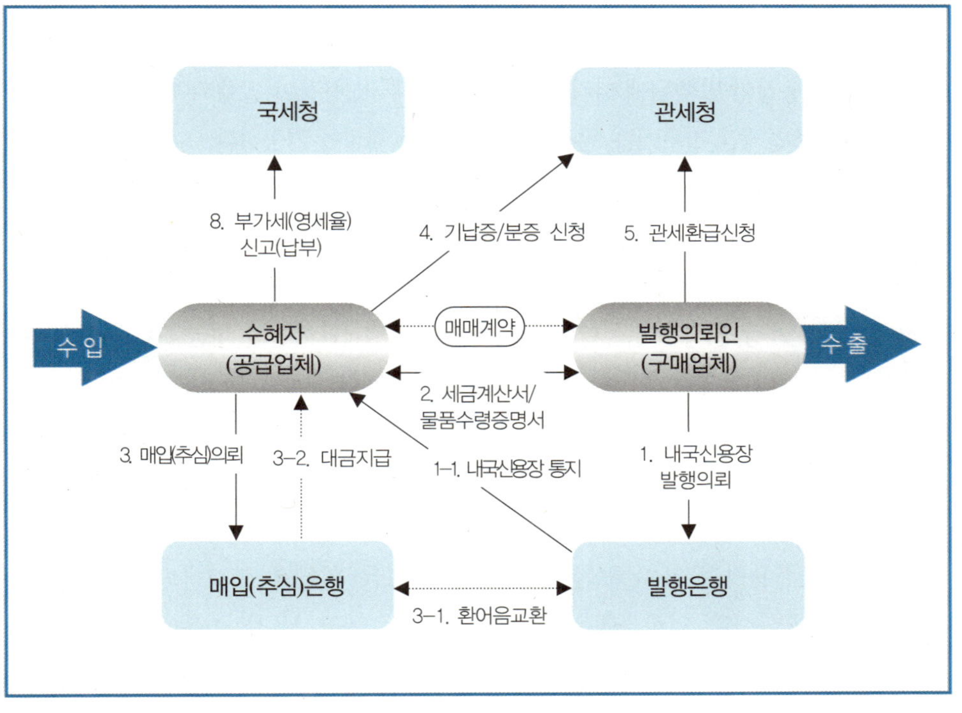

내국신용장은 수출업자로 하여금 수출상품 또는 수출용 원자재를 국내에서 조달할 수 있게 하는 역할을 해주는 동시에 공급업자에 대해서는 대금지급보증 및 수출지원 금융을 융자·지원해 줄뿐만 아니라 무역관리 및 세제면에서 내국신용장에 의한 공급실적을 수출실적으로 인정하여 원 신용장의 경우와 동일한 혜택을 줌으로써 국산원자재의 사용촉진 및 외화가득률 제고 시책으로서 중요한 기능을 갖고 있다. Local Credit는 Domestic Credit, Secondary Credit, Subsidiary Credit 등으로도 불리우고 있다.

우리나라의 내국신용장 제도는 "한국은행 금융중개지원대출관련 무역금융지원 프로그램 운용세칙"에 근거하고 있다. 이 규정에 의하면 내국신용장은 수출신용장뿐만 아니라 D/P·D/A계약서, 외화표시물품공급계약서, 외화표시건설 및 용역공급 계약서 및 과거의 수출실적을 근거로 하여 발급 받을 수도 있고 또한 내국신용장의 수혜자가 공급물품의 제조에 필요한 원자재를 공급받기 위하여 내국신용장을 근거로 제2의 내국신용장(sub-local L/C)도 발행이 가능하다.

현행 내국신용장제도하에서 내국신용장의 주요 특징은 국내 통용신용장으로서 무역금융의 융자대상으로 인정되는 외국환은행의 지급보증서이기 때문에 국제간 통용되는 화환신용장과는 달리 다음과 같은 주요한 특징을 지니고 있다.

첫째, 내국신용장 발행의뢰인은 수출신용장 등을 근거로 수평적으로 복수의 내국신용장을 발행할 수 있을 뿐만 아니라 물품의 제조공정에 따라 수직적으로 차수의 제한 없이 내국신용장의 발행이 가능하다. 즉, 최종 수출자가 무역상사인 경우에는 완제품내국신용장이 발행됨에 따라 그 후 원자재 내국신용장이 발행되며, 최종 수출자가 당해 물품제조업체인 경우에는 원자재 내국신용장 개설이 가능하다.

둘째, 내국신용장은 일반수출입금융의 융자대상이 되는 금융용 내국신용장과 융자대상에서 제외되는 비금융용 내국신용장으로 이원화되어 있다. 내국신용장은 원자재 금융한도 또는 완제품 내국신용장 발행한도 범위 내에서만 발행할 수 있으나 원자재 내국신용장의 경우에는 한도를 초과하여 일정금액까지의 비금융용 내국신용장의 발행을 허용하고 있다. 이는 수출용 원자재의 원활한 조달을 보장하기 위하여 도입·운용하고 있는 제도로서 동 내국신용장에 의한 공급실적은 융자대상수출실적으로 인정되지 아니한다. 그러나 원자재를 공급하는 업체의 입장에서는 은행의 지급보증을 통해 물품대금 회수가 보장되는 이점이 있다.

셋째, 내국신용장의 표시통화는 원화, 외화 또는 원화로 표시하되 발행일 현재 매매기준율을 환산한 외화금액을 부기(附記)하여, 내국신용장 어음매입 시에 부기 외화액에 매입 당시의 매매기준율을 곱한 금액을 수혜자에게 지급하도록 되어 있다.

(2) 내국신용장의 관계당사자

① 발행의뢰인(구매자)

내국신용장의 발행의뢰인은 국내에서 수출용원자재와 수출용완제품을 내국신용장 방식에 따라 구매(또는 임가공 위탁)하고자 하는 업체로서 내국신용장 대금의 지급 의무를 부담하게 된다. 발행의뢰인의 자격은 원칙적으로 무역금융의 융자대상자, 즉, 수출신용장 등을 보유한 자, 자사제품 수출실적 보유자 및 타사 제품 수출실적 보유자에 해당하는 자는 물품공급업자 앞으로 내국신용장을 발행할 수 있다.

② 수혜자(공급자)

당해 내국신용장의 공급대상 물품을 제조·생산(또는 임가공 수탁)하여 발행의뢰인에게 매도하는 업체 또는 유통업자 등이 가능하다.

③ 발행은행(외국환은행)

발행의뢰인의 신청으로 내국신용장을 발행하는 국내 외국환은행으로서 발행의뢰인이 거래하는 은행이며, 발행의뢰인에 대한 무역금융 융자취급은행이다.

④ 매입은행

내국신용장 수혜자가 물품공급을 완료한 후 동 공급대금을 회수할 목적으로 발행한 환어음을 매입 또는 추심의뢰하는 국내 외국환은행이다.

(3) 내국신용장의 전자화

내국신용장 발행/통지 전자화에 이어, 매입추심 관련업무까지 내국신용장 전체 업무가 은행방문 없이 전자무역기반시설(KTNET)을 통해 전자적으로 진행된다.

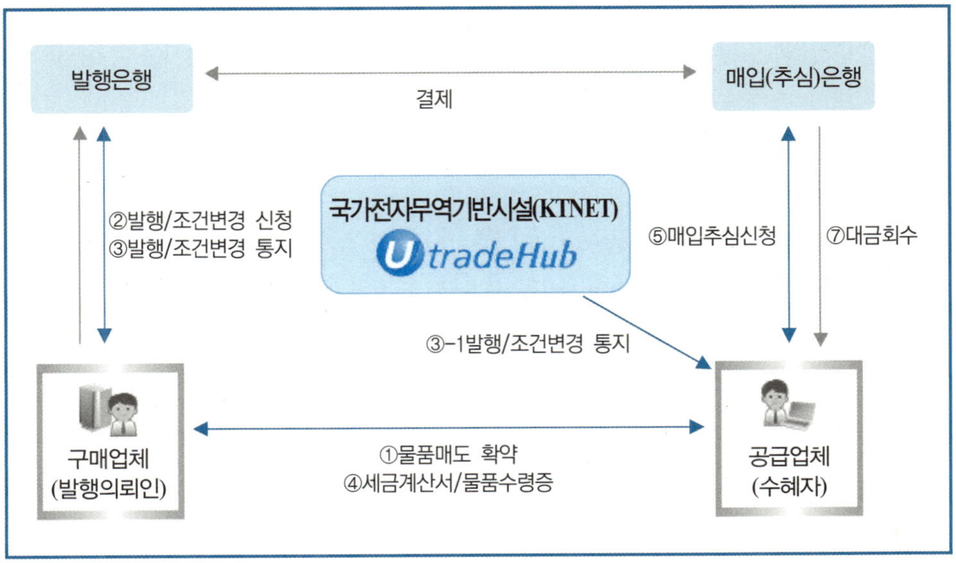

▌그림 7-14▌ 내국신용장의 거래절차

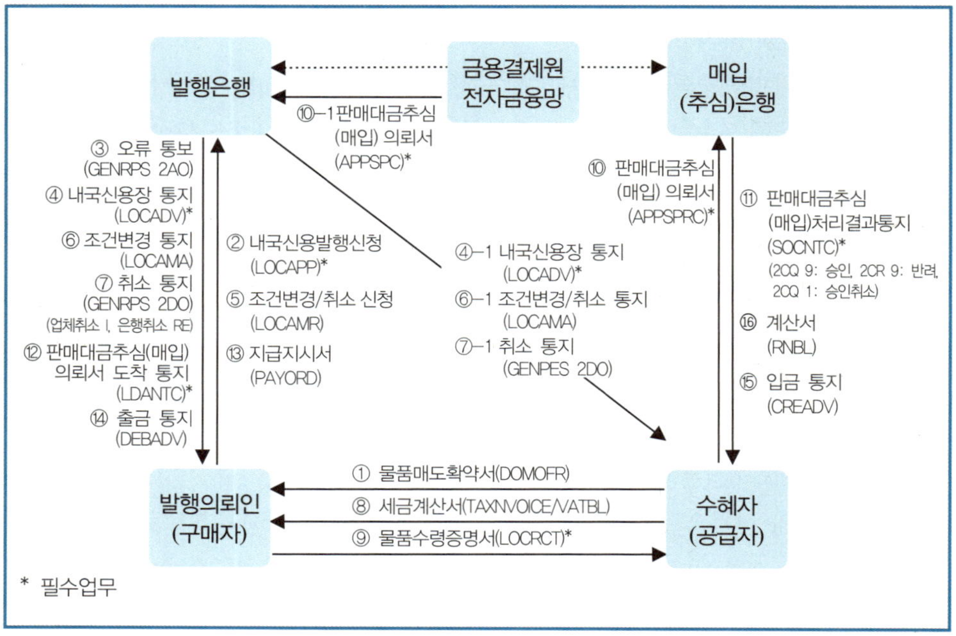

(4) 내국신용장의 조건

① 양도가 불가능한 취소불능신용장일 것

② 표시통화는 다음 각 목의 어느 하나로 하는 것일 것
가. 원화 나. 외화 다. 원화로 하되 개설일 현재 매매기준율로 환산한 외화금액을 부기

③ 내국신용장의 금액은 물품대금 전액으로 하고, 제2호 다목에 의한 내국신용장의 경우 금액은 부기외화금액을 판매대금추심의뢰서의 매입일(추심시는 추심의뢰일) 현재의 매매기준율로 환산한 금액으로 하는 것일 것

④ 물품의 인도기일은 대응수출 또는 물품공급이 원활히 이행되는데 지장이 없도록 책정된 것일 것

⑤ 유효기일은 물품의 인도기일에 최장 10일을 가산한 기일 이내일 것. 다만, 원수출신용장 등을 근거로 하여 개설되는 내국신용장의 유효기일은 대응되는 원수출신용장 등의 선적 또는 인도기일 이전이어야 한다.

⑥ 서류제시기간은 물품수령증명서 발급일로부터 최장 5영업일 범위내에서 책정된 것일 것

⑦ 판매대금추심의뢰서의 형식은 개설의뢰인을 지급인으로 하고, 개설은행을 지급장소로 하며 일람출급식일 것

⑧ 판매대금추심의뢰서의 대금결제방식은 다음 각 목의 어느 하나일 것
 가. 일람불 내국신용장 : 개설의뢰인이 자체자금으로 결제하는 방식
 나. 기한부 내국신용장 : 개설은행이 융자하여 결제하는 방식

⑨ 판매대금추심의뢰서의 발행조건은 원수출신용장 매입조건부 결제 등 수혜자에게 불리한 조건이 아닐 것. 다만, 선박 또는 「대외무역법」에서 정하는 산업설비의 수출을 위하여 개설되는 완제품내국신용장의 경우에는 원수출신용장 등의 대금결제조건에 따른 제조공정별 분할지급조건으로 할 수 있다.

⑩ 제1호부터 제9호까지의 사항 외의 조건에 관하여는 국제상공회의소(ICC)제정 「화환신용장에 관한 통일규칙 및 관례」를 준용한다는 문언이 기재된 것일 것

▮ 그림 7-15 ▮ 내국신용장의 업무처리 절차

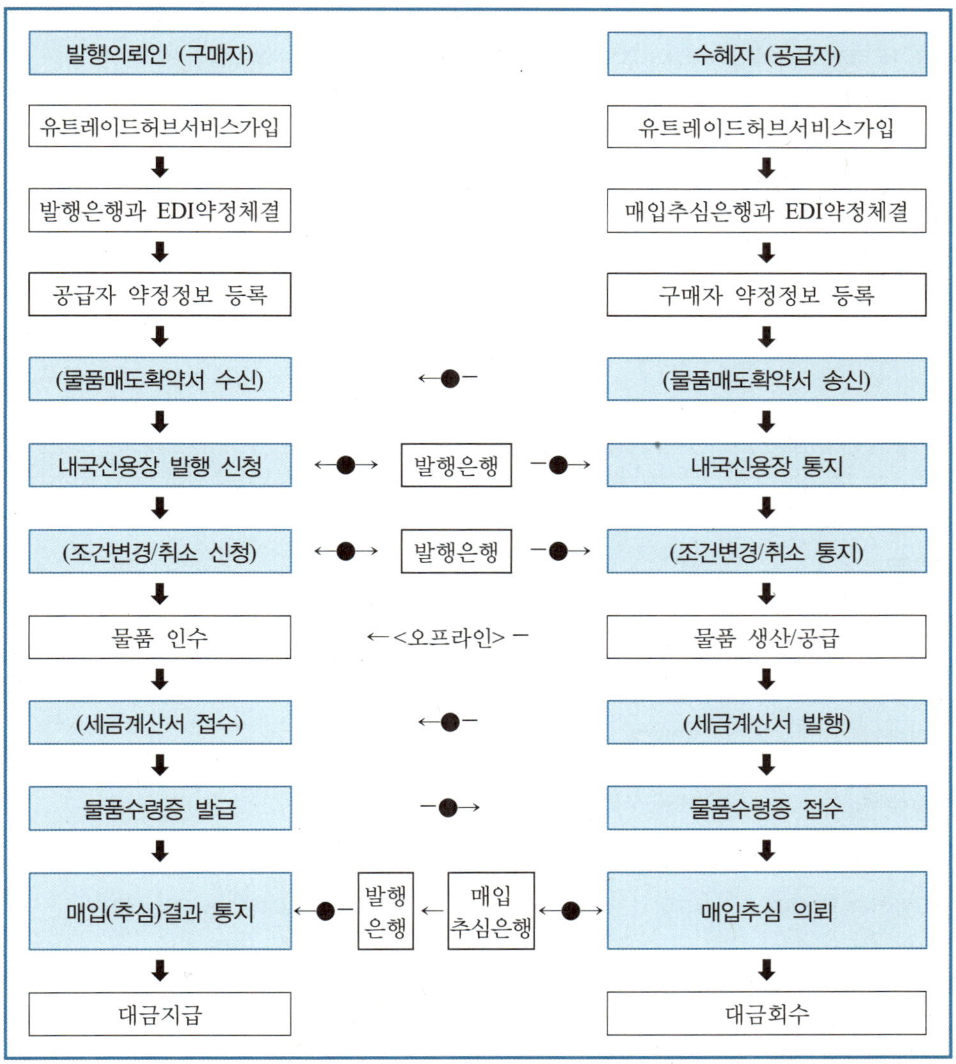

〈서식 7-2〉 Firm Offer

DONG-A OTSUKA CO., LTD.
450-1, SEOCKSU-DONG, ANYANG CITY,
KYEONKI-PROVINCE, KOREA C.P.O BOX NO.0038
TEL : 031-778-2754-5, FAX. : 031-778-2758

OFFER SHEET

OFFER NO. : DAF-600811　　　　DATE : AUGUST. 11, 2019

Messrs. DONG-A PHARM. CO., LTD.
Seoul, Korea

WE HEREBY OFFER YOU AS FOLLOWED CONDITIONS AND TERMS.

H.S. NO.	Description	Quantity	Unit Price	Amount
220210-9000	POCARI CAN 245ML (ORDER NO. WS019)	111,000CANS	@J¥25.75	J¥2,858,250.-
	POCARI CAN 345ML (ORDER NO. WS019)	39,600CANS	@J¥31.83	J¥1,260,468.-
		150,600CANS		J¥4,118,718.-

z/z/z/z/z/z/z/z/z/z/z/z/z/z/z/z/z/z/z/z/z/z/z/z/z/z/z/z/z/z/z/z/z/z/z/z/z/z/z/z/z/z/z/z/z/z/z/z/z/z/z/z/z/z/z/z/z/

Origin : Korea
Time of Shipment : Within 10 Days after Receipt of your LOCAL L/C
Payment : By an irrevocable at sight LOCAL L/C to be opened in favour of DONG-A OTSUKA CO., LTD. 450-1, Seoksu-Dong, Anyang-City, Kyeongki-Do, Korea
Validity : September. 20, 2019
Remarks : Standard Export Packing
Accepted : DONG-A PHARMACEUTICAL CO., LTD.

DONG-A PHARM. CO., LTD.　　　　DONG-A OTSUKA CO., LTD.
J. B. Son　　　　*m. y. Hong.*
Trade Manager　　　　*Director, Trading Department*

<별지 제4-3호 서식>

〈서식 7-2-1〉 취소불능내국신용장

취소불능 내국신용장

전자문서 번호 : LOCAPPJW1005511-12161230341 　　　　통지일자 : 2019-12-31

--------------- < 개 설 내 역 > ---------------

개설은행	:	12AM 하나은행 약수동
개설일자	:	2019-12-31
신용장번호	:	L12AM751600040
개설의뢰인	:	DONG-A PHARM. CO., LTD.
(상호, 주소, 대표자, 전화번호, 사업자등록번호)	:	손 정 빈
	:	2010432291
	:	서울 중구 장충동 1가 38-16
수혜자	:	DONG-A OTSUKA CO., LTD.
(상호, 주소, 대표자, 전화번호, 사업자등록번호)	:	황 호 진
	:	1358102429
신용장 종류	:	외화표시 내국신용장
개설외화금액	:	J￥4,118,718.-
개설원화금액	:	
허용오차	:	(+) / (-) (%)
매매기준율	:	0.00
물품매도확약서 번호	:	
물품인도기일	:	2019-12-31
유효기일	:	2020-01-09
제출서류	:	물품수령증명서 1통
	:	공급자발행 세금계산서 사본 1통
	:	공급자발행 물품매도확약서 사본 0통
	:	본 내국신용장 사본 1통
기타 구비서류	:	

당행은 귀하(사)가 위 금액의 범위에서 상기의 서류를 첨부하여 물품대금 전액의 일람출급식 판매대금추심의뢰서를 발행할 수 있는 취소불능내국신용장을 개설합니다. 당행은 이 신용장에 의하여 발행된 판매대금추심의뢰서가 당행에 제시된 때에는 이를 이의없이 지급할 것을 판매대금추심의뢰서의 발행인에게 확약합니다.

대표공급물품명 : POCARI CAN 　　(HS부호 : 2202109000)
분할인도 허용여부 : 허용
서류제시기간 : 물품수령증명서 발급일로부터 5 영업일 이내
개설근거별 용도 : 완제품
기타 : •개설 수수료 : 24,044

--------------- < 원수출신용장 등 내역 > ---------------

개설근거서류 종류 :
신용장(계약서) 번호 :

--------------- < 발신기관 전자서명 > ---------------

발신기관 전자서명 :

1. 이 전자문서는 「전자무역 촉진에 관한 법률」에 따라 발행된 내국신용장으로서 이 문서를 전송받은 개설의뢰인 또는 수혜자는 같은 법률 시행규정 제12조 제3항의 별표4에 따라 신용장 여백에 정당발급 문서임을 표시하는 적색 고무인을 날인하여야 합니다.
2. 이 신용장에 관한 사항은 다른 특별한 규정이 없는 한 국제상공회의소 제정 화환신용장 통일규칙 및 관례에 따릅니다.

<별지 제4-1호 서식>

〈서식 7-2-2〉 판매대금추심의뢰서

판매대금추심의뢰서

(내국신용장용)

전자문서번호 : DONGAOTSUKA-4212160010400736 신청일자 : 2020-01-04

아래와 같이 귀 행에 판매대금의 추심을 의뢰합니다.

---< 신 청 내 용 >---

추심은행 : 신한은행 학동지점

추심금액 : J￥4,118.718.00

원화환산금액 :

적용환율 :

추심관련 서류	전자문서번호	발급은행	발급번호	발급일
- 내국신용장	LOCAPPJW1005511-12161230134	하나은행	L12AM171200040	2019-12-31
- 물품수령증명서	LOCRCTJW1005511-15163001166	하나은행	LOCRCTJW1005511-17123001166	2019-12-31
- 세금계산서	20171231100000000077350479		--	2019-12-31

--<추심대금 지급관련>--

지급받을 은행명 : 신한은행

계좌번호 :

금액 : J￥4,118.718.00

예금주 :

* 해당사항이 있는 경우만 기재

---< 신 청 인 >---

신청인 : 동아오츠카주식회사

주소 : 경기도 안양시 석수동 450-1

전자서명 : 1358102429

이 전자문서는 「전자무역 촉진에 관한 법률」 제2조 제4호 및 동법 시행령 제12조에 의거 발행된 전자문서입니다.

<별지 제4-2호 서식>

〈서식 7-2-3〉 내국신용장 물품수령증명서(전자문서교환방식)

내국신용장 물품수령증명서

전자문서 번호	:	LOCRCTJW1005511-15123001166	통지일자	:	2019-12-31
발급번호	:	LOCRCTJW1005511-17123001166	인수일자	:	2019-12-31
발급일자	:	2019-12-31	인수금액	:	(외화금액) J￥4,118,718.00
공 급 자	:	동아오츠카(주)			

-- <인수물품 내역> --

대표공급물품의 HS부호 : 2202109000

물품/규격	수량	단가	금액
POCARI CAN 245ML(ORDER NO. WS019)	111,000CANS	J￥	J￥2,858,250.-
POCARI CAN 345ML(ORDER NO. WS019)	9,600CANS	J￥	J￥1,260,468.-
TOTAL			J￥4,118,718.00

-- < 관련 내국신용장 내역 > --

개설은행	:	하나은행 약수동	인도기일	:	2019-12-31
개설은행 전자서명	:		유효기일	:	2020-01-09
신용장 번호	:	L12AM171200040	참조사항	:	
신용장 금액	:	(외화금액) J￥4,118,718.00 (원하금액)			

-- < 물 품 수 령 인 > --

기 관 명	:	동아제약(주)
대표자명	:	손 정 빈
전자서명	:	2621187120

-- < 세금계산서 내역 > --

승인번호	:		작성일	:	
공급가액	:		세 액	:	

-- < 세칙 16조제2항 동의사항 > --

기타조건

* 동내용은 나머지 관계당사자(수혜자 및 개설은행) 전원동의 시에만 유효함

* 유의사항

1. 이 물품수령증명서는 관련세금계산서 건별로 발급하여야 함
   다만, 내국신용장 조건에 따라 수출용원자재 또는 완제품을 분할 공급받는 경우에는 매 반월 또는 월을 단위로 하는 경우에 한정하여 동 기간 중 분할공급 시마다 교부된 세금계산서상의 공급가액을 일괄하여 물품수령증명서를 발급할 수 있음
2. 이 물품수령증명서는 공급자의 세금계산서 발행일로부터 10일 이내에 발급하여야 함
   다만 중소기업이 대기업으로부터 물품을 인수하는 경우에는 예외로 함
3. 이 물품수령증명서의 물품명세는 관련내국신용장상의 대표물품명세와 일치하여야 함
   다만, 일치 여부 확인은 HS부호를 기준으로 함
4. 이 물품수령증명서의 물품 인수일자는 관련 세금계산서상의 공급일자를 모두 기재하여야 함

이 전자문서는 「전자무역촉진에 관한 법률」에 따라 발행된 전자문서교환방식 물품수령증명서로서 이 문서를 전송받은 수혜자는 같은 법률 시행규정 제12조 제3항의 별표4에 따라 물품수령증명서 여백에 정당발급문서임을 표시하는 적색 고무인을 날인하여야 합니다.

〈서식 7-3〉 NEGOTIATION CREDIT

MT 700 ISSUE OF A DOCUMENTARY CREDIT
From : BANK OF AMERICA, NEW YORK
To : KOREA EXCHANGE BANK, SEOUL, KOREA

:27	sequence of total : 1/1
:40A	form of documentary credit : IRREVOCABLE
:20	documentary credit number : 1181S446520
:31C	date of issue : 21 DECEMBER 2017
:31D	date and place of expiry : 15 MARCH 2019 KOREA
:50	applicant : AMERICA INTERNATIONAL INC. 310 FIFTH AVE, NEW YORK, NY10118, U.S.A.
:59	beneficiary : KANGNAM TRADING CO., LTD. 275, YANGJAE-DONG, SEOCHO-GU, SEOUL 137-130, KOREA
:32B	currency code amount : USD340,100.00
:39A	pct credit amount tolerance : 0/0
:41D	available with by name, address : ANY BANK BY NEGOTIATION
:42C	drafts at : SIGHT IN DUPLICATE INDICATING THIS L/C NUMBER
:42A	drawee : BANK OF AMERICA, NEW YORK, NY 10015, U.S.A.
:43P	partial shipment : ALLOWED
:43T	transshipment : NOT ALLOWED
:44A	loading on board/dispatch/taking in charge : BUSAN, KOREA
:44B	for transportation to : NEW YORK, U.S.A.
:44C	latest date of shipment : 28 FEBRUARY 2019
:45A	description of goods and/or services and/or performance 4000 PCS OF MEN'S SPLIT LEATHER JACKETS OTHER DETAILS AS PER SALES NOTE NO. 10016 DATED JUNE 5, 2018 CIF NEW YORK Incoterms® 2010
:46A	documents required +SIGNED COMMERCIAL INVOICE IN TRIPLICATE +PACKING LIST IN TRIPLICATE +FULL SET OF CLEAN ON BOARD OCEAN BILL OF LANDING MADE OUT TO THE ORDER OF BANK OF AMERICA MARKED FREIGHT PREPAID AND NOTIFY ACCOUNTEE +MARINE INSURANCE POLICIES AND CERTIFICATES IN DUPLICATE ENDORSED IN BLANK FOR 110PCT OF INVOICE VALUE. INSURANCE POLICES OR CERTIFICATES MUST EXPRESSLY STIPULATE THAT CLAIMS ARE PAYABLE IN THE CURRENCY OF THE DRAFTS AND MUST ALSO INDICATE A CLAIM SETTLING AGENT IN NEW YORK. INSURANCE MUST INCLUDE INSTITUTE CARGO CLAUSES(B) +CERTIFICATE OF ORIGIN IN DUPLICATE
:47A	additional conditions ALL DOCUMENTS MUST BEAR OUR CREDIT NUMBER T/T REIMBURSEMENT NOT ALLOWED
:48	period for presentation : DOCUMENTS MUST BE PRESENTED WITHIN 3 DAYS AFTER THE DATE OF BILL OF LADING BUT WITHIN THE CREDIT VALIDITY
:71B	charges: ALL BANKING COMMISSIONS AND CHARGES INCLUDING REIMBURSEMENT CHARGES OUTSIDE U.S.A. ARE FOR ACCOUNT OF BENEFICIARY
:49	confirmation instructions : WITHOUT
:53A	reimbursement bank : BANK OF KOREA, NEW YORK, NY 10015, U.S.A.
:78	instructions to the paying/accepting/negotiating bank DRAFTS MUST BE SENT TO DRAWEE BANK FOR YOUR REIMBURSEMENT AND ALL DOCUMENTS TO US BY COURIER SERVICE IN ONE LOT
:72	sender to receiver information: THIS CREDIT IS SUBJECT TO UCP(2007 REVISION) ICC PUBLICATION NO. 600

〈서식 7-4〉 PAYMENT CREDIT

MT 700 ISSUE OF A DOCUMENTARY CREDIT
From : BANK OF AMERICA, NEW YORK
To : KOREA EXCHANGE BANK, SEOUL, KOREA

:27	sequence of total : 1/1
:40A	form of documentary credit : IRREVOCABLE
:20	documentary credit number : CDI 111549
:31C	date of issue : 8 JANUARY 2019
:31D	date and place of expiry : 26 FEBRUARY 2019 KOREA
:50	applicant : KENNY INTERNATIONAL INC. 310 FIFTH AVE, NEW YORK, NY10118, U.S.A.
:59	beneficiary : KANGNAM TRADING CO., LTD. 275, YANGJAE-DONG, SEOCHO-GU, SEOUL 137-130, KOREA
:32B	currency code amount : USD100,000
:39A	pct credit amount tolerance : 0/0
:41D	available with by name, address : ADVISING BANK BY PAYMENT
:42C	drafts at : SIGHT
:43P	partial shipment : ALLOWED
:43T	transshipment : NOT ALLOWED
:44A	loading on board/dispatch/taking in charge : BUSAN, KOREA
:44B	for transportation to : NEW YORK, U.S.A.
:44C	latest date of shipment : 21 FEBRUARY 2019
:45A	description of goods and/or services and/or performance 4000 PCS OF MEN'S SPLIT LEATHER JACKETS OTHER DETAILS AS PER SALES NOTE NO. 10016 DATED JUNE 5, 2018 CIF NEW YORK Incoterms® 2010
:46A	documents required +SIGNED COMMERCIAL INVOICE IN TRIPLICATE +PACKING LIST IN TRIPLICATE +FULL SET OF CLEAN ON BOARD OCEAN BILL OF LANDING MADE OUT TO THE ORDER OF BANK OF AMERICA MARKED FREIGHT PREPAID AND NOTIFY ACCOUNTEE +MARINE INSURANCE POLICIES AND CERTIFICATES IN DUPLICATE ENDORSED IN BLANK FOR 110PCT OF INVOICE VALUE. INSURANCE POLICES OR CERTIFICATES MUST EXPRESSLY STIPULATE THAT CLAIMS ARE PAYABLE IN THE CURRENCY OF THE DRAFTS AND MUST ALSO INDICATE A CLAIM SETTLING AGENT IN NEW YORK. INSURANCE MUST INCLUDE INSTITUTE CARGO CLAUSES(B) +CERTIFICATE OF ORIGIN IN DUPLICATE
:47A	additional conditions ALL DOCUMENTS MUST BEAR OUR CREDIT NUMBER T/T REIMBURSEMENT NOT ALLOWED
:48	period for presentation : DOCUMENTS MUST BE PRESENTED WITHIN 3 DAYS AFTER THE DATE OF BILL OF LADING BUT WITHIN THE CREDIT VALIDITY
:71B	charges : ALL BANKING COMMISSIONS AND CHARGES OUTSIDE U.S.A. ARE FOR ACCOUNT OF BENEFICIARY
:49	confirmation instructions : WITHOUT
:78	instructions to the paying/accepting/negotiating bank NEGOTIATIONS UNDER THIS LETTER OF CREDIT ARE RESTRICTED TO ADVISING BANK SEOUL KOREA. PAYMENT WILL BE DULY MADE AGAINST DOCUMENTS PRESENTED IN CONIRMITY OF THE TERMS OF CREDIT AND ALL DOCUMENTS TO US BY COURIER SERVICE IN ONE LOT
:72	sender to receiver information : THIS CREDIT IS SUBJECT TO UCP(2007 REVISION) ICC PUBLICATION NO. 600

〈서식 7-5〉 ACCEPTANCE CREDIT

MT 700 ISSUE OF A DOCUMENTARY CREDIT
From : BANK OF AMERICA, NEW YORK
To : KOREA EXCHANGE BANK, SEOUL, KOREA

:27	sequence of total : 1/1
:40A	form of documentary credit : IRREVOCABLE
:20	documentary credit number : D-90-W-02645
:31C	date of issue : 24 JULY 2019
:31D	date and place of expiry : 10 SEPTEMBER 2019 KOREA
:50	applicant : J & S INTERNATIONAL INC. 3921 100TH STREET SW, LAKEWOOD, WA 98455, U.S.A.
:59	beneficiary : KANGNAM TRADING CO., LTD. 275, YANGJAE-DONG, SEOCHO-GU, SEOUL 137-130, KOREA
:32B	currency code amount : USD377,940.00
:39A	pct credit amount tolerance : 0/0
:41D	available with by name, address : ADVISING BANK BY ACCEPTANCE
:42C	drafts at : 30 DAYS AFTER SIGHT
:42A	drawee : BANK OF AMERICA, NEW YORK, NY10015, U.S.A.
:43P	partial shipment : ALLOWED
:43T	transshipment : NOT ALLOWED
:44A	loading on board/dispatch/taking in charge : BUSAN, KOREA
:44B	for transportation to : NEW YORK, U.S.A.
:44C	latest date of shipment : 31 AUGUST 2018
:45A	description of goods and/or services and/or performance 4000 PCS OF MEN'S SPLIT LEATHER JACKETS OTHER DETAILS AS PER SALES NOTE NO. 10018 DATED JUNE 5, 2018 CIF NEW YORK Incoterms® 2010
:46A	documents required +SIGNED COMMERCIAL INVOICE IN TRIPLICATE +PACKING LIST IN TRIPLICATE +FULL SET OF CLEAN ON BOARD OCEAN BILL OF LANDING MADE OUT TO THE ORDER OF BANK OF AMERICA MARKED FREIGHT PREPAID AND NOTIFY ACCOUNTEE +MARINE INSURANCE POLICIES AND CERTIFICATES IN DUPLICATE ENDORSED IN BLANK FOR 110PCT OF INVOICE VALUE. INSURANCE POLICES OR CERTIFICATES MUST EXPRESSLY STIPULATE THAT CLAIMS ARE PAYABLE IN THE CURRENCY OF THE DRAFTS AND MUST ALSO INDICATE A CLAIM SETTLING AGENT IN NEW YORK. INSURANCE MUST INCLUDE INSTITUTE CARGO CLAUSES(B) +CERTIFICATE OF ORIGIN IN DUPLICATE
:47A	additional conditions ALL DOCUMENTS MUST BEAR OUR CREDIT NUMBER T/T REIMBURSEMENT NOT ALLOWED
:48	period for presentation : DOCUMENTS MUST BE PRESENTED WITHIN 3 DAYS AFTER THE DATE OF BILL OF LADING BUT WITHIN THE CREDIT VALIDITY
:71B	charges : ALL BANKING COMMISSIONS AND CHARGES INCLUDING REIMBURSEMENT CHARGES OUTSIDE U.S.A. ARE FOR ACCOUNT OF BENEFICIARY
:49	confirmation instructions : WITHOUT
:53A	reimbursement bank : BANK OF KOREA, NEW YORK, NY10015, U.S.A.
:78	instructions to the paying/accepting/negotiating bank DRAFTS MUST BE SENT TO DRAWEE BANK FOR YOUR REIMBURSEMENT AND ALL DOCUMENTS TO US BY COURIER SERVICE IN ONE LOT
:72	sender to receiver information : THIS CREDIT IS SUBJECT TO UCP(2007 REVISION) ICC PUBLICATION NO. 600

〈서식 7-6〉 ACCEPTANCE CREDIT

```
MT 700 ISSUE OF A DOCUMENTARY CREDIT
From : BANK OF AMERICA, NEW YORK
  To : KOREA EXCHANGE BANK, SEOUL, KOREA
:27      sequence of total : 1/1
:40A     form of documentary credit : IRREVOCABLE
:20      documentary credit number : 7EBYT14LC0042C
:31C     date of issue : 2019-02-19
:31D     date and place of expiry : 2019-03-16 KOREA
:50      applicant : PING YANTAI INTERNATIONAL TRADE CO.
                     TEL : 0535-6235542.
:59      beneficiary : HYOSUNG CORPORATION.
                       HYOSUNG BLDG. 21, SEOSOMUN-DONG, CHUNG-GU,
                       SEOUL, KOREA
:32B     currency code amount : USD62,880.00
:39A     pct credit amount tolerance : 0/0
:41D     available with by name, address : ANY BANK
                                           BY ACCEPTANCE
:42C     drafts at : 89 DAYS FROM B/L DATE FOR FULL INVOICE VALUE
:42A     drawee : EVERCNBJYTT1
:43P     partial shipment  : NOT ALLOWED
:43T     transshipment : NOT ALLOWED
:44A     loading on board/dispatch/taking in charge : KOREAN MAIN PORT
:44B     for transportation to : QINDAO, CHINA.
:44C     latest date of shipment : 2019-03-01
:45A     description of goods and/or services and/or performance
         COMMODITY : 96MT OF PE E308 AT USD655.00/MT CFR QINDAO
                   PACKING : 25KG IN NET EXPORT STANDARD PACKAGE
:46A     documents required
         +SIGNED COMMERCIAL INVOICE IN 3 COPIES INDICATING L/C NO & CONTRACT NO.
         +FULL SET OF CLEAN ON BOARD OCEAN BILL OF LANDING MADE OUT TO THE
          ORDER AND BLANK ENDORSED MARKED FREIGHT PREPAID AND NOTIFY
          SINOTRANS SGAGDONG BRANCH
         +PACKING LIST/WEIGHT MEMO IN 3 COPIES SHOWING QUANTITY/GROSS AND
          NET WEIGHT FOR EACH PACKAGE AND PACKING CONDITIONS.
         +CERTIFICATE OF QUALITY IN 3 COPIES ISSUED BY MANUFACTURER INDICATING
          THE DETAILED AND DEFINITE INSPECTION RESULT.
         +CERTIFICATE OF QUANTITY/WEIGHT IN 3 COPIES ISSUED BY MANUFACTURER
          INDICATING THE ACTUAL SURVEYED QUANTITY/WEIGHT OF SHIPPED GOODS
          AS WELL AS THE PACKING CONDITION.
:47A     additional conditions
         +T/T REIMBURSEMENT NOT ALLOWED
:48      period for presentation : DOCUMENTS MUST BE PRESENTED WITHIN 10 DAYS
          AFTER THE DATE OF BILL OF LADING BUT WITHIN THE CREDIT VALIDITY
:71B     charges :
         +ALL BANKING COMMISSIONS AND CHARGES INCLUDING REIMBURSEMENT CHARGES
          OUTSIDE ISSUING BANK ARE FOR OF BENEFICIARY' ACCOUNT
         +A FEE OF USD60.00 WILL BE DEDUCTED FOR PRESENTING DOCUMENTS WITH
          DISCREPANCIES.
:49      confirmation instructions : WITHOUT
:78      instructions to the paying/accepting/negotiating bank :
         +DRAFTS AND DOCUMENTS TO BE FORWARDED IN ONE COVER DIRECTLY TO US,
          ADD : NO.82 NANDA STREET YANTAI CHINA 26400
         +WE HEREBY UNDERTAKE THAT ALL DRAFTS DRAWN UNDER AND IN COMPLIANCE
          WITH THE TERMS AND CONDITIONS OF THIS CREDIT WILL BE HONORED ON
          PRESENTATION AT OUR BANK
:72      sender to receiver information : THIS CREDIT IS SUBJECT TO UCP(2007 REVISION)
                                          ICC PUBLICATION NO. 600
                                          KOREA EXCHANGE BANK, YATAP STATION BRANCH
```

〈서식 7-7〉 CONFIRMED CREDIT

METROBANK

METROPOLITAN BANK AND TRUST COMPANY
2ND FLOOR INTERNATIONAL INSURANCE BLDG 120,
5-KA, NAMDAEMUN-RO, CHUNG-KU SEOUL, KOREA
TEL : 779-2751 FAX : 779-2750

DATE : July 2, 2019

TO : Little Toys Co., Ltd Seoul, Korea

RE : LETTER OF CREDIT NO : DC 971533

OPENED BY	Metropolitan Bank and Trust Company Down Town Center
AMOUNT :	US$ 26,640. -
OUR ADVICE NO :	AC201 - 807 - 00139

We wish to advise Letter of Credit received from our correspondent We have been requested to add our confirmation to the attached letter of Credit. Should you desire to avail of our confirmation, please call our advising section. Please be informed that negotiation under the Credit is restricted to Metrobank, Seoul,

Very truly yours,

____

Authorized Signature

METROPOLITAN BANK AND TRUST COMPANY SEOUL KOREA
VERIFIED PERCS MESSAGE PROOFLIST

Page NO 1

printed		MBTCPHMMX016-METROBANK DOWNTOWN CENTER
Test		MBTCKRSEXXXX-METROBANK SEOUL
No	:	July 3, 2019
Amount	:	USD26,640
Tested	:	18/02/05
Tested	:	MTOOO

:INF : NARRATIVE MESSAGE
TO : METROBANK - SEOUL BRANCH
FM : METROPOLITAN BANK AND TRUST CO. - D. CO., PHILIPPINES
TEST NO : ON USD26,640.00 DATED JULY 2, 2019
PLS ADVISE LITTLE TOYS CO. LTD. NR 622 20, JANGHANG-DONG KOYANG CITY KYONGGI-DO ILSAN-GU S. KOREA TEL : 82-344-905-0057-8 THAT WE HEREBY ISSUE OUR IRREVOCABLE DOCUMENTARY CREDIT NO. DC 971533 DATED JULY 2, 2019
PLEASE ADVISE BENEFICIARY URGENTLY AFTER ADDING YOUR CONFIRMATION.
DATE AND PLACE OF EXPIRY : SEPTEMBER 1, 2019 SOUTH KOREA
APPLICANT : GROCER'S CHOICE FOODS CORP. RM 115 LINKETKAI B/D., ORTIGAS AVE.
GREENHILLS, SAN JUAN M. MANILA, PHILIPPINES.
AMOUNT : USD26,640.00 (U.S. DOLLARS TWENTY SIX THOUSAND SIX HUNDRED FORTY ONLY)
CREDIT AVAILABLE WITH METROBANK - SEOUL BRANCH BY PAYMENT AGAINST PRESENTATION OF THE DOCUMENTS DETAILED HEREIN AND OF BENEFICIARY'S DRAFT(S) AT SIGHT DRAWN ON OURSELVES FOR FULL INVOICE VALUE
DOCUMENT (S) REQUIRED :
-SIGNED COMMERCIAL INVOICE IN 3 COPIES
-PACKING LIST IN 3 COPIES
-FULL SET MARKED ORIGINAL (S) CLEAN ON BOARD OCEAN BILLS OF LADING PLUS 2 NON-NEGOTIABLE COPIES MARKED 'FREIGHT PREPAID'MADE OUT TO THE ORDER OF METROPOLITAN BANK AND TRUST COMPANY OR TO ORDER BLANK ENDORSED AND NOTIFY APPLICANT
-BENEFICIARY'S CERTIFICATE THAT ONE FULL SET OF NON-NEGOTIABLE COPIES OF SHIPPING DOCUMENTS HAVE BEEN SENT DIRECTLY TO BUYER VIA COURIER.
INSURANCE WILL BE COVERED BY THE BUYER.

Page No. 2

COVERING SHIPMENT OF
700 SETS TOYS VENDING MACHINE ITEM NO. LT-1000
180 SETS TOYS VENDING MACHINE ITEM NO. LT-2000
50,000 PCS. BIG CAPSULE TOYS ITEM NO. LT-700
200,000 PCS. SMALL CAPSULE TOYS ITEM NO. LT-300
350 SETS STAND ITEM NO. LT-500
900 PCS. CATALOGUE ITEM NO. LT-001 894.29-09/745. 95-09
AS PER PROFORMA INVOICE NO. LT/PI/0626-1/01 DTD 05-26-2019.
CFR MANILA PHILIPPINES
PARTIAL SHIPMENTS PROHIBITED
TRANSHIPMENT PROHIBITED
SHIPMENT LATEST SEPTEMBER 1, 2018 FROM SOUTH KOREA PORT TO SOUTH PORT, MANILA PHILIPPINES.
ALL CORRESPONDENT BANK CHARGES INCLUDING REIMBURSEMENT AND CONF. FEES ARE FOR THE ACCOUNT OF BENEFICIARY.
SPECIAL INSTRUCTION(S) :
+ PACKING : STANDARD EXPORT CARTON
+ BENEFICIARY'S FAX NO : 82-344-906-0069

ALL COPIES OF SHIPPING DOCUMENTS SUCH AS BUT NOT LIMITED TO BILL OF LADING MUST LEGIBLY CONTAIN THE L/C NUMBER PERTAINING TO THE SHIPMENT.

ALL DOCUMENTS ISSUED PRIOR TO THE DATE OF ISSUE OF THIS LETTER OF CREDIT ARE NOT ACCEPTABLE.

IN VIEW OF EXISTING REGULATIONS NEGOTIATIONS OR PAYMENT ON ACCOUNT OF EXPIRED/ LATE SHIPMENT/SUBSTITUTION OF SHIPMENT NOT ALLOWED.

GOODS ARE SUBJECT TO THE PRESGRIBED SGS PRE-SHIPMENT INSPECTION, IN WHICH CASE, BENEFICIARY'S CERTIFICATE TO THIS EFFECT IS REQUIRED.

REIMBURSEMENT INSTRUCTION(S) :

THE NEGOTIATING BANK IS AUTHORIZED TO DRAW ON OUR ACCOUNT WITH METROPOLITAN BANK AND TRUST COMPANY-SEOUL BRANCH 2ND FLOOR INTERNATIONAL INSURANCE BUILDING, 120, 5-KA, NAMDAEMUN-RO, CHUNG-KU, SEOUL, 100-704, KOREA.
TEL NO. (82-2)779-2751 / (82-2)779-2752 FAX NO.(82-2)779-2750

INSTRUCTIONS TO NEGOTIATING BANK :

NEGOTIATING BANK'S CERTIFICATION IN DUPLICATE THAT ALL DOCUMENTS ARE DISPATCHED TO METROPOLITAN BANK AND TRUST COMPANY DOWNTOWN CENTER, 3RD FLOOR TYTANA PLAZA, PLAZA LORENZO RUIZ, BINONDO, MANILA, PHILIPPINES IN TWO LOTS BY DHL OR OTHER COURIER OF THE CREDIT HAVE BEEN COMPLIED WITH. IN CASE OF DISCREPANCY(IES) PLEASE DEDUCT THE DISCREPANCY FEE OF USD50,00. REIMBURSEMENTS UNDER THIS CREDIT ARE SUBJECT TO URR 525.

WE HEREBY ENGAGE WITH DRAWERS AND/OR BONA FIDE HOLDERS THAT DRAFT(S) DRAWN AND NEGOTIATED IN CONFORMITY WITH THE TERMS AND CONDITIONS OF THIS CREDIT WILL BE DULY HONOURED ON PRESENTATION.

THIS TLX CONSTITUTES AN OPERATIVE INSTRUMENT SUBJECT TO THE UNIFORM CUSTOMS AND PRACTICE FOR DOCUMENTARY CREDIT 2007 REVISION INTERNATIONAL CHAMBER OF COMMERCE, PUBLICATION NO.600 AND ENGAGES US IN ACCORDANCE WITH THE TERMS THEREOF, AND ESPECIALLY IN ACCORDANCE WITH THE TERMS OF ARTICLE 10 THEREOF.

NO MAIL CONFIRMATION TO FOLLOW (STOP)

END OF TESTED MESSAGE

Filename : P0160096
Processed By : EUN_A

〈서식 7-8〉 STAND BY CREDIT

KOREA EXCHANGE BANK

HEAD OFFICE : 181, 2-KA ULCHI-RO, CHUNG-KU, SEOUL, 100-793, KOREA
(CPO BOX2924, CABLE : KOEXBANK, TLX NO : 23141-5)

ADVISING DEPT/BRANCH : KANGNAM　　DATE OF ADVICE : MAR 15 2018

<table>
<tr><td rowspan="3">ADVICE OF
ISSUE OF A STAND BY L/C</td><td>ADVICE NO. (PLEASE QUOTE THIS NO. IN COMMUNICATIONS WITH US)
A - 0650 - 903 - 00406</td></tr>
<tr><td>CREDIT NO.
LCG611 - 597</td></tr>
<tr><td>AMOUNT
USD800,000.00</td></tr>
<tr><td rowspan="2">BENEFICIARY
KANGNAM TRADING CO., LTD
120-3, CHUNGDAM-DONG,
KANGNAM-GU SEOUL,
SOUTH KOREA</td><td>APPLICANT
SANKYO SEIKI MFG CO., LTD.</td></tr>
<tr><td>ISSUING BANK
HACHIJUNI BK LTD.(INT'L DEPT),
TOKYO 4-CHOME, CHUO-KU, TOKYO 103,
JAPAN</td></tr>
</table>

GENTLEMEN :

- AT THE REQUEST OF THE ISSUING BANK, AND WITHOUT ANY ENGAGEMENT OR RESPONSIBILITY ON OUR PART, WE ARE PLEASED TO INFORM YOU THAT WE HAVE RECEIVED (X) AUTHENTICATED/( ) UNAUTHENTICATED (X) TELETRANSMISSION / ( ) MAIL AS ATTACHED.
- PLEASE NOTE THAT WE RESERVE THE RIGHT TO MAKE SUCH CORRECTIONS TO THIS ADVICE AS MAY BE NECESSARY UPON RECEIPT OF THE CABLE CONFIRMATION AND ASSUME NO RESPONSIBILITY FOR ANY ERRORS AND/OR OMISSIONS IN THE TRANSMISSION AND/OR TRANSLATION OF THE TELETRANSMISSION, AND FOR ANY FORGERY AND/OR ALTERATION ON THE ATTACHED CREDIT.
- IF THE CREDIT IS AVAILABLE BY NEGOTIATION, EACH PRESENTATION MUST BE NOTED ON THE REVERSE OF THIS ADVICE BY THE BANK WHERE THE CREDIT IS AVAILABLE.
- THIS ADVICE IS SUBJECT TO THE UNIFORM CUSTOMS AND PRACTICE FOR DOCUMENTARY CREDITS(2007 REVISION, INTERNATIONAL CHAMBER OF COMMERCE, PUBLICATION NO. 600)

VERY TRULY YOURS,

THIS DOCUMENT CONSISTS OF ( ) PAGES.
RECEIPT-NUMBER : 7-1009-00　　DATE : 2018.03.14　　SAFE ID : 2018031409303

MIR : 160314HABKJPJTAXXX1484286213 MIR-TIME : 1558
MOR : 050314KOEXKRSEAXXX3761499195 MOR-TIME : 1610
FM : HACHIJUNI BK LTD.(INT'L DEPT), TOKYO
TO : KOREA EXCHANGE BANK, SEOUL. : 16262675
DATE : 190314
** : 760 GUARANTEE
4 : 27 SEQUENCE OF TOTAL : 1/2
** : 20 TRANSACTION REFERENCE NUMBER : LCG611-597
** : 23 FURTHER IDENTIFICATION :
** : 77C DETAILS OF GUARANTEE : ATTN : L/C RECEIVING SEC.

WE HEREBY OPEN OUR IRREVOCABLE STAND-BY LETTER OF CREDIT ISSUING DATE MAR 14, 2019 NO. LCG611-597 IN FAVOR OF KOREA EXCHANGE BANK KANG NAM BRANCH FOR ACCOUNT OF SANKYO SEIKI MFG CO., LTD. 5329 SHIMOSUWA-MACHI SUWA-GUN NAGANO-PREF., JAPAN UP TO THE AGGREGATE AMOUNT OF USD.800,000.00(SAY US DOLLARS EIGHT HUNDRED THOUSAND ONLY)

5 : MAC : ECE51A1B
CHK : 73641FF8B25F

** SWIFT KEY : CORRECT**

MIR : 090314HABKJPJTAXXX1484286213 MIR-TIME : 1558
MOR : 160314KOEXKRSEAXXX3761499195 MOR-TIME : 1610

FM : HACHIJUNI BK LTD.(INT'L DEPT), TOKYO
TO : KOREA EXCHANGE BANK, SEOUL. : 16262675
DATE : 190314
** : 760 GUARANTEE
4 : 27 SEQUENCE OF TOTAL : 2/2
** : 20 TRANSACTION REFERENCE NUMBER :
** : 23 FURTHER IDENTIFICATION : LCG611-597
** : 77C DETAILS OF GUARANTEE :

AVAILABLE BY BENEFICIARY'S DRAFT DRAWN ON US AT SIGHT FOR FULL STATEMENT VALUE ACCOMPANIED BY BENEFICIARY'S SIGNED STATEMENT CERTIFYING THAT THE AMOUNT DRAWN HEREUNDER REPRESENTS AND COVERS THE UNPAID BALANCE OF INDEBTEDNESS DUE TO THE BENEFICIARY BY KANGNAM TRADING CO., LTD. 120-3, CHUNGDAM-DONG, KANGNAM-GU, SEOUL KOREA AND INTERESTS OCCURRED FROM THE MATURITY DATE OF THE INDEBTEDNESS TO THE DATE OF REIMBURSEMENT CLAIM AND YOUR BANKING CHARGES IF ANY.

THIS CREDIT IS AVAILABLE ONLY WHEN USED FOR IMPORT AND EXPORT TRANSACTION BETWEEN YOU AND KANGNAM TRADING CO., LTD.

THIS CREDIT IS EFFECTIVE FROM MARCH 20, 2018 TO MARCH 19, 2019 IN KOREA.

THIS STAND-BY LETTER OF CREDIT IS VALID ON CONDITION THAT OUR STAND-BY LETTER OF CREDIT NO. LCG611-560 HAS BEEN VOID.

T.T. REIMBURSEMENT IS PROHIBITED

ALL DRAFTS MUST BE DRAWN IN U.S. CURRENCY AND MARKED "DRAWN UNDER THE HACHIJUNI BANK LTD. IRREVOCABLE STAND-BY LETTER OF CREDIT NO. LCG611-597 DATED MARCH 14, 2019" AND PLEASE SPECIFY THE INTERESTS AND BANKING CHARGES SEPARATELY ON THE STATEMENT.

WE HEREBY AGREE WITH YOU THAT ALL DRAFTS DRAWN UNDER AND IN COMPLIANCE WITH THE TERMS OF THIS CREDIT WILL BE DULY HONORED ON DUE PRESENTATION AND ON DELIVERY OF DOCUMENTS AS SPECIFIED TO US.

THIS CABLE IS THE OPERATIVE CREDIT INSTRUMENT AND NO CONFIRMATION WILL FOLLOW.

PLEASE ADVISE US OR RETURN TO US THE ORIGINAL INSTRUMENT OF THIS CREDIT BY MAIL WHEN THIS CREDIT IS RELEASED.

BUT IF YOUR ADVICE IS NOT RECEIVED OR ORIGINAL INSTRUMENT OF THIS CREDIT IS NOT RETURNED TO US, AFTER THE VALIDITY PERIOD, WE CONSIDER OURSELVES FREE FROM ANY OBLIGATION AGAINST THIS STAND-BY LETTER OF CREDIT.

UNLESS OTHERWISE EXPRESSLY STATED THIS CREDIT IS SUBJECT TO UNIFORM CUSTOMS AND PRACTICE FOR DOCUMENTARY CREDIT(2007 REVISION I.C.C. PUBLICATION NO. 600)

PLEASE SEND US ADVISING BANK'S ACKNOWLEDGEMENT OF THIS CABLE BY AIRMAIL.

5 : MAC : 8836A132
CHK : 68A3B6866316

** CORRECT **

제8장 신용장의 구성과 기재내용

01 신용장의 구성

신용장의 수익자 및 중간은행에 있어서 그 신용장에 의한 지급이 어떠한 방법으로 이루어지는가, 그 신용장을 어느 은행에서 사용할 수 있는가 그리고 발행은행은 어떠한 책임을 부담하는가를 명확하게 하는 것이 중요하다.

신용장의 형식은 오늘날에는 SWIFT “MT 700” 형식이 발행되어 사용되고 있으므로 이 형식에 따른 신용장의 내용구성과 기재내용을 검토할 필요가 있다.

무역거래에서 일반적으로 많이 사용되고 있는 취소불능화환신용장을 중심으로 그 구성내용과 기재사항은 다음과 같다.

① 신용장 자체에 관한 사항 : 당사자(issuing bank, advising bank, applicant, beneficiary), 신용장 발행일자 및 장소(place and date of issue), 유효기일 및 장소(date and place of expiry), 신용장 금액(amount).

② 결제 및 환어음에 관한 사항 : 지정은행(available with ~), 결제방법(available by ~), 환어음기간(at sight), 환어음 지급인(drawn on, ~ drawee).

③ 물품명세에 관한 사항 : 상품명(commodity name), 규격(specification), 단가(unit price), 수량(quantity), 가격조건(price terms), 원산지(country of origin).

④ 요구서류에 관한 사항 : 필수서류인 상업송장(commercial invoice), 운송서류(shipping document), 보험서류(insurance policy or certificate)와 보충서류인 포장명세서(packing list), 검사증명서(certificate of inspection), 수익자 증명서(certificate of beneficiary), 원산지증명서(certificate of origin).

⑤ 운송에 관한 사항 : 분할선적(partial shipment), 환적(transhipment), 선적항(from), 도착항(to), 선적일자(latest shipping date).

⑥ 특별지시에 관한 사항 : 은행수수료(baning charges), 서류제시기간(period for presentation), 상환조건(reimbursing bank), 확인지시조항(confirmation instruction).

⑦ 기타의 기재사항 등으로 구분하여 구성되어 있다.

〈서식 8-1〉 SWIFT 수출신용장 신용장 항목별 설명

MT 700 ISSUE OF A DOCUMENTARY CREDIT		(메시지 형식 700 화환신용장발행)
Advice Number : A0604-906-00123		(신용장 통지번호)
From: BANK OF AMERICA, NEW YORK ①		(송신자, 즉 발행은행)
To: KOREA EXCHANGE BANK SEOUL, KOREA ⑧		(수신자, 즉 통지은행)
:27	sequence of total : 1/1	(일련의 총 메시지 중 본 메시지 수)
:40A	form of documentary credit : IRREVOCABLE ③	(화환신용장 형식)
:20	documentary credit number : 78910 ④	(화환신용장 번호)
:31C	date of issue : 15 JUNE 2019 ②	(신용장 발행일자)
:31D	date and place of expiry : 10 SEPTEMBER 2019 KOREA ⑤	(유효기일 및 유효장소)
:50	applicant : AMERICA INTERNATIONAL INC. ⑥ 310 FIFTH AVE, NEW YORK, N.Y.10118, U.S.A.	(신용장발행의뢰인)
:59	beneficiary : KANGNAM TRADING CO., LTD. ⑦ 275, YANGJAE-DONG, SEOCHO-GU, SEOUL 137-130, KOREA	(수익자)
:32B	currency code amount : USD100,000 ⑨	(통화코드 및 금액)
:39A	pct credit amount tolerance : 0/0 ⑬	(신용장금액의 과부족허용 비율)
:41D	available with by name, address : ANY BANK ⑩ BY NEGOTIATION ⑪	(신용장 가용가능 은행) (확약방식)
:42C	drafts at : SIGHT ⑫	(환어음의 지급기일)
:42A	drawee : BANK OF AMERICA, NEW YORK, NY10015, U.S.A. ⑭	(환어음 지급인)
:43P	partial shipment : ALLOWED ㉓	(분할선적)
:43T	transshipment : NOT ALLOWED ㉔	(환적)
:44A	loading on board/dispatch/taking in charge : BUSAN, KOREA ㉕	(본선적재/발송/수탁장소)
:44B	for transportation to : NEW YORK, U.S.A. ㉗	(운송 목적지)
:44C	latest date of shipment : 31 AUGUST 2019 ㉖	(최종 선적기일)
:45A	description of goods and/or services and/or performance ⑮ 4000 PCS OF MEN'S SPLIT LEATHER JACKETS OTHER DETAILS AS PER SALES NOTE NO. 10016 DATED JUNE 5, 2019 CIF NEW YORK Incoterms® 2010	(물품 및/또는 서비스 및/또는 이행의 명세)
:46A	documents required	(요구 서류)
	+SIGNED COMMERCIAL INVOICE IN TRIPLICATE ⑯	(상업송장)
	+PACKING LIST IN TRIPLICATE ⑲	(포장명세서)
	+FULL SET OF CLEAN ON BOARD OCEAN BILL OF LANDING MADE OUT TO THE ORDER OF BANK OF AMERICA MARKED FREIGHT PREPAID AND NOTIFY ACCOUNTEE ⑰	(선하증권)
	+MARINE INSURANCE POLICIES AND CERTIFICATES IN DUPLICATE ENDORSED IN BLANK FOR 110PCT OF INVOICE VALUE. INSURANCE POLICES OR CERTIFICATES MUST EXPRESSLY STIPULATE THAT CLAIMS ARE PAYABLE IN THE CURRENCY OF THE DRAFTS AND MUST ALSO INDICATE A CLAIM SETTLING AGENT IN NEW YORK. INSURANCE MUST INCLUDE INSTITUTE CARGO CLAUSES(B) ⑱	(보험조건)
	+CERTIFICATE OF ORIGIN IN DUPLICATE ⑳	(원산지증명서)
	+INSPECTION CERTIFICATE IN DUPLICATE ㉑	(검사증명서)
	+CERTIFICATE OF WEIGHT AND MEASUREMENT IN DUPLICATE ㉒	(용적 · 중량증명서)
:47A	additional conditions	(부가조건)
	SHIPMENT MUST BE EFFECTED BY STAR LINE ONLY ㉘	(운송기관 지정조항)
	THIS CREDIT IS TRANSFERABLE ㉙	(양도가능신용장 표시문언)
	ALL DOCUMENTS MUST BEAR OUR CREDIT NUMBER ㉚	(모든 서류에 신용장번호 기재문언)
	T/T REIMBURSEMENT NOT ALLOWED ㉛	(전신환 상환 금지문언)
:48	period for presentation : DOCUMENTS MUST BE PRESENTED WITHIN 3 DAYS AFTER THE DATE OF BILL OF LADING BUT WITHIN THE CREDIT VALIDITY	(서류제시기간)
:71B	charges : ALL BANKING COMMISSIONS AND CHARGES INCLUDING REIMBURSEMENT CHARGES OUTSIDE U.S.A. ARE FOR ACCOUNT OF BENEFICIARY ㉜	(모든 은행비용 부담자 문언)
:49	confirmation instructions : WITHOUT ③	(확인 여부 문언)
:53A	reimbursement bank : BANK OF AMERICA, NEW YORK, NY10015, U.S.A. ㉞	(상환은행명)
:78	instructions to the paying/accepting/negotiating bank DRAFTS MUST BE SENT TO DRAWEE BANK FOR YOUR REIMBURSEMENT AND ALL DOCUMENTS TO US BY COURIER SERVICE IN ONE LOT ㉝	(지급/인수/매입은행에 대한 지시) (서류 송부처 명시문언)
:72	sender to receiver information : THIS CREDIT IS SUBJECT TO UCP(2007 REVISION) ICC PUBLICATION NO. 600 ㉟	(신용장통일규칙 준거문언)

02 신용장의 기재내용

다음은 <서식 8-1>에 예시된 스위프트 메시지에 의한 "SWIFT 수출신용장 신용장 항목별 설명"에 의거하여 번호순으로 내용을 설명하기로 한다.

1) 신용장 자체에 관한 사항

① 신용장발행은행(issuing bank) : From xxx Bank

발행은행은 서신(우편)신용장의 경우는 상단에 발행은행의 은행명과 주소, 전화번호, 텔렉스번호, 전신약호, Fax. No. 등이 인쇄되어 있는 경우가 통상적이며, SWIFT MT 700에 의하여 발행 및 통지되는 신용장은 국제적으로 그 형식이 통일되어 있어, 일반적으로 메시지 형식 발신자는 발행은행이 되고 수신자는 통지은행이 된다. 따라서 서신신용장의 "We, Our, Us"는 발행은행(issuing bank)을 가리키고, "You, Your"는 수익자(beneficiary)를 의미하지만 전신으로 통지되는 신용장상의 "We"나 "You" 등은 인용내용 전후 관계를 참조하여 발행은행·통지은행·수익자를 구별하여야 한다.

② 발행지 및 발행일자(place and date of issue) : 31C

발행지는 발행은행의 소재지를 의미하며, 발행일자는 신용장 본문에 표시되며, 통지은행이 전송으로 수신된 메시지를 인용하여 통지하는 경우 신용장 본문의 발행일자 이외의 통지은행에서 기재한 일자는 통지일자(date of advice)가 된다.

③ 신용장 종류의 표시(form of documentary credit) : 40A

취소불능화환신용장(irrevocable documentary credit)과 같이 신용장 종류를 표시하는 란으로 대부분의 신용장은 "irrevocable"이란 문언이 기재되어 있으며, 이런 명시가 없어도 취소불능으로 간주된다. 신용장이란 그 명칭이나 기술에 관계없이 발행은행이 일치하는 제시에 대하여 결제(일람 후 지급·인수·연지급 확약)하겠다는 확약으로 취소가 불가능한 모든 약정을 의미한다.

- 신용장 해석과 관련된 규정적용의 우선 순위는 ㉮ 매매당사국의 국내 강행법규(어음법 또는 섭외사법 등), ㉯ 당사자간의 특약(신용장상의 기재내용), ㉰ 신용장통일규칙, ㉱ 국제상관행 등의 순서에 따라 해석된다.
- 신용장 해석 우선 적용순위는 ㉠ Law, ㉡ 신용장 자체의 조건, ㉢ UCP 600, ㉣ ISBP 745, ㉤ ICC Position Paper, ㉥ ICC Policy Statements, ㉦ ICC Opinion, ㉧ ICC DOCDEX Decisions 등의 순서에 따라 해석된다.

④ 신용장 번호(credit number) : 20

발행은행이 기준에 따라 부여한 번호로서 수출신용장의 경우에는 신용장 번호를 관련 서류상에 기재할 것을 요구하는 경우가 많다. 우리나라의 경우 신용장을 발행할 경우에, 즉 수입시에 신용장번호는 한국은행이 정한 「수출입 허가(승인)서 및 신용장 등의 번호기재 요강」에 따라 각 외국환은행이 공통으로 사용하고 있다 <p. 225 ~ p. 226. 신용장의 번호기재 참조>.

⑤ 유효기일 및 유효장소(expiry date and place of expiry) : 31D

모든 신용장은 지급・인수 또는 매입을 위한 서류제시의 유효기일 및 제시장소인 은행을 명시해야 한다. 모든 신용장에는 선적을 위한 최종기일이 명시되어 있을지라도 지급・인수・매입을 위하여 서류를 제시하여야 할 최종기일이 명시되어야 한다. 제시되는 유효장소의 표시는 신용장의 지급확약방식, 즉 일람지급(sight payment), 연지급(deferred payment), 인수(acceptance) 및 매입(negotiation)이 이루어지는 소재지를 기재하는 곳으로 "May 5, 2019 in the Beneficiary's Country", "June 10, 2019 at the counters of Bank of America, New York"이나 "July 15, 2019 Beneficiary in your Country"과 같이 표시되었다면 서류를 제시하여야 할 최종기일 및 장소에 주의가 요망된다.

[관련규칙] UCP 600 제6조 이용 가능성, 유효기일 및 제시장소

d. ⅰ. 신용장은 제시를 위한 유효기일(expiry date)을 명시하여야 한다. 신용장 대금의 결제(honour) 또는 매입을 위하여 명시된 유효기일은 제시를 위한 유효기일(expiry date for presentation)로 간주한다.

ⅱ. 신용장이 사용될 수 있는 제시를 위한 장소로서, 어떤 은행에서라도 이용 가능한 신용장에서는 어떤 은행이라도 제시장소가 될 수 있다.

[관련규칙] UCP 600 제29조 유효기일의 연장 또는 제시를 위한 최종일의 연장

a. 신용장의 유효기일 또는 제시를 위한 최종일이 제36조(불가항력, Force Majeure)에 언급된 사유 이외의 사유로 제시를 받아야 하는 은행의 휴업일에 해당하는 경우에는 그 유효기일 또는 제시를 위한 최종일은 경우에 따라 최초의 다음 은행영업일까지 연장된다.

b. 제시가 최초의 다음 은행 영업일에 행해지는 경우에는 지정은행은 발행은행 또는 확인은행에게 제시가 제29조 (a)항에 따라 "Documents were presented within the time limits extended in accordance with sub-article 29(a) of UCP 600" 문언을 기재하여 연장된 기간 이내에 제시되었다는 설명을 서류송부장(covering letter)에 기재하여야 한다.

c. 선적을 위한 최종일은 제29조 (a)항의 결과로서 연장되지 않는다.

⑥ 신용장발행의뢰인(applicant) : 50

신용장 발행의뢰인의 명칭 및 주소가 기재된다. 보통 신용장 발행의뢰인의 표시는 "for account of xxx Co." "by order of xxx Co." 또는 "accountee" 등으로 표시되며, 신용장 발행의뢰인인 "Applicant"가 된다.

⑦ 수익자(beneficiary) : 59

신용장을 받게 되는 수신인(addressee)으로 수익자의 상호·주소·전화번호를 명확하게 기재해야 발행은행에서 통지은행을 통하여 수익자에게 신용장송달이 신속·정확하게 이뤄진다. 수익자란 물론 수출을 이행하고 수출대금을 받기 위하여 환어음을 발행하는 환어음 발행자(drawer)를 말하며, 'in favor of ...' 또는 'F/O...'라고 표시하기도 한다.

⑧ 통지은행(advising bank) : TO xxx Bank

통지은행은 발행은행에서 보내는 신용장을 수익자에게 통지하여 주는 중간 은행으로서, 수익자의 소재지에 있는 발행은행의 본·지점이나 환거래은행(correspondent bank)이 되며, 통지은행의 명칭, 소재지를 기입한다. 통지은행이 UCP 600 제6조 a항에 규정된 지정은행(nominated bank)이 되는 경우에는 은행 및 장소가 "credit available with" 밑에 삽입되어야 한다.

⑨ 통화코드(currency code) 및 신용장금액(credit amount) : 32B

신용장금액은 신용장사용의 한도금액으로 동 금액 이내에서 수익자가 환어음을 발행할 수 있으며 신용장 통화코드 및 금액은 USD100,000와 같이 ISO가 정한 통화코드에 금액을 표시한다. 다만 신용장 금액란에 "about", "circa", "approximately"란 표시가 있는 경우 10%의 과부족을 허용하며, 표시문구가 없을 시에도 신용장상에 금지조항이 없고, 포장단위(packing units) 또는 개체품목(individual items)이 아닌 살물(bulk cargo)인 경우, 어음발행금액, 신용장 금액을 초과하지 않는 범위 내에서 ±5% 이내의 편차가 허용된다.

2) 환어음에 관한 사항

⑩ 신용장 사용은행과 ⑪ 사용방법(credit available with ⋯ by ⋯ : 41D

신용장의 사용가능은행을 표시하는 이 난에는 지급·인수 또는 매입의 권한이 부여된 은행, 즉 신용장을 사용할 수 있는 은행(지정은행) 및 신용장의 사용방법을 기재, 즉 신용장이 일람지급(sight payment), 연지급(deferred payment), 인수(acceptance) 및 매입(negotiation)의 권한을 부여할 경우에는 그 특정의 지정은행이 기입되고, 모든 은행에 의한 매입을 허용할 때에는 “Any Bank”의 용어를 기입한다. 또한 연지급이 지정되는 경우에는 “by deferred payment at” 다음에 “180 days after B/L date(sight)”와 같은 지급기한을 기입한다. 즉 “With” 다음에는 신용장을 사용할 수 있는 은행명을 “BY” 다음에는 신용장의 사용방법을 표시한다.

[관련규칙] UCP 600 제6조 이용 가능성, 유효기일 및 제시장소

a. 신용장은 그 신용장이 이용될 수 있는 은행을 명시하여야 하며, 또한 그 신용장이 모든 은행에서 사용될 수 있는 지를 명시하여야 한다. 지정은행에서 이용할 수 있는 신용장은 발행은행에서도 이용할 수 있다.

[신용장 사용방법 기재예시]

발행은행의 지급확약

- 매입 신용장
  - 사용방법 : 신용장과 일치하는 화환어음을 매입 은행에 제시하면 매입은행은 화환어음을 매입하고 발행은행은 매입은행에 대전을 지급한다. (어음을 발행하면 소구권행사 가능)
  - 어음을 발행하지 않고도 매입은 가능하다(UCP 600)
  - 표기방법 : 「41D : available with....abc bank by negotiation 42C : draft at ... sight」
- 지급 신용장
  - 사용방법 : 신용장과 일치하는 선적서류를 발행은행 또는 발행은행이 권한을 주고 있는 은행에게 제시하면 지급한다 (어음을 발행하지 않으므로 소구권행사가 없다 : 특별약정)
  - 표기방법 : 「41D : available with....by....issuing bank by sight payment 」
- 연지급 신용장
  - 사용방법 : 신용장과 일치하는 선적서류를 발행은행 또는 발행은행이 권한을 주고 있는 은행에 제시하면 만기일에 지급한다 (어음을 발행하지 않으므로 소구권행사가 없다 : 특별약정)
  - 표기방법 : 「41D : available with....by....issuing bank by deferred payment at 90 days after B/L date」
- 인수 신용장
  - 사용방법 : 신용장과 일치하는 화환어음을 발행은행이 지시한 인수은행이나 또는 발행은행에 제시하면 만기일에 지급한다.(만기일에 지급을 약정한다는 인수를 받아야 한다. 소구권을 행사할 수 있다)
  - 표기방법 : 「41D : available with....by....abc bank by acceptance 42C : draft at 90 days after sight」

⑫ 환어음의 지급기일(tenor of draft) : 42C

환어음의 지급기일(tenor of draft)은 "and beneficiary's draft at…"의 "at" 다음에 환어음의 만기, 즉 일람출급이면 "sight", 기한부이면 "90 days after sight" 또는 "90 days after B/L date"을 기입한다.

⑬ 신용장금액의 과부족 허용비율 : 39A

신용장금액의 과부족 허용비율을 표시한다.

⑭ 환어음의 지급인(drawee) : 42A

환어음상의 지급인(drawee)은 "drawn on" 다음에 기재된 은행이 어음의 지급인으로서 보통 발행은행 또는 발행은행의 예치환거래은행(depositary correspondent bank : reimbursing · settling bank)이 된다. SWIFT에 의한 신용장에서는 환어음 지급인으로 ": 42A drawee : ABC Bank"와 같이 명시되는데 이 경우 ABC Bank가 지급인이 된다.

3) 물품명세에 관한 사항

⑮ 물품 및/또는 서비스 및/또는 이행의 명세(description of goods and/or services and/or performance) : 45A

물품명세는 상품명(commodity name), 수량(quantity), 규격(specification), 단가(unit price), 가격조건(price terms), 원산지(country of origin) 등을 "4,000 Pcs. of Men's Split Leather Jackets as per Sales Note No. 16018 dated June 5, 2020 @US$25 CIF New York Incoterms® 2020, U.S.A. Origin" 등과 같은 요령으로 표시한다.

상업송장상의 물품, 서비스 또는 이행의 명세는 계약서의 상품명세와 일치하여야 하며 상품명세가 복잡하여 "Offer Sheet"를 이용할 경우에는 "Details are as per Offer Sheet No.123 issued by ABC, dated Nov.15, 2019"로 표시하며, 가격조건은 2020년 1월 1일부터는 "Incoterms® 2020"의 11가지 정형거래 규칙 중에서 선택하여 올바르게 기재하여야 한다.

4) 서류에 관한 사항(documents required)

선적서류(shipping documents)라는 것은 선적된 화물의 품질·수량·가격 그리고 선적된 화물의 권리를 나타내는 증권 등으로 구성되는데, 이들 필요 문서들은 지급·인수 또는 매입을 위한 서류가 정확하게 명시되어야 하며, 서류는 대개 상업송장(commercial invoice), 운송서류(transport document), 보험서류(insurance policy), 기타 서류(other documents) 순으로 요구한다.

⑯ 상업송장(commercial invoice) : 46A

상업송장은 매수인에 대한 청구서, 거래명세서, 출하안내서이며 수익자가 작성한다. 상업송장에 기재된 물품명세는 신용장의 물품명세와 일치되어야 한다. 통상 "Signed Commercial Invoice in Triplicate"처럼 요구 통수를 표시하는데, "original(1 fold), duplicate(2 fold), triplicate(3 fold), quadruplicate (4 fold)" 등과 같이 요구한다. UCP 600에선 상업송장은 반드시 수익자에 의하여 발행되도록 하고 있으며, 별도의 지시가 없는 한 서명을 필요로 하지 않도록 하였다. 신용장거래에서는 신용장상의 물품명세와 상업송장상의 물품명세가 상이하다는 이유로 지급거절하는 사례가 많으므로 수익자는 한 단어 또는 한 문자도 누락되지 않고 엄밀히 일치되도록 상업송장을 작성하여야 한다. 또 "Signed Commercial Invoice in duplicate which must be certified by chamber of commerce and legalized by xx consulate"라고 하여 특정기관의 확인이나 검정을 요구하기도 하면, 반드시 이 요건이 충족되어야 유효한 서류가 된다.

[관련규칙] UCP 600 제18조 상업송장(commercial invoice)

c. The description of the goods, services or performance in a commercial invoice must correspond with that appearing in the credit.

c. 상업송장상의 상품, 서비스 또는 의무이행의 명세는 신용장에 나타나는 것과 일치하여야 한다.

[관련규칙] ISBP C1) : 신용장에서 더 이상의 정의없이 "송장(invoice)"을 요구하는 경우에 이는 모든 종류의 제시된 송장, 즉 상업송장(commercial invoice), 세관송장(customs invoice), 영사송장(consular invoice 등에 의하여 충족될 수 있으나 "견적송장(pro-forma invoice)" 또는 이와 유사한 표현으로 확인된 송장은 신용장에서 특별히 허용되지 아니하는 한 수리되지 않는다. 신용장이 상업송장의 제시를 요구하는 때에는 "Invoice"이란 제목의 서류는 수리될 수 있지만 송장의 물품 명세는 반드시 신용장의 명세와 일치하여야 함을 전제하지만 경상의 원칙과 같은 완전일치성의 어떠한 요구가 있는 것은 아니다. 예컨대 물품의 세부사항은 송장내의 여러 지면에 기재될 수 있는데 그것들을 조합하였을 때에 비로소 신용장의 명세와 일치하는 물품명세가 나타나도록 할 수 있다.

[관련규칙] ISBP C6) : 송장은 반드시 선적된 물품 또는 제공된 서비스 또는 의무이행의 금액을 입증하고 있어야 한다. 송장에 표기된 단가와 통화단위는 반드시 신용장의 것과 일치하여야 한다. 송장은 반드시 신용장에서 요구된 모든 할인액이나 공제액을 표시하고 있어야 한다. 송장은 또한 신용장에 기재되지 아니한 선지급금, 할인액 등을 증빙하는 차감금액을 표시할 수 있다.

⑰ 운송서류(transport document) : 46A

운송서류는 물품의 선적·발송·수탁을 명시하는 인도의 증거서류를 포괄적으로 말하는 것으로 해상선하증권, 항공화물운송장, 복합운송증권 등 운송방식에 따라 요구되는 운송서류의 종류가 다양하다.

예시된 신용장처럼 해상선하증권을 요구할 경우에는 보통 무사고선적 해상선하증권(clean on board ocean bills of lading) 전통(full set)을 제시하도록 하고 있다. 무사고(clean)란 선적된 물품 및 포장상태의 포장 개수가 부족하지 않고 외관상 완전한 상태로 선적되었음을 입증하는 사고문언(remarks)이 없는 것을 말하며, 전통(full set)이란 만일 선하증권의 원본 3통(original, duplicate, triplicate)이 1조로 발행되었다면 3통 모두를 갖춘 것을 말하며, 3통은 각각 정식의 선하증권으로서 독립된 효력을 가지며 그 중 1통이 사용되면 나머지는 자동 무효가 된다.

또한 선하증권의 발행방식으로 수하인(consignee)을 지정하게 되는데, 예시의 신용장은 "to the order of Bank of America"와 같이 "Bank of America의 지시식"으로 발행할 것을 요구하고 있다. 이 방식 이외에도 수하인은 단순지시식으로 "to order," 송화인의 지시식으로 "to the order of shipper," 수입자의 지시식으로 "to the order of ABC Inc."와 같이 기재하도록 신용장상에서 요구한다. 보통 선하증권 최초의 소지인이며 송하인인 신용장 수익자는 '단순 지시식'이나 '송하인의 지시식'의 경우에 선하증권 원본 이면에 무기명 배서(blank endorsement)를 하여 운송서류를 양도하고 있다.

운임지급에 관하여 Incoterms® 2020에 의거 CFR, CIF, CPT, CIP 중 어느 하나라면 운임선지급(freight prepaid)으로, FCA, FAS, FOB 중 어느 하나라면 운임후지급(freight collect)이라고 운송서류상에 표시하게 되며, 해상운임은 전자는 매도인이, 후자는 매수인이 부담하여야 한다.

화물도착통지처(notify party)는 화물이 목적항에 도착하였을 때 선박회사로부터 화물도착통지서(arrival notice of cargo)를 통지하여야 할 곳으로 신용장 발행의뢰인인 수입자나 그 대리인 명의의 상호와 주소를 기재하게 된다.

한편 항공운송의 경우에는 예시의 신용장처럼 수하인은 ××은행으로 발행한 '항공화물운송장(Air Waybill)'을 요구하게 되는 것이 일반적이다. 이는 비유통 운송서류(non-negotiable transport document)이기 때문에 신용장거래에서는 보통 신용장발행은행을 수하인(consignee)으로 정하여 발행하며, 기타 운임지급 표시나 화물도착통지처 등은 해상선하증권과 동일하다.

해상선하증권은 "Full sets of Clean on Board Marine(Ocean) Bills of Lading made out to(issued to, consigned to) order(the order of shipper, the order of issuing bank) blank endorsed(endorsed in blank) marked Freight Prepaid (collect) Notify Applicant" 등으로, 복합운송증권인 경우 "Full set of Clean Combined Transport Bill of Lading issued to the order of issuing bank indicating place of taking in charge of the goods xxx, port of loading xxx, port of discharge xxx, Place of final destination xxx …", 항공화물운송장의 경우는 "Clean Air Waybill consigned to xx Bank showing Freight Collect Notify Accountee" 등으로 요구한다.

- L/C의 B/L 조건 검토 : 신용장에서 통상 명시되는 B/L조항 검토

『Full Set of Clean on Board Ocean Bills of Lading made out to our Order marked "Freight Prepaid" and Notify Applicant.』

㉮ Full Set : 통상 3통 발행. B/L의 'Number of Original B/L' 난에서 재확인

㉯ Clean : B/L의 "… received/shipped in apparent good order and conditions unless otherwise specifically stated herein …"이라는 문언이 있고 물품이나 포장에 결함이 있다는 별도의 부기가 없으면 Clean B/L이다.

㉰ On Board : 'Shipped …'라는 문언으로 시작되는 B/L의 문구가 있거나 'Received …'로 시작되는 문구의 B/L서식인 경우 별도의 "On Board Notation"을 부기하고 일자가 명기되어 있어야 한다.

㉱ Made out to our Order : B/L의 Consignee 난에 'To order of issuing bank (발행은행명)'로 기재되어야 한다.

㉲ Marked 'Freight Prepaid' : B/L에 "Freight Prepaid"라는 표시가 있어야 한다. 'CFR, CIF, CPT, CIP'이면 "Freight Prepaid"으로, 'FCA, FAS, FOB'이면 "Freight Collect"이라고 운송서류상에 표시하게 되며, 해상운임은 전자는 매도인이, 후자는 매수인이 부담하여야 한다.

㉳ Marked Notify Applicant : B/L의 Notify Party 난에 발행의뢰인의 명의가 기재되어야 하며, Accountee라는 용어도 많이 사용된다.

⑱ 보험서류(insurance document) : 46A

보험서류는 보통 보험증권(insurance policy), 보험증명서(insurance certificate), 통지서(declaration)를 총칭하는 것이다. 보험증권은 확정보험(definite insurance)에 대하여 발행되는 증권이며, 보험증명서는 포괄예정보험(open cover)에 대하여 발행되는 부보증명서로 신용장거래에서는 대부분 두 가지 서류 중 어느 한 가지를 제시하도록 하고 있다. 그러나 보험중개업자(brokers)가 발행하는 보험인수증인 "Cover Note"는 신용장에서 특별히 허용하지 않는 한 수리 거절된다. 신용장상의 보험서류는 송장금액의 110%를 부보하도록 부보범위(coverage)를 정하고 있으며 최소의 담보범위로 송장금액에 10%를 가산하여 부보할 것을 요구하고 있다. 또한 보험금 청구시 지급지와 통화는 신용장 금액에 명시된 동일한 통화로 기재하고 '신협회적화약관(ICC)'을 참조하여 보험부보범위는 물품의 성질과 운송방식 등을 고려한 적화보험조건, 즉 ICC(A), ICC(B), ICC(C) 중 어느 조건으로 부보할 것이며, 부가 담보조건을 부보할 것인지에 대해서도 고려해야 한다.

신용장에서 요구하고 있는 보험에 관한 문언은 "Insurance Policy or Certificate in duplicate blank endorsed for 110% of the invoice value covering Institute Cargo Clause(All risks), War Clauses, SRCC and TPND Clause", "Insurance Policy or Certificate issued in Triplicate duly endorsed in Blank for full invoice value plus 10 percent with claim payable in china in the same currency as the draft covering institute cargo clauses(A)" 등과 같이 표시된다.

⑲ 포장명세서(packing list) : 46A

포장명세서는 선적화물의 포장 및 포장단위별 명세와 단위별 순중량(net weight), 총중량(gross weight), 용적(measurement), 화인(shipping marks) 및 포장의 일련번호 등을 기재한 명세서이다. 포장명세서는 상업송장의 기재사항과 부합되어야 한다. 또한 수출서류를 매입하기 위해서는 중량이나 용적 등은 운송서류상의 용적 및 중량과도 반드시 일치하여야 한다.

신용장에서 요구하는 기본서류 이외의 서류로 보통 ⑳ 원산지증명서(certificate of origin), ㉑ 검사증명서(inspection certificate), ㉒ 중량 및 용적증명서(certificate of weight and measurement) 그 밖에 수익자증명서(beneficiary's certificate), 세관송장(Customs Invoice), 품질증명서(certificate of quality), 검역증명서(certificate of quarantine) 등을 요구하는 경우가 많다.

5) 운송에 관한 사항

㉓ 분할선적(partial shipments) : 43P

분할선적을 허용하는 경우에는 "allowed", "permitted" 등으로 표시하고, 금지하는 경우는 "not allowed", "prohibited", "not permitted" 등으로 표시하는데, 금지가 없는 경우에는 허용하는 것으로 간주한다. 동일 운송의 동일 운송수단에 의한 각 선적은 본선 선적을 증명하는 복수의 운송서류가 비록 각각 다른 선적일이나 선적장소가 표시가 되어 있더라도 동일한 목적지가 표시되어 있다면 분할선적으로 간주되지 않는다. 일정기간의 할부선적(shipment by instalments)이 규정된 신용장인 경우 그 중 어느 한회 선적분이 허용된 기간 내에 선적되지 않았을 경우에는 신용장에 별도의 명시가 없는 한 당해 할부선적분은 물론 그 이후의 모든 선적분에 대해서도 신용장은 무효가 된다.

㉔ 환적(transhipments) : 43T

환적은 운송물품을 다른 운송방법으로 이전 및 재적재하는 것을 의미한다. 물품의 운송도중에 있어서 환적을 허용하는 경우에는 "allowed", "permitted", "authorized" 등으로 표시하고, 금지하는 경우는 "not allowed", "prohibited", "not permitted" 등으로 표시한다. 신용장이 복합운송서류를 요구하는 경우 신용장상에 환적금지의 조건이 있어도 환적은 허용된다. 또한 비록 신용장에 환적을 금지하는 조건이 있어도 선하증권상에서 화물이 컨테이너·트레일러·Lash선 등에 선적된 것으로 입증되거나, 운송인이 환적을 할 권리를 유보한다는 뜻의 조항이 인쇄되어 있는 선하증권이라도 수리될 수 있다.

㉕ 적재·발송 및 수취(loading on board/dispatch/taking in charge) : 44A

신용장에서 별도 명시가 없으면 선적(shipment)이란 표현은 본선적재(loading on board), 발송(dispatch), 운송을 위한 인수(accepted for carriage), 우편수령일(date of post receipt), 접수일(date of pick-up) 또는 복합운송을 요구하는 신용장의 경우에는 수탁(taking in charge)의 뜻이 포함되어 있는 것으로 해석된다. 따라서 적재지가 부산항이라면 "from Busan, Korea"로, 발송지가 인천공항이라면 "from Incheon Airport"로, 수탁지가 ABC화물운송터미널이라면 "from ABC Cargo Transport Terminal"로 표시하면 된다.

㉖ 선적기일(shipping date) : 44C

선적기일은 물품의 최종선적, 즉 적재(loading on board), 발송(dispatch), 수탁(taking in charge) 등을 위하여 최종적으로 허용되는 일자를 뜻한다. "latest date of shipment May 30, 2019"이라면 인도조건에 따라 5월 30일까지는 적재, 발송 또는 수탁을 완료하여야 한다는 의미이며, 만일 5월 30일이 공휴일이더라도 공휴일을 불문하고 적재, 발송 또는 수탁을 완료하여야 한다. 선적기일의 기준은 선하증권의 일자 또는 선적이나 발송을 증명하는 수령인(reception stamp)이 찍힌 일자로 하며, 선적 기일의 표시에 사용되는 'to', 'until', 'till', 'from' 및 'between'이라는 용어는 기재된 일자를 포함하며, 'before'와 'after'란 용어가 사용되면 기재된 일자는 제외한다. 그리고 'on or about'라는 용어가 지정일자와 함께 표시된 경우는 지정일자 이전 5일부터 그 이후의 5일(끝 날짜 포함)을 선적일자로 본다.

"Loading on board", "dispatch", "taking in charge" 등으로 최종 선적기일을 표시해도 선적(shipment)과 같은 뜻으로 간주하며, 또한 선적해야 하는 최종일이 공휴일이라도 선적기일은 연장되지 않는다.

㉗ 운송목적지(for transportation to) : 44B

최종 목적지는 "shipment to" 다음에 표시되는데, 선적물품의 최종도착지를 기재하여야 한다. 즉 해상운송의 경우에는 "to New York, U.S.A," 항공운송의 경우에는 "to New York Airport," 복합운송의 경우에는 "to ABC Cargo Transport Terminal, New York"과 같이 표시한다.

6) 부가조건(additional conditions)에 관한 사항 : 47A

부가조건에 대해서는 신용장에 따라 다르지만, 신용장표준양식에 기재되지 못한 부가조건에 대하여 언급하게 된다. 즉 예를 들면 ㉘ 특정선박편의 지정은 "Shipment must be effected by S.S. Arirang of ABC Line on1y", ㉙ 신용장양도의 허용은 "This credit is transferable, The transferring bank is the advising bank", ㉚ 서류상에 신용장번호 등 기재사항의 지시는 "Each documents of presentation must be indicated the credit number of the issuing bank and the number of the advising bank", ㉛ 신용장대금의 상환과 관련하여 관계되는 은행간에 「신용장 대금상환에 관한 통일규칙(ICC Uniform Rules for Bank-to-Bank Reimbursements under Documentary Credits(Pub. No. 725), 전신환(telegraphic transfer : T/T)에 의한 상환은 금지된다는 지시는 "T/T reimbursement not allowed" 등과 같이 요구할 수 있다.

7) 기타의 기재사항에 관한 사항

㉜ 은행수수료의 부담 : 71B

신용장발행지 이외에서 은행업무와 관련하여 발생하는 수수료와 요금은 누가 부담하는가를 기재하는데, 은행수수료와 부담자는 "all banking charges commissions including reimbursing charges outside___are for account of beneficiary(or applicant)" 등으로 명시되어 있다.

㉝ 서류의 송달방법 : 78

서류의 분실 등에 대비하기 위하여 항공 등기우편으로 두 번에 나누어(in two lots by registered airmail, in two consecutive lots airmail) 송부할 것인가, 아니면 한 번으로 송부할 것인가 또는 서류는 발행은행으로 송부하고 환어음은 상환은행으로 송부(The negotiating bank must send all documents direct to us in one lot by Speed Post or DHL and drafts to drawee bank)하도록 기재한다.

㉞ Confirmation Instructions : 49

통지은행의 신용장 확인에 관한 사항을 지시하는 것으로 확인을 요청할 경우에는 신용장 확인에 따른 제비용의 부담자를 Additional Conditions란에 표시하는 것이 좋다. 'Field 49'의 확인에 대한 발행은행의 지시는 'CONFIRM(확인)' → 통지은행에 대하여 확인을 요청하는 것, 'MAY ADD(확인 가능)' → 통지은행은 확인을 할 수 있다고 허용하는 것, 'WITHOUT(확인 불요)' → 통지은행에 대하여 확인을 요청하지 않는다는 것 등의 3가지로 구분하고 있다.

㉟ 상환지시(reimbursing instructions) : 53A

신용장발행은행은 상환(reimbursement)을 위하여 대금결제은행 및 대금결제방법에 대하여 "In Reimbursement, We shall remit the proceeds of your draft to your account with your designated bank according to your instructions (on receipt of the shipping documents)." 등의 예와 같이 기재한다.

㊱ 신용장통일규칙 등 준거문언 : 72

신용장상에는 화환신용장통일규칙(This documentary credit is subject to the Uniform Customs and Practice for Documentary Credits(2007 Revision) International Chamber of Commerce Publication No.600)과 은행간 신용장대금 상환에 관한 통일규칙(Reimbursement, if applicable, is subject to ICC Uniform Rules for Bank-to-Bank reimbursements under Documentary Credits Pub. No.725 ; URR725)의 준거문언이 명시된다.

제9장 ❙ 신용장의 형식과 발행

01 신용장의 형식

1) 신용장형식과 표준서식

신용장은 일정한 형식을 요구하는 국제적 규제가 없어 국가나 동일 국내에서도 각 은행에 따라 형식이 상이하여 업무취급의 불편과 혼란을 초래하여 왔다.

이러한 분쟁의 여지를 최소화하고 불편을 해소하여 업무의 능률화를 기하기 위하여 국제상업회의소(ICC)에서 "화환신용장 발행을 위한 표준형식(Standard Forms for the Issuing of Documentary Credits)"을 제정하여 세계 각국에 채택을 권유하였으나 신용장통일규칙 개정에 따라 표준양식도 개정되어 규칙에 적합한 신용장서식을 개발하여 국제무역의 활성화를 위한 노력을 지속하고 있다.

현재는 전 세계 은행들이 1986년 표준양식을 기본으로 하여 자행의 실정에 맞추어 양식을 제정하여 표준화 신용장발행신청서와 신용장통지서를 채택하였으며 이들 양식은 ① Standard Documentary Credit Issuance Form, ② Standard Documentary Credit Issuance Form Variations, ③ Standard Documentary Continuation Form, ④ Standard Documentary Credit Issuance Form, ⑤ Standard Documentary Teletransmission Formats이 다음과 같이 구성되어 있다.

2) 1993년 제정 표준서식의 개요

국제상업회의소(ICC)가 1993년에 간행한 "Documentary Credits, Standard Documentary Credit Forms, Guidance Noties-Recommendations"는 신용장발행신청서서식(Standard Documentary Credit Application Form) 외에 각종 표준서식을 소개하고 각 서식에 대한 사용방법 및 기입상의 주의사항을 기술하고 있다.

한편 표준양식의 구성에 있어서 기재내용은 다음과 같다.

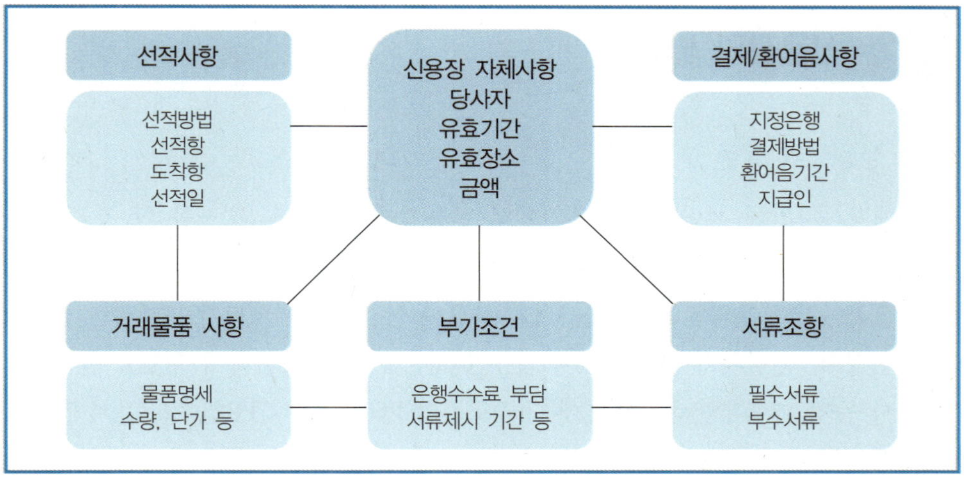

① 신용장 발행은행(Issuing Bank)

② 신용장 발행지역 및 일자(Place and Date of Issue)

③ 신용장 문구(Irrevocable documentary credit)

④ 신용장 번호(Credit Number)

⑤ 유효기일 및 유효기일 종료지역(Date and Place of Expiry)

⑥ 신용장 발행의뢰인(Applicant)

⑦ 수익자(Beneficiary)

⑧ 통지은행(Advising Bank)

⑨ 신용장금액(Amount)

⑩ 신용장의 분류(Credit Availability)

㉮ 지급(Sight Payment) ㉯ 인수(Acceptance)

㉰ 매입(Negotiation) ㉱ 연지급(Deferred Payment)

⑪ 환어음에 관한 사항(Draft)

⑫ 분할선적 허용여부(Partial Shipment)

⑬ 환적 허용여부(Transhipment)

⑭ 선적항(Shipping Port)과 도착지(Destination)

⑮ 선적기일(Shipping Date)

⑯ 서류에 관한 사항(Documents)

㉮ 상품명세(Commodity Description)

㉯ 특별지시사항(Special Instruction)

⑰ 서류제시기간(Presentation Period)

⑱ 신용장통일규칙 준수문언

02 신용장의 발행

1) 신용장의 발행 신청

매매당사자간에 성립된 매매계약에서 신용장에 의해 대금결제를 할 것을 약정하면 매수인에게 신용장 발행의무가 발생한다. 신용장발행의뢰인은 수입물품의 실수요자이거나 무역업의 신고를 필한 자로서 신용장을 발행하기 위해서는 신용장 발행신청서, 외국환거래약정서, 수입승인서(수입승인대상품목에 한함), 물품매도확약서 등의 매매계약서, 보험증권(가격조건이 FOB 또는 CFR인 경우), 수입대행계약서(수입자가 실수요자와 다른 때) 및 기타 필요한 서류를 은행에 제출하여야 하며, 발행의뢰를 받은 발행은행은 의뢰인의 신용한도, 관계법령 등을 고려하여 문제가 없다고 판단되면 신용장을 발행하게 된다.

신용장의 발행이란 수입상과 수출상이 매매계약을 체결하고 대금결제방법을 신용장에 의할 것을 약정하면 발행의뢰인의 요청과 지시에 따라 수입상의 신청에 의하여 수입상의 거래은행이 수출상이 일정한 조건에 일치하는 선적서류를 구비하여 제시하면 수입상을 대신하여 수입화물에 대한 대금지급을 할 것임을 수출상, 매입은행 등에게 확약하는 증서를 발행하는 것을 말한다.

신용장발행은 발행은행의 입장에서는 지급·인수 또는 매입은행에 대한 우발채무(contingent liability)의 발생인 동시에 발행의뢰인에 대한 우발채권(customer's liability)의 발생을 의미하고, 수익자에게는 발행은행이 그 조건을 일방적으로 변경 또는 취소할 수 있느냐의 책임 여부에 따라 신용장의 상업적 가치는 가장 본질적인 취소불능성인 취소불능신용장이므로 사전에 면밀한 검토가 필요하다.

즉, 수입승인서 및 발행신청서 기재사항의 검토, 발행방법의 검토, 발행의뢰인의 신용상태 점검 및 기타 채권보전 서류의 징구상태를 점검하여 이러한 서류의 검토와 수입신용장 번호부여, 통지은행의 선정, 결제은행의 선정 등의 절차를 거쳐 각종 수수료를 징수한 후에 신용장을 발행한다.

(1) 신용장 발행신청서(application for irrevocable documentary letter of credit)

취소불능 수입신용장 발행신청서는 수입상이 수출상과 매매계약에서 정한 제조건(대금결제방법, 선적항, 도착항, 선적기일, 유효기일 등)을 간단·명료, 정확하고 일치되게 작성되는 서류로서 신용장의 조건이 기재되는 중요한 서류이다. 따라서 수입승인서(해당되는 경우)의 취지를 벗어나지 않아야 하며 후일 당사자간에 분쟁이 발생되지 않도록 명확하게 작성되어야 한다.

동 서류는 발행의뢰인이 발행은행에게 지시하는 신용장에 기재할 모든 사항을 기재한 서류로서 대부분의 은행은 이 서류의 인쇄된 양식을 구비하고 있기 때문에 고객은 이 양식에 맞추어 필요사항을 기재하면 된다. 현재 국내 외국환은행에서 사용되고 있는 수입신용장 발행신청서는 신용장금액·어음종류·상품명세·유효기일·기타 특수조건 등을 기재하도록 하고 있다.

발행의뢰서 취급시 은행은 다음 사항에 유의해야 한다. 즉, 수입상은 매매계약과 일치하는 상품의 입수에 집착하여 신용장에 상세한 사항의 기재 및 복잡한 조건의 신용장 발행은 매입·지급·인수은행들의 취급 거절사태를 유발할 우려뿐만 아니라 독립추상성을 근간으로 하는 신용장의 성질상 복잡하고 과도한 명세가 반드시 정확한 상품의 입수를 보장하는 것도 아니므로 발행은행은 수입상의 이와 같은 요구가 있을 경우 이를 적극적으로 제지하여 기재사항이 간단·명료하고 정확한 서류의 입수가 되도록 지도하여야 한다.

(2) 수입승인서(import license : I/L)

수입하고자 하는 물품이 대외무역법 또는 기타 개별법에서 수입을 제한하고 있을 때는 해당 기관의 수입승인서(import license)를 첨부하여야 한다. 대외무역법에 의한 수입승인물품에 대하여는 발행의뢰인 수입행위의 적법 여부 즉, 수출입공고, 통합공고 등에서 수입이 제한되는 경우와 신용장 발행신청서와의 연관성을 확인하기 위해 해당되는 경우 수입승인서를 징구하는 것이며, 신용장상의 모든 기재사항은 동 승인서 허용하는 범위 내의 것이어야 한다.

(3) 계약서(sales contract) 또는 물품매도확약서(offer sheet)

매매계약의 내용을 확인하기 위해 수입계약서 또는 물품매도확약서가 제출되는데 물품매도확약서란 매매당사자간의 매매계약서의 성격을 지닌 서류, 즉 Offer Sheet를 말한다. 수입신용장 발행신청서의 기재내용이 수출상과의 계약내용과 일치하는지의 여부를 확인하기 위해 계약서 또는 물품매도확약서를 징구한다.

(4) 외국환거래 약정서((FX Transaction Agreement)

외국환거래 약정서는 발행은행과 발행의뢰인 간의 수출입거래에 관한 책임을 명시한 약정서로서 신용장거래뿐만 아니라 무신용장거래(D/P·D/A)·무화환신용장거래·내국신용장환어음매입(추심)거래 등의 수출입업무에 모두 적용된다.

본 약정서에는 신용장의 발행은 물론 신용장의 통지·수출입환어음 결제·담보·비용부담 및 은행의 면책 등 발행은행과 발행의뢰인간의 상호의무를 약정하고 있으며 신용장발행 신청서와는 달리 한번 약정으로 수입업무가 계속된다.

(5) 보험서류(Insurance Document)

수입거래는 주로 해상 또는 항공편으로 외국물품이 국내로 반입되므로 발행은행은 담보보전을 위해 수입물품의 운송중에 발생할 수 있는 물품의 멸실·손상 등의 손해를 방지하기 위한 조치를 강구하여야 한다. 따라서 수입물품에 대하여는 화물운송 중에 발생할 수 있는 손해를 보상받기 위하여 적하보험에 가입하여야 한다. 무역거래에 있어서는 가격조건에 따라 보험계약의 주체가 달라지는데 가격조건이 FAS, FOB 또는 CFR 등인 경우에는 수입상이 보험계약을 체결하여야 한다.

수입상이 보험계약을 체결하는 가격조건으로 신용장을 발행하는 경우에는 수입상이 계약한 보험서류에 질권설정을 받아 보험서류를 취득함으로써 수입물품의 담보권을 보전하여야 한다. 이때 보험조건은 수입물품의 특성을 고려하여 발행은행의 채권 보전에 지장이 없는 조건으로 부보되어야 한다.

2) 신용장거래의 일반절차

신용장방식을 중심으로 진행되는 수입절차 및 흐름도는 다음과 같다.

① 국내의 수입상이 외국의 수출상과 대금결제방법으로서 신용장에 의한 대금지급이 이루어지도록 합의한 물품매도확약서(offer sheet)를 받는다.

② 수입상은 수입물품이 수출입공고, 통합공고, 전략물자·기술수출입공고 등에 의하여 수입이 제한되는 경우에 관계기관에 신청하여 수입승인서(I/L: Import License) 또는 수입요건 확인서를 발급받는 등 필요한 조치를 취한다.

③ 수입상은 거래은행을 통하여 신용장발행 신청서(application for irrevocable documentary credit)를 명확하게 기재하고 외국환거래약정서와 함께 발행은행(issuing bank)에 제시하여 수입신용장 발행을 의뢰한다.

④ 신용장발행을 의뢰받은 수입상의 거래은행인 외국환은행(신용장발행은행)은 신용장을 발행하여 수출상의 국가에 있는 자신의 본·지점 또는 환거래은행을 통지은행으로 지정하여 신용장을 수출상에게 통지하도록 송부한다.

⑤ 신용장을 접수한 통지은행은 신용장의 내도사실을 수출상에게 통지한다.

⑥ 신용장을 수취한 수출상은 해당 물품의 생산·제조 또는 구매완료 후 신용장에서 요구하는 제반서류를 준비한다.

⑦ 선박회사 또는 항공회사를 수배하여 물품을 선·기적(船·機積) 한다.

⑧ 동 회사로부터 선하증권(B/L) 또는 Air Waybill(AWB)을 교부받는다.

⑨ 신용장에서 요구하는 환어음과 제반서류를 갖추어 신용장에서 지정된 지급·인수 또는 매입은행에 이를 제시하여 화환어음 매입을 의뢰한다.

▌그림 9-1▐ 신용장방식 수입절차 및 흐름도

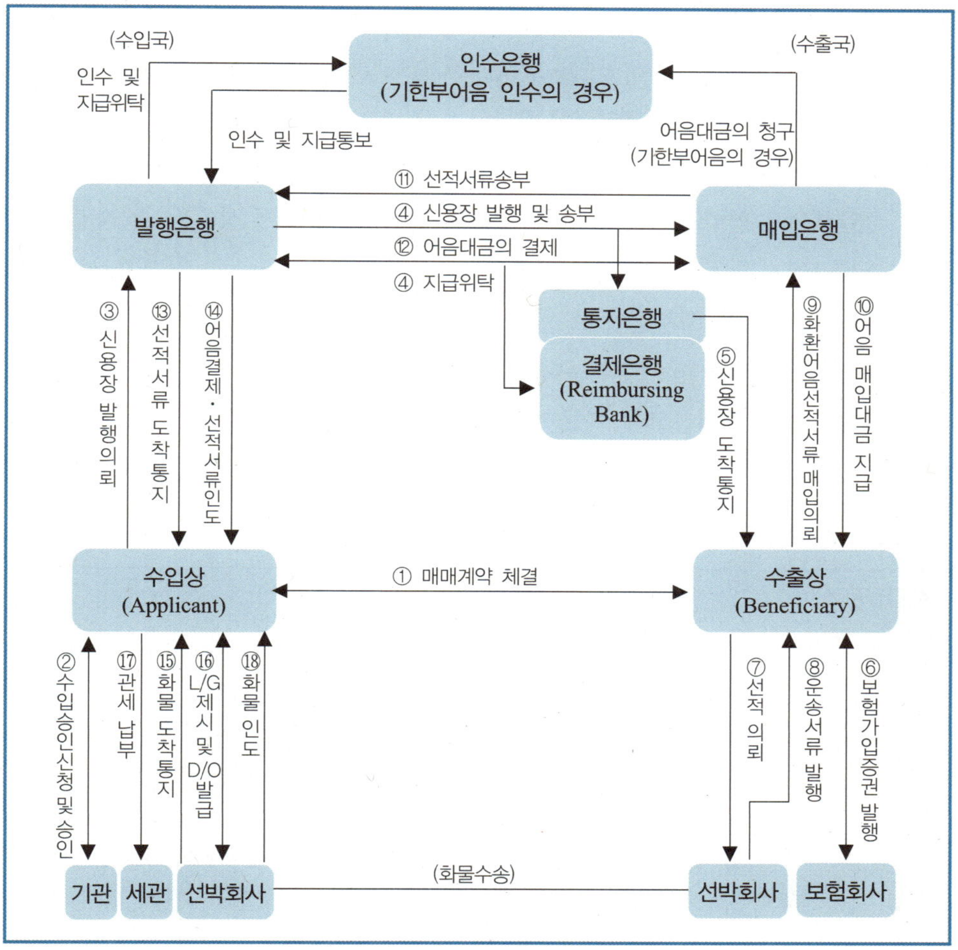

⑩ 매입은행은 화환어음(또는 운송서류)을 추심전 매입하여 어음대금을 수출상에게 지급하거나 추심후 매입의뢰를 한다.

⑪ 매입은행은 수출상에게 지급한 어음을 결제받기 위하여 수입국의 신용장 발행은행에 선적서류를 발송하고 어음매입대전의 상환을 청구한다.

⑫ 신용장 발행은행은 어음대금을 매입은행에 지급한다. 통상 국제금융 중심지의 주요 환거래은행(depositary correspondent bank)을 통하여 결제한다.

⑬ 신용장발행은행은 선적서류가 접수되면 도착사실을 수입상에게 통지한다.

⑭ 발행은행은 수입상이 수입어음을 결제 또는 인수한 후 선적서류를 수입상에게 인도한다. 운송서류가 도착하였으나 수입상이 결제자금이 없어 서류를 인수하지 못하는 경우에는 수입상은 대도(Trust Receipt : T/R)를 통해 대금을 지급하지 않고 발행으로부터 서류를 인도받을 수 있다.

⑮ 수입상은 선박회사 또는 항공회사로부터 화물도착통지서(arrival notice)를 받으면 동 회사에 운임을 정산한 후 화물인도지시서(delivery order)를 받고, 한편 수입화물은 도착하였으나 운송서류가 도착하지 않아 화물의 인수가 불가능한 경우에는 은행으로부터 수입화물선취보증서(Letter of Guarantee)를 발급받아 화물을 인수할 수 있다.

⑯ 수입상은 수입항 보세구역 또는 보세구역외 장치장소에 장치한 후 직접 또는 관세사에게 의뢰하여 수입신고를 한다. 필요한 경우 세관의 물품검사를 받고 수입신고필증을 교부받아 소정의 관세를 납부하고 수입통관절차를 밟아 선박회사로부터 화물을 인수받는다.

항공화물도 보세창고에 화물인도지시서(delivery order : D/O) 또는 항공화물운송장(air way bill : AWB)을 제시하고 수입화물의 인수절차를 밟는다.

표 9-1 수입절차(화환신용장 결제방식, FOB 가격조건인 경우)

수입절차	주 요 내 용
수입계약 체결	가장 적합한 Seller와 수입계약을 체결, 통상 외국 수출상으로부터 확정 물품매도확약서(firm offer)를 받은 후 이를 승낙(acceptance)하여 수입계약을 체결한다.
수입승인 (필요시)	수출입공고 등에서 수입이 제한되는 품목인 경우 관련기관의 수입승인(I/L)을 득하고, 물품이 통합공고상 수입제한 품목인 경우는 주무부처의 사전허가를 득한다.
수입 신용장 발행	• 지급확약의 방식인 신용장 발행을 위하여 신용장발행신청서에 제 조건을 간단·명료, 정확하게 그리고 수입계약서의 조건(대금결제방법, 선적항, 도착항, 선적기일, 유효기일 등)과 일치되게 작성하여야 한다. 발행은행은 신속한 방법으로 통지은행을 통하여 수익자(수출상)에게 신용장발행사실을 통지한다. 수입신용장 발행을 위하여 거래은행에 수입신용장 한도를 미리 설정해야 하며 신용 또는 담보, 건별 또는 회전한도로 설정여부를 결정한 후 외국환 거래약정서, 발행신청서 등을 구비하여 신용장 발행, 신용장발행 수수료 준비 • 담보제공에 따른 비용발생 • FOB 조건인 경우 보험회사에 신용장 발행신청서 사본을 팩스로 보내어 부보 함. 보험증권 원본이 신용장발행 당일에 은행의 외환계 전달될 수 있도록 요청. 보험증권 사본과 보험료 청구서를 접수. 일반적으로 'All Risks' 조건으로 부보하나 품목별로는 낮은 요율로 부보가능 • FOB 조건의 경우 신용장의 "Special Condition" 난에 포워딩업체의 상대국측 파트너의 이름을 명기하나, 소량의 화물이라면 선박회사를 지명하지 않을 수도 있다. • 신용장사본, 수출업체의 전화번호, 담당자 등의 정보를 포워딩업체에 통보함 • 수출업체 또는 수출업체의 국내 대리점에 수시로 연락하여 신용장 조건에 따라 제조 등의 사항이 순조롭게 진행되는지 재확인함.

수입절차	주 요 내 용
선적서류 내도	• 수입화물의 선박명과 도착예정일 확인(수출상이 발송한 선적서류 사본, 선박회사의 도착통지인 Arrival Notice, 은행에 내도한 선적서류 원본). • 발행은행으로 보내온 선하증권 등 서류가 신용장 제 조건과 일치하는지 여부를 심사한 후 수입상에게 운송서류 도착통지서를 송부한다. 근거리 국가의 경우 또는 항공 화물의 경우 수입화물이 은행을 통하여 송부되는 선적서류보다 먼저 도착되는 경우에는 통관이 필요함으로 수입화물 선취보증서(Letter of Guarantee : L/G) 또는 항공화물 인도승락서 제도를 활용하여 화물을 인수하는데 L/G 발급시에는 수입보증금을 적립하는 것이 기본원칙이다.
수입대금 결제 및 서류인수	수입상은 발행은행으로 도착된 선적서류를 인도받게 되는데, At Sight 조건인 경우는 바로 대금을 결제하고 Usance 조건인 경우에는 일단 선적서류를 인수를 하고 만기일에 결제하게 된다. 수입상은 자기자금으로 결제하거나(일반재 등) 무역금융 규정에 의한 자금을 융자받아(수출용, 외화대출 등) 관련수수료를 납부하고 수입대금을 결제하면서 서류를 인도받는다.
수입통관	• 신용장 발행은행에 수입대금을 지불한 수입상은 당해 수입품이 수입지의 항만 혹은 보세구역(컨테이너 화물의 경우 CY/CFS)에의 도착통지를 받으면 선하증권 원본 (Original B/L)을 선박회사에 제시하여 해상운임을 정산하고 화물인도지시서 (D/O : Delivery Order)를 발급 받는다. • FOB 조건의 경우 해상운임(Ocean Freight)을 지불해야 한다. 보세운송이 필요한 업체라면 B/L 제출시에 이를 신청해야 한다. • 수입신고서를 접수한 후 세관에서는 수입통관시스템(CEDIM, Customs EDI for Import)에 조회하여 C/S(Cargo Selectivity) 결과, 통관검사 및 검사에 특별한 주의를 요하는 사항이 있는지 여부를 확인하여 즉시수리, 심사대상, 물품검사 중 한 가지를 선택하여 수입신고서 처리방법을 결정한다. • 수입물품을 보세구역이나 타소 장치장에 반입한 후에, 세관에 수입신고 후(EDI 신고) 수입신고서 심사 및 검사가 끝나면 지정은행에 관세 등을 납부하고 세관에서 소정의 절차를 거쳐 수입신고필증을 교부받음. ※ CY(Container Yard), CFS(Container Freight Station) • 수입자가 당해 화물을 운송해 온 선사 혹은 포워더에게 선하증권(B/L) 원본을 제출하면 선사 혹은 포워더는 수입자에게 D/O(Delivery Order)를 발급함.
물품반출	• 수입신고필증 및 D/O(Delivery Order)를 제시하여 화물이 보관되어 있는 보세구역 혹은 CY/CFS에서 물품을 반출한다. • 수출용원자재로 수입한 원료로 제조, 가공한 물품은 수출한 후 소요량 증명서를 첨부하여 원자재 수입시 이미 납부한 관세를 환급받을 수 있다.
무역 클레임	• 수입자가 수입물품의 변질, 품질불량, 수량부족 등으로 발생된 손해를 청구한다. 무역 클레임의 해결방법(solutions of trade claims) 에는 당사자간의 협상을 통한 타협이나 화해(compromise, accord, concord and amicable settlement), 제3자에 의한 알선(intercession, recommendation), 조정(conciliation, mediation), 중재(arbitration), 소송(litigation, suit) 등이 있다.
기타절차	• 해상보험계약 체결(FOB, CFR 등의 거래조건시) 등 수입업자의 이익을 위한 절차를 취한다.

3) 신용장의 발행방법

수입상은 수입물품에 대한 수입승인(해당되는 경우)을 받은 다음 그 유효기간 내에 신용장 발행을 신청하게 된다. 신용장 발행은행은 신용장 발행에 관한 심사 및 기타의 절차를 완료하고 발행의뢰인이 제출한 신용장발행 신청서(application for irrevocable documentary letter of credit)의 내용을 점검한 후 모든 내용을 타당하다고 인정하면 수입신용장을 발행하여 준다.

신용장의 발행방법은 선적기일·시황·자금사정 등을 고려하여 발행하게 되는데, 전통적인 방법은 우편에 의한 발행방법(우편에 의한 신용장 발행이란 발행은행이 자행의 신용장양식에 의거 발행한 신용장을 통지은행을 통하여 수출상에게 전달함으로써 신용장 발행이 완료되는 방식), 전신에 의한 발행방법에는 정식전보(full cable)에 의한 방법(발행은행이 신용장 내용 전부, 즉, 신용장번호·금액·수익자·선적(유효)기일 등 신용장의 주요사항은 물론 지급보증 문언 및 신용장통일규칙 준수 문언 등 우편신용장에서와 같은 모든 내용을 전신으로 통지은행에 보내면 통지은행이 이를 받아 통지은행의 신용장통지 양식을 Full Cable 앞에 부착한 후 수출상에게 전달하는 방식)과 통신수단의 발달로 최근에는 SWIFT에 의한 방법으로 신용장을 발행하고 있다.

(1) SWIFT에 의한 발행

SWIFT(Society for Worldwide Inter-bank Financial Telecommunication : 국제은행간 자금결제 전산망)란 국제은행간 자금결제를 위한 정보통신망으로 국제금융기관의 대차업무, 즉 국제자금 결제업무를 전통적인 결제방법에서 탈피하여 보다 신속하고 정확·안전한 자금결제 업무처리를 위한 EDI방식에 의한 문서전달 체제를 의미한다. SWIFT에서는 전문의 진위 확인을 위해서 인증키(authentication)를 이용하며 인증키에 의한 16자리의 암호로 구성된 비밀번호를 사용한다. SWIFT의 장점인 ① 안전성(security), ② 신속성(timeliness), ③ 저렴한 비용(low cost), ④ 업무의 표준화(standardized formats) 등으로 전문(電文)이 신속·정확하며 표준화된 양식을 사용함으로써 통신비를 절약할 수 있고 전송메시지 자체를 암호화하여 고도의 보안성을 유지할 수 있다.

SWIFT에 의한 신용장발행은 신용장의 Format이 표준화되고 Code화되어 있고 Authenticator Key는 Test Key와 같이 금액, 통화종별, 거래일자 등을 수자화(數字化)하여 16진법의 기본수자(基本數字)인 0~9, A~F까지의 임의의 숫자 및 알파벳 문자를 중복하지 않고 사용한 16자리의 암호로 구성되어 있다.

SWIFT 신용장 관련 표준형식은 은행간에 신용장을 발행하여 송신할 때 정형화된 Message Type(MT) 난에 어떠한 내용인지를 명시하도록 되어 있는데 예를 들어 신용장발행은 MT(message type) 700과 MT701(issue of documentary credit)을 사용한다. MT700은 신용장발행 양식이며 서류명세·물품명세 등이 많아 MT700으로 부족한 경우에는 MT701을 추가로 사용한다. SWIFT에 가입한 금융기관들끼리 신용장과 관련하여 사용되는 Message Type들은 다음과 같다.

MT 700	• 화환신용장 발행, 발행된 화환신용장의 조건들을 표시한 형식이다.
MT 701	• 화환신용장 발행, 상기 MT700에 연속되는 신용장 내용의 2쪽이다. • 신용장의 내용이 최대 허용치의 분량을 초과하는 경우 추가사항은 MT701 형식을 사용하여 발신하여야 한다. MT701은 최대 3쪽까지 사용이 가능하다. • 화환신용장의 조건변경
MT 705	• 화환신용장 발행의 사전통지문, 완전한 신용장을 보내기 이전에 사전 정보사항으로 보내는 신용장의 사전통지문 형식이다.
MT 707	• 화환신용장 조건변경의 통지문 • 화환신용장의 조건변경사항을 통지하는 형식이다.
MT 720	• 신용장의 양도형식이다.
MT 740	• 발행은행이 상환은행으로 보내는 상환수권 전신문이다.

금융기관을 코드화 하여 자동화 처리를 위해 SWIFT가 국제표준화기구에서 명시한 Coding System을 바탕으로 Member, Sub-member, Participant들에게 고유의 Code를 부여하고 있는데 이를 BIC(Bank Identifier Code)라 한다. BIC 부여방법은 SWIFT 가입회원이 자체환경에 따라 1개 또는 여러 개의 BIC부여신청을 하면 SWIFT 본부에서 이를 수리함으로써 부여되며, 연 4회 발간되는 BIC Directory에 실려 모든 가입자에게 알려지게 된다. 신청하는 BIC는 다른 회원의 BIC와 중복되지 않아야 하며, Coding System에 따라 만든 것이어야 한다. BIC(bank identifier code)의 구성은 BIC는 8자리 또는 Branch Code를 사용할 때는 11자리로 구성되는데 구조는 아래와 같다.

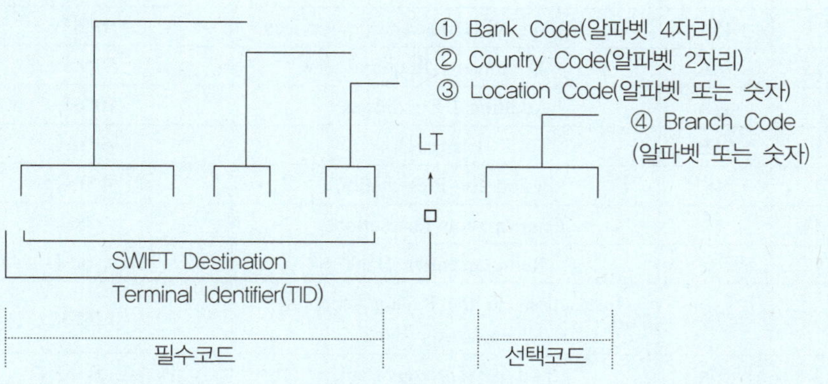

주) ③, ④ 및 LT Code의 숫자 사용시는 0과 1은 사용 불가
주) LT : 주로 A가 사용되는데 앞 8자리 코드가 SWIFT에 등록되어 사용되고 있다는 의미이다.

〈서식 9-1〉 MT700 Issue of Documentary Credit

M/O	TAG	FIELD NAME	CONTENT/OPTIONS
M	27	Sequence of Total	In/In
M	40A	Form of Documentary Credit	24x
M	20	Documentary Credit Number	16x
O	23	Reference to Pre-Advice	16x
O	31C	Date of Issue	6n
M	31D	Date and Place of Expiry	6n29x
O	51a	Applicant Bank	A or D
M	50	Applicant	4*35x
M	59	Beneficiary	[/34x] 4*35x
M	32B	Currency Code, Amount	3a 15number
O	39A	Percentage Credit Amount Tolerance	2n/2n
O	39B	Maximum Credit Amount	13x
O	39C	Additional Amounts Covered	4*35x
M	41a	Available With··· By···	A or D
O	42C	Drafts at···	3*35x
O	42a	Drawee	A or D
O	42M	Mixed Payment Details	4*35x
O	42P	Deferred Payment Details	4*35x
O	43P	Partial Shipments	1*35x
O	43T	Transshipment	1*35x
O	44A	Loading on Board/Dispatch/Taking in Charge at/from···	1*65x
O	44B	For Transportation to···	1*65x
O	44C	Latest Date of Shipment	6n
O	44D	Shipment Period	6*65x
O	45A	Description of Goods and/or Services	50*65x
O	46A	Documents Required	50*65x
O	47A	Additional Conditions	50*65x
O	71B	Charges	6*35x
O	48	Period for Presentation	4*35x
M	49	Confirmation Instructions	7x
O	53a	Reimbursement Bank	A or D
O	78	Instructions to the Paying/Accepting/ Negotiating Bank	12*65x
O	57a	"Advise Through"Bank	A, B or D
O	72	Sender to Receiver Information	6*35x

M : 필수사항　O : 선택사항

〈서식 9-2〉 수입신용장(SWIFT MT 700)

Application header block	:
: Input/Output Identifier	: 1 Outgoing Message
: Transaction Type	: 700 issue of a documentary credit
: Transaction Priority	: Normal
: To	: KOREA EXCHANGE BANK, HONG KONG BRANCH, HONG KONG
: 27 /sequence of total	: 1/1
: 40A /form of documentary credit	: IRREVOCABLE
: 20 /documentary credit number	: M-06Q4-906-NS-00025
: 31C /date of issue	: 190610
: 31D /date and place of expiry	: 191005 AT NEGOTIATION BANK'S COUNTER
: 50 /applicant	: D.J.INTERNATIONAL LTD. 120-3 CHUNGDAM-DONG KANGNAM-KU, SEOUL, KOREA
: 59 /beneficiary	: POSCELIN CO. LTD.. UNIT D. 7/F., HONG KONG SPINNERS IND BLDG. PHASE 1 AND 2, 601-603 TAI NAN WEST ST., KLN., HONG KONG
: 32B /currency code amount	: USD243,698.30
: 39A /pct credit amount tolerance	: 10/10
: 41D /available with/by-name, address	: ANY BANK BY NEGOTIATION
: 42C /drafts at	: AT SIGHT
: 42A /drawee	: KOREA EXCHANGE BANK KANGNAM BRANCH
: 43P /partial shipments	: ALLOWED
: 43T /transshipment	: NOT ALLOWED
: 44A /on board/disp/taking charge	: HONG KONG PORT
: 44B /for transportation to	: BUSAN, KOREA PORT
: 44C /latest date of shipment	: 190930
: 45A /descr goods and/or services	: 8,730S/F OF COLORED COWHIDE GRAIN LEATHER FOR SHOE UPPER "RAW MATERIAL" 1.STEER RAW HIDE ORIGIN : HONG KONG PRICE TERM : FOB HONG KONG
: 46A /documents required	+ SIGNED COMMERCIAL INVOICE IN THREE FOLD + FULL SET OF CLEAN ON BOARD OCEAN BILLS OF LADING MADE OUT TO THE ORDER OF KOREA EXCHANGE BANK MARKED FREIGHT COLLECT AND NOTIFY ACCOUNTEE + PACKING LIST IN THREE FOLD
: 47A /additional conditions	+ ALL DOCUMENTS MUST BEAR OUR CREDIT NUMBER + T/T REIMBURSEMENT NOT ALLOWED + 10 PCT MORE OR LESS IN QUANTITY AND AMOUNT ARE ACCEPTABLE + THIRD PARTY DOCUMENTS ACCEPTABLE
: 71B /charges	: ALL BANKING COMMISSIONS AND CHARGES INCLUDING REIMBURSEMENT CHARGES OUTSIDE KOREA ARE FOR ACCOUNT OF BENEFICIARY.
: 49 /confirmation instructions	: WITHOUT
: 53A /reimbursement bank	: KOEXFRPP
: 78 /instructions to pay/acc/neg bk :	+ DRAFTS MUST BE SENT TO DRAWEE BANK FOR YOUR REIMBURSEMENT AND ALL DOCUMENTS TO US BY BY COURIER SERVICE IN ONE LOT. + REIMBURSEMENT IS SUBJECT TO ICC URR 525.
: 72 /sender to receiver information :	UNLESS OTHERWISE EXPRESSLY STATED, THIS CREDIT IS SUBJECT TO THE UNIFORM CUSTOMS AND PRACTICE FOR DOCUMENTARY CREDIT, 2007 REVISION, ICC PUB. NO, 600

SWIFT에서의 신용장발행은 MT(Message type) 700과 MT701(issue of a documentary credit)을 사용한다. MT700은 신용장발행 양식이며 서류명세·물품명세 등이 많아 MT700으로 부족한 경우에는 MT701을 추가로 사용한다. SWIFT에 의한 신용장 발행 양식은 <서식 9-1>과 같으며 실제 발행된 수입신용장은 <서식 9-2>과 같다. MT700의 신용장발행 방법은 종전 정식전보에 의한 신용장 전체를 각 주요 항목 별로 코드화한 것이며 각각의 Tag에 들어갈 내용들을 명확히 규정하여 전문 송·수신자간의 신용장 조건해석에 따른 오해를 방지토록 하고 있다.

(2) 결제방법에 따른 신용장의 발행

신용장 거래에 있어 일반적인 지급방법은 일람출급·연지급·분할지급 수입이 있다. 일람출급수입이란 선적서류의 인수와 동시에 수입대금을 지급하는 방법이며, 연지급 수입은 선적서류나 물품의 영수일로부터 일정기간이 경과한 후에 수입대금을 지급하는 것을 말한다. 분할지급수입은 물품 수입대금의 일부를 선적서류나 물품을 영수하기 전에 미리 지급하고 그 잔액을 당해 선적서류나 물품을 영수한 후에 분할하여 지급하는 방법을 말한다. 결제방법에 따른 신용장발행을 SWIFT를 중심으로 살펴보면 다음과 같다.

가) 일람출급신용장의 발행 및 Field 설명

일람출급 신용장은 수입신용장의 대부분을 차지하고 있다. SWIFT의 MT700 (issue of a documentary credit)에서 일람출급 신용장 발행에 대한 주요 항목별 검토 사항을 보면 다음과 같다.

① Sequence of Total : (27)

신용장 전문의 필수항목으로 신용장을 구성하고 있는 전문의 수를 의미하며, “1/1”로 표시된 경우 하나의 전문이 완전한 신용장임을 의미한다. 만일 “2/2”로 표시된 전문이 있어야 완전한 신용장이 되는 것이다.

② Form of Documentary Credit : (40A)

신용장의 종류를 나타내며 “IRREVOCABLE”로 표시하며, 양도가능신용장의 경우에는 “IRREVOCABLE TRANSFERABLE”로 표시한다.

③ Reference to Pre-advice : (23)

MT705로 신용장이 사전 통지된 경우 “PREADV/사전 통지번호 및 일자”를 표시하고 사전 통지한 날짜를 기재한다. 신용장을 사전 통지한 은행은 사전통지와 일치하는 신용장을 발행하여야 한다.

④ Date of Issue : (31C)

신용장의 발행일자를 나타내며 본란이 빈칸일 경우에는 전문 발신일자를 발행일자로 간주한다. 발행일자가 전문 발신일자와 다른 경우에는 발행일자를 분명히 표시하여야 한다.

⑤ Date of Place of Expiry : (31D)

서류가 제시되어야 하는 최종일인 유효기일과 그 유효기일 내에 서류가 제시되어야 하는 장소를 표시하며, 표시된 장소는 신용장의 사용방법 및 사용은행을 나타내는 "Available With... By..."(41a)에 표시된 사용은행의 소재지와 일치하여야 한다. SWIFT에서의 일자표시는 "180305"과 같이 6자리로 연·월·일을 표시한다.

⑥ Currency Code, Amount : (32B)

신용장의 통화종류와 금액을 표시하며 통화코드는 별도로 지정되어 있다. "About, Approximately" 등을 표시하여 금액의 상·하한을 나타내는 경우에는 TAG 39A, 39B, 39C를 사용해야 한다.

⑦ Percentage Credit Amount Tolerance : (39A)

신용장금액의 상·하한 허용비율을 표시하는 것으로 선적수량의 과부족이 허용되는 경우 신용장 금액도 달라지게 되므로 그 허용비율을 표시하기 위한 것이다.

⑧ Maximum Credit Amount : (39B)

신용장금액의 상·하한이 허용되는 경우 "Up to, Maximum 또는 Not Exceeding" 등을 사용하여 신용장의 최고금액을 표시하며, 이러한 신용장에 의해 발행되는 환어음은 본 항의 금액을 초과할 수 없다.

⑨ Additional Amount Covered : (39C)

신용장조건에 따라 수익자가 이용가능한 추가금액(보험료·운임·이자 등)을 표시한다.

⑩ Avail with …… By …… : (41a)

본 항에서는 신용장의 형식을 표시, 즉, 지급, 인수, 매입을 담당할 은행과 그 형식을 구분 표시한다. 따라서 "By Payment, By Acceptance, By Negotiation, By Def Payment, By Mixed Payment" 중의 하나와 은행코드 또는 은행명을 표시하여야 한다. 예를 들면 지급신용장의 경우 "available with ○○○ bank By Payment"로 표시하고, 자유매입 신용장인 경우에는 "available with any bank in New York(도시명 또는 국명) By Negotiation"으로 표시한다. 그리고 통지은행으로 매입이 제한되는 경우는 "available with Advising Bank By Negotiation"으로 표시한다. 또한 일람출급신용장에서는 "By Payment 또는 By Negotiation"만을 사용하여야 한다.

⑪ Drafts at : (42C)

본 항에서는 환어음의 결제조건을 표시하는 것으로 일람출급신용장은 "Sight"로 기한부신용장은 결제기간에 따라 "90 days after sight", "90 days after B/L date", "90 days from B/L date" 등으로 표시한다.

⑫ Drawee(= Drawn On) : 42a

본 신용장의 조건에 따라 발행된 환어음의 지급을 담당할 은행을 표시한다. 환어음의 지급인은 발행은행 또는 제3의 은행이 된다. 신용장에서 환어음이 사용되는 이유는 수익자는 발행은행이 발행한 신용장이라는 담보 외에도 환어음이라는 법률상의 채권서류를 확보하게 되어 이중담보를 확보할 수 있게 되고, 환어음을 매입하여 보유하고 있는 매입은행 등 선의의 제3자(bona fide holder)는 환어음이 지급되지 않는 경우 그 환어음의 발행인(drawer), 배서인(endorser)에게 소구권을 행사할 수 있기 때문이다. 그러나 일부 유럽 및 남미국가의 경우에는 신용장에 의해 발행되는 환어음을 상업거래에 수반되는 유가증권으로 취급하여 과중한 인지세를 부과하고 있어 인지 비용을 절감하기 위해 환어음이 없는 지급신용장 내지는 연지급신용장을 요구하기도 한다.

⑬ Mixed Payment Details : (42M)

혼합지급의 대금지급 방법(지급일자, 금액, 지급방법 등)을 표시한다.

⑭ Deferred Payment Details : (42P)

후지급의 대금지급 방법(지급일자, 결제방법)을 표시한다.

⑮ Partial shipment(분할선적 : 43P), Transshipment(환적 : 43T), Loading on Board / from(선적항 : 44A), For Transportation to(최종목적지 : 44B), Latest Date of Shipment(선적기일 : 44C)은 발행신청서의 기재내용과 동일하게 표시한다.

⑯ Description of Goods : (45a)

상품명세는 상업송장 작성의 기초가 되는 것으로 상품명, 수량, 단가, 가격조건, 원산지 등을 "200,000yds of Polyester Woven Fabric at USDLS 10/yd FOB Hong Kong, China Origin" 등의 예와 같이 표시한다.

⑰ Documents required : (46a)

발행신청서에서 요구한 서류명세를 표시한다. 무역 거래에서 요구되는 서류는 상업송장(commercial invoice), 포장명세서(packing list), 운송서류(transport documents), 보험서류(insurance documents)를 비롯하여 원산지 증명서(certificate of origin), 검사증명서(inspection of) 등이며, 이러한 서류의 발행부수를 표시할 때 신용장에서는 Copy, Fold 및 Original, Duplicate, Triplicate 등으로 표시하고 있다.

⑱ Additional Conditions : (47a)

상품명세나 서류명세를 추가로 표시하거나 신용장의 특별조건을 표시한다. 특별조건은 발행의뢰인 또는 발행은행의 요구사항을 기재하는 것으로 그 내용들은 매우 다양하다.

⑲ Charges : (71B)

본 항은 수익자가 비용을 부담할 경우에만 사용되며 매입 및 양도비용을 제외한 모든 비용은 발행의뢰인이 부담하게 된다. 비용부담을 표시할 때는 "All banking charges and commissions including reimbursing charges outside Korea are for account of beneficiary's account" 등과 같이 표시한다. 이와 같이 수익자가 비용을 부담하더라도 신용장에 관한 발행의뢰인의 지시를 이행하기 위하여 타 은행의 서비스를 이용하는 은행은 발행의뢰인의 위험과 부담으로 하기 때문에 수익자가 지급하지 않는 경우에는 발행의뢰인이 부담하여야 한다.

⑳ Period for Presentation : (48)

서류가 지급·인수·매입을 위하여 제시되어야 하는 기간을 표시한다. 모든 신용장은 선적일 이후부터 서류가 최종적으로 제시되어야 하는 기간을 명시하여야 하며, 아무런 표시가 없는 경우에는 서류제시기간을 21일로 본다.

㉑ Confirmation Instructions : (49)

SWIFT MT 700 전신문의 'Field 49'의 확인에 대한 발행은행의 지시는 'CONFIRM(확인)' → 통지은행에 대하여 확인을 요청하는 것, 'MAY ADD(확인 가능)' → 통지은행은 확인을 할 수 있다고 허용하는 것, 'WITHOUT(확인 불요)' → 통지은행에 대하여 확인을 요청하지 않는다는 것 등으로 구분하고 있다.

㉒ Reimbursement Bank : (53a)

신용장에 의해 발행된 환어음 대금을 지급할 권한을 부여받은 은행의 명칭을 기재하며 이를 상환은행(reimbursing bank)이라고 한다. 상환신용장 발행시 발행은행의 지시에 따라 신용장의 수익자가 발행한 환어음 대금을 매입은행에게 발행은행을 대신하여 지급하는 은행으로서 대금지급시 상환은행은 상환수수료(reimbursement commission)조로 일정액을 신용장조건에 따라 발행은행 또는 매입은행으로부터 징수하므로 국가별·은행별로 큰 차이가 있으므로 상환수수료가 저렴한 은행을 선정토록 하며, 신용장 발행 후 적절한 기간 내에 상환수권전문(MT740)을 발신한다. 상환수권전문은 상환은행으로 하여금 발행은행의 계좌를 차감하여 상환청구 금액을 지급할 권한을 부여하는 전문으로 청구금액 지급을 위해 필요한 사항인 신용장번호·금액·환어음기간·발행은행 계좌번호·상환수수료에 관한 사항을 표시하고 있다.

㉓ Instructions to the Paying/Accepting/Negotiation Bank : (78)

지급·인수·매입은행에 대한 지시사항을 표시하는 것으로 일람출급신용장에서 발행은행이 매입은행 앞으로 지시하는 내용을 보면 다음과 같다.

㉮ 수익자가 발행한 환어음을 환어음지급은행으로 송부토록 하여 대금을 지급하는 경우 "Instructions to the Negotiating Bank : Please present beneficiary's draft to the drawee bank for payment"로 표시하며 이 때 환어음의 지급은행(drawee bank)은 「42a : Drawee」에 표시된다.

㉯ 수익자의 환어음은 발행은행 앞으로 발행하고, 별도로 매입은행이 자신의 상환어음을 작성하고 이를 결제은행으로 송부케 하고 대금을 지급하는 경우 "Instructions to the Negotiating Bank : In reimbursement, Please draw your own drafts at sight on ○○○ Bank(결제은행)"로 표시하며 이때 결제은행(reimbursement bank)은 「53a」에 표시된다.

㉰ 수익자의 환어음을 발행은행 앞으로 발행토록 하고 별도의 결제은행을 지정하지 않고 발행은행이 서류수취 후 대금을 지급하는 경우 "Instructions to the Negotiating Bank : Upon receipt of documents in compliance with the terms of the credit, We will remit the proceeds to you as per your instruction"으로 표시하며 「42a」에는 발행은행명을 기재한다.

㉱ 이상과 같은 대금결제와 관련한 지시사항 이외에도 거래의 형태에 따라 다양한 지시사항이 있을 수 있으며 서류송부에 관하여는 "All documents must be forwarded direct to issuing bank in two consecutive sets on courier service by registered airmail"과 같이 표시한다.

㉔ "Advise Through" Bank : (57a)

전문을 수신한 은행이 아닌 다른 은행을 통하여 신용장이 통지되거나 확인될 경우 최종통지 또는 확인할 은행의 명칭을 기재한다. 신용장의 통지는 신용장거래의 시발점이 되는 중요한 행위이며, 통지은행과 발행은행은 대리와 위임의 관계가 성립되므로 발행은행은 해외의 환거래은행을 통지은행으로 선정한다. 통지수수료는 수익자 부담이며 발행의뢰인이 통지은행을 선정한 경우에는 매매계약 당사자간의 거래관계를 고려하여 이에 따르도록 한다.

㉕ sender to receiver Information : (72)

필요한 경우 발신은행이 수신은행에게 제공하는 정보사항을 기술한다.

PHONBEN : 수익자에게 전화로 통지하시오.

TELEBEN : 수익자에게 가장 효과적인 전신으로 통지하시오.

나) 기한부신용장의 발행

기한부신용장(Usance Credit)이란 수입상이 대금을 결제하기 전에 먼저 서류를 인도받은 후 신용장조건에 따라 일정기간 후에 수입어음대금을 결제하는 신용장으로서 수입상은 어음지급기간 내에 수입화물을 처분하여 그 대금으로 만기일에 수입대금을 결제할 수 있는 방법으로서 수입상에게는 결제자금의 부담을 덜 수 있는 유리한 결제수단이다. 기한부신용장은 만기일까지의 이자를 누가 부담하느냐에 따라 Shipper's Usance Credit(무역인수신용장)와 Banker's Usance Credit(은행인수신용장)로 구분하며, Banker's Usance Credit는 신용공여자에 따라 Overseas Banker's Usance Credit(해외인수)와 Domestic Banker's Usance Credit(내국수입유전스)로 구분한다.

(가) 무역인수신용장(Shipper's Usance Credit)의 발행

무역인수란 수출상이 직접 수입상에게 단기금융을 제공하여 일정기간동안 대금지급을 유예하는 것으로 선적인 유전스(Shipper's Usance)라고도 한다.

신용장에서는 수출상이 물품선적 후 신용장에서 정한 일정기간 후에 수출대금을 회수함으로써 수입상에게 신용을 공여하는 것이다. MT700을 이용한 무역인수신용장의 발행은 다음과 같은 사항들을 제외하고는 일람출급신용장과 동일하다.

① Drafts at : (42c)

환어음의 결제조건으로서 유전스 기간을 기입한다. 예를 들면 "at 90 days after sight, at 60 days from B/L date" 등으로 표시한다.

② Drawee : (42a)

무역인수신용장에서는 수출상이 발행한 환어음을 발행은행이 인수를 함으로써 수입상에게 신용공여가 이루어지며, 환어음의 지급인은 발행은행이 되므로 발행은행명을 본란에 표시한다. 운송서류와 함께 환어음이 송부되어 오면 발행은행은 수입상에게 서류의 수리여부를 확인하게 된다.

③ Charges : (71B)

유전스기간의 이자는 수출상이 부담하므로 "Usance Interests are for Seller's (or beneficiary's) account"로 표시한다.

④ Instructions to the Paying/Accepting/Negotiating Bank : (78)

무역인수신용장에서 환어음의 만기일에 대금을 지급하는 방법은 아래와 같이 송금방식 또는 제3은행을 통한 결제방식에 의한다.

㉮ 송금방식으로 지급하는 경우 : “Usance Interest are for seller’s account. In reimbursement, We will remit the proceeds as per negotiating bank's instruction at maturity”

㉯ 제3의 결제은행을 통하여 지급하는 경우 : “Usance Interest are for seller’s account. In reimbursement, please draw your own drafts at sight on ○ ○ ○ Bank(결제은행) at maturity”로 표시하고 「53a : Reimbursement Bank」에 결제은행을 나타낸다.

(나) 해외은행인수신용장(Overseas Banker’s Usance Credit)의 발행

해외은행인수란 해외은행의 인수금융(acceptance finance)에 의거 수출상에게는 일람출급조건과 같이 수출대금을 지급하고, 수입상에게는 일정기간 대금결제를 유예해 주는 것을 말한다. 무역인수가 수출상의 금융임에 비해 해외은행인수는 해외은행이 신용의 공여자가 되며 이자는 수입상이 부담한다. MT700을 이용한 해외은행인수신용장의 주요 검토사항은 다음과 같다.

① Available with …… By …… : (41a)

해외은행이 환어음의 인수를 통하여 신용을 공여하므로 인수은행명과 신용장의 형식을 “인수”로 표시한다. 즉, “available with ○ ○ ○ bank(인수은행) by acceptance”로 표시하며 수익자발행 환어음을 해외은행이 인수하는 조건의 신용장이다.

② Drafts at : (42c)

유전스 기간을 표시한다.

③ Drawee : (42a)

수익자발행의 환어음을 인수하여 일람출급조건으로 대금을 지급할 은행명을 기재한다. 일반적으로 해외 예치환거래은행이 인수은행 겸 지급은행이 된다. 인수은행은 환어음을 인수할 때의 인수수수료(acceptance commission)와 이 어음을 타인에게 매각할 경우에 발생하는 할인료(discount charge)를 발행 은행으로 청구하며 이는 수입상이 최종적으로 부담한다.

④ Instructions to the Paying/Accepting/Negotiating Bank : (78)

해외은행인수 신용장은 일람출급조건으로 대금을 지급하므로 매입은행에 대하여는 동 사실을 표시하여야 하고, 인수은행에 대하여는 인수이율의 기준을 사전협의하여 표시할 수 있다. 인수은행의 선정은 해외은행이 수입환어음을 인수함으로써 신용장 발행의뢰인이 수입대금의 지급을 일정기간 유예받는 Overseas Banker’s Usance Credit에서는 발행은행이 보통 해외의 환거래은행이나 자행의 해외 본·지점을 인수은행으로 선정한다. 인수은행은 수입 환어음을 인수함으로써 인수수수료(acceptance commission)를 발행은행 앞으로 청구한다.

㉮ "Instructions to the Negotiating Bank : Acceptance Commission and Discount charges are for buyer's a.c. Payment under this L/C is to be made on at sight basis regardless of drafts tenor."

㉯ "Instructions to the Accepting Bank : Please accept and discount beneficiary's drafts drawn under and in compliance with the terms of this credit. In reimbursement, please debit our account with you for A/C and D/C at sight, and for face amount at maturity under advice to us. Interest should not exceed 6 months LIBOR plus 0.5 pct P.A."

(다) 국내은행인수신용장(Domestic Banker's Usance Credit)의 발행

내국수입유전스란 수출상이 발행한 환어음의 인수를 국내은행, 즉 신용장발행은행이 담당하여 수입상에게 금융을 제공하는 것으로 인수금융이 국내에서 발생하므로 인수수수료와 할인료가 해외로 유출되지 않는다는 점을 제외하고는 해외은행인수와 동일하다.

MT700을 이용한 내국수입유전스 신용장 발행시 주요 검토사항은 아래와 같다.

① Available with …… By …… : (41a)

신용장발행은행이 인수금융을 담당하므로 발행은행명과 신용장의 형식을 "인수"로 표시한다. 즉, "available with ○ ○ ○bank(발행은행) by acceptance"로 표시하게 된다.

② Drafts at : (42c)

유전스 기간을 표시한다.」

③ Drawee : (42a)

환어음의 지급인을 발행은행명을 기재하며, 발행은행이 환어음을 인수하고 수입대금을 매입은행 앞으로 일람출급으로 지급한다. 수입상에게는 유전스 기간동안 신용을 공여하며 만기일에 수입대금을 영수한다.

④ Instructions to the Paying/Accepting/Negotiating Bank : (78)

해외은행인수 신용장과 같이 매입은행 앞으로는 일람출급조건으로 대금을 지급하며 발행은행이 송금방식으로 지급하거나 제3의 결제은행을 통하여 지급한다.

(라) 분할지급신용장의 발행

분할지급신용장이란 수입대금의 5% 이상을 착수금조로 일람출급조건으로 사전 지급하고 잔액은 당해 선적서류나 물품영수 후 연지급으로 2회 이상 분할하여 지급하는 방법을 말한다. 분할지급신용장은 보통 사전지급분에 대한 일람출급신용장과 잔액에 대해서는 연지급조건인 해외은행인수 신용장이 혼합된 형태로 발행된다. M700을 이용한 분할지급신용장의 주요 검토사항은 다음과 같다.

① Available with …… By …… : (41a)

분할지급을 담당할 은행명과 신용장의 형식은 혼합지급임을 표시한다. 즉, "available with ○ ○ ○ bank(지정은행) by mixed payment"로 표시한다.

② Drafts at : (42c)

분할지급조건을 기재하며 "5 pct at sight, 95 pct 180 days after B/L date" 등으로 표시한다.

③ Drawee : (42a)

일정액을 일람출급으로 지급하고 나머지 금액은 연지급으로 대금을 지급할 은행명을 기재한다. 해외은행인수 신용장과 같이 인수은행이 대금지급 업무를 겸하고 있다.

④ Instructions to the Paying/Accepting/Negotiating Bank : (78)

일람출급분과 연지급에 대한 각종 지시사항을 표시한다. 즉, ㉮ "Instructions to the Negotiating Bank : Acceptance Commission and Discount charges are for buyer's account. The amount USD5,000(5 pct of L/C amount) is to be paid at sight, and the remaining for USD95,000(95 pct of L/C amount) is to be paid at sight basis regardless of draft's tenor." ㉯ "Instructions to the Accepting Bank : Please accept and discount beneficiary's drafts drawn under and in compliance with the terms of this credit. The accepting bank must inform the principal and acceptance commission, discount charges and maturity to issuing bank at the time of bills discounted."

4) 신용장의 번호기재

화환신용장 번호는 발행은행이 신용장을 발행하면서 부여하는 고유번호로서, 일반적으로 신용장관리의 편의상 수입신용장의 발행이 완료되는 즉시 발행은행은 신용장의 번호는 한국은행에서 제정한 "수출입허가(승인)서 및 신용장 등의 번호기재 요강"에 따라 당해 신용장번호를 기재하여야 한다.

(1) 번호의 부여대상별 기호

▌표 9-2▐ 부여대상별 기호

대　　상	기 호	대　　상	기 호
수출허가(승인)번호	E	수출실적 확인서 번호	X
수출신용장 통지번호	A	수입허가(승인)번호	I
내국신용장 번호	L	국산원자재 공급실적확인서 번호	S
선수출계약서 관리번호	P	수입신용장번호	M
외화표시공급계약서 관리번호	F	수출입허가(승인)번호	C

2) 번호의 구성

①─②	③	④	⑤─⑥	⑦	⑧─⑨	⑩─⑪	⑫	⑬	⑭	⑮

①: 번호의 종류 표시기호, 수입신용장의 표시기호 M

②③: 취급관서 또는 은행번호(본점기준)

④⑤: 취급관서 또는 은행의 부, 지점번호(지점기준)

⑥: 연도표시번호(매년도의 끝자리 수 1단위만 표시. 예: '19년은 9로 표시)

⑦⑧: 월 표시 번호(월은 두 단위로 표시, 예 : 3월은 03, 12월은 12)

⑨: 수입용도 기호

⑩: 수입결제방법 기호

⑪⑫⑬⑭: 신용장의 일련번호

⑮: 검색번호(Check Digit)

▌표 9-3▐ 수입용도별 기호

수 입 용 도	기　호	비　　고
일 반 내 수 용	N : Normal	수출산업용 시설기자재 포함
수 출 용 원 자 재	E : Export	
정 부 용	G : Government	
가 공 무 역 용	B : Bonded	수탁가공무역 제외
수 탁 가 공 무 역 용	T : Trust	
군 납 용 원 자 재	A : Army	
중 계 무 역 용	R : Relay	
기 타 외 화 획 득 용	S : Sight-seeing	중계무역 제외
대 북 반 입 용	P : People	
특 수 거 래	X : Extra	연계무역, 외국인수수입 등
임 대 차 방 식	L : Lease	

표 9-4 수입결제방법 기호

대금결제방법	기 호	비 고
일람출급신용장	S	
기한 부 신용장	U	
기 타 신 용 장	D	분할지급수입 포함
D/P 방 식	P	
D/A 방 식	A	
단순송금방식	R	
무 상 거 래	N	임차방식 수입 포함

3) 번호활용의 실제

예) 신용장의 번호가 다음과 같이 구성되었다면 이의 해석은 아래와 같이 한다.

[M]—[0][6][0][2]—[9][0][9]—[E][S]—[0][9][2][3][8]

[M]은 수입신용장, [0][6][0][2]는 한국외환은행 명동지점

[9][0][9]는 2019년 9월 [E][S]는 수출용원자재로서 일람출급 수입신용장

[0][9][2][3][8]은 923번째 발행하는 신용장을 의미한다.

이를 풀이하면 2019년 9월 한국외환은행 명동지점이 At Sight조건으로 발행한 수출용원자재 수입신용장이며, 신용장발급 번호는 923번이라는 뜻이다.

5) 신용장 관련 수수료

수수료라 함은 신용장과 관련하여 발행은행 이외의 많은 은행이 개입하게 되는바 이 은행들에게 지급하여야 할 수고비를 의미하는 것이다. UCP 600 제37조에 의하면 수수료의 부담자는 "서비스를 이행하도록 지시하는 은행"이라고 명백히 명시하고 있고, 통지·매입·지급·인수·확인·상환은행들에 대한 지정권한을 발행은행이 행사하기 때문에 신용장관련 제반 수수료는 발행은행이 부담하여야 하는 것이 원칙이다. 그러나 실무는 대부분의 신용장에서 동 수수료를 발행은행이 부담하지 않고 수출자에게 부담시키고 있는바 이것은 신용장의 특약란에 "All Banking Charges and Commissions outside Issuing Country including Advising and Reimbursement Charge are for account of Beneficiary"라는 문구를 두고 있기 때문이다.

신용장 해석의 우선순위는 첫째, 당사국의 강행법규 둘째, 특약 셋째, 신용장통일규칙(UCP 600) 등으로 되어 있어 특약이 있는 한 수수료의 부담자는 특약에 명시한 자가 되는 것이다.

(1) 수수료의 종류

(가) 환거래 수수료(corres charge)

환거래수수료는 발행은행이 해외에 있는 통지·매입·지급·인수·확인·상환은행 등으로부터 각종 서비스를 받을 경우 그 대가로 지급하는 수수료를 말한다.

① 통지수수료(advising charge) : 신용장에서 통지업무를 행하는 통지은행에게 지급하는 수고료를 말하며, 이는 신용장통지료, 조건변경료, 전신사용료로 구분한다. 또한 이들 수수료는 기본료와 부가료로 나누어 합산한 금액을 부과하게 되는데, 기본료 및 부가료의 적용기준 금액은 은행별로 다소간의 차이가 있으나 환거래은행 상호간에는 동일한 요율을 적용하고 있다.

② 매입수수료(negotiating commission) : 매입신용장, 매입제한신용장 등에서 은행이 수출상으로부터 받은 서류를 심사하는데 따른 수고료를 말하며, 동 수수료 또한 신용장 내용·제출하는 서류량의 다과에 따라 차이가 있다.

③ 지급수수료(payment commission) : 지정신용장, 연지급신용장 등에서 은행이 서류심사 및 지급을 행하는데 따른 수고료를 말하는 바, 심사사항에 따라 금액에 차이가 발생한다.

④ 인수수수료(acceptance commission) : 기한부신용장에서 인수를 담당하는 은행에게 지급하는 수수료를 말하며, 매입수수료와 비슷한 수준이나 Usance기간에 따라 달라지며 매 3개월 단위로 부과하는 Term Charge이다.

⑤ 상환수수료(reimbursing commission) : 상환수수료란 매입은행이 수출자가 발행한 "상환용 어음"을 상환은행으로 송부하였을 때 상환은행이 자행에 예치된 발행은행의 구좌에서 수출자가 청구한 어음금액을 매입은행구좌로 이체시키는데 따른 수고료를 의미한다.

⑥ 확인수수료(confirming charge) : 확인신용장에서 확인은행에게 지급하는 수수료를 말하며 원칙적으로 신용장 발행수수료와 동일하다. 확인수수료가 이와 같이 고액이 되는 것은 확인은행은 발행은행과 동일하게 수출자에게 신용장대금의 지급책임을 부담하고 있기 때문이다.

(나) 이자 성격의 수수료

① 환가료(exchange commission) : 일람출급신용장 또는 발행은행 부담 기한부 신용장인 경우 매입은행은 서류심사가 끝나자마자 먼저 수출자에게 자기자금을 선지급하고 자행이 선지급한 매입자금은 며칠 후에 발행은행으로부터 지급받게 되므로 동 기간동안의 이자를 수출자에게 부담시켜야 한다는 것이 환가료

징수의 명분이다. 수입상에게 발행은행이 환가료를 부담시키는 것은 발행은행이 수입상에게 신용장대금을 결제받기 이전에 해외은행에 예치된 발행은행의 구좌에서 수출상의 매입금액이 먼저 인출되는 경우에는 동 기간만큼 발행은행의 자금부담이 발생하기 때문이며, 이 이자가 선이자이기 때문에 은행은 실제로 입금되는 기일여하에 상관없이 무조건 몇 일간의 이자를 일률적으로 공제하게 된다. 우리나라는 동 선이자 적용기간을 외환거래 규정에서 기준 10일(동남아지역 9일, 재매입인 경우 12일)로 운영하도록 하고 있으며, 환가료 징구를 위한 이율은 국내금리가 아닌 국제금리를 적용하고 있는바 현행 환가료의 이율은 LIBO Rate + 1%로 정하고 있어 미화 1달러당 환가료는 10 / 360 × 환가료율(LIBO + 1%) × 장부가격이 된다.

② 지연이자(delay charge) : 지연이자는 수출상에게는 매입은행이 선적서류를 발행은행에 송부하여 대금지급 청구를 하였으나 우편기일(최장 12일)이 경과될 때까지 입금되지 않았을 때 발생하고, 수입상에게는 발행은행에 서류도착 후 7일이 경과될 때까지 수입상이 그 대금을 결제하지 못하면 8일째 되는 날 발행은행이 우선 대납처리하고 그 이후 대금 완납 시까지의 기간에 대한 이자를 수입상에게 부과하게 된다. 수출지연 이자는 Clean Nego 여부에 따라 달라지는 바, Clean Nego시에는 환가료 이자를 적용하고, 하자 Nego시에는 환가료에 1.5%를 가산한 이율을 적용한다.

③ 대체료(in lieu of exchange commission) : 수출입업자가 거래 외국환은행에 자기명의의 외화계정을 보유하고 있어서 이 계정을 통하여 외화로 대체 입출금이 발생하는 경우에 외국환은행은 외국환매매에 따르는 매매이익의 기회를 상실하게 되어 대체료는 이처럼 은행의 외환매매이익 감소에 따른 보상성격으로 징수하는 특수한 수수료이다. 장부정리 수고료는 정상적인 매입 또는 결제에서는 무료로 해주지만 은행의 이익이 감소할 때는 징구(대체료 계산공식 = 외화금액 × 0.1% × 장부가격)한다.

④ 미입금 수수료(less charge) : 수출상이 매입을 완료하고 일정기간이 지난 후 매입은행이 수출자에게 추가로 수수료를 징수하는 경우가 있는데 이때의 수수료를 Less Charge라 한다. 동 수수료가 발생하는 이유는 매입은행이 수출상에게 10일치의 환가료를 받았으나 발행은행에서 이 기간을 초과하여 신용장 대금을 지연입금시킨 경우 및 매입 당시에 징수치 못한 은행수수료가 해외은행으로부터 추가 청구된 경우에 이러한 비용의 청구를 추가로 하게 되는 것이다.

(2) 신용장의 발행수수료

가) 수수료의 종류

신용장발행에 따르는 수수료에는 ① 발행, 증액 및 기한연장의 수수료, ② 기타 조건변경의 수수료, ③ 코레스 비용(correspondent charge) 등이 있다. 신용장금액의 증액 수수료와 기타 조건변경 수수료 가운데 동시에 2종 이상이 발생하면 보다 높은 수수료 하나만을 징수한다. 코레스 비용이란 신용장발행·조건변경 및 환어음 등과 관련하여 해외의 환거래은행에서 발생되는 각종 비용을 말하며 통지수수료(advising commission), 조건변경 수수료(amend commission), 확인수수료(confirmation charge), 지급수수료(payment charge) 및 상환수수료(reimbursement commission) 등의 모든 수수료를 통칭한다. 따라서 코레스 비용은 국별, 지역별 또는 은행별로 그 수수료율의 차이가 있으며, 이들 수수료 이외에도 신용장발행이나 조건변경에 전신을 사용했을 경우에는 전신수수료(cable charge)가 있을 수 있다.

나) 수수료의 계산과 징수

우리나라의 경우 신용장 업무와 관련하여 외국환은행이 수수료를 징수하는 경우 그 계산 및 징수방법은 다음과 같다.

첫째, 신용장 발행수수료의 계산 산식은 다음과 같다.

- 신용장금액 × 매매기준율 × 적용요율 × 징수기간(일)/360(또는 365)

발행수수료는 발행으로 인하여 발생하는 발행은행의 신용위험부담을 커버할 목적으로 징수하는 수수료이며, 통상 3개월의 기간단위로 수수료를 징수한다고 하여 기간수수료(term charge)라고도 한다.

수수료의 징수기간은 발행일로부터 수입환어음의 결제일(또는 인수일) 전일까지를 원칙으로 하며, 일람불신용장의 발행시에는 유효기일까지에 대해서 일 단위로 징수한 후, 초과하는 기간에 대래서는 신용장의 결제시점에서 추가적으로 징수하게 된다. 기한부신용장의 발행시에는 유효기일까지에 대해서 일 단위로 징수한 후, 인수수수료를 징수하는 시점에서 인수일 이후의 기간(중복되는 기간)에 해당하는 발행수수료를 환급하게 된다. 징수요율은 수입용도 및 업체별 신용도 등에 따라 달리 적용되나, 일반적으로 0.6 ~ 1.2% 정도의 연요율을 적용하며 수수료의 징수통화는 원화로 징수하는 것을 원칙으로 한다.

둘째, 수수료의 원화징수 시 적용할 원화 대 외화의 환산율은 징수 당시의 장부가격에 의하여, Corres Charge 등 대외지급을 요하는 수수료를 징수할 경우에는 징수 당시의 대고객 전신환 매도율을 적용한다.

〈서식 9-3〉 LETTER OF CREDIT(At Sight, Negotiation, Unconfirmed)·SAMPLE

SWIFT Field	Meaning and Example
MT700	ISSUE OF DOCUMENTARY CREDIT
52A	ISSUING BANK : KOOK MIN BANK, SEOUL, KOREA
:27	SEQUENCE OF TOTAL : 1/1
:40A	FORM OF DOCUMENTARY CREDIT : IRREVOCABLE
:20	DOCUMENTARY CREDIT NUMBER : M0701902NS01234
:31C	DATE OF ISSUE : Feb 10, 2019
:31D	DATE AND PLACE OF EXPIRY : May 10, 2019 Place At the Nego Bank
:50	APPLICANT : THREE SEVEN COMPANY C.P.O. BOX 777 SEOUL KOREA
:59	BENEFICIARY : TRADE EXPERT 777 INDUSTRIAL COMPLEX, SEATTLE, WA, 77, USA
:32B	COURRENCY CODE AND AMOUNT : USD1,000,000
:39A	PERCENTAGE CREDIT AMOUNT TOLERANCE :
:41D	AVAILABLE WITH : ANY BANK BY NEGOTIATION
:42C	DRAFT AT : SIGHT
:42A	DRAWEE : BANK OF CALIFORNIA, SAN FRANCISCO
:43P	PARTIAL SHIPMENTS : ALLOWED
:43T	TRANSHIPMENT : NOT ALLOWED
:44A	LOADING ON BOARD/DISPATCH/TAKING IN CHARGE AT/FROM : SEATTLE, USA
:44B	FOR TRANSPORTATION TO : BUSAN, KOREA
:44C	LATEST DATE OF SHIPMENT : May 01, 2019
:45A	DESCRIPTION OF GOODS AND/OR SERVICES : 1,000 CASES OF CASHMERE WOOL YARN USA ORIGIN AT USD1,000 CFR BUSAN
:46A	DOCUMENTS REQUIRED : +SIGNED COMMERCIAL INVOICE QUINTUPLICATE +FULL SET OF CLEAN ON BOARD OCEAN BILLS OF LADING MADE OUT TO THE ORDER OF KOOK MIN BANK MARKED FREIGHT PREPAID AND NOTIFY ACCOUNTEE +PACKING LIST IN TRIPLICATE
:47A	ADDITIONAL CONDITIONS : DOCUMENTS TO BE PRESENTED WITHIN 10 DAYS AFTER THE DATE OF ISSUANCE OF THE TRANSPORT DOCUMENTS BUT VALIDITY OF THE CREDIT
:71B	CHARGES : ALL CHARGES OUTSIDE OPENING BANK ARE FOR BENE'S A/C
:49	CONFIRMATION INSTRUCTIONS : WITHOUT
:53A	REIMBURSEMENT BANK : BANK OF CALIFORNIA, SAN FRANCISCO
:78	INST TO THE PAY/ACCEPT/NEGOTIATE BANK : +ALL DOCUMENTS MUST BE FORWARDED TO ISSUING BANK IN TWO LOT(S) BY REGISTERED AIRMAIL +IF THE CREDIT IS AVAILABLE BY NEGOTIATION, EACH PRESENTATION MUST BE NOTED ON THE REVERSE OF THIS ADVICE BY THE BANK WHERE THE CREDIT IS AVAILABLE
:72	SENDER TO RECEIVER INFORMATION : THIS CREDIT IS SUBJECT TO UCP(2007 REV., ICC PUBLICATION NO.600)

※ 참고사항 : 필요한 서류의 부수는 copy나 fold 이외에도 다음과 같이 표기하기도 한다.
original(1 fold), duplicate(2 fold), triplicate(3 fold), quadruplicate(4 fold), quintuplicate(5 fold), sextuplicate(6 fold), septuplicate(7 fold), octuplicate(8 fold)

〈서식 9-4〉 LETTER OF CREDIT(일람지급, 매입방식, 무확인신용장)·SAMPLE 번역

SWIFT Field	Meaning and Example
MT 700	화환신용장의 발행
52A	발행은행 : 국민은행, 서울, 대한민국
:27	총페이지 중 순서 : 1/1
:40A	화환신용장의 형태 : 취소불능
:20	화환신용장의 번호 : M0701902NS01234
:31C	발행일자 : Feb 10, 2019
:31D	유효기일과 유효기일 종료장소 : 매입은행에서 2019년 5월 10일
:50	개설의뢰인 : THREE SEVEN COMPANY C.P.O. BOX 777 SEOUL KOREA
:59	수익자 : TRADE EXPERT 777 INDUSTRIAL COMPLEX, SEATTLE, WA, 77, USA
:32B	금액과 통화의 종류 : USD1,000,000
:39A	신용장금액 과부족 인정 비율 :
:41D	신용장사용방식과 사용은행 : 매입방식으로 어느 은행이든 가능
:42C	환어음의 지급기일 : 일람지급
:42A	환어음의 지급인 : BANK OF CALIFORNIA, SAN FRANCISCO
:43P	분할선적 : 인정됨
:43T	환적 : 인정 안 됨
:44A	본선적재/발송/수탁 지정장소 : SEATTLE, USA
:44B	운송도착장소 : BUSAN, KOREA
:44C	최종선적기일 : May 01, 2019
:45A	상품 또는 용역의 명세 : 1,000 CASES OF CASHMERE WOOL YARN USA ORIGIN AT USD1,000 CFR BUSAN
:46A	요구서류 : +서명되어진 상업송장 5부 +해상운임이 지급필되었다는 표시와 통지처가 수입상으로 기재되고 국민은행의 지시식으로 작성되어진 무결함의 본선적재 해양선하증권 전체 전부 +포장명세서 3부
:47A	부가조건 : 서류들은 신용장의 유효기일 이내에서 운송서류의 발행일자로부터 10일 이내에 제시되어야 함
:71B	비용 : 발행은행 이외에서 발생하는 비용은 수익자가 부담함
:49	확인지시 : 필요 없음
:53A	결제은행 : BANK OF CALIFORNIA, SAN FRANCISCO
:78	지급·인수·매입은행에 대한 지시 : +모든 서류는 등기 항공우편으로 두 통으로 나누어 발행은행 앞으로 보내어야 함 +만일 신용장이 매입으로 사용되어지는 경우에는, 각각의 제시금액에 대하여 신용장이 사용되어진 은행이 신용장의 사용금액을 신용장의 뒷면에 기재하여야 함
:72	송신자가 수신자에게 보내는 정보 : 이 신용장은 국제상업회의소 발행번호 600번, 2007년도 개정된 신용장통일규칙을 준수함

〈서식 9-5〉 LETTER OF CREDIT(At Sight, Payment, Confirmed)·SAMPLE

Swift code	Meaning	Example
20	Documentary credit number	GB 78823
23	Issuing bank's reference	SBRE-777
31C	Date of issue	January 26, 2019
31D	Date and place of expiry	March 26, 2019 London, UK
32B	Currency code amount	Twenty thousand US Dollars(USD 20,000.00)
39B	Maximum credit amount	Not exceeding twenty thousand US Dollars(USD20,000.00)
40A	Form of documentary credit	Irrevocable
41D	Available with... by...	Draft(s) drawn on MegaBank, by payment
42C	Drafts at	At sight for full invoice value
42D	Drawee - name and address	MageBank, 402 Cannon St, London WC1N 9XX, UK
43P	Partial shipments	Prohibited
43T	Transhipment	Permitted
44A	On board/disp/taking charge	Siythampton, UK
44B	For transportation to	Munbai, India
44C	Latest date of shipment	March 19, 2019
45A	Description of goods and services	100 Blizzard computers model K-99T, CIF Mumbai
46	Documents required	- Signed commercial invoice in five (5) copies indicating the buyers Purchase order No. PP-876 dated January 10, 2019 - Packing list in five (5) copies - Full set 3/3 clean on board ocean bill of lading, plus two (2) non-negotiable copies, issued to order of GlobalBank, Mumbai, India, notify the above accountee, marked 'freight prepaid', dated latest March 19, 2019, and showing documentary credit number - Insurance policy in duplicate for 110% CIF value covering Institute Cargo Clauses (A), Institute War and Strike Clauses, evidencing that claims are payable in India
47A	Additional conditions	- All documents indicating the Import License No. IP/123456 dated January 18, 2019 - Draft(s) drawn under this credit must be marked "Drawn under documentary credit No. GB78823 of GlobalBank, Mumbai, India dated January 26, 2019" - This credit is subject to the Uniform Customs and Practice for Documentary Credit, 2007 Revision, International Chamber of Commerce Publication No.600
48	Period of presentation	Documents must be presented for payment within 15 days after the date of shipment.
49	Confirmation instruction	Add your confirmation
50	Applicant	Prestige Imports, 1003 Connaught Street, Mumbai, India
52A	Issuing bank	GlobalBank, Mumbai, India
57D	Advise through bank	MegaBank, 402 Cannon St, London WC1N 9XX, UK
59	Beneficiary	Mantissa Limited, 1 Cresswell Park, London SE3 9RD, UK
71B	Charges	All charges outside the Import-country are on beneficiary's account
72	Sender to receiver information	This is an operative instrument, no mail confirmation to follow
78	Instruction to pay/accep/nego.bank	Documents to be forwarded to us in one lot by courier

〈서식 9-6〉 LETTER OF CREDIT(일람지급, 지급방식, 확인신용장)·SAMPLE 번역

Swift code	Meaning	Example
20	화환신용장 번호	GB 78823
23	발행은행 업무참조번호	SBRE-777
31C	발행일자	January 26, 2019
31D	유효기일과 유효기일 종료장소	March 26, 2019 London, UK
32B	금액과 통화의 종류	Twenty thousand US Dollars(USD 20,000.00)
39B	신용장 최대사용금액	Not exceeding twenty thousand US Dollars(USD20,000.00)
40A	호환신용장의 형태	취소불능신용장
41D	신용장의 사용은행과 사용방법	MegaBank를 지급은행으로 발행된 환어음, 지급방식
42C	환어음 기일	전체 송장금액에 대하여 일람지급
42D	지급인-이름과 주소	MageBank, 402 Cannon St, London WC1N 9XX, UK
43P	분할선적	금지됨
43T	환적	허용됨
44A	본선적재/발송/수탁 지정장소	Siythampton, UK
44B	운송목적지	Munbai, India
44C	최종선적기일	March 19, 2019
45A	상품 또는 용역의 명세	100 Blizzard computers model K-99T, CIF Mumbai
46	요구서류	- 서명된 상업송장 5부, 송장에는 매수인의 구매주문서 번호 "PP-876 dated January 10, 2019"가 기재되어야 함 - 포장명세서 5부 - 무결함 해양선하증권 전체 3통 전부, 비유통 사본 2통 포함, 인디아의 뭄바이 소재 글로벌은행의 지시식으로 작성된, 통지처는 수입상, '운임 선지급'으로 표시된, 최종 2019년 3월 19일까지 일자가 표시된, 그리고 신용장번호가 표시되어야 함 - Institute Cargo Clauses (A), Institute War and Strike Clauses 조건으로 CIF 금액의 110%에 대하여 보험이 가입되어진 보험증권 2부, 보험보상금액이 인도에서 지급될 수 있다는 문구가 기재되어야 함
47A	부가조건	- 모든 서류에는 "the Import License No. IP/123456 dated January 18, 2019"라는 내용이 기재되어야 함 - 이 신용장하에서 발행되는 환어음에는 "Drawn under documentary credit No. GB78823 of Global Bank, Mumbai, India dated January 26, 2019"라는 내용이 기재되어야 함 - 이 신용장은 국제상업회의소 발행번호 600번, 2007년도 개정된 신용장통일규칙을 준수함
48	서류제시기일	서류들은 선적일로부터 15일 이내에 지급을 위하여 제시되어야 함
49	확인지시	귀행(통지은행)의 확인을 추가함
50	개설의뢰인	Prestige Imports, 1003 Connaught Street, Mumbai, India
52A	발행은행	Global Bank, Mumbai, India
57D	통지은행	Mega Bank, 402 Cannon St, London WC1N 9XX, UK
59	수익자	Mantissa Limited, 1 Cresswell Park, London SE3 9RD, UK
71B	비용	수입국가 이외의 모든 수수료는 수익자 부담임
72	송신자의 수신자 정보	이 내용은 유효한 문서이며 우편확인서는 추후에 발송되지 않음
78	지급·인수·매입은행 지시	서류들은 직송 택배업자에 의하여 한 통으로 발행은행으로 송부하여야 함

표 9-5 신용장 관련 수수료(수입 및 수출)

구 분	내 용
발행 수수료	① 발행은행의 '신용위험부담'을 커버할 목적으로 징수하는 수수료이며, 통상 3개월의 기간단위로 수수료를 징수한다고 하여 기간수수료(term charge)라 함 ② 수수료 징수기간은 발행일로부터 수입환어음의 결제일까지를 원칙으로 함 ③ 일람지급신용장의 발행시에는 수입환어음의 결제일까지를 원칙으로 함 ④ 기한부신용장의 발행시에는 유효기일에 어음기간을 더한 날짜까지에 대하여 징수한 후, 인수수수료를 징수하는 시점에서 인수일 이후의 기간에 해당하는 발행수수료를 환급. ⑤ 적용요율은 수입용도 및 업체별 신용도 등에 따라 달리 적용되나, 일반적으로 매 3개월마다 0.10%~0.25% 정도의 요율을 적용함 ⑥ 신용장금액 × 매매기준율 × 적용요율 × 징수기간(월) / 3
증액 수수료	신용장 증액으로 인한 발행은행의 신용위험부담 증가분을 커버할 목적으로 징수하는 수수료, 증액되는 금액에 대하여 발행수수료와 동일한 방법으로 징수함
기간연장 수수료	신용장 유효기일의 연장으로 인하여 발행은행의 지급확약채무기한이 연장됨에 따라 이를 커버할 목적으로 징수하는 수수료, 발행수수료와 동일한 방법으로 징수함
기타조건 변경사항	신용장 증액 및 기간연장 이외의 기타 조건변경시 징수하는 수수료. 기타 조건변경수수료는 'Handling Commission'의 성격을 지니고 있으며, 정액제의 수수료가 부과됨
인수 수수료	① 기한부 신용장의 환어음을 '인수'(acceptance)한다는 것은 신용장발행에 따른 '미확정 지급확약채무'가 '확정 지급확약채무'로 전환되는 것이며, 더욱이 Banker's Usance Credit하에서 해외은행이 인수·할인이 이루어진 경우라면 발행은행은 이를 차입금으로 계상하여야 함 ② 따라서 발행은행은 그에 따른 추가적 리스크 및 비용(대손충당금)을 커버할 목적으로 인수수수료를 징수하게 됨. 인수수수료는 발행수수료보다 높은 요율(매 3개월마다 0.4% 정도)이 적용되며, 인수일로부터 만기일까지의 기간에 대하여 월 단위로 절상하여 징수함 ③ 인수수수료의 징수기간이 이미 징수한 발행수수료의 징수기간과 중복되는 경우에는 당해 중복기간에 해당하는 발행수수료를 환급함
확인 수수료	신용장 확인(confirmation)시 확인은행이 징수하는 수수료, 신용장에서 지시하는 당사자(수출상 또는 수입상)가 부담함. 인수수수료에 준하여 매 3개월마다 0.4% 요율
A/D CHG	Acceptance Commission & Discount Charge : Banker's Usance Credit하에서 인수은행이 기한부환어음을 '인수'하고 '할인'하는 때에 발생하는 금융비용. 인수은행이 발행은행으로 청구하며, 이는 최종적으로 수입상이 부담함
코레스 비용	'Corres Charges'는 신용장의 발행, 통지, 매입, 상환 등과 관련하여 해외의 거래은행이 청구하여 오는 일체의 수수료를 의미. 해외은행수수료를 수익자부담으로 명시한 경우에는 발행의뢰인이 지급할 필요는 없지만, 만일 수익자가 지급하지 않는다면 최종적으로는 발행의뢰인이 부담할 책임이 있음 ① Advising Commission : 해외의 통지은행이 신용장 통지시에 징수 ② Negotiation Commission : 선적서류를 매입하는 경우에 징수 ※ 지급신용장에서는 'Payment Commission(지급수수료)'이 발생함 ③ Reimbursement Commission : 상환은행이 신용장 대금의 상환업무를 처리할 때 징수하는 취급수수료, 금액에 상관없이 건별로 일정액을 부과 함. 신용장에서 지시하는 당사자(수출상 또는 수입상)가 부담함. Less Charge로 분류하여 청구함

구 분	내 용
L/G 관련 수수료	① L/G 발급수수료 : 수입화물선취보증서의 발급에 따른 은행의 취급수수료 ② L/G 보증료 : 수입화물선취보증수의 발급에 따라 은행이 추가적으로 부담하여야 하는 '신용위험부담'(수입화물에 대한 담보권의 상실 및 선박회사에 대한 새로운 보증채무의 발생)을 커버할 목적으로 징수하는 수수료 ③ 일반적으로 L/G 보증료는 연리 3%의 요율을 적용하여 징수하고 있으며 L/G 발급 금액 전액에 대하여 수입보증금을 적립하는 경우에는 보증료의 징수를 면제함
수입환어음 결제환가료	결제환가료의 상환베이스(reimbursement base)의 일람지급 수입신용장하에서는 수입상의 대금결제 이전에 발행은행의 예치환계정에서 먼저 대금지급이 이루어지게 됨. 따라서 발행은행은 '자금부담비용'을 커버할 목적으로 징수하는 일정한 기간(통화별 표준결제일수, 표준우편일수)에 대하여 이자조의 수수료를 의미
GR. Charge	① Grace Day Charge : 상환베이스(reimbursement base)의 일람지급 수입신용장하에서는 수입상의 대금결제 이전에 발행은행이 미리 그 대금을 지급하게 되며, 이에 따라 10일치의 '수입환어음 결제 환가료'를 징수함. 그러나 실제로 수입상의 대금결제가 이루어지는 시점은 선적서류의 내도 익일로부터 7영업일째 되는 날이 대부분이어서, '수입환어음 결제 환가료'만으로는 발행은행의 자금부담 비용을 커버할 수 없음 ② 따라서 그 초과일수에 해당하는 기간에 대하여 별도의 수수료를 징수하게 되는데 이를 'GR. Charge'라 함. 선적서류의 내도 익일로부터 3영업일을 초과하여 결제가 이루어지는 경우에 징수함
수입환 어음대지급금 이자	일람지급신용장은 선적서류가 도착한 다음날로부터 7영업일 이내에 대금을 결제하여야 하며, 기한부신용장은 정해진 만기(또는 그 이전)에 그 대금을 결제하여야 함. 만일 수입상이 결제를 이행하지 못하는 경우에는 발행은행이 이를 대신 지급하여야 하며, 그로 인한 '대지급금'에 대하여는 회수일까지의 기간에 대해 연체이율을 적용한 이자를 징수하게 됨
하자 수수료	내도된 선적서류가 신용장의 조건과 불일치함에도 불구하고 그러한 환어음을 결제하는 경우에 신용장에서 미리 정한 소정의 수수료를 결제금액에서 차감한 후 지급하는 방법으로 수출상으로부터 하자수수료를 징수함
우편료 및 전신료	신용장의 발행·증액·기간연장 및 기타의 조건변경 또는 기타 통신문 등의 발송에 수반되는 우편료 및 전신료의 실비는 발행의뢰인으로부터 징수함
환가료	Exchange Commission, Periodic Interest : 은행이 외화자금부담에 따르는 이자의 성격으로 수취하는 수수료로서 매입한 수출환어음의 우편소요일수에 대한 이자도 해당됨. 동남아 통화는 9일, 그 외의 국가들의 통화에 대해서는 10일을 적용함
대체료	In Lieu of Exchange Commission : 수출입업자가 외국환은행에 자기명의의 외화계정을 보유하고 있어서 이 계정을 통하여 외화로 대체 입출금이 발생하는 경우에 외국환은행은 외국환매매에 따르는 매매이익의 기회를 상실함. 대체료는 이처럼 은행의 외환매매이익 감소에 따른 보상성격으로 징수하는 특수한 수수료임
미입금 수수료	Less charge : 매입 당시에는 예상하지 않은 은행수수료가 해외은행으로부터 추가로 징수된 경우에 다시 추징하는 수수료
지연이자	Delay charge : 수출의 경우에 매입은행이 선적서류를 발행은행에 송부하였으나 우편기일이 경과한 때까지 입금되지 않았을 경우에 발생하며, 수입의 경우에는 발행은행에 서류가 도착한 후 7일이 경과할 때까지 수입상이 그 대금을 지급하지 못하였을 경우에는 8일째 되는 날 발행은행이 이를 대납하고 그 이후대금의 완납시까지의 기간에 대한 이자를 수입상에게 부관하는 수수료

〈서식 9-7〉 외국환거래약정서

은행은 본인에게 이 약정상 중요한 내용을 설명하여야 하며, 은행여신거래기본약관과 이 약정서의 사본을 교부하여야 한다.

외 국 환 거 래 약 정 서

년 월 일

주식회사 ○○ 은행 앞

계	대리	대 리	차 장	부점장

본 인 ㊞

주 소

본인은 ○○은행(이하 "은행"이라 한다)과 수출·수입·내국신용장발행·내국신용장환어음매입(추심)거래·선적통지부 사후송금방식 수출거래에 의한 수출대금채권 매입거래를 함에 있어 "은행여신거래기본약관"이 적용됨을 승인하고 다음 각 조항을 확약합니다.

제1장 공통사항

제1조 적용범위

이 약정은 다음 각 항의 현재 및 장래의 모든 거래(전자문서교환방식에 의한 거래를 포함합니다)에 적용하기로 합니다.

① 수출거래

1. 화환어음(환어음이 첨부되지 않은 선적서류를 포함합니다. 이하 이 약정에서 같습니다)의 매입 및 추심
2. 보증신용장 등에 의한 무화환어음(Clean Bill)의 매입
3. 기타 전 각호에 준하는 거래

② 수입거래

1. 신용장 발행
2. 화환어음의 인도 및 결제
3. 보증신용장에 의한 무화환어음의 인도 및 결제
4. 기타 전 각호에 준하는 거래

③ 내국신용장발행거래

④ 내국신용장환어음매입(추심)거래

⑤ 선적통지부 사후송금방식 수출거래(Open Account Transaction)에 의한 수출대금채권매입거래(이하 '수출대금채권 매입거래'라 합니다)

제2조 권리의 행사

① 수출환어음, 내국신용장환어음 매입대금(은행의 매입대금을 말합니다. 이하 이 약정에서 같습니다) 및 수출대금채권 매입대금에 관하여 은행은 아래 제10조, 제11조, 제23조, 제24조 및 제28조에 의하여 이를 청구하거나 금전소비대차에 의한 대출금으로 보아 어음채권(어음이 발행된 경우에 한함) 또는 여신채권 중 어느 것에 의하여도 청구할 수 있습니다.

② 수입화환어음 및 내국신용장환어음 결제를 위한 대지급금의 경우에는 은행은 어음채권(어음이 발행된 경우에 한함) 또는 여신채권 중 어느 것에 의하여도 청구할 수 있습니다.

제3조 담 보

본인은 제1조의 거래에 수반하는 물품 및 관련서류를 당해 거래와 관련하여 은행에 부담하는 채무와 이에 부수하는 이자, 할인료, 수수료, 지연배상금, 기타 부대비용 등의 지급을 위한 담보로서 은행에 양도하기로 합니다.

제4조 적용환율

적용환율은 신청서 등을 접수한 날과 관계없이 실제로 지급받거나 지급하는 날의 은행이 정한 해당 환율로 합니다. 다만, 제10조 제1항 제6호 및 제15조 단서의 경우 은행의 미수금계정의 처리일 또는 외화 지급보증 대지급금계정 처리일의 은행이 정한 해당 환율로 할 수 있습니다.

제5조 수수료, 비용 및 손해의 부담

① 본인은 은행의 책임있는 사유로 인하여 추가로 발생한 것이 아닌 한 제1조의 거래에 따른 이자, 할인료, 수수료, 지연배상금, 손해배상금, 기타 부대비용 및 은행의 권리행사, 권리보전, 담보의 취득 및 처분에 따른 비용, 운임, 보험료, 기타 모든 비용 및 손해를 부담하며, 은행이 계산근거를 명시하여 청구하는 바에 따라 곧 지급하기로 합니다. 다만, 본인이 계산방법 등에 관하여 이의를 제기하는 경우에는 은행은 이를 심사하여 그 결과를 통보합니다.

② 은행은 제1항의 이자, 할인료, 수수료 등 제반비용의 요율 및 계산방법을 성질상 고시하기 어려운 것을 제외하고는 고시토록 합니다.

③ 제1항의 수수료 등을 본인 이외의 자가 부담하기로 되어있는 경우에 본인의 비용으로 은행이 본인 이외의 부담자에게 청구하였으나 입금되지 아니하여 본인에게 청구한 때는 본인이 이를 곧 지급합니다. 다만, 은행이 본인이외의 부담자로부터 이를 지급받는 경우에는 반환합니다.

제6조 적용기간

이 약정의 적용기간은 정하지 않기로 합니다. 다만, 부득이한 사유가 있는 경우 은행이나 본인은 이 약정을 해지할 수 있으며 이 경우 해지 전에 이루어진 거래에 대하여는 이 약정을 계속 적용합니다.

제7조 준용규정

본인과 은행은 약정되지 아니한 사항에 대하여 따로 정함이 없는 한 「신용장통일규칙」, 「추심에 관한 통일규칙」, 「은행간 신용장대금상환에 관한 통일규칙」, 기타 국제규약, 「무역업무자동화 처리 약관」 및 은행의 관련규정에 따르기로 합니다.

제2장 수출거래에 대한 특약

제8조 환거래은행 및 송달방법의 선정

신용장 또는 계약서, 매입신청서 등에 명시되어 있지 않은 경우 환거래은행 및 화환 어음의 송달방법은 은행이 선정하기로 합니다.

제9조 결제기간의 연장

지급의무자가 결제기간의 연장을 요청한 경우 은행은 본인의 동의를 얻어 승낙할 수 있습니다. 다만, 은행이 부득이하다고 인정하는 때는 본인의 동의없이 승낙할 수 있습니다. 이 경우 은행은 승낙한 사실을 곧 본인에게 통지합니다.

제10조 매입대금상환

① 다음 각호에서 정한 사유 중 하나라도 발생한 경우 본인은 은행으로부터의 독촉, 통지 등이 없어도 당연히 다음 각호에서 정한 화환어음 매입대금의 상환의무를 지고 곧 갚기로 합니다.

1. 본인에 대하여 은행여신거래 기본약관 제7조 제1항(당연 기한 전 채무변제의무) 각호에서 정한 사유 중 하나라도 발생한 경우에는 모든 화환어음
2. 화환어음의 지급의무자에 대하여 은행여신거래기본약관 제7조 제1항(당연 기한 전 채무변제의무) 각호에서 정한 사유 중 하나라도 발생한 경우에는 그 자가 지급의무자로 되어있는 모든 화환어음
3. 은행의 관련규정이 정하는 기간까지 은행의 매입대금이 입금되지 아니하거나 화환어음의 인수가 이루어지지 아니하는 경우의 그 화환어음
4. 환거래은행 등으로부터 지급 또는 인수거절된 경우의 그 화환어음
5. 본인이 화환어음 만기일 이전에 매입대금을 상환하고자 하는 경우의 그 화환어음
6. 제3호 및 제4호에 해당하는 화환어음이 은행의 관련규정이 정하는 기간까지 상환되지 아니하여 미수금계정으로 대체처리된 경우 및 은행의 관련규정에 따른 자산건전성 분류기준에 의거 회수가 불확실하거나 회수불능이 확실하여 "회수의문" 또는 추정손실로 분류되어 미수금계정으로 대체 처리된 경우의 그 원화금액

② 본인에 대하여 은행여신거래기본약관 제7조 제3항 및 제4항(은행의 서면독촉에 의한 기한 전 채무변제의무) 각호에서 정한 사유 중 하나라도 발생한 경우 본인은 은행의 서면독촉 통지 도달일로부터 10일 이상으로 은행이 정한 기간이 경과하면 모든 화환어음의 매입대금의 상환의무를 지고 곧 갚기로 합니다.

③ 제1항 및 제2항과 관련하여 본인은 환가료 징수기간 만료일 익일부터 상환일 전일까지 여신연체이율로 계산한 손해배상금을 지급하기로 합니다. 다만, 부도처리가 환가료 징수기간 내에 이루어진 경우에는 부도처리일로부터 손해배상금을 가산합니다.

④ 제1항 및 제2항과 관련하여 본인은 매입신청시 제출한 화환어음 또는 매입신청서에 근거하여 매입대금을 상환하며, 은행은 본인이 매입대금과 이에 부수하는 손해배상금, 수수료, 비용 등을 변제할 때까지 화환어음 및 수출물품에 대하여 모든 권리를 행사합니다.

제11조 화환어음 등의 반환

① 이 약정에 의하여 은행에 대한 채무의 변제 또는 은행여신거래기본약관 제10조(은행으로부터의 상계 등)에 의한 상계 등의 경우 은행은 본인에게 화환어음 및 수출물품을 채무변제 등의 시점에 반환하지 아니하여도 됩니다.

② 본인은 은행이 반환하는 화환어음을 은행에서 수령합니다. 다만, 수출물품은 화환어음을 수령함으로써 되돌려 받은 것으로 합니다.

③ 은행의 책임없는 사유로 인하여 화환어음 및 수출물품의 반환이 불가능한 경우 은행의 반환의무는 없는 것으로 합니다.

제3장 수입거래에 대한 특약

제12조 신용장의 발행, 통지 및 환거래은행 등의 선정

① 은행은 본인이 제출하는 신용장발행신청서(조건변경신청서 포함) 등의 기재사항에 따라 신용장을 발행, 통지합니다.

② 신용장발행신청서에 명시되어 있지 않은 경우 환거래은행(통지은행, 매입은행, 지급은행, 인수은행, 확인은행, 기타 관련은행을 말합니다. 이하 같습니다) 및 통지방법은 은행이 선정하기로 합니다.

제13조 대도물품의 처분

① 본인은 대도물품을 입고, 운반, 출고, 가공, 매도 이외의 목적으로 사용하거나 제3자에게 담보로 제공할 수 없으며 또한 기타 은행의 권리를 해하는 행위도 할 수 없습니다.

② 본인은 대도물품을 매도할 경우 금액, 물품의 인도, 대금의 영수방법 등에 관하여 미리 은행의 동의를 받기로 합니다.

③ 본인은 대도물품의 매도대금 영수 후 곧 은행에 지급하며 매도대금을 어음, 기타 유가증권 등으로 받는 경우에는 이를 곧 은행에 양도하기로 합니다.

제14조 신용장 조건과 불일치하는 화환어음

① 은행이 채권보전을 위하여 필요하다고 인정하는 경우 은행은 신용장조건과 불일치하는 화환어음에 대하여 본인의 동의없이 지급 또는 인수를 거절할 수 있습니다. 이 경우 은행은 본인에게 사후 통지하기로 합니다.

② 화환어음이 은행에 도착하기 전 신용장조건과의 불일치를 사유로 환거래은행 등으로부터 지급 또는 인수 등의 동의여부에 대한 조회를 받은 경우에도 제1항과 같습니다.

③ 은행이 본인에게 신용장조건 불일치에 관한 조회를 하였으나 본인의 회보가 은행의 관련규정이 정한 기간내에 도착하지 않는 경우 은행은 화환어음의 지급 또는 인수에 대한 동의 또는 거절 여부를 결정할 수 있습니다.

제15조 결제일

본인은 대금의 결제조건이 일람출급인 경우에는 화환어음(차기통지서가 먼저 도착하는 경우에는 그 차기통지서) 도착 후 은행의 관련규정이 정한 기일이내에 결제하고, 기한부 출급인 경우에는 만기일에 결제하기로 합니다. 다만, 기일 이내에 결제하지 못한 경우에는 은행의 관련 규정에 따라 외화지급보증대지급금계정으로 처리하여 결제하며 본인은 그 원화금액을 상환하기로 합니다.

제16조 수입물품선취보증서에 의한 수입물품 인도

① 본인은 화환어음 도착 전에 운송회사로부터 수입물품을 인도받고자 하는 경우 은행에 수입물품 선취보증서(항공화물 운송장에 의한 수입물품인도승락서를 포함합니다. 이하 같습니다) 발급을 신청하여 은행의 사전승낙을 받아야 합니다.

② 본인은 수입물품선취보증서의 발급을 신청하는 경우 은행의 관련 규정이 정하는 바에 따라 수입결제대금을 적립하기로 합니다.

제17조 신용장의 취소 및 조건변경

① 은행은 본인이 신청한 경우에 한하여 신용장을 취소 또는 조건변경할 수 있습니다. 다만, 그 효력은 신용장의 취소 또는 조건변경의 당사자(발행은행, 수익자, 확인신용장의 경우는 확인은행) 전원의 동의가 있어야 비로소 발생합니다.

② 제1항 본문에 불구하고 유효기일 경과 등 상당한 사유가 있는 경우 은행은 신용장을 취소할 수 있습니다. 이때 은행은 본인에게 사후 통지합니다.

제18조 제3자 명의의 신용장발행

본인이 제3자 명의의 신용장발행을 은행에 본인명의로 신청한 경우에는 모든 부분에 있어서 이 약정이 적용됩니다.

제4장 내국신용장발행에 대한 특약

제19조 지급금액

본인은 은행의 내국신용장 발행에 따라 은행에 지급할 해당금액은 다음 각 항에서 정하는 바에 따르기로 합니다.

① 원화표시 외화부기 내국신용장발행의 경우에는 발행당시의 내국신용장 원화금액에 불구하고 내국신용장 부기외화금액에 매입(추심)은행이 내국신용장환어음매입(추심)하는 날의 매매기준율을 곱하여 청구한 금액.

② 순수외화표시 내국신용장발행의 경우에는 해당 외화금액

③ 순수원화표시 내국신용장발행의 경우에는 해당 원화금액

제20조 구매물품의 처분

구매물품 처분에 관하여는 제13조를 준용합니다.

제21조 신용장의 취소 및 조건변경

은행은 본인이 관계당사자(발행은행, 수익자)의 동의를 얻어 신청한 경우에 한하여 내국신용장을 취소 또는 조건변경할 수 있습니다. 다만, 유효기일 경과 등 상당한 사유가 있는 경우에는 은행이 신용장을 취소할 수 있습니다. 이때 은행은 본인에게 사후 통지합니다.

제22조 결제일

내국신용장의 결제일에 관하여는 제15조를 준용합니다.

제5장 내국신용장 환어음매입(추심)에 대한 특약

제23조 매입대금의 상환

① 다음 각호에서 정한 사유 중 하나라도 발생한 경우 본인은 은행으로부터의 독촉, 통지 등이 없어도 당연히 다음 각호에서 정하는 내국신용장환어음 매입대금의 상환의무를 지고 곧 갚기로 합니다.

1. 본인에 대하여 은행여신거래기본약관 제7조 제1항(당연 기한 전 채무변제의무) 각호에서 정한 사유 중 하나라도 발생한 경우의 모든 내국신용장환어음
2. 내국신용장 발행은행에 의하여 지급거절되는 경우의 그 내국신용장환어음

② 본인에 대하여 은행여신거래기본약관 제7조 제3항 및 제4항(은행의 서면독촉에 의한 기한 전 채무변제의무) 각호에서 정한 사유중 하나라도 발생한 경우 본인은 은행의 서면독촉통지 도달일로부터 10일 이상으로 은행이 정한 기간이 경과하면 모든 내국신용장환어음 매입대금의 상환의무를 지고 곧 갚기로 한다.

③ 제1항 및 제2항과 관련하여 본인은 매입이자 징수기간 만료일 익일부터 상환일 전일까지 여신연체이율로 계산한 손해배상금을 지급하기로 합니다.

④ 제1항 및 제2항과 관련하여 본인이 매입대금과 이에 부수하는 손해배상금, 수수료, 비용 등을 변제할 때까지 은행은 매도물품에 대하여 모든 권리를 행사합니다.

제24조 내국신용장어음 등의 반환

① 이 약정에 의하여 은행에 대한 채무의 변제 또는 은행여신거래기본약관 제10조(은행으로부터의 상계 등)에 의한 상계 등의 경우 은행은 내국신용장어음 및 이에 첨부된 서류를 채무변제 등의 시점에 반환하지 않아도 됩니다.

② 본인은 은행이 반환하는 내국신용장환어음 및 이에 첨부된 서류를 은행에서 수령하기로 합니다.

③ 은행의 책임 없는 사유로 인하여 내국신용장환어음 및 이에 첨부된 서류의 반환이 불가능한 경우 은행의 반환의무는 없는 것으로 합니다.

제6장 수출대금채권 매입거래에 대한 특약

제25조 선적서류의 발송

수출대금채권 매입거래와 관련한 "선적서류(운송서류, 보험서류, 상업송장 및 수출계약서에 의해 요구되는 서류를 포함합니다. 이하 같습니다)"는 본인의 책임하에 발송하고 그 증빙서류를 매입신청 시 은행에 선적서류 사본과 함께 제출합니다.

제26조 수출대금채권의 양도

본인은 수출대금채권 매입의뢰시 은행 소정양식의 "수출대금채권 양도에 따른 대금지급지시서(STANDING PAYMENT INSTRUCTION)"를 수출대금채권의 지급의무자(이하 '지급의무자'라 합니다)에게 송부한 후 지급의무자로부터 이에 대한 동의서를 받아 은행에 제출합니다.

제27조 수출대금의 회수

① 본인은 지급의무자에게 수출대금을 은행에 직접 또는 은행이 지정한 계좌에 입금하도록 지시합니다.

② 다음 각호에서 정한 서류 중 하나라도 발생한 경우 본인은 은행으로부터의 독촉, 통지 등이 없어도 당연히 다음 각호에서 정한 수출대금채권 매입대금의 상환의무를 지고 곧 갚기로 합니다.

1. 수출대금채권 만기일로부터 은행이 정한 기일까지 수출대금이 입금되지 아니하는 경우의 당해 수출대금채권
2. 지급의무자가 만기일 이전이라도 수출대금을 지급할 의사가 없음을 명백히 한 경우의 당해 수출대금채권

제28조 이자 등

수출대금이 수출대금채권 만기일에 회수되지 아니하는 경우 본인은 은행이 정한 계산방법, 지급시기 및 방법에 따라 입금지연이자 또는 부도이자를 지급합니다.

제29조 준용규정

본 장에서 따로 정하지 않은 사항은 "제2장 수출거래에 대한 특약"에 따릅니다.

<table>
<tr><td colspan="2">본인은 은행여신거래기본약관 및 이 약정서 사본을 확실히 수령하고, 주요 내용에 대하여 충분한 설명을 듣고 이해하였음</td></tr>
<tr><td>본 인</td><td>(인)</td></tr>
</table>

〈서식 9-8〉 Firm Offer

KANGNAM TRADING CO., INC.
MANUFACTURER, IMPORTERS, EXPORTERS
825-18, YEOKSAM-DONG, GANGNAM-GU, SEOUL, KOREA
TEL: 02-3451-6561-8 FAX : 02-3451-6599

FIRM OFFER

Messrs :

DATE : APRIL 6, 2019
OFFER NO. : KNTI-0057

「**SHINWHA INTERNATIONAL CO., INC.**
45-1, KWANCHUL-DONG, CHONGRO-KU,
C.P.O. BOX 8483 SEOUL, KOREA」

Dear Sirs,

We take pleasure in offering you the under-mentioned good the terms and condition described as follows.

HS NO.	DESCRIPTION	QUANTITY	UNIT PRICE	AMOUNT
		FOB JAPAN SEAPORT IN JAPANESE YEN		
4804.31-1000	ELECTRICAL INSULATING PAPER			
	Tomoegawa Brand : PI-2	6,000kgs	@¥176	¥1,056,000.-
	0.18mm x 1,040mm x roll	6,000kgs	@¥176	¥1,056,000.-
	0.18mm x 1,040mm x roll			
	TOTAL			¥2,112,000.-

1. Delivery(Shipping Date) : Within one month after receipt of Letter of Credit
2. Shipping port : Japanese Seaport
3. Payment : BY an irrevocable L/C at sight) in favor of : MARUBENI CORPORATION(B544)
   C.P.O.BOX595, TOKYO, JAPAN. TEL NO. : 03/3282-4456
4. Time of Validity : May 30, 2019
5. Packing : Export standard packing
6. Partial Shipment : Not Allowed
7. Transhipment : Prohibited
8. Insurance : To be covered by buyer.
9. Inspection : Maker's inspection is to be final.
10. Origin : Japan
11. Remarks : 10 percent more or less should be allowed for both quantity and amount.
    ※ Advise Bank : The FUJI BANK Ltd. Head Office.

Accepted by : **SHINWHA INTERNATIONAL CO., INC.**
45-1, KWANCHUL-DONG, CHONGRO-KU,
C.P.O. BOX 8483 SEOUL, KOREA

〈서식 9-8-1〉 화환신용장 발행신청서

한국외환은행
취소불능 화환신용장 발행신청서
(APPLICATION FOR IRREVOCABLE DOCUMENTARY CREDIT)

전문 사본 요청함

담당 :

(02) 734-8900

지급보증	금 액		확 인
	번 호		
	일 자		

인감대조	담 당	책임자

1. Transfer : 2 (1 : Allowed / 2 : Not-Allowed)
2. Credit Number : **M0604 - 904 - NS - 00040**
3. Advising Bank : 발행은행에서 지정(고객 지정가능) **The FUJI BANK LTD., HEAD OFFICE**
4. Expiry Date(YY-MM-DD) : **2019-04-30**
5. Applicant : **SHINWHA INTERNATIONAL CO., INC.**
   C.P.O.BOX 8483, SEOUL, KOREA TEL : 734-8900 FAX : 734-3686
6. Beneficiary : **Marubeni Corporation(B544)**
   C.P.O.Box 595, Tokyo, Japan Tel No. : 03/3282-4456
7. Amount : **YEN2,112,000** (± **10** %)
8. Drafts at : **Sight**
   - Usance인 경우 ______(1. Bankers / 2. Shippers / 3. Domestic)
   - Settling Bank : ______
9. Partial Shipment : **2** (1. Allowed / 2. Not-Allowed)
10. Transshipment : **2** (1. Allowed / 2. Not-Allowed)
11. Loading Port / Airport : **Japanese Seaport**
12. Discharging Port / Airport : **BUSAN SEAPORT**
13. Latest Shipment Date (YY-MM-DD) : **2019-04-20**
14. Documents Required :
   ① Signed/Original/Commercial Invoice in **3** Fold
   ② Packing List in **3** Fold
   ③ Full set of Clean on Board Ocean Bills of Lading made out to the order of Korea Exchange Bank marked Freight **1** (1. Collect / 2. Prepaid) and notify **1** (1. Applicant / 2. Other :______)
   ④ Air Waybill consigned to Korea Exchange Bank marked Freight______ (1. Collect / 2. Prepaid) and notify_(1. Applicant / 2. Other :______)
   ⑤ Insurance Policy or Certificate, endorsed in blank for 110% of the invoice value, expressly stipulating that claims are payable in Korea and it must include ______ (1. All Risk / 2. Other______)
   ⑥ Certificate of Origin in **3** Fold
   ⑦ Certificate of Analysis in **3** Fold
   ⑧ Other Document(s) Required : TEST REPORT SHOULD BE SENT WITH INVOICE

한국외환은행
취소불능 화환신용장 발행신청서
(APPLICATION FOR IRREVOCABLE DOCUMENTARY CREDIT)
(M06 Continued)

15. Additional Conditions : **COUNTRY OF ORIGIN MUST BE MARKED ON THE ALL PRODUCTS AND PACKAGES**

16. Description of Goods/Services :
 ① Price Terms : **FOB Japanese Seaport**
 ② Country of Origin : **Japan**
 ③ H.S.No. : **4804.31-1000**

Description of Goods and Services	Quantity	Unit Prices	Amount
ELECTRICAL INSULATING PAPER			
Tomoegawa Brand : PI-2			
0.18mm x 1040mm	6,000kgs	YEN176	Yen1,056,000
0.18mm x 850mm	6,000kgs	YEN176	Yen1,056,000

Details as per Offer No. : SW-0057 Dated : APRIL 6, 2019
Issued By : Kangnam Trading Co., Inc.

17. All banking commissions and charges outside Korea are for account of **1**
 (1. Beneficiary. / 2. Applicant)
18. Period for Presentation : Documents to be presented within **10** days after the date of shipment but within the validity of the credit.
19. Confirmation : **2** (1. With / 2. Without) at the expense of **1**
 (1. Beneficiary / 2. Applicant)

Reimbursement under this Credit are subject to the Uniform Rules for Bank-to-Bank Reimbursements under Documentary Credits, ICC Publication No.525. This Documentary Credit is subject to the Uniform Customs and Practice for Documentary Credits(2007 Revision, ICC Publication No.600)

위와 같이 신용장 발행을 신청함에 있어서 따로 제출한 외국환 거래약정서의 해당 조항에 따를 것을 확약하며, 아울러 위 수입물품에 관한 모든 권리를 은행에 양도하겠습니다.

2019 년 04 월 06 일

한국외환은행 앞 신 청 인 (인)
주 소

〈서식 9-8-2〉 취소불능화환신용장

PRINT USER-ID L 02203 PRINT DATE : 2019.04.18 PRINT TIME : 09:38:40
FM : KOREA EXCHANGE BANK, SEOUL
TO : KOREA EXCHANGE BANK, TOKYO
DATE : 190411
700 Issue of Documentary Credit
:27 Sequence of Total : 1/1
:40A Form of Documentary Credit : IRREVOCABLE
:20 Documentary Credit Number : M-0604-904-NS-00040
:31C Date of Issue : 190410
:31D Date and Place of Expiry : 190430 IN JAPAN
:50 Applicant : SHINWHA INTERNATIONAL CO., INC
C.P.O BOX 8483, SEOUL, KOREA
:59 Beneficiary : MARUBENI CORPORATION(B544)
C.P.O BOX 595, TOKYO, JAPAN
TEL NO. 03/3282-4456
:32B Currency Code, Amount : JPY2112000,
:39A Percentage Credit Amount Tolerance : 10/10
:41D Available With .. By... : ANY BANK
BY NEGOTIATION
:42C Drafts at ... : SIGHT
:42D Drawee : KOREA EXCHANGE BANK CHONGNO BRANCH
:43P Partial shipments : NOT ALLOWED
:43T Transhipment : NOT ALLOWED
:44A Loading /Dispatch/Taking Charge at/from : JAPANESE SEA PORT
:44B For Transportation to ... : BUSAN SEA PORT
:44C Latest Date of Shipment : 190420
:45A Description of Goods and/or Services : +ORIGIN : JAPAN
+DETAILS AS PER OFFER NO. KNTI-0057 DATED APRIL 6, 2019
ISSUED BY SHINWHA INTERNATIONAL CO., INC.
+ELECTRICAL INSULATING PAPER TOMOEGAWA BRAND : PI-2
0.18MM × 1040MM 6,000KGS JPY176.- AMT JPY1,056,000.-
0.18MM × 850MM 6,000KGS 176.- 1,056,000.-
+PRICE TERM : FOB JAPANESE SEAPORT
:46A Documents Required:
+SIGNED COMMERCIAL INVOICE IN THREE FOLD
+FULL SET OF CLEAN ON BOARD OCEAN BILLS OF LADING MADE OUT TO THE ORDER OF KOREA EXCHANGE BANK MARKED FREIGHT COLLECT AND NOTIFY APPLICANT
+PACKING LIST IN THREE FOLD
+CERTIFICATE OF ORIGIN IN THREE FOLD
+TEST REPORT SHOULD BE SENT WITH INVOICE.

:47A Additional Conditions:
+COUNTRY OF ORIGIN MUST BE MARKED ON THE ALL PRODUCTS AND PACKAGES.
+FOR EACH PRESENTATION OF DISCREPANT DOCUMENTS UNDER THIS CREDIT A FEE OF USD40.-(OR EQUIVALENT) SHOULD BE DEDUCTED FROM THE REIMBURSEMENT CLAIM OR WILL BE DEDUCTED THE PROCEEDS.
+PLS REIMBURSE YOURSELVES FROM KOREA EXCHANGE BANK, TOKYO
+10 PCT MORE OR LESS IN QUANTITY AND AMOUNT ARE ACCEPTABLE.
:71B Charges:
ALL BANKING CHARGES INCLUDING THE REIMBURSEMENT CHARGES OUTSIDE KOREA ARE FOR ACCOUNT OF BENEFICIARY
:48 Period for Presentation :
DOCUMENTS TO BE PRESENTED WITHIN 10 DAYS AFTER THE DATE OF SHIPMENT BUT WITHIN THE VALIDITY OF THE CREDIT
:49 Confirmation Instructions : WITHOUT
:53A Reimbursing Bank : KOEXJPJT
:78 Inst to the Pay/Accept/Negotiate Bank :
ALL DOCUMENTS MUST BE FORWARDED TO KOREA EXCHANGE BANK CHONGNO BRANCH/ 84-8, CHONGNO 2-KA, CHONGNO-KU, SEOUL 110-122, REPUBLIC OF KOREA IN ONE LOT BY REGISTERED AIRMAIL/COURIER SERVICE.
+REIMBURSEMENT IS SUBJECT TO ICC URR525.
:72 Sender to Receiver Information :
+UNLESS OTHERWISE EXPRESSLY STATED, THIS CREDIT IS SUBJECT TO THE UNIFORM CUSTOMS AND PRACTICE FOR DOCUMENTARY CREDIT, 2007 REVISION. ICC PUBLICATION NO.600
: : 740 Authorization to Reimburse
:20 Documentary Credit Number : M0604904NS00040
:31D Date and Place of Expiry : 190430 IN JAPAN
:32B Credit Amount : JPY2112000,
:39A Percentage Credit Amount Tolerance : 10/10
:41D Available With ... By ... : ANY BANK BY NEGOTIATION
:42C Drafts at ... : SIGHT
:42D Drawee : KOREA EXCHANGE BANK CHONGNO BRANCH
:71A Reimbursing Bank's Charges : CLM
:72 Sender to Receiver Information :
+THIS IS SUBJECT TO ICC URR525.
FUJI BANK LTD., TOKYO

〈서식 9-9〉 Firm Offer

DONG BANG ENTERPRISE

ROOM NO,105-1102, 1139 SADANG5-DONG, DONGJAK-KU, SEOUL, KOREA
TEL: (02)521-0779 FAX: (02)521-0657

REG. NO. 98080197 **FIRM OFFER** OFFER NO. HD-374
DATE: MAY 10, 2019

MESSRS: **KANGNAM TRADING CO., LTD.**

We are pleased to offer you the under-mentioned good the terms and condition described as follows.

Origin	Japan	Validity	MAY 20, 2019
Shipping Port	Japanese port or airport	Packing	Export standard packing
Manufacturer		Destination	Korean port or airport
Delivery(Shipping Date) Within 60 Days		Inspection	

Payment: (BY an irrevocable L/C at sight or T/T) in favor of :
HAYASHI CHEMICAL INDUSTRY CO., LTD.
31, ISHI-MACHI, ONG, ISHIHARA, ISSHOIN, INAMI-KU, KYOTO, JAPAN

Remarks		

Accepted by: Very truly yours.

Signature

HS NO	Commodity/Specification	Quantity	Price/Unit	Amount
3824.90.6600	DIELECTRIC POWDER HIZIRCO MWF-38R	3,000Kg	FOB JAPAN @JPY2,600/Kg	JPY7,800,000
Total		3,000Kg		JPY7,800,000

BANK : SUMITOMO MITSUI BANKING CORPORATION
SHUO OMIYA BRANCH
ACCOUNT NO: 247618

〈서식 9-9-1〉 취소불능화환신용장 발행신청서

(APPLICANT FOR IRREVOCABLE DOCUMENTARY CREDIT)

☐ AIRMAIL ☑ CABLE ☐ CONFIRMED

ADVISING BANK SUMITOMO MITSUI BANKING CORPORATION SHLIO OMIYA BRANCH	APPLICANT KANGNAM TRADING CO., LTD. 65, YOUNGCHEON-RI, DONGTAN-MYUN, HWASUNG-SI, KYOUNGKI-DO, KOREA
CREDIT NUMBER M16XO - 905 - NS - 00057 AMOUNT JPY7,800,000-	BENEFICIARY HAYASHI CHEMICAL INDUSTRY CO., LTD. 31, NISHI-MACHI, DOGO, ISHIHARA, KISSHOIN, MINAMI-KU, KYOTO, JAPAN
SHIPPING DATE 19-05-27	DOCUMENTS MUST BE PRESENTED WITHIN 15 DAYS AFTER THE DATE OF SHIPMENT
TENOR OF DRAFT ☑ AT SIGHT ☐	(Usance only) ☐ BANKER'S ☐ SHIPPER'S ☐ DOMESTIC

DOCUMENTS REQUIRED
☑ SIGNED COMMERCIAL INVOICE IN QUINTUPLICATE
☑ AIRWAY BILLS CONSIGNED TO CHOHUNGBANK MARKED "FREIGHT COLLECT" AND "NOTIFY ACCOUNTEE"
☐ FULL SET OF CLEAN ON BOARD OCEAN BILLS OF LADING MADE OUT TO THE ORDER OF CHOHUNGBANK MARKED "FREIGHT" AND "NOTIFY ACCOUNTEE"
☐ INSURANCE POLICY, CERTIFICATE OR DECLARATION IN DUPLICATE, ENDORSED IN BLANK FOR 110% OF THE INVOICE COST. INSURANCE POLICIES, CERTIFICATE OR DECLARATION MUST EXPRESSLY THAT CLAIMS ARE PAYABLE IN THE CURRENCY OF THE CREDIT AND MUST ALSO INDICATE A CLAIMS SETTLING AGENT IN KOREA. INSURANCE MUST INCLUDE INSTITUTE : CARGO CLAUSE
☑ PACKING LIST IN DUPLICATE
☐ OTHER DOCUMENTS

HS NO.	COMMODITY DESCRIPTION	QUANTITY	UNIT PRICE	AMOUNT
3824.90-6600	DIELECTRIC POWDER HIZIRCO MWF-38R	3,000Kg	JPY2,600/Kg	JPY7,800,000-

(JAPAN) ORIGIN	PRICE TERMS (FOB JAPAN ☐ PORT ☑ AIRPORT)
MARKING INSTRUCTION	PARTIAL SHIPMENT ☑ ALLOWED ☐ PROHIBITED
SHIPMENT FROM : JAPAN AIR PORT TO : INCHEON AIR PORT	TRANSSHIPMENT ☐ ALLOWED ☑ PROHIBITED ALL BANKING CHARGES OUTSIDE KOREA ARE FOR ACCOUNT OF ☐ APPLICANT ☑ BENEFICIARY

SPECIAL CONDITIONS
☐ CHARTER PARTY B/L ACCEPTABLE
☐ DOCUMENTS PRESENTED LATER THAN 21 DAYS AFTER THE DATE OF SHIPMENT ACCEPTABLE
☑ SHIPMENT TO BE MADE ON "K" LINE AIR SERVICE LTD. TYO (81)(3)3455-4901 OSA (81)(6)615-3252 FUK (81)(92)622-7421
☐ ACCEPTANCE COMMISSION AND DISCOUNT CHARGES ARE FOR BUYER'S ACCOUNT
☐ THIRD PARTY B/L ACCEPTABLE
☐ CONFIRMATION CHARGES ARE FOR ACCOUNT OF

위와 같이 신용장개설을 신청함에 있어서 따로 제출한 외국환거래약정서의 해당 조항에 따를 것을 확약하며 아울러 위 수입물품에 관한 모든 권리를 은행에 양도하겠습니다. 2019년 5월 13일

조흥은행 신청인 : (인)
CHOHUNG BANK 앞 주 소 :

〈서식 9-9-2〉 취소불능화환신용장

ORIGINATOR: CHOHKRSEAXXX
SESSION: 1937 SEQUENCE: 346539
DESTINATION: SMBCJPJTXXX TYPE: 700
:27: Sequence of Total
1/1
:40A: Form of Documentary Credit
IRREVOCABLE
:20: Documentary Credit Number
M16X0905NS00057
:31C: Date of Issue
190513
:31D: Date and Place of Expiry
190720 AT NEGOTIATION BANK
:50: Applicant
KANGNAM TRADING CO., LTD.
65, YOUNGCHEON-RI, DONGTAN-MYUN,
HWASUNG-SI, KYOUNGKI-DO, KOREA.
:59: Beneficiary
HAYASHI CHEMICAL INDUSTRY CO., LTD.
31, ISHI-MACHI, ONG, ISHIHARA, ISSHOIN, INAMI-KU, KYOTO, JAPAN
:32B: Currency Code, Amount
JPY7800000,
:41D: Available With .. By..
ANY BANK
BY NEGOTIATION
:42C: Drafts at ..
AT SIGHT
:42D: Drawee
DRAWN ON
CHOHUNG BANK, SEOUL FOR FULL INVOICE COST.
:43P: Partial shipments
ALLOWED
:43T: Transhipment
PROHIBITED
:44A: Loading on Board/Dispatch/Taking in Charge at/from..
JAPAN AIRPORT
:44B: For Transportation to ..
INCHEON AIRPORT
:44C: Latest Date of Shipment
190527

:45A: Description of Goods and/or Services
DIELECTRIC POWDER
HIZIRCO MWF-38R 3,000KG AT JPY2,600/KG
JAPAN ORIGIN
FOB JAPAN AIRPORT

:46A: Documents Required
SIGNED COMMERCIAL INVOICE IN QUINTUPLICATE
AIRWAY BILLS CONSIGNED TO CHOHUNG BANK MARKED 'FREIGHT COLLECT' AND 'NOTIFY ACCOUNTEE'
PACKING LIST IN DUPLICATE

:47A: Additional Conditions
UPON RECEIPT OF YOUR DOCUMENTS IN GOOD ORDER, WE WILL REMIT THE PROCEEDS TO THE ACCOUNT DESIGNATED BY NEGOTIATION.
HOUSE AIRWAYBILL SHOULD BE ISSUED BY "K" LINE AIR SERVICE LTD.
TYO (81)(3)3455-4901 OSA (81)(6)615-3252 FUK (81)(92)622-7421

:71B: Charge
ALL BANKING COMMISSIONS AND CHARGES INCLUDING REIMBURSEMENT CHARGES AND POSTAGE, OUTSIDE KOREA ARE FOR ACCOUNT OF BENEFICIARY.

:48: Period for Presentation
DOCUMENTS MUST BE PRESENTED WITHIN 15 DAYS AFTER THE DATE OF SHIPMENT

:49: Conformation Instructions
WITHOUT

:78: Instructions to the Paying/Accepting/Negotiating Bank
THE AMOUNT OF EACH NEGOTIATION(DRAFT) MUST BE ENDORSED ON THE REVERSE OF THIS CREDIT BY THE NEGOTIATION BANK.
ALL DOCUMENTS MUST BE FORWARDED DIRECTLY BY COURIER SERVICE IN ONE LOT TO CHOHUNG BANK H.O., (INTERNATIONAL OPERATIONS DIVISION) 14, 1-KA, NAMDAEMUNRO, CHUNG-KU, SEOUL 100-757, KOREA
IF DOCUMENTS ARE PRESENTED WITH DISCREPANCIES, A DISCREPANCY FEE OF USD60.00 OR EQUIVALENT SHOULD(WILL) BE DEDUCTED FROM THE REIMBURSEMENT CLAIM(THE PROCEEDS).
THIS FEE SHOULD BE CHARGED TO THE BENEFICIARY.

:57D: 'Advise Through' Bank
PLS ADVISE THRU YR SHLIO OMIYA BR.

:72: Sender to Receiver Information
/REC//THIS CREDIT IS SUBJECT TO I.C.C PUBLIC NO 600(2007 REVISION).

〈서식 9-9-3〉 취소불능화환신용장 조건변경신청서

APPLICATION FOR AMENDMENT TO IRREVOCABLE DOCUMENTARY CREDIT

To : CHOHUNG BANK

<table>
<tr><td>Advising bank

SUMITOMO MITSUI BANKING CORPORATION
SHLIO OMIYA BRANCH</td><td>to be advised by
☑ CABLE
☐ AIR MAIL</td></tr>
<tr><td colspan="2">Re our L/C NO M16X0905NS00057 a dated 190513
for JPY 7,800,000.- in favor of HAWASHI CHEMICAL INDUSTRY CO., LTD.
amended as follows (Marked by X)
☐ Credit amount increased/decreased by
to
☐ The latest shipping date is extended to
☐ Expiry date is extended to
☐ Partial shipments are now allowed / prohibited
☐ Transshipment is now allowed / prohibited
☑ Loading port / airport now changed to OSAKA ☑ Port / ☐ airport
☑ Unloading port / airport now changed to PUSAN ☑ Port / ☐ airport
☐ Air waybills acceptable / required
☐ Price terms are changed to instead of previous
☐ Others
FULL SET OF CLEAN ON BOARD OCEAN BILLS OF LADING MADE OUT TO THE ORDER OF CHOHUNGBANK MARKED "FREIGHT" AND "NOTIFY ACCOUNTEE" instead of previous AWB

All other terms and conditions remain unchanged</td></tr>
<tr><td colspan="2">위와 같이 수입신용장 조건변경을 신청함에 있어서 따로 제출한 외국환거래약정서의 해당 조항에 따를 것을 확약합니다.

CHB CHOHUNG BANK
신청일자 2019. 06. 27
주 소 경기도 화성군 동탄면 영천리 65번지
신 청 인 강남무역(주)
Authorized Signature</td></tr>
</table>

〈서식 9-9-4〉 취소불능화환신용장 조건변경서

ORIGINATOR: CHOHKRSEAXXX
SESSION: 1954 SEQUENCE: 436869
DESTINATION: SMBCJPJTXXXX TYPE: 707

:20: Sender's Reference
M16X0905NS00057
:21: Receiver's Reference
NONREF
:31C: Date of Issue
190513
:30: Date of Amendment
190627
KOREA.
:59: Beneficiary
HAYASHI CHEMICAL INDUSTRY CO., LTD.
:44A: Loading on Board/Dispatch/Taking in Charge at/from..
LOADING AIRPORT NOW CHANGE TO OSAKA PORT
:44B: For Transportation to..
UNLOADING AIRPORT NOW CHANGE TO PUSAN PORT
:79: Narrative
PLS AMEND IN FIELD 46A:
B/L INSTEAD OF PREVIOUS AWB.
"FULL SET OF CLEAN ON BOARD OCEAN BILLS OF LADING
MADE OUT TO THE ORDER OF CHOHUNGBANK MARKED
FREIGHT COLLECT AND NOTIFY ACCOUNTEE"
:72: Sender to Receiver Information
/REC/
//PLS ADVISE THRU YR SHLIO OMIYA
//BRANCH
//

〈서식 9-10〉 취소불능화환신용장 발행을 위한 Offer Sheet

HANWOOK TRADING CO., LTD

RM 506, BOKCHANG BLDG. 80, SOKONG-DONG CHUNG-KU SEOUL KOREA
PHONE NO. : 02-776-5850 FAX : 02-753-0514

OFFER SHEET

DATE : JUN. 22. 2019
NO. : HWT-0602

Messrs : KANGNAM TRADING CO., LTD.
C.P.O. BOX 3560, SEOUL, KOREA

Gentlemen :

We have pleasure to offer you the following merchandise on the terms and conditions mentioned hereunder subject to your reply to us by JUL. 22. 2019

Shipment : WITHIN 30 DAYS AFTER RECEIPT OF YOUR L/C

Shipping Port : KOREAN PORT

Destination : JAPANESE PORT

Payment : BY AN IRREVOCABLE L/C AT SIGHT IN FAVOR OF
YOTAI REFRACTORIES CO., LTD, 8-1, NISHIKINAKA-MACHI.
KAIZUKA-SHI, OSAKA, 597-0093, JAPAN.

Packing : EXPORT STANDARD PACKING

Insurance : TO BE COVERED BY BUYER

Remark : ORIGIN : JAPAN

Inspection : MAKER'S INSPECTION IS TO BE FINAL

Manufacturer : YOTAI REFRACTORIES CO., LTD.

Item No.	Commodity Description	Quantity	Unit Price	Amount
HS No. 6902.20-0000	SETTER FOR CERAMIC CAPACITOR TDG-SBM688C 150X150X4T-9H(COAT YXP)	FOB KOBE IN JAPANESE YEN		
		1,000 pcs	@¥965.-	¥965,000
	TOTAL	1,000 PCs		¥965,000

L/C ADV. BANK&NEGO BANK : TOKYO-MITSUBISHI UFJ LIMITED/DOJIMA BRANCH
2-16, SONEZAKISHINCHI 2-CHOME, KITA-KU,
OSAKA 530-0002, JAPAN
SWIFT NO. : BOTKJPJTOSA

HANWOOK TRADING CO.,LTD.

SOON HYO, PARK

E. & O. E. Representative Directo

〈서식 9-10-1〉 취소불능화환신용장 발행신청서

취소불능화환신용장 발행신청서

(Irrevocable Documentary Credit Application)

Except so far as otherwise expressly stated, this documentary credit is Subject to the "Uniform Customs and practice for documentary Credits"(UCP latest version)

<일반정보>

발신신청일자 : 2018/09/14
발행방법 : By full cable
운송수단 : Sea/ Air
발행(의뢰)은행 : 신한은행 신한금융
(희망)통지은행 : TOKYO-MITSUBISHI UFJ LIMITED DOJIMA BRANCH

<스위프트>

40A Form of Document Credit : IRREVOCABLE
31D Date and Place of Expiry : (date) 2019/11/13
(place) IN THE BENEFICIARY COUNTRY
50 Applicant : KANGNAM TRADING CO.,LTD.
59 Beneficiary : YOTAI REFRACORIES CO. LTD.
8-1. NISHIKINAKA-MACHI, KAIZUKA-SHI,
OSAKA, 597-0093, JAPAN
32B Currency Code. Amount : JPY965,000
42C Draft at... : AT SIGHT(NS)
43P Partial Shipment : ALLOWED
43T Transhipment : PROHIBITED
44E Port of Loading/Airport of Departure : JAPANESE PORT
44F Port of Discharge/Airport of Destination : KOREAN PORT
44C Latest Date of Shipment : 2019/11/01
45A Description of Goods and/or Services : + H.S CODE NO. 6903.20-9000
+ 1,000 PCS OF SETTER FOR CERAMIC
[Term of price] FOB(Free On Board)
[Country of origin] Japan
46A Documents Required
+ SIGNED COMMERCIAL INVOICE IN 3 COPIES
+ FULL SET OF CLEAN ON BOARD OCEAN BILLS OF LADING MADE OUT TO THE ORDER OF SHINHAN BANK MARKED FREIGHT COLLECT AND NOTIFY APPLICANT
46A Documents Required
+ SIGNED COMMERCIAL INVOICE IN 3 COPIES
+ FULL SET OF CLEAN ON BOARD OCEAN BILLS OF LADING MADE OUT TO THE ORDER OF SHINHAN BANK MARKED FREIGHT COLLECT AND NOTIFY APPLICANT
+ PACKING LIST IN 3 COPIES
71B Charges
ALL BANKING CHARGES OUTSIDE KOREA AND REIMBURSEMENT CHARGES ARE FOR ACCOUNT OF BENEFICIARY
48 Period for Presentation : DOCUMENTS TO BE PRESENTED WITHIN 21 DAYS AFTER THE DATE OF SHIPMENT BUT WITHIN THE VALIDITY OF THE CREDIT
49 Confirmation instruction : WITHOUT

<전자서명>

이 전자문서는 전자무역 촉진에 관한 법률 제2조 제4호 및 동법 시행령 제12조에 의거 발행된 전자문서입니다.

〈서식 9-10-2〉 취소불능화환신용장 발행

```
*MSG TYPE : 수입(210) (MT700) ISSUE OF A DOCUMENTARY CREDIT
 RECEIVER : (D0000361 BOTKJPJTXXX)
            BANK OF TOKYO-MITSUBISHI UFJ LTD(HEAD OFFICE), TOKYO
 MSG NO   : (201909073080)  REF-NO : M42211909NS00445
 AMOUNT   : JPY 965000(UNKNOWN CVT MSG)
 MSG DATE : 20190917  MAKER : 114  APPROVER : 036  SENDER : 999  20190917 SENT
 PRT DATE : <JEOM>1208 2019 OCT 19 at 13:34 MSG SEND LINE : *SWIFT*
------------------------------------------------------------------------------------
점번호 : 신한은행 신한금융센터
고객   : 400012130  강남무역(주) XXX
{1:F01SHBKKRSEAXXX0000000000}
{2:1900B0TKJPJTXXXXN}
{3:{100:201909073080}}
{4:
:27 /SEQUENCE OF TOTAL                    : 1/1
:40A/FORM OF DOCUMENTARY CREDIT           : IRREVOCABLE
:20/DOCUMENTARY CREDIT NUMBER             : M4221909NS00445
:31C/DATE OF ISSUE                        : 190914
:40E/APPLICABLE RULES                     : UCP LATEST VERSION
:31D/DATE AND PLACE OF EXPIRY             : 191113 IN THE BENEFICIARY COUNTRY
:50/APPLICANT                             : KANGNAM TRADING CO., LTD.
                                            C.P.O. BOX 3560, SEOUL KOREA.
:59/BENEFICIARY                           : YOTAI REFRACTORIES CO., LTD.
                                            8-1, NISHIKINAKA-MACHI,
                                            KAIZUKA-SHI, OSAKA,
                                            597-0093, JAPAN.
:32B/CURRENCY CODE, AMOUNT                : JPY965000,
:41D/AVAILABLE WITH...BY...               : ANY BANK BY NEGOTIATION
:42C/DRAFTS AT...                         : AT SIGHT
:42D/DRAWEE                               : SHINHAN BANK, SEOUL
:43P/PARTIAL SHIPMENTS                    : ALLOWED
:43T/TRANSSHIPMENT                        : PROHIBITED
:44E/PORT OF LOADING/AIRPORT OF DEP       : JAPANESE PORT
:44F/PORT OF DISCHARGE/AIRPORT OF D       : KOREAN PORT
:44C/LATEST DATE OF SHIPMENT              : 191101
```

:45A/DESCRIPTION OF GOODS/SERVICE :

+ 1,000 PCS OF SETTER FOR CERAMIC CAPACITOR ORIGIN JAPAN
FOB JAPANESE PORT

:46A/DOCUMENTS REQUIRED :

+ SIGNED COMMERCIAL INVOICE IN TRIPLICATE

+ PACKING LIST IN TRIPLICATE

+ FULL SET OF CLEAN ON BOARD OCEAN BILLS OF LADING MADE OUT TO THE ORDER OF SHINHAN BANK SEOUL MARKED FREIGHT COLLECT AND NOTIFY APPLICANT

:47A/ADDITIONAL CONDITIONS

+ BANK INFO. : PLS REGARD THE WORD 'KOREA' AS 'SOUTH KOREA' WHEREVER APPEARING IN THIS L/C.

:71B/CHARGES : ALL BANKING CHARGES OUTSIDE OF KOREA AND REIMBURSEMENT CHARGES ARE FOR ACCOUNT OF BENEFICIARY

:48/PERIOD FOR PRESENTATION : DOCUMENTS TO BE PRESENTED WITHIN 21 DAYS AFTER SHIPMENT DATE BUT WITHIN THE VALIDITY OF THE CREDIT

:49/CONFIRMATION INSTRUCTIONS : WITHOUT

:78/PAY/ACCEPT/NEGO BANK :

T/T REIMBURSEMENT NOT ALLOWED

THE DISCREPANCY FEE OF JPY 9,000,00(OR EQUIVALENT) SHOULD BE DEDUCTED FROM YOUR REIMBURSEMENT CLAIM TO THE REIMBURSING BANK OR WILL BE DEDUCTED FROM PROCEEDS BY US

IF DOCUMENTS ARE PRESENTED WITH DISCREPANCY(IES) UPON RECEIPT OF ALL DOCS AND DRAFTS IN CONFORMITY WITH TERMS AND CONDITIONS OF THIS CREDIT WE SHALL REMIT THE PROCEEDS TO THE BANK DESIGNATED BY NEGOTIATING BANK.

ALL DOCUMENTS MUST BE DESPATCHED BY COURIER IN ONE LOT TO SHINHAN BANK, INT'L TRADE BUSINESS DEPT., 14, 1-KA, NAMDAEMUN-RO, CHUNG-KU, SEOUL 100-757, KOREA.

:57D/<ADVISE THROUGH>BANK : DOJIMA BRANCH

---< END OF MESSAGE >---

이 전자문서는 전자무역 촉진에 관한 법률 제2조 제4호 및 동법 시행령 제12조에 의거 발행된 전자문서입니다.

〈서식 9-11〉 취소불능화환신용장 발행을 위한 Offer Sheet

JUNG SOO TRADING CO., LTD

FL., 6 MOOLIM BLDG. 3-3 OKUM-DONG, SONGPA-GU, SEOUL KOREA
TEL : (02) 430-2901~3 FAX : (02) 430-2904

FIRM OFFER

OFFER REG. NO. NO. 9425453 DATE : ______
OFFER NO. : 18-0407 REF NO. : ______

MESSRS : KOSCA TRADE & SUPPLY CORP.

We take pleasure in offering you the following goods under the terms and conditions as follows :

Shipment : UNTIL JUL. 10, 2018

Payment	:	BY AN IRREVOCABLE LETTER OF CREDIT AT SIGHT IN FAVOR OF SPI(SUPERMARKET PROMOTIONS INC) 3600 WILSHIRE BLVD, SUITE 828 LOS ANGELES, CA. 90010 U.S.A
Contract No.	:	1404AS0299PK13
Origin	:	U.S.A
Shipping Port	:	U.S.A PORT
Packing	:	EXPORT STANDARD PACKING
Validity	:	UNTILL L/C OPEN DATE
Brand	:	PACKERL AND PACKING
Destination	:	YONGIN(WAREHOUSE), KOREA
Supplier	:	SPI(SUPERMARKET PROMOTIONS INC) 3600 WILSHIRE BLVD. SUITE 828, LOS ANGELES, CA 90010 U.S.A

Remarks :
1. THREE(3) PERCENT TOLERANCE IN QUANTITY AND AMOUNT ACCEPTANCE.
2. PARTIAL SHIPMENT IS ALLOWED.
3. ADVISING BANK : CITY NATIONAL BANK
600 SOUTH OLIVE STREET, SUITE 300 LOS ANGELES, CALIFORNIA 90014

HS NO	ITEM/SPECIFICATION	QUANTITY	UNIT PRICE	AMOUNT
	FROZEN / GRAIN FED BEEF / CFR YOGIN(WAREHOUSE)			
0202.030 0000	CHUCK EYE ROLL	4 M/T	USD3,410M/T	USD184,140.00
	W/BACK STRAP(CHOICE)	MAX 55.62 M/T		MAX USD189,664.20

Yours very truly

KOSCA TRADE & SUPPLY CORP JUNG SOO TRADING CO., LTD

HEE YOENG, KIM PRESIDENT JAE WOOK, HA PRESIDENT

〈서식 9-11-1〉 수입승인(신청)서

수 입 승 인(신 청) 서

처리기간
1 일

[별지 제3-2호 서식] (용)

① 수입자 (상호, 주소, 성명) 무역업등록번호 198417 경기도 용인시 수지읍 동천동 164 ㈜ 코 스 카 상 역 대표이사 김 희 영 (서명 또는 ㊞)	⑤ 송화인 SUPERMARKET PROMOTIONS INC 3600 WILSHIRE BLVD. SUITE 828, LOS ANGELES, CA 90010 U.S.A
② 위탁자 (상호, 주소, 성명) 사업자등록번호 214-82-01661 (서명 또는 ㊞)	⑥ 금 액 US$184,140.00(3% M/L) ⑦ 결제기간 AT SIGHT ⑧ 가격조건 CFR YONGIN WAREHOUSE
③ 원산지 U.S.A	④ 선적항 U.S.A PORT(S)

⑨ HS 부호	⑩ 품 명 및 규 격	⑪ 단위 및 수량	⑫단 가	⑬ 금 액
		GRAIN FED CHILLED BEEF		
0201.30-0000	CHUCK EYE ROLL	54.00M/T (MAX44.29M/T)	US$3.410	US$184,140.00 (MAX189,664.20)
	TOTAL	54.00M/T (MAX44.29M/T)		US$184,140.00 (MAX189,664.20)

⑭ 승인조건(Condition Of Approval)

⑮ 유효기간(Period Of Approval)
승인일로부터 1년 이내

⑯ 승인번호(Approval No.)
24100 - 9NI - 00110980

⑰ 승인기관 기재란 ⑱ 위의 신청사항을 대외무역법 제14조 제2항 및 동법 시행령 제25조 제1항의 규정에 의하여 승인합니다.	2019 년 월 일 서울특별시 강남구 신사동 618-3 재단법인 축산물유통사업단 사 장 김 기 영 ㊞

※ 대외무역법 시행령 제36조 제2항의 요건에 해당될 경우에는 본 수입승인의 유효기간은 유효기간 중이라도 만료된 것으로 봅니다.

(인쇄용지 특급 34g/㎡) 2802-18민. 승인 210㎜ × 297㎜

〈서식 9-11-2〉 취소불능화환신용장 발행신청서

취소불능화환신용장 발행신청서
(APPLICANT FOR IRREVOCABLE DOCUMENTARY CREDIT)

I/L NO	① DATE MAY 07/2019	② CREDIT NUMBER M - 0801 - 905 - NS - 00054
ADVISING BANK SETTLING BANK	④ APPLICANT KOSCA TRADE & SUPPLY CORP. 164, DONGCHUN-DONG, SUJEE-GU, YONGIN-CITY KYONGGI-DO, KOREA	
③ BENEFICIARY SUPERMARKET PROMOTIONS INC 3600 WILSHIRE BLVD. SUITE 828, LOS ANGELES, CA 90010 U.S.A	⑤ AMOUNT US$184,140.00 ⑥ DATE AND PLACE OF EXPIRY JULY 25 /2019	
TENOR OF DRAFT : at Sight ⑦	⑧ DRAWN ON	

DOCUMENTS :

☑ FULL SET OF CLEAN ON BOARD OCEAN BILLS OF LADING MADE OUT TO THE ORDER OF ⑨ NATIONAL COOPERATIVE FEDERATION MARKED "FREIGHT ⑩ PREPAID" AND "NOTIFY ACCOUNTEE"

☑ MARINE INSURANCE POLICY OR CERTIFICATE IN DUPLICATE, ENDORSED IN BLANK FOR 110% OF THE INVOICE VALUE, INSURANCE POLICIES OR CERTIFICATE MUST EXPRESSLY STIPULATE THAT CLAIMS ARE PAYABLE IN THE CURRENCY OF THE DRAFT AND MUST ALSO INDICATE A CLAIMS SETTLING AGENT IN KOREA. INSURANCE MUST INCLUDE : INSTITUTE CARGO CLAUSE : ⑪ INSURANCE TO BE COVERED BY BUYER.)"

☑ SIGNED COMMERCIAL INVOICE IN ⑫ TRIPLICATE

☑ PACKING LIST IN ⑬ TRIPLICATE

☑ OTHER DOCUMENTS : ⑭ ATTACHED

PARTIAL SHIPMENT(43P) : ☑ ALLOWED ☐ PROHIBITED	TRANSSHIPMENT(43T) : ☐ ALLOWED ☑ PROHIBITED
Loading(44A) : U.S.A. PORT(S) Latest DATE OF SHIPMENT(44C) : JULY 10, 2019	DISCHARGE(44B) : KOREAN PORT(S)

COMMODITY DESCRIPTION OF GOODS/SERVICES : ⑮ GRAIN FED FROZEN BEEF

HS NO.⑯	COMMODITY DESCRIPTION(45A)	QUANTITY	UNIT PRICE	AMOUNT
0202.30-0000	CHUCK EYE ROLL	54.00M/T (MAX44.29M/T)	US$3.410	US$184,140.00- (MAX189,664.20)
	TOTAL	54.00M/T (MAX44.29M/T)		US$184,140.00- (MAX189,664.20)

SHIPMENT FROM ⑰ U.S.A. PORT(S) TO ⑱ KOREAN PORT(S) LATEST JULY 10/ 2019	PARTIAL SHIPMENTS ⑲ ALLOWED	TRANSHIPMENTS ⑳ PROHIBITED

DOCUMENTS MUST BE PRESENTED WITHIN ㉑ 7 DAYS AFTER THE DATE OF ISSUANCE OF THE BILLS OF LADING or OTHER TRANSPORT DOCUMENTS BUT WITHIN THE VALIDITY OF THE CREDIT

SPECIAL CONDITIONS ㉒ ATTACHED

위와 같이 신용장 발행을 신청함에 있어서 위 기재사항이 수입승인 사항과 틀림없음을 확인하고 따로 제출한 외국환거래 약정서의 해당 조항에 따를 것을 확약하며, 아울러 위 수입물품에 관한 모든 권리를 귀 은행에 양도하겠습니다.

2019 년 05 월 07 일

신청인 : ㈜ 코 스 카 상 역
대표이사 김 희 영 (인)

인감 대조	

(10) National Livestock Cooperative Federation

(인)

Authorized Signature

담 보 금		
지급보증액		
OPEN COMM	Corres Charge	Cable Charge

Except so far as otherwise expressly stated, this documentary credit is subject to the "Uniform Customs and Practice for Documentary Credit"(2007 Revision) International Chamber of Commerce Publication No.600)

*** Other Documents :**

1. One Copy of Certificate of Origin issued by Chamber of Commerce
2. One Copy of Meat and Poultry Export Certificate of Wholesomeness for export to The Republic of Korea specifying the following articles 1), 2), 3) issued by U.S. Department of Agriculture.
   1) The staughtering and processing date.
   2) The names of staughtering and processing facilities.
   3) The EST number given by the exporting country's government to the staughtering and processing facilities.
3. One Copy of Weight Certificate showing number of carton box
4. One Original beneficiary's statement stating that one original of each shipping documents(Two copies in case of B/L, invoice and packing list) is dispatched within 7 days from the B/L date to the supplier's agent in Korea through any fast postal service company with its receipt attached.
5. The Shipping Mark should be marked all documents.
   Shipping Mark : 9904AS0299PK13

*** Special Conditions :**

1. All banking charges, including postage occurred outside Korea are for account of the beneficiary.
2. Grade and yield grade should be special items designated by KOSCA..
3. Payment shall be made subject to deduction of delay penalty which is to be 0.1% of invoice value per day from July 12/2019 to on board date of B/L.
4. All documents shall be specified as the net and gross weight of cargo in Metric Ton or Kilogram.
5. Final place of delivery must be specified as Yong-in warehouse designated by KOACA on B/L

   Yong-in Warehouse :
   The Cold Storage of Korea Physical Distribution Center Company
   #164, Dongchun-dong, Sujee-gu, Yong-in City, Kyonggi-do, Korea.
   TEL : (031) 261-6541(REF), FAX : (031) 261-6548

6. The Supplier shall bear all the expenses including inland Transportation Charge, Terminal Handling Charge and Documentation Fee etc. occurring from the arrival in Korea up to the delivery at KOSCA-designated warehouse except only for the Wharfage and Container Tax. and those contents should be marked on B/L

〈서식 9-11-3〉 취소불능화환신용장 발행

DOC ID : 201912310IMS00246 MESSAGE TYPE : 700

: MT 700 ISSUE OF A DOCUMENTARY CREDIT

Sequence of Total 27 : 1/1

Form of Documentary Credit 40A : IRREVOCABLE

Documentary Credit Number 20 : M08O1906NS00054

Date of Issue 31C : 190507

Date and Place of Expiry 31D : 190725 AT NEGOTIATION BANK

Applicant 50 : KOSCA TRADE & SUPPLY CORP.
164, DONGCHUN-DONG, SUJEE-GU, YONGIN-CITY
KYONGGI-DO, KOREA

Beneficiary 59 : SUPERMARKET PROMOTIONS INC
3600 WILSHIRE BLVD. SUITE 828,
LOS ANGELES, CA 90010 U.S.A

Currency Code, Amount 32B : USD184,140.00

Available With ... By.... 41D : ANY BANK
BY NEGOTIATION

Drafts at ... 42C : AT SIGHT

Drawee, DRAWN ON 42A : NLCFKRSE
NATIONAL LIVESTOCK COOPERATIVES FEDERATION
SEOUL KOREA

Partial shipments 43P : ALLOWED

Transhipment 43T : NOT ALLOWED

Loading on Board/Dispatch/Taking in Charge at/from... 44A : U.S.A. PORT(S)

For Transportation to ... 44B : KOREAN PORT(S)

Latest Date of Shipment 44C : 190710

Description of Goods and/or Services 45A : GRAIN FED FROZEN BEEF
CHUCK EYE ROLL
54.00M/T (MAX 55.62M/T)
AT USD 3,410 PER M/T
CFR YOUNG-IN WAREHOUSE
ORIGIN U.S.A.

Documents Required 46A:

1. FULL SET OF CLEAN ON BOARD OCEAN BILLS OF LADING MADE OUT TO THE ORDER OF NATIONAL LIVESTOCK COOPERATIVES FEDERATION, SEOUL, MARKED 'FREIGHT PREPAID' AND 'NOTIFY APPLICANT'
2. SIGNED COMMERCIAL INVOICE IN TRIPLICATE
3. PACKING LIST IN TRIPLICATE
4. ONE COPY OF CERTIFICATE OF ORIGIN ISSUED BY CHAMBER OF COMMERCE.
5. ONE COPY OF MEAT AND POULTRY EXPORT CERTIFICATE OF WHOLESOMENESS FOR EXPORT TO THE REPUBLIC OF KOREA SPECIFYING THE FOLLOWING ARTICLES 1), 2), 3) ISSUED BY U.S. DEPARTMENT OF AGRICULTURE.

1) THE SLAUGHTERING AND PROCESSING DATE.
2) THE NAMES OF SLAUGHTERING AND PROCESSING FACILITIES.
3) THE EST NO. GIVEN BY THE EXPORTING COUNTRY'S GOVERNMENT TO THE SLAUGHTERING FACILITY.

6. ONE COPY OF WEIGHT CERTIFICATE SHOWING NUMBER OF CARTON BOX.
7. ONE ORIGINAL BENEFICIARY'S STATEMENT STATING THAT ONE ORIGINAL OF EACH SHIPPING DOCUMENTS(TWO COPIES IN CASE OF B/L, INVOICE AND PACKING LIST) IS DISPATCHED WITHIN 7 DAYS FROM THE B/L DATE TO THE SUPPLIER'S AGENT IN KOREA THRU ANY FAST POSTAL SERVICE COMPANY WITH ITS RECEIPT ATTACHED
8. THE SHIPPING MARK SHOULD BE MARKED ON ALL DOCS.
   SHIPPING MARK : 9904AS0299PK13

Additional Conditions 47A :

1. GRADE AND YIELD GRADE SHOULD BE SPECIAL ITEMS DESIGNATED BY KOSCA
2. PAYMENT SHALL BE MADE SUBJECT TO DEDUCTION OF DELAY PENALTY WHICH IS TO BE 0.1 PCT OF INVOICE VALUE PER DAY FROM JUL. 10, 2019 TO ON BOARD DATE OF B/L.
3. ALL DOCUMENTS SHALL BE SPECIFIED AS THE NET AND GROSS WEIGHT OF CARGO IN METRIC TON OR KILOGRAM.
4. FINAL PLACE OF DELIVERY MUST BE SPECIFIED AS YONG-IN WAREHOUSE DESIGNATED BY KOSCA ON B/L YONG-IN WAREHOUSE: THE COLD STORAGE OF KOREA PHYSICAL DISTRIBUTION CENTER COMPANY.
   164, DONGCHUN-DONG, SUJEE-GU, YONGIN-CITY, KYONGGI-DO, KOREA
   TEL: (0331)261-6541(REF) FAX: (0331)261-6548
5. THE SUPPLIER SHALL BEAR ALL THE EXPENSES INCLUDING INLAND TRANSPORTATION CHARGE, TERMINAL HANDLING CHARGE AND DOCUMENTATION FEE, ETC OCCURRING FROM THE ARRIVAL IN KOREA UP TO THE DELIVERY AT KOSCA-DESIGNATED WAREHOUSE EXCEPT ONLY FOR THE WHARFAGE AND CONTAINER TAX AND THOSE CONTENTS SHOULD BE MARKED ON B/L.

Charges 71B :

ALL BANKING CHARGES AND COMMISSIONS INCLUDING POSTAGE OUTSIDE KOREA REIMBURSEMENT COMMISSIONS ARE FOR ACCOUNT OF BENEFICIARY.

Period for Presentation 48 : 7 DAYS

Confirmation Instructions 49 : WITHOUT

Reimbursing Bank 53A : PNMPUS3NNYC
FIRST UNION BANK INTERNATIONAL, NEW YORK, NY., U.S.A.

Instructions to the Paying/Accepting/Negotiating Bank 78 :

+ UPON NEGOTIATION, ALL NEGOTIATED DOCS SHOULD BE SENT TO NATIONAL LIVESTOCK COOPERATIVES FEDERATION INT"L BANKING DEPT. NO 451 SUNNAM-DONG, KANGDONG-GU, SEOUL, KOREA BY COURIER SERVICE.
+ REIMBURSEMENT IS SUBJECT TO ICC URR 525.

============================END OF MESSAGE============================

〈서식 9-11-4〉 보험증권(INSURANCE POLICY)

SAMSUNG	SAMSUNG FIRE & MARINE INSURANCE	SAMSUNG INSURANCE BLDG 87, EULGIRO IGA, CHOONG-KU, SEOUL, KOREA	Claim, if any, Please visit our website http://globalportal.samsungfire.com	*ORIGINAL* *DUPLICATE UNPAID*
Policy No. 91290259000795		MARINE CARGO INSURANCE POLICY		
Assured(s) etc. KOSCA TRADE & SUPPLY CORP.				

Claim, if any, payable at: (Website : http://globalportal.samsungfire.com) SAMSUNG FIRE & MARINE INSURANCE CO., LTD. SEOUL TEL : 2 7587359 FAX : 2 7587815 Claims are payable in the KOREAN WON	Ref. No. CONTRACT NO. : 9904AS0299PK13 Amount insured KOREAN WON EXCH : @ 1,218.2000 *************254.153.821.00 CARGO : WON****254,153,821.00 USD *************189,664.20 X 110.00%>
Survey should be approved by: SAMSUNG FIRE & MARINE INSURANCE CO., LTD. SEOUL TEL : 2 7587359 FAX : 2 7587815	Conditions: Subject to following Clause as per back hereof INSTITUTE CARGO CLAUSE(AIL RISKS) REFRIGERATING MACHINERY CLAUSE SUBJECT TO PACKAGED AND ISSUING B/L
Local Vessel or Conveyance Ship or Vessel called the TO BE DECLARED Sailing on or about at and from U.S.A. PORT transhipped at arrived at YONG-IN WAREHOUSE, KOREA thence to Goods and Merchandises CHUCK EYE ROLL 54M/T(MAX55.62M/T) (Marks and Numbers as per Invoice No. specified above)	TRANSIT TERMINATION CLAUSE(30 DAYS) 〔(A)/(B)〕 Applicable only for cargoes imported to korea It is specially understood and agreed that the words "60 days" in (C)/8〕 of the paragraph of the transit Clause of the Institute Cargo Clause are substituted by the words "30 days". - Institute Classification Clause. - Institute Radioactive Contamination Exclusion Clause. - On-Deck Clause. - Special Replacement Clause(applying to machinery) - Special Replacement Clause for Secondhand Machinery. (applying to used machinery) - Label Clause(applying to labelled goods) - Inland Transit Extension - Computer Millennium Clause Cargo
Place and Signed in SEOUL, KOREA ON 08 MAY 2018	Numbers of Policies issued TWO
Notwithstanding anything contained herein or attached hereto the contrary, this insurance is understood and agreed to be subject to English law and practice only as to liability for and settlement of any and all claims. This insurance does not cover any loss or damage to the property which at the time of the happening of such loss and damage in insured by or would but for the existence of this Policy be insured by any fire or other insurance policy or policies except in respect of any excess beyond the amount which would have been payable under the fire or other insurance policy or policies had this insurance not been effected.	
In the even of loss or damage arising this Policy, no claims will be admitted unless a survey has been held with the approval of this Company's Office or Agents specified in this Policy. In case of loss or damage, please follow the "IMPORTANT" clause named on the back hereof.	For SAMSUNG FIRE & MARINE INSURANCE CO., LTD *Lee Soo Chang* AUTHORIZED SIGNATORY

제10장 신용장의 통지와 확인

01 신용장의 통지

1) 신용장통지의 의의

신용장의 통지란 수입지의 발행은행(issuing bank)이 신용장을 발행하여 송부해 온 신용장에 대하여 수출지의 은행(통지은행 : advising bank)이 수익자에게 그 사실을 알리고 교부하는 일련의 행위를 말한다. 신용장은 격지에 있는 수출상에게 신용장의 발행사실을 알림으로써 수출상은 신용장조건의 충족을 전제로 대금회수의 확신을 가지게 된다.

신용장의 통지방법은 신용장발행은행(issuing bank)이 수익자(beneficiary) 소재지의 본·지점이나 환거래은행(correspondent bank)을 통지은행(advising bank)으로 하여 신용장의 발행 사실을 알리고 수익자에게 통지토록 하고 있다.

신용장의 발행사실을 수출지의 은행을 통하여 통지하는 경우에 신용장발행은행(issuing bank)과 통지은행(advising bank) 간에는 환거래계약(correspondent agreement)이 체결되어 있어 서명감(specimen signature booklet)과 Test Key 등이 교환되어 있으므로 SWIFT Authentication Key에 의하여 통지은행은 그 진위(眞僞)를 확인한 후 은행 상호간에 정해진 방법에 따라 수익자에게 통지한다.

한편, 통지은행(advising bank)은 발행은행(issuing bank)의 위임을 받고서 수익자(beneficiary)에게 신용장 발행의 사실과 내용을 단순히 통지해 주는 은행이므로 신용장에 대한 어떠한 책임이나 의무를 지거나 약정하지 않고 있다. 다만, 통지은행(advising bank)은 통지하는 신용장의 외관상의 진정성을 충족시켜야 하고 신용장의 제조건을 정확히 반영하여 통지하여야 한다.

특히 최근에 와서는 SWIFT System에 의한 획기적인 통신수단에 의하여 발행되므로 동 SWIFT System에 의한 신용장 통지방법에 대하여 알아보겠다.

2) 신용장의 통지방법

신용장의 통지방법은 신용장 발행방법의 구분에 의하여 SWIFT SYSTEM에 의한 통지방법이 현재 제일 많이 이용되고 있는 일종의 전신신용장 통지방법으로서 국제적 데이터 통신조직인 SWIFT SYSTEM을 이용하며, 신용장의 모든 내용을 SWIFT를 통하여 지정된 FORMAT으로 전송한 후 통지은행으로 하여금 이를 출력하여 통지하도록 하는 발행방법을 말한다.

SWIFT 신용장의 진위는 'SAK(Swift Authenticated Key)'에 의하거나 또는 'BKE (Bilateral Key Exchange)' 프로세스에 의하여 SYSTEM 상에서 자동적으로 확인·판별되며, 화환신용장 발행 FORMAT(MT700)을 사용하여 발행된 신용장의 경우 해당 Message를 은행 소정의 신용장 통지서식에 전재(轉載)하고 책임자가 서명하여 통지한다.

SWIFT SYSTEM은 기존의 TELEX 대체기능을 수행하며 ① 모든 메시지가 여러 가지의 확인 및 검증과정을 거쳐 송신되므로 정확할 뿐만 아니라 전문의 진위 여부를 쉽게 판별할 수가 있는 안전성(security), ② 저장 및 전신전달 정보전달 방식을 취하고 있어 이중 삼중으로 송신을 시도할 필요가 없어 신속한 업무처리가 가능한 신속성(timeliness), ③ 국제은행간의 전용통신망이므로 통신비용이 매우 저렴한 비용(low cost), ④ 메시지 양식이 표준화되어 있고 컴퓨터가 메시지를 스스로 읽고 업무처리를 하는 업무처리 자동화가 가능한 업무의 표준화(standardized format) 등과 같은 장점이 있다. 이러한 SWIFT만의 여러 가지 장점으로 인하여 대부분의 금융기관에서는 당·타발 고객송금, 송금수표, 추심업무, 신용장 업무, 은행간 자금 이체 등을 모두 SWIFT에 의하여 처리하고 있다.

SWIFT를 이용하여 발행되는 신용장에는 신용장통일규칙 적용문언의 명시가 없는데, 이는 UCP 600을 적용하지 않는다는 뜻이 아니라 SWIFT를 통한 신용장은 총체적으로 UCP 600을 반영하고 있기 때문이며 따라서 그러한 신용장은 자동적으로 UCP 600을 적용받는다. 그러므로 통지은행의 신용장 통지서식에는 신용장통일규칙의 반영에 관한 명확한 언급이 있어야 한다.

SWIFT의 통지 등 전신신용장의 통지는 통지은행(advising bank)이 보유하고 있는 신용장통지 서식에 발행은행(issuing bank)으로부터 내도된 전신문의 내용을 이기(移記)하거나 전문자체를 복사 또는 첨부해서 통지은행(advising bank)의 책임자가 서명하여 통지가 이루어진다.

표 10-1 신용장 통지 요약

구분	내 용
의미	① 발행은행이 발행한 신용장을 통지은행 등을 통하여 수익자(Beneficiary)에게 전화, FAX, EDI 등의 방법으로 신속하게 알리는 것 ② 발행은행이 수익자에게 직접 통지할 수도 있으나 신용장의 진위성이 문제가 되어 무역 금융 등의 융자취급이나 수출환어음 매입이 거절되는 등 수익자에게 불리한 점이 많으므로 수출지의 은행(통지은행)을 통해서 통지하는 것이 일반적임 ③ SWIFT System의 진위 여부에 대한 자동적 검증기능을 통해 진위성 여부가 확인됨 ④ 우편신용장은 서명 확인, Telex방식의 신용장은 전신암호문(Test Key) 대조 ⑤ 통지은행이 진위성을 입증하기 위한 책임까지 부담하는 것은 아니므로 상당한 주의를 하였음에도 불구하고 진위성을 발견하지 못한 경우에는 통지은행은 면책됨
통지 은행 의무	① UCP 600 "통지은행은 그가 통지하는 신용장의 외관상의 진위성(the apparent authenticity of the credit)을 확인하기 위하여 상당한 주의(reasonable care, 외견상 차이점 여부 점검)을 다하여야 하며 만약 신용장을 통지하지 않기로 결정하였다면 지체없이 발행은행에게 이를 반드시 통고하여야 한다." ② 진위성을 확인할 수 없는 경우 통지은행의 L/C상 면책문언 기재 통지예시 "We assume no responsibility regarding advising this credit, since we have no-correspondent relationship with the Issuing Bank and therefore cannot check the apparent authenticity of this credit." ③ 지정된 통지은행은 반드시 발행은행의 지시에 따라야 하는 것은 아니며, 통지 여부는 통지를 요청받은 은행의 권한임
유의 사항	① 신용장 실물 매수 점검(통지은행 및 수익자), 통지 누락 부분의 발생 유의 사전예고 L/C(Short Cable, Pre-Advice)는 이후에 송부되는 유효한 신용장인 우편확인장(mail confirmation) 또는 정식전보(full cable)의 주요내용의 사전통지에 불과함 ② SWIFT Network로 발행되는 신용장에는 SWIFT Handbook(MT 700과 701)에 의해 신용장통일규칙이 자동적으로 적용되는 것으로 간주함 ③ 원본신용장의 통지은행과 조건변경서의 통지은행은 동일하여야 함
조건 변경 취소 통지	① 통지은행은 조건변경통지서의 진위여부를 점검하여야 하며 관계당사자 전원(수익자, 발행은행, 확인신용장의 경우 확인은행)의 동의가 필요 ② 양도가능 취소불능 신용장이 발행된 경우에는 발행은행, 확인신용장의 경우 확인은행, 제1수익자, 제2수익자 전원의 합의가 있어야 변경 또는 취소 가능함 ③ 발행은행은 확인은행이나 제2수익자의 일부 또는 전부가 양도가능 취소불능 신용장의 변경 또는 취소에 합의하지 아니한 때에는 먼저 발행된 원신용장의 제조건에 따라 권리와 의무를 부담함.
수수료	① 통지수수료 : EDI 통지, 전신 및 우편통지 : 은행별 차등 징수 ② 신용장(내국신용장 포함) 분실 재발급시 : 은행별 차등 징수
L/C 분실	① 수익자는 "신용장 분실신고서 및 재발행요청서"를 통지은행에 제출함 ② 통지은행은 "신용장분실통지서(Caution Notice)"를 국내의 각 외국환은행으로 통보하고 발행은행에게 분실사실 통보 및 재발행에 대한 수권을 받은 후 재교부함 "This advice supersedes the original instrument dated XXX issued by YYY which has been reported lost"

표 10-2 신용장의 통지방법 요약

구분	내 용
우편 신용장 통지	① 예비통지(Pre-Advice/Short Cable)가 없는 우편신용장(Mail Credit) : 발행은행의 '서명감'을 통하여 당해 신용장의 진위성 점검 후 통지함 ② 예비통지가 있는 우편신용장의 통지 • 예비통지서 : 신용장 발행에 대한 정보를 미리 제공하여 수출자로 하여금 선적준비를 하도록 하는 사전예고로 유효한 신용장증서가 아님. 따라서 전신문에 "Full details to follow", 또는 "The mail confirmation is to be the operative credit instrument" 또는 이와 유사한 문언이 명시되어야 함. 그 후 우편확인서가 도착되면 서명감에 의하여 서명의 진위성을 확인한 후 통지함
전신 신용장 통지	① 정신전문(Full Cable)에 의한 신용장의 통지 : 신용장 내용의 전체가 텔렉스(TELEX : Teletypewriter exchange) 또는 전보(Cablegram) 등에 의해 전송되어 발행된 신용장, 전신암호(Test Key)로 진위여부 확인 후 통지함 ② 전신약호(Cypher Code)에 의한 신용장 통지 : 전신비용의 절약을 위하여 신용장의 양식을 미리 정하고 "Private Code word"를 교환한 후 필요한 내용만을 송신하여 신용장을 발행·통지하는 방법. 현재 저렴한 SWIFT방식으로 사용하지 않음 ③ 유사신용장(Similar Credit)에 의한 신용장 통지 : 이전에 발행된 바 있는 유사한 조건의 다른 신용장을 참조토록 하는 매우 간단한 지시에 의하여 신용장을 발행·통지하는 방법(Similar to our credit No. XXX dated XXX except XXX) 유사신용장에 의한 발행 및 통지는 해석상의 오해나 잘못된 적용 등으로 인하여 분쟁 발생의 소지가 높고, 이미 발행된 신용장의 조건변경이 있었던 경우에는 당사자들에게 많은 혼란을 야기하게 되므로 사용하지 않는 것이 바람직함 ④ SWIFT에 의한 신용장 통지 : 세계적으로 표준화된 SWIFT 고유의 화환신용장 발행 FORMAT인 "MT700"을 사용하여 SWIFT System을 통한 방법
유의 사항	① 지정신용장과 매입제한신용장의 통지 특정은행(통지은행)을 지급·연지급·인수·매입은행으로 지정하는 것은 발행은행의 의사이므로 지정받은 은행이 확인은행(Confirming bank)이 아닌 한 지급 또는 연지급의 약정, 환어음의 인수 또는 매입을 한다는 어떠한 확약이 성립되는 것은 아니므로 지정된 통지은행은 지급·연지급·인수·매입의 의무는 없음 ② 불완전·불명료한 지시가 있는 신용장의 통지 신용장 통지/조건변경과 관련 불완전·불명료한 지시를 받은 경우, 통지은행은 그러한 신용장을 아무런 책임 없이 수익자에게 단순한 참고(Information Only)로 사전통지하며, 사전통지서에 "단순히 참고사항으로만 제공되는 것이며 통지은행은 아무런 책임을 지지 않는다(Information only and without the responsibility of the advising bank)"는 뜻의 내용을 분명하게 표시하여야 하며 통지은행은 이러한 내용을 발행은행에 통보하고 필요한 정보를 제공하도록 요청하여야 함 ③ 환거래가 없는 은행이 발행한 신용장의 통지 환거래가 없는 은행(Non-Correspondent Bank)이 발행하는 등의 사유로 신용장의 진위 여부를 확인할 수 없는 경우에도 불구하고 신용장을 통지하기로 결정한 경우에는 다음과 같은 면책문언을 통지은행이 표시함 "Please note that the signature on this signature on this credit is not verified and that we assume no liability or responsibility for consequence arising from advising this credit"

02 신용장의 확인

1) 신용장확인의 의의

신용장의 "확인(confirmation)"이란 발행은행이 지급·인수 또는 매입을 확약하고 있는 취소불능 신용장에 대하여 발행은행의 요청을 받은 동 은행의 환거래은행인 제3의 은행이 2차적으로 지급 또는 인수를 확약하거나 신용장의 조건과 일치하는 한 환어음의 발행인 또는 선의의 소지인에 대하여 매입대금을 상환청구 없이 환어음의 매입·인수 또는 지급을 확약하는 것을 말한다.

확인은행에 의한 확약 추가의 개념은 발행은행의 확약에 대하여 보증한다는 의미가 아니고 완전히 독립된 별개의 직접적인 확약이라는 점이다. 그러므로 신용장의 수익자는 발행은행과 확인은행의 양측으로부터 별개의 독립된 확약을 동시에 이중으로 보호를 받고 있는 것이다. 즉 확인은행은 발행은행과는 별도로 확약하였기 때문에 비록 발행은행이 지급불능에 빠졌을 경우가 아니더라도 확인은행은 어음의 지급이나 인수 또는 매입대금의 지급의무를 이행하여야 한다.

신용장은 발행은행의 신용에 의하여 그 기능을 발휘하는 것이므로 발행은행의 신용·자산이 충실하지 못한 경우에 해결방법으로 탄생한 것이 신용장의 확인(confirmation) 제도이다. 즉, 신용장의 확인제도가 도입되므로써 수출상은 수입상 또는 신용장발행은행의 신용과는 관계없이 신용과 자산이 충실한 은행이 지급·인수 또는 매입의 확약에 의하여 안심하고 수출행위를 할 수 있게 된다.

따라서 확인신용장(confirmed credit)의 수익자는 신용장발행은행의 지급확약 이외에 확인은행의 지급확약을 얻게 되고 신용장조건에 합치된 서류를 확인은행에 제시하게 되면 확인은행의 파산 등의 사태가 없는 한, 확실하게 지급을 받게 되므로 안전하고 확실한 지급을 원하는 수익자에게 적합하다.

신용장의 확인이 필요한 이유는 세계 도처에는 은행설립이 자유로워 자산규모가 초라한 은행, 중남미나 동구권에서는 보유외환이 부족하여 은행의 대외채무 상환에 제약을 받는 경우 등이 있어서 이런 경우 발행은행이 자산이나 신용상태가 건실하고 양호한 일류급의 대규모 은행일 경우에는 발행한 취소불능신용장에 대하여 신용장의 확인이라는 것이 문제가 없으나 그렇지 않은 경우에는 수익자가 수출대금의 회수에 확신을 가지고 수출계약을 성실하게 이행할 수 없게 된다. 따라서 자기가 믿을 수 있는 제3은행의 확약을 기대하게 되며 일반적으로 수익자 소재지의 은행이 확인은행이 됨으로써 수익자는 안심할 수 있게 된다.

2) 신용장확인의 요건 및 절차

(1) 신용장확인의 요건

신용장의 확인은 신용장이 다음과 같은 요건을 갖출 때 일어나게 된다.

① 발행은행의 확인요청이 있어야 한다. 즉, 확인은행은 수익자에 대하여 신용장 발행은행과 동등한 지급채무를 지기 때문에 발행은행으로부터 확인의 수권 또는 요청을 받았을 때에는 발행은행에 대한 신용장공여의 한도 등을 감안하여 확인에 응하여야 한다.

② 확인은행의 지급행위에 소구권이 인정되지 않는다. 따라서 취소불능매입신용장의 경우 확인은행은 환어음의 발행이나 선의의 소지인에게 상환청구 없이(without recourse) 매입을 확약하여야 한다. 즉, 수출지에 있는 통지은행이 발행은행과 본·지점 간일 경우에는 결제편의상 수익자의 요구가 없어도 발행은행이 통지은행에게 확인업무를 추가하여 수익자에게 신용장을 통지해 줄 것을 요구하는 경우, 이때의 통지은행은 통상적으로 매입・지급・확인은행의 지위를 겸하게 된다.

이때 수익자가 Clean Nego를 하면, 비록 이후에 확인은행이 발행은행으로부터 매입금액을 받지 못하는 경우가 발생하더라도 수익자에 대한 확인은행의 지급은 수익자에게 그 자신이 독자적으로 약속한 사항을 이행하는 것이므로 최종적인 것이며 발행은행으로부터의 상환을 전제로 하는 것이 아니기 때문에 확인은행은 수익자에게 구상권을 행사하지 못한다.

(2) 신용장확인의 절차

신용장에서 확인은 일반적으로 발행의뢰인이 발행은행에 대하여 확인신용장의 발행을 위탁하고 이것을 수탁한 발행은행이 통지은행에 확인을 부가하도록 의뢰함으로써 성립된다. 통지은행의 신용장 확인에 관한 사항을 지시하는 것으로 확인을 요청할 경우에는 'Field 49'의 확인에 대한 발행은행의 지시는 CONFIRM(확인 : 통지은행에 대하여 확인을 요청하는 것), MAY ADD(확인 가능 : 통지은행은 확인을 할 수 있다고 허용하는 것), WITHOUT(확인 불요 : 통지은행에 대하여 확인을 요청하지 않는다는 것) 등의 3가지로 구분하고 있다.

한편, 신용장발행은행으로부터 신용장에 확인을 부가하도록 요청을 받은 은행은 여신상의 이유 등으로 이 요청을 거절할 수가 있는데, 그러한 경우에는 지체없이 거절의 취지를 발행은행에 통지하여야 한다. 또한 확인은행은 신용장의 취소 또는 조건변경의 요구에 대해 이의를 제기할 수가 있고 확인은행의 동의가 없는 한, 취소불능신용장의 취소나 조건변경은 성립되지 않는다.

확인신용장 발행 후의 조건변경 즉, 수출상이 선적기한이 임박하여 선적을 제때에 할 수 없다고 판단하면 발행의뢰인에게 요청하여 선적기한 연장의 조건변경을 하게 된다. 이때 유의하여야 할 사항은 확인은행의 서면동의를 반드시 받아야 나중에 확인은행에 대금지급 청구를 할 수 있으며 단순히 발행은행이 확인은행에 조건변경 통지를 하였고 확인은행이 이 사실을 인지하였다는 사실만으로는 수출상이나 매입은행이 확인은행의 지급거절에 항의하지 못하는 것이다.

결국 확인은행이 어느 신용장에 확인을 추가한 경우에는 확인을 추가한 시점의 신용장 조건에 대해서만 확인을 한 것이기 때문에, 확인 후 신용장의 조건변경이 있으면 반드시 그 변경에 대해서도 확인은행의 동의를 얻어 다시 확인을 추가하여야만 유효하게 된다. 또한 확인의 변경이란 조건부 확인을 무조건으로 바꾸거나 그 반대의 경우를 말하며, 확인의 취소란 확인의 효력을 소멸시키는 것을 말한다. 확인의 취소와 변경에는 기본 관계당사자 전원의 일치된 동의가 필요하며 통지은행과 확인은행이 서로 다를 경우에는 통지은행의 동의도 받아야 한다.

신용장의 확인은 확인은행의 위험부담도 신용장의 발행에 버금가므로 확인수수료 또한 발행수수료에 유사하게 징구하고 있으며, 확인수수료는 성질상 발행은행이 부담하는 것이 원칙이다. 확인은행의 지급, 인수 또는 매입의무에 대한 확인은 신용장 조건과 일치한 서류가 확인은행에 제시된 경우에 한하여 유효하다. 즉, 선적완료 후 Nego에 임하는 수출상 또는 매입은행이 선적서류를 발행은행 또는 제3의 지정은행에 제시하면 확인에 따른 권리를 상실하게 된다. 따라서 만일 수출상이 확인은행으로부터 신용장대금을 지급받기 원한다면 반드시 확인은행에 서류를 제시해야 한다.

3) 신용장확인의 유형

(1) 수익자의 요청에 따른 확인

신용장은 발행은행이 발행한 신용장을 받은 수익자가 신용장 내용을 검토해 본 후 발행에 동의하는 때에 비로소 발행이 완료된다. 확인은행의 입장에서는 이 업무가 대금지급의 책임을 부담하는 것이므로 승낙에 신중을 기하게 되며, 일반적으로 발행은행과 확인은행이 본·지점간이거나 환거래은행일 경우에는 확인은행이 확인을 하기 전에 반드시 자행에 예치되어 있는 발행은행의 예금잔고가 당해 신용장 금액을 초과하는지의 여부를 점검하게 된다.

따라서 이때 만일 발행은행의 예금잔고가 부족하거나, 확인은행이 발행은행에게 공여하는 Credit Facility의 한도를 초과하게 되면 확인요청을 받은 제3의 은행이 확인거절을 하게 되는 경우가 종종 발생한다.

(2) 대금결제의 편의에 따른 확인

수출지에 있는 특정은행이 발행은행과 본·지점간인 경우 발행은행은 이 은행을 통지은행 겸 지급은행으로 지정신용장을 발행하는 경우가 많으며 이때 이 은행에게 확인업무까지 맡길 수 있다. 발행은행의 입장에서 보면 자행과 본·지점간인 은행은 매입 시의 서류검토 등 신용장 관련 제반업무를 자행과 동일한 수준으로 해줄 것으로 기대할 수 있으며, 매입시의 대금결제도 상호간에 보유하고 있는 예금구좌만 정리함으로서 절차를 간소화할 수 있다. 이러한 경우 발행은행이 통지은행에게 요청하는 신용장상의 확인문언은 'Field 49'의 확인에 대한 발행은행의 지시는 CONFIRM (확인 : 통지은행에 대하여 확인을 요청하는 것), MAY ADD(확인 가능 : 통지은행은 확인을 할 수 있다고 허용하는 것) 등과 같이 표시한다.

확인은행의 확인실행은 신용장의 'Field 49' 난에 확인요청 문언을 기입하거나 별도의 확인통지서에 확인문언을 기재하여 수익자에게 통지하는 방법으로 하고 있다. 이러한 취소불능신용장의 확약문언(engagement clause)에 따라 확인은행(confirming bank)이 추가하는 확인(confirmation)의 종류는 일람지급(sight payment), 연지급(deferred payment), 인수(acceptance) 및 매입(negotiation) 등에 대한 확인으로 분류하여 각기 달리 표시하고 있다.

(3) 조건부의 확인

확인은 일종의 보증행위이므로 무조건적인 지급이나 인수 또는 매입에 대한 확인이라 하겠으나 경우에 따라서는 확인은행이 조건부로 확인을 추가하는 수도 있는데 이를 "조건부 확인(conditional confirmation)"이라 한다.

연불조건거래나 회전신용장과 같이 신용장의 유효기일이 장기간이거나 또는 거래금액이 거액인 경우에는 당사자의 동의하에 조건부로 확인을 하는 경우가 있는 바, 예를 들면 일정기간 또는 일정금액에 대해서만 확인하고 나머지 기간 또는 금액에 대하여는 기 확인기간의 경과 후 또는 확인금액의 결제·이행 후에 추가로 확인하는 방법으로서 채무부담 행위를 최소화하기 위해서 조건부로 확인하는 것이다. 이를테면 유효기간이 1년 이상인 신용장의 경우 전 기간에 대하여 확인을 하면 위험부담이 크므로 먼저 6개월 기간에 대하여 확인하고, 잔여 기간에 대하여는 최초의 확인기간이 만료한 후에 고려하겠다는 조건을 표시하는 경우가 그것이다. 또 신용장금액이 거액인 경우 가령 미화 100만 불의 신용장에 대하여 먼저 50만 불에 대하여 확인을 하고 나머지 50만 불은 기 확인한 50만 불을 이행한 후에 고려하겠다는 조건을 확인하는 경우가 그것이다.

표 10-3 신용장 확인 요약

구 분	내 용
의 미	① 확인(confirmation)이란 취소불능(Irrevocable) 신용장에 대한 발행은행 이외의 제3은행(확인은행 : confirming bank)의 추가적인 일람지급·연지급·인수·매입을 확약하는 것을 의미함. 발행은행(issuing bank) 신용상태에 대한 불안감 또는 수입상 소재국가의 정치, 경제적 위험이 있는 경우 수출대금회수의 불확실성을 제거하는 이중 확약으로 안정적인 장치임 ② 확인은 확인은행의 발행은행에 대한 대출이므로 반드시 개설은행의 확인요청에 의하여 추가되어지는 확인은행의 책임과 의무가 독립적으로 부가되는 행위임 ③ 확인은 지급 또는 인수를 확약하거나 수익자가 발행한 환어음 또는 신용장에 의거하여 제시되어지는 서류를 어음의 발행인이나 선의의 제3자에게 상환청구 없이(without recourse) 매입할 것을 확약하는 행위임 ④ 확인요청받은 은행은 발행은행의 신용상태가 불확실하면 확인요청 거절 가능함
확인은행 의무	① 발행은행의 요청에 의하여 제3의 은행이 발행은행이 1차적으로 확약하고 있는 취소불능신용장의 일람지급(at sight payment), 연지급(deferred payment), 인수(acceptance) 또는 매입(negotiation)에 대하여 2차적(독립적 성질임)으로 지급이나 인수를 확약하거나 신용장조건과 일치하는 환어음에 대하여 발행인 또는 선의의 소지인에 대하여 상환청구함이 없이(without recourse) 매입을 확약함 ② 확인은행은 발행은행의 조건변경에 대하여 확인요청을 거절할 권리 있음 ③ 조건부 확인 : 기한부지급조건의 신용장, 회전신용장(revolving credit)의 경우처럼 유효기간이 장기간이거나 거래금액이 큰 신용장일 때에는 일정기간에 대하여만 조건부로 확인하거나 또는 일정한 금액이내에서만 확인하는 것임
기재예시	① 확인 수락 : "At the request of our correspondent bank, we confirm their credit and also engage with you that drafts drawn in conformity with the conditions of this credit will be duly honored." ② 확인 거절 : "We regret to inform you that we are unable to confirm the credit because credit facilities for confirmation have not been provided between us." (확인을 요청받은 은행이 발행은행과 credit line이 없어서 거절하는 경우)
유의사항	① 확인은행은 Documentary Risk(하자 거절 위험), Credit Risk(발행은행 및 소재국가 신용문제, 파산, 지급유예, 지급동결의 위험) 등의 위험 때문에 확인시 각서 징구하거나 확인통지시 소구권이 있다는 문구를 삽입하는 경우도 있음(제한적 소구권) ② 통지은행은 확인을 추가하지 않고 신용장을 수익자에게 통지할 수 있음 ③ 확인은행은 조건변경에 대하여 확인을 추가할 수도 있고 거절할 수도 있으며, 거절하는 경우 그 사실을 지체없이 발행은행과 수익자에게 통지하여야 함
확인 수수료	① 확인(증액확인포함)한 날로부터 신용장 유효기일(기한부신용장은 만기일)까지 은행 신용등급별로 년 0.3% ~ 3.0%까지 적용 ② 신용장금액 × 요율 × 월수(절상) / 12 × 매매기준율 ③ 신용장상에 "발행은행 또는 수입자부담" 조건인 경우 발행은행 앞 청구하고 수출자 부담인 경우 수출상이 부담함
검토사항	확인은행의 검토사항 : 확인을 요청받은 은행은 다음의 사항들을 검토함 ① 확인요청은행(발행은행)에 대하여 확인에 관한 신용공여 한도의 설정 여부 ② 확인요청은행의 신용상태 및 자산상태의 충실성 판단 ③ 확인요청은행 소재지에 불가항력적 사태가 발생하여 확인채무의 이행에 따른 채권의 회수에 곤란을 초래할 우려가 있는지의 여부

구 분	내 용
확인은행 권리	① 발행은행과 동일한 입장에서 제시된 서류를 심사할 권리 있음. 신용장의 제 조건에 일치하지 않는 서류에 대하여는 확인에 따른 어떠한 의무도 부담하지 않으며, 확인은행은 제 조건에 일치하는 서류에 대하여는 지급·연지급·인수·매입을 행한 경우, 발행은행에 대하여 그 대금상환에 관한 청구권이 있음 ② 확인은행은 확인신용장에 의하여 발행된 환어음(또는 서류)의 지급·연지급·인수·매입신용장에 불문하고 확인신용장의 경우에는 확인은행을 지정은행으로 하여 신용장이 발행되어야 함. 비록 자유매입신용장의 형태로 발행되었다 하더라도, 확인은행은 확인에 추가하여 스스로가 매입제한을 할 수 있는 것으로 간주함 ③ 수익자 또는 매입은행에 권리를 주장하기 위해서는 서류를 발행은행으로 송부하라는 확인은행의 특별한 지시가 없는 한, 문면상 신용장 조건과 일치하는 서류를 확인은행에 제시하여야 함
확인 종류별 문언	Swift Credit상의 'Field 49'의 확인에 대한 발행은행의 지시는 CONFIRM (확인), MAY ADD(확인 가능) 등과 같이 표시하며, Letter Credit상의 표시는 다음과 같다. ① 일람지급확인 문언 : At the request of our correspondent, we confirm their credit and also engage with you that payment will be duly made against documents presented in conformity with the terms and conditions of this credit. ② 연지급확인 문언 : We confirm this credit and hereby undertake to pay on the maturity date determinable in accordance with the stipulation of this credit against documents presented in conformity with the terms and conditions of this credit. ③ 인수확인 문언 : We confirm this credit and hereby engage with you that drafts drawn in confirmity with the terms and conditions of this credit will be duly accepted on presentation and duly honored at maturity. ④ 매입확인 문언 : ㉠ "At the request of our correspondent bank, we confirm their credit and engage with you that drafts drawn under and in compliance with its terms will be negotiated by us without recourse to drawer and/or bonafide holders.", ㉡ "We have been requested to add our confirmation to this credit and we, therefore, undertake that any draft drawn by you in conformity with the terms of the credit will be duly negotiated by us without recourse.", ㉢ "This credit bears our confirmation and we hereby engage to negotiate without recourse on presentation to us draft drawn and presented in conformity with the terms of this credit."
확인 요청 거절 문언	"We very much regret to have to inform you that we are unable to add our confirmation to this instrument particularly showing that the credit is available by beneficiary's drafts to be drawn on your customer at 90 days after sight. Had the credit been at sight, we would have no objection to adding our confirmation." (만약 Usance가 아닌 At Sight 조건이며 확인 이행한다는 의미임)
확인 L/C 조건 변경 및 취소	① 발행은행, 확인은행, 수익자(양도가능 L/C는 제2수익자 포함) 전원 합의 필요함 ② 확인은행이 원신용장에 확인을 추가하였다는 이유로 조건변경서에도 반드시 확인을 하여야 하는 것은 아니며, 조건변경서 확인 추가여부는 확인은행의 권리임) ③ 조건변경서 확인 거절의 경우에 확인은행은 발행은행과 수익자에게 그 사실을 지체없이 통보하여야 하며, 원신용장에 대한 기 확인은 그대로 유효한 것임

제11장 ❙ 신용장의 수령 및 점검

01 신용장의 수령 및 점검의 의의

1) 신용장의 진위성에 대한 재확인

수출상은 수입상과의 무역계약을 체결하게 되면 동 계약의 대금결제수단으로 통지은행을 통하여 신용장을 수취하게 된다. 신용장을 발행은행으로부터 수령한 수익자는 다음 절차에 들어가기에 앞서 반드시 그 내용을 엄격하게 검토하여야 한다. 즉, 신용장을 수령한 수출자는 동 신용장의 내용을 면밀히 검토하여 의심나는 점이 있으면 이를 통지은행에 확인하거나 조건변경 등의 방법을 통하여 내용을 고친 후에 신용장 발행에 정식 동의하고 선적준비에 착수하여야 한다.

왜냐하면 신용장은 당해 거래와 관련된 제2의 계약서인데 동 계약서는 수입상과 발행은행이 일방적으로 작성한 것이기 때문에 기본계약에 있는 수출상에게 유리한 조항이 신용장에 빠져 있거나, 기본계약에 없는 불리한 조항이 신용장에 언급되어 있는 가능성이 있기 때문에 수출상은 자기의 권리 보호를 위하여 반드시 신용장 내용을 검토하여야 하는 것이다. 만일 수출상이 신용장 내용을 검토하지 않은 채 선적준비를 완료하고 매입과정에서 신용장의 불합리한 내용을 발견하였을 경우 그때 가서 상대방인 발행은행이 신용장 조건변경에 동의해 주지 않는다면 경우에 따라서는 선적이나 매입이 불가능해질 수도 있기 때문에 상품제조에 착수하기 전에 신용장 내용을 바로 잡아야 손실을 예방할 수 있게 된다.

신용장은 발행은행의 조건부 지급확약서이기 때문에 수출업자가 수출대금을 결제받기 위해서는 신용장에서 요구하고 있는 모든 요건을 충족시켜야 한다. 따라서 수출상은 신용장을 수취하면 즉시 신용장상의 제반 요건이 매매계약의 내용과 일치하는지의 여부 그리고 각 조건들이 이행가능한 것인지의 여부 등을 면밀히 검토하여야 한다.

전신에 의한 신용장 발행인 경우에는 Test Key, Cypher, 서명감(specimen signature booklet) 등으로 발행은행의 존재를 사전 점검하는 과정이 있기 때문에 가짜 신용장이 거의 없으나 우편으로만 내도된 신용장의 경우에는 ㉮ 발행은행이 통지은행과 환거래계약이 체결되지 않은 은행인 경우 ㉯ 통지은행을 거치지 않고 우편에 의해 신용장이 수출자에게 직접 우송된 경우 ㉰ 운송서류의 수령자가 발행은행이 아니고 수입자로 되어 있을 경우 ㉱ 신용장 발행지가 아프리카나 중남미 지역일 경우에 해당할 때에는 이의 취급에 신중을 기하여야 한다.

2) 발행은행의 신뢰도에 관한 확인

수취한 신용장이 발행은행에 의하여 진정한 것으로 발행된 것으로 확인되었을지라도 선적이나 매입시점에서 발행은행이 파산 또는 지급불능 상태에 빠지는 경우가 있게 되고 발행의뢰인의 파산에 따라 고의로 지급을 거절하게 될 가능성도 있다. 또한 발행은행이 속해 있는 국가의 외환사정 악화나 정치적 불안이 고조되고 있는 경우에는 비록 발행은행이 명망있는 은행이라 할지라도 그 나라의 외환 및 정치사정과 지급불능의 위험에 처해질 가능성이 있기 때문에 제3국 은행을 확인은행으로 만들어 놓아야 수출상이 안심하고 선적할 수 있게 된다.

이와 같이 발행은행의 신용상태를 점검하는 과정에서 만약 조금이라도 이의 신뢰도가 의심이 가면 이를 재조사하거나 국내에 소재하고 있는 발행은행의 환거래은행과 접촉하여 그 은행의 확인을 추가 받은 후 수출하는 확인신용장(confirmed credit)의 발행을 발행은행에 요청하는 것이 안전하다.

3) 신용장의 형식요건의 확인

신용장을 수령한 수익자는 기본적으로 다음과 같은 사항을 우선적으로 확인하여 신용장으로서의 요건을 갖추었는지 살펴보아야 한다.

① 신용장의 형식과 조건이 매매계약과 일치하고 있는가의 여부
② 허용될 수 없는 조건은 없는가의 여부
③ 서류는 신용장에서 요구하는 대로 일치하고 있는가의 여부
④ 상품명 및 규격·단가·선적지 및 양육지는 매매계약서와 일치하고 있는가의 여부
⑤ 신용장금액은 매매계약서에서 인정하고 있는 모든 비용을 커버하는가의 여부
⑥ 금리부담에 관하여 불리하게 되는 조항은 없는가의 여부
⑦ 선적 및 유효기한, 선적일 후의 서류제시를 위한 기간이 충분한가의 여부
⑧ 지급 확약문언의 존재여부와 신용장통일규칙 준수문언의 존재 여부

4) 신용장과 계약내용과의 일치여부의 확인

수익자는 신용장을 수령하면 매수인과 체결한 매매계약서의 내용과 조건, 즉 품목·가격·규격·선적기일 등이 신용장의 규정과 합치하는지의 여부를 확인하여야 한다. 특히 신용장의 제조건들이 계약상의 내용들과 일치하고 있으며 선적기일이나 서류의 작성과 제시를 위한 충분한 시간적 여유가 있는지를 검토하여야 한다.

수익자는 신용장을 수령하면 발행은행의 실수로 신용장상의 기재가 상호 모순되는 사항이 없는지를 확인하여야 한다. 신용장의 기재내용 중 금액·수량·단가간의 상호 불일치 사항과 신용장의 가격조건이 FOB 거래조건인데도 보험서류의 제출을 요구하거나 선하증권상에 "운임선불(freight prepaid)"로 요구하고 있는지의 신용장 내용 중 불일치 사항 등을 구체적으로 확인하여야 한다.

5) 실행 불가능한 조건의 확인

일부 악덕 수입상의 경우는 수출국에 주재하고 있지 않는 수입국 공관장의 확인 요청 사항 등 실행이 불가능한 조건을 요구하여 두고 수익자가 이를 간과하여 매입 시점에서 정정 요구를 하면 시황의 형편에 따라 정정에 응하든지 거부하든지 또는 Market Claim을 요구하려는 경우가 있다. 예로, 국내에 XXX국의 영사가 주재하고 있지 않는데도 불구하고 "Certificate of Origin must be legalized by xxx consulate in Korea", "Shipment Sample should be inspected and approved by buyer before shipment and the certificate issued by buyer must be presented for negotiation"라는 문언을 삽입하여 선적전 견본(shipping sample. advance sample)에 대해 수입상의 검사를 받은 후 그 검사증을 매입서류에 첨부하도록 한 것 등은 실행 불가능한 조건이므로 특별히 확인하여야 한다.

6) 지장을 초래할 수 있는 특별사항의 확인

(1) 특별사항(조건)의 의의

신용장상의 특별지시에 관한 사항은 일반적으로 인쇄되어 있는 조건 이외에 거래관계를 맺는 매매계약 당시에 예견할 수 없는 상황에 대비하여 거래당사자간에 합의에 따라 신용장의 조건으로 첨가함으로써 신용장의 거래에서 제기될 수 있는 의문점을 제거해 줌으로써 신속하고 융통성 있는 신용장거래의 운용을 도모하고 있다. 그러나 신용장상에 이행이 곤란·복잡한 단서나 특약 혹은 함정문구를 삽입하여 신용장조건을 충분히 이행했음에도 불구하고 물품대금을 회수하지 못하게 하는 경우가 있다.

(2) 특별사항의 유형

① 다른 건과 수출입절차 연계 및 매매계약에 관한 특별조항

"Payment will be made only on realization of export proceed against L/C No.123"

② 특정인의 서명을 지급조건으로 하는 조항

"Payment under this Credit is subject to the presentation by the Beneficiary to the Issuing Bank of a Inspection Certificate signed by XXX in China appointed by Application"

③ 기타 선적, 매입, 선박명 등의 추가지시를 유보하는 조항

"Shipment must be affected by a vessel which will be advised from buyer by cable before shipment"

④ 기타 수입상이 악용(惡用)할 수 있는 특수조건의 예시는 다음과 같다.

㉮ Bill of Lading showing shipper's load and count not acceptable. : 선하증권 상에 화주의 적입 및 계량이라고 기재된 서류는 인수하지 않는다는 조건으로 수출상이 불리하게 될 가능성이 있다.

㉯ We will pay the proceeds upon receipt of the principal from the ultimate buyer/final applicant : 신용장발행은행이 수입상으로부터 대금을 수취한 후에 결제하겠다는 조건으로 수입상이 대금을 지급하지 않을 수 있는 불리한 조항이다.

㉰ Commercial Invoices must appear on their face to be signed by the applicant or their Agent. : 상업송장에 수입상이나 그 대리인의 서명을 요구하는 조건으로 수출상이 서류를 준비하지 못하게 될 불리한 조건이다.

㉱ Inspection Certificate approved and signed by buyer's agent required : 검사증명서에 특정인의 서명을 요구하도록 하여 대금회수가 불가능하게 될 조건이다.

㉲ Sample must be approved by the buyer prior to shipment : 수입상이 견본품을 승인한 후 선적하도록 요구하는 조건

이러한 함정문구 조항 외에도 일부 중국계 은행들의 신용장은 "수입상의 검사증명서"를 요구하면서 수입상의 서명이 발행은행에서 보유하고 있는 견본 서명과 일치하여야 한다는 조건 등이 있다. 이것들은 모두 정상적인 '취소불능 화환신용장'이라고 간주할 수 없으니 취급시 주의하여야 한다.

02 신용장의 조건변경

1) 신용장조건변경의 의의

신용장 조건변경(amendment)이란 신용장 관계당사자들의 합의에 따라 이미 발행된 신용장의 내용들을 수정하거나 추가 또는 삭제하는 것을 말한다.

신용장 조건변경은 수출입자 간의 사정에 의해 거래조건이 변경됨에 따라 발생하게 되며, 수입승인서의 변경, 발행은행의 추가지급보증·보험의 가입 등이 필요한 경우도 있다. UCP 600 제10조 a항에서 신용장은 취소·변경의 당사자인 발행은행, 확인은행(확인신용장의 경우) 및 수익자의 동의 없이는 취소·변경될 수 없다고 규정하고 있어 조건변경시에는 관계 당사자 전원의 합의가 있어야 한다.

신용장의 조건변경은 신용장 유효기일 내에 이루어져야 한다. 수입상은 신용장의 조건변경을 하기 위해서는 수입승인사항 변경승인을 취득하여 이와 함께 발행은행에 신용장조건변경신청서(application for amendment to letter of credit)를 제출하여야 한다. 다만 수입승인사항 변경승인이 필요없는 경우 등에 관한 조건변경 시에는 수입승인사항 변경승인서를 첨부하지 않고 신용장 조건변경신청서만 제출하면 된다.

2) 신용장조건변경의 당사자

취소불능신용장의 조건변경은 원칙적으로 기본관계 당사자 전원의 일치된 합의가 있어야 유효하게 성립한다. 그러나 발행의뢰인과 발행은행은 신용장거래약정에 의하여 신용장을 발행하고 지급확약의 의사표시는 발행은행 명의로 하게 되므로 발행의뢰인은 조건변경 시 서류상의 당사자가 아니다.

발행은행은 발행의뢰인의 법률상 대리인의 자격을 가지게 되므로 독립추상성의 원칙에 위배되지 않는 한 신용장과 관련하는 모든 업무를 발행의뢰인의 지시와 요청에 따라서만 하도록 되어 있으나, 실무상으로는 발행의뢰인이 신용장발행을 요청할 때 신용장대금을 전액 납부하였느냐의 여부에 따라(full margin, partial margin, no-margin) 발행은행의 발행의뢰인에 대한 채권보전 태도가 달라지게 된다.

즉, Full Margin(신용장 발행시 대금전액 선납)일 때에는 발행은행이 발행의뢰인의 지시에 전폭적으로 따르게 되나, No Margin(신용장 발행 시 대금을 선납 않은 경우)일 때에는 발행은행의 채권보전 위험도 여하에 따라 조건변경과 관련하여 발행은행이 발행의뢰인의 지시와 관계없이 독자적인 행동을 하는 경우가 많다.

3) 신용장조건변경의 주요사항

(1) 신용장금액의 감액 및 증액

발행된 신용장의 금액을 증액한다는 것은 발행은행의 여신 증가를 의미하는 것이기 때문에 발행의뢰인이 발행은행에 추가담보를 제공하여 지급보증의 추가확보가 필요하며 또한 조건변경의 발행의뢰 시에는 추가수수료도 납입하여야 한다.

신용장금액의 증감에 관한 표시는 "Amount increased (decreased) by US$ XXX (순 증감액) to US$ YYY(증감 후 금액)"와 같이 기재한다. 여기에서 "XXX"는 순 증감액을 "YYY"는 증감 후 신용장금액의 총액을 표시한다.

(2) 선적기일 및 유효기일의 연장

신용장 조건변경의 대부분은 선적기일 또는 유효기일의 연장에 관련된 것이다. 선적기일과 유효기일의 연장에 관한 표시문은 "Latest shipment and expiry date extended to(또는 up to, till, untill) May 10 and May 20, 2019, respectively" 등으로 기재한다. 수익자가 연장된 조건변경 통지서를 접수하였을 때에 선적과 매입을 위한 시일이 부족한 경우가 발생할 수 있으므로, 수익자는 이를 감안하여 충분한 시한을 요구하여야 하고 반드시 전신에 의한 조건의 변경통지서를 요청하여야 한다.

선적기일이 연장될 경우에는 유효기일은 동일 기한만큼 자동으로 연장되지만, 신용장의 유효기일이 연장된다고 해서 선적기일은 자동으로 연장되지는 않는다는 점(UCP 제29조 c항)에 유의하여야 한다. 신용장상에 선적기일의 표시가 없으면 유효기일까지 선적하면 되는 것으로 해석한다.

(3) 품명, 단가, 인도조건, 어음만기일의 변경

수익자에게 불리한 사항변경인 경우에는 수입업자의 서면동의(written consent)를 받아두는 것이 바람직하다. 자주 변경되는 사항으로서는 품명, 단가, 인도조건, 어음만기일의 변경, 선적항 또는 도착항, 분할선적 및 환적의 허용 여부, 품목 또는 상품명, 환어음의 지급기일(tenor) 및 인도기간(delivery)의 변경이다.

상품의 품목 및 상품명이 변경될 경우에는 아래와 같이 새로 기재하는 것이 좋다. 예를 들어 원래의 명세가 "100,000 pcs of ladies garments Korea origin @US$ 10, FOB Busan"이었던 것을 단가 @US$12로 변경하고자 할 때에는 "Description of commodity are changed as follows : 10,000 pcs of ladies garments Korea origin @US$ 12 FOB Busan."과 같이 변경된 문장으로 기재하는 것이 좋다.

4) 신용장 조건변경서의 검토

신용장조건 변경 전문인 MT707(amendment to a documentary credit)에서는 조건변경시 자주 발생되는 선적기일·유효기일·선적항·양륙항·신용장의 증액 또는 감액 등의 변경은 별도의 난을 두고 있으며 기타 변경사항은 일괄처리토록 하고 있다. MT707 신용장 조건변경의 주요 검토사항을 보면 다음과 같다.

① Date of Amendment(30) : 신용장 조건변경 일자를 나타내며 아무런 표시가 없는 경우에는 전문 발신일자가 조건변경 일자가 된다.

② Number of Amendment(26E) : 조건변경 회수를 기입하며 표시되는 숫자는 최종 조건변경 회수를 나타낸다.

③ Beneficiary(before this amendment)(59) : 신용장의 발행·양도 또는 직전 조건변경에 따른 수익자의 명칭으로서 신용장의 동일성을 확인하기 위해 표시되며 수익자의 변경을 뜻하는 것이 아니다. 본 메시지를 통한 수익자의 변경은 「79 : Narrative」에 나타낸다.

④ New Date of Expiry(31E) : 서류제시를 위한 변경된 유효기일을 표시한다. 유효기일은 연장되거나 단축될 수 있다.

⑤ Increase of Documentary Credit Amount(32B), Decrease of Documentary Credit Amount(33B) : 증액 또는 감액되는 금액을 통화종류와 함께 표시하며 원신용장의 통화와 일치하여야 한다.

⑥ New Documentary Credit Amount after Amendment(34B) : 신용장 대금의 사용 여부와 관계없이 증(감)액 후의 신용장 총액을 표시한다. 예를 들어 U$100,000의 최초 신용장에서 U$40,000이 사용되고 U$60,000이 미사용된 상태에서 U$50,000이 증액되는 경우 본란은 U$150,000로 표시된다. 구체적으로 신용장금액의 증감에 관한 표시는 "Amount increased (decreased) by US$ XXX(순증감액) to US$ YYY(증감후 금액)"와 같이 기재하므로 "XXX"는 순증감액을 "YYY"는 증감 후 신용장의 총금액을 표시한다.

⑦ Loading on Board/Dispatch/Taking in Charge at/from ……(44A) : 선적항(수취장소)의 변경을 표시한다.

⑧ For Transportation to …(44B) : 최종 목적지의 변경을 표시한다.

⑨ Latest Date of Shipment(44C) : 최종 선적일의 변경을 나타내며 최종 선적일은 연장되거나 단축될 수 있다.

⑩ Narrative(79) : 기타 변경사항이 기록된다.

표 11-1 신용장 수령시 점검사항

구 분	내 용
신용장 진위 재확인	① 수익자는 독자적으로 신용장 진위성을 재점검함 ② 운송서류의 수하인(Consignee)이 신용장의 발행은행이 아닌 수입상 또는 제3자로 되어 있는 경우에는 신용장의 진위 확인을 보다 철저하게 하고, 그 이유와 타당성에 대하여 면밀하게 살펴보아야 함 ③ 운송서류의 원본 중 1통 이상을 수입상 또는 제3자에게 직송하도록 되어 있는 경우에는 일단 의구심을 갖고 통지은행과 함께 진위에 대한 확인을 보다 철저히 하여야 함
발행은행 신용도 검 토	① 선적이나 매입시점에서 발행은행이 파산/지급불능 상태에 빠지는 경우도 있을 수 있으며, 발행의뢰인이 파산에 따라 고의로 지급을 거절하게 될 가능성이 있음 ② 발행은행이 소재하고 있는 국가의 외환사정 악화 또는 정치적 불안이 고조되고 있는 경우에는 국내에 소재한 발행은행의 환거래은행(대개 통지은행)과 접촉하여 확인(Confirmation)을 추가한 확인신용장을 받은 후 수출을 이행하는 것이 안전함 ③ SWIFT로 발행된 신용장의 Confirm Instructions(49 Field) 난에 "Confirm"이라는 표시가 있는 경우에는 신용장에 확인을 추가하도록 요청한 것임
L/C 내용검토	① 신용장통일규칙 준거문언의 유무와 지급확약 문언의 유무 등을 우선 확인 ② 매매계약서의 내용과 조건이 부합되는지 여부를 검토 ③ 신용장의 선적기한이 계약서상의 그것들과 일치하는지 여부 및 선적이나 서류의 작성과 제시를 위한 충분한 시간적 여유가 있는지를 검토
이행불능 조건검토	① 신용장에 지정된 기관이 국내에 없거나 서류송달기한이 너무 촉박한 경우 ② 수출물품 생산에 사용될 원자재를 수입상이 지정한 외국산 자재를 사용하도록 한 신용장은 원자재의 통관시일을 감안하여 신용장상의 물품 선적시기를 검토함 ③ 신용장상의 기재내용이 상호 모순되는 경우 ④ 매수인 측에 의하여 악용의 여지를 남기고 있는 조건들에 유의하여야 함
불완전/ 불명료 조건검토	불완전하거나 불명료한 경우에는 반드시 통지은행을 통하여 발행은행에게 통보하고 완전하고 정확한 정보를 제공해 주도록 요청함
수정 요구방법	① 통지은행에 조회하여 확인한 후에 정정할 점이 있으면 지체없이 직접 매수인(발행의뢰인)에게 요청하든지 또는 통지은행을 통하여 정정을 요구함 ② 매매계약과 불일치로 인한 조건들은 발행의뢰인에게 직접 전신으로 송부하여 요구하는 것이 좋으며, 신용장 자체의 모순이나 필수요건의 누락 또는 발행은행의 실책으로 간주되는 사항들은 통지은행을 통하여 발행은행으로 요청하는 편이 보다 효과적임

▌표 11-2▐ 신용장 조건변경 요약

구 분	내 용
의미	① 조건변경(L/C Amendment)이란 이미 발행된 신용장의 조건을 다른 조건으로 변경하고자 할 때 신용장 관계당사자들의 합의에 따라 원신용장의 내용을 수정하거나 변경, 추가 또는 삭제하는 것 ② 신용장 관계당사자 전원(발행은행, 수익자, 확인신용장의 경우 확인은행)의 동의 없이는 그 내용의 변경이나 신용장의 취소가 불가능함
필요서류	① 수입신용장 조건변경 신청서 ② 변경된 수입승인서(수입제한 품목일 때) ③ 조건변경을 합의한 확약서 또는 계약서 ④ 기타 증빙서류(CIF에서 FOB 또는 CFR 등으로 가격조건이 변동되는 경우 보험서류)
조건변경 사항	① 신용장 금액 증감 : 증액은 추가담보 및 지급보증의 추가 요청, 추가발행 수수료 ② 신용장 기한의 연장 : 선적기일과 유효기일을 연장 ③ 환적·분할선적 ④ 선적항·도착항 변경 ⑤ 품목변경 ⑥ 기타 사항 ⑦ 신용장의 취소 : 발행의뢰인으로부터 신용장의 취소의뢰를 받은 발행은행은 취소불능 신용장의 경우 반드시 통지은행을 경유하여 수익자의 동의를 받아야 하며 통지은행은 수익자의 취소동의를 받으면서 신용장 원본을 회수하여야 함
검토사항	① 원신용장을 통지하였던 동일한 은행(통지은행)을 통한 조건변경 ② 조건변경의 효력(UCP 제10조 제b, c항) : 발행은행은 그 변경을 통지한 당시부터 변경 신용장에 따른 취소불능의 의무를 부담, 수익자는 조건변경을 통지한 은행에 대하여 조건변경에 대한 수락의사를 통보한 시점부터 유효 ③ 신용장과 변경된 조건에 일치하는 서류를 제시하면, 이는 조건변경의 수락 통보로 간주. 수익자가 조건변경에 대한 명시적인 승낙의 통보없이 침묵하면서 있는 것은 수락이 아님 ④ 비록 전원의 합의가 있더라도 하나의 조건변경서에 대한 일부승낙은 허용되지 아니하며 따라서 이는 여하한 효력도 지니지 못함 ⑤ 다수에게 분할양도된 신용장의 조건변경은 일부의 제2수익자만 동의한 경우에는 동의한 제2수익자에게만 조건변경 내용이 적용됨
유의사항	① 통지은행 변경은 조건변경사항이 아니므로 신용장 취소(당사자 동의) 후 재 발행하여야 한다. ② 타 수익자 변경은 원신용장을 취소(당사자 동의) 후 새로운 신용장을 발행하여야 한다. ③ 가격조건 변경 시 운임지급 조건, 보험서류와 보험조건도 검토 ④ Ocean B/L에서 Air Way Bill로 변경 시 Port는 Airport로 변경 ⑤ 선적기일을 연장하는 경우 유효기일의 연장 필요성도 검토

03 신용장의 양도

1. 신용장의 양도

1) 신용장양도의 의의

신용장의 양도(transfer of L/C)란 신용장상의 수익자가 향유하는 권리의 전부 또는 일부를 수익자가 지정하는 제3자에게 양도하는 것, 즉 신용장상의 수익자가 신용장상의 권리의 일부 또는 전부를 수익자의 요청에 의하여 제1수익자(first beneficiary)가 지시하는 제2수익자(second beneficiary)에게 양도하는 것을 신용장의 양도(transfer)라고 한다. 원칙적으로 신용장은 그 이용이 원수익자에게 한정되어 있으나 양도가능신용장이라고 규정된 경우에 한하여 양도가 가능하다.

양도가능신용장(transferable credit)은 신용장의 수익자(제1수익자)가 지급·연지급약정 인수 또는 매입이 수권된 은행(양도은행)에 대하여 또는 자유매입 신용장일 경우에는 양도은행으로 신용장에서 특별히 수권된 은행에 대하여 신용장 금액의 전부 또는 일부를 1인 또는 다수의 다른 수익자(제2수익자)에게 이용될 수 있도록 요청할 수 있는 신용장을 말한다.

양도가능신용장에는 반드시 "transferable"이라는 문구가 신용장상에 표시되어 있어야 하며, 신용장에 별도의 명시가 없는 한 동일국내는 물론 제3국으로의 양도가 가능하다. 양도된 신용장의 조건은 원신용장의 조건과 동일하여야 한다. 다만 ① 신용장금액 ② 단가 ③ 유효기간 ④ 제시를 위한 기간 ⑤ 선적기간을 원신용장보다 감액하거나 단축하는 것은 허용된다. 그러나 양수받은 제2수익자는 복수로 존재할 수 있으나, 제2수익자가 제3자에게 재양도할 수는 없다.

2) 신용장양도의 필요성

원칙적으로 신용장은 그 이용이 원수익자로 한정되어 제3자가 사용하는 것이 불가능하다. 그러나 무역거래에 있어서는 종종 양도가능신용장이 발행되어 제1수익자(first beneficiary)가 다른 당사자에게 신용장의 수익을 양도하는 경우가 있는데 이는 다음과 같은 몇 가지 이유가 있기 때문이다.

① 수익자가 상품의 제조업자가 아니어서 제조업자로 하여금 직접 선적과 매입을 하게 하고 제조업체로부터 수수료 또는 수출마진을 취득하고자 하는 경우

② 다수의 수출상이 관련되어 있으나 모든 수출상 앞으로 각각 신용장을 발행하는 번거로움을 피하고 수출지에 있는 자신의 대리점이나 대표되는 하나의 수출상 앞

으로만 발행하여 현지에서 가장 유리한 제조업체를 물색하여 이를 양도해 줌으로써 수입가격과 부대비용을 절감하고자 하는 경우

③ 원수익자가 무역업의 자격을 취득하지 못하여 자기명의로 수출이행이 불가능한 경우 또는 원수익자가 정부로부터 수출 쿼터를 확보하지 못하여 수출할 수 없는 경우이다. 이때 원수익자는 수입상으로부터 양도가능신용장을 발행받아 무역업의 자격을 취득하고 있거나 수출 쿼터를 배정받은 무역업체에 이를 양도하고, 원수익자는 수출실적 없이 수수료와 수출마진만을 취득한다.

그림 11-1 신용장 양도 흐름도

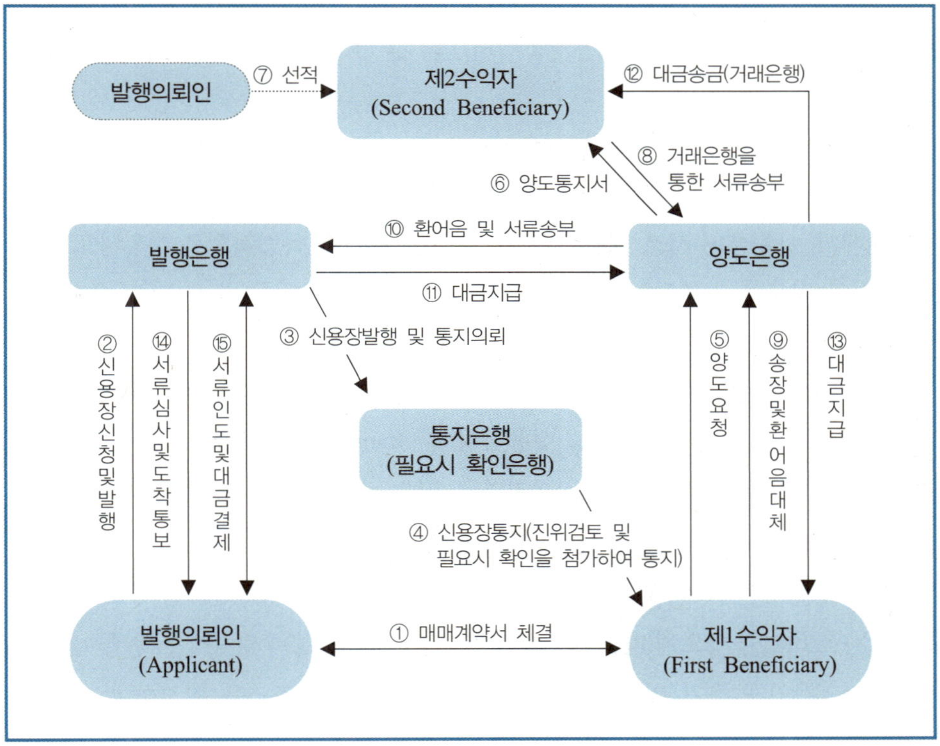

3) 신용장양도의 조건

신용장거래란 근본적으로 수출상보다 수입상에게 불리한 조건이 많은 거래이기 때문에 수입상이 안전한 거래를 할 수 있느냐의 여부는 수출상의 성실성 여하에 좌우된다고 해도 과언이 아니다. 그런데 양도에 의해 수입상이 신용이나 성실성을 전혀 파악할 수 없는 미지(未知)의 인물에게 이 신용장의 이행권리가 넘어간다면 수입상은 그전보다 더욱 불리한 입장에 처하게 될 것이므로 수입상 보호의 측면에서 다음과 같이 여러 가지 제한조치를 강구해 놓고 있다.

첫째, 신용장의 양도는 지급·연지급 확약·인수 또는 매입하도록 특별히 수권된 은행(양도은행)만이 취급할 수 있으며 만약 그러한 은행이 지정되어 있지 않은 자유매입신용장인 경우에는 양도은행을 지정하여야 한다.

둘째, 신용장의 양도는 신용장상에 "transferable"이란 용어가 표시된 경우에만 가능하다. 따라서 기타 이와 유사한 "divisible", "fractionable", "assignable" 또는 "transmissible" 등과 같은 용어가 사용된 경우는 신용장의 양도표현으로 인정되지 않으며, 만일 이러한 용어가 사용되었다면 은행은 이를 무시한다.

셋째, 신용장은 양도은행이 합의한 범위와 방법에 따라서만 양도될 수 있다. 따라서 양도은행은 자신이 명시적으로 동의한 범위와 방법을 초과하여 신용장을 양도할 의무가 없으며, 원수익자도 당초 신용장조건의 범위를 초과하여 양도를 요청할 권리가 없다.

넷째, 신용장은 1회에 한하여 양도할 수 있다. 그러므로 신용장을 양도받은 제2수익자는 이를 그 이후의 제3수익자에게 다시 양도할 수 없다. 그러나 신용장 금액의 한도 내에서 신용장을 서로 다른 일자에 여러 사람에게 독립적으로 분할양도 하는 것은 1회의 양도로 간주하며, 제2수익자가 양도받은 신용장을 다시 제1수익자에게 재양도(retransfer)하는 것은 금지된 양도에 해당하지 않는다.

다섯째, 신용장은 분할선적이 허용된 경우에만 신용장금액의 한도 내에서 별도로 분할하여 양도할 수 있다. 즉, 신용장상에 "transferable"이라는 표시가 있어도 분할선적이나 어음의 분할발행을 금지하고 있는 경우에는 신용장은 각각 별도로 분할양도할 수 없으며, 이러한 경우에는 전액양도만이 가능하다.

여섯째, 신용장은 오직 원신용장의 범위와 조건에 따라서만 양도할 수 있다. 즉, 제1수익자로 하여금 양도에 따른 중간차익을 보장해 주고 제2수익자에게 발행의뢰인을 비밀로 할 수 있게 하기 위하여 제1수익자는 원신용장의 조건을 변경하여 제2수익자에게 양도할 수 없다. 다만, 제1수익자는 다음과 같은 조건은 수정하여 양도할 수 있다. 즉, ㉮ 신용장의 금액 또는 물품의 단가를 감액하거나, 신용장의 유효기일, 서류의 제시를 위한 최종기일 또는 선적기일을 단축할 수 있다. ㉯ 각 양도부분에 대한 적하보험의 부보금액을 백분율을 원신용장만큼 증액할 수 있다. ㉰ 제1수익자는 발행의뢰인의 명의 대신에 자신의 명의를 기재하여 신용장을 양도할 수 있다. 그러나 원신용장이 신용장 발행의뢰인의 명의가 상업송장 이외의 모든 서류상에 기재하도록 특별히 요구한 경우에는 그 요구사항은 반드시 지켜져야 한다.

4) 신용장양도의 종류와 요건

(1) 전액양도(total transfer)와 분할양도(partial transfer)

양도인이 원신용장의 액면금액 전액을 양수인에게 권리 이전해 주는 것을 Total Transfer라 하는 바, 이 경우 양도은행은 전액양도통지서(advice of total transfer)를 원신용장에 첨부하여 양도인에게 교부<서식 14-2-1, 14-2-1 참조>하여 주고 양수인에게는 양도신용장을 발급한다. 전액양도가 이루어지면 양수인이 양도인의 권리를 모두 행사하게 되므로(그러나 양도계약서에 권리제한 규정이 있으면 그에 따른다) 이후에 신용장 조건변경의 신청 및 승낙이 있을 경우 양수인은 이를 자기명의로 권리행사를 할 수 있다. 양도인이 원신용장 금액 중 일부만을 양수인에게 양도해 주고 나머지는 자기가 이행하던가, 원신용장을 여러 개로 쪼개어 수명의 양수인에게 나누어 주는 것을 Partial Transfer라 하며 그 특징은

① 원신용장이 분할선적을 허용하는 조건일 것 ② 양도은행이 반드시 원신용장의 뒷면에 분할양도 내용을 기재할 것 ③ 조건변경의 당사자는 양도인이 되므로 양수인은 원신용장의 발행은행이나 발행의뢰인에게 자기명의로 조건변경을 신청하거나 승낙할 수 없다 ④ 여러 사람에게 분할양도된 신용장의 조건이 변경된 경우, 이를 승낙한 양수인에게는 변경된 신용장의 효력이, 거절한 양수인에게는 원신용장의 제반 조건이 그대로 존속하게 된다 등과 같다.

(2) 국내양도(domestic transfer)와 국외양도(overseas transfer)

양도인과 양수인이 동일국내에 거주하는 경우의 신용장 양도를 국내양도(domestic transfer)라 하고 양도인이 타국의 제3자에게 신용장을 양도하는 것을 국외양도(overseas transfer)라 한다.

신용장은 국내 거주자끼리 양도되는 경우가 대부분이지만 제2의 수익자(second beneficiary)가 국외에 거주하는 경우도 가끔 발견된다. 그러나 국외양도인 경우에 양도통지서는 일반적으로 양수인 소재 환거래은행을 통하여 송부하며 기타 업무처리 절차는 국내양도에 준하여 처리하되 양도의 목적이 양도인의 양수도 차익 획득에 있으므로 양수인이 신용장 이행과 관련한 제반 경비를 부담하도록 조건을 부과하거나, 양수인에게 발급하는 양도신용장의 Special Instruction 난에 양수인이 양도인에게 별도의 커미션을 지급하는 조건을 추가하는 경우가 많다. 뿐만 아니라 국외양도(overseas transfer)에서는 양도은행(transferring bank)의 매입절차 이행시에 부도의 확률도 높은 편이므로 양수인이 특별한 주의를 해야 손실을 면할 수 있다.

5) 신용장양도의 방법

신용장의 양도에서 원수익자는 자신이 받은 신용장상에 "transferable"이란 표시가 있는지 확인하고 또 분할양도가 가능한지를 확인하여야 한다. 신용장에서 분할양도를 허용하고 있는가는 분할선적이 허용되어 있는가를 확인하면 된다.

다음에 원수익자는 신용장의 종류를 보고 그것이 지급신용장이면 지급은행에, 인수신용장이면 인수은행에, 그리고 매입은행이 지정된 매입신용장의 경우는 그 지정된 매입은행에게 각각 신용장의 양도를 요청한다.

매입신용장에 있어서 매입은행이 지정되지 않은 경우에는 발행은행에 의하여 양도에 관한 수권을 받은 은행에 수익자가 신용장의 양도를 요청할 수 있다. 이때 수익자로부터 신용장의 양도요청을 받고 이를 처리해 주는 지급, 인수 또는 매입은행을 양도은행(transferring bank)이라 한다. 즉, 원수익자는 전액양도 또는 분할양도의 각 경우에 따라 각각 양도통지서 발행신청서(application for advice of total/partial transfer)를 작성하고 원신용장을 첨부하여 양도은행에 제출한다.

한편 양도은행은 원수익자가 제출한 양도통지서 발행신청서의 내용을 검토한 후 양도통지서(advice of total/partial transfer)를 작성한다. 이때 양도은행은 원수익자의 요청이 있으면 발행의뢰인의 명의를 원수익자로 대체하고 신용장금액·단가·유효기한·선적기일 등을 수정한 신용장 사본을 첨부하여 양도통지서를 원수익자가 지정한 제2수익자에게 교부한다. 물론 양도은행은 별도의 지시가 없는 한 신용장을 양도에 앞서 원수익자로부터 양도수수료를 징수한 후 양도통지서를 발급하는데, 신용장의 양도에 있어서 소요되는 제비용은 원수익자의 부담이다.

따라서 양도은행은 이러한 양도수수료가 지급될 때까지 어떠한 양도지시에도 응하여야 할 의무가 없다. 또한 양도은행은 원신용장의 배면에 "This Credit has been totally (or partially) transferred to XX Company(제2수익자) for US$ XXX(양도금액) on XX(양도취급일자) by ABC Bank, XXX Branch(양도취급은행)"라고 명기하여 이것이 양도된 신용장임을 밝혀서 원수익자에게 반환한다.

특히 분할양도인 경우에는 신용장이 제3수익자에게 이중으로 양도되는 것을 막기 위하여 양도은행은 상품이 종류별로 되어 있거나 수량이 명시되어 있을 때는 원신용장의 배면에 양도된 금액, 상품명이나 수량을 일일이 기재하여 원수익자에게 교부한다. 신용장의 양도가 끝나면 양도은행은 그 양도된 신용장의 원본과 양도 통지서의 비본을 원수익자에게 송부하고 발행은행에게도 양도통지서의 사본을 송부하여 양도된 사실을 통지하여야 한다.

6) 신용장 양도인의 권리와 의무

신용장 발행약정에 따라 양도가능 신용장이 발행된 경우에는 제1수익자는 그 신용장에 의거하여 다음과 같은 권리를 갖는다.

첫째, 신용장상에 "transferable"이라는 수권문언에 따라 제1수익자는 원신용장의 전부 또는 일부를 다른 당사자(제2수익자)에게 양도하도록 지급, 인수 또는 매입은행(양도은행)에게 요청할 수 있는 권한을 갖는다.

둘째, 제1수익자는 송장대체 및 추가어음 발행권리를 가진다. 즉, 제1수익자는 원신용장 금액을 초과하지 않는 범위 내에서 원신용장의 단가대로 작성된 자기의 송장과 제2수익자의 송장을 대체시킬 수 있는데 이를 송장대체(substitution of invoice)라고 한다. 만일 또한 양 송장 사이에 차액이 있으면 원수익자는 그 차액에 대하여 스스로 어음을 발행할 권리를 보유하며 양도시에 감액을 하지 않았어도 원수익자가 송장을 대체할 권리를 가진다.

셋째, 제1수익자는 양도지에서 지급, 인수 또는 매입을 요구할 권리를 가진다. 즉, 제1수익자는 제2수익자에 대한 지급·인수 또는 매입이 신용장의 만기일을 포함한 특정기일까지 신용장이 양도된 특정장소에서 행하여지도록 표시할 수 있는 권리를 갖는다. 이때 원수익자는 그 뜻을 양도장에 기재토록 요청하게 되는데 기재 예는 "Please forward us(transferring bank) all draft and documents in two consecutive airmail"와 같다. 다만 원신용장이 신용장에 규정된 이외의 장소에서 지급 또는 매입을 위하여 사용될 수 없다는 것을 명시적으로 기재하고 있는 경우에는 예외이다.

넷째, 제1수익자는 양도사항 부고지 요청권을 가진다. 즉, 양도차익 획득을 목적으로 한 양도의 경우 양수인 및 양도에 관한 상세한 사항(금액, 단가, 양도조건…)이 원신용장의 발행의뢰인에게 밝혀지면 제2수익자인 양수인과 발행의뢰인이 서로 직접 연락하여, 차후 거래시부터 양도인을 빼고 자기들끼리 직접 거래를 할 위험이 있으므로 이를 방지하기 위하여 제1수익자인 양도인은 양도은행에게 신용장 양도와 관련한 상세한 사항을 발행은행 및 발행의뢰인에게 밝히지 말 것을 요청할 수 있다.

양도은행은 당해 신용장이 양도되었다는 사실을 발행은행에 알리는 것까지는 좋으나 원신용장과 양도신용장상의 단가차이와 같은 민감한 부분은 발행은행에 알리지 않는 것이 은행간의 일반적 관행(standard banking practice)이다.

한편, 제1수익자는 양도가능 신용장에 따른 신용장 양도의 권한을 갖는 대신에 양도은행에 대하여 다음과 같은 의무를 부담한다.

첫째, 제1수익자는 신용장의 양도에 소요된 양도은행의 모든 경비에 대하여 본원적인 의무를 진다. 신용장의 양도에 따른 은행수수료, 요금 및 비용을 포함한 양도은행의 모든 경비는 제1수익자의 부담에 속한다. 따라서 양도은행의 입장에서는 이러한 경비가 지급되기까지 신용장의 양도를 행하지 아니하여도 된다.

둘째, 제1수익자는 늦어도 신용장을 양도할 때까지 장차 양도은행이 신용장의 변경을 제2수익자에게 직접 통지하는 것을 허용하는지를 지시할 의무를 진다. 즉, 제1수익자는 양도은행이 장차 신용장의 변경을 제2수익자 앞으로 직접 통지할 수 있도록 허용하는지의 여부에 대하여 반드시 양도은행에게 지시하여야 한다. 이러한 제1수익자의 지시는 늦어도 신용장의 양도가 이루어지기 이전에 행하여야 하며, 이어 양도은행은 신용장을 양도할 때 신용장의 변경에 관한 제1수익자의 지시를 제2수익자에게 반드시 통지하여야 한다.

셋째, 제1수익자가 제2수익자의 송장을 대체하는 권리는 양도은행이 이를 최초로 요구할 때 즉시 행사해야 한다. 즉, 양도은행이 최초로 요구할 때 제1수익자가 자신의 송장·환어음을 제시하지 아니한 경우에는, 양도은행은 제2수익자의 상업송장·환어음)을 수령한 그대로 발행은행에게 인도할 수 있다.

7) 양도된 신용장의 조건변경

신용장을 양도한 후 내도 된 신용장의 조건변경 통지서의 통지절차와 그 효력의 범위에 대하여 당사자간에 분쟁이 발생하는 경우에 양도된 신용장의 조건변경은 신용장이 전액양도된 경우와 분할 양도된 경우에 따라 각각 그 결과가 달라진다.

첫째, 신용장이 제2수익자에게 전액 양도된 경우에는 그 신용장의 조건을 변경 또는 취소하고자 할 때 이는 신용장 관계당사자인 발행은행, 양도은행, 원수익자 및 제2수익자 전원의 합의가 있어야 한다. 이렇게 변경된 신용장은 제2수익자에게만 효력을 갖는다. 즉, 양도가능 신용장에 대한 조건변경서는 변경된 신용장에 따른 모든 권리와 의무를 제2수익자에게 부여하여 원수익자는 양도한 신용장금액에 대하여 청구권을 상실하게 되며 제2수익자가 이를 승계하기 때문이다.

둘째, 신용장이 여러 제2수익자에게 분할 양도된 경우 그 조건을 변경 또는 취소하고자 할 때에 원수익자는 이에 따른 모든 권리와 의무를 원수익자 자신이 갖고 양도통지서의 조건변경을 허락 또는 거절할 수 있다. 그리고 이와 같이 신용장이 여러 사람에게 분할 양도된 후 그 조건이 어느 제2수익자의 요청으로 변경된 경우에는 변경을 승낙한 제2수익자에 대해서는 변경된 신용장이 효력을 발생한다.

이러한 경우 변경을 거절한 제2수익자에 대해서는 변경되기 이전의 원신용장이 효력을 계속 유지한다. 왜냐하면 신용장이 분할 양도된 경우 각각의 양도분은 상호 별개의 신용장으로서 의미를 갖기 때문이다. 따라서 제2수익자는 자신의 동의하에 양도된 신용장이 어느 제2수익자의 요청에 의하여 변경되었다 하더라도 그 변경된 신용장은 이를 승낙한 양수인에게만 효력을 갖는다.

분할양도 후에 내도된 원신용장의 조건변경통지서에 의하여 분할양도의 조건변경을 할 수 있다. application for amendment/cancellation of transfer 및 원신용장의 조건변경통지서(original L/C amendment)를 제출하여 그 내용을 검토하고 타당성이 인정되면, 원신용장 이면에 「분할양도의 조건변경 통지」의 뜻을 기재한 후 원본은 원 수익자(first beneficiary)에게 되돌려 주며, 양수인(second beneficiary)에게는 「advice for amendment, cancellation of transfer」를 교부한다.

그러므로 양도은행은 최초 수익자와 제2수익자간에 합의된 취소동의서를 징수하고 발행은행에 동 사실의 동의 여부를 확인한 후 새로운 제2수익자에게 양도할 수 있다. 원칙적으로 원신용장의 조건을 변경하여 양도할 수 없으나 ① 신용장금액과 단가의 감액 ② 선적기한·유효기간 및 서류제시를 위한 기한의 단축 ③ 원신용장에서 요청된 부보금액을 담보하기 위하여 증가될 수도 있는 부보비율, 즉 원신용장의 금액이 CIF US$10,000이고 부보비율을 이의 110%로 요구한 경우 그 부보금액은 US$11,000이 되어야 한다. 그러나 만일 양도시 감액을 하여 CIF US$9,000로 한 경우 부보금액은 US$9,900이 되어 발행의뢰인에게 불이익이 야기되므로 "원수익자는 양도 시 부보금액을 US$11,000까지 하기 위하여 부보비율을 122.3%까지 요구할 수 있다." 등의 사항은 예외로 그 변경이 가능하다.

2. 신용장대금의 양도

1) 신용장대금의 양도

신용장 수익자는 그 신용장의 양도가능 여부와는 관계없이 신용장 또는 특정한 법률의 규정에 의거하여 자신에게 수권된 모든 대금(proceeds)을 양도할 권리를 갖는다. 즉, 양도불능 신용장이 발행되었다 하더라도 수익자는 법률에 따라 자신에게 수권된 채권, 즉 대금의 청구권을 다른 당사자에게 양도할 수 있다. 그러나 이러한 경우에 수익자는 자신이 신용장에 따라 이행하여야 할 의무 또는 권리까지를 다른 당사자에게 양도할 수는 없다.

신용장대금의 양도(assignment of proceeds)란 수익자가 ① 신용장에 따른 조건을 이행하는 권리와 의무를 유보하면서 그 이행에 앞서 ② 대금의 청구권만을 다른 당사자에게 양도하는 것을 의미한다. 여기서 대금(proceeds)이란 매매·교환·추심·기타 담보물 또는 대금의 처분에 따라 수령하는 모든 것을 의미한다.

신용장대금의 양도는 신용장의 양도와 본질적으로 구별된다고 할 수 있다. 신용장의 양도는 신용장에 따른 조건을 이행하여야 할 당사자도 양수인이고 대금청구권자도 양수인인데 반하여 대금의 양도는 신용장상의 조건이행자는 수익자인데 반하여 대금청구권자만이 양수인이 되는 것이다. 따라서 대금양도에 있어서는 양수인은 수익자가 조건을 이행하느냐의 여부에 따라서 대금을 청구할 수 있는 권리가 주어지는 것이다.

표 11-3 신용장 양도와 대금양도 비교

	신용장 양도	대금양도
양도의 형태	신용장 자체를 양도	대금을 받을 권리만 양도
'Transferable' 기재 여부	반드시 신용장에 기재되어야만 허용	신용장에 기재되지 않아도 허용
적용조항	UCP 600 제38조 적용	UCP 600 제39조 적용
양도차익을 위한 서류교체	관련 없음	관련 없음

2) 신용장양도의 취소

신용장양도의 취소에 관하여는 신용장통일규칙에 아무런 명문규정이 없으나 관계당사자 전원의 동의가 있으면 양도의 취소가 가능한 것으로 해석된다. 즉, 원신용장의 취소도 관계당사자 전원의 동의가 있으면 이의 취소가 가능하므로 양도된 신용장도 취소할 수 있다고 본다.

따라서 양도취소의 절차는 신용장의 양도를 취소한 것과 같은 효과를 위하여 제2의 수익자가 원수익자에게 Retransfer(transfer back : 재양도)하는 방법도 생각할 수는 있으나, 이는 신용장의 양도는 1회에 한한다는 규정에 위배되는 것이므로 이 점에 유의해야 한다. 그러므로 원수익자와 제2수익자간에 합의된 「양도취소동의서(application for amendment / cancellation of transfer)」를 제시받은 후 양도취급은행에 동 사실에 관한 승인·확인을 받은 후 원수익자에게 재양도를 취급하여야 한다. 양도취급은행으로부터 취소동의를 받은 후 기 통지된 양도통지장(advice of total /partial transfer) 및 원신용장을 제시받아 상호 내용을 검토하고 기 통지된 양도통지장을 회수·제출하고 원신용장 이면에 「전액 또는 분할양도의 취소의 뜻」을 기재한 후 「advice for amendment / cancellation of transfer」와 함께 원수익자(first beneficiary)에게 교부된다.

표 11-4 신용장 양도개요 요약

구 분	내 용
의 미	① 양도가능신용장(L/C에 "Transferable"이 명시됨)의 권리의 일부나 전부를 원수익자(제1수익자)의 요청에 따라 제3자(제2수익자)에게 양도(Transfer, T/S)하는 것 ② 양도요청은 발행은행의 일방적인 의사표시로 성립될 수 없으며, 이는 반드시 양도은행(transferring bank) 측의 승낙을 득하여야 함 ③ 양도는 1회에 한하며 제2수익자의 요청으로 제3수익자에게 다시 양도되는 재양도(retransfer)는 금지됨. 단, 양수인이 원수익자에게 양도환원(transfer back)하는 경우 양도취소로 간주하며, 원수익자가 제3자에게 양도 가능함 ④ 제1수익자는 양도를 요청할 때 제2수익자 앞으로 조건변경을 통지할 것인지에 대하여 취소불능의 조건으로 명확하게 지시하여야 함 ⑤ 양도가능문구는 신용장상에 "Transferable"이 명시되어야 가능하며, "Divisible, Fractional, Assignable, Transmissible"과 같은 용어는 신용장의 양도와 아무런 관련이 없으며 이러한 용어가 사용되었더라도 이는 무시함
양도의 필요성	① 수익자가 계약물품의 미보유로 신용장의 양도에 의하여 생산자 등이 직접 선적 ② 신용장을 수출쿼터 보유자에게 양도하고 수출대행을 의뢰하는 경우 ③ 실제 공급자에게 양도하여 중간차익의 취득을 목적으로 하는 중계무역의 경우 ④ 신용장(Baby L/C, Sub L/C 등) 발행비용 절감 목적. 수출지에 있는 수입상의 대리점, 지사가 신용장을 받아서 실수출자에게 1부씩 양도하는 경우
양 도 취급은행	① 지급(Payment) L/C : 지급은행 ② 연지급(Deferred Payment) L/C : 연지급은행 ③ 인수(Acceptance) L/C : 인수은행 ④ 매입제한(Restricted) L/C : 매입제한은행 ⑤ 자유매입(Freely Negotiable) L/C : 신용장에서 양도은행으로 지정된 은행이며 이 경우 "This Credit is transferable at ×× Bank"라는 문구가 있어야 됨
양도절차	① 전부 또는 일부 양도신청서(Application for Advice of Total or Partial Transfer)를 양수자 즉, 제2수익자와 함께 서명한 후(또는 제2수익자와 맺은 계약서나 오퍼를 첨부) 원신용장과 함께 양도 취급은행에 제출 ② 양도 취급은행은 동 의뢰서의 내용에 따라 원신용장 원본 뒷면에 양도사실 [예 : This credit had been totally(or Partially) transferred to ABC Co.(제2 수익자) for USD 12,000 by XYZ Bank]을 명기 ③ 특히 Partial Transfer인 경우 상품이 종류별로 되어 있거나 수량이 명시되어 있는 경우에는 원신용장의 뒷면에 당해 상품명이나 수량도 기재해야 한다. ④ 양도은행은 양도인, 발행은행, 통지은행(양도은행이 통지은행이 아닌 경우)에 'Transfer Advices'의 사본을 교부하고 양수인(제2수익자)에게는 양도통지서 원본과 양도은행이 작성한 양도신용장 원본을 교부
수수료	① 양도시 및 양도 후 조건변경시, 증액 조건변경시, 기타 조건변경시 ② 양도와 관련한 은행비용과 수수료, 대가 또는 지출금을 포함한 양도은행의 경비(charges)는 다른 합의가 없는 한 원칙적으로 제1수익자가 부담함.
양도금액	① 전액양도(total transfer) : 원신용장의 제1수익자가 수취한 신용장금액을 제2수익자에게 전액을 양도하여 주는 것. 양도은행은 원신용장의 배면에 다음과 같은 양도사실을 기재하고 서명한다. "This Credit in totally transferred to A Co., Ltd. for US$200,000 on April 16, 20XX by XXX Bank XX Branch."

구 분	내 용
	② 분할양도(partial transfer) : 원신용장의 최초의 수익자가 수취한 신용장금액 중 일부를 하나의 제2수익자에게 양도하거나 원신용장 전체금액을 다수의 제2수익자에게 분할로 양도하여 주는 방법이다. 원신용장금액의 US$200,000이라면 그 금액을 A, B, C, D에게 US$50,000씩 분할하여 양도하면 이들 모두를 제2수익자로 간주. ③ 분할양도는 원신용장에서 분할선적이 허용되는 경우에만 가능하며 분할양도 금액의 합계액은 원신용장 금액을 초과할 수 없음
유의사항	UCP 600 제38조에서 신용장을 양도받은 제2수익자가 반드시 양도은행에 서류를 제시하도록 규정하였다. 이는 제2수익자가 양도은행을 거치지 않고 발행은행으로 서류를 직접 송부함으로써 제1수익자가 서류교체를 통해서 양도차익 등을 얻을 수 있는 기회를 상실하는 상황이 발생하기 때문이다. 만약 신용장금액이 100% 양도되는 무조건 양도인 경우에는 양도시 양도신용장에 "서류는 발행은행으로 직접 송부해야 된다."라는 조항을 명확하게 삽입하여야 한다.
조건변경 여 부	① 단순양도 : 원신용장의 조건변경없이 제2수익자가 현지은행에서 NEGO하여 발행은행 앞 직송 후 원신용장 조건에 의거 결제받도록 하는 양도. 제1수익자의 송장 대체가 필요없고 양도인의 중개 및 알선수수료는 별도로 무역외로 영수함. ② 조건변경부 양도 : 제1수익자가 중계차익의 확보를 목적으로 신용장의 금액, 단가, 유효기일 등을 감액 또는 기간 단축(수량은 변경할 수 없음)하여 양도하는 것
조건변경 양도절차	① 수입상(발행은행)으로부터 수령한 원신용장의 내용이 다음과 같은 경우 신용장 금액 : USD10,000, 수량 100개, 단가 USD100 ② 제2수익자(생산자) 앞으로 신용장을 금액, 단가 감액 양도 신용장 금액 : USD9,000, 수량 100개, 단가 USD90 ③ 제2수익자가 물품생산을 완료한 후 수입상 앞으로 물품을 선적 ④ 제2수익자 거래은행(매입은행)을 통하여 양도은행 앞으로 선적서류를 송부, 송장 및 어음은 제1수익자를 수화인(consignee)으로 작성 송장 및 어음 금액 : USD9,000 ⑤ 제1수익자는 수입상을 수화인(consignee)으로 기재한 송장 및 어음으로 대체하여 원신용장 발행은행 앞으로 선적서류르 송부, 중계차액(USD1,000)의 매입 또는 추심여부는 양도은행과 협의로 결정한다. 신용장 금액 : USD10,000($9,000은 추심) ⑥ 원신용장 발행은행으로부터 신용장 대금(USD10,000) 입금 통지 받음 ⑦ 양도은행은 제2수익자 앞 대금(USD9,000) 송금, 중계차액 USD1,000 취득 ⑧ Less Charge 등은 제2수익자 앞 결제대금에서 공제함 * 활용 : 중계무역거래, 해외현지공장 등에 위탁생산한 물품을 외국에 판매하는 거래, 국내 완제품 LOCAL 거래, 국내에서 중계수수료 수취를 목적으로 한 단순양도 거래 등에서 조건변경부 양도의 이용가능
양도 지역	① 국내양도 : 제1수익자와 제2수익자가 동일한 국가 내에 소재하고 있는 경우 ② 국외양도 : 제1수익자와 제2수익자가 다른 국가에 소재하고 있는 경우를 의미
양도된 신용장 조건변경	① 제1수익자는 신용장의 양도요청시에 조건변경서의 통지방법에 대하여 명확히 지시하여야 함 ② 다수의 제2수익자에게 양도된 경우 조건변경이 있는 경우에는 조건변경을 수락한 양수인에 대해서만 조건변경의 효력이 발행하며, 조건변경을 수락하지 아니한

구 분	내 용
	양수인에 대하여는 이전의 원신용장이 그대로 유효하게 적용됨. 비록 일부의 양수인이 조건변경사항을 거절한다 해서 조건변경서가 양수인 모두에게 무효가 되는 것은 아니며, 조건변경을 수락한 양수인에 대하여는 당해 조건변경이 유효하게 적용됨.
금액 및 단가의 감 액	① 제1수익자는 신용장 금액을 감액하여 양도신청할 수 있다. 또한 신용장이 단가를 표시하는 경우 단가 감액에 의하여 신용장의 금액을 감액 양도요청할 수 있음 ② 신용장 금액이 US$200,000 단가가 US$200이라면 신용장을 양도할 때 신용장의 금액은 US$180,000로 하고 단가를 US$180으로 감액할 수 있는 것이며 이러한 경우 그 차액인 US$20,000은 원 수익자의 양도차익임
유효기일, 서류제시 기일 및 선적기일의 단축	① 감액된 신용장양도장에 의하여 제2수익자가 작성한 상업송장 및 어음의 금액과 원신용장조건에 일치하게 제1수익자가 작성한 상업송장 및 어음금액의 차액이 제1수익자의 양도차익이며, 그 차익은 송장 대체 및 어음의 대체나 추가발행에 의해서만 취득이 가능함. 따라서 송장 및 어음의 교체를 위한 시간적 여유를 확보하기 위해서는 유효기일, 서류제시시간 및 선적기일에 대한 단축이 필요함 ② "선적기일 2019. 10. 10, 유효기일 10. 20., 서류 제시기간 선적일로 부터 20일 이내" → "S/D 2019. 10. 10, E/D 10. 20., P/D 선적일로부터 20일 이내"로 단축가능
원신용장 보험가입 금액비율 요구	① 원신용장의 금액이 US$200,000이며 보험가입금액이 상업송장금액의 110%에 대하여 보험가입 하도록 되어 있는 경우에 보험가입금액은 US$220,000이 됨 ② US$180,000로 감액하고 상업송장금액의 110%를 보험가입하게 된다면 가입금액은 US$180,000의 110%인 US$198,000이 되기 때문에 원신용장의 조건에 위배됨. 그러므로 신용장 양도장에 US$220,000에 대하여 보험가입 하도록 요구하면 원신용장조건을 충족하게 됨
발행의뢰인 성명 대체	① 신용장을 감액양도 하는 경우 제2수익자가 신용장발행의뢰인의 존재를 알게 되면 제2수익자는 제1수익자를 배제하고 직접적인 거래관계를 모색할 가능성이 있음 ② 제1수익자 이해관계 보호를 위하여 원신용장 조건적용 예외사항의 하나로 양도장의 발행의뢰인란에 신용장발행의뢰인의 성명대신에 제1수익자 자신의 성명을 대신 표시할 수 있도록 허용함 ③ 그러나 원신용장이 신용장발행의뢰인의 명의가 상업송장 이외의 다른 서류에 표기되도록 특별히 요구하고 있을 때에는 그러한 요구가 반드시 이행되어야 함 ④ 제1수익자는 신용장에 명시된 금액을 초과하지 않는 범위 내에서 제2수익자의 송장 및 환어음을 자신의 송장 및 환어음(있는 경우)으로 대체할 권리를 가지고 있으며, 대체를 하는 경우에, 제1수익자는 자신의 송장과 제2수익자의 송장간에 차액이 있다면, 그 차액에 대하여 신용장에 따라 어음을 발행(청구)할 수 있다. ⑤ 제1수익자가 만일 있다면 그 자신의 송장과 환어음을 제시하였으나 첫 요구시에 그렇게 하지 못한 경우, 또는 제1수익자가 제시한 송장이 제2수익자에 의하여 행해진 제시에는 존재하지 않았던 하자를 발생시키고, 제1수익자가 첫 요구시에 이를 정정하지 못하였다면, 양도은행은 제1수익자에게 더 이상의 책임을 지지 않고 제2수익자로부터 받은 그대로 서류를 발행은행에 제시할 권리를 지닌다. ⑥ 제1수익자는 제2수익자에 대하여 신용장 유효기일까지 결제 또는 매입이 신용장이 양도되어진 장소에서 이루어지도록 요구하는 경우에 원 수익자는 그러한 뜻 "Please forward us(transferring bank) all draft and documents in two consecutive airmail."을 양도장에 기재하도록 요구한다.

제12장 ▌ 신용장의 관련 서류

01 서류의 종류

1. 기본서류와 기타서류

1) 기본서류와 기타서류의 구분

신용장거래에서의 서류에는 꼭 필요한 기본서류(basic documents)와 필요한 경우에만 요구되는 기타 서류(other documents)로 구분한다.

기본서류에는 운송 관련 서류(transport documents), 상업송장(commercial invoice), 보험서류(insurance documents) 등이 있다. 운송서류에는 해상선하증권(marine/ocean B/L), 비유통 해상운송장(non-negotiable sea waybill), 용선계약선하증권(charter party B/L), 복합운송서류(multimodal transport documents), 항공운송서류(air transport documents), 도로·철도 또는 내수로 운송서류(road, rail or inland waterway transport document), 특사 배달 및 우편수취증(courier and post receipts) 등이 있다.

기타서류는 상기 서류 외에 포장명세서(packing list), 영사송장(consular invoice), 세관송장(customs invoice), 검사증명서(certificate of inspection), 중량 및 용적증명서(certificate of weight and/or measurement), 품질증명서(certificate of Quality), 원산지증명서(certificate of origin), 수익자증명서(beneficiary's certificate) 등을 말한다.

기타서류는 수입상이 자신의 필요에 따라 요구하는 경우와 수입국의 통관절차상 세관당국이 구비서류로 요구하고 있기 때문에 불가피하게 징구하는 경우가 대부분이므로 모든 거래에 반드시 필요한 서류는 아니기 때문에 매수인이 계약서 또는 신용장상에 요구하고 있는 경우에만 이를 준비하면 된다.

그런데, 계약서 또는 신용장상에 기본서류가 아닌 기타서류로서 포장명세서, 영사송장, 세관송장, 원산지증명서 등의 서류를 명기하여 요구하고 있을 때에는 그 요구 서류는 성격상 수출업자가 제출하여야 하는 기본서류가 되므로 반드시 이를 준비하여야 한다.

2) 서류의 작성자에 따른 구분

계약서나 신용장에서 요구하는 서류들은 작성자를 기준으로 구분하면 수출상 자신이 직접 작성해야 하는 것과 관련기관(선박회사, 보험회사, 기타의 관련기관 등)에서 작성하는 것으로 구분할 수 있다. 전자에 해당되는 것은 상업송장(commercial invoice), 환어음(draft), 포장명세서(packing list) 등이며, 후자에 해당되는 것은 선하증권(bill of lading), 보험증권(insurance policy), 원산지증명서(certificate of origin), 세관송장(customs invoice), 영사송장(consular invoice), 검사증명서(certificate of inspection), 용적·중량증명서(certificate of weight and measurement) 등이다.

3) 원본과 사본의 구분

계약서나 신용장에는 매수인이 요구하고 있는 서류의 명칭과 제출통수 및 기재내용이 명시되어 있다. 이때 문제가 되는 것은 이 운송서류가 원본(originals)이나 혹은 사본(copies)으로 인정될 수 있는가 하는 것이다. 이에 관하여 UCP 600에서는 신용장에 명시된 서류는 적어도 1통의 원본이 제시되어야 한다는 입장을 표명하고 있다. 그러나 신용장에서 원본의 통수를 정하고 있다면 그에 따라서 제시되어야 한다(UCP 제17조 a항). 따라서 서류자체에 원본이 아니라고 표시하고 있지 않는 한 명백한 서류발행인의 서명(signature), 표기(mark), 스탬프(stamp) 또는 라벨(label)이 기재된 서류는 원본으로 취급한다(UCP 제17조 b항).

또한 서류발행인에 의하여 수기, 타이핑, 천공 또는 스탬프된 것으로 보이는 경우, 서류발행인의 원본 서류용지상에 작성된 것으로 보이는 경우, 원본이라는 표시가 있어도 그 서류가 명백히 복사본인 경우를 제외하고, 원본(original)이라는 표시가 있는 경우는 은행은 원본서류로서 수리한다(UCP 제17조 c항).

다만, 신용장에 달리 명시하지 않으면 서류의 사본의 제시를 요구하였더라도 원본서류를 제시하는 것을 허용하고 있다.

해설

◈ 원본(原本)과 사본(寫本)의 효력인정문제 : UCP 600은 신용장상에 수통의 서류 요구시 1매의 원본에 나머지는 사본으로 충당해도 괜찮다고 규정하고 있어 발행은행의 담보권 확보와 관련하여 문제를 제기하고 있다. 그러나 서류의 총론에서 비록 이와 같은 규정을 두고 있다 할지라도 서류의 각론에서 가장 중요한 서류인 운송서류 및 보험서류에서 요구하는 서류는 모두 원본임을 의미하는 것으로 규정하고 있다. 따라서 사본이 인정되는 서류는 신용장의 기본서류 중 수익자가 직접 작성하는 서류인 환어음과 상업송장으로 국한됨으로 발행은행의 담보권행사에 큰 문제는 제기되지 않을 것으로 사료됨

02 운송서류(transport documents)

1) 운송서류의 의의

운송서류(transport documents)는 수출화물의 선적 및 선적과 관련된 여러 가지 사실을 증명하는 선하증권 등 수출상이 수입상에게 제공하는 제 서류를 말하며, 신용장거래의 경우에는 신용장에서 요구하는 서류들을 총칭하여 부르는 말이다. 따라서 운송서류는 환어음 매입시 담보물인 선하증권을 비롯한 제반서류이다.

한편, 운송서류를 "선적서류(shipping documents)"라 부르는 경우도 있으나 이것 또한 물품의 본선적재, 발송 또는 수탁을 증명하는 운송서류뿐만 아니라, 보험서류, 상업송장, 기타의 제반서류들까지도 포함하는 의미로 이해할 수 있으며, 신용장통일규칙에서 공식적으로 사용하고 있는 "운송서류"로 부르는 것이 더 적합하다.

2) 운송서류의 중요성

무역거래에서는 매도인이 계약화물을 선적한 후 매수인 앞으로 환어음을 발행하고 여기에 환어음의 담보가 되는 서류를 첨부하여 외국환은행을 통하여 대금을 회수하게 된다. 따라서 수출업자는 계약상의 당연한 의무로서 계약물품의 인도를 입증한 서류와 기타 서류들을 준비하고 구비하여야 한다. 특히, 대금결제방식이 신용장으로 이루어지는 경우에 신용장은 본질적으로 독립·추상성에 의거한 서류상의 거래이기 때문에, 여기에 관련되는 은행들은 오로지 수출업자인 수익자가 구비하여 제시하는 제반서류만을 심사함으로써 대금의 지급여부를 결정하게 된다. 따라서 무역거래 중에서 대금결제와 관련된 가장 중요한 사항중의 하나가 바로 적격하고 요건을 갖춘 제반운송서류의 구비와 제시, 그리고 은행의 심사라 할 수 있다.

3) 운송서류의 구성과 종류

운송서류는 보통 각 서류마다 복통수(複通數)로 구성되는데, 대개의 경우 계약서 또는 신용장에 그 필요한 서류의 종류와 통수가 명시된다. 그러나 계약서 또는 신용장에 명시가 없을 때에는 3통이 1조가 되는 선하증권을 제외하고는 통상 각 2통이 정본(正本)으로 필요하다.

운송서류의 종류는 운송방식 또는 운송수단의 종류만큼이나 다양하다. 현재 가장 많이 이용되고 있는 방식은 선박을 이용한 해상을 통한 화물운송방식이므로 운송서류라 함은 일반적으로 해상운송이 주종을 이루고 있다.

따라서 신용장통일규칙도 운송서류를 운송방식별로 선하증권(bill of lading), 비유통성 해상화물운송장(non-negotiable sea waybill), 용선계약부선하증권(charter party document), 복합 운송서류(multimodal transport document), 항공운송서류(air waybill), 도로·철도 또는 내수로 운송서류(road, rail or inland waterway transport document), 우편수령증(post receipt) /우편발송증명서(certificate of posting)/특사수령증(certificate of courier) 등으로 나누어 별도의 수리요건을 설정하고 있다.

4) 신용장에서 요구하는 운송서류의 문구

** : 46A documents required

+ SIGNED COMMERCIAL INVOICE IN TRIPLICATE INDICATING L/C NO. AND CONTRACT NO.
+ PACKING LIST/WEIGHT MEMO IN 3 COPIES INDICATING QUANTITY / GROSS AND NET WEIGHT OF EACH PACKAGE AND PACKING CONDITIONS.
+ FULL SET OF CLEAN 'ON BOARD' MARINE BILLS OF LADING MADE OUT TO ORDER, ENDORSED IN BLANK. MARKED 'FREIGHT PREPAID', NOTIFY APPLICANT WITH FULL ADDRESS AND MENTIONING L/C NO.
+ MARINE INSURANCE POLICY OR CERTIFICATE IN NEGOTIABLE FORM, ENDORSED IN BLANK FOR FULL CIF VALUE PLUS 10 PERCENT COVERING INSTITUTE CARGO CLAUSES(A) INCLUDING FROM WAREHOUSE TO WAREHOUSE, INSTITUTE WAR CLAUSES(CARGO) AND INSTITUTE STRIKES CLAUSES(CARGO), AND SHOWING CLAIMS PAYABLE AT DESTINATION IN THE CURRENCY OF THIS DOCUMENTARY CREDIT.
+ CERTIFICATE OF ORIGIN 2 COPIES ISSUED BY KOREA CHAMBER OF COMMERCE AND INDUSTRY.
+ COPY OF BENEFICIARY'S FAX SHIPMENT ADVICE TO APPLICANT DATED ON OR BEFORE SHIPMENT ADVISING NAME OF THE CARRYING VESSEL, SHIPMENT DATE, NUMBER OF CARTONS, QUANTITY AND VALUE OF THE GOODS TO BE SHIPPED AND NAME OF THE SHIPPING COMPANY's AGENT IN JAPAN.
+ INSPECTION CERTIFICATE ISSUED AND SIGNED BY TEXTILE LTD.
+ CERTIFICATE OF QUALITY IN 3 COPIES ISSUED BY TEXTILE LTD.

표 12-1 선적서류의 중요성과 종류

구 분	내 용
선적서류 의미	① 넓은 의미 : 신용장에서 요구하는 모든 서류를 말하는데 "shipping documents"라고 하여 보통 이 의미로 많이 사용됨 ② 좁은 의미 : 운송서류만을 지칭하는 의미로 "transport documents"임
선적서류 의미	① 신용장은 독립·추상성에 의거한 서류상의 거래이므로 매입·지급·인수·연지급·확인은행 및 발행은행은 수익자가 제시한 서류의 심사만으로 신용장대금의 지급 여부를 결정하게 됨 ② SWIFT 신용장의 경우 46A의 "documents required(요구서류)" 부분에 제시할 서류를 명시함 ③ 서류 준비가 끝나면 수익자는 우선 자신의 거래은행인 매입은행에 전화를 걸어 네고할 금액이 얼마인지를 미리 알려주고 매입은행으로 하여금 매입에 대비하여 준비하도록 하는 것이 바람직함
기본서류	· 기본서류(basic documents) : 상업송장(commercial invoice : 물품선적안내서, 가격계산서 성격의 서류), 보험서류(insurance documents : 화물의 운송 중에 발생하는 예기치 못한 손해를 보전받기 위해 운송보험에 가입하고 발행받는 서류), 운송서류(transport documents) 등이 있음 · 운송서류(운송회사에서 발행하는 서류)는 제6차 UCP 600에서는 다음의 7개 종류를 명시하고 있음. ① 복합운송서류(Multimodal Transport Document) : 복합운송(해상, 항공, 육운 중 2개 이상 이용)에 이용되는 운송서류임(UCP600 제19조). ② 해상선하증권(Marine/Ocean Bill of Lading) : 운송인, 선장 또는 그 대리인이 화물의 수취/본선적재를 증명하고 화물의 인도청구권을 표시하는 유가증권임 (UCP 600 제20조) ③ 비유통해상운송장(Non-Negotiable Sea Waybill) : 해상운송에서 사용되는 화물 수취증이며 비유통증권임(UCP 600 제21조). ④ 용선계약선하증권(Charter Party Bill of Lading) : 적재선박이 다른 선주로부터 빌린 선박(용선)인 경우 발행되는 선하증권임(UCP 600 제22조). ⑤ 항공운송서류(Air Transport Document) : 항공운송에 이용되는 운송서류로서 단순히 화물의 수탁을 증명하는 비유통증권임(UCP 600 제23조). ⑥ 도로, 철도 또는 내수로 운송서류(Road, Rail or Inland Waterway Transport Documents)(UCP 600 제24조). ⑦ 특사배달영수증, 우편수취증 또는 우편증명서(Courier Receipt, Post Receipt or Certificate of Posting) : 발행은행 또는 수입상에게 송부될 소포에 대하여 특사 송달업체 및 우체국에서 발행한 수취증임(UCP 600 제25조).
기타 보충서류	① 포장명세서(Packing List) ② 검사증명서(Inspection Certificate) ③ 원산지증명서(Certificate of Origin) ④ 중량증명서(Certificate of Weight) ⑤ 용적증명서(Certificate of Measurement) ⑥ 영사송장(Consular Invoice) ⑦ 세관용 송장(Customs Invoice)

표 12-2 서류심사의 기준 및 면책사항

구 분	내 용
서류심사 기 준 (UCP600 제14조)	① 지정은행, 확인은행 및 발행은행은 서류가 문면상 일치하는 제시(신용장의 제조건, UCP, ISBP의 적용가능한 규정에 따른 제시)를 구성하는 일치성을 결정하기 위하여 서류만을 기초로 하여(on the basis of the documents alone) 심사하고, 심사기간은 서류제시일의 다음 영업일을 기산으로 하여 제5영업일(five banking days) 이내임. 하나 또는 그 이상의 운송서류의 원본을 포함하는 제시는 이 규칙에서 규정하고 있는 선적일 후 21일보다 늦지 않게 수익자에 의하여 또는 대리하여 이행되어야 하며, 어떠한 경우에도 서류제시는 신용장 유효기일 이내에 제시되어야 함. ② 서류자체의 자료간의 상충, 기타 모든 서류 상호간의 상충 또는 신용장의 제조건과의 상충이 있어서는 안 됨(not conflict with). ③ 상업송장 이외의 기타 모든 서류의 물품, 용역 또는 이행의 명세는 신용장상의 명세와 상충되지 아니하는 일반용어로(in general terms) 기술될 수 있음. ④ 신용장에서 요구하지 않았으나 제시된 서류는 무시되고 제시인에게 반환할 수 있음. ⑤ 신용장이 제시되어야 하는 서류를 명기하지 않고 조건만을 포함하고 있는 경우에 은행은 그러한 조건은 명기되지 않은 것으로 간주하고 이를 무시함. ⑥ 서류는 신용장의 발행일자보다 이전의 일자가 기재될 수 있으나, 그 서류의 제시일(date of presentation)보다는 늦은 일자가 기재되어서는 안됨. ⑦ 서류상에 기재된 수익자 및 발행의뢰인의 주소는 신용장 또는 기타 모든 명시된 서류상의 이들 주소와 동일할 필요는 없지만, 신용장에 언급된 각각의 주소와 동일한 국가내에 있어야 하며, 수익자 및 발행신청인의 주소의 일부로서 기재된 연락처 명세(팩스, 전화, 전자우편 등)가 명기된 경우에 이들 명세는 무시됨. 그러나 발행신청인의 모든 주소 및 연락처명세가 제19조(복합운송서류), 제20조(선하증권), 제21조(비유통성 해상화물운송장), 제22조(용선계약선하증권), 제23조(항공운송서류), 제24조(도로, 철도 또는 내륙수로운송서류) 또는 제25조(특송화물수령증, 우편수령증)에 따라 운송서류상의 수하인(consignee) 또는 착하통지처(notify party) 명세의 일부로서 보이는 경우에는 이러한 주소 및 연락처명세(contract details)는 신용장에 명시된 대로 기재되어야 함. ⑧ 모든 서류상에 표시된 물품의 선적인(shipper, 송화인) 또는 탁송인(consignor)은 신용장의 수익자일 필요는 없음. ⑨ 운송서류가 이 규칙의 제19조, 제20조, 제21조, 제22조, 제23조 또는 제24조의 요구조건을 충족시킨다면 그 운송서류는 운송인(carrier), 선주(owner), 선장(master) 또는 용선자(charterer) 이외의 모든 당사자에 의하여 발행될 수 있음.
서류심사 면 책	① UCP 600 제34조 서류의 유효성에 대한 면책 은행은 모든 서류의 형식, 충분성, 정확성, 진정성, 위조성 또는 법적효력에 대하여 또는 그 서류에 명시되거나 또는 이에 부가된 일반조건(general conditions) 또는 특정조건(particular condition)에 대하여 어떠한 의무나 책임도 지지 않으며, 또한 은행은 모든 서류에 표시되어 있는 상품, 용역 또는 기타 이행의 명세, 수량, 중량, 품질, 상태, 포장, 인도, 가치 또는 기타 모든 당사자의 성실성 또는 작위 또는 부작위, 지급능력, 이행능력 또는 신용상태에 관하여 어떠한 의무나 책임도 부담하지 않음. ② UCP 600 제35조 전달과 번역에 대한 면책 은행은 그러한 통신문의 송달 또는 서신이나 서류의 전달 중에 발생하는 송달지연, 분실, 훼손 또는 기타 오류로 인해 발생하는 결과에 대하여 어떠한 의무나 책임도 부담하지 않음.

▌표 12-3▐ 필요서류와 서류검토 준거법규 및 검토사항

구 분	내 용
NEGO시 필 요 서 류	① 수출환어음 매입신청서 ② 수출신고필증 사본(무역금융용 자사제품 수출실적증명 등 필요시 징구) ③ 수출신용장 및 그 조건변경서 ④ 신용장에서 요구하는 서류(환어음, 운송서류, 상업송장 등) 환어음은 해외은행 송부용 원본 2부를 징구하는데 해당 신용장의 형태가 매입신용장 또는 인수신용장일 때 필히 제출하며, 지급신용장 및 연지급 신용장은 환어음의 제출을 필요로 하지 않는 신용장이지만 신용장에서 특별히 환어음을 요구하는 경우에는 제시해야 한다. 운송서류, 상업송장, 보험서류 등 다른 서류들은 신용장의 서류조건에 나와 있는 요구 부수(통수)대로 각각 원본(original), 부본(copy), 사본(photocopy) 등을 제출하고 은행보관용 사본을 각각 1부씩 제출한다. ⑤ RE-NEGO시에는 위의 서류와는 별도로 RE-NEGO은행 보관용 신용장 및 각각의 선적서류 사본 1부를 추가로 제출한다.
서류검토 준거법규	① 기본규칙 : 신용장통일규칙(UCP 600) 각국의 개별은행, 은행협회가 국제상업회의소를 통해 국제무역거래에서 생성된 국제적 상관습을 집대성해 만든 규칙이다(1933년 제정, 2007년 6차 개정). 175개국 정도가 채택하고 있으며 우리나라는 전체은행이 채택하고 있다. ② UCP 600의 보칙들 : ISBP745, ICC Position Paper, ICC Policy Statement, ICC Opinions, ICC Decisions 등
기 본 검토사항	① 서류 통부(부수) : 신용장에서 요구하는 통수(부수) 제출 여부 ② 서류의 정규성 : 통상적으로 사용되는 동종업계의 형식 구비 여부 ⅰ. 발행자, 작성자의 서명 누락 여부 ⅱ. 통상적으로 동종 거래에 사용되는 것과 같은 형식 구비 여부 ⅲ. 증권(운송서류, 보험서류, 환어음)상 권리이전 경로에 대한 형식상 배서의 연속성 ③ 각 서류의 신용장 조건 일치 여부 ④ 서류 상호간 일치 여부 : 서류 상호간 불일치로 하자이다.
기 타 검토사항	① 보충서류 요구 경우 : 신용장에서 상업송장, 운송서류, 보험서류 이외의 서류를 요구할 때 신용장은 그 서류의 발행인과 기재내용을 명시해야 함. 이러한 명시가 없으면 제시된 대로 수리하며 서류기재내용은 다른 서류들과 모순이 없어야 한다. ② 비서류 조건 : 신용장이 제시되어야 할 서류를 표시하지 않고 준수해야 할 조건만을 기재하고 있으면, 은행은 동 조건을 기재하지 않은 것으로 간주하고 이를 무시한다.
검토시 유의사항	① 신용장 내용을 미리 파악 : 통지(매입)은행에서 통지한 신용장은 그 사본으로 내용을 미리 파악해 두고, 타 은행에서 통지한 신용장은 수출상 수령 즉시 FAX 등으로 송부받아 그 내용과 조건들을 미리 정확하게 해석해 두면 NEGO 당일 서류심사 때 차분히 처리할 수 있다. ② 일정한 순서에 따라 검토 : 선적서류 심사 순서를 자신의 스타일에 맞게 고정시켜 항상 일정한 패턴으로 심사할 수 있도록 한다. [서류점검 순서의 예] : 서류통수 → 각종기일 → 환어음 → 상업송장 → 운송서류 → 보험서류 → 기타서류 → 서류상호간 조건대조 ③ Check List의 활용 : 신속·정확성을 기해야 하므로 미리 선적서류별 Check List를 만들어 놓고 상호 체크하면서 심사한다.

03 운송서류 수리의 기본요건

1) 운송서류의 정규성

계약서나 신용장에 따라 제시되는 모든 종류의 서류는 일정한 조건이 반드시 충족되어야 한다. 왜냐 하면 신용장에 의한 대금지급여부를 심사하는 은행들은 오로지 수익자가 제시한 운송서류와 환어음이 신용장조건을 충족하는지를 심사하기 때문이다.

그러나 모든 서류가 신용장조건을 충족하는 것과는 별도로 수출업자가 제시하는 운송서류는 다음과 같이 그 서류 자체의 정규성(定規性)을 갖추어야 한다.

첫째, 제시되는 운송서류는 유효하고 합법적이어야 한다. 즉, 신용장조건에 따라 제출되는 모든 서류는 반드시 법률적으로나 사실적으로 유효성과 적법성을 갖추고 있어야 한다. 둘째, 서류는 현재의 관습에서 사용 중인 형태, 예를 들어 수익자가 제시한 선하증권은 무역거래에서 통상적으로 통용되는 양식의 선하증권이어야 한다는 것이다. 셋째, 운송서류는 통상의 제시기일이 경과된 것이 아니어야 한다.

2) 운송서류 수리의 전제요건

은행이 계약서나 신용장에 규정한 제반서류를 심사할 때는 다음 사항을 기준으로 수리 여부를 결정하게 된다.

(1) 서류간에 일치성이 있을 것

서류간의 일치성이란 수출상이 제시하는 각각의 서류가 신용장에서 요구하는 서류의 명칭, 제출통수, 조건과 합치하는가의 여부를 말한다. 따라서 은행으로서는 원칙적으로 "서류 상호간에 일치성에 위배되는 서류(discrepant documents)"는 수리를 거절한다. 그런데 일치성이 요구되는 정도는 그 서류의 작성자가 누구이냐에 따라 달라지게 된다. 즉, 환어음이나 상업송장 등 서류의 작성자가 수출상 자신인 경우에는 "엄밀일치의 원칙(doctrine of strict compliance)"이 적용된다.

따라서 신용장의 표기사항과 제시된 서류의 표기사항의 일치정도를 아주 엄격하게 해석하여 철자 하나, 점 한 개까지라도 완전히 일치되지 않으면 수리를 거절하게 된다. 그러나 제3자가 작성하는 서류인 선하증권이나 보험증권, 원산지증명서 등은 "실질 혹은 상당일치의 원칙(doctrine of substantial compliance)"이 적용된다. 이는 제시된 서류의 표기와 신용장의 표기가 서로 모순되는 내용이 아닌 한 어느 정도까지의 불일치(discrepancy)는 허용되는 것으로 해석하는 것이다. 따라서 신용장 요건에 명백히 어긋나지만 않으면 비록 동일하지 않더라도 수리가 가능하다.

한편, 신용장에 표시된 금액 및 상품의 명세와 제시된 서류에 나타나는 명세들은 어느 정도까지 일치해야 하는지의 기준이 문제가 되는데, UCP 600은 신용장, 서류 자체 그리고 국제표준은행업무관행(international standard banking practice)에 따라 검토하는 경우의 서류상의 정보는 당해 서류나 다른 서류 및 신용장상의 정보와 반드시 일치될 필요는 없으나 이와 상충되어서는 안된다고 규정하고 있다.

(2) 서류상호간의 모순성이 없을 것

제출되는 여러 종류의 서류는 신용장 조건과 일치해야 하는 것이지만, 서류상호간에는 동일한 사항을 서로 다르게 표현하는 등의 모순성만 없으면 수리하게 된다. 이 모순성의 문제는 주로 제출되는 서류상에 신용장 조건으로 요구하지 않는 사항이 각 서류의 인쇄된 양식으로 나와 있을 때 이것을 기재하는 도중 작성자의 실수로 서로 상충되는 내용을 적어 넣어서 발생하는 사례가 많다. 예를 들어 포장명세서, 선하증권, 상업송장상에 공통적으로 하인(shipping marks)을 기재하는 난을 두고 있는데 이 표시가 서로 상이한 경우 및 규격표시가 Kg, Ton, Lb 등 서류마다 서로 다르게 표시된 경우가 있다. 따라서 서류작성자는 필요불가결(必要不可缺)한 사항이 아닌 한 이렇게 기재하지 않는 것이 현명하며, 일단 기재한 사항은 다른 서류의 동일항목과 중복되는지의 여부를 검토하여 내용이 상호 일치되도록 하여야 한다.

(3) 위조된 서류수리와 그 효력

신용장거래에서 은행은 서류를 심사할 때 서류가 문면상 일치하는 제시를 구성하는지의 여부를 결정하기 위해서 서류만을 기초로 하여 심사하여야 하고, 일치하는 제시란 신용장의 제조건, 신용장 통일규칙(UCP) 및 국제표준은행업무관행(ISBP)의 적용 가능한 규정에 따른 제시라고 규정하고 있다. 그러나 신용장거래에 관계하는 은행은 서류의 형식, 충분성, 정확성, 진정성, 위조성 및 법률적 효력에 대해서는 어떠한 책임이나 의무를 부담하지 않게 된다.

따라서 은행은 신용장 관련서류가 일반적으로 갖추어야 할 형식과 외관을 구비하고 있는 한 이를 믿고 그대로 수리하는 것이 관례이기 때문에, 상당한 주의를 기울였음에도 불구하고 서류상의 서명이 위조된 것이나 워낙 정교하여 그 진위를 식별하지 못하고 지급한 경우에도 이에 대한 책임을 지지 않는다. 물론 그 서류가 위조된 것이 객관적으로 충분하고 위조에 대한 심증이 갈 때는 그 진위 여부를 검토하여야 하며, 검토한 결과 위조로 판명되면 서류의 수리를 거절하여야 한다.

04 기본서류(basic documents)

1. 상업송장(Commercial Invoice)

1) 상업송장의 의의

상업송장(commercial invoice)이란 수출상이 직접 작성하는 서류로서 선하증권(bill of lading)이나 보험증권(insurance policy)과 같이 구체적인 권리를 나타내는 것은 아니지만, 상품의 선적·출하안내서 및 선적화물의 가격계산서, 수입통관시의 과세자료, 당해 거래상황의 조건표로서 수출상에게는 상품대금이나 비용의 청구서 역할을 하며 신용장 거래시에는 필수 구비서류로 취급된다.

한편 수입상에게는 수입계산서 역할을 하며 수입지에서 수입통관할 때 필요한 서류이다. 즉 상업송장의 용도는 ㉮ 상품의 출하안내서 ㉯ 선하증권 및 보험증권이 계약과 일치되었음을 증명하는 서류의 역할 ㉰ 매매계약서 및 대금청구서의 역할 ㉱ 수입통관시의 과세자료의 역할 등에 이용된다.

따라서 상업송장은 이와 같은 역할 때문에 거래계약의 존재 및 이행사실을 입증하는 유력한 증거자료가 되며, 수출상의 입장에서는 세관에 수출신고시에 수출상품의 정확성 및 진실성을 입증하기 위한 증명자료가 되고 있다.

신용장관련 기본서류 중 상품의 명세와 수량, 단가, 금액, 가격조건, 포장상태 및 하인 등이 동일한 용지에 함께 표기되는 것은 상업송장 한 가지 밖에 없으므로 상업송장은 신용장거래의 내용 전부를 한눈에 알아볼 수 있는 조견표의 역할을 하는 편의성 때문에 어느 신용장에서나 반드시 이 서류의 제출을 요구하고 있다.

2) 상업송장의 작성 시 유의사항

상업송장을 작성할 때는 신용장에 명시된 내용을 근거로 다음과 같은 사항을 유의하여 기재하여야 한다.

① 상업송장은 신용장 수익자 본인이 발행의뢰인(수입업자) 앞으로 작성하여야 한다. 즉, 은행은 물품이 아닌 서류만으로 거래하기 때문에, 상업송장의 당사자는 신용장상의 당사자와 일치하여야 한다.

② 상업송장은 매매계약에 따라 약정된 물품을 송부하였다는 물품공급의 증빙서류로서, 신용장 수익자가 환어음을 발행할 때 발행금액의 기준으로 송장금액의 전액(full invoice value)을 명기하게 된다.

따라서 상업송장금액은 신용장금액을 초과해서는 안되며 신용장금액과 일치되게 발행하여야 한다. 그러나 단, 첫째, 신용장이 분할선적을 허용한 경우 둘째, 신용장의 금액에 "up to", "not exceeding", "maximum" 등의 용어가 표시된 경우 셋째, 신용장 금액 앞에 "about", "circa", "approximately" 등이 표시되어 있는 경우에는 ±10%의 과부족 오차가 허용된다.

③ 상업송장상의 물품, 용역 및 이행의 명세는 신용장상의 상품명세와 문면상 엄밀하게 일치해야 한다. 그러나 상업송장의 명세가 일어일구(一語一句)까지 동일하지 않더라도, 은행은 국제적인 은행의 표준관습에 따라 신용장조건에 일치한다고 결정한 경우에는 이를 수리할 수 있다(UCP 제18조 c항).

한편, 송장 이외의 서류(예를 들어 선하증권·보험서류·품질증명서·포장증명서 등)상의 물품, 용역 및 이행의 명세는 매매당사자가 아닌 운송인, 보험자 등 제3자가 발행하는 서류는 신용장과 상호 모순되지 않는 한 "엄격일치의 원칙"이 적용되지 않는다(UCP 제14조 e항).

④ 환어음금액과 상업송장금액은 일치시켜야 한다.

⑤ 미국으로 수출하는 신용장인 경우에는 상업송장상의 Seller난 우측상단에 15자 이내의 MID(Manufacturer Identification) Code(제조업체 신분확인표시)를 반드시 기재해야 한다. 이 표시는 미국정부가 수입동향 파악을 위하여 당해 수입물품의 제조국가, 업체, 주소 등을 전산입력의 자료로 삼기 위하여 통관시 상업송장의 Seller난 우측상단에 기재하도록 요구하는 것이다.

기재요령은 국가명, 업체명, 도시명, 주소를 약어로 기재(예 : 한국의 서울무역이 미국으로 수출하는 경우라면 KO SE TR 157 SEL)하는 것이며 글자의 수가 최대 15자를 초과해서는 안 된다.

⑥ 상업송장에는 반드시 신용장번호와 발행은행 명을 기재하여야 한다. 때로는 상업송장이 신용장의 수익자로부터 발행의뢰인 앞으로 발행되지 않을 수도 있기 때문에 관련된 신용장의 고유번호를 기재하여야 한다.

⑦ 신용장에서 여러 통의 상업송장을 요구한 경우에는 원본 1매에 나머지는 사본으로 충당해도 괜찮다. UCP 600에서 규정된 원본은 서류에 원본이 아니라고 표시하고 있지 않는 한, 명백한 서류발행인의 서명, 표기, 스탬프 또는 부전을 기재하고 있다면 원본으로 본다. 또한 첫째, 서류발행인에 의하여 수기, 타자, 천공 또는 스탬프 된 것, 둘째, 서류발행인의 원본용지상에 기재된 것, 셋째, 원본이라고 명기되었어도 명백한 사본이 아닌 이상, 원본이라고 표기한 것은 원본으로서 은행이 수리한다.

표 12-4 **상업송장 작성과 검토내용**

구 분	내 용
의미	상업송장(commercial invoice)이란 수출자가 수입자 앞으로 작성해 보내는 선적화물의 계산서 및 내용증명서, 유가증권은 아니지만 수출자의 송하명세서, 상품출하안내서, 가격 계산서 및 대금청구서, 수입통관시의 과세자료, 선적화물의 계산서 및 내용증명서임. 수입자의 입장에서 수입계산서(수입상품 매입서)의 역할을 함
기재내용	① 당사자에 관한 사항 : 송하인(수출자명), 수하인, 통지처 ② 날짜에 관한 사항 : 선적일자, 선적예정일, 송장 번호 및 작성일, 신용장발행일 ③ 관련서류에 관한 사항 : 신용장 번호 및 발행일자 또는 계약서 번호 ④ 지명에 관한 사항 : 선적지, 도착지, 최종목적지, 어음지급지 ⑤ 상품에 관한 사항 : 화인(shipping mark), 상품명, 규격, 단가, 수량, 금액 ⑥ 기타사항 : 선박명, 가격조건, 발행인의 서명 등
실무적 유의사항	① 상업송장의 상품명세 : 신용장상의 물품명세와 반드시 일치하여야 함. 다른 모든 서류의 상품명세는 신용장의 상품명세와 모순되지 아니하는 일반용어로 기술될 수 있음 → 상업송장은 신용장과 서류의 엄밀한 일치성 판단의 자료임 ② 신용장 금액 초과작성 여부 : 신용장에 별도 명시가 없는 한, 신용장 금액을 초과하여 작성된 상업송장이 제시된 경우 매입은행은 수리/거절 여부의 선택권을 행사할 수 있음. 신용장 가격조건은 FOB이지만 수출자에게 수입자를 대신하여 운임을 지급하는 경우나, 보험을 가입하도록 하고 그 비용을 청구할 수 있는 경우나, 매매계약 당시 미약정이지만 결국 수입자가 부담할 성격의 추가비용 발생시에는 부득이 상업송장 금액이 신용장금액을 초과하게 됨. 이 경우에 지급·인수·매입은행이 비록 상업송장 금액이 신용장금액을 초과하여 작성되었을지라도 그 이유를 인정하고 신용장금액을 초과하는 금액에 대하여 지급·인수·매입을 하지 아니하는 조건으로 상업송장을 수리하였을 경우, 그러한 수리결정은 신용장의 모든 당사자를 구속하게 됨. 따라서 매입은행은 신용장의 허용 범위 내에 해당하는 금액만 매입하고, 초과금액은 서류송부장(Transmittal Letter or Covering Letter)에 그 내용을 명시하여 추심처리한 후 발행은행으로부터 입금이 되면 매입의뢰인에게 지급할 수 있음 ③ 수익자가 발행의뢰인 앞 작성여부 : 신용장에 별도의 표시가 없는 한 수익자가 신용장 발행의뢰인 앞으로 작성하여야 한다. ④ 서명 여부 : 신용장에서 “signed commercial invoice in triplicate(서명된 상업송장 3부)”라고 요구한 경우 서명이 필요하며, 이러한 표시가 없을 경우 상업송장에 서명이 없어도 됨. 신용장에서 특별히 수기로 서명할 것(manually signed)을 요구하지 않으면 수기 외에 팩시밀리 서명(printed in facsimile), 점철(perforated), 스탬프, 기호 및 기타 기계적, 전자적 방법을 사용할 수 있음. ⑤ 하인(shipping marks) : 하인이란 수입자가 도착항에서 운송인으로부터 화물을 인도받을 때 물품의 식별을 쉽게 할 수 있도록 포장용기에 표시된 마크를 말하는데 각종 서류에 기재됨. 상업송장상의 화인이 다른 서류의 하인과 일치하는지의 여부를 확인함 ⑥ 발행일자 : 발행일자는 신용장 유효기일 이전의 일자이어야 함. 유효기일이 은행의 휴업일에 종료되어 자동연장되는 경우에는 연장된 유효기일이 기재되어 있어도 수리가 가능하며 또한 신용장발행 이전일자가 상업송장상에 기재되어 있어도 수리가 가능함

구 분	내 용
종류	① 상업송장(commercial invoice) : 계약상품 선적 후 작성되는 선적송장(shipping invoice), 거래유치를 위한 견적용도의 견적송장(proforma invoice), 위탁판매 송장(consignment invoice), 수탁판매송장(indent invoice), 견본 발송시 견본 송장(sample invoice) 등이 있음 ② 공용송장(official invoice) : 수입지 세관의 수입물품 과세가격 결정, 덤핑유무의 확인, 쿼터품목의 통상기준량의 계산, 수입통계의 목적인 세관송장(customs invoice)과 수입물품가격을 높게 책정한 외화도피, 반대로 낮게 책정하여 관세를 포탈하는 것을 방지하기 위하여 수출국에 주재하고 있는 수입국 영사의 확인을 받도록 하는 영사송장(consular invoice)이 있음. 신용장에서 'visaed'라는 용어가 표시되면 일반송장에 영사가 서명하여야 하며, 'legalized'라는 기재가 있으면 송장 및 선하증권에 영사가 서명하여야 하고, 'notarized'라는 용어가 표시되면 송화인이 작성한 서류에 공증인 또는 상공회의소가 부서하며 영사가 정당하다고 인정하는 서명이 있어야 함. 영사송장은 모든 국가에서 요구하는 것은 아니고 동남아시아 국가들 일부와 중남미 국가 등에 수출할 경우에 요구되고 있으나 점차 줄어들고 있음
검토 주요사항	① 상업송장의 상품명세는 신용장의 상품명세와 일치하는가? 상품명세에 추가 자료의 보충이 있는 경우 원 상품명세의 내용이 훼손될 염려는 없는가? ② 신용장 유효기일 이내에 작성되었으며, 신용장에서 요구한 부수대로 제시되었는가? ③ 발행지는 신용장의 수익자이며 수익자의 이름과 주소는 정확한가? ④ 발행신청인 앞으로 발행되었으며 발행신청인의 이름과 주소는 정확한가? ⑤ 화인(shipping mark)은 운송서류 또는 기타 서류의 것과 일치하는가? ⑥ 신용장이 송장에 서면을 요구한 경우 서명의 누락은 없는가? ⑦ 상업송장의 금액은 신용장금액 범위 내이고 수량, 단가, 가격조건은 신용장의 조건과 일치하는가? ⑧ 상업송장에 특정사안에 대한 증명을 요구하거나 또는 부서(counter-sign)를 요구하는 경우 그게 대한 내용의 기재가 있는가? ⑨ 수량, 중량, 용적은 다른 서류와 일치하는가? (도량 단위가 다른 경우 다른 서류와의 일치 여부 확인을 위하여 동일한 단위로 환산하여야 함) ⑩ 신용장에서 분할 선적이 금지되었으나 송장금액이 신용장금액보다 적은 경우, 전량 선적되었거나 과부족 허용범위 이내인가? ⑪ 기타 일반적인 기재사항의 누락은 없으며 운송서류, 보험서류 등 다른 서류의 기재 내용과 일치하는가?
송장의 계산	상업송장은 가격계산서 역할을 하므로 계산내용이 기재된다. 즉, 수량, 단가, 금액이 서로 대응되어야 한다. UCP에 의하여 서류의 정확성에 대해서 은행이 면책되므로 은행이 계산의 정확성을 검사할 의무가 있다고 보기 어려우나 명백한 상업송장의 계산 착오(obvious error on the face of the commercial invoice)를 은행이 주의를 태만히 하여 발견하지 못하면 은행이 책임을 부담할 가능성이 크다고 ICC는 해석하고 있다. 그러므로 상업송장의 금액은 어음발행의 기초가 되는 중요한 것이므로 반드시 확인하는 것이 바람직하다.

2. 선하증권(Bills of Lading)

1) 선하증권의 수리요건

선하증권(Bill of Lading: B/L)이란 선박회사와 화주간의 물품운송계약에 따라서 운송물품을 선적할 목적으로 인수한 사실과 그 운송물품을 지정된 목적지까지 운송하여 그 화물을 도착항에서 일정한 조건하에 수화인 또는 그 지시인에게 인도할 것을 약정한 유가증권이며 운송계약의 증거서류이다. 선하증권은 어느 운송서류보다 무역거래에서 가장 중요한 서류가 되므로 UCP 600 제20조에서 선하증권(bill of lading)의 수리요건에 대해서 다음과 같이 규정하고 있다.

① 운송인의 명칭을 표시하고 운송인, 선장 또는 그 지정대리인이 서명한 것. 당해 서명은 서명자가 운송인, 선장 또는 대리인인지 그 신원을 밝혀야 하고 대리인의 서명인 경우 운송인을 대리한 것인지 또는 선장을 대리한 것인지를 표시하여야 한다.

② 물품이 본선적재 되었음을 사전 인쇄된 문언이나 본선적재필 부기로 명시한 것.

③ 신용장에 지정된 선적항과 양륙항을 명시한 것. 만일 신용장에 명시된 선적항을 표시하고 있지 않거나 선적항에 관하여 "예정된(intended)" 또는 이와 유사한 제한을 명시한 경우에는 신용장에 명시된 대로 선적항을 표시하고 있는 본선적재필부기, 선적일 및 선박명을 기재해야 한다.

④ 단일의 원본 또는 2통 이상의 원본으로 발행된 경우에는 선하증권상에 표시된 대로의 전통인 것, 운송에 관한 배면약관이 있거나 또는 그 약관이 없는 약식의 것, 그리고 용선계약에 따른다는 어떠한 명시가 없는 것.

2) 신용장에서 요구하고 있는 선하증권

신용장에서 요구하고 있는 서류 중에서 가장 기본적인 서류 및 매입은행에 화환어음을 매도할 때 제시해야 하는 서류가 선하증권이므로 어느 신용장이든 선하증권에 관한 규정을 다음과 같이 신용장상의 명문으로 기재하고 있다.

예문 1 : FULL SET OF CLEAN ON BOARD OCEAN BILL(S) OF LADING MADE OUT TO ORDER(TO ORDER OF THE SHIPPER), BLANK ENDORSED, MARKED FREIGHT PREPAID NOTIFY ACCOUNTEE.

예문 2 : FULL SET OF CLEAN ON BOARD OCEAN BILL(S) OF LADING MADE OUT TO THE ORDER OF * * * BANK, BLANK ENDORSED, MARKED FREIGHT COLLECT NOTIFY ACCOUNTEE.

<신용장에서 요구하는 선하증권>

◈ FULL SET(3/3)① OF CLEAN② ON BOARD③ OCEAN④ BILL OF LADING MADE OUT TO ORDER(TO ORDER OF SHIPPER, TO ORDER OF ××× BANK)⑤ MARKED "FREIGHT COLLECT"⑥ AND "NOTIFY ACCOUNTEE"⑦

선하증권(B/L)

	항목	내용
①	은행에 제시되어야 할 원본 부수	통상, 선하증권은 3부가 발행되며 발행된 원본 전부의 제시를 요구
②	본선적재시 화물의 상태	선하증권의 'Remark'란에 하자내용이 없는 Clean B/L을 요구
③	선적서류의 발급시점	정확한 선적일자의 확인을 위해 본선 적재일자가 표기된 선하증권을 요구
④	선하증권의 서명방법	운송인이 해양운송을 할 수 있는 선박을 확보할 수 있는지 여부. 선하증권 서명란에 「Name & Capacity」 표시 여부
⑤	선적서류의 유통성(양도가능성)	선하증권을 통한 화물의 매매가능성 보장(B/L의 양도가능성)을 위해 지시식 B/L을 요구
⑥	운임의 지불 여부	수출상이 지불한 경우 - PREPAID(완불) 수입상이 지불해야 할 경우 - COLLECT(미불)
⑦	화물도착통지의 담당자	통상, 수입상 또는 그 대리인

(1) Full Set B/L (전통 제시 선하증권)

전통 제시 선하증권을 말하는데, 통상적으로 선하증권은 선박회사에 의하여 3통의 원본(original) 선하증권이 발행된다. 어느 것에도 선박회사의 서명(sign)이 있고 3통 모두에 ORIGINAL의 표시가 있으므로 First ORIGINAL, Second ORIGINAL, Third ORIGINAL로 표시되어 있다.

3통이 발행되는 것은 화환어음을 은행에 매도하기 위하여 선하증권을 제시할 필요가 없는 수출의 경우에 수출상이 그 선하증권의 운송중의 분실위험을 분산하기 위하여 선하증권을 두 번으로 나누어 외국에 발송하는 경우가 많기 때문이다. 그런데 3통을 원본으로 발급하는 선하증권은 도착지에서 화물을 찾을 때에는 이중 하나만 선박회사에 제시하면 되기 때문에 나중에 제시되는 것은 자동적으로 무효가 된다. 그러나 운송방법이 항공인 경우에는 비록 신용장에서 Full Set 운송서류를 요구하더라도 1통의 AWB(consignee용)만 보내도 상관없는데 3통은 각각 Original 1(carrier용), Original 2 (consignee용), Original 3(shipper용)으로 그 용도가 표시되어 있어 수출상이 이를 부당하게 사용할 여지가 없기 때문이다.

(2) Clean B/L (무고장 선하증권)

화물이 본선에 양호한 상태로 또한 신청 수량대로 적재되어 B/L의 비고란(remarks)에 화물의 고장문언이 기재되지 않고 하자사항 없이 발행된 선하증권을 말한다. 다시 말해 화물 또는 포장에 관하여 불완전한 상태임을 명백히 표시하는 부가조항이나 단서가 포함되어 있지 않은 운송서류를 말한다.

따라서 은행은 신용장에서 수리될 수 있는 조항이나 단서가 명시되어 있지 않는 한 화물 및 또는 그 포장에 하자가 있는 상태를 명시하는 조항이나 단서가 있는 운송서류는 Foul B/L 또는 Dirty B/L이 되기 때문에 은행은 당연히 수리를 거절하게 된다. 그러나 비교적 경미한 고장문언이 Remarks에 기재된 Foul B/L이 발행되는 경우에는 수출상은 선박회사에 파손화물보상장(letter of indemnity : L/I)을 제출하여 Foul B/L을 Clean B/L로 변경하여 발급받으며, 파손화물보상장은 수출상이 선박회사에 제출하는 일종의 각서를 말하며, 그 내용은 파손된 화물로 인하여 야기되는 모든 책임을 송하인이 진다는 취지로 작성된 L/I를 제출하면 선박회사는 Foul B/L을 회수하고 Clean B/L을 발급해 준다.

그러나 유의할 점은 FCL운송에서는 사실상 선박회사가 화물이 보존상태를 알 수 없는 경우 선박회사는 선하증권상에 "Shipper's Load and Count"라고 부지약관(unknown clause)을 표시하게 되는데 이러한 B/L도 은행이 수리한다.

(3) On Board B/L (본선적재 선하증권)

본선적재 선하증권은 화물이 현실로 특정 선박에 선적되었다는 취지가 기재된 선하증권을 말하며 Shipped B/L이라고도 하는데, 통상 동 선하증권은 선하증권상에 "Shipped on board the vessel..."이라는 문언이 표면약관에 기재되어 있다. 그러나 운송방법이 복합운송, 컨테이너운송 또는 항공운송인 경우에는 On Board 조건을 상당히 완화하여 Received B/L도 수리를 허용하고 있다.

(4) Ocean B/L (해양선하증권)

신용장에서 해양선하증권을 요구한 경우에는 적어도 한 국가의 영해를 벗어나는 해상운송을 커버하고 있는 선하증권을 수리하여야 한다. 이때 대양 항로(maritime traffic)에 의한 운송에 관한 선하증권을 Ocean B/L이라 말하며, 현재 우리나라에서 사용되는 선하증권은 거의 모두가 해상 또는 해양선하증권이며 일반적인 의미에서 선하증권이라 하면 Ocean B/L을 말한다.

(5) Order B/L (지시식 선하증권)

선하증권의 발행방법에는 B/L의 수하인(consignee)란에 누가 기재되느냐에 따라 기명식 선하증권(Straight B/L)과 지시식 선하증권(Order B/L)으로 구분된다.

기명식 선하증권은 B/L의 Consignee난에 수하인인 수입상의 이름이 기재된 선하증권으로서 무역화물에는 이용되지 않고 통상적으로는 이사화물 또는 개인의 물품을 발송하는 경우에 많이 이용된다. 또한 이 증권은 유통이 되지 않으므로 송하인의 배서가 필요 없다. 선하증권의 수하인 난에 Kangnam Trading Co., Ltd.로 되어 있다면 동 회사가 양도하지 않는 이상 다른 사람에게는 쓸모가 없게 된다.

반면에, 지시식 선하증권(order B/L)은 B/L의 수하인 난에 특정의 수하인명이 기재되지 않고 단순히 "to order", "to order of Shipper", "to order of … Bank"와 같이 지시인(order)만 기재하여 유통을 목적으로 한 선하증권은 Order B/L이다.

신용장조건에 "Consigned to …" 또는 "Consignee …"라고 기재된 경우에는 기명식 선하증권(Straight B/L)으로 수하인이 지정된다. 기명식 선하증권인 경우에는 증권면에 특별한 지시가 없는 한 수하인의 배서에 의하여 양도할 수 있다.

"Order of …"의 경우는 지시식 선하증권(Order B/L)으로 수하인은 발행은행 또는 수입자가 된다. "order of shipper", "to order of shipper and blank endorsed", "to order and blank endorsed" 또는 "to order" 등 선하증권의 수하인란에 특정인을 기재하지 않고 단순 지시식으로 발행되는 경우에는 수출상이 백지배서(Blank Endorsement)를 하여 은행에 인도함으로써 운송화물의 소유권은 은행으로 이전되며 은행은 화물의 담보물을 취득하게 된다.

무역거래에서는 원칙적으로 "Full sets of clean on board ocean bills of lading made out to the order of ~ marked freight … and notify accountee"와 같이 Order B/L을 사용한다. 왜냐 하면 수입상으로서는 Order B/L이어야만 선하증권을 양도하여 매매할 수 있고 B/L의 소지자가 곧 화주가 되기 때문이다.

(6) Blank Endorsed B/L (백지배서 선하증권)

화주(shipper)가 백지배서 한다는 것을 의미하며, 화물의 수취인은 화주의 지시인이어야 하지만, 화주는 특정인을 수취인으로 지시하지 않고 백지배서하여 은행에 선하증권을 매입(negotiation) 또는 추심(collection)을 위하여 제시한다는 의미이다. 신용장에서 "Endorsed in Blank" 또는 "Blank Endorsed"로 표시한 경우에는 어음, 선하증권 또는 보험서류에 피배서인을 지정함이 없이 배서하게 된다. 백지배서인 경우 배서의 의무자는 최초의 양도인과 최종 양수인 두 사람으로 국한되며 중간단계에 있는 사람의 배서는 생략된다.

Straight B/L은 백지배서한 선하증권의 이면의 적당한 곳에 화주(shipper)명을 기입하고 서명(sign)하는 것이고 그 서명에 지시문언을 부기하지 않는 것이다. 결국 화주명 및 서명의 바로 위에 예컨대 Deliver to ~ (~ 에 화물을 인도한다)이라고 기재하면 그것은 기명식 배서(full endorsement)이고 신용장이 요구하고 있는 백지배서(blank endorsement)가 아니다. 화물의 수령권을 은행에 양도하도록 요구하는 것이 백지배서를 시키는 목적이고 신용장은 그것을 표현하고 있고, 당연히 화주는 백지배서하여 서류의 매도 또는 추심을 위하여 은행에 제시한다.

백지배서(Blank Endorsement)란 배서를 하지 말라는 뜻이 아니라 피배서인을 명시하지 않고 빈 칸으로 두고 배서인의 업체명을 기재하고 서명하는 것을 말하는데 다음과 같이 배서하는 것을 말한다.

(피배서인)	(blank)
(배서인)	XYZ Co., Ltd.
(서명)	______________________
	Trade Manager

만약, 신용장에서 매입은행(예 : H & CB) 앞으로 지시식 배서를 하도록 요구하였으면 수출상(예 : XYZ Co. Ltd)은 다음과 같이 선하증권 뒷면에 배서해야 한다.

	deliver to order of H & CB
	XYZ Co., Ltd.
(서명)	______________________
	Trade Manager

이때 매입은행은 다음과 같이 발행은행 앞으로 연속배서를 하고 발행은행에 선적서류를 발송해야 한다.

deliver to order of (발행은행 명칭)
H & CB
(서명) ______________________
Assistant Manager

(7) Fright Prepaid/Collect B/L(운임선지급/후지급 선하증권)

신용장상의 무역조건이 CFR이나 CIF, CPT, CIP인 경우에는, 수출업자가 선적지에서 운임을 지급하기 때문에 선하증권상에 "Freight Prepaid(운임선지급, 운임지급필, 선불)"라는 표시로 운임의 선지급을 입증한 선하증권을 수리하여야 한다.

이때 "Freight Prepayable"이나 "Freight to be Prepaid" 등과 같은 문언은 운임의 선지급으로 인정되지 않음에 유의하여야 한다. 반대로 가격조건이 FOB, FCA 등인 경우에는 선박이 목적항에 도착한 후 운임을 지급하므로 선하증권상에 운임 착지급의 의미로 "Freight Collect(운임후불, 운임미지급)"라고 표시된다.

(8) Notify Party : Accountee (착하통지처 : 결제인)

Notify Party는 화물을 적재한 본선이 목적항에 도착하면 선박회사에서 화물을 찾을 사람에게 도착사실을 통지(arrival notice of cargo)하게 되는데, 이 때 통지처로 지정된 자를 지칭하는 말이다. 통상은 신용장 또는 선하증권상에 미리 정하도록 되어 있으나, 선하증권의 "Consignee"란에는 지시식으로 기재되는 것이 일반적이기 때문에 수입상이나 수입상이 지정한 통관업자가 기재된다. 이것은 가급적 빠른 시간내에 화물의 도착사실을 수입상측에 알리기 위해서이다.

왜냐 하면 은행을 통지처로 지정할 경우에는 공휴일, 야간 등인 경우 연락두절의 사례가 많아 불편하기 때문이다. 그러나 만일 신용장이 운송서류상의 "Notify Party"를 발행은행으로 지정해 두었다면, 선하증권의 "Consignee"란에는 반드시 "to the order of issuing bank"라고 기재하여야 한다.

3. 항공화물운송장(Air Transport Document)

1) 항공화물운송장의 수리요건

무역화물을 항공으로 운송하고자 하는 경우에 항공회사가 발급하는 운송서류가 '항공화물운송장'으로 "Air Way Bill(WB)" 또는 "Air Consignment Note"라고도 한다. 항공화물운송장은 "국제항공운송에 관한 바르샤바협약"이라고 불리는 '국제항공운송규칙의 통일에 관한 조약(Convention for the Unification of Certain Rules Relating to International Carriage by Air)'에 근거를 두고 있고, 국제항공운송협회(IATA, International Air Transport Association) 제정 서식을 사용하여 발행되고 있다.

이러한 항공화물운송장(air waybill)은 화물을 비행기로 운송할 때 항공회사에서 항공화물의 운송계약이 체결되었다는 사실과 화물의 운송을 위하여 수탁되었음을 증거하는 단순한 탁송증거로서의 역할만 할 뿐 유가증권으로서의 성질을 가지지 못하기 때문에 기명식, 수취식으로만 발행되어 유통불능의 성격을 지닌 비유통증권이다. 항공운송장은 물품을 항공기로 운송하는 경우에 항공회사가 발행하는 운송장으로 UCP 600 제23조에는 항공운송서류(Air Transport Document)의 수리요건에 대해서 다음과 같은 규정을 두고 있다.

① 운송인의 명칭을 표시하고 운송인 또는 그 지정대리인이 서명한 것. 당해 서명은 서명자가 운송인 또는 대리인인지 그 신원을 밝혀야 하고 대리인의 서명인 경우 운송인을 대리하여 서명하였음을 표시하여야 한다.
② 물품이 운송을 위하여 인수되었음을 명시한 것과 발행일을 표시하고 있는 것.
③ 신용장에 명시된 출발공항과 도착공항을 명시하고 있는 것.
④ 신용장이 원본의 전통을 요구하고 있는 경우라도 탁송인 또는 송하인 앞으로 발행된 원본(the original for consignor or shipper)인 것.
⑤ 운송에 관한 배면약관이 있거나 또는 그 약관이 없는 약식의 것.
⑥ House Airwaybill를 발행한 운송중개인이 항공운송인 또는 그 대리인으로서 행해질 수 있다는 표시가 된 항공운송서류는 수리될 수 있다. 다만, 전운송이 하나의 동일한 항공운송서류에 의해서 커버되어야 한다.

신용장에서 Full Set의 제시를 요구했더라도 송하인용 항공화물 운송장(shipper용) 1부만 제시할 수 있다. 이것은 항공화물운송장의 경우 운송장의 원본은 3부이나 각 원본마다 용도표시가 되어 있으며(운송인용, 수하인용, 송하인용 각 1부) 색깔도 각각 다르며, 수출상에게는 송하인용 원본 1통만 교부됨으로 Full Set는 물리적으로 제시가 불가능하기 때문이다.

신용장에서 환적금지를 요구하고 있을 경우, 운송장에 환적예정표시가 되어 있더라도 단일 운송장으로 전 항로를 커버하고 있는 한 수리가 가능하다. 이는 항공운송에는 직항노선이 많지 않으므로 환적이 불가피한 경우가 대부분이기 때문이다. 또한 항공화물운송장의 경우에는 "Air waybills consigned to the ××× Bank" 또는 "Clean Air Waybill consigned to ××× Bank", marked "Freight Collect" and "Notify Accountee" 등으로 기술하여 기명식이 일반적이다. 이것은 항공화물운송장은 유통성이 인정되지 않는 단순 탁송증거서류에 불과하기 때문이다.

2) 항공화물서류의 심사

선하증권과 차별되는 점들을 위주로 하여 항공화물운송장의 심사요령에 대해 살펴보면 다음과 같다.

(1) AWB의 발행 형식

AWB은 유통이 가능한 유가증권이 아니므로 'Consignee(수하인)'는 항상 기명식으로만 발행되며 따라서 신용장은 AWB을 '지시식(to order, to order of xxx)'으로 발행하도록 요구해서는 안 된다. 비록 신용장에서 지시식으로 발행된 AWB을 요구하더라도, 기명식으로 발행된 AWB을 수리할 수 있으며 그것은 하자가 되지 않는다. 만일 신용장이 AWB의 Consignee를 'To order'로 요구하고 있다면, AWB은 발행은행 또는 발행의뢰인을 수하인으로 표시하여야 한다.

(2) AWB의 원본과 부본

신용장에서 AWB의 원본을 요구하였다면, AWB의 앞면에 'Original 3(For Shipper/Consignor)' 등과 같이 기재된 '송하인용 원본'이 제시되어야 한다(UCP 600 제23조 a항 v호). 비록 신용장에서 AWB 원본의 'Full Set'을 요구하는 경우라 하더라도 송하인용 원본 1통이 제시되면 그 요구조건을 충족하는 것으로 간주한다. AWB은 원본 3매와 부본 6매로 구성되어 있으며, 항공사에 따라 예비용 부본을 몇 매 더 추가하여 사용하는 경우도 있다.

'Original 1(For Carrier, 녹색)'은 운송인용 원본으로서 항공회사가 운임 등의 회계처리를 위하여 사용하며, 송하인과 항공회사간 운송계약의 성립을 증거하는 서류로서의 기능을 지닌다. 'ORIGINAL 1'에는 송하인의 서명이 필요하며, 송하인이 당해 원본에 서명하여 운송인에게 교부한다. 'Original 2(For Consignee, 적색)'는 수하인용 원본으로서 화물과 함께 목적지에 송부되어 화물의 식별에 사용되며, 목적지 공항의 항공회사 대리점이 수하인에게 교부한다. 'Original 3(For Shipper, 청색)'은 송하인용 원본으로서 항공회사가 송하인으로부터 화물을 온전히 수취하였으며 운송계약이 정당하게 체결되었음을 증거하는 서류로서의 기능을 지닌다. 'Original 3'에는 운송인의 서명이 필요하며 운송인이 당해 원본에 서명하여 송하인에게 교부하며, 이 Original 3이 바로 수출상이 매입은행에 제출하여야 하는 원본이다. 기타의 부본 6매 중 1매(Copy 4 : Delivery Receipt, 황색)는 도착지에서의 화물인도 증명을 위하여 물품인도시 수하인이 서명하여 항공회사에 반환하는 것이고 나머지(Copy 5~9, 백색)는 도착지 공항세관의 통관업무용, 항공회사시간 운임전산용, 발행대리점 보관용 등의 용도로 이용되고 있다.

(3) 운송인의 명칭과 서명

AWB의 앞면에는 반드시 운송인의 명칭(name)이 표시되어 있어야 하고, 명칭과 함께 그가 Carrier(운송인)임을 나타내고 있어야 하며, 또한 AWB은 운송인(Carrier) 또는 그 대리인(Agent)에 의해 서명되고 발행되어야 한다(UCP 600 제23조 a항 I호). 참고적으로 AWB상의 송하인 서명(Signature of Shipper or his Agent) 난에 송하인의 서명이 누락되어 있다 하더라도 이는 하자의 사유가 되지 않는다. UCP 및 ISBP에는 송하인의 서명에 관한 별도의 규정이 없으며, 단지 운송인 및 그 대리인의 서명 요건에 대하여만 규정하고 있을 뿐이다.

(4) HAWB과 MAWB

① House Air Waybill(HAWB)

소량의 물품을 수출하고자 하는 여러 화주들로부터 화물을 수집하여 이를 하나로 만든 다음, 스스로 송하인이 되어 항공회사에 화물의 운송을 위탁하는 운송주선업자를 'Air Cargo Consolidator(Air Freight Forwarder)'라고 하는데, 이들 Consolidator가 개별 화주들 앞으로 발생하는 AWB을 'House Air Waybill'이라고 한다. 비록 'Freight Forwarder(Consolidator)'가 발행한 이러한 HAWB이라 할지라도 그들 운송주선업자가 운송인 또는 그 대리인의 자격으로 서명하고 발행하였다면 이는 신용장에서 특별히 금지하지 않는 한 수리거절의 사유가 되지 않는다. 만일 신용장상에 'House AWB is acceptable' 등과 같이 명시되어 있는 경우라면 서명자의 자격 및 운송인의 명칭을 표시하지 않은 채 운송주선업자 본인의 명의로 서명·발행된 AWB도 수리가 가능하다. 그러나 신용장 상에 'House AWB is not acceptable' 등과 같이 명시되어 있다면 신용장은 반드시 AWB이 발행되고 서명되는 방법 등에 대해서도 상세히 지시하여야 한다.

② Master Air Waybill(MAWB)

'발행운송인'인 항공회사가 혼재화물의 운송을 의뢰한 'Consolidator' 앞으로 발행하는 AWB을 'Master Air Waybill'이라고 부르며, 화주가 직접 화물의 운송을 의뢰한 경우에는 그들 화주 앞으로 MAWB이 발행된다.

③ 기타 참고사항

일반적으로 항공화물은 화주들이 직접 항공회사에 운송을 의뢰하지 아니하고, 'Air Cargo Agent(항공화물운송대리점)' 또는 'Air Cargo Consolidator(항공화물 혼재업자)'들과 운송계약을 체결하는 것이 관행화 되어 있는데, 그들이 Freight Forwarder의 지위에서 AWB을 발행하는 경우에는 'HAWB양식'을 사용하게 된다.

Freight Forwarder가 MAWB 또는 HAWB 양식 중 어느 것을 사용하든 실무적으로는 이들 모두 항공운송인의 '대리인(As Agent for the Carrier)' 자격으로 서명하여 AWB을 발행하고 있으며, 항공기를 소유하고 있지 않은 Freight Forwarder가 '계약운송인(contract carrier)'의 지위에서 본인을 '운송인(Acting As Carrier)'으로 표시하여 AWB을 발행하는 경우는 없다.

(5) 출발공항과 도착공항

신용장에 명시된 출발공항과 도착공항은 AWB의 'Airport of Departure' 및 'Airport of Destination' Field에 각각 표시되어 있어야 한다. AWB상의 공항명에 대한 표시는 정식명칭(full name) 대신에 IATA(국제항공운송협회) Code에 의한 약자로 표시해도 이는 하자가 되지 않는다. 예를 들어 'London Heathrow' 공항 대신에 IATA Code인 'LHR'로 기재하는 것은 하자로 보지 않는다.

(6) 운임의 지불여부에 대한 표시

일반적으로 AWB의 양식에는 'Freight Charge'와 관련하여 'PREPAID' 또는 'COLLECT' 등과 같이 표제되어 있는 별도의 공란이 마련되어 있는데, AWB에 미리 인쇄되어 있는 그러한 표제하의 해당 공란에 운임금액을 기재하는 것도 신용장에서 요구된 'Freight Prepaid' 또는 'Freight Collect' 등의 표시가 이루어진 것으로 간주한다. 실무적으로는 해당 공란에 'AS ARRANGED'라는 문언을 표시하는 것이 일반적이며, 이 또한 'Freight Prepaid' 또는 'Freight Collect' 등의 표시가 이루어진 것으로 간주한다.

해설

◈ 계약운송인(Contract Carrier) : 운송수단(선박, 항공기, 철도, 등)를 소유하지 않은 채, 운송인(As Carrier)의 지위에서 전체의 운송계약구간에 대하여 단일 운송증권을 발행한 후 자기의 책임하에 타인의 운송수단을 이용하여 화물을 운송하는 사업자를 말하는데, 일반적으로 업계에서는 이들을' 무선박운송인(NVOCC)이라 부르고 있으며, 우리나라의 화물유통촉진법에서는 이들을 포함하여 모두 '복합운송주선업자'라는 용어로 통칭하고 있다. 이들은 화주(Shipper)와 운송인(Contract Carrier)의 사이에서 화주에게는 운송인(Contract Carrier, 계약운송인)의 입장이 되고, 운송인(Actual Carrier, 실제운송인)에게는 화주의 입장이 되어 행동하게 된다.

◈ FBL(Forwarder's B/L) 및 HAWB(House Air Waybill)의 위험 : Freight Forwarder의 과실로 인하여 화물에 문제가 발생하더라도 대개 그들의 자산과 신용이 불충분하여 그 손해를 보상받지 못하는 것이 일반적이므로 이를 취급하고자 하는 경우에는 채권보전에 각별히 유의하여야 한다. 또한 수입상 또는 수출상과의 유착관계로 인하여 화물을 부당 반출하는 사례가 많아 이로 인하여 은행은 관련 화물에 대한 양도담보권의 실익을 상실하게 될 가능성이 높다.

표 12-5 선하증권(Bill of Lading) 기재내용 검토사항

<table>
<tr><th>구 분</th><th colspan="3">내 용</th></tr>
<tr><td rowspan="6">의미와 기 능</td><td colspan="3">선하증권(Bill of Lading)이란 화주와 선박회사간의 해양운송계약에 의하여 선박회사가 발행하는 유가증권임. 선하증권은 선박회사가 화주로부터 위탁받은 화물을 목적지의 양륙항까지 운송하여 그 증권의 소지자에게 증권과 상환으로 운송화물을 인도할 것을 약속하는 요식·요인증권이자 제시증권임. 선하증권은 유가증권이므로 인도나 배서에 의하여 전매될 수 있고 소지인은 선적화물을 소유하고 있는 것과 동일한 효과를 지닌다.</td></tr>
<tr><td>계약당사자</td><td>B/L의 용도</td><td>B/L의 기능</td></tr>
<tr><td>매도인/송화인 ↔ 운송인</td><td>운송인에 의한 물품수취증</td><td>운송인의 물품 수취증</td></tr>
<tr><td>매도인/수화인 ↔ 은행</td><td>융자담보</td><td>운송중인 물품에 대한</td></tr>
<tr><td>매수인/수화인 ↔ 제3자양수인</td><td>권리증권</td><td>권리증권</td></tr>
<tr><td>제3자양수인운송인</td><td>운송계약의 증거</td><td>운송계약의 증거</td></tr>
<tr><td>기재사항</td><td colspan="3">① 법정기재사항 : 선하증권에 반드시 기재하여야만 효력이 발생하는 사항
선하증권의 표면(전면) 난에 기재되는 내용.
선하증권의 법정기재사항 : 물품의 명세(description of commodity : 운송물의 종류, 중량, 용적, 포장의 개수), 화인(shipping mark), 선박명칭, 선박의 국적 및 톤수(name of the ship, nationality and tonnage), 선장명(name of the master of vessel), 용선자 또는 송화인의 성명(name of the shipper), 수화인의 성명(name of the consignee), 선적항(port of shipment), 양륙항(port of discharge), 운임(freight), B/L의 발행일자 및 장소(place and date of B/L issue), 발행통수(number of B/L issue), 작성지 및 작성연월일(place and date of B/L issue), 운송물의 외관상태 등.
② 임의기재사항 : 임의기재사항에는 운송인과 송화인 사이의 특약사항으로 대부분이 운송인의 면책사항이 기재되어 있어, 본선항해번호(voyage No.), 화물도착통지처(notify party), 운임지급지 및 환율, 선하증권의 번호, 컨테이너 번호 및 봉인(Sealing) 번호, 선주의 면책조항(general clause or exceptions)등이 있다.
면책조항에는 위험제외에 관한 사항으로 천재지변(Act of God) 및 해난(perils of the sea), 전쟁위험, 제3자의 행위에 기인하는 위험 등이 있으며, 책임의 면책에 관한 조항으로 과실조항(negligence clause), 잠재하자조항(latent defect clause), 이로조항(deviation clause), 부지조항(unknown clause), 파손 및 누손 조항(breakage, leakage clause), 고가품조항, 위험품 조항, 손해배상조항 등이 있으며, 기타 조항으로 뉴제이슨조항(new Jason clause), 공동해손조항 등이 있음.</td></tr>
<tr><td>L/C의 B/L 조건검토</td><td colspan="3">① Full set : 통상 3통 발행. B/L의 ‘Number of original B/L’ 난에서 재확인
② Clean : B/L의 “... received/shipped in apparent good order and conditions unless otherwise specifically stated herein...”이라는 문언이 있고 물품이나 포장에 결함이 있다는 별도의 부기가 없으면 Clean B/L임
③ On board : ‘Shipped...’라는 문언으로 시작되는 B/L의 문구가 있거나 ‘Received...’로 시작되는 문구의 B/L서식인 경우 별도의 “On board notation”을 부기하고 일자가 찍혀 있어야 함.
④ made out to our order : B/L의 Consignee 난에 ‘To order of(발행은행명)’로 기재되어야 함. 「Full set of clean on board ocean Bills of Lading made out to our order marked “freight prepaid” and notify applicant.」
⑤ Marked ‘freight prepaid’ : B/L에 ‘Freight Prepaid’라는 표시가 있어야 함
⑥ Marked notify applicant : B/L의 Notify Party 난에 발행의뢰인의 명의를 기재</td></tr>
</table>

<table>
<tr><th>구 분</th><th>내 용</th></tr>
<tr><td>UCP의
수리요건
(제20조)</td><td>선하증권(bill of lading)은 그 명칭에 관계없이 다음과 같이 보여야 한다.
① 문면상 운송인의 명칭이 표시되어 있고, 운송인, 선장 또는 이들을 위한 또는 대리하는 기명대리인에 의하여 서명된 것이어야 한다.
운송인, 선장 또는 대리인의 서명은 운송인, 선장 또는 대리인의 서명이라는 것을 확인하고 있어야 한다. 대리인에 의한 모든 서명은 그 대리인이 운송인을 위하여 또는 대리하여 서명하였는지, 또는 선장을 위하여 또는 대리하여 서명하였는지를 표시하여야 한다(만약 대리인이 선장을 대신하여 선하증권에 서명한다면 UCP600에서는 선장의 이름은 표시하지 않아도 된다. 그러나 이 경우에 운송인 명칭을 기재하지 않아 하자통지를 받는 경우가 있기 때문에 반드시 선하증권상에 Carrier이라는 단어와 함께 운송인 명칭이 기재되어 있어야 한다). 따라서, 운송인일 때에는 선하증권상에 자격(acting as a carrier)을 표시해야 하고 대리인일 때에는 명칭과 함께 누구의 agent임(표시 예 : as agent for the carrier, XXX Co., Ltd.)을 명시해야 한다.
② 상품이 신용장에서 명기된 선적항에서 기명된 선박에서 본선적재 되었다는 것을 다음과 같은 방법으로 표시하고 있어야 한다.
• 사전 인쇄된 문언 또는 상품이 본선적재된 일자를 표시하고 있는 본선적재표기. 만약 선하증권이 선적일자를 표시하는 본선적재 표기를 포함하지 않았다면 증권발행일자를 선적일로 간주하며, 선하증권에 본선적재 표기가 된 경우에는 본선적재 표기일자가 선적일로 간주된다. 본선적재 부기는 본선적재 표시와 본선적재 일자가 기재되어 있으면 되며, 만약 선하증권이 선박의 명칭과 관련하여 “예정된 선박(intended vessel)” 또는 이와 유사한 표시가 포함된 경우에는, 선적일과 실제 선박과의 명칭이 기재되어 있는 본선적재 표기가 요구된다.
③ 신용장에 명기된 선적항으로부터 하역항까지의 선적을 표시하고 있어야 한다.
만약 선하증권이 신용장에 명기된 선적항을 선적항으로 표시하지 않는 경우 또는 선적항과 관련하여 “예정된(intended”이라는 표시 또는 이와 유사한 제한의 표시가 된 경우에는, 신용장에 명기된 대로 선적항과 선적일 및 선적 선박명이 기재된 본선적재 표기가 요구된다. 이 조항은 비록 지정된 선박에의 본선적재 또는 선적이 선하증권상에 사전에 인쇄된 문언에 의하여 표시된 경우에도 적용된다.
선하증권에서 ‘선적항’과 ‘양륙항’이 신용장상의 선적항, 양륙항과 일치해야 한다. 그런데 선하증권상에 선적항과 수탁지(place of receipt)가 별도로 표시되었을 때 이 수탁지가 선적항과 다르더라도 상관이 없으며 최종 도착지가 별도로 표시되어 있을 때 양륙항과 다른 최종 도착지를 표시하고 있어도 상관이 없다. 또한 선적항 또는 양륙항과 관련하여 “intended” 또는 이와 유사한 표시가 있어도 상관이 없다.
④ 유일한 선하증권 원본이거나 또는 원본이 한 통을 초과하여 발행된 경우에는, 선하증권에 표시된 대로 전통이어야 한다. 선하증권에서 보면 선하증권 원본의 발행 통수가 표시되어 있는데 여기에 표시된 통수 전부가 제시되어야 함.
⑤ 운송의 제조건을 포함하고 있거나 또는 운송의 제조건을 포함하는 다른 출처를 언급하여야 하며, 운송의 제조건의 내용은 심사되지 않는다.
⑥ 용선계약에 따른다는 어떠한 표시도 포함하지 않아야 한다.
⑦ 이 조항의 목적상, 환적이란 신용장에 명기된 선적항으로부터 하역항까지의 운송 과정 중에 한 선박으로부터 양하되어 다른 선박으로 재적재되는 것을 의미한다.
⑧ 비록 신용장이 환적을 금지하더라도 상품이 선하증권에 의하여 입증된 대로 컨테이너, 트레일러, 래쉬 바지에 선적되었다는 것이 선하증권에 표시된 경우에는, 환적이 행해질 것이라거나 또는 환적이 행해질 수 있다고 표시가 된 선하증권은 수리될 수 있다. 다만, 전운송이 하나의 동일한 선하증권에 의해서 커버되어야 한다.
⑨ 운송인이 환적할 권리를 갖고 있음을 기재한 선하증권의 조항은 무시되어야 하며 선하증권에 이러한 표현이 있다고 하더라도 하자가 아니다(UCP 600 제20조 d항)</td></tr>
</table>

표 12-6 항공운송서류 검토사항

<table>
<tr><th>구 분</th><th colspan="2">내 용</th></tr>
<tr><td>의미와 B/L과 차이점</td><td colspan="2">① 항공운송장은 물품을 항공기로 운송하는 경우에 항공회사가 발행하는 운송장으로 “Air Way Bill” 또는 “Air Consignment Note”라고도 함
“국제항공운송에 관한 왈소협약(Warszawa Convention)”에 근거를 두고 있고, 국제항공운송협회(IATA)에서 제정한 서식을 사용함.
항공회사에서 화물을 인수하는 시점에서 발급하는 운송서류이며, 단순한 탁송증거로서의 역할만 할 뿐 B/L과는 달리 유가증권으로서의 성질을 가지지 못하기 때문에 기명식, 수취식으로만 발행되어 유통불능의 성격을 지님.
② House AWB과 Master AWB이 있으며, 전자는 소량의 화물을 여러 선적인으로부터 수집하여 항공회사에 운송을 위탁하는 운송중개인(consolidator, 혼재업자)이 송하인(여러 화주)에게 발행하는 것이고, 후자는 항공회사 또는 항공화물 운송대리점(air cargo agent)이 운송중개인에게 발행하는 것임.
House Air Waybill은 운송중개인이 발행한 것으로 L/C에서 특별히 허용하지 않으면 수리가 불가능함. 그러나, House AWB을 발행한 운송중개인이 항공운송인 또는 그 대리인으로서 행동하고 있다는 표시가 있으면 수리가 가능함.
항공회사의 대리점 표시가 없는 단순한 House AWB은 은행이 수리 거절함
③ 항공운송에서는 IATA규칙상 최종 목적지에 도착할 때까지 중간기착지에서 화물의 환적이 일반화되어 있기 때문에 신용장에서 환적을 명문으로 금지하고 있더라도 전체 운송이 하나의 운송서류로 포괄되어 있으면 운송장상의 환적유보문언 여하에도 불구하고 은행은 이러한 운송서류를 수리함.
④ 항공운송장의 법적 성질 : 비유통성, 요식증권, 기명증권, 수취증권</td></tr>
<tr><td rowspan="6">AWB 과 B/L의 차이점</td><td>항공화물운송장(Air Waybill)</td><td>선하증권(Bill of Lading)</td></tr>
<tr><td>유가증권이 아닌 단순한 운송화물 수취증</td><td>물권적 권리를 표시하는 유가증권</td></tr>
<tr><td>수화인을 기명식으로 기재하여 발행되기 때문에 배서나 교부에 의하여 수화인의 권리가 양도될 수 없음</td><td>수화인을 지시식과 소지인식으로 기재하여 발행할 수 있기 때문에 수화인의 권리가 배서나 교부에 의해서 양도 가능함</td></tr>
<tr><td>비유통성(Non Negotiable)</td><td>유통성(Negotiable)</td></tr>
<tr><td>창고에 반입되면 AWB 발행
(수취식, Received Bill)</td><td>수취식(Received B/L)인 경우도 있으나 선적 후 선적선하증권 발행</td></tr>
<tr><td>송화인이 작성함이 원칙이나 항공사나 그 대리인이 보통 발행</td><td>운송인(선박회사)이 작성</td></tr>
<tr><td>UCP상 수리요건 (제23조)</td><td colspan="2">항공운송서류는 그 명칭에 관계없이 다음과 같이 나타나야 한다.
① 운송인의 명칭이 표시되고, 운송인 또는 운송인을 위한 또는 그를 대리하는 기명대리인 운송인 또는 대리인에 의하여 서명된 것.
② 상품이 운송을 위하여 인수되었다는 것을 표시하고 있는 것.
③ 발행일자를 표시하고 있는 것. 항공운송서류에 실제 선적일에 대한 어떤 특정한 부기가 포함되어 있지 않다면 이 발행일자가 선적일고, 항공운송서류에 실제 선적일에 대한 어떤 특정한 부기가 포함된 경우에는 부기일자가 선적일자로 간주됨. 운항번호와 일자와 관련하여 항공운송서류에 나타나는 그 밖의 모든 정보는 선적일을 결정할 때 고려되지 않음.
④ 신용장에 명기된 출발공항과 도착공항을 표시하고 있는 것.
⑤ 비록 신용장에서 원본 전통을 명시하고 있는 경우에도, 송하인 또는 선적인용 원본(the original for consignor or shipper)인 것.</td></tr>
</table>

구 분	내 용
	⑥ 운송의 제조건을 포함하고 있거나 또는 운송의 제조건을 포함하는 다른 출처를 언급하고 있는 것. 운송조건의 내용은 심사하지 않음. ⑦ 환적이란 신용장에 명기된 출발공항으로부터 도착공항까지의 운송과정 중에 한 항공기로부터의 양화하여 다른 항공기로의 재 적재를 의미함. ⑧ 비록 신용장이 환적을 금지하고 있는 경우에도 환적이 행해질 것이라거나 또는 행해질 수 있다는 표시가 된 항공운송서류는 수리될 수 있음. 다만, 전 운송이 하나의 동일한 항공운송서류에 의해서 커버되어야 함. ⑨ HOUSE AWB을 발행한 운송중개인이 항공운송인 또는 그 대리인으로서 행동하고 있다는 표시가 있으면 수리가능. 그러나 신용장에서 "House Air Waybill not acceptable"이라는 특별조항이 있는 경우에는 수출상이 House Air Waybill을 제시하면 제23조의 요건을 충족시키더라도 하자가 됨. ⑩ 용선계약(charter party)표시 항공운송장은 신용장에서 금지하지 않으면 용선계약 항공운송서류 수리 가능. ⑪ 약식 항공운송서류 수리가능 ⑫ 항공운송서류는 양도가 불가능하기 때문에 수하인(consignee)을 지시식(to order)으로 발행될 수 없음 ⑬ 신용장에 "Consignee to Issuing Bank"로 요구한 경우 제시된 운송서류의 Consignee 난에 "Issuing Bank"로 표기된 경우 하자가 되므로 발행은행의 구체적인 이름을 표시하여야 한다(UCP 제28조 보험서류에도 동일하게 적용된다). ⑭ 신용장에 기재된 다른 모든 조건 충족

4. 보험서류(Insurance Documents)

1) 보험서류의 의의

보험서류란 보험회사인 보험자(insurer, assurer)가 무역물품의 운송도중에 발생할 수 있는 해난이나 기타의 사고로 인하여 보험목적물에 손해를 입게 될 경우에 그 손해를 보전할 것을 약속하고 피보험자(insured, assured)는 그 대가로 보험료(insurance premium)를 불입할 것을 약정하는 증거서류를 의미한다.

따라서 무역가격조건이 CIF 또는 CIF인 경우에는 수출상이 수입상을 위하여 의무적으로 해상보험에 가입해야 하므로 신용장에 발행의뢰인이 요구하는 보험서류의 명세가 기재되며 보험서류에 관한 내용이 신용장조건의 일부를 구성한다.

보험에서 가장 중요한 것은 보험자에게 손해보전을 감당할 만한 충분한 신용이 있느냐의 문제이며, 비록 보험에 가입했다 하더라도 보험금 지급의 법적 책임이 보험회사에 귀속되는 보험서류의 효과가 있도록 UCP 600 제28조는 보험서류의 요건을 명문으로 규정하고 있다.

보험서류는 개별보험계약을 체결한 경우는 보험증권(insurance policy), 포괄보험계약 시에는 보험증명서(insurance certificate) 또는 보험확인서(declaration)를 사용한다.

매입은행은 보험서류 심사 시 신용장에서 요구한 전통을 제시하고 있는지와 보험회사, 보험인수업자 또는 그 대리인이 정당하게 발행한 것인지 여부, 보험서류상 피보험자가 신용장의 수익자이며 배서가 정당한지 여부 등을 확인한다. 보험증권은 양도가 가능한 유가증권의 성질을 가지며, 통상 2통을 발행하여 1통이 수리되면 나머지 한 통은 무효가 된다.

보험증권의 요건은 ㉮ B/L 또는 송장에 기재된 상품의 위험을 담보할 것, ㉯ 보험청구권이 양도되어 있을 것, ㉰ 부보일자가 B/L상의 선적일자 이전이거나 소급적용의 특약이 있을 것, ㉱ 담보되는 위험의 범위가 명확히 기재되어 있을 것.

〈수리가능한 보험서류의 요건〉

요건	내용
발행 및 서명	보험회사·보험업자 또는 그 대리인
수리되는 보험서류의 종류	보험증권 또는 보험증명서의 발행된 원본 전통
발급일자(부보일자)	운송서류의 발행일(본선적재일) 이전일 것
표시통화	신용장상의 통화와 동일한 종류의 통화
최소 부보금액	CIF가격 기준의 110%
부보범위의 불명료시	은행의 책임없이 제시된 대로 수리

보험중개인이 발행한 보험인수증(cover note)은 특약이 없는 한 수리거절

◈ 신용장에서 요구하는 보험 관련 문언의 예.

① Insurance policy or certificate in duplicate endorsed in blank for 110% of invoice value.
② Insurance policy or certificates must expressly stipulate that claiims are payable in the currency of draft and must also indicate a claim settling agent in Korea.
③ Insurance must include Institute cargo clause(A/R), Institute war clause and institute S.R.C.C Clauses".

2) 신용장에서 요구하는 보험서류의 종류

일반적으로 무역운송화물의 보상을 위해 마련된 보험제도에서 보험계약체결 및 보험 관련 서류로 발행되는 것은 다음과 같다.

(1) 보험증권(insurance policy)

보험가입자가 보험목적물 매 건별로 보험회사(insurance company) 및 보험업자와 보험계약을 체결할 경우 보험회사 및 보험업자가 발급하는 보험계약증명서류를 보험증권이라 한다. 보험증권은 보험계약성립의 증거로서 보험자가 피보험자의 청구에 의하여 교부하는 것으로 계약서는 유가증권은 아니며 단지 증거증권인데, 통상 원칙적으로 배서나 인도에 의하여 양도가 가능한 유통증권이다.

(2) 보험증명서(insurance certificate)

전문수출업체가 매 수출 시마다 보험계약을 체결해야 하는 번거로움을 피하고 보험비용도 절감하기 위하여 그 업체의 일정기간 동안(6개월 또는 1년 단위)의 보험가입 예상 물동량을 산출하여 보험회사와 포괄예정보험계약(open cover, open policy)을 체결한 후, 실제로 보험가입 필요가 발생할 때마다 보험회사로부터 그에 합당하는 보험서류를 받게 되는데 이것을 보험증권과 구별하여 보험증명서 또는 보험확인서(Insurance Declaration, 보험확정통지서)라 한다.

(3) 보험각서(insurance cover note)

보험각서는 보험가입자가 직접 보험회사를 상대하지 않고 보험중개업자를 통하여 보험에 부보할 경우 보험중개업자(insurance broker)가 발급해 주는 보험서류이다.

따라서 이 서류는 보험자로서의 정당한 자격이 없는 보험중개인이 발급한 것이기 때문에 보험계약이 확실히 체결되었는지의 여부도 확인할 수 없고 또한 각서를 발급한 후에 중개인이 보험회사로부터 아직 보험증권을 발급받지 못한 사이에 사고가 발생하면 처리곤란의 문제가 발생한다. 따라서 은행은 이러한 보험각서는 신용장에서 특별히 허용하지 않으면 이러한 종류의 보험서류는 수리하지 않는다.

① 보험서류의 종류와 통수 : 전술한 바와 같이 유효한 보험서류에는 보험증권과 보험증명서가 있는데, 이는 각기 문면상 반드시 보험회사(insurance company), 보험업자(underwriter) 또는 그 대리인이 발행하고 서명한 것이어야 한다.

또한 보험서류는 일반적으로 2통의 원본으로 발행되는데, 그 가운데 1통으로 보험채무가 이행되면 나머지 것은 무효가 된다.

② 보험서류의 발급일자 : 은행은 원칙적으로 운송서류에 표시된 날짜보다 더 늦게 발급된 보험서류는 수리를 거절한다. 왜냐하면 화물의 운송이 이미 시작되었음에도 보험담보가 개시되지 아니한 보험서류는 신용장의 조건에 불일치한 것으로서 이는 수리되지 않기 때문이다. 단, 신용장에 별도 명시가 있거나 보험서류에 선적일자로 소급하여 유효하다는 표시가 있는 보험서류는 은행이 수리한다. 예를 들어 Warehouse to Warehouse Clause 조건의 특약을 체결한 경우에는 화물이 창고에서 적재될 때부터 부보된다는 것을 표시하고 있는 것이기 때문에 부보일자가 선적일자보다 늦어도 수리가 가능하다. 또한 증권의 약관 중에 "소급약관(lost or not lost clause)"이 있는 경우에는 부보일자가 선적일자보다 늦더라도 부보효력이 선적일자로부터 발효한다는 조항이기 때문에 수리가 가능하다. 그러나

포괄예정보험을 근거로 발행한 보험증명서 또는 보험확인서(declaration)가 제시된 경우 및 보험증권에 소급보상의 특약이 기재되어 있는 경우에는 발급일자에 관계없이 수리한다.

보험증명서 또는 보험확인서(declaration)는 포괄예정보험증권에 의하여 발행된 것이기 때문에 포괄예정보험증권이 선적일자 이전에 발급된 것이라면 보험증명서가 늦은 일자에 발급되었다 하더라도 수리가 가능하다. 이 경우에는 보험증명서상에 그 근거가 되는 포괄예정보험증권의 번호와 일자 등의 기재가 있어야 한다. 이는 물품의 본선적재, 수탁 또는 발송일과 부보일 사이의 위험부담의 공백을 없애기 위함이다.

③ 부보금액 : 부보금액은 실제 보험계약 체결시 보험에 가입한 보험목적물의 보험가입금액, 즉 보험회사가 보상해 주는 최고책임한도액을 의미하는데, 신용장에는 대부분 유효한 보험서류의 부보금액을 상업송장금액의 110%로 부보할 것을 명시하고 있다.

INCOTERMS(2020)의 CIF, CIP에서도 매도인의 보험계약 의무에 대하여 최저보험금액은 당해 계약에서 규정된 금액에 10%를 더한 금액으로 부보되어야 하며, 그리고 계약상의 통화로 부보되어야 한다고 규정하고 있다. 또한 UCP 600 제28조에 따르면 최저 부보금액은 CIF 또는 CIP 가액의 110%이나 서류상으로 CIF나 CIP 가액을 결정할 수 없을 경우에는 결제 또는 매입의 청구금액과 송장금액 가운데서 보다 큰 금액의 110%를 최저 부보금액으로 한다. 여기에서 부보금액을 목적물가액의 100%로 하지 않고 10%를 더 가산하여 110%로 한 것은, 만일 당해 사고가 나지 않아 정상적인 매매가 이루어졌으면 수입업자가 최소한 10%의 이익을 추정하여, 이 희망이익금(expected profit)까지 보전해 준다는 취지를 의미한다.

④ 부보통화 : 은행은 보험서류상의 통화가 신용장상에 표시된 환어음의 표시통화와 동일한 화폐가 아니면 수리를 거절한다. 즉, 보험서류는 신용장상의 통화와 불일치하면 CIF 가액의 110%를 보상받더라도 이는 환율변동에 따라 신용장 금액과 차이가 있을 수 있을 뿐 아니라 통화가치의 변화에 따른 불편함이 있기 때문이다.

⑤ 보험에 의해 보상되는 위험범위 : 보험사고의 발생에 의하여 보상되는 사고의 범위는 확실하고 명백한 보험전문 용어로 신용장에 표기하여야 한다. 따라서 신용장에서 보험서류상의 담보위험을 약정할 때 “통상의 위험”, “관례적 위험”

등과 같이 부정확하고 불명확한 용어를 사용해서는 안 된다. 만일 이러한 용어가 사용된 경우에는, 은행은 담보되지 아니한 어떠한 위험에 대해서도 아무런 책임없이 보험서류가 제시된 대로 이를 수리하여야 한다.

한편 ICC(Institute Cargo Clause) 규정에 의하면 해상운송인 경우 위험의 범위는 최소한 FPA 또는 ICC(C)] 이상일 것을 요구하고 있으며, INCOTERMS 2020의 CIF, CIP에서도 최저 보험금액은 당해 계약에서 규정된 금액에 10%를 더한 금액(즉, 110%)으로 부보되어야 하며, 그리고 계약상의 통화로 부보되어야 한다"라고 규정하여 UCP와 동일한 취지를 나타내고 있다. 전손담보(total loss only : TLO) 조건은 해상운송에는 적용하지 못하도록 하고 있으며, 항공운송인 경우에 부보조건은 IATA(국제항공수송협회) 규정에 따라 A/R Air(ICC Air)조건 한 가지만 허용되어 있는바 항공운송의 A/R은 해상운송의 A/R과 그 범위가 다르고 오히려 TLO 조건과 유사하다.

⑥ 기타 사항

㉠ 보험기간 : 목적물에 손상, 멸실 등의 사고가 발생했을 경우 보험회사가 책임을 부담하는 기간은 원칙적으로 해상보험은 화물이 본선에 적재되는 때부터 도착항에서 양륙된 때까지의 위험에 대하여만 보상한다. 그러므로 가입자가 보험기간의 연장을 원할 때 "warehouse to warehouse"조건으로 약정하면 최장 양륙 후 60일까지의 손해도 보상받을 수 있다.

㉡ 보험청구권의 양도 : 보험증권은 양도성 유가증권이므로 배서에 의하여 청구권을 타인에게 양도할 수 있는바, 신용장상에 "...endorsed in blank"라는 조건을 넣으면 수출지에서 본선적재 이전에 사고가 발생한 경우에는 수출상이 보험청구권을 행사하고, 본선적재 이후의 사고인 경우에는 수입상이 대금결제를 마치지 아니하였으면 발행은행이 보험청구권을 행사하고, 대금결제를 마치고 난 후에는 수입상이 보험청구권을 행사할 수 있다. 적하보험에서 중요한 것은 무역거래조건에 따라 매도인과 매수인의 비용부담 및 위험부담의 분기점이 결정되고 있는 바, 이것은 곧 피보험이익(insurable interest)이 발생하게 되는 장소 및 시기를 의미하므로 실질적으로 적하보험(cargo insurance)의 시기는 운송약관의 내용과는 다르게 무역거래 조건에 따라서 달라지게 된다. 보험청구권 행사와 관련하여 배서방법을 백지배서식으로 요구하고 있는 이유는 상기와 같은 적하보험청구의 특성에 따라 청구권자의 편리를 높이기 위하여 그렇게 하는 것이다.

㉢ 보험금의 지급지 표시 : CIF 계약에서 보험금 청구권자는 보험가입지가 아닌 수입국에 소재하므로 사고발생시 청구의 편의를 위하여 신용장상에 보험금 지급지를 수입국으로 기재하고, 보험계약서에도 이 업무를 담당할 보험금결제 대리인(claims settling agent)을 지정해 두어야 한다. 보험금 청구권자는 보험 계약지(수출국)가 아닌 수입국에 소재하는 발행은행이나 수입상이 되는 것이 대부분이므로 사고 발생시 청구의 편의를 위하여 신용장에 보험금 지급지를 수입국으로 기재하게 된다.

또한 수입국에서 보험금을 청구할 경우 업무상의 편의를 위해 보험청구업무를 대행해 줄 보험금 결제대리인도 지정해 두어야 하는 바 이를 Claims Settling Agent(보험결제대리인)라 한다.

5. 복합운송서류(Multimodal Transport Document)

복합운송의 경우에 발행되는 복합운송서류는 운송화물의 수취로부터 인도 시까지 적어도 두 가지 이상의 서로 다른 운송방식이 이용되고 최초의 운송인이 전 구간의 운송에 대하여 단일책임을 지고 발행하는 운송증권를 말한다.

UCP 600에서는 제19조에서 적어도 두 가지의 상이한 운송수단을 표시하고 있는 운송서류로 명칭을 규정하고 있다.

① 운송인의 명칭을 표시하고 운송인, 선장 또는 그 지정대리인이 서명한 것. 당해 서명은 서명자가 운송인, 선장 또는 대리인인지 그 신원을 밝혀야 하고 대리인의 서명인 경우 운송인을 대리한 것인지 또는 선장을 대리한 것인지를 표시하여야 한다.

② 물품이 발송(dispatch), 수탁(taking in charge) 또는 본선적재(loading on board)되었음을 사전 인쇄된 문언 또는 발송, 수탁 또는 본석적재된 일자를 표시하고 있는 스탬프나 표기로 명시하고 있는 것.

③ 신용장에 명시된 발송, 수탁 또는 본선적재지 및 최종 목적지와 다른 발송, 수탁 또는 본선적재지 및 최종목적지가 명기되어 있거나 선박 및 적재항, 양륙항에 관하여 “예정된” 또는 이와 유사한 표시가 있다고 하더라도 신용장에 명시된 발송, 수탁 또는 본선적재지 및 최종목적지를 표시하고 있는 것.

④ 단일의 원본서류 또는 두 통 이상의 원본으로 발행된 경우 운송서류상에 표시된 대로 전통인 것.

⑤ 운송에 관한 배면약관이 있거나 그 약관이 없는 약식의 것.

⑥ 용선계약 의한 운송의 어떠한 명시도 없는 것.

6. 비유통성 해상화물운송장(Non-Negotiable Sea Waybill)

컨테이너 수송과 선박의 고급화로 운송기간이 단축됨에 따라 선하증권의 도착 전에 화물이 먼저 도착하는 경우가 많아 선하증권의 도착 시까지 기다리는데 따른 시간과 비용의 낭비가 늘어가고 있어, L/G제도가 이용되고 있으나, 이로 인한 문제점이 발생하게 됨에 따라 해상선하증권 대신에 해상화물운송장의 이용이 급증하고 있다. 이 운송서류는 양도성을 인정하지 않고 발급당시부터 수하인의 이름을 선하증권상에 명기한 해상운송서류이기 때문에 서류의 용도는 화물탁송 증거로서의 역할만 한다. 비유통성 해상화물운송장의 수리요건은 다음과 같다.

① 운송인의 명칭을 표시하고 운송인, 선장 또는 그 지정대리인이 서명한 것. 당해 서명은 서명자가 운송인, 선장 또는 대리인인지 그 신원을 밝혀야 하고 대리인의 서명인 경우 운송인을 대리한 것인지 또는 선장을 대리한 것인지를 표시하여야 한다.

② 물품이 본선적재 되었음을 사전인쇄된 문언이나 본선적재필부기로 명시한 것.

③ 신용장에 지정된 선적항과 양륙항을 명시한 것. 만일 신용장에 명시된 선적항을 표시하고 있지 않거나 선적항에 관하여 "예정된(intended)" 또는 이와 유사한 제한을 명시한 경우에는 신용장에 명시된 대로 선적항을 표시하고 있는 본선적재필부기, 선적일 및 선박명을 기재해야 한다.

④ 단일의 원본 또는 2통 이상의 원본으로 발행된 경우에는 선하증권상에 표시된 대로의 전통인 것.

⑤ 운송에 관한 배면약관이 있거나 또는 그 약관이 없는 약식의 것.

⑥ 용선계약에 따른다는 어떠한 명시가 없는 것.

7. 용선계약부선하증권의 수리요건

용선계약에 따른다는 표시를 포함하고 있는 용선계약부 선하증권의 수리요건을 UCP 600 제22조에 다음과 같이 규정하고 있다.

① 선장이나 선주, 용선자 또는 지정대리인이 그 신원을 밝히고 서명하여야 하고 대리인의 서명인 경우 선장이나 선주를 대리한 것인지 또는 용선자를 대리한 것인지를 표시하여야 한다. 또한 선주 또는 용선자를 대리하여 대리인이 서명한 경우에는 선주 또는 용선자의 명칭을 기재해야 한다.

② 물품이 사전인쇄된 문언 또는 본선적재필부기에 의하여 본선적재 되었음을 명시한 것.

③ 신용장에 지정된 선적항으로부터 양륙항까지의 선적을 표시하고 있는 것. 여기에서 양륙항은 신용장에 명시된 대로 항구의 구역 또는 지리적인 구역으로 표시될 수 있다.

④ 단일의 원본 또는 2통 이상의 원본으로 발행된 경우 용선계약부 선하증권상에 표시된 대로의 전통인 것.

8. 도로, 철도, 내수로 운송서류의 수리요건

수출품을 육상이나 하천을 이용한 배로 수송하는 경우, 운송서류가 갖추어야 할 제반조건을 말하는 데, 이와 같은 운송방법은 항구가 없는 내륙지 국가와 교역할 때 주로 이용되고 있다. 신용장에서 도로/철로/내수로 운송서류(road, rail or inland waterway transport document)를 요구한 경우에 운송서류의 수리요건은 다음과 같다 (UCP 600 제24조).

① 운송인의 명칭을 표시하고 운송인 또는 그 지정대리인이 서명하거나 서명, 스탬프 또는 표기에 의하여 물품수령을 표시하고 있는 것. 물품수령에 관한 서명, 스탬프, 표기의 이행자가 운송인 또는 대리인인지 신원을 밝혀야 하고 대리인에 의한 서명, 스탬프, 표기는 운송인을 대리하여 이행하였음을 표시해야 한다.

② 선적일 또는 물품이 선적, 발송, 운송을 위하여 수령된 일자를 표시하고 있는 것.

③ 신용장에 명시된 선적지 및 목적지를 표시하고 있는 것.

④ 원본표시의 유무에 관계없이 원본으로서 수리되며 운송서류상에 발행부수에 관한 언급이 없을 경우 제시된 통수를 전통으로 간주한다.

⑤ 도로운송서류는 탁송인 또는 송하인용 원본으로 표시되거나 어느 당사자에 관한 아무 표시도 없어야 한다.

9. 특사배달수취증, 우편수취증 또는 우송증명서의 수리요건

특사배달수취증(courier receipt), 우편수취증(post receipt) 또는 우송증명서(certificate of posting)는 견본 등 소액의 물품에 대하여 신용장을 발행했을 경우 또는 신용장 관련서류를 매입은행에서 발행은행으로 송부할 경우, 수출상이 이것을 수입상에게 소포로 부치고 배달기관으로부터 운송증명으로 받은 영수증을 말하며, 국제운송시장에서는 신속하고 정확한 배달방법으로 활용되고 있는 특사(courier)나 속달업자에 의한 운송관습이 확대됨에 따라 Courier 및 우송증명서를 포함하여 운송서류 취급요령을 규정하였다.

본 규정에 따르면 특사배달 수취증((courier receipt)의 수리요건은 특송업자의 명칭을 표시하고 신용장에서 명시하고 있는 물품의 선적장소에서 지정된 특송업자에 의하여 스탬프, 서명 또는 기타의 방법으로 인증된 것으로 규정되어 있다.

우편수취증(post receipt) 또는 우송증명서(certificate of posting)의 수리요건은 당해 서류의 명칭에 관계없이 신용장에서 명시하고 있는 물품의 선적장소에서 스탬프 또는 기타의 방법으로 인증되고 일자가 기재된 것으로 규정하고 있다. 가격조건이 CFR, CIF 등인 경우에도 운송서류상의 운임란에 Prepaid라는 운임 선지급 표시가 없어도 되며, Courier 서비스는 업계의 관행상 운임을 매번 받지 않고 월말 계산 등의 방식으로 하기 때문에 운임란에는 "운임(특사배달료)을 수하인에게 받지 않는다"는 표시만 있으면 상관없다.

05 기타의 서류

1) 기타서류의 개요

발행의뢰인이 신용장상에 영사송장, 원산지증명서 포장명세서 등의 보충서류를 요구하는 것은 첫째, 수입국의 외환 및 무역 관련 법규에서 그러한 서류의 구비를 요구하기 때문이며, 둘째, 서류를 통하여 자신의 요구조건과 이익을 보다 확실히 보장받기 위해서이다. 다만, 신용장은 서류상의 거래이므로 신용장에서 명문으로 요구하는 서류인 이상 그 중요성은 기본서류이던 보충서류이던 차이가 없으며 요구하는 서류가 신용장조건에 불일치하거나 서류 상호간의 기재사항이 모순되면 이는 은행의 Unpaid 및 수리거절 사유가 된다. 기타서류의 명칭, 발행인, 내용 등을 신용장에 명시하여야 한다.

2) 기타서류의 종류

기타서류는 그 용도가 기능이 각 무역거래의 성격에 따라 다양하게 나타난다. 그러나 여러 종류의 기타서류 중에서 그 용도는 크게 두 가지로 나누어 볼 수 있다.

첫째는 수입상 자신의 필요에 따라 수출업자에게 요구하는 서류가 있다. 여기에는 ① Packing List ② Inspection Certificate ③ Beneficiary's Certificate ④ Certificate of Analysis ⑤ Certificate of weight/measurement ⑥ Certificate of Quality 등이 있으며, 둘째는 수입국의 통관절차상 세관당국이 구비서류로 요구하고 있기 때문에 불가피하게 징수하는 서류가 있는데 이에는 ① Consular Invoice ② Customs Invoice ③ Certificate of Origin ④ Certificate of Quarantine 등이 해당한다.

(1) 포장명세서(packing list)

포장명세서는 포장 속에 들어있는 상품의 목록을 기술한 서류이며 각 화물마다 포장되어 있는 내재품의 명세로서 상업송장의 기재내용을 보완하기 위한 서류이다. 포장명세서를 발행하는 목적은 우선은 선적화물의 포장 및 포장단위별 순중량, 총중량, 하인 및 포장의 일련번호 등을 기재함으로써 포장과 운송, 통관상의 편의를 위함이고 또 다른 목적은 각종의 포장물이 혼합되어 있거나 또는 하나의 컨테이너 내에 각개 품목이 혼합되어 있어 상품의 외포장(outer packing)과 내포장(inner packing)을 구체적으로 명기하고자 주로 사용된다.

따라서 포장명세서의 기재내용은 상업송장에 부수하여 계약내용에 따라 선적화물의 자세한 명세를 표시하여 선적된 화물을 일목요연하게 알아볼 수 있도록 작성하는 것이다. 계약체결에 따른 선적화물의 포장 및 그 명세(품목명, 수량, 총중량, 용적, 하인, 포장번호 등)를 기재하는 포장명세서는 대금관련 사항을 명기하지 않고, 각 규격별, 단위별로 일목요연하게 기재한다는 점을 제외하고는 송장과 별다른 차이점은 없다.

포장명세서는 주로 ① 수출입 통관절차에서의 심사자료로서 활용되고 양륙지에서 화물의 처리(분류 및 판매) 단계에서 이용, ② 검수 또는 검량업자가 실제 화물과 대조는 참조자료로 이용, ③ 개별화물의 사고발생분에 대한 확인자료로서 사용, ④ 중량 외에 각각의 용량이 표시되어 있으므로 선박회사가 운송계약을 체결할 때 일차적인 기준자료로 사용 등과 같은 용도로 활용된다.

(2) 검사증명서(inspection certificate)

수출상품의 완전함을 증명하는 서류로서 보통 수입자의 수출국 주재 대리인이나 제3의 검사기관이 작성한다. 수입자가 요구하는 품질의 상품을 수입하고자 할 때 검사의 공정성을 기하기 위하여 검사인을 수입자가 지정하거나 전문검사기관의 검사증을 첨부하도록 계약하는 경우가 많다. 특히 SGS 검사는 세계 30여개 국가에 수출 시 SGS로부터 일종의 검사증명서인 CRF(Clean Report of Finding) 또는 상업송장에 부착할 SGS LABEL을 발급받아야 한다. 수입상이 지정하는 사적 검사인이나 공적 검사기관 또는 국제검정기관의 증명으로 발급되는 경우가 많으며 경우에 따라서는 수출상 자신이 작성하는 경우도 있다. 검사증명서는 신용장상에서 요구하고 있는 검사기관에서 발행되어야 하며 그 내용은 상업송장의 내용과 일치하여야 한다.

이러한 증명서의 종류로는 농·수산물의 경우에 농·수산물검사소의 검사증명서 등이 있으며 품질증명서나 분석증명서도 이 검사증명서의 일종이다.

(3) 중량 및 용적증명서(certificate of weight/measurement)

상품의 중량이나 용적에 관한 증명서이며 상업송장에 총괄적으로 기재한 것을 보충하여 보다 더욱 상세하게 기재한 서류이다. 수출상이 직접 작성하는 경우와 제3자가 작성하는 경우가 있다. 중량증명서의 중량표시는 포장명세서 및 운송서류의 중량 표시와 일치하여야 한다. 동 서류는 수출화물이 선적업자의 집하장소에서 등록 검량업자에 의하여 화물의 용적과 중량에 대한 검사를 받아 발급하는 증명서로 선적지시서, 선하증권 등에 그 수량이 기재되어 운임과 기타 제비용의 산출근거가 되는 서류가 된다. 중량증명의 경우 신용장에서 검사기관을 별도로 정하지 않고 단순히 중량증명만을 요구하는 때에는 운송인에 의한 서류상의 중량표시 스템프 또는 문자표기를 그 증명으로 갈음할 수 있다.

(4) 위생증명서(certificate of health)

위생증명서는 식료품, 약품류, 화장품 및 육류 등을 수출하는 경우에 수입국에서 규정한 기준에 합격되며 무균, 무해임을 증명하는 서류로서 동 위생증명서를 세관송장에 첨부할 것을 요구하고 있다. 즉, 위생증명서는 식료품, 약품류, 육류, 화장품 등을 미국, 브라질, 파나마 등으로 살아 있는 동식물을 수출하는 경우에는 위생증명서의 일종인 검역증(certificate of quarantine)을 필요로 한다. 미국에서는 FDA(food and drug administration)가 정한 기준에 합치된다는 증명서이며, 육류의 수출에는 도살 당시 균이 없었다는 증명서인 이 위생증명서가 있어야 수출이 가능하다.

(5) 검역증명서(certificate of quarantine)

검역증명서는 주로 브라질이나 미국, 파나마 등으로 동식물을 수출하는 경우에 전염성 균이 묻혀 들어가는 것을 사전에 방지하기 위하여 당해 물품을 격리된 장소에서 일정 기간동안 장치하여 검역을 실시한 후 발급해 주는 서류이다.

(6) 품질증명서(certificate of quality)

품질증명서는 주로 농수산물과 같은 자연 소산물의 경우, 같은 종류라도 그 규격이나 중량, 즉 그 품질이 각기 다를 수 있기 때문에 이들의 등급을 매겨 A등급, B등급, C등급으로 구분한다. 이 구분에 의하여 매매가 이루어질 경우 그 계통의 공인검사관(official grander)에 의하여 판정되며 또 판정결과에 따라 품질증명서가 발급된다. 통상적인 무역거래에서는 품질검사의 결과를 증명하는 서류는 선적품질조건의 경우에는 수출상이, 양육품질조건의 경우에는 수입상이 제공하여야 한다.

(7) 분석증명서(certificate of analysis)

주로 광산물이나 의약품 등에 사용되는데 광석은 어느 광석도 한 가지만 고립되어서 채광되는 경우가 드물다. 이런 경우 선적된 광산물의 품위가 어느 정도 순도냐 하는 함유성분의 분석증명이 필요할 것이며, 의약품일 경우에는 어떤 약의 구성원소를 분석한 분석표가 요구되어, 이때 발행되는 서류가 분석증명서 혹은 성분분석증명서로서 수입상이 믿을 만한 권위자나 신빙성 있는 전문기관이 발급하여야 한다.

(8) 수익자증명서(beneficiary's certificate)

수출업자가 서류를 송부하였음을 미리 통지하는 서류이며 이를 통하여 수입업자는 서류를 인수하기 위한 준비절차를 마련하게 된다. 이 증명서는 수입업자가 요구하는 사항 등을 수출업자가 이행했음을 입증하는 서류이며, 동 서류는 수출업자 자신이 발행하며, 정하여진 특별한 양식은 없다.

(9) 영사송장(consular invoice)

상업송장은 수출업자가 수입업자에게 제공되는 사적인 문서이기 때문에 공신력이 문제될 수 있다. 따라서 무역거래에서는 수출국에 주재한 수입국의 영사가 본국행 상품의 수출상에게 상업송장의 제출을 요구하고 상업송장의 기재내용이 사실과 같음을 선서토록 하여 발행하는 공문서를 제출하도록 하는데 이러한 서류를 "영사송장"이라 한다. 즉, 수입국에서 수입관세 징수시 기준이 되는 서류로서 수출국 주재 수입국의 영사가 작성하거나 그의 사증(VISA)를 받는다. 수입시 관세 등을 포탈 또는 경감하기 위하여 고의로 부정한 상업송장을 작성할 우려 때문에 몇몇 국가에서는 수출국에 소재하는 자국 영사의 확인을 받은 송장을 통관서류로 제출토록 하고 있다. 이때의 송장 서식은 대부분 해당국가에서 지정하고 있으며, 영사송장은 화물의 수입세액 사정, 외화도피(over-invoicing), 관세포탈(under-invoicing) 및 덤핑방지와 해당 상품의 원산지 기타 통계자료로 이용하기 위해 제출하도록 한다.

영사송장의 서식은 대부분 해당국가에서 지정하고 있으며, 기재내용은 상업송장과 거의 동일하나, 영사송장의 서식과 관련하여 유의할 것은 영사송장의 양식은 반드시 해당 수입국가의 지정양식에 의거 작성되어야 한다는 점이다. 한편, 만일 신용장에 "visaed", "legalized" 또는 "notarized" 등의 서류를 요구한 경우에는, "visaed"는 일반송장에 영사가 서명하고, "legalized"는 상업송장 및 선하증권에 영사가 서명하며, "notarized"는 송하인이 서명한 서류에 공증인이나 상공회의소가 서명하고 이를 영사가 정당하다고 인정하는 서명이 있는 영사송장을 제시하여야 한다.

(10) 세관송장(customs invoice)

세관송장은 수출상이 수입국 세관에 직접 송장 내용의 진실성을 선서하는 공용송장으로서, 영사송장과 같이 수입통계작성이나 수입관세의 부과 및 덤핑수입방지 등을 목적으로 징구한다. 즉 이 서류는 수입상이 세관에 수입신고를 할 때 국가의 사정에 따라 필요한 송장이다. 이 송장은 반드시 지정된 양식을 사용하여야 하지만 수출국 주재의 영사의 사증을 받지 않고 수입국 정부의 특정양식에 따라 작성하고 서명하여야 한다. 이 서류는 우리나라의 경우 무역협회나 대한상공회의소 또는 당해 국가의 영사관에서 구할 수 있다.

한편 이 송장이 영사송장과 다른 점은 영사의 서명을 받을 필요가 없고, 양식 뒷면에 있는 원산지란에 수출국의 국명이 기재되어 있어야 한다는 것이다.

(11) 원산지증명서(certificate of origin)

가) 원산지증명서의 의의

원산지증명서(certificate of origin : C/O)는 수입통관 또는 수출대금의 결제 시 구비서류의 하나로서 당해 물품이 당해국에서 생산·제조 또는 가공되었다는 사실을 증명하는 서류이다.

원산지증명서는 ① 특정국가나 지역으로부터 수입을 금지 또는 제한하기 위한 정책적 목적 ② 호혜통상협정이 체결된 국가간의 수입물품에 대한 협정세율의 적용을 위한 관세의 감면혜택의 부여목적 ③ 선진국의 대 개발도상국에 대한 특혜관세의 공여 목적 ④ 기타 국별 수입통계의 목적으로 발급되는 경우 등이 있다.

즉, 수출상품의 원산지국가를 증명하는 성격을 가진 서류로서 상품의 생산지 또는 국가명을 증명하는 서류로서 상대국의 상품에 대하여 수입관세를 면세하거나 감세하는 경우 및 외환관리를 위하여 작성되는 서류로서 수출국에 주재하는 수입국의 영사 또는 상공회의소에서 발행한다.

우리나라의 원산지 결정기준은 관세법 및 협약에서는 주로 다른 나라산 물품에 비해 관세혜택을 부여하는 "특혜 원산지 규정(preferential rules of origin)"을 두고, 대외무역법에서는 주로 원산지표시와 같은 "비특혜 원산지 규정(non-preferential rules of origin)"을 규정하는 이원적 체제로 되어 있다. 비특혜원산지 규정은 소비자를 보호하기 위한 원산지표시 목적, 덤핑방지관세부과 제외 등 특혜관세 적용을 위한 목적 이외의 것을 말하며 주로 대외무역법령(대외무역법 제34조, 대외무역법 시행령 제61조, 대외무역 관리규정 제85조)이 적용된다.

동 서류는 수입상이 상품을 수입할 때 관세협약 등에 의해 국정세율(national or general tariffs)보다 낮은 협정세율(conventional tariffs)을 적용받기 위하여 생산국 등을 판별하고자 하는 목적이나 외환관리 및 덤핑방지 등 수입정책상 또는 무역통계를 목적으로 요청하여 이용된다. 따라서 수입통관시 원산지증명을 요구할 경우 해당 상품의 생산지 또는 국가를 증명하는 이 서류를 구비하여야 한다.

동 서류는 수출국에 주재하는 수입국의 영사 또는 상공회의소 및 세관에서 발급하고 있으며, 관세법, 조약 · 협정 등에 의하여 원산지 확인이 필요한 물품을 수입하고자 하는 자는 당해 물품의 원산지를 증명하는 원산지증명서를 제출하여야 하며, 원산지 증명서는 일반 수출품 원산지증명서와 관세양허대상 구분되며, "Made(manufactured) by 회사명 + 주소수출품 원산지증명서로 + 국명"의 방법으로 원산지가 한국인 경우에는 "MADE IN KOREA"로 원산지를 명기하여야 한다.

〈 원산지증명서의 유형 〉

특혜원산지증명서 (세관·상공회의소 발급)	비특혜원산지증명서 (상공회의소 발급)
• 자유무역협정(FTA)에 의한 관세양허 수출물품의 원산지 증명서 • 아시아-태평양무역협정(APTA)에 의한 관세 양허대상 수출물품의 원산지증명서 • 일반특혜관세(GSP) 원산지증명서 • 개발도상국간 특혜무역제도(GSTP)에 의한 관세양허 수출품의 원산지증명서 • GATT개발도상국간 관세양허수출품의 원산지증명서	• 관세양허대상이 아닌 유상 또는 무상으로 수출하는 물품에 대하여 발급 • 해외 바이어의 자국 내 원산지표시 문제 및 불공정 무역행위(Dumping) 조사 등을 이유로 필요

나) 원산지증명

원산지를 증명하는 방법에는 ① 기관발급제(authorized certification), ② 자율발급제(self-certification), ③ 인증발급제(certification issue system)가 있다.

① 기관발급제(authorized certification)

기관발급제는 상공회의소와 같은 제3의 기관이 수출자로부터 신청받아 원산지의 적정 여부를 확인한 후 원산지증명서를 발급해주는 방식이다.

한 · ASEAN, 한 · 인도, 한 · 싱가포르 및 한 · 페루 FTA는 기관발급방식을 따른다. 원산지증명의 기관발급은 종이문서로 발급하는 것이 아니므로 발급이 완료된 후에 업체에서는 이를 출력하여 수입자에게 원본으로 제출한다.

② 자율발급제(self-certification)

자율발급제는 수출자가 자율적으로 원산지요건의 충족 여부를 확인하고 원산지증명서를 작성하여 수입자에게 제출하는 방식이다. 한 · 칠레, 한 · EFTA, 한 · EU, 한 · 터키, 한 · 콜럼비아, 한 · 페루(발효 5년 후) FTA의 경우 수출자는 자신이 생산한 제품 또는 생산자의 원산지확인서 또는 원산지증명서를 근거로 수출하는 제품에 대하여 원산지증명서를 작성할 수 있다.

원산지증명서 발급은 상업송장 등의 상업서류상의 원산지신고 문안에 인증수출자 번호를 기재하고 수출자가 서명하는 원산지신고서의 형태이다.

③ 인증발급제(certification issue system)

인증발급제는 일정 규모 이상의 금액을 빈번하게 수출하는 수출자 중 성실업자에 대해 수출국 세관당국의 사후관리를 조건으로 자율적으로 원산지증명서를 발급하도록 허용하되, 그렇지 않은 수출자에 대해서는 권한 있는 당국에 신청하여 원산지증명서를 발급받는 방식을 말한다. 인증발급제는 원산지증명 능력이 있다고 관세당국이 인증한 수출자에게 원산지증명서 발급절차 또는 첨부서류 간소화 혜택을 부여하는 제도이다.

다) 원산지증명서의 종류

① 일반 원산지 증명서(Certificate of Origin)

일반적으로 원산지표시 등 특혜관세적용 이외의 목적, 즉 관세양허 대상이 아닌 유·무상으로 수출하는 모든 물품을 대상으로 사용되는 것으로서 주로 상공회의소에서 발행되며, 특정국의 천연 생산물이나 제조과정에서 사용된 원재료의 형상, 본질, 형식 또는 용도가 어느 특정국에서 영구적이고 실질적으로 변화되었을 경우 당해 물품이 그 국가산 이라는 것을 인정하여 발급하는 증명서를 말한다.

② 특혜용원산지 증명서(Certificate of Origin of GSP/Form A)

특혜공여국의 법령(GSP) 또는 협정 등에 의거하여 특정국가에서 생산된 특정 물품에 특혜관세 혜택을 공여하는 나라(협정)의 원산지기준에 합치되는 것이 입증되는 경우에 발급하는 증명서로서 주로 수출국(원산국)의 국가기관 등 특혜용 증명서 발급권한이 있는 기관에서 발행하며, 각 협정에 따라 다소 양식이 다르나 대개 8번 란에 협정 등의 원산지기준에 맞는 것임을 입증하는 기호(A, B, C, D 등)와 부가가치(%)가 기재되어 있다.

제13장 ❙ 신용장의 조건해석

01 신용장조건 해석의 일반원칙

1) 신용장통일규칙의 해석순위

신용장은 독립·추상성에 의거한 서류상의 거래이므로 매입은행 및 발행은행은 수익자가 제시한 서류의 심사만으로 신용장대금의 지급 여부를 결정하게 되며 신용장 관계당사자 상호간의 권리·의무에 관한 법률관계 및 신용장 대금지급과 관련된 제반사항에 대한 해석은 오로지 신용장에 표시된 문언상의 조건에 의해 결정되므로 신용장의 서류 작성은 신용장 본문 자체를 최우선적으로 해석해야 한다.

신용장이 비록 매매계약서에 근거하여 발행되었다 하더라도 그 매매계약과는 별개의 거래이며 그러한 계약에 어떠한 구속도 받지 아니한다. 따라서 서류를 작성하는 수익자는 서류 작성 시 어떠한 창의성을 발휘하여서는 안되며 신용장 조건에서 지시하는 대로만 서류를 작성하여야 한다.

이와 같은 취지에서 신용장 통일규칙의 구속력은 강행법규의 수준에 이르지 못하고 있으므로 만약 당사자가 특약에 의거 신용장통일규칙에 위배되는 사항을 신용장상에 규정한다면 이 특약 사항은 통일규칙에 우선하여 적용된다.

주요 국제규칙상 해석의 우선순위는 첫째, 각 국가의 법(Law, 예 : 미국통일 상법전 제5편 신용장 등), 둘째, 신용장상의 기재사항(당사자의 합의사항), 셋째, 국제규칙(Rule, 예 : 신용장통일규칙, Incoterms 2020 등), 넷째, 상관습, ICC의 유권 해석, ISBP(국제표준은행관행) 등의 순이다. 그러나 특약의 내용이 수출국 또는 수입국의 강행법규에 위배될 경우에는 강행법규의 규정이 우선 적용된다. 이는 계약으로 법을 무력화시킨다면 법의 존재가치가 무의미해진다는 법의 일반이론에 따른 것인 바, 동 이론을 종합해 보면 결국 신용장해석의 우선순위는 ① 당사국의 법규 ② 특약 ③ 신용장통일규칙 규정 등으로 정할 수 있게 된다.

2) 신용장에 표시되는 기간 및 기일

신용장 관련 클레임사유 중 가장 빈번하게 발생하는 사항이 수출상의 기간위반이다. 따라서 수출상은 신용장에 등장하는 여러 가지 기간에 어떻게 대처하느냐가 클레임예방의 첩경이 되는 것이다.

신용장에 등장하는 기간에는 신용장의 형식요건과 관련되는 것과 관계당사자간의 특약에 관련된 것으로 대별할 수 있는바, 전자에 관한 것이 신용장의 발행일(issuing date), 선적기일(shipping date), 유효기일(expiry date)이며, 후자에 관한 것이 제시기일(presenting date)이다.

따라서 전자에 관련된 사항이 결여된 경우는 거의 찾아볼 수 없으나 후자와 관련되는 사항은 신용장의 Special Instruction란에 기재되었을 경우에 한하여 수출상이 그 해당 사항을 준수하면 되는 것이다.

3) 애매모호한 표현의 사용제한

당사자가 통일규칙의 권유사항을 무시하고 애매모호(曖昧模糊)한 용어를 사용하였다면 그에 대한 효력이 문제되므로 통일규칙은 애매한 용어에 대한 해석기준을 다음과 같이 마련해 두고 있다.

첫째, 서류의 발행인을 뜻하는 용어로서 well known(유능한), first class(일류의), qualified(자격있는), independent(독자적인), official(공식적인) 등의 표현은 수익자를 제외한 서류발행인에 대해서 사용할 수 있으나 이런 모호한 표현의 사용은 피해야 한다(UCP 제23조).

둘째, 운임 이외의 추가비용에 대한 표시가 신용장이 금지하지 않는 한, 추가비용이 표시된 운송서류를 은행이 수리하지만 보험조건을 나타내는 용어로 "usual risks, customary risks"와 같은 불명료한 용어는 무시된다(UCP 제28조 g항).

셋째, 선적기일을 나타내는 표현으로 "prompt, immediately, as soon as possible" 등은 무시된다(UCP 제2조). 즉, 선적기간과 관련하여 동 용어 등을 사용하는 것은 신용장통일규칙에서는 피해줄 것을 권장하는 사항이며 만일 이러한 용어를 사용하였다면 매입은행 등은 이러한 기재 자체를 무시하여 당해 신용장은 선적기간이 없는 것으로 처리하게 된다.

넷째, 신용장에서 양도가능의 표시로서 Transferable(양도 가능)이란 용어만 인정되고 UCP500 제48조 b항에 규정되었던 divisible(분할 가능), fractionable(분절 가능), assignable(할당 가능), transmissible(이전 가능) 등의 사용을 인정하지 않는다(UCP 600 제38조 b항).

02 수량 및 금액의 해석

1) 신용장에서 수량의 해석

(1) about(약), approximately(대략) 등의 해석

신용장의 금액, 단가, 수량 등을 표현하는 용어의 앞에 이상과 같은 용어가 표기되어 있으면 다음 원칙에 따라 해석하여야 한다(UCP 제30조 a항).

① 수출상의 선적 및 대금청구액은 신용장상의 표시수량에서 ±10%까지의 과부족이 허용된다. 즉, 신용장상 신용장의 금액, 수량 또는 단가 앞에 "approximately", "about" 등의 표현을 기재한 경우에는 해당된 항목의 금액, 수량 또는 단가에서 ±10%의 과부족(10% more or 10% less)을 허용하는 것으로 간주한다.

② 이러한 과부족허용의 문언은 신용장의 금액, 수량, 또는 단가에만 적용된다. 따라서 기타 신용장의 유효기일이나 선적기일 등에 대해서는 적용되지 않는다. 예컨대 "about U.S$10,000"와 같이 신용장금액 앞에 "about"이란 표현이 있으면 신용장금액에 대해서만 9,000~11,000달러의 범위 내에서 과부족이 허용된다.

③ 위의 용어는 기재되어 있는 당해 항목의 해석에만 적용하지 타 항목에까지 확대 적용하지 않는다. 즉, 그 표현이 수식하지 않은 항목에 대하여 이 원칙은 적용되지 않는다. 예를 들어 "about 1,000 ton"일 경우 수량의 상한이 1,100 ton, 하한이 900ton이라는 뜻이며 단가까지 변경되는 것으로 해석할 수는 없다.

④ maximum 또는 exceeding 등의 표현이 기재되어 있으면 이행할 수 있는 상한선이 표시된 수량 및 금액까지 한정된다는 의미이므로 하한선에 대한 규제는 없는 것으로 해석된다.

(2) 수량과부족허용의 한도 해석

광석, 곡물, 원유 등 살물상태(撒物狀態 : Bulk)로 공급되는 물품은 상품의 성질상 공급물량을 정확한 수량에 맞추는 것이 물리적으로 불가능하다. 따라서 이와 같은 물품에 대한 신용장 거래에서 수량 앞에 과부족을 허용하는 문구(about, circa 등)가 없더라도 과부족 허용규정(more or less term)을 적용하면 그 허용오차는 ±5%까지의 과부족은 허용하고 있다. 그러나 이 원칙은 다음과 같은 제한을 받는다.

① 신용장이 일정한 개수의 포장단위 또는 각개 품목의 조건으로 수량을 규정하고 있는 경우에는 적용되지 않는다. 따라서 같은 곡물이라도 포대에 담아서 개수단위로 공급할 때에는 이 원칙을 적용하지 못한다.

② 5% 또는 10%의 초과공급 허용규약에 따라 초과 선적했다 하더라도 수출상이 매입 시 상업송장 및 환어음을 신용장상의 액면금액 이상으로 기재하면 안 되고, 신용장에 기재된 초과 선적분 처리약정에 따르거나 초과 선적분에 대한 대금결제는 양 당사자간의 송금방식 등으로 문제를 해결하여야 한다.

③ 이러한 신용장에서는 수입상의 대금결제 편의를 위하여 수출상의 매입허용 금액은 Less Term이 적용되는 하한선(즉 신용장 액면금액의 90%)까지로 제한하고 있는 경우가 대부분이다. 왜냐하면 만일 수출상에게 100%의 매입을 허용했는데 수입지에 도착한 상품의 중량을 계량해 보았더니 90% 밖에 산출되지 않았다면 수입상이 수출상에게 기지급하였던 금액 중 10%를 환불받아야 하는 불편이 따르기 때문이다.

2) 신용장에서 금액의 증감해석

신용장 조건변경에 의거 신용장상의 표시금액을 증액하거나 감액할 때에는 금액 앞에 전치사로 by를 썼느냐 to를 썼느냐에 따라 해석이 달라진다. 즉, by를 쓰면 순증(또는 순감)분만을 나타내고 to를 쓰면 증감된 액을 포함한 전체 금액을 나타내는 것으로 해석된다. 예를 들어 신용장금액이 당초의 US$15,000에서 US$20,000으로 증대된 경우는 increased by US$5,000 increased to US$20,000로 표시하면 된다.

03 기간의 해석

1) 유효기일(expiry date, E/D)의 표시와 해석

유효기일은 선적을 완료한 수출상이 신용장에서 요구하고 있는 서류를 은행에 제시해야 하는 마감일을 의미하며, 유효기일이 명시되지 않은 신용장은 신용장의 기본형식 요건을 구비하지 않은 것으로 결격사유가 된다(UCP 제6조 d항 i, ii).

일반적으로 신용장상의 유효기일에 관한 표시문언은 Swift Credit에서 'Field 31D'에 'Date and Place of Expiry(유효기일과 유효기일 종료 장소) 난에 유효기일과 서류제시 장소를 명기하면 된다.

이와 같은 유효기일 표시와 관련하여 신용장통일규칙에서는 "모든 신용장에는 유효기일뿐만 아니라 서류제시 장소까지 기재되어야 한다"라고 규정하여 서류의 제시 장소까지 의무 기재사항으로 명시하고 있다.

서류제시 장소는 수출지에 있는 지정은행명으로 기재되는 예가 대부분이나 경우에 따라 발행은행명이 기재되는 수도 많으므로 수출상은 이 점에 유의하여야 한다. 만일 서류제시 장소가 발행은행으로 되어 있다면 수출상은 매입은행에서 발행은행까지의 우송일자를 감안하여 매입일자를 더 앞당겨야 지급거절을 면할 수 있게 된다. 그러나 자유매입 신용장은 그 특성상 매입은행을 특정하지 않아야 하기 때문에 이러한 제시장소를 신용장에 기재할 수 없는 것이다.

2) 기간의 기산일과 종료일의 해석

(1) to, until, till, from, between, before, after 등의 해석

선적기간과 관련한 특정일자 표시와 함께 to, until, till, from, between 등의 용어가 사용되었을 경우에는 그 특정 일자를 포함하여 표시된 당해일부터 기간경과가 시작되는 것으로 해석된다. 즉 선적에 관련한 신용장상의 모든 기일 또는 기간에 적용되는 "to", "until", "till", "from", "between"이라는 문언은 당해일을 포함하는 것으로 또한 선적기간과 관련하여 before, after라는 용어와 함께 특정일이 표시되었으면 당해일은 제외하고 그 다음날부터 기간계산이 시작되는 것으로 해석한다.

한편 환어음의 만기일과 관련하여 from, after라는 용어와 함께 특정일이 표시되었으면 당해일자를 제외하고 그 다음날부터 기간계산이 시작되는 것으로 해석한다.

(2) 월의 전·후반기 표시

어느 개월의 "전반(first half)", "후반(second half)"라는 용어, 즉, 어느 월의 전·후반기의 "first half a month", "second half of a month"이란 용어는 각각 말단일(末端日)을 포함하여 당월의 1일부터 15일까지, 16일부터 말일까지로 해석한다.

또한 어느 개월의 "상순(beginning)", "중순(middle)", "하순(end)"이라는 용어, 즉 초, 중, 하순의 "beginning of a month", "middle of a month" 또는 "end of a month"란 용어는 각각 말단일을 포함하여 당월의 1일부터 10일까지, 11일부터 20일까지, 그리고 21일부터 말일까지로 해석한다(UCP 제3조).

(3) 수입화물 선취보증서(L/G) 발급시의 특례

수입화물선취보증서(L/G)에 의거 서류도착 전에 화물을 미리 찾은 경우에는 Sight Credit의 기산일이 발행은행에 서류가 도착한 때가 아닌 수입화물선취보증서 발급일로 소급된다. 따라서 Usance Credit인 경우에는 외상기간을 수입화물선취보증서 발급일로부터 계산하여야 하고, Sight Credit인 경우에는 수입화물선취보증서 발급시에 수입상이 발행은행에 수입대금을 결제하여야 한다.

3) 서류제시 기간의 해석

(1) 서류제시 기간의 해석

신용장상에 확정된 선적일, 유효기일의 표시와는 별도로 "선적 후 며칠 이내로 운송서류가 제시되어야 한다"라는 문구가 표시되어 있을 경우(예 : … presented within 10 days after…)에는 그 신용장상의 사실상 종료일은 유효기일 범위 내에서 실제로 선적한 날(선하증권 발급일)로 부터 서류제시 기간(10일)이 종료되는 날이 된다(UCP 제6조 d항 i). 예를 들어 신용장 발행일이 5월 1일, 선적일이 7월 1일, 유효기일이 7월 11일인 신용장에서 서류제시 기간이 선적일로부터 10일 이내로 표시되었고, 수출상이 5월 20일 선적을 완료하였다면 이 신용장의 사실상 기간 종료일은 선하증권(B/L) 발급일인 5월 20일로부터 10일째 되는 날인 5월 30일까지 수출상이 매입은행에 서류를 접수하지 않으면 이 신용장은 유효기간 만료로 지급거절되는 것이다. 이 경우 만일 서류제시기간이 신용장상에 명시되지 않았다면 수출상은 5월 20일로부터 21일이 되는 6월 11일까지 매입은행에 서류를 제시하여야 하며 이 기일을 지키지 못하면 Stale B/L로 역시 지급이 거절된다.

또한, 신용장의 Special Instruction난에 서류제시 기간이 명시되지 않았을 때는 실제 선적일(선하증권 발급일)로부터 21일이 경과하여 매입은행에 서류가 접수되면 Stale B/L로 간주되어 지급거절(unpaid)의 사유가 된다(UCP 제14조 c항).

(2) "not later than"과 "on or about"의 해석

"on or about"는 신용장의 선적일자와 관련하여 이 용어를 확정일자와 함께 사용하였을 경우에는 기재된 일자의 전후로 각 5일(총 11일) 이내에 선적해야 한다는 의미이므로 만일 선하증권 발급일자가 그 기간에서 벗어나면 지급거절(unpaid)의 사유가 된다. 이러한 용어는 수입상이 꼭 필요로 하는 시기에 상품을 도착시키고자 할 때 많이 원용하는 방법으로, 수입상은 상품의 도착이 지연되는 것도 원하지 않지만, 상품이 너무 일찍 도착해도 자금부담, 창고료 부담 등 수입상에게 여러 가지 불리한 사태가 발생하므로 이러한 불이익을 방지하고자 할 때 "on or about", "not later than" 또는 "on or before"라는 표현을 쓰게 된다.

유의할 점은 위의 용어들은 선적기한 또는 유효기간이 "몇월, 며칠까지"임을 나타낼 때 위의 용어 다음에는 반드시 확정일자가 나오게 마련이다. 그러나 만일 "on or about", "not later than" 또는 "on or before" 등의 용어 앞에 This office 또는 Ourselves와 같이 발행은행 측을 나타내는 용어가 기재되어 있으면 이러한 용어가 없을 때와 큰 차이를 나타내게 된다. 즉, This office 등의 용어가 표시되어 있으면

(예 : Draft must be presented at this office on or before……) 서류의 제시장소가 매입은행이 아니고 발행은행이 되므로 수익자 또는 매입은행은 유효기일 이전에 운송서류가 발행은행에 도착할 수 있도록 우송기간을 감안해서 그만큼 빨리 발행은행 앞으로 서류를 발송해야 지급거절(unpaid)을 면할 수 있다.

4) 운송서류의 발행일자의 계산

신용장 통일규칙에 의거 국제상업회의소(ICC)가 정한 신용장 표준양식에는 선적표시란에 Loading On Board(본선적재), Dispatch(발송), Taking In Charge(수탁) 등의 세 가지 용어를 동시에 기재하고 있는 바, 이는 해상운송, 항공 및 우편운송, 복합운송을 모두 수용할 수 있도록 배려한 의미로 해석되나 각 운송방법에 따라 선적일자의 계산방법은 다음과 같이 각각 상이하다.

(1) 해상운송에서의 선적일

수출화물을 선박으로 운송하도록 지정한 경우에 유효선적일은 화물을 선적하고 운항할 선박의 적재장소에 화물을 실제로 적재(loading on board)한 날이 선적일이 된다. 만일 이러한 신용장에서 수출상이 화물을 선박회사에 화물을 맡긴 날 운송방법이 일반화물선(general cargo ship)에 의한 해상운송의 경우 유효한 운송일자는 실제로 화물을 본선에 적재한 일자가 되며 이는 선하증권(B/L) 발급일자와 동일한 뜻으로 사용된다(shipped B/L). 따라서 이러한 경우 만일 수출상이 선박회사로부터 수취선하증권(received B/L)을 교부 받았다면 추후 선박의 선장이 선적사실을 확인한 "선적부기(on board notation)"를 별도로 받아야 하며 이 "선적부기" 표기일자가 유효한 선적일이 되는 것이다. 그러나 컨테이너에 의하여 해상운송을 하는 경우에는 화물이 컨테이너에 적재된 후 CY의 선적대기 장소로 이동되는 때 부두수취증(Dock Receipt : D/R)을 발행하게 되며 이 부두수취증 발행일이 유효한 본선선적일(date of loading on board)로 간주한다.

(2) 항공운송 및 우편발송시의 선적일

항공 및 우편운송에 있어서는 운송의 성질상 수출상이 화물적재 여부를 확인할 수 없기 때문에 수출상이 화물을 운송기관(항공회사, 우체국 민간배달업자)에 맡긴 날 Air Waybill 또는 Mail Receipt를 발급받게 되고, 이때 운송서류에 표시된 일자인 당해 서류의 발행일이 실제 선적일로 간주된다(UCP 제23조, 제25조). 그러나 만일 Air Waybill상에 발행일과 실제 선적일이 동시에 기재되어 있다면 후자를 선적일로 인정하게 되고, 우편운송에서는 소포단위별로 영수증이 발급되므로 동시에 여러 뭉치의 소포를 우체국에 접수시켰으나 이 소포가 각각 다른 항공기에 적재되어 수입지에 각각 다른 날 도착되었다 할지라도 도착일에 관계없이 서류의 발송일로 선적기일의 준수 여부를 판단하게 되므로 Mail Receipt상에 표시된 수령일자(스템프 표시일자)가 유효한 운송일자로 취급된다.

(3) 복합운송의 선적일

복합운송은 운송도중에 운송기구를 바꾸어 최종목적지까지 운송하는 것이므로 화물의 최종 도착지가 항구가 아닌 내륙지인 경우에는 해륙 또는 육해공을 경유해야 최종 목적지에 도착하게 되며 이 경우에는 불가피하게 환적이 일어나게 된다. 그리고 환적에 따른 위험제거를 위하여 운송수단은 불가피하게 컨테이너를 이용하게 된다. 컨테이너에 의한 운송은 화물을 컨테이너에 적입한 날(FCL인 경우) 또는 Container Freight Station(CFS) 등에서 화물을 수취한 날(LCL인 경우) 운송서류가 발급되며 이 발급일자가 유효한 운송일자로 취급된다.

복합운송에는 운송서류의 형태가 수취식이며 신용장에서 명문으로 On Board를 요구하지 않는 한 수취식 운송서류가 유효하다. 따라서 운송서류의 발급은 화물을 인수한 상태(taking in charge)에서 이루어지므로 이 날짜가 신용장상의 유효한 운송일자로 취급되는 것이다. 만일 운송서류상의 발행일 표시 여부와 관계없이 운송서류상에 발송, 수탁, 본선적재 되었다는 문언과 일자가 표시되어 있다면 당해 일자를 선적일로 간주한다(UCP 제19조 a항 ⅱ).

04 분할선적·환적 및 할부선적의 해석

1) 신용장에 허용·유무표시가 없는 경우

분할선적(partial shipment) 및 환적(transhipment)의 허용 여부에 관해서 신용장상에 이를 명확하게 표시하고 있다. 그러나 만일 신용장에 아무런 표시가 없을 경우 어떻게 해석하느냐의 문제가 대두되는 바, 분할선적의 경우는 UCP 600 제31조에 이를 "허용하는 것으로 본다"는 명시규정이 있어서 문제가 없으나 환적의 경우에는 명시규정이 없어서 해석상 이론의 여지가 있어, 실무상 수출상의 매입시 위험부담 제거 및 수입상 보호라는 측면에서 보면 "불허"로 해석하는 것이 안전하다.

분할선적의 경우 신용장통일규칙에서 이를 "허용"으로 규정한 근거는 분할선적으로 인하여 수입상이 입는 피해가 비록 상품입수시기 지연이라는 측면이 있기는 하지만 상품자체의 멸실·훼손이라는 피해는 발생할 여지가 없기 때문이다. 그러나 환적의 경우는 문제가 다르다. 왜냐하면 운송중 상품의 멸실·훼손·도난 등의 사고는 환적시에 가장 많이 일어나는 것이 상례이고, A/R조건으로 부보하지 않는 한 이때 생긴 사소한 손해는 보험으로도 보상받지 못하는 것이 대부분이므로 수입상 보호 측면에서 보면 환적조항 불명 시에서 "허용"으로 해석할 때 여러 가지 무리가 따르기 때문이다. 이러한 연유 때문에 UCP에서도 환적 시 손해발생의 우려가 감소되는 컨테이너 운송의 경우에는 환적의 특례규정(UCP 제20조~제24조)을 두고 있으면서 운송선박이 일반화물선이나 살물선(bulky cargo ship)인 경우에는 아무런 언급을 하고 있지 않고 있으며 "허용"으로 해석하면 여러 가지 불합리한 점이 발생하므로 환적의 경우는 각 운송방법별로 "허용" 여부에 대한 해석을 별도로 해야지 이를 일률적으로 다룰 수는 없다 할 것이다.

2) 동일선박·동일항로의 경우

분할선적이 금지되어 있는 신용장의 경우, 만일 A회사가 제조일자 지연으로 화물의 일부만을 인천항에서 지정선박에 선적하고 3일 후 이 선박이 다음 기항지인 부산항으로 미선적화물을 운송하여 선적을 완료하였다면 A회사는 분할선적 금지규정을 위반한 것인가? 라는 문제가 대두된다. 동 건의 예에서 A회사는 2매의 선하증권을 발급받았고 선적항 및 선적일자도 각각 상이함으로 분명히 분할선적 금지규정을 위배한 것이 된다. 그러나 이러한 경우 "동일항해, 동일선박에 의해 이루어진 수회의 선적"이므로 비록 선적일자와 선적항이 다르더라도 분할선적으로 간주하지 않는다고 규정하고 있다. 그러나 만일 이때 신용장상에 선적항이 명문화되어 있다면 분할선적 금지문제는 해결되지만 지정 선적항에서의 출항이라는 의무규정에 위반하여 수입상이 클레임을 제기할 수 있게 된다.

이와 관련하여 여러 개의 소포 꾸러미를 동일날자에 우체국에 탁송·위탁하고 각 포장단위 별로 영수증을 받았다면 비록 동 소포들이 각각 다른 항공기에 탑재되어 도착지에서 동시에 화물을 받지 못하였다 하더라도 수출상이 매입 시에 제출한 영수증에 동일한 우체국의 소인(消印)이 동일한 날자로 표시되어 있다면 이는 분할선적으로 간주되지 않는다(UCP 제31조 c항).

3) 복합운송, 컨테이너 등에 대한 환적의 특례

환적(transhipment)이란 화물을 선적지에서 목적지까지 운송하는 도중에 동일한 운송장비가 아닌 다른 운송장비에 옮겨 싣는 것을 의미하며, 환적 중에 화물의 파손이나 분실사고가 발생하고 비용도 추가되므로 수입상의 입장에서는 바람직하지 않은 운송방법이다. UCP 600에서는 환적을 신용장에 명기된 선적지로부터 최종 목적지까지의 운송과정 중에 한 운송수단으로부터의 양화 및 다른 운송수단으로의 재적재(再積載)라고 정의하고 있다.

따라서 신용장통일규칙에도 환적에 대한 명시규정이 없을 경우 이의 허용여부에 대한 처리방법을 명백히 밝히고 있지 않다. 그러나 수출입 양 당사국간에 직항선이 없을 경우에는 환적이 불가피하고, 운송수단이 컨테이너, 트레일러(trailer), 파레트(pallet), 라쉬선(lash) 등 단위화물화(unitized cargo)되어 환적시에도 이의 해체를 필요로 하지 아니하는 경우에는 환적시의 위험부담이 별로 문제될 것이 없기 때문에 신용장통일규칙은 이에 대한 특례조항을 두어 환적을 허용하고 있다.

(1) 환적금지 조항이 없는 경우

신용장상에 환적금지 조항이 없을 경우에는 동일한 운송서류에 의하여 전 항로가 커버되는 한 환적 예정임을 표시한 운송서류도 수리 가능하다(UCP 제20조 c항 i 및 제24조 c항 i). 이러한 형태의 운송서류를 통과선하증권(through B/L)이라 하며 복합운송을 전제로 할 경우에는 거의 이와 같은 형태의 선하증권(B/L)이 통용된다.

(2) 환적금지 조항이 있는 경우

신용장상에 환적금지조항이 있음에도 불구하고 운송서류가 “동일한 운송서류에 의하여 전항로를 커버하고 있는 한” 다음 조건을 갖춘 운송서류는 수리한다.

① 선하증권의 약관 중에 “선박회사의 환적권 유보”를 “인쇄조항”으로 넣고 있는 경우(UCP 제20조 d항) : 정기선편으로 수출품을 운송할 경우에 Long Form B/L을 발급받게 되는바 동 B/L의 뒷면에 선사가 일방적으로 정한 인쇄 약관에 “환적권을 선사가 유보한다”라고 규정하고 있는 것은 위급한 돌발사태 발생시 선사측의 면책을 대비한 선언적 규정에 불과한 것이고 적극적으로 환적을 하겠다는 의사가 아니므로 환적의 특례를 인정하고 있다.

② 신용장이 복합운송, 항공운송, 도로·철도·내수로운송 방법을 허용하고 있는 경우(UCP 제19조 c항 ii, 제23조 c항 ii, 제24조 e항 ii) : 복합운송에서 환적이 일어난다는 것은 필연적인 사실인데 이를 허용하면서 환적을 금지한다는 것은 자체 모순에 빠져, 통규(UCP)는 복합운송측에 중점을 두어 해석한 것이다.

③ 컨테이너, 트레일러, 라쉬선 등에 적재되어 최종 목적지까지 운송된다는 표시가 있는 경우(UCP 제20조 c항 ii 및 제21조 c항 ii) : 이러한 형태의 운송에서는 환적시에는 물품의 멸실이나 손상이 일어날 염려가 없으므로 허용하고 있다.

④ 선적항과 목적항을 당해 항구내의 CFS나 CY로 표시한 경우 : 컨테이너 운송을 전제로 한 것임을 의미함으로 ③을 인정하는 한 당연한 논리적 귀결이다.

05 기타 사항의 해석

1) 갑판적의 해석

(1) 갑판적(on deck shipment)의 원칙적 금지

해상운송 포함 운송에 적용되는 조항으로 운송서류에 "운송되는 상품이 갑판에 적재되었다" 또는 "될 것이다"라는 문구가 있으면 안된다. 즉 화물이 갑판위에 적재되면 바닷물에 의한 침수, 선박위기시 제일먼저 바닷속으로 투하(jettison) 대상이 되는 등 여러 가지 위험요소가 있기 때문에 물품이 갑판에 적재되었음 또는 물품이 갑판에 적재될 것임 이라는 문언이 기재된 운송서류는 원칙적으로 은행이 수리를 거절한다. 따라서 만일 화물이 산동물, 원목 등과 같이 갑판선적이 불가피한 경우에는 특약으로 갑판적 허용조항을 신용장상에 넣어두는 것이 안전하다.

(2) 갑판선적 유보의 인쇄조항이 있는 경우

화물이 컨테이너 전용선으로 운반되는 컨테이너 내장물품인 경우에는 갑판에 적재될 가능성이 많으므로 이러한 경우 선박회사는 "갑판에 선적될지도 모른다(the goods may be loaded on deck)"라는 의사표시를 인쇄약관으로 선하증권 뒷면에 기재하고 있으며 이와 같은 유보문언이 있는 운송서류는 은행이 수리한다(UCP 제26조 a항).

왜냐하면 선하증권 뒷면의 인쇄글씨로 된 일반약관은 만약의 경우 불가피한 갑판선적 사유가 발생했을 때 선박회사가 면책의 방편으로 기재한 것에 불과하기 때문이다. 따라서 갑판적이 인쇄약관이 아닌 고무인이나 타자, 육필 등으로 기재되어 있으면 이는 사실상 갑판선적을 하겠다는 적극적인 의사표시로 해석되므로 은행은 당연히 이러한 선하증권의 수리를 거절한다.

2) 운임지급표시의 해석

(1) 운임지급필의 표시

운송방법이 Courier 서비스를 이용할 때, 신용장에서 운임선지급 표시를 요구하는 경우 운송장에 "배달비용은 수하인 이외의 자가 부담한다"라는 표시가 있어도 은행은 이러한 운송서류를 수리하게 된다. Courier 서비스는 배달업체와 이용업체가 소요운임을 월단위로 정산하는 관행이 있으므로 이러한 경우 운임선지급 표시가 곤란하기 때문에 이러한 실정을 존중하기 위한 조치인 것이다(UCP 제25조 b항).

(2) 운임미지급의 표시

가격조건이 "Incoterms 2020"의 FCA, FAS, FOB에는 수출상이 운임을 지급할 의무가 없으므로 B/L상의 운임란에도 "Freight Collect", "Freight payable at destination"이라고 표시해야 한다. 이러한 경우 신용장에는 가격조건을 FOB 등으로 표시하고 있을 뿐, 해상운임을 포함하여 그와 관련되는 문구는 전혀 기재하지 않는 것이 대부분이다.

(3) 추가운임의 표시

해상운송에서 징구하고 있는 운임은 기본운임(basic freight), 부가요율(surcharge) 및 추가비용(additional charge)으로 구분하는 바, 선하증권상의 운임란에 본래의 운임 외에 적하 또는 양육비용을 추가한다는 취지가 기재되어 있더라도 신용장상에 명문으로 이를 금지하지 않았으면 은행은 이러한 선하증권을 수리한다.

기본운임은 운송선박이 출발항에서 목적항까지 목적물을 운반해주는 대가로 받는 운임을 말하며, 부가요율은 CAF(currency adjustment factor), BAF(bunker adjustment factor), CS(congestion surcharge) 등을 말한다. 또한 추가비용은 선적 또는 양육에 따른 비용으로서 선적비용(loading cost), 양육비용(unloading cost), 선내하역비용(stevedorage), 선창 내 적부비용(stowage), 화물 정리비용(trimming charge) 등이 이에 해당한다.

3) 신용장발행 이전에 발행된 서류의 유효성

무신용장 방식으로 거래를 진행시키던 도중 이를 신용장방식으로 전환하는 경우에는 그와 관련된 서류의 발급일시가 대부분 신용장 발행일 이전으로 되어 있는바 이때 이러한 서류의 유효성 인정 여부가 문제된다. 즉, 가격조건이 CIF로 된 D/A·D/P거래를 진행하다가 이를 신용장방식으로 전환하는 경우에는 신용장발행 이전에 이미 매매의 목적물이 선박에 적재되었거나, 보험에 부보되어 있으므로 선하증권 및 보험증권의 일시가 신용장발행일보다 빠르게 된다.

BWT거래를 신용장방식으로 전환하는 경우에는 매매의 목적물이 이미 선박에 적재되어 있거나, 수입국의 보세창고에 입고되어 있는 상태인 경우가 대부분일 것이므로 신용장 발행 이전에 목적화물의 선하증권(Bill of Lading), 보험증권(Insurance Policy) 등이 이미 발급되어 있는 상태이므로 선하증권의 존재 및 발급일시가 문제된다.

이와 같은 경우 거래를 원만하게 진행시키기 위하여 신용장통일규칙은 일정한 조건 하에서 이의 유효성을 명문으로 규정하고 있는 바(UCP 제14조 i항), 이러한 서류가 정당하게 수리되려면 ㉮ 신용장상에 이러한 서류의 수리거절 의사표시가 없을 것, ㉯ 신용장상의 유효기간 내 또는 서류제시 기일 내에 이 서류가 은행에 제시될 것, ㉰ 운송서류인 경우 발급한 지 21일 이내에 제시되거나 “Stale B/L are Acceptable” 등과 같은 특약문구를 기재하는 등의 조건을 충족하여야 한다.

4) 은행 및 운송회사의 휴업일

(1) 은행의 휴업일

신용장의 유효기간 마감일이 수출국에 소재하는 매입은행의 공휴일에 해당되면 이 신용장의 마감일은 자동적으로 그 은행의 다음 영업일까지 연장된다. 따라서 이때 매입을 위하여 선적서류를 매입한 매입은행은 Covering Letter 상에 공휴일로 인한 마감일 연장표시를 하여 이를 발행은행으로 송부하게 된다(UCP 제29조 a항, b항). 이는 세계 각국의 연휴기간이 모두 틀리고 매매당사자에게 이 연휴기간까지 숙지하도록 한다는 것이 사실상 어려운 일이라는 취지에서 만든 제도이다. 그러나 유효기간 마감일에 해당되는 날의 은행의 휴무가 파업, 폭동, 전쟁 등 불가항력으로 인한 것인 때는 마감일은 연장되지 않고 지정일로서 종료된다.

수출상은 이 경우 상식적인 판단에 의거 불가항력 때문에 기일을 지키지 못한 것은 자신의 잘못이 아니므로 유효기간이 자동연장될 것으로 생각했다가는 큰 손실을 입을 우려가 있으므로 이러한 사태 발생시에는 선적전에 조건변경절차에 따라 기간연장 조치를 취한 다음 선적 및 매입을 행하는 것이 현명한 방법이다.

(2) 운송회사의 휴업일

신용장상의 최종 선적일자가 수출국의 공휴일에 해당하는 경우, 은행의 경우처럼 자동연장이 가능한가의 문제가 제기되나 이때는 자동연장이 허용되지 않는다(UCP 제29조 c항). 왜냐하면 선박회사 등 운송기관은 휴일에도 적하업무를 보고 있기 때문에 송하인이 업무상의 차질을 빚을 염려가 없기 때문이다. 그리고 공휴일로 인한 은행의 휴업일이 있을 경우 유효기간은 자동 연장되지만 선적일은 이에 하등의 영향을 받지 않으므로 수출상은 반드시 지정된 선적기일 내에 선하증권을 발급 받아야 한다. 또한 신용장에 유효기일(expiry date)이 표시되지 않고 선적기일 표시만 있으면 유효기일과 선적일이 동일자로 간주되고, 선적기일 없이 유효기일만 표시되면 그 날짜가 선적일로 간주된다.

표 13-1 신용장의 기본적 검토사항 요약

구 분	내 용
신용장의 검토	① 취소불능신용장인가? 신용장에는 취소가능/취소불능의 표시를 하여야 하며, 아무런 표시가 없으면 취소불능신용장으로 간주됨. 취소가능신용장은 발행은행에 의하여 언제든지 그리고 수익자에게 사전 통지없이 변경 또는 취소될 수 있기 때문에 수출환어음(선적서류) 추심전매입에 관련된 신용장은 반드시 취소불능신용장이어야 한다. ② 통지은행에 의해 진위성이 확인된 신용장인가? ③ Short Cable(Pre-Advice : 사전예고통지서)이 아닌 유효한 신용장원본인가? 신용장 여백 등에 단순정보사항으로 통지한다는 통지은행의 표시문언이 있는지와 신용장 원문상 Short Cable은 단순히 신용장발행에 대한 정보사항에 불과하고 그 자체가 유효한 신용장이 아니다. 따라서 제시된 신용장이 사전예고통지서일 경우에는 우편확인서(Mail Confirmation)가 첨부되어야 한다. Short Cable(Pre-Advice)에 해당하는 예문은 다음과 같다. ⅰ. "Please advice beneficiary details to follow" ⅱ. "Mail confirmation to follow(Airmailing mail confirmation)" ⅲ. "This credit will only become effective upon receipt of further confirmation" ④ 매입제한신용장(Restricted L/C) 또는 지정신용장(Straight L/C)은 아닌가? 특정은행을 지급/연지급/인수은행으로 지정한 지정신용장이나 매입제한 신용장 또는 상환제한 신용장인 경우에는 지정된 은행 앞으로 Renego(재매입)를 요한다. ⑤ 조건부 신용장(Conditional Credit)은 아닌가? 선적지시 또는 매입을 위한 지시가 있어야만 선적 또는 매입이 가능하거나 수입국의 쿼터배정이나 통관검사 후 유효해지는 신용장, 상업송장 또는 기타의 서류상에 수입상의 서명을 요구하고 있는 신용장, 국외양도된 신용장으로 양도은행이 발행은행으로부터 대금수령 후 지급하는 조건이나 기타 이와 유사한 'Back-to-Back L/C'인 경우 등 특정조건이 충족되어야 유효해지는 조건부 신용장은 각 매입은행의 내부업무지침에 따라서 추심 후 지급으로 처리하거나 하자 있는 신용장방식 수출환어음 매입에 의거 처리하고 있다. ⑥ 발행은행의 신용과 자산상태가 양호한가? 신용장이 비록 취소불능이고 발행은행의 지급확약문언(또는 신용장통일규칙적용문언)이 기재되어 있다 하더라도 발행은행의 신용이 불량할 경우 대금지급을 기대하기가 어려우므로 발행은행의 신용도를 확인한다. 예컨대 매입은행에서 확인한 결과가 발행은행의 신용등급이 'Ba(무디스)' 또는 'BB(S&P)' 미만인 경우에는 '하자있는 수출환어음'으로 처리한다. ⑦ 발행은행의 소재지에 불가항력의 사태가 발생하였거나 발생할 염려가 없는가? 불가항력적 사태는 전쟁, 내란 또는 이에 준하는 상황이나 재정 상태의 악화 등을 의미하는 것으로 이들 사태 발생시 발행은행의 지급의무이행이 어렵다. ⑧ 신용장통일규칙 적용문언이 있는가? 모든 신용장은 신용장통일규칙의 적용을 전제로 하여 운용되며 신용장통일규칙이 적용되지 않는 신용장은 신용장으로서 의미가 없다고 할 수 있다.

▌표 13-2 ▌ 신용장조건의 해석기준의 검토

구 분	내 용
서류의 요구 통수	원본과 부본을 신용장에서 요구하는 대로 제시하여야 함 ① invoice, one invoice, invoice in one copy → 상업송장 원본 1통 ② invoice in 4 copies → 상업송장 원본 1통(이상)과 부본 3통 ③ one copy of invoice → 상업송장 원본 또는 부본 1통 제시 (원본제시가 표준은행 관행)
유효기일, 종료장소	① 유효기일은 지급, 인수 또는 매입을 위하여 서류를 제시하여야 할 마지막 날을 의미. 지정된 은행의 지급, 인수 또는 매입을 위한 최종일을 의미하는 것은 아님. ② 유효기일이 종료되는 장소는 지급·인수·매입은행 또는 그 소재지, 발행은행 또는 그 소재지가 된다. 통상적으로는 매입은행의 소재지에서 유효기일이 종료되나 때로는 발행은행에서 또는 그 소재지에서 종료되는 경우가 있으므로 주의하여야 함 ③ 은행의 휴업일이 공휴일에 해당하는 경우 그 기간 중에 신용장의 유효기일이 끝날 때는 그 휴업일에 이은 최초 영업일까지 당해 신용장의 유효기일은 자동적으로 연장됨.
서류제시 기간	① 서류의 제시기간이 명시되지 않은 신용장의 경우 은행은 선적이 후 21일을 경과하여 제시된 서류를 수리 거절한다. 단, 서류는 신용장 유효기일 이전에 제시되어야 함 ② "Documents must be presented within 10 days after the date of shipment" ③ 서류제시 기간의 최종일이 은행의 통상적인 휴업일에 해당하는 경우에는 유효기일의 경우와 마찬가지로 휴업일에 이은 최초영업일까지 서류제시기간의 최종일은 자동연장 됨
선적기일	① 본선적재(loading on board) : 선적선하증권은 발행일자가 선적일자로 간주됨. 수취선하증권은 본선적재 부기일자가 선적일자로 간주. ② 발송(dispatch) : 물품을 항공이나 우편 또는 택배사편으로 보내는 것 ③ 수탁(taking in charge) : 수탁이란 물품을 운송하기 위하여 운송인 또는 운송주선인이 물품을 받아두는 것 ※ 발송, 수탁 또는 본선적재는 복합운송서류상에 그러한 취지의 문언에 의하여 명시될 수 있으며, 그 발행일은 발송, 수탁 또는 본선적재일 및 선적일로 본다. 그러나, 서류가 압인 또는 기타의 방법으로 발송, 수탁 또는 본선적재일을 명시한 경우에는, 이러한 일자는 선적일로 본다. ④ 운송을 위한 인수(accepted for carriage) : 물품이 운송을 위하여 인수되었음(accepted for carriage)을 명시한 것. 그리고 신용장이 실제의 발송일을 요구한 경우에는, 그 발송일에 관한 특기사항을 명시한 것. 항공운송서류상에 그렇게 명시된 발송일은 선적일로 본다. UCP 600 제27조의 목적상, 운항번호와 운항일에 관련하여 ("운송인 전용" 또는 이와 유사한 표현을 기재한) 항공운송서류상의 별도란에 표시되는 정보는 그 발송일에 관한 특기사항으로 보지 아니한다. 그 밖의 모든 경우에는, 항공운송서류의 발행일은 선적일로 본다. ⑤ 우편수령일(date of post receipt) : 우편운송서류에서는 우체국에서 찍은 수취스탬프의 일자가 선적일자이다. ⑥ 접수일(date of pick-up) : 택배사란 서류나 소량의 화물을 송화인의 집에서부터 수화인의 집까지 신속하게 배달해 주는 속달업자로서 Courier라고 함. 택배사가 물품을 직접 수령해 가면 수령증에 'Pick-up' 일자를 찍어주고 택배사 사무실에 물품을 직접 가져다주면 수령증에 접수일자를 찍어주는데 그러한 일자를 선적일자로 간주한다.
선적기일 연 장	선적기일의 연장은 신용장 조건을 변경할 때 선적을 위하여 정해진 최종기일이 특정일자까지 연장되었다는 지시가 명시적으로 표현되어 있어야만 그 특정일자까지 연장이 가능함

구 분	내 용
용어사용	① 선적기일을 표시하면서 'prompt', 'immediately', 'as soon as possible' 또는 이와 유사한 표현을 금지. 그러한 표현이 사용된 경우 은행은 이를 무시한다. ② 'on or about'의 해석 : 선적기일을 정함에 있어 'on or about' 또는 이와 유사한 표현이 사용된 경우, 동 표현은 명시된 날짜 이전 5일과 동일자 이후 5일간의 기간(총 11일간) 중에 선적을 이행하도록 요구하는 것으로 해석한다. ③ 신용장에서 선적에 관련한 기일/기간에 적용되는 "to", "until", "till", "from"이 사용되면 당해일을 포함하고 "after"라는 문언은 당해일자가 표시되지 않는다.
금액, 수량 및 단가의 과부족 허용	① 금액/수량/단가와 관련하여 사용된 "약(about)", "대략(approximately)", "대개(circa)" 문언은 이에 언급된 금액 또는 수량 또는 단가보다 상하 10%를 초과하지 아니한 과부족을 허용함 ② 신용장에 특정된 화물의 수량이 과부족 되어서는 아니 된다고 규정하지 않은 한, 5%의 과부족이 허용된다. 그러나 다음과 같은 예외조건이 있다. ⅰ. L/C에서 수량 과부족을 금지하는 문언이 없어야 한다. "Up To", "Maximum", "Not Exceeding" 등의 표현을 L/C금액에 사용한 경우에는 하한편차만 허용되고 상한편차는 허용되지 않는다. ⅱ. 신용장금액을 초과하지 않아야 한다. 그러므로 분할선적이 허용되는 경우에 적용되는 것이 원칙이나 분할선적이 금지되는 경우에도 해당된다. 따라서 어음 발행금액(상업송장 금액)은 L/C금액을 초과하지 않아야 한다. 선적서류량이 부족한 경우에는 어음금액이 신용장금액보다 적으므로 문제가 없다. 그러나 선적수량이 초과된 경우에는 어음금액이 신용장금액을 초과할 가능성이 많다. ⅲ. 숫자가 명시된 포장단위(Packing Unit) 또는 개개품목(Individual Items)으로 수량을 표시하고 있는 경우에는 적용되지 않는다. 포장단위에는 용기, 상자, 드럼 등을 포함하며, Pcs, Dozens, Gross 등의 개개품목 수량도 해당된다.
분할선적	① 분할선적(Partial shipment) : • 금지문구 : ㉠ Partial shipments are prohibited. ㉡ Partial shipments are not allowed(permitted). ㉢ Part shipment are not allowed. ㉣ Pro-rata shipments are not permitted. • 허용문구 : ㉠ Partial shipments are allowed(permitted). ㉡ Shipment in one or more lots is allowed ② 신용장에 별도의 명시가 없는 경우 분할선적은 허용됨 ③ 문면상 동일운송수단으로 그리고 동일항로에 의하여 선적되었음을 표시하는 운송서류는 상이한 선적일자를 나타내고 있거나 상이한 적재항구, 수탁 또는 발송지를 표시하고 있을지라도 분할선적으로 간주하지 않음
할부선적	Installment shipment : 일정기간 내에 일정량의 물품을 선적토록 하는 방법
환적	① 환적이란 선적항(출발공항), 발송 또는 수탁지로부터 양륙항(목적공항) 또는 목적지까지의 운송도중 어떤 운송수단이나 또는 선박(항공기)으로부터 동일운송방식으로부터 다음 운송수단이나 선박(항공기)으로, 또는 어떤 운송방식으로부터 다른 운송방식으로 재적재되는 것을 말한다. 일반적으로 신용장 조건에서 환적에 관하여 특별히 명시되지 않는 경우에는 환적을 금지되는 것이 원칙이나 예외가 있다. ② 신용장에서 환적이 금지되더라도 전체 해상운송구간을 하나의 동일한 선하증권으로 표시하는 경우 컨테이너에 선적되면서 환적될 것이라는 표시가 있는 선하증권을 수리한다. ③ 전체 운송과정의 하나인 동일한 복합운송서류(항공화물서류 포함)로 커버되는 경우, 환적이 될 것이다 또는 될 수 있다고 명시한 운송서류는 신용장이 비록 환적을 금지하는 경우에도 수리된다.

제14장 ▌ 수출입대금의 결제

01 수출대금의 회수

1. 수출대금회수의 의의

수출대금의 회수는 수출상이 환어음을 작성하고 여기에 운송서류를 첨부하여 외국환은행(foreign exchange bank)에서 매입 받음으로써 이루어진다. 수출상이 외국환은행에 환어음의 매입을 신청할 때는 은행소정양식의 매입신청서, 환어음, 운송서류, 신용장 원본 등의 서류를 구비해야 하고, 환어음에 첨부되는 운송서류는 신용장의 조건과 일치하여야 한다. 그러나 수출상이 외국환은행과 처음으로 화환거래를 시작할 때는 외국환은행에 "화환어음거래약정서" 또는 "수출거래약정서"를 제출하여야 한다.

2. 수출대금회수의 방법

수출상품의 대금을 회수하기 위한 결제방법은 수출환어음을 발행하고 여기에 선적상품을 담보로 하는 운송서류를 첨부한 화환어음(documentary bill)을 외국환은행에 매도함으로써 그 대금을 지급받는 방법이 가장 많이 이용되고 있는 것이다.

동 방법은 수출상이 운영자금을 손쉽게 마련할 수 있다는 점에서 수출상에게 유리할 뿐만 아니라, 수출환어음 매입은행 측에서도 선적상품을 그 어음의 담보로 하는 까닭에 융자에 따르는 위험을 방지할 수 있다는 점에서 안심하고 매입에 응하게 되는 것이다. 이는 같은 화환어음에 의한 수출상품의 대금회수방법에는 신용장이 있는 화환어음에 의한 결제방법과 신용장이 없는 화환어음에 의한 결제방법, 즉 추심환어음에 의한 결제방법이 있다.

1) 신용장이 있는 화환어음에 의한 결제방법

동 방법은 수출상이 계약물품을 선적한 다음, 수출환어음을 발행하고 거기에 운송서류와 수입상측에서 발행한 신용장을 첨부하여 수출지의 거래은행이나 그 신용장에 지정된 외국환은행에 매입을 의뢰하는 것이다. 따라서 매입을 의뢰받은 외국환은행, 바꾸어 말하면 매입은행(negotiating bank)은 신용장이 있으면 신용장 발행의뢰인(applicant for the credit)의 신용에 대하여 신용장의 발행은행(issuing bank: opening bank)이 책임을 부담하므로 수출상이 발행한 화환어음(documentary bill)을 안심하고 매입(negotiation)할 수가 있는 것이다.

그러므로 수출상이 신용장과 운송서류를 첨부한 수출환어음을 제시하면 매입은행(negotiating bank)은 그것과 상환으로 수출환어음 금액을 전액 지급하게 되고, 수출상은 선적상품의 대금을 회수하게 되는 것이다. 여기에 화환어음에 의한 수출상품 대금의 회수경로를 [그림 14-1]로 표시하면 다음과 같다.

▮ 그림 14-1 ▮ 신용장부화환어음에 의한 수출상품 대금의 회수경로

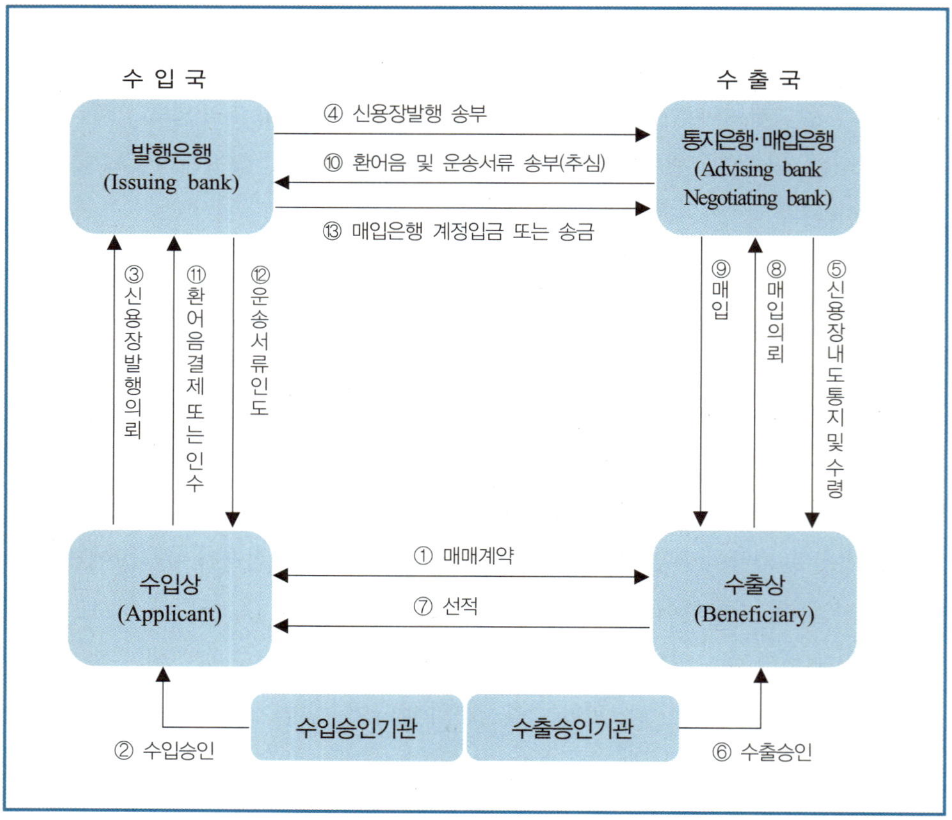

2) 신용장이 없는 추심환어음에 의한 결제방법

무역거래의 대금결제는 대부분 신용장결제에 의하여 이루어지고 있으나, 오늘날과 같이 수출경쟁이 치열한 경우에는 가능한 한 수입상측에 유리한 거래조건을 제시하여 수출증가를 꾀하게 되는 것이다. 따라서 오늘날에는 신용장이 없는 화환어음에 의하여 대금을 회수하는 방법, 즉 추심환어음에 의한 결제방법이 많이 활용되고 있는 형편이다. 그러나 수출상이 약정품을 선적하고 선박회사로부터 선하증권을 교부받은 다음 운송서류를 구비하여 화환어음의 매입을 외국환은행에 의뢰하면서 수출어음보험(export bill insurance)에 부보하면 신용장이 없더라도 일반적으로 외국환은행측이 수입상으로부터 선적상품금액을 전액 수취하기 전에도 추심전 매입(BP : Bill Purchased) 형식으로 수출대금을 지급하게 되는 것이다.

따라서 수입상의 신용상태가 불량하거나 수입국의 금융사정이 좋지 않을 경우에는 수출상품의 대금회수를 위하여 수출상은 화환어음을 이용하지 않고 추심환어음(collection bill)을 발행하게 된다. 이때에도 추심환어음을 운송서류와 함께 외국환은행에 매입을 의뢰하여 수출상품의 대금을 회수하게 되는 것이다.

그러나 추심환어음에 의할 경우에는 외국환은행측에 추심에 따르는 수수료와 그 밖에 필요한 비용을 지급하지 않으면 안 된다. 물론 수출상이 어음의 추심을 의뢰할 때 거기에 따르는 비용과 수수료를 사전에 지급하지 않고 사후에 수출상품의 대금을 수출상에게 지급할 때 이들을 공제하는 수도 있는 것이다.

따라서 추심환어음에 의하여 수출상품의 대금을 회수하는 방법은 추심환어음금액을 수출지의 외국환은행이 수출상에게 미리 융자하여 주는 형식과는 달리 수입상이 그 추심환어음을 결제하고, 그 지급통지가 수출지의 추심의뢰은행(remitting bank)에 전달될 때에 비로소 수출상에게 지급되는 것이다.

다시 말하면 수출대금의 추심을 의뢰하기 위하여 수출상은 수입상을 지급인(drawee), 수입지의 수입상의 거래은행(추심은행, collecting bank)을 수취인으로 하여 추심환어음(collection bill)을 발행하고, 여기에 운송서류를 첨부하여 추심의뢰서와 함께 자기 거래은행(추심의뢰은행, remitting bank)에 제출하고, 그 거래은행은 운송서류를 수입지의 은행(추심은행, collecting bank)에 보내고, 그 은행으로 하여금 운송서류와 상환으로 선적상품의 대금을 회수하는 방법이다.

추심결제방식이란 수출상(principal)이 계약에 의해 물품을 선적한 후 관련서류를 첨부한 화환어음(documentary bill)을 수입상에게 제시하면, 수입상이 그 어음에 대해 지급(payment) 또는 인수(acceptance)하여 결제하는 방식을 말한다. 동 방식의 거래는 은행의 지급확약 없이 당사자들 간의 매매계약에 의하여 수출상(principal)이 화환추심어음(documentary bill)을 발행하여 수입상으로부터 수출대금을 추심하는 방식이며 운송서류의 인도조건에 따라 지급인도조건(支給引渡條件 : D/P, Documents against Payment)과 인수인도조건(引受引渡條件 : D/A, Documents against Payment)으로 구분된다.

〈 추심거래방식의 당사자 〉

• 추심의뢰인 (principal)	계약물품을 선적하고 거래은행에 추심을 의뢰하는 수출상(exporter), 매도인(seller), 환어음발행인(drawer) 및 채권자(creditor)이다.
• 추심의뢰은행 (remitting bank)	수출국의 수출상 거래은행으로 수입국의 추심은행(collecting bank)으로 추심을 의뢰받은 수출국의 은행이다.
• 추심은행 (collecting bank)	수입국의 수입상 거래은행으로 추심의뢰은행(remitting bank)이 요청한 추심의뢰서에 따라 지급인(drawee)에게 추심하여 수출국의 추심의뢰은행으로 대금을 송금하는 은행이다.
• 제시은행 (presenting bank)	수입상인 지급인에게 직접 추심서류를 제시하는 은행으로 넓은 의미로 추심은행(collecting bank)이다. 추심은행이 수입상의 거래은행이 아닌 경우 제시은행(presenting bank)이 존재한다.
• 지급인 (drawee)	수출국의 추심의뢰은행(remitting bank)의 추심의뢰에 대해 최종 지급(payment)을 하거나 인수(acceptance)하는 수입상을 말한다.

▮ 그림 14-2 ▮ 추심환 환어음의 결제경로

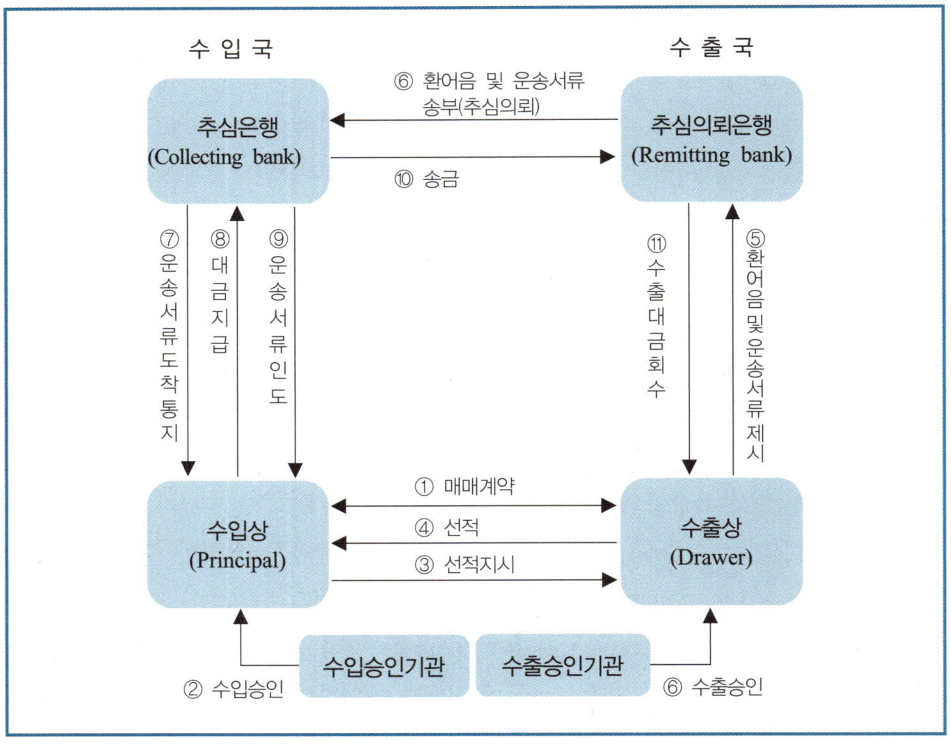

3. 수출대금 회수의 절차

1) 화환어음거래약정의 체결

외국환은행은 화환어음을 수출상으로부터 매입하기 전에 매입의뢰자(수출상)와 화환어음 거래약정을 체결하는데, 이는 매입행위가 일종의 여신행위이므로 환어음의 매입에 관해 담보·책임 등의 한계를 명확히 하기 위해서이다. 이러한 약정체결은 최초 거래 시에 이루어지게 되며 화환어음 거래약정의 체결방법은 외국환은행이 작성한 일정한 서식(약정서)에 수출업자가 서명·날인함으로써 성립된다.

2) 환어음의 발행

수출상이 환어음을 발행할 때 우송 중의 분실 또는 연착에 대비하여 제1권(first bill of exchange)과 제2권(second bill exchange)의 2통을 한 조로 발행한다. 그리하여 제1권에는 운송서류의 원본(original)을 각 한 통씩 첨부되고 제2권에는 부본(duplicate)을 첨부하여 각각 다른 항공편으로 수입지의 지급은행 앞으로 송부한다.

(1) 환어음의 의의

"환어음(bill of exchange or draft)"이란 국제거래에서 채권자인 어음의 발행인(drawer)이 채무자인 지급인(drawee)에 대하여 어음상의 표시금액을 수취인(payee) 또는 그 지시인(orderer) 또는 소지인(bearer)에게 일정한 기일 내에 일정한 장소에서 제시할 경우 무조건 지급할 것을 위탁하는 요식 유가증권이며 유통증권이다. 즉 채권자인 어음의 발행인(drawer)이 채무자인 지급인(drawee)에 대하여 일정기일에 일정한 장소에서 그 채권금액을 지시인 또는 소지인에게 무조건 지급할 것을 위탁하는 요식 유가증권으로서 지급청구서의 역할을 한다.

국제간 환어음의 유통에는 적어도 2개국이 개입되며, 환어음의 효력은 원칙적으로 행위지의 법률에 의하여 처리하게 되어 있다. 예컨대, 한국에서 어음을 발행하고 일본에서 배서(endorsement)하고 미국에서 인수를 하였다면 발행에 관하여는 한국법, 배서는 일본법, 인수는 미국법에 의하여 결정되는 것이다. 그러므로 만일 한국에서 발행된 어음이 한국법에서는 무효일지라도 일본에서 합법적으로 배서되고 미국에서 합법적으로 유통될 수 있으면 그 어음은 유효한 것이다.

이와 같이 외국환어음에 따르는 어음행위의 효력은 원칙적으로 행위지의 법률에 의해 처리하게 되어있어 우리나라에서 발행한 어음행위는 우리나라 어음법이 적용되며 외국에서 발생한 어음행위는 그 나라의 어음 관계법을 따르게 되는 것이다.

무역거래 중에서 가장 대표적인 방식인 신용장방식의 거래나 신용장을 수반하지 않는 D/P·D/A 등으로 대표되는 무신용장방식의 거래에서 대금결제를 위한 수단으로 환어음이 이용되고 있다. 환어음이 신용장조건에 의하여 운송서류 등과 함께 발행되면 화환어음이고 운송서류 등이 첨부되지 않은 것은 무화환어음이라 하고 D/P·D/A 계약서에 의하여 발행되는 환어음을 추심어음이라고 한다.

환어음의 발행 목적은 첫째, 대금지급을 발행은행에 위탁하기 위한 것이며, 둘째, 지급 또는 인수 거절된 환어음 대금에 대하여 발행인의 상환책임을 지게 하는 것이다. 무역결제에서 사용되는 환어음은 우송중의 분실 또는 연착에 의한 어음 유통상의 장해를 방지하기 위하여 동일 내용의 것을 2통 작성, 곧, 제1권(first bill of exchange)과 제2권(second bill of exchange)의 조어음(set bill)을 발행한다. 제1권에는 운송서류의 원본(original)을 첨부하고 제2권에는 운송서류의 부본(duplicate)을 첨부하여 수출지 은행에서 수입지 은행까지 각각 다른 항공편으로 우송한다. 이와 같은 조어음의 경우 이중으로 지급되는 것을 방지하기 위하여 제1권의 어음 본문에는 “second of the same tenor and date being unpaid”(동일한 어음기한 및 발행일의 제2권이 지급되지 않은 경우에 한함)라고 인쇄되어 있고 제2권에는 “first of the same tenor and date being unpaid”라고 인쇄되어 있다.

국제간의 환어음거래는 영국에서 제정된 “환어음법(Bill of Exchange Act 1882)”과 국제상업회의소(ICC)에 의해 제정된 “추심에 관한 통일규칙(Uniform Rules for Collections, 1995 Revision ICC Publication No.522)”에 의해 처리되고 있다.

환어음은 대금결제 기간에 따라서 환어음의 지급인이 일람하는 즉시 지급하도록 되어 있으면 “일람출급 환어음(sight bill)”이라 하고 일람하고 일정기간이 경과한 후에 지급하도록 되어 있으면 “기한부 환어음(usance bill)”이라고 한다. 또한 환어음이 다른 운송서류와 함께 발행되면 이를 “화환어음(documentary bill of exchange)”이라 하고, 운송서류가 첨부되지 않은 것은 “무화환어음(clean bill of exchange)”이라고 한다. 그리고 D/P · D/A 등과 같이 추심할 경우 발행되는 환어음은 “추심어음(bill of documentary collection)”이라고 하고, 환어음의 지급인이 은행으로 되어 있으면 이는 “은행환어음(bank bill)”이라고 하며, 그 지급인이 수입상과 같은 개인으로 되어 있으면 이는 개인환어음(private bill)”이라고 한다.

(2) 환어음의 당사자

환어음의 주요 당사자는 다음과 같다.

① 발행인(drawer) : 환어음을 발행하고 서명하는 자로서 채권자인 수출상을 말하며, 신용장거래에서 환어음의 발행인은 신용장상의 수익자이며, 환어음이 유효하게 발행되기 위해서는 발행인의 서명날인이 있어야 유효하다.

② 지급인(drawee) : 환어음의 지급을 위탁받은 채무자로서 신용장거래에서는 보통 신용장발행은행이나 신용장 발행은행이 지정한 은행인 상환은행(결제은행)이 되며, 추심결제방식(D/P· D/A)에서는 수입상이 된다.

③ 수취인(payee) : 환어음금액을 지급을 받을 자로서 환어음 발행인 또는 발행인이 지정하는 제3자, 즉 수취인은 통상 어음발행인인 수출상이 될 수도 있고, 어음을 매입한 매입은행 또는 환어음을 점유하고 있는 "선의의 소지인(bonafide holder)" 등이 될 수도 있다.

④ 인수인(acceptor) : 환어음이 기한부형식으로 발행된 경우에는 지급인에 의하여 인수되어야 한다. 환어음의 지급인이 본인의 명의로 서명하여 거래의 지급인임을 인정하고 환어음의 만기일에 지급할 것이라는 의사를 표명하게 되는 것을 인수(acceptance)라고 한다. 즉, 환어음의 인수인은 기한부 환어음의 인수와 동시에 환어음의 만기에 어음금액을 지급할 것이라는 약속을 하고 인수인은 인수에 관한 내용을 어음의 전면에 기재하고 서명하게 되는 것이다.

(3) 환어음의 지급기일

환어음은 대금결제 기간에 따라 일람출급환어음과 기한부환어음으로 구분된다.

① 일람출급 환어음(sight bill) : 어음지급인에게 제시되는 즉시 결제하라는 환어음을 말한다. 지급기일이 At Sight인 경우 일람은 수입상(어음지급인)이 서류가 첨부된 화환어음을 일람한 날을 의미한다.

② 기한부환어음(usance bill) : 어음지급인에게 제시된 후 일정한 기간이 경과한 만기일(maturity)에 결제되는 환어음을 말한다. 지급기일이 at xx days after (from) date (B/L date, sight)인 경우 수입상(어음지급인)이 서류가 첨부된 화환어음의 만기일 날을 의미한다.

㉠ 일람 후 정기출급 환어음 : 어음지급인이 환어음을 인수한 후 일정한 기간이 경과하면 그 대금을 지급하라는 환어음을 말한다. 예컨대 지급일이 "at 90 days after sight"인 경우 일람의 기준일은 어음지급인이 어음을 인수한 다음 날이다.

• 예 1 : 지급일이 "at 90 days after sight"인 경우 어음지급인이 어음을 인수한 날짜가 4월 10일이면 만기일은 언제인가?
㉠ 4월 11일 ~ 30일 : 20일간 ㉡ 5월 1일 ~ 31일 : 31일간
㉢ 6월 01일 ~ 30일 : 30일간 ㉣ 7월 1일 ~ 09일 : 9일간
총계는 90일 간이 되고, 따라서 7월 9일이 만기일이 된다.

㉡ 발행일자 후 정기출급 환어음 : 어음지급인이 환어음 또는 선하증권의 발행일자로부터 일정한 기간이 경과하면 그 대금을 지급하는 환어음을 말한다. 어음 지급인의 인수일과 관계없이 환어음 또는 선하증권의 발행일 다음 날로부터 60일째가 만기일이 된다.

> • 예 2 : 지급일이 "at 60 days after the B/L date"인 경우 선하증권의 발행일이 4월 10일이면 만기일은 언제인가?
> ㉠ 4월 11일 ~ 30일 : 20일간 ㉡ 5월 1일 ~ 31일 : 31일간
> ㉢ 6월 01일 ~ 09일 : 09일간
> 총계는 60일 간이 되고, 따라서 6월 9일이 만기일이 된다.

③ 확정일출급 환어음 : 환어음에 확정된 장래의 특정일자에 그 대금을 지급하라는 환어음을 말한다. 예컨대 환어음 발행일자가 4. 10, 2019인 경우 2019년 5월 10일이 만기일이다.

> • 예 3 : 지급일이 "at 30 days after date"인 경우 환어음의 발행일이 4월 10일이면 만기일은 언제인가?
> ㉠ 4월 11일 ~ 30일 : 20일간 ㉡ 5월 1일 ~ 10일 : 10일간
> 총계는 30일 간이 되고, 따라서 5월 10일이 만기일이 된다.

(4) 환어음의 기재요건

환어음은 요식증권이므로 반드시 일정한 형식을 갖추어야 하며 또한 무인증권으로서 어음상의 권리도 추상적인 것이므로 다른 유가증권에 비하여 엄격한 형식이 요구되고 있다. 따라서 어음이 성립하는데 반드시 기재되어야 할 필수기재사항과 기재여부가 어음의 효력에 영향은 없지만 임의기재사항이 있다.

필수기재사항은 어느 하나라도 누락되면 어음의 법적 효력이나 구속력을 갖지 못하며 우리나라 어음법 제1조에 규정되어 있는 필수기재 사항은 다음과 같다.

가) 필수 기재사항

① 환어음의 표시문구 : 어음법에서 환어음임을 표시하는 문자의 기재를 요구하는 것은 이 증서가 환어음임을 표시하기 위한 것이다. 따라서 증권의 문언 중에 환어음이라는 것을 표시한 문구, 예컨대 영문에 의한 어음에는 'Bill of Exchange'이라는 어음 문구를 반드시 증권의 본문 자체 중 또는 문장 중에 기재되어야 한다. 한편, 환어음이 발행될 경우에는 각각 "FIRST BILL OF EXCHANGE", "SECOND BILL OF EXCHANGE" 등으로 표시하여 정본과 부본임을 구별한다.

② 일정금액의 무조건 지급위탁문언 : 환어음은 지급위탁증권이다. 따라서 지급의 위탁문구는 환어음의 징표이고 그 법률관계의 중핵이므로 법도 "일정한 금액을 지급할 뜻의 무조건의 위탁문언(unconditional order in writing)" 문구를 기재할 것을 요구하고 있다. 일정금액을 지급한다는 뜻의 "Pay to ~ the sum of ~"가 이에 해당하며, 일정금액이란 US$ 100,000와 같이 단일화폐로 명기하는 것을 말한다. 여기서 "PAY TO…" 다음에는 수취인을, "THE SUM OF…" 다음에는 지급통화와 금액을 문자로 기재한다.

③ 지급인의 표시 : 환어음은 지급위탁증권이므로 발행인 이외에 지급인(drawee)이 있어야 한다. 어음법도 지급인의 기재를 어음요건으로 하고 있다. 이는 환어음 하단 좌측에 "TO ……" 다음에 기재되는 자로서 환어음의 지급인을 의미한다. 이 지급인은 신용장상의 "drawn on …(42D)" 다음에 나타난 당사자를 기재한다. 신용장부 환어음의 경우, 지급인은 발행은행(issuing bank)이나 상환은행(reimbursing bank)이 된다.

④ 지급만기일의 표시 : 만기(maturity)라 함은 어음금액이 지급될 날로 어음상의 기재는 일자이다. 만기는 만기일(date of maturity : due date)이라고도 하며, 실무계에서는 지급기일(date of payment)이라고도 한다. 만일, 만기가 법정휴일(legal holiday)일 때에는 이에 계속되는 제1의 거래일이 지급을 할 날로 되므로 지급일은 현실적으로 지급이 이루어진 날이다.
일람출급과 기한부 두 가지로 구분한다. 일람출급인 경우 "at sight"로 표시하며, 기한부인 경우는 "at ○○ days after sight" 또는 "at ○○ days after B/L date"와 같이 기재하면 되며, D/A방식인 경우 기한부와 같이 기재하면 되고, D/P인 경우는 이 난에 "D/P, At Sight"라고 기재하면 된다.
만기(maturity)는 필수기재 사항이므로 그 기재가 없는 때에는 어음은 원칙상 무효이나 어음법은 단순히 만기의 기재가 없는 경우에 특히 구제규정을 두어 "만기의 기재가 없는 때에는 일람출급의 환어음으로 본다"라고 하였다.

⑤ 지급지(place of payment) : 환어음상에는 지급인과 아울러 지급지를 명기하여야 하며, 지급지라 함은 어음금액이 지급될 일정한 지역을 말한다.
지급장소는 지급지내에 있어서 지급이 행하여질 장소(지점)이다, 지급지는 실제로 존재하는 지역이어야 하며, 다만 지급지의 기재가 없는 경우에는 지급인의 명칭에 부기한 지역에서 발행한 것으로 본다. 이는 환어음의 지급인이 표기된 "TO ……" 다음에 기재하는 지급인의 주소로 대신하며 영미법에서는 지급지의 표시는 임의기재 사항이다.

⑥ 수취인(payee)의 표시 : 수취인이라 함은 환어음 대금의 지급을 받을 자로 환어음에서 "PAY TO…." 다음에 기재되는 것으로 통상 신용장방식에서는 매입은행(negotiating bank)이 기재된다. 우리나라 어음법은 기명식(예 : Pay to Korea Exchange Bank)과 지시식(예 : Pay to Korea Exchange Bank or Order : Pay to the Order of Korea Exchange Bank)에 의한 발행만을 인정하고 그 이외는 무효이나 영미법에서는 이를 모두 인정하고 있다.

⑦ 발행일(date of issue) 및 발행지(place of issue)의 표시 : 발행일(date of issue)이라 함은 어음이 발행된 날로서 어음상에 기재된 일자를 말하며, 발행한 일자보다 후의 일자를 기재할 수도 있고(선일자 어음), 혹은 이전의 일자를 발행일로 기재할 수도 있다(후일자 어음). 발행일을 필수기재사항으로 하는 것은 일부후 정기출급어음의 만기일을 정하기 위하여 또 일람출급어음과 일람후 정기출급어음의 제시기간을 정하기 위하여 필요하기 때문이며, 어음의 발행일은 신용장의 유효기일 이내라야 한다. 또한 발행지(place of issue)라 함은 어음이 발행된 장소로 어음에 기재된 곳을 말하는 것으로 발행지의 표시는 어음법상 필수 기재사항이므로 그 기재가 없는 때에는 원칙으로 어음은 무효이지만 그 구제규정을 두어 발행지의 기재가 없는 환어음은 발행인의 명칭에 부기한 곳을 발행지로 본다.

⑧ 발행인의 기명날인 : 어음은 행위지법에 따르도록 되어 있으므로 발행인의 기명과 날인이 있어야 하므로 환어음의 우측 하단에 그 발행인이 서명 또는 기명날인을 한다. 특히, 외국환어음인 경우에는 기명날인 대신에 영문으로 서명을 한다. 이는 환어음의 발행인이며 신용장의 수익자임을 의미한다.

나) 임의 기재사항

① 어음번호 : 특별한 의미는 없고 다만 후일 참조할 경우가 발생할 경우 편리하게 확인하기 위해서 기재한다.

② 복본번호에 관한 문언 : 환어음은 일반적으로 2통을 한 조로 발행되기 때문에 2통을 합하여 "Set Bill"이라고 한다. 이러한 번호가 없으면 복본으로 발행되어 2통이 각각 독립적으로 유통될 수도 있다. 이를 방지하기 위하여 환어음에 "THIS FIRST BILL OF EXCHANGE(SECOND OF THE SAME TENOR AND DATE BEING UNPAID)"로 기재된다. 복본으로 발행된 환어음은 각각이 법률적으로 동등한 효력을 갖고 있기 때문에 이 중의 어느 1통에 의하여 지급이 완료되면 나머지 본은 자동적으로 효력이 소멸하게 된다.

③ 복기금액 : The Sum of ~ 이하에 표제금액을 문자로 복기한다. 표제금액(수자금액)과 복기금액(문자금액)이 일치하여야 하지만, 만일 불일치할 경우에는 문자에 의한 금액이 우선한다.

④ **대가수취 문언 :** 대가수취 문언이란 "Value Received and Charge the Same to Account of …"로 동 문언은 환어음 발행인이 어음의 대가(對價)를 영수하였으며 동 대가에 해당하는 어음금액을 ~계정으로부터 징수를 요한다는 뜻으로 "account of…"의 공란에는 신용장 발행의뢰인의 명칭이 기재된다.

⑤ 신용장에 관한 문언 : 서신신용장에 의하여 발행된 환어음인 경우에는 "Drawn under… L/C NO… dated…"로 기재되면, 이 난에는 관련 신용장의 종류, 번호, 발행일자 및 발행은행을 기재함으로써 당해 환어음이 특정신용장에 의하여 발행되었다는 것을 나타내게 된다.

〈서식 14-1〉 **환어음**

BILL OF EXCHANGE

NO. 123456 ① MAY. 28, 2019 SEOUL, KOREA ②

FOR US$112,614.80- ③

AT x x x SIGHT ④ OF FIRST BILL OF EXCHANGE (⑤ SECOND OF THE SAME TENOR AND DATE BEING UNPAID) PAY TO HANVIT BANK ⑥ OR ORDER

THE SUM OF SAY US DOLLARS ONE HUNDRED TWELVE SIX HUNDRED FOURTEEN AND EIGHTY ONLY ⑦

VALUE RECEIVED AND CHARGE THE SAME TO ACCOUNT OF SHENYANG LEATHER SHOES CORP. ⑧

DRAWN UNDER BANK OF CHINA, SHENYANG, CHINA ⑨

L/C NO. LC82A90561 ⑩ DATED APR. 22, 2019 ⑪

TO BANK OF CHINA, SHEN YANG ⑫
HEPING DAJIE 3 DUAN 5, EPING QU
SHEN YANG CHINA

CHO KWANG LEATHER CO LTD
⑬

① 어음번호	② 발행일 및 발행지	③ 금액	④ 지급만기일
⑤ 환어음 원·부본	⑥ 수취인	⑦ 문자금액	⑧ 발행의뢰인
⑨ 발행은행	⑩ 신용장번호	⑪ 신용장 발행일자	⑫ 지급인과 지급지
⑬ 발행인의 기명·날인			

※ 참고 <서식 14-2> 신용장에 의거 발행된 환어음

다) 환어음의 유통

환어음의 유통방식에는 배서(endorsement)에 의한 경우와 교부(delivery)에 의한 경우가 있다. 우리나라의 경우는 어음 수표법 제10조 및 제12조에 의거 환어음은 반드시 기명식 또는 지시식으로 발행하여야 하며 환어음의 배서방식에는 다음과 같은 경우를 들 수 있다.

① 기명식배서(Special Endorsement, Full Endorsement)

다음에 배서할 자를 명시하여 배서하는 방식으로 이러한 배서가 있는 어음을 다시 유통시키기 위해서는 다음 배서인인 피배서인의 배서가 다시 필요하게 된다. 즉, 어음 유통의 각 단계마다 먼저 번 권리자가 그 권리를 승계할 자의 명칭을 어음의 배서란에 직접 적어 넣어야 하는 배서방식을 말한다.

예를 들면 어음이 A, B, C의 순서로 이전되었다면 최초의 어음 작성자인 A가 "pay to the order of B"라고 배서하고, B는 다시 "pay to the order of C"라고 배서하는 방식으로 배서인이 피배서인의 이름을 구체적으로 명기하여 서명하며 어음을 유통시킨다. 즉 매입은행이 발행은행을 피배서인으로 하여 배서하였다면 발행은행도 그 환어음을 다시 유통하기 위해서는 자신의 배서가 반드시 필요하다.

<기명식 배서의 예시>

Pay to order of 발행은행 매입은행 서 명 직위 및 성명

② 백지식배서(Blank Endorsement)

피배서인을 명시하지 않고 단순히 배서하는 방식으로 "pay to the order"로 단순하거나 문언의 기재없이 약식으로 백지배서(blank endorsement)하는 경우가 있다. 즉 배서인이 피배서인을 명시하지 않고 단순히 배서에 의하여 이 어음을 유통시킨다는 취지만 기재하여 배서하는 방식을 말한다.

예를 들어 기명식에서는 "pay to the order of xxx."라고 피배서인의 명칭을 지정한 뒤 그 밑에 배서인의 서명을 하는 것이나, 백지식에서는 "pay to the order."라고만 기재한 후 피배서인의 명칭은 기재하지 않고 공란으로 둔 채로 그 밑에 배서인이 서명하는 것이다. 따라서 백지식 배서에는 어음의 발행인과 최종 양수인만 어음상에 표시되지 그 중간 과정에서 어음의 양수도에 관련한 자는 어음상에 나타나지 않는다. 피배서인에 대하여 아무 것도 기재하지 않고 배서인이 서명한다.

<백지식 배서의 예시>

(blank) Kangnam Trading Co. Ltd. 서 명 직위 및 성명

라) 환어음의 인수

지급인이 환어음을 인수하면 만기일에 그 소지인에게 환어음 대금을 지급할 의무가 있다. 신용장 방식에서 어음지급인은 발행은행 또는 제3의 은행이 된다. Domestic Import Usance Credit나 Shipper's Usance Credit에서는 발행은행이 환어음지급인이 되며, Overseas Banker's Usance Credit에서는 제3의 은행, 즉 인수은행이 환어음 지급인이 된다. 환어음의 인수는 지급인이 어음의 앞면에 이 어음을 인수하겠다는 의사를 표시하고 서명날인을 하여야만 된다. 그러나 뒷면에 기재하면 백지배서(blank endorsement)가 되므로 조심하여야 한다. 인수의 의사는 다음과 같이 한다. 여기서 인수일자를 기재하는 것은 인수의 요건은 아니지만 일람후 정기출급환어음에는 꼭 기재하여야 한다.

<환어음 인수의 예시>

Accepted on Oct. 30, 2019 by Kookmin Bank, Seoul Korea 서 명 직위 및 성명

① Shipper's Usance

국제표준은행관행(ISBP)에 따르면, 제시된 서류가 신용장의 조건에 일치하거나 또는 비록 일치하지 않는 경우라도 지급거절통지(하자통보)가 이루어지지 않은 경우에는 발행은행(issuing bank)이 서류를 접수한 그 익일을 환어음 만기의 기산일로 하여 만기(date of maturity : due date)를 산정하여야 한다. 그러나 실무적으로는 발행은행이 발행의뢰인에게 인수수수료(acceptance commission)를 징수하고 서류를 인도하는 그 익일로부터 기산하여 만기일을 산정하고 있다.

만기일이 확정되면 발행은행(issuing bank)은 반드시 매입은행(negotiating) 등 앞으로 '인수통지서(advice of acceptance)'를 발송하여야 하며, 인수통지서는 인수일자·금액·만기일 및 대금지급에 관한 사항 등을 포함하고 있어야 한다. 대금지급을 "송금베이스로 하는 경우(We will make payment as per your instruction to be received at maturity)"에는 만기에 그 대금이 지급될 수 있도록 결제은행(settling bank) 앞으로 별도의 조치를 취하여야 한다. 그러나 대금지급을 "상환베이스로 하는 경우(Please reimburse yourselves by sending reimbursement claim ABC Bank at maturity)"에는 매입은행(negotiating bank) 등이 만기에 직접 ABC 은행으로 상환청구를 하게 된다.

② Banker's Usance

ⅰ. Overseas Banker's Usance : 인수편의를 제공하는 해외의 은행이 어음지급인이 되며, 동 은행이 인수한 날짜가 만기의 기산일이 된다. 해외의 인수은행은 어음의 만기일 및 인수·할인료(A/D Charge)의 내역이 기재된 인수통지서를 발행은행 앞으로 통보하게 되며, 발행은행은 이를 발행의뢰인에게 통보한 후 그 대금을 받아서 해외은행으로 지급한다. 수출상과 매입은행 등은 어음의 만기일과 관계없이 일람출급 방식으로 대금을 수령하게 되므로 매입은행 등에 대한 별도의 인수통지는 필요하지 않다.

ⅱ. Domestic Banker's Usance : 환어음의 인수가 발행은행에 의하여 이루어지므로 "Shipper's Usance"와 동일한 방법에 의해 어음의 만기일을 산정하나 "Shipper's Usance"와는 달리 수출상 및 매입은행 등은 어음의 만기일과 관계없이 일람출급 방식으로 대금을 수령하게 되므로, 매입은행 등에 대한 별도의 인수통지는 필요하지 않으며, 수입상에 대해서만 그 내역을 통보하게 된다.

3) 선적서류 매입(추심)의뢰서 작성

신용장상의 수익자인 수출업체가 신용장에 의해 요구되는 계약상품의 선적을 완료하고 신용장의 제조건에 일치하는 환어음 및 운송서류를 작성하여 외국환은행장과의 수출화환어음약정이 선행된 외국환은행에 제시할 경우에 외국환은행은 이를 심사한 후 매입을 하는데, 이때 환어음 및 운송서류를 외국환은행과의 기약 정한 바에 의해 매입해 줄 것을 수익자가 의뢰하는 신청서이다. 외국환은행은 신용장 원본과 신용장이 요구하는 제반 운송서류와 함께 제출된 신청서를 접수하여 운송서류를 매입하는데, 수출환어음 매입신청서의 구성은 신용장 및 운송서류의 내용과 동 매입대전의 처리내역 등으로 구분되어 있다.

4) 선적서류의 매입절차

(1) 신용장(Letter of Credit ; L/C)

신용장의 수익자는 환어음과 운송서류를 작성·검토한 후 외국환은행에 이를 매입의뢰하여야 한다. 외국환은행은 제출된 운송서류가 신용장조건에 일치하는지의 여부를 심사하고 또 수출물품이 세관에 수출신고된 것인지의 여부를 확인하기 위하여 수출신고필증을 징구한 후 신용장의 뒷면에 매입일자, 금액 및 매입은행명을 기재하고 매입의뢰인인 수출상에게 대금을 지급한다. 이때 매입수수료, 수출금융액 등을 공제하고 지급한다. 매입은행은 신용장 발행은행에 운송서류를 송부하고 수출대금을 보상·청구하게 된다.

환어음의 매입(negotiation)은 원칙적으로 외국환은행과의 수출화환어음 약정이 선행된 외국환은행에 수출환어음매입신청서를 제시하지만, 다른 합의가 있으면 수출상의 편의에 따라 제3의 외국환은행에게 할 수도 있다. 그리고 수출환어음 매입 시 환율(exchange rate)은 Sight Bill인 경우는 “Sight Credit” 또는 “D/P” 방식의 수출환어음에 적용되는 환율을 적용하여 산정하고 Usance Bill인 경우는 환어음 지급기일 여부에 따라 각각 산정방법이 다르며 이는 다음과 같다.

① 일람출급 환어음매입율
 = 전산환 매입율 - 12 / 360 × 연환가요율 × 장부가격
② “90 days after sight” 환어음매입율
 = 일람출급 환어음매입율 - 90 / 360 × 연환가요율× 장부가격
③ “90 days after B/L date” 환어음매입율
 = 전신환 매입율 - 90 / 360 × 연환가요율 × 장부가격

(2) D/P, D/A어음의 매입

신용장이 없는 D/A·D/P계약서 베이스에 의하여 발생되는 D/A 또는 D/P라고 표시하고 여기에 운송서류를 첨부하여 은행에 제출한다. 이러한 D/A 또는 D/P어음의 경우는 신용장베이스의 경우와는 달리 외국환은행의 환어음 매입에 대한 확약이 없으므로 외국환은행은 환어음을 매입하는 대신 이를 추심하게 된다. 즉, 환어음의 지급인으로부터 대금이 회수될 때까지 환어음의 대금을 지급하지 않거나 또는 지급인의 지급 통지가 있을 때까지 어음금액의 일부를 Margin Money로서 유보하게 된다. 그러나 환어음 발행인의 신용이 확실하다고 판단되고 충분한 담보를 제공하거나 수출어음 보험에 부보된 경우에는 추심전 매입도 할 수 있다.

(3) 환어음의 매입수수료

① 환가료(periodic interest) : 매입은행이 화환어음을 매입하는 경우에 환율은 표준 추심일수인 9~20일의 이자를 차감한 일람출급 환어음매입율을 적용한다. 이때 표준 추심일수의 이자를 “환가료”라 한다. 즉, 환가료는 매입은행이 수출상에게 매입대금을 지급한 후 발행은행으로부터 이를 보상받는데 평균적으로 9~12일이 걸린다고 보고 산정하는 것이다. 한국의 경우 환가료율은 각 외국환은행장이 자금조달의 편의 또는 국제금리 등을 감안하여 자율적으로 결정하고 있다. 다만, 서류상의 하자가 있는 경우에는 기본 환가요율에 1.5%를 가산한 요율을 적용하여 환가료를 징수한다.

① 일람지급 수출환어음(At sight L/C, D/P) 매입
- Clean NEGO : 매입금액×연환가료율×환가료적용일수/360×매매기준율
- L/I NEGO(하자매입)인 경우에는 연환가료율에 1.5%를 가산함

② 기한부 수출환어음(Usance L/C, D/A) 매입
매입금액×연환가료율×(일람지급환가료 적용일수+어음기간)/360×매매기준율
※ 예외적용
- Banker's Usance L/C로 이자(할인료)를 수입자가 부담하면서 일람지급조건으로 대금결제가 확실한 경우 At Sight 매입에 준하여 환가료를 적용한다.
- Usance L/C 및 D/A 계약서에 의하여 발행된 환어음이 확정만기일부 수출환어음일 경우 매입일로부터 어음만기일까지에 해당하는 환가료를 적용한다.
- 서류하자로 인하여 확인서를 받고 매입하는 경우 연환가료율에 1.5% 가산한다.

② 대체료(in lieu of exchange commission) : 환가료는 결제에 따른 이자에 해당하는 수수료인데 반하여 대체료는 은행이 봉사하는 수고에 대한 수수료이다. 대체료는 매입대금을 원화로 지급하는 경우에는 징수하지 아니하고 매입대금을 외화로 지급하는 경우에만 징수한다. 매입대금을 외화로 지급하게 되면 매입은행은 전표를 작성하는 등 여러 가지 수고를 하게 되므로 그 대가를 받게 되는데 이때의 수수료율은 대금전액의 0.1%이다.

③ 지연이자(delay charge) : 지연이자는 외국의 신용장발행은행으로부터 매입대금이 12일 이내에 입금되지 않고 지연될 경우에 매입은행이 징수하는 이자이다. 지연이자는 서류에 하자가 없는 매입(Clean Nego)의 경우에는 징수하지 아니하고, 서류의 하자로 인한 보상장(Letter of Indemnity)을 받고 매입(L/I Nego)하는 경우에만 징수한다. 이때의 지연이자율은 환가료를 징수하는 당일의 요율에 장부가격을 곱하여 원화로 징수한다.

5) 환어음과 운송서류의 은행심사

수익자가 신용장에 의해 요구되는 계약물품의 선적을 완료하고 신용장조건과 일치하는 환어음 및 운송서류를 작성하여 매입은행에 제시할 때, 매입은행(negotiating bank)은 상당한 주의를 기울여 모든 서류를 심사하고 신용장조건과 문면상 일치하는가를 확인하게 되며, 신용장과 운송서류를 대조하고 불일치가 없으면 매입한다. 매입은행은 상업송장면의 기술(記述)이 신용장조건과 일치하는가를 확인하고 환어음, 운송서류, 보험서류 및 기타서류가 신용장조건과 일치하는가를 확인하고, 서류 상호간의 불일치는 신용장조건을 충족하지 못한 하자(discrepancies)로 간주되어 매입은행은 운송서류의 매입을 거절한다.

따라서 매입은행(negotiating bank)은 먼저 신용장내용을 확인하고 신용장조건과 제시된 서류가 일치하는지를 심사하여야 한다. 매입은행이 신용장의 내용을 확인함에 있어서 반드시 검토해야 할 중요한 사항들을 확인·검토한다.

그리고 매입은행은 신용장의 내용을 확인한 후 수익자가 제시한 환어음과 운송서류가 신용장조건과 일치하는지를 면밀히 심사한 후에 이것의 매입을 결정하게 된다. 신용장에는 환어음의 발행요건에 관한 지시가 있으므로 이에 따라 발행된 환어음은 신용장의 유효기일과 서류제시 기한 내에 매입은행에 제시되어야 한다.

6) Covering Letter의 작성과 내용

(1) Covering Letter의 작성

매입은행은 수익자가 제시한 제반서류가 신용장조건과 일치하여 운송서류와 환어음의 매입을 끝내면 신용장의 이면에 매입일자와 금액을 기입한 후 매입한 환어음의 이면에 "pay to order of xxx Bank"라고 배서·서명한 후 Covering Letter(발송통지서)를 작성하고 운송서류와 환어음을 첨부하여 발행은행으로 송부한다.

Covering Letter에는 매입은행이 신용장조건에 일치하게 매입하였다는 사실, 첨부된 운송서류의 종류, 신용장조건 대로 보상은행에 대금의 보상청구를 하였다는 사실, 기타 발행은행에 대한 지시사항 등이 기재된다.

(2) Covering Letter의 내용

① 상환지시(reimbursement instruction) : 매입은행이 신용장 발행은행으로부터 매입대금을 보상받는 방법은 단순신용장과 상환신용장으로 볼 수 있다.

첫째, 단순신용장(simple credit)은 매입은행과 발행은행이 직접 예치환거래 계약을 맺고 있는 경우로 매입은행은 발행은행 앞으로 직접 대금지급을 청구하고 발행은행은 대금을 매입은행의 계정에 입금시켜 주면 된다.

둘째, 상환신용장(reimbursement credit)은 매입은행과 발행은행이 예치환거래 계약을 맺고 있지 않아 제3의 환거래은행을 대금의 상환은행으로 지정해 두고 동 상환은행이 매입은행에게 대금을 보상해 주도록 한 경우로서 이 경우에 매입은행은 운송서류는 발행은행 앞으로, 대금청구용 환어음은 지정된 상환은행 앞으로 발행하여 각각 발송한다. 따라서 발행은행 앞으로 발송하는 운송서류의 Covering Letter상에는 매입한 운송서류가 신용장조건과 일치하게 발행은행 앞으로 직송하였다는 문언을 기재한다.

② 특기사항(Special Notation)

㉮ 거절사항의 표시 : 운송서류에 하자가 있을 때에는 Covering Letter의 "Special Notation" 란에 예컨대, "Stale B/L" 또는 "Late Shipment" 등으로 그 하자 사항(discrepancies)을 표시하여야 한다.

㉯ Banker's Usance어음의 일람출급매입 : Banker's Usance어음의 경우, Covering Letter상에는 "We have negotiated the drafts on a sight base in accordance with the terms of the credit."라고 수익자의 환어음을 일람출급 하였음을 기재하여야 한다.

㉰ 은행휴업일로 인한 연장된 매입 : 신용장 유효기일과 서류의 제시기한이 매입은행의 휴업일에 도래하여 그 다음 최초의 영업개시일에 이를 매입하였을 경우, Covering Letter에는 반드시 "Presented within the time limitation extended in accordance with Articles 29(a) of the Uniform Customs and Practice for Documentary Credits, 2007 Revision, ICC Publication No. 600."라는 문언을 추기(追記)하여야 한다.

㉱ 선적서류 1조 지정인에게 별송된 사실 : 신용장에서 운송서류의 사본 1조를 수하인에게 직송하도록 명시된 경우에는, Covering Letter를 작성할 때 이에 관하여 "We have forwarded 1 set of shipping document to … in accordance with the credit term."라는 문언을 기재한다.

7) 운송서류와 환어음의 발송

① 발송서류와 발송회수 : 신용장에서 서류발송에 관하여 매입은행에 지시하는 문언은 "The negotiating bank must airmail the drafts and all documents to us in two consecutive lots.", 또는 "The negotiating bank must send all documents direct to us in one lot by Speed Post or D.H.L. and drafts to drawee bank." 등으로 환어음과 모든 서류를 1st Mail과 2nd Mail을 2회로 나누어 발송하거나, 후자의 경우는 모든 서류를 한꺼번에 동봉하여 발송하여야 한다.

② 선적서류와 환어음의 발송 : 매입은행은 위와 같이 Covering Letter의 작성이 완료되면, 여기에 배서한 운송서류와 환어음을 첨부하여 발행은행 앞으로 우송한다. 신용장에 별도의 지시가 없더라도 매입은행은 서류의 우송 중에 발생하는 분실이나 훼손에 대비하여 운송서류와 환어음을 정·부본의 2조로 나누어 Original Documents는 Registered Airmail로 즉시 발송하고 부본서류(duplicate document)는 최소한 1일의 간격을 두고 각각 발송한다.

표 14-1 인수(acceptance)의 요약

구 분	내 용
의미	① 인수(acceptance)란 기한부 환어음의 지급인(drawee)이 만기일에 그 대금을 정히 지급할 것임을 약속하는 행위이며, 이러한 인수행위에 의하여 지급인(인수인)은 어음소지인에 대한 주된 채무자로서 만기에 환어음 대금을 지급하여야 할 법적인 의무를 부담하게 됨 ② 신용장거래에서 환어음의 지급인이 되는 자는, ① 발행은행 ② 제3은행(지정은행)이 될 수 있으며, 'Overseas Banker's Usance' L/C에서는 제3은행이 지급인(인수인)이 되며, 'Shipper's Usance' 및 'Domestic Banker's Usance' L/C에서는 발행은행이 어음의 지급인(인수인)이 됨 ③ 신용장통일규칙에서는 발행의뢰인을 지급인(인수인)으로 하는 환어음을 발행하도록 발행되어서는 안되며, 만약 발행의뢰인을 지급인으로 하는 환어음을 요구하는 경우, 인수를 요하는 환어음이 아닌 기타의 추가적인 부수서류로 간주한다고 규정함
인수 방법	① 지급인이 어음에 인수의 뜻을 기재하고 '기명날인' 또는 '서명'하는 것을 원칙으로 하되, 어음의 표면에 지급인이 단순히 기명날인 또는 서명만 하는 경우도 인정함 ② 인수의 표시 : 어음의 인수는 어음의 앞면에 표시하는 것을 관습으로 하는데, 이는 만일 뒷면에 표시하면 배서와 혼동될 우려가 있기 때문임 Accepted on (인수일자) Payable at (지급지) (인수인의 기명날인 또는 서명) Authorized Signature ③ 그러나 신용장거래에서 환어음의 지급인(인수인)이 발행은행 또는 해외의 인수은행이 되기 때문에 실무적으로는 인수와 관련한 이러한 요식행위가 발생하지 않으며, 매입은행 앞으로 '인수통지서(acceptance advice)'를 송신하는 것으로 대신함 ④ D/A 거래에서는 L/C거래와 달리 수입상이 환어음의 지급인(인수인)이 되며, 추심은행(수입상 거래은행)은 수입상의 '인수(acceptance)'가 이루어 진 후에 선적서류를 교부하여야 하므로, 선적서류의 인도 전에 환어음 인수에 관한 요식행위가 반드시 성립되어야 함. 만일 만기에 수입상의 결제가 이루어지지 않은 경우, 추심은행은 당해 인수된 환어음을 추심의뢰은행(수출상 거래은행) 앞으로 송부하여야 하는데, 환어음의 인수가 이루어지지 않았다면 추심은행은 손해배상 책임을 부담하게 됨
기한부 어음의 만기일 선정	① 일람후 정기출급 : 어음지급인이 어음을 인수한 날로부터 만기가 기산되는 어음 • 일수인 경우 초일은 산입하지 않음. "at 60 days after sight"일 때 어음지급인은 7월 7일에 인수한 경우, 어음의 기산일은 7월 8일이 되고, 만기일은 9월 5일이 됨 • 월수에 의한 경우 월의 대소에 불구하고 지급할 달의 대응일을 만기일로 하며, 대응일이 없을 경우에는 해당 월의 말일을 만기일로 함. 어음의 인수일이 12월 30일이 만기가 되어야 하는데 그 날이 없기 때문에 평년에는 2월 28일, 윤년에는 2월 29일이 만기가 됨 ② 일자후 정기출급 : 선적일 또는 환어음의 발행일자 등과 같이 특정한 일자를 기준으로 하여 만기일이 계산되는 어음. "at 60 days after B/L date" 또는 "at 1 month after draft's date" 등으로 표시됨. 인수일과 관계없이 지정된 일자의 다음날이 환어음 만기의 기산일이 됨 • 환어음의 만기와 관련하여 'From' 용어를 사용한 경우, 이를 'After'와 동일한 의미로 해석하여야 하며, 따라서 해당 일자를 제외하고 그 다음날로부터 만기를 산정함 • 환어음의 기한과 관련하여 사용되는 'B/L date'는 선하증권의 발행일자가 아닌 '본선 적재일자'(on board date)를 의미하는 것으로 해석함 ③ 확정일 출급 : 만기일이 "at September 07, 2019"과 같이 특정한 일자로 확정함

표 14-2 환어음 작성과 검토

구 분	내 용
의미와 환어음의 당사자	① 환어음(draft : bill of exchange)이란 채권자인 어음의 발행인이 채무자인 지급인에 대하여 일정한 금액을 수취인 또는 그 지시인 또는 소지인에게 일정한 기일 내에 일정한 장소에서 무조건적으로 지급할 것을 위탁하는 요식유가 증권임. 보통 2통이 발행되는데 그 중 하나가 결제되면 다른 하나는 자동적으로 효력 상실함 ② 발행인(drawer) : 환어음을 발행하고 서명하는 자(수익자인 수출가) ③ 지급인(drawee) : 어음상에 기재된 대금의 지급의무를 지는 자(발행/결제은행) ④ 수취인(payee) : 어음의 지급을 받을 자(발행인/매입은행 또는 추심은행)
필수 기재사항	※ 필수기재사항은 그 중 어느 하나라도 누락되면 어음의 법적 효력이 없음 ① 환어음의 표시 : "Bill of Exchange"라는 문구. 환어음상의 상단 중앙부분 ② 일정금액 및 무조건지급위탁문구 : 환어음상 ⑥ "pay to ~ the sum of(금액)", ③에 해당하는 것이 숫자금액, ⑦은 문자금액임 ③ 지급인의 표시 : 환어음상 ⑫에 해당('To' 이하에 기재됨) ④ 지급만기일의 표시 : 환어음상 ④에 기재된 것은 일람출급 어음임. ㉠ 일람지급 ㉡ 일람후 정기출급 ㉢ 일자후 정기출급 ㉣ 확정일출급의 네 가지임 ⑤ 지급지 : 어음금액이 지급될 일정지역. 환어음상 ⑫에 표시된 지급인에 부기(附記)된 "THE SANWA BANK, LTD, NEW YORK 10055 U.S.A"가 지급지임 ⑥ 수취인(Payee)의 표시 : 환어음금액의 지급을 받을 자 또는 지급을 받을 자를 지시할 자의 명칭, 환어음상 ⑥에 "pay to ~"에 기재된 자, 즉 매입은행이다. ⑦ 발행일과 발행지 : 어음이 발행된 날과 장소로 환어음상 ②에 해당 ⑧ 발행인 기명날인 또는 서명 : 환어음상 ⑬에 해당. 즉, 수출상이다. 어음 효력은 행위지법 기준
임의 기재사항	※ 임의기재내용은 어음 자체의 효력에는 아무런 영향을 미치지 않으나 환어음의 성격과 내용을 명확히 하기 위하여 그 기재를 요하는 것 ① 환어음 번호 : 환어음상 ①의 좌측에 있는 NO. ~에 해당 ② D/A·D/P 표시 : D/A·D/P표시가 없을 때에는 D/P로 간주 ③ 복본번호 및 무효문구 : 2통으로 발행된. 'First'와 'Second'로 표시. 어느 한 통에 대하여 지급이 이루어지면 다른 것은 무효가 됨. 환어음상 ⑤에 해당 ④ 대가 수취문구 : "value received and charge the same to account of~"가 그것인데 이 문언은 "어음발행인이 어음의 대가를 영수하였으며 동 대가에 해당하는 어음금액을 ~계정으로부터 징수를 요한다"는 의미로 "account of ~"의 공란에는 신용장 발행의뢰인의 명칭이 기재됨. 환어음상 ⑭에 해당 ⑤ 신용장에 관한 문구 : 환어음상 ⑩에 해당하는 것으로 신용장번호 기재사항. ⑥ 이자문언 : 신용장에서 이자문구 기재를 요구하는 경우 어음 여백에 이를 표시함 ⑦ 무담보문구(without recourse to drawer) : 어음지급인이 인수 또는 지급불능이 되었을 경우에 발행인에게 상환청구할 수 있는 조건이 "with recourse"이며, 상환청구할 수 없는 것이 "without recourse"임. 우리나라에서는 어음법상으로 지급무담보 문언을 기재하더라도 하등의 효력이 없음

4. 하자있는 운송서류의 처리

1) 하자서류의 처리

신용장에서 요구하는 서류의 기재내용이 신용장조건에 불일치하거나 서류의 상호간에 모순되는 하자(discrepancy)가 있는 경우에는 취급에 신중을 기하여야 한다. 신용장거래는 매매계약과는 독립된 별개의 서류상의 거래로서 신용장 조건과 일치하는 서류와 상환(相換)으로 발행은행이 지급확약을 하는 거래이므로 서류의 하자는 수출환어음의 부도 또는 서류 수리거절의 유일한 원인이 되며, 매입대금을 상환(償還) 받지 못하는 결과를 초래하게 된다. 물론 하자 있는 서류가 반드시 부도되는 것은 아니지만 신용장 발행의뢰인의 자금사정의 악화 등 신용상태의 변동이나 수입지의 시장상황의 여건변화 등에 따라서 사소한 하자(些少한 瑕疵)라도 발견되면 이를 이유로 지급(支給) 또는 인수거절(引受拒絕)하는 등 Market Claim을 제기하는 경우도 빈번하게 발생하고 있다.

매입한 선적서류가 일단 유보 또는 인수거절이 되면 상대방이 외국에 소재하고 있으므로 법률이나 상관습의 상위 또는 의사소통의 불편 등으로 해결이 쉽지 않은 경우가 많다. 따라서 선적서류를 취급하는 수출업체와 매입은행은 이러한 사고를 미연에 방지하기 위하여 신용장에서 요구하는 서류의 조건일치 준비와 심사를 철저히 하고, 하자가 발견된 경우에는 신용장 조건을 보완하는 형태의 조치를 취하여야 한다.

2) 하자서류의 처리방법

신용장의 제조건과 불일치하는 서류의 제시를 받은 매입은행은 매입에 따른 대금지급에 대하여 발행은행에게 정당한 상환청구를 할 수가 없다. 하자의 내용에 따라서 다음과 같이 두 가지로 구분하여 조치할 수 있다.

첫째, 수출지에서 정정이 가능한 하자사항에 대하여는 수출지에서 매입신청인이나 서류의 발급기관이 정정이 가능한 환어음, 상업송장, 보험증권, 선하증권 및 기타서류 등의 하자사항은 정정하도록 한다.

둘째, 수출지에서 정정이 불가능한 하자에 대하여는 다음과 같이 처리한다.

수출자의 매입의뢰를 받은 매입은행은 하자의 경중, 채권보전을 위한 담보 여부, 수출자의 거래실적이나 신용도에 따라서 처리방법을 선택하게 된다. 하자있는 서류가 반드시 발행은행으로부터 지급거절(unpaid)로 통보되는 것은 아니다. 발행은행은 부도 여부에 대한 직권이 있다 하더라도 거래선인 수입상(발행의뢰인)과 상의하여 지급거절

여부를 결정하는 경우가 대부분이기 때문이다. 예컨대 Late Shipment(선적지연), Late Presentation(제시기일 경과), Credit expired(유효기일 경과) 등의 불일치가 있는 경우에 수출상은 수입상에게 이러한 내용에 대하여 서류를 매입하기 이전에 미리 통지하여 해당 하자사항에 대하여 양해와 동의를 구하게 되고, 수입상은 그 거래를 통하여 이익을 얻을 수 있다고 판단하는 경우에는 하자에도 불구하고 발행은행에게 정상적으로 수입대금을 결제하겠다는 통보를 하는 경우가 많다. 정정이 불가능한 하자사항이 있으면 다음에서 설명하는 방법 중에서 선택하여 처리할 수 있다.

(1) 보증서부매입(Letter of Indemnity Negotiation : L/I Nego)

신용장의 수익자가 신용장의 제조건과의 불일치내용을 확인하고 그러한 불일치 내용으로 인하여 매입한 환어음이 지급거절되어 반환되는 경우에 발생되는 비용 및 손해는 수출거래약정서에 따라서 수출환어음 매입대금을 상환하겠다는 내용의 확약서(각서) 또는 보상장(Letter of Indemnity))을 징구하고 매입하는 보증서부 매입방법이다. 보상장 매입(Letter of Indemnity : L/I Nego) 혹은 유보 조건부(under reverse) 매입이라고도 하는데 "유보조건부의 지급"이란 발행은행이 자신의 판단 또는 매수인의 지시에 따라 서류를 거절하게 되면 수익자는 요구가 있는 대로 대금을 상환하여야 하는 조건부의 지급을 한다는 것을 의미한다.

매입은행 입장에서 수익자의 신용상태가 양호하고 불일치하는 내용이 비교적으로 경미하며 대금의 회수가 확실하다고 판단되는 경우와 매입한 서류가 하자로 인하여 부도·반환되었을 경우에 매입대전 및 부대비용의 상환청구에 문제가 없는 것으로 판단되는 경우에 이 방법을 이용한다.

발행은행의 대금지급 거절시 환불하겠다는 수익자의 보상장이나 유보조건부로 운송서류를 매입하는 방법이다. 이것은 수익자로부터 담보물을 확보한 후 부도시 수익자에게 상환청구권을 행사한다는 조건을 전제로 매입하는 것으로 실무에서 가장 보편화된 방법이다.

(2) 승낙방식(Approval Basis)

매입은행의 판단으로 도저히 정정이 불가능한 중대한 하자사항이고 수익자의 대금상환이 의문시되는 경우 수익자 측과 상의하여 매입은행이 그 서류를 승인방식(approval basis)으로 발행은행에 발송할 수도 있다. 이 방식으로 서류가 송부된 경우에는 신용장통일규칙 조항에 따라 발행은행의 승낙조건으로 지급을 요구하는 경우이다.

Approval Basis란 용어는 미국 등지에서는 자주 사용되고 있는데 매입은행은 수출상이 제시한 서류에 하자가 있기 때문에 유보 또는 보증하에 매입하였거나 추심(collection)을 의뢰하여 서류를 송부할 때 발행은행에게 발행의뢰인으로부터 하자를 용인받아 달라는 의미를 가지고 있다. 이 경우 매입은행은 아무런 위험부담이 없지만 수익자로서는 위험부담이 매우 크고 또는 발행은행의 대금지급을 받을 때까지 자금을 받을 수 없어 곤란을 겪기도 한다.

동 방법은 대금결제를 추심(collection)방식으로 선택한 것과 크게 다를 바 없으나 매입은행이 이 서류를 승인방식(approval basis 또는 payment basis)으로 보낸다면 'UCP 600'의 규정에 따른 발행은행의 의무이행을 요구할 수 있으므로 훨씬 유리하다. 예컨대, 'Covering Letter'에 서류상의 하자로 인하여 'Approval Basis'로 서류를 송부하면서 "We send you the documents for approval under reference to UCP Article 16"와 같은 명시를 하면, 발행은행은 상당한 시간 내에 서류를 심사하고 부도 여부를 결정하여야 하는 의무를 부담한다.

신용장통일규칙에서는 서류송부은행이 선적서류의 매입이 유보(indemnity) 또는 보증(guarantee)하에 이루어졌음을 발행은행에 통보하고 있더라도 발행은행의 UCP 600 제14조에 의한 의무는 똑같이 적용된다고 규정하고 있다. 따라서 발행은행은 상당한 시간 내에 서류를 심사하고 부도 여부를 결정하여야 하는 의무를 부담한다. 만일 서류를 승인방식이 아닌 추심방식(collection basis)으로 보낸다면 'URC 522'의 적용을 받게 되고 이런 경우 순수한 추심거래가 되어 버리기 때문에 수출상은 'UCP 600'에 따른 권리를 주장할 수 없게 된다.

(3) 전신조회 매입(Cable Negotiation : Cable Nego)

전신조회매입은 매입은행이 신용장 발행은행에 서류의 불일치(discrepancy : 하자) 내용을 전신에 의하여 지적·통보하여 동 하자에도 불구하고 매입해도 무방한지에 대한 매입의 허용 여부를 전신으로 조회한 후 승낙을 받고 매입하는 이른바 "전신조회 매입(cable negotiation)" 방법이다. 이 경우 전신조회에 따르는 제비용은 수익자가 부담하여야 하지만 이것은 가장 확실한 방법이다.

불일치하는 내용에도 불구하고 발행은행의 매입에 대한 동의는 그 신용장의 조건 변경과 동일한 효력을 지니기 때문에 안전한 매입방법이 되지만 전신으로 매입 여부를 조회하는 시점에서 불일치하는 하자사항을 철저하게 심사하여야 한다. 전신조회 시 열거하지 못한 하자사항이 추후에 발견이 된다면 지급거절(unpaid) 사유가 된다.

하자있는 서류의 발행은행 앞 조회에 관한 Cable(전신) 예시는 “Attention : L/C Department. Refer your L/C No. 123 Dated May 15 Documents For USD100,000. Presented. May we negotiate despite following discrepancies : ① Late shipment ② Late presentation ③ Credit expired ④ Partial shipment”와 같은 조회를 받은 발행은행의 ‘매입에 대한 동의(승인)’ 전문 예시는 “Attention : L/C Department. Refer your wire dated June 15 under our credit No. 123 US$100,000. You may negotiate if otherwise in order”와 같다.

위와 같이 하자 내용에 대하여 발행은행의 동의를 통지받은 후에 매입하는 경우에는 그 내용을 서류송부장(covering letter)의 특별 기재사항 난에 “We have negotiated the documents on the strength of your cable reply of June 18, accepting the following discrepancy”와 같이 기재한다.

(4) 추심방식(Collection Basis)

신용장의 제조건과 불일치하는 서류를 직접 매입하지 않고 발행은행으로 추심의뢰하여 발행은행으로부터 대금지급을 받은 후에 이를 수출상에게 지급하는 방법이다. 이것은 주로 신용장의 발행은행과 수익자의 신용도가 불확실하거나 부도 가능성이 높은 경우에 취하는 방법이다.

중대한 하자가 있거나 지급거절의 가능성이 많은 경우 또는 환거래계약이 없는 은행(non-depositary correspondent bank)이 발행한 신용장으로서 그 진위성이 의심되거나 매입신청인의 신용상태가 심히 불량하여 채권보전에 문제가 있다고 인정되는 경우 및 기타 수출대금 회수가 어려울 것으로 판단되는 서류는 매입은행에서 추심방식으로 처리하고 있다.

원칙적으로 추심방식 하에서는 발행은행은 신용장방식하의 조건부 지급확약 의무를 부담하지 않기 때문에, 수익자(추심방식의 경우 추심의뢰인)는 발행은행(추심방식의 경우 추심은행)에 대해서 대금청구권을 행사할 수 없는 위치에 놓이게 된다. 그러나 발행의뢰인이 수익자의 기대에 부응하여 발행은행에게 대금을 지급하게 되는 경우에는 수익자는 발행은행에 대해서 대금청구권을 가지게 된다. 추심방법은 “Approval basis”와 “Collection basis”로 서류를 송부하는 2가지의 경우로 구분할 수 있다.

“Collection basis”로 서류를 송부하는 경우에는 신용장통일규칙(UCP)의 적용을 받지 아니하고, 신용장방식의 거래라 할지라도 추심방식으로 간주되어 추심에 관한 통일규칙(Uniform Rules for Collection : URC 522)의 적용을 받게 된다. URC 522의 적용은 UCP 600에 의한 보호를 상실하는 것을 의미한다. 즉 발행은행은 추심은행의 역할을 담당하게 되며, 명시된 서류의 존재 여부를 확인하고 발행의뢰인에게 지급을 위한 제시를 하여 수입상이 수입대금을 지급하는 경우에 이를 매입은행에 송금하는 역할을 담당한다. 따라서 수출상 또는 추심의뢰은행은 발행은행(또는 확인은행)으로 송부하는 하자 있는 서류가 UCP 600의 적용을 받을 것인지, 아니면 URC 522의 적용을 받을 것인지의 선택을 명백하게 선택하여 'Covering Letter'(선적서류 송부의뢰서)에 명시하여야 한다.

통상 추심후 지급으로 처리하여야 하는 경우는 ㉠ 발행은행의 신용상태가 의심스럽거나 발행은행 소재국에 불가항력적 사태가 발생하였거나 그러한 소지가 있는 경우 ㉡ L/C Expired 또는 소위 독소조항을 내포하고 있는 신용장 등의 중대한 하자가 있는 서류로서 부도가 거의 확실시 되는 경우 ㉢ 신용장 또는 서류의 위·변조 및 사기 등의 여부가 의심스러운 경우 등이다.

(5) 신용장의 조건변경(L/C Amendment) 후 매입

조건변경(amendment) 후 매입은 신용장의 수익자가 발행의뢰인에게 하자내용을 통보하여 신용장의 조건을 제시된 서류의 내용에 일치하도록 변경한 후에 서류를 매입하는 방법으로 시간적으로 여유가 있는 경우에 활용하는 것으로 가능하면 이 방법을 취하는 것이 가장 안전한 방법이다. 한편 발행은행은 하자있는 서류에 대하여 수익자와 교섭하여 이를 수령한 후 제5은행영업일 (five banking days) 내에 그 하자의 보완을 요구할 수 있다.

3) 거절통보의 절차

발행은행, 확인은행 또는 지급·인수·매입은행은 서류의 수령일 이후 제5은행 영업일 (five banking days) 동안 이를 심사하여 거절하기로 결정한 경우에는 반드시 서류의 수령일 이후 제5은행영업일 내에 전신 또는 기타 신속한 방법으로 그 송부은행이나 수익자에게 거절을 통고하여야 한다. 상당한 기간의 시간적 한계는 모든 서류의 심사에 있어서 당연히 5일을 전부 소모하거나 4일까지 기다렸다가 서류심사를 시작할 수도 있다는 의미가 아니라 각각의 상황에 따라 5일 이내에서도 다르게 정해져야 한다는 의미이다.

즉, 서류의 복잡성, 사용된 언어, 물품의 도착 시간 등을 고려한 긴급성의 필요성이나 매도인의 사기로 매수인의 지급거절 가능성 등을 고려하여야 한다. 그리고 서류의 거절통지서에는 모든 거절사항을 명기하여야 하며, 또 서류를 보유하고 있는지 반송하였는지의 여부를 명기하여야 한다.

〈서식 14-2〉 양도가능신용장의 전액양도 및 서류작성의 예제

Shinhan Bank SEOUL, KOREA C.P.O. BOX : 6999 SEOUL ORIGINAL

SWIFT : SHBKKRSE Telex number : K25583

ADVICE OF
ISSUE OF DOCUMENTARY CREDIT

ADVICE NO. : A-4201-906-102222
CREDIT NO. : LC82A90551

---

*ISSUING BANK (017370) BKCHCNBJ82A
BANK OF CHINA, SHEN YANG,
HEPING DAJIE 3 DUAN 5,
SHEN YANG, CHINA

*APPLICANT
SHENYANG LEATHER SHOES CORP.
HEPING QU, SHENYANG CHINA

*BENEFICIARY
KANGNAM TRADING CO., LTD.
3RD FLOOR, 223-12 BONGEE-DONG
SONGPA-KU, SEOUL, KOREA

*AMOUNT : USD348,000.00

*EXPIRY DATE : JUN. 05, 2019
*ISSUING DATE : APR. 22, 2019

Gentlemen :
WE HAVE BEEN REQUESTED BY THE ISSUING BANK WITHOUT ANY RESPONSIBILITY ON OUR PART TO ADVISE YOU OF AUTHENTICATED TELETRANSMISSION AS FOLLOWS :

------------------------------------< Message Text >------------------------------------

700 ISSUE OF A DOCUMENTARY CREDIT
***27 : Sequence of total : 1/2
***40A : Form of Documentary Credit : IRREVOCABLE
***20 : Documentary Credit Number : LC82A90551
***31C : Date of Issue : 2019-04-22
***40E : Applicable Rules : UCP LATEST VERSION
***31D : Date and Place of Expiry : 2019-06-05 S. KOREA
***50 : Applicant : SHENYANG LEATHER SHOES CORPORATION.
***59 : BENEFICIARY : KANGNAM TRADING CO., LTD
77, JONGNO 1-KA, JONGNO-GU, SEOUL, KOREA
32B : CURRENCY CODE, AMOUNT : USD348,000.00
***39A : PERCENTAGE CREDIT AMOUNT TOLERANCE : 0/0
***41D : AVAILABLE WITH...BY... : ANY BANK IN S. KOREA
BY NEGOTIATION
***42C : DRAFTS AT... : SIGHT FOR 100 PCT OF THE INVOICE VALUE
***42A : DRAWEE : BKCHCNBJ82A
BANK OF CHINA, SHENYANG, CHINA
***43P : PARTIAL SHIPMENTS : ALLOWED
***43T : TRANSHIPMENT : NOT ALLOWED
***44A : LOADING ON BOARD/DISPATCH : PUSAN KOREA
***44A : FOR TRANSPORTATION TO : DALIAN CHINA
***44C : LATEST DATE OF SHIPMENT : 2018-05-20
***45A : DESCRIPTION OF GOODS AND/OR SERVICE :
NUBUCK 2.0-2.2MM, COLOR : WHEAT, MELDISCO STOCK NO : 46571
QUANTITY : 174,000SF, CIF DALIAN CHINA, TOTAL AMOUNT : USD348,000.00

***46A : DOCUMENTS REQUIRED :

1. SIGNED COMMERCIAL INVOICE IN 3 COPIES INDICATING L/C NO. AND CONTRACT NO.
2. FULL SET OF CLEAN ON BOARD OCEAN BILLS OF LADING MADE OUT TO THE ORDER AND BLANK ENDORSED MARKED FREIGHT PREPAID AND NOTIFY APPLICANT
3. INSURANCE POLICY/CERTIFICATE ISSUED IN TRIPLICATE DULY ENDORSED IN BLANK FOR FULL INVOICE VALUE PLUS 10 PERCENT WITH CLAIMS PAYABLE IN CHINA IN THE SAME CURRENCY AS THE DRAFT COVERING INSTITUTE CARGO CLAUSES(A).
4. PACKING LIST/WEIGHT MEMO IN 3 COPIES INDICATING QUANTITY/GROSS AND NET WEIGHT OF EACH PACKAGE AND PACKING CONDITIONS.
5. BENEFICIARY'S CERTIFICATE STATING THAT ONE ORIGINAL B/L AND ONE COMPLETE SET OF NON-NEGOTIABLE SHIPPING DOCUMENTS HAVE BEEN FAXED TO APPLICANT WITHIN 24 HOURS AFTER SHIPMENT
6. CERTIFICATE OF QUALITY IN 3 COPIES ISSUED BY KANGNAM TRADING CO.,LTD.
7. INSPECTION CERTIFICATE ISSUED BY KANGNAM TRADING CO.,LTD. IN 3 COPIES.
8. ANIMAL AND PLANT QUARANTINE CERTIFICATE IN 1 COPY.

***47B : ADDITIONAL CONDITIONS :

1. A SPECIAL HANDLING CHARGE OF USE50.00 OR EQUIVALENT IS PAYABLE BY BENEFICIARY ON EACH DRAWING IF DOCUMENTS ARE PRESENTED WITH DISCREPANCY (IES).
2. ALL DOCUMENTS TO BE FORWARDED IN ONE COVER.
3. THIS L/C IS TRANSFERABLE, THE TRANSFERRING BANK IS THE ADVISING BANK. IT CAN BE TRANSFERRED TO CHOKWANG LEATHER CO., LTD. 8/FL, HONGWOO BLDG. NO.834-34 YUKSAM-DONG, KANGNAM-KU, SEOUL, KOREA.
4. SHIPMENT MUST BE EFFECTED IN 3 LOTS. THE FIRST NOT LATER THAN 170427 THE SECOND NOT LATER THAN 180510 THE THIRD NOT LATER THAN 170520.

***48 : PERIOD FOR PRESENTATION : WITHIN 5 DAYS AFTER B/L DATE BUT NOT LATER THAN CREDIT VALIDITY

***49 : CONFIRMATION INSTRUCTIONS : WITHOUT

***71B : CHARGES : ALL BANKING CHARGES OUTSIDE CHINA INCLUDING L/C ADVISING FEE, REIMBURSEMENT COMMISSION AND DISCREPANCY CHARGE ARE FOR BENEFICIARY'S ACCOUNT.

***78 : INSTRUCTION TO THE PAYING/ACCEPTING/NEGOTIATING BANK :

+THE AMOUNT OF EACH DRAWING MUST BE ENDORSED ON THE REVERSE HEREOF.
+ALL DOCUMENTS TO BE FORWARDED BY COURIER SERVICE TO ISSUING BANK
+UPON RECEIPT OF DOCUMENTS WHICH ARE IN CONFIRMITY WITH THE TERMS OF THIS CREDIT, WE SHALL REMIT THE PROCEEDS TO YOU AS PER YOUR INSTRUCTION.

Please note that we reserve the right to make such corrections to this advice as may be necessary upon receipt of the cable confirmation and assume no responsibility for any errors and/or omission in the transmission and/or translation of the teletransmission, and for any forgery and/or alteration on the credit. If the credit is available by negotiation, each presentation must be noted on the reverse of this advice by the bank where the credit is available.

THIS ADVICE IS SUBJECT TO UNIFORM CUSTOMS AND PRACTICE FOR DOCUMENTARY CREDITS (2007 REVISION, ICC PUBLICATION NO. 600"

Yours very truly,

〈서식 14-2-1〉 앞 양도신용장의 전액(분할)양도 통지장

Original

Shinhan Bank
SEOUL, KOREA

Advice of ■ Total □ Partial Transfer

CHOKWANG LEATHER CO., LTD.

Date : 2019. 4. 27
T/S No. 4266-904-00046

L/C No. :	LC82A9055I
Dated :	APR. 22, 2019
Issuing Bank :	BANK OF CHINA, SHEN YANG CHINA
Amount :	U$348,000.00
Beneficiary :	KANGNAM TRADING CO., LTD.
Accountee :	SHENYANG LEATHER SHOES CORP.

Gentlemen :

We are pleased to advise you that above mentioned credit has been ■ totally □ partially transferred to you by the first beneficiary, so amendments hereafter will be advised □ the first beneficiary ■ the second beneficiary.

Details of transfer are as follows
Amount to be transferred : $348,000.00
Latest shipping date : MAY. 20, 2019
Expiry date : JUN. 05, 2019

Description of commodities and other conditions :

NUBUCK 2.0-2.2MM
COLOR : WHEAT
MELISCO STOCK NO : 46571
QUANTITY : 174,000SF

관리번호	18-04-67

This advice is to be considered as an integral part of original credit, All other terms and conditions are same to the original credit with exceptions indicated as above.

All drafts to be negotiated under this advice must be accompanied by this Letter and the amount of any such drafts be endorsed of the bank hereof by the negotiating bank.

This advice is subject to The Uniform Customs and Practice for Documentary Credits. 2007 Revision. International Chamber of Commerce Publication No.600.

C.C :

Truly Yours.
FOR SHINHAN BANK

Authorized Signature

(27-0571) (210×297)

〈서식 14-2-2〉 매입(추심)신청서

담당	검토자	결재권자

수출환어음매입(추심)신청서

매입번호	4009008933
CMF번호	

한 빛 은 행 앞

아래와 같이 화환어음의 매입/추심을 신청함에 있어서 따로 제출한 외국환거래약정서의 해상 조항에 따를 것을 확약하며 신용장(계약서) 불일치 내용이 상대은행에서 통보되어온 경우 매입시 불일치 내용을 신고한 것으로 인정하여도 이의를 제기하지 않겠습니다. 아울러 위 수출물품에 대한 모든 권리를 귀 은행에 양도하겠습니다.

(1) L/C 및 운송서류 내용		**(2) 매입대금 처리내역**		확 인 인	
L / C 번 호	**LC82A90551**	처 리 내 역		담당	결재
개 설 일 자	**APR. 22, 2019**	매 입 금 액	**U$112,614.80**		
수출신고필증번호	**151-10-99-0009888-3**	외화대체금액	**U$106,900.00**		
선 적 기 일	**MAY. 20, 2019**	수 입 보 증 금			
유 효 기 일	**JUN. 05, 2019**	원 화 입 금 액			

(3) 신용장(계약서)불일치 내용

①
②
③
④
⑤
⑥

위 신용장(계약서)에 의한 수출환어음매입 또는 선적서류매입과 관련하여 본인은 아래와 같은 신용장(계약서) 조건과의 불일치 또는 기타 사유로 인한 하자사항을 확인하며 이로 말미암은 비용 및 손해는 외국환 거래 약정서에 따라 부담하겠습니다.

2019 년 **05** 월 **24** 일

주 소

신청인________________________________(인)

인감대조

*** 은행사용란**

01	CMF 번호		10	우편요금		20	L/C번호		30	우대환차	
02	재매입여부		11	가격조건		21	자사실적		31	환가료구분	
03	매입통화		12	수출상대국		22	타사실적		33	기산일	
04	매입금액		13	수출신고번호		23	선물환율		34	COMM율	
05	하자여부		15	수출형태		24	선물금액		35	COMMISSION	
06	한도구분		16	HS번호		26	기산기준		36	INTEREST율	
07	외화대체		17	지급구분		27	어음기간		37	INTEREST	
08	TENOR		18	환가요율		28	확정일코드		38	환적여부	
09	본지사구분		19	기타공제		29	할인구분		39	분할선적여부	

한빛은행

수출(4030061 210×297) 백상자 80g/㎡ ('99. 1 제정)

〈서식 14-2-3〉 Covering Letter

HANVIT BANK

COPY	C. P. O BOX 1033 SEOUL, KOREA	SWIFT BIC TELEX NO	: HANIKRSE : K23823

DATE : MAY. 24. 2019

IN COMMUNICATIONS PLEASE ALWAYS QUOTE

OUR REF.NO.
4009008933-1325

MAIL TO ↴

BANK OF CHINA, SHEN YANG
HEPING DAJIE 3 DUAN 5, HEPING QU,
SHEN YANG
CHINA

WE ENCLOSE THE FOLLOWING DRAFT(S) / DOCUMENTS FOR PAYMENT/ACCEPTANCE UNDER THE CREDIT.

REMARKS

DRAFT(S)/DOCS AMOUNT	
USD	112,614.80
INT. & OUR CHGS(+)	
USD	0.00
COMM. & CHGS(-)	
USD	0.00
TOTAL AMOUNT TO BE CREDITED	
USD	112,614.80

L/C NO.	LC82A90551	DATED	APR. 22, 2019
ISSUED BY	BKCHCNBJ82A		
TENOR	AT SIGHT	MATURITY	
APPLICANT	SHEN YANG SUJIATUN DISTRICT LEATHER SHOE		
BENEFICIARY	CHO KWANG LEATHER CO LTD		
REIMBURSEMENT (DRAWEE) BANK			

DOCUMENTS

DOCS	DRAFT	COMM. INV.	B/L		AWB		PKG. LIST	INSURANCE POL/CERT.		CERT. ORIG.	INSP. CERT.	CONS. INV.	BENEF. CERT.	SHIP. ADV.	C/Q	T/S			
1ST	2	3	3	3		C C	3	2	3 C	2	3		3		3	1			
2ND				C		C C			C										
DRAWEE																			

INSTRUCTIONS TO THE PAYING BANK

PLEASE REMIT/CREDIT THE PROCEEDS BY SWIFT/TELEX TO OUR ACCOUNT WITH
FNBCUS33 FIRST CHICAGO INTL, N. Y.
A/C NO. 1510951-50-01
UNDER ADVICE TO US QUOTING OUR REF. NO.

GENERAL AND/OR SPECIAL INSTRUCTIONS.

★The amount of draft has been endorsed on the reverse of the original L/C.

WE HEREBY CERTIFY THAT ALL TERMS AND CONDITIONS HAVE COMPLIED WITH L/C.

AUTHORIZED SIGNATURE

THIS NEGOTIATION IS SUBJECT TO THE UNIFORM CUSTOMS AND PRACTICE FOR DOCUMENTARY CREDIT, 1993 REVISION ICC PUBLICATION NO. 500

〈서식 14-2-4〉 COMMERCIAL INVOICE

COMMERCIAL INVOICE

SHIPPER/EXPORTER **CHOKWANG LEATHER CO., LTD.** 8/FL HONGWOO BLDG NO.834-34 YUKSAM-DONG KANGNAM-KU SEOUL KOREA		NO.& DATE OF INVOICE CK-5-34-99 MAY. 19, 2019 NO & DATE OF L/C LC82A90551 APR. 22, 2019		
FOR ACCOUNT & RISK OF MESSRS. SHENYANG SUJIATUN DISTRICT LEATHER SHOES NO.2 FACTORY SHENYANG CHINA		L/C ISSUING BANK BANK OF CHINA, SHEN YANG CHINA		
NOTIFY PARTY SAME AS ABOVE		REMARKS ★CONSIGNEE : TO ORDER CONTRACT NO. SU99004		
PORT OF LOADING PUSAN KOREA	FINAL DESTINATION DALIAN CHINA			
CARRIER SKY LOVE 921W	SAILING ON OR ABOUT MAY. 20, 2019			
MARKS & NUMBERS OF PKGS	DESCRIPTION OF GOODS	QUANTITY/UNIT	UNIT-PRICE	AMOUNT
			CIF DALIAN CHINA	
DALIAN, CHINA PO NO : SU99004 ITEM : C/T NO : 1-234 Q' TY : MADE IN KOREA	NUBUCK 2.0-2.2MM COLOR : WHEAT MELDISCO STOCK NO : 46571 QUANTITY : 56,307.4SF		USD2.00/SF	USD112,614.80

CHO KWANG LEATHER CO., LTD

SIGNED BY YOUNG PYO, LEE President

〈서식 14-2-5〉 PACKING LIST

PACKING LIST/WEIGHT MEMO

SHIPPER/EXPORTER **CHOKWANG LEATHER CO., LTD.** 8/FL HONGWOO BLDG NO.834-34 YUKSAM-DONG KANGNAM-KU SEOUL KOREA	NO. & DATE OF INVOICE CK-5-34-99 MAY. 19, 2019 NO & DATE OF L/C LC82A90551 APR. 22, 2019
FOR ACCOUNT & RISK OF MESSRS. SHENYANG SUJIATUN DISTRICT LEATHER SHOES NO.2 FACTORY SHENYANG CHINA	REMARKS
NOTIFY PARTY SAME AS ABOVE	
PORT OF LOADING PUSAN KOREA / FINAL DESTINATION DALIAN CHINA	
CARRIER SKY LOVE 921W / SAILING ON OR ABOUT MAY. 20, 2019	

MARKS & NUMBERS OF PKGS	DESCRIPTION OF GOODS	QUANTITY/UNIT	NET-WEIGHT	GROSS-WEIGHT	MEASUREMENT
DALIAN, CHINA PO NO : SU99004 ITEM : C/T NO : 1-234 Q' TY : MADE IN KOREA	NUBUCK 2.0-2.2MM COLOR : WHEAT MELDISCO STOCK NO : 46571 QUANTITY : 56,307.4SF		8,451KGS	9,153KGS	

PACKING DETAILS AS PER ATTACHED

CHO KWANG LEATHER CO., LTD.

SIGNED BY YOUNG PYO, LEE President

〈서식 14-2-6〉 BENEFICIARY'S CERTIFICATE

CHO KWANG LEATHER CO., LTD.

8/FL..HONGWOO BLDG.. NO. 834-34, YUKSAM-DONG, KANGNAM-KU,
SEOUL, KOREA
TEL : 82-2-3452-6565/1616 FAX : 82-2-565-0263/4

MAY. 20, 2019

BENEFICIARY'S CERTIFICATE

TO WHOM IT MAY CONCERN,

WE HEREBY CERTIFY THAT FULL SET OF SHIPPING DOCUMENTS HAVE BEEN FAXED TO APPLICANT WITHIN 24 HOURS AFTER SHIPMENT.

L/C NO: LC82A9055I DATE: APR. 22, 2019

CHO KWANG LEATHER CO., LTD.

YOUNG PYO, LEE President

〈서식 14-2-7〉 INSPECTION CERTIFICATE

KANGNAM TRADING CO., LTD.

3RD FLOOR, 223-12, BANGEE-DONG, SONGPA-KU, SEOUL, KOREA
TEL : 82-2-3431-8321 FAX : 82-2-3431-8324, 8325
PORTABLE PHONE : (82)-11-268-2520 E-MAIL ADDRESS : minleetc@elim,Net

INSPECTION CERTIFICATE

DATE : MAY. 18, 2019

L/C NUMBER : LC82A9055I **SHIPMENT :** SKY LOVE 921W
CONTRACT NUMBER : SU99004 **I/C REF :** 12-212
STOCK NUMBER : 46571
ITEM : NUBUCK 2.0-2.2MM
COLOR : WHEAT
QUANTITY : 56,307.4 SF
SHIPPING DATE : MAY. 20, 2019

TO WHOM IT MAY CONCERN:

WE FEREBY CERTIFY THAT THE AFOREMENTIONED MERCHANDISE HAS BEEN DULY INSPECTED BY US AT RANDOM : AND THAT FROM THE MERCHANDISE SO INSPECTED IT APPEARS THAT ALL THE TERMS AND CONDITIONS OF THE CONTRACT HAVE BEEN COMPLIED WITH.

NEVERTHELESS. WE AND THE BUYER HEREBY RESERVE ALL RIGHTS EACH OF US MAY HAVE WITH RESPECT TO THE CONTRACT COVERED THEREBY. THE ISSUANCE OF THIS CERTIFICATE OF INSPECTION IS NOT DEEMED A WAIVER, NOR PREJUDICE OUR RIGHTS OR THOSE OF THE BUYER TO FILE A CLAIM IF DEFECTS BECOME APPARENT.

KANGNAM TRADING CO., LTD.

S.S. KANG / President

〈서식 14-2-8〉 CERTIFICATE OF QUALITY

KANGNAM TRADING CO., LTD.

3RD FLOOR, 223-12, BANGEE-DONG, SONGPA-KU, SEOUL, KOREA
TEL : 82-2-3431-8321 FAX : 82-2-3431-8324, 8325
PORTABLE PHONE : (82)-11-268-2520 E-MAIL ADDRESS : minleetc@elim.Net

CERTIFICATE OF QUALITY

DATE : MAY. 18, 2019

L/C NUMBER : LC82A9055I
CONTRACT NUMBER : SU99004
STOCK NUMBER : 46571
ITEM : NUBUCK 2.0-2.2MM
COLOR : WHEAT
QUANTITY : 56,307.4 SF
SHIPPING DATE : MAY. 20, 2019

SHIPMENT : SKY LOVE 921W
I/C REF :

WE ARE HEREBY CERTIFYING THAT THE QUALITY FOR ABOVE MENTIONED SHIPMENT HAVE BEEN COMPLIED WITH BUYER'S ORDER.

KANGNAM TRACING CO., LTD.

S.S.KANG / President

〈서식 14-2-9〉 BILL OF LADING

Consignor/Shipper **CHOKWANG LEATHER CO., LTD.** 8/FL HONGWOO BLDG NO.834-34 YUKSAM-DONG KANGNAM-KU SEOUL KOREA		***Negotiable KIFFA*** **MULTIMODAL TRANSPORT BILL OF LADING** B/L NO. HASL02MGD59DP03	
Consignee TO ORDER		**HEUNG-A SHIPPING CO., LTD.** TEL : (02)771-2100(Rep.) FAX : (02)771-2101(Rep.) For delivery of goods please apply to : DONGBO SHIPPING DALIAN OFFICE ROOM 1027, SENYE BUILDING NO.2 GANGWAN STREET, ZRONGSHAN DISTRICT DALIAN TEL : 413-2718524 FAX. : 411-2718534 ATTN : ㅓㅑㅜ XI MIN-C.REP	
Notify Party SHENYANG SUJIATUN DISTRICT LEATHER SHOES NO.2 FACTORY SHENYANG CHINA			
Pre-carriage by	Place of Receipt BUSAN, CY, S. KOREA		
Vessel/Voyage No. SKY LOVE 921W	Place of Delivery DALIAN CY, CHINA		
Port of Loading BUSAN, S. KOREA	Port of Discharge DALIAN, CHINA	Place of Delivery DALIAN	Final Destination(For the Merchant Ref.)

PARTICULARS FURNISHED BY CONSIGNOR/SHIPPER

Container No. Seal No. Marks and No.	Kind of Packages : Description of Goods	Gross Weight	Measurement
DALIAN, CHINA P.O NO : SU(())$ ITEM : C/NO : 1~234 Q'TY : MADE IN KOREA QUANTITY : 56,307.4SF HALU2421859/234764	20' X 1 (234 CARTONS) SHIPPER LOAD STOWAGE & COUNT SAID TO CONDITION : 234 CTNS OF NUBUCK 2.0-2.2MM COLOR : WHEAT MELDISCO STOCK NO : 46571 Q'TY : 56,307.4SF CREDIT : LC82A90551 * CIF DAILAN "FREIGHT PREPAID"	9,153.00 KGS ON BOARD DATE: MAR. 15, 2019 CY/CY	25.903CBM

Total Number of Containers or Packages(in words) SAY : ONE CONTAINER ONLY.

FREIGHT & CHARGES	REVENUE TONS	RATE	PER	PREPAID	COLLECT
				"AS ARRANGED"	

	Freight payable at	Place and Date of Issue SEOUL, S. KOREA MAR. 15, 2019
Total prepaid in	No. of original B/L THREE/3	HEUNG-A SHIPPING CO., LTD.
Laden on board the vessel Date 2019/05/20	Signature	ACTING AS A CARRIER

〈서식 14-2-10〉 HEALTH CERTIFICATE OF ANIMAL PRODUCTS

대 한 민 국 농 림 부

축 산 물 검 역 증 명 서

Ministry of Agriculture and Forestry. Republic of Korea

(HEALTH CERTIFICATE OF ANIMAL PRODUCTS)

발행연월일 : 2019 년 05 월 19 일　　검역증번호 : ES-SR-99050110-01
Date of issue :　　Certificate No.

종 류 및 품 종 (Type of Products)	NUMUCK LEATHER 2.0-2.2MM
포 장 수 량 및 포 장 상 태 (Type and Number of Packages)	234 C/T
중 량 (Weight)	G/W 9,153.000 KGs N/W 8,451.000 KGs
표 시 (Identification Marks)	
보 내 는 사 람 성 명 및 주 소 (Name & Address of Consignee)	CHO KWANG LEATHER CO., LTD. 8/FL HONGWOO BLDG NO. 834-34 YUKSAM-DONG KANGNAM-KU SEOUL KOREA
받 은 사 람 성 명 및 주 소 (Name & Address of Consignee)	SHENYANG SUJIATUN DISTRICT LEATHER SHOES NO. 2 FACTORY SHENYANG CHINA
탑 재 선 또 는 항 공 기 명 (Name of Ship and Flight)	SKY LOVE 921W
생 산 지 (Place of Production)	Korea
수 출 국 또 는 수 입 국 (Country of Export or Import)	China
선 적 지 및 선 적 연 월 일 (Place & Date of Arrival)	PUSAN PORT 2019/05/20
도 착 항 및 도 착 연 월 일 (Place & Date of Shipping)	DALIAN 2019/05/22
검 사 결 과 (Results of Inspection)	GOOD
비 고 (Remark)	L/C NO : LC82A90551 INVOICE NO : CK-5-34-99

위의 축산물은 대한민국 가축전염병예방법에 의하여 검역을 마쳤음을 증명합니다.
This is to certify that the above described animal product was inspected or treated in accordance with the regulations in "Livestock Epidemic Prevention and Control Act" of the Republic of Korea.
대한민국 국립수의과학검역원
NATIONAL VETERINARY RESEARCH AND QUARANTINE SERVICE. REPUBLIC OF KOREA

서 명
(Signature) ____________________
검 역 관
(VETERINARY QUARANTINE OFFICIAL)

〈서식 14-2-11〉 적하보험증권

SHINDONGAH FIRE & MARINE INSURANCE CO., LTD.

63Bldg, 60, Youido-Dong, Youngdeunpo-Gu, Seoul Korea TEL : 02-789-7357-7523 : 02-789-7511-3 FAX : 275-9531

MARINE CARGO INSURANCE POLICY

Assured(s), etc. CHO KWANG LEATHER CO., LTD.

Policy No. 16SM0502016	Ref. No. L/C NO. : LC82A90551 APR. 22* I/V NO. : CK-5-34-99 MAY. 19*
Claim, if any, payable at: TUATAI INS. AGENCY & CONSULTANT SERVICES LTD RM 605 HAI QIAO HOTEL NO.21 REN MIN RD. ZHONG SHAN DISTRICT DALIAN 116001 TEL(411)2630872 FAX 2804558 IN US DOLLARS Survey should be approved by: SAME AS ABOVE	Amount insured USD*******123,876.28 USD*******112,614.80 X 110%

Local Vessel	From (interior port or place of loading)	Conditions Subject to the following Clauses as per back hereof. ·Institute Cargo Clauses, Institute War Clauses Institute Strikes Riots & Civil Commotions Clauses Special Replacement Clause(applying to machine) ·On-Deck Clause ·Institute Radioactive Contamination Exclusion Clause as attached. COMPUTER MILLENNIUM CLAUSE(CARGO) WITH NAMED PERIL EXTENSIONS CLAIMS PAYABLE IN CHINA IN CURRENCY OF THE DRAFT. COVERING OCEAN MARINE TRANSPORTATION ALL RISKS, WAR RISKS.
Ship or Vessel called the SKY LOVE 921W	Sailing or on about MAY. 20, 2019	
at and from PUSAN KOREA	Transhipped at	
arrived at DALIAN CHINA	thence to	

Goods and Merchandises

NUBUCK 2.0-2.2MM　　COLOR : WHEAT

MELDISCO STOCK NO : 46571　　QUANTITY : 56,307.4 SF

Marks and Numbers as per Invoice No. specified above.

Place and Date Signed in. SEOUL KOREA MAY. 19, 2019　　No. of Policies issued. DUPLICATE

1. Warranted free of capture, seizure, arrest restraint or detainment, and the consequences thereof or of any attempt thereat; also from the consequences of hostilities or warlike operations, whether there be a declaration of war or not; but this warranty shall not exclude collision, contact with any fixed or floating object (other then a mine or torpedo), stranding, heavy weather or fire unless caused directly (and independently of the nature of the voyage or service which the vessel concerned or, in the case of a collision, any other vessel involved therein, is performing) by a hostile act by or against a belligerent power; and for the purpose of this warranty "power" includes any authority maintaining naval, military or air forces in association with a power.

2. Warranted free of loss or damage

(a) Caused by strikers, locked-out workmen, or persons taking part in labour disturbances, riots or civil commotions;

(b) resulting from strikes, lock-outs, labour disturbances, riots or civil commotions.

3. (a) Should the risks excluded by Clause 1(F.C.&S.Clause) be reinstated in this Policy by deletion of the said Clause. or should the risks or any of them mentioned in that clause or the risks of mines, torpedoes, bombs or other engines of war be insured under this Policy, Clause (b) below shall become operative and anything contained in this contract which is inconsistent with Clause (b) or which affords more extensive protection against the aforesaid risk than that afforded by the Institute War Clauses relevant to the particular form of transit covered by this insurance is null and void.

(b) This policy is warranted free of any claim based upon loss of. or frustration of, the insured voyage or adventure caused by arrests restraints or detainments of Kings Princes Peoples Usurpers or persons attempting to usurp power.

☞ In the event of loss or damage arising under this, Policy.
no claims will be admitted unless a survey has been held with the approval of this Company's Office or Agents specified in this Policy.

Be it known that The descriptions to be inserted in the following clauses are shown as above.
as well in his or their own Name, as for and in the Name and Names of all and every other Person or Persons to whom the same doth, may shall appertain, in part or in all, doth make Assurance, and cause himself or themselves and them and every of them, to be Assured, lost or lost, at and from upon any kind of Goods and Merchandises, in the good Ship or Vessel call the whereof is Master, for this present Voyage, or whosoever else shall go Master in the said Ship, or by whatsoever other Name or Names the said Ship, or the Master thereof, is or shall be named or called, beginning the Adventure upon the said Goods and Merchandises from the loading thereof aboard the said Ship as above, and shall so continue and end during her abode there, upon the said Ship, & c; and further, until the said Ship, with all her Goods and Merchandises whatsoever, shall be arrive at and upon the Goods and Merchandises until the same be there discharged and safely landed, and shall be lawful for the said Ship. &c., in this Voyage to proceed and touch and stay at any Ports or Places whatsoever without Prejudice to this Assurance. The said goods and Merchandises, &c., for so much as concerns the Assured by Agreement between the Assured at Assurers in this Policy are and shall be valued at
TOUCHING the Adventures and Perils which the said Company are contented to bear and do take upon therm selves in this Voyage. they are the Seas Men-of-War, Fire, Enemies, Pirates, Rovers, Thieves, Jettisons, Letters of Mart and Countermart, Surprisals, Takings at Sea, Arrest Restraints and Detainments of all Kings, Princes and People, of what Nation, Condition, or Quality soever, Barratry of the Master and Marine and of all other Perils, Losses and Misfortunes that have or shall be lawful to the Assured, his or their Factors, Servants and Assigns, to labour and travel for, in and about the Defence, Safeguard and Revery of the said Goods and Merchandises, or any part thereof, where Prejudice to this Assurance; to the Charges whereof the said Company will contribute. And it is especially declared and agreed that no acts of Assurer or Assured in recovering, saving, or preserving the preoperty assured, shall be considered as a waiver or acceptance of abandonment at it is agreed that this writing or Policy of Assurance shall be of as much Force and Effect as the surest Writing or Policy of Assurance made London. And so the said Company are contented, and do hereby promise and bind themselves to the Assured, his or their Executors, as ministrator, or Assigns, for the true Performance of the Premises; confessing themselves paid the Consideration due unto the, for this Assurance at and after the rate of as arranged Per cent.
N.B. Corn, Fish, Salt, Fruit, Flour and Seed are warranted free from Average, unless general, or the Ship be stranded; Sugar, Tobacco. Hem Flax, Hides and Skins are warranted free from Average. under Five Pounds per cent., and all other Goods, also the Ship and Freight, warranted free from Average, under Three Pounds per cent., unless general, or the Ship be stranded, sunk or burnt.
All questions of liability arising under this policy are to be governed by the laws and customs of England.
IN WITNESS whereof, I the Undersigned of American Home Assurance Company Korea on behalf of the said Company have subscribe my name in to Policies of the same tenor and date, one of Which being accomplished, the others to be void, as after the date specified as above
For AMERICAN HOME ASSURANCE COMPANY KOREA.

In case loss or damage, please follow the "IMPORTANT" clause printed on the back hereof.　　J. S. Lim

〈서식 14-3〉 선적서류 매입(추심)의뢰서

선적서류 매입(추심)의뢰서

(2019 년 5 월 5 일)

담당	대리/과장	차장	부점장

한국외환은행 앞

MAIL TO
CSSBHKHH
CHINA & SOUTH SEA BANK, LTD, H.K.
22-26, BONHAM STRAND EAST HONG KONG
CHINA

고객번호	
매입번호	

AMOUNT	USD23,842.50		TENOR&MATURITY		SIGHT	
L/C(CONTRACT)	D-01-S-01240 DATE APR,29,2016 ISSUED BY CSSBHKHHCHINA & SOUTH SEA BANK, LTD., H.K.22-26					
COMMODITY	TEXTILE		H.S.CODE		5209.32-0000	
ACCOUNTEE	CATUS GARMENT CO LTD		BENEFICIARY		FAREAST CORP.	
DESTINATION	FROM BUSAN SOUTH KOREA TO HONGKONG (COUNTRY CODE :)					
PRICE TERM	TRADE TERM : CIF HONG KONG		E/L NO.	승인면제	FOB 금액	USD23,618

DOCUMENTS ATTACHED		DRAFT		INVOICE		B/L	AWB	P/I	I/P	C/O	GSP	I/C	BENE CERT	FAX	
		BENF	BANK	COMM	COST										
TO ISSUING BANK	1st	2		3									1	1	
	2nd														
TO REIM .BANK															

매입대전 처리신청 명세

명세			금액
외화계정 대체			
원화계정 대체			
원화계정대체내용	무역어음대출	A	
		B	
	수입보증금		
	우편료	환가료	대체료
	전신료	추심료	
	예금		
	계좌번호		

불일치 내용

FAREAST CORP.

위와 같이 화환어음의 매입(추심)을 신청함에 있어서 따로 제출한 외국환거래약정서의 해당 조항에 따를 것을 확약하며 신용장(계약서) 불일치내용이 상대은행에서 통보되어온 경우에도 매입시 불일치내용을 신고한 것으로 인정하여 이의를 제기하지 않겠습니다. 아울러 위 수출물품에 대한 모든 권리를 은행에 양도하겠습니다.

본 인
주 소

(은행사용란)

매 입 1 차			추 심 1 차			특수조건 등	
통화	U$: 01 Y : 20 DM : 03 W : 00		재추심여부	타행 : 1 비의뢰 : 0			
			현금/대체	한글 : 03 대체 : 02			
하자여부	CLEAN : 0 하자 : 1		매입(추심) 2차				
재매입여부	직네고 : 0						
환가료	미징수 : 0 우편기간징수 : 3		가격 조건	FOB : 11 CFR : 31 CIF : 51 C&I : 41			
징수방법	차감징수 : 1 별도징수 : 6						
결제구분	SIGHT : 1 AFTER S : 2 FROM B/L : 3 AFTER B/L : 4		복수E/L여부	단수 : 0 복수 : 1			
			수출 형태	선수금 : 1 중계무역 : 2 착수금 : 3 연불수출 : 4 분할영수 : 5			
어음기산일	B/L DATE						
어음기간	SIGHT 조건 투입불요						
수수료 징수 방법	미징수 : 0 차감징수 : 1 가산징수 : 1 별도징수 : 6		특수신용장	선대L/C : 1 DEFER : 2 IBRD : 3 ADB : 4		RENEGO COMMISION	
여신 승인 번호			본지사구분	자사 : 1 본지사자사 : 2 타사 : 2 본지사타사 : 4			
대체료 대상금액						환가료	
적용 환율			발송 방법	MAL : 1 DHL+MAIL : 2 DHL : 3 MAIL+TT“ : 4 DHL+MAIL : 5 DHL+5TT : 6		대체료	
선물 환율						우편료	
선물환 금액						추심료	

〈서식 14-3-1〉 Covering Letter

KOREA EXCHANGE BANK ORIGINAL

Head Office : 181, 2-ka Ulchi-ro, Chung-ku, Seoul, 100-793, Korea TEL : (02)729-8525
(CPO BOX 2924, CABLE : KOEXBANK, TLX NO : 23141-5) SWIFT : KOEXKRSE

* Advice Br. : JONGRO Br
* Advice Date : 2019.05.03(FAX/A07)

ADVICE OF
ISSUE OF DOCUMENTARY CREDIT

* ADVICE NO. : A-0666-905-00460
* CREDIT NO. : D-01-5-01240

* Beneficiary : TEL. 720-5078
FAREAST CORP.
45-1, KWANCHUL-DONG,
JONGRO-GU, SEOUL, KOREA
* Amount : USD30,690.00
* Expiry Date : 05.30, 2019
* Sender's Bank : 229070269

* Applicant :
CACTUS GARMENT CO LTD
2-12 BUTE STREET MONGKOK
KOWLOON HONG KONG
* Issuing Bank : CSSBHKHH
CHINA & SOUTH SEA BANK LTD
22-26, BONHAM STRAND EAST
HONG KONG CHINA

Gentlemen :
At the request of the issuing bank, and without any engagement or responsibility on our part, we are pleased to inform you that we have received the following AUTHENTICATED teletransmission dated 2019.05.02

-----------------------------< Message Text >-----------------------------

700 ISSUE OF A DOCUMENTARY CREDIT
***27 : Sequence of total : 1/1
***40A : Form of Documentary Credit : IRREVOCABLE
***20 : Documentary Credit Number : D-01-S-01240
***31C : Date of Issue : 2019-04-29
***31D : Date and Place of Expiry : 2019-05-30 IN SOUTH KOREA
***40E : Applicable Rules : UCP LATEST VERSION
***50 : Applicant : CACTUS GARMENT CO LTD
2-12 BUTE STREET MONGKOKY
KOWLOON HONG KONG
***59 : Beneficiary : FAREAST CORP.
45-1, KWANCHUL-DONG,
JONGRO-GU, SEOUL, KOREA
***32B : Currency Code and Amount : USD30690.00
***41D : Available With... BY... : ANY BANK
BY NEGOTIATION
***42C : Drafts at ... : SIGHT
QUOTING NO. AND DATE OF THIS LC AND NAME OF LC ISSUING BANK
***42d : Drawee ... : ISSUING BANK FOR FULL INVOICE VALUE
***43P : Partial Shipments : PERMITTED
***43T : Transhipment : PROHIBITED
***44A : Loading/Dispatch/Taking Charge at/from : SOUTH KOREAN PORT
***44B : FOR TRANSPORTATION TO : HONG KONG
***44C : Latest Date of Shipment : 2019-05-15
***45A : Description of Goods and/or Services :
COMMODITY : FABRIC1 94.6 PCT COTTON 5.4 PCT SPANDEX ART : FH1398
TWO-WAY STRETCH TWILL (30/2+SP70D) X (30/2+SP70D)/88 X 56
COLOR : BLACK - 1,040 YDS STONE - 1,430 YDS
PONY - 1,740 YDS KELP - 1,370 YDS
UNIT PRICE : USD5.50/YD TRADE TERM : CIF HONG KONG

***46A : Documents Required :

1. SIGNED COMMERCIAL INVOICE IN TRIPLICATE. ALL DULY SIGNED.
2. FULL SET OF ORIGINAL CLEAN 'SHIPPED ON BOARD' OCEAN BILLS OF LADING MADE OUT TO THE ORDER OF THE CHINA AND SOUTH SEA BANK LTD. MARKED FREIGHT PREPAID AND NOTIFY APPLICANT AND INDICATING THIS CREDIT NO.
3. FULL SET OF ORIGINAL MARINE INSURANCE POLICY(IES) OR CERTIFICATE(S) ISSUED IN ENDORSED IN BLANK, COVERING INSTITUTE CARGO CLAUSES(A), INSTITUTE WAR CLAUSES (CARGO) AND INSTITUTE STRIKES CLAUSES(CARGO) FOR AT LEAST 110 PERCENT OF CIF (IF THE GOODS SHIPPED BY CONTAINER VESSEL, INSURANCE MUST COVER THE RISKS OF THE RISKS OF JETTISON AND/OR WASHING OVERBOARD).
4. PACKING LIST IN 3 COPIES
5. ONE CERTIFIED COPY OF BENEFICIARY'S FAX DESPATCHED TO APPLICANT WITHIN 7 DAYS AFTER SHIPMENT ADVISING NAME OF VESSEL, SHIPMENT DATE, DESCRIPTION AND QUANTITY OF GOODS, INVOICE VALUE AND THIS L/C NO.
6. ONE BENEFICIARY'S CERTIFICATE CERTIFYING THAT ONE FULL SET NON-NEGOTIABLE COPY OF DOCUMENTS HAS BEEN SENT TO APPLICANT BY AIRMAIL WITHIN 7 DAYS AFTER SHIPMENT.
7. ONE BENEFICIARY'S CERTIFICATE ADDRESSED TO ISSUING BANK CONFIRMING THEIR ACCEPTANCE OR NON-ACCEPTANCE OF EACH AND EVERY AMENDMENT ISSUED UNDER THIS CREDIT QUOTING ALL THE RELEVANT AMENDMENT NUMBER(S) IF NO AMENDMENT HAS BEEN ISSUED IN RESPECT OF THIS CREDIT, SUCH CERTIFICATE IS NOT REQUIRED.

***47A : ADDITIONAL CONDITIONS :

1. ALL BANKING CHARGES OUTSIDE HONG KONG, INCLUDING REIMBURSEMENT ALL RELEVANT TELETRANSMISSION CHARGES, ARE FOR ACCOUNT OF BENEFICIARY
2. FOR EACH PRESENTATION OF DISCREPANT DOCUMENTS UNDER THIS DOCUMENTARY CREDIT, A CHARGES OF USD50.00 SHALL BE DEDUCTED FROM THE REIMBURSEMENT CLAIM/PROCEEDS. NOTWITHSTANDING ANY INSTRUCTIONS TO THE CONTRAY.
   THIS CHARGE SHALL BE FOR ACCOUNT OF BENEFICIARY.
3. DOCUMENTS TO BE PRESENTED IN SOUTH KOREA WITHIN 15 DAYS AFTER SHIPMENT DATE BUT WITHIN THE VALIDITY OF THE CREDIT.
4. ALL DOCUMENTS MUST BE MADE OUT IN ENGLISH.
5. AN EXTRA COPY OF INVOICE AND ONE NON-NEGOTIABLE COPY OF TRANSPORT DOCUMENTS FOR ISSUING BANK'S FILE IS REQUIRED.
   USD10.00 OR HKD80.00 OR EQUIVALENT WILL BE DEDUCTED IF ANY EXTRA COPY OF DOCUMENTS NOT PRESENTED.
6. 3 PERCENT MORE OR LESS AMOUNT OF DRAWINGS AGAINST PROPORTIONATE QUANTITY OF EACH COLOR OF GOODS SHIPPED IS ALLOWED.
7. B/L MUST INDICATE THE ACTUAL PORT OF LOADING, THE PORT OF DISCHARGE, FULL NAME AND ADDRESS AS WELL AS TELEPHONE NO. OF THE SHIPPING AGENT IN HONG KONG.

***49 : Confirmation Instructions : WITHOUT

***78 : Inst to the Pay/Accept/Negotiate Bank :

+EACH DRAWING BE ENDORSED ON THE REVERSE BY PRESENTING/NEG. BANK.

+ALL DOCUMENTS ARE TO BE DESPATCHED TO L/C ISSUING BANK AT 136 DES VOEUX ROAD CENTRAL, HONG KONG IN ONE LOT BY SPEEDPOST OR COURIER SERVICE.

+UPON RECEIPT OF DOCUMENTS IN ORDER, L/C ISSUING BANK WILL REIMBURSE THE NEGOTIATING/PRESENTING BANK AS INSTRUCTED.

***57D : Advise Through Bank : YOUR CHONG RO BRANCH 84-8 CHONG RO 2-KA, CHONG RO-GU SEOUL, KOREA

***72 : Sender to Receiver Information : SUBJECT TO U.C.P.(2007 REVISION) I.C.C. PUBLICATION NO.600
THIS IS THE OPERATIVE INSTRUMENT,
NO MAIL CONFIRMATION WILL FOLLOW.

Please note that we reserve the right to make such corrections to this advice as may be necessary upon receipt of the cable confirmation and assume no responsibility for any errors and/or omission in the transmission and/or translation of the teletransmission, and for any forgery and/or alteration on the credit.

If the credit is available by negotiation, each presentation must be noted on the reverse of this advice by the bank where the credit is available.

〈서식 14-3-1〉 Covering Letter

KOREA EXCHANGE BANK

HEAD OFFICE

C.P.O. BOX 2924 SEOUL, KOREA SWIFT ADDRESS : KOEXBSE TELEX NO : K23141-5 FAX NO : 757-7227~2

PLEASE ALWAYS QUOTE OUR NO.	022-ESP-010148

DATE : MAY 05TH 2019

MAIL TO ➡ CHINA AND SOUTH SEA BANK LTD,.
136, DES VOEUX ROAD CENTRAL,
HONG KONG

WE ENCLOSE FOLLOWING DRAFT(S) / DOCUMENTS FOR PAYMENT/COLLECTION.

L/C NO.	D-01-S-01240 DATED APR. 29TH 2019	NEGOTIATED AMOUNT	U$23,842.50
L/C ISSUED BY	CHINA & SOUTH SEA BANK LTD., HONG KONG	INTEREST	(% P. A. DAYS)
TENOR & MATURITY	AT SIGHT DUE ON		
PRESENTED BY	FAEAST CORP	OUR COMM & CHARGES	
ACCOUNTEE	CACTUS GARMENT CO	LESS COMM & CHARGES	
COMMODITY	FABRIC 94.6 PCT COTTON 5.4 PCT SPANDEX	TOTAL AMOUNT TO BE PAID	
DESTINATION	FROM BUSAN S. KOREA TO HONG KONG		

DOCUMENTS ATTACHED (DUPLICATE TO FOLLOW)

	DFT		INVOICE		B/L()	AWB	INS POL/ CERT	P/L	C/O	GSP	I/C	BENE CERT	FAX
	BENE	BANK	COMM	CUST/ CONS									
1ST MAIL	2		3/3		2/2		2/2	2				1	1
2ND MAIL													

WE HEREBY CERTIFY THAT THE AMOUNT OF DRAFT NEGOTIATED BY US HAS BEEN ENCLOSED ON THE REVERSE OF THE RELATIVE CREDIT.

AS TO THE PROCEED. PLEASE FOLLOW INSTRUCTIONS AS BELOW.

REMIT BY SWIFT/TELEX TO KOREA EXCHANGE BANK NEW YORK BRANCH (KOEXU533) VIA FED WIRE(//FW026008772) FOR CREDIT TO OUR HEAD OFFICE ACCOUNT WITH THEM

SPECIAL INSTRUCTIONS (MARKED "×")

- ☑ ADVISE US BY SWIFT/TELEX IN CASE OF NON-PAYMENT/NON-ACCEPTANCE GIVING REASONS.
- ☑ ADVISE US BY SWIFT/TELEX OF ACCEPTANCE AND DATE IN CASE OF USANCE BILL.
- ☐ WE HAVE NEGOTIATED THE DRAFT(S) ON A SIGHT BASIS AS DISCOUNT CHARGE ARE FOR BUYER'S ACCOUNT. PLEASE PAY US THE FACE AMOUNT OF THE DRAFT(S) AT SIGHT.
- ☐ PAY US THE PROCEEDS VALUED ON DUE DATE.
- ☐ WE HAVE NEGOTIATED UNDER RESERVE DUE TO THE FOLLOWING DISCREPANCY(IES):

PREPARED	CHECKED	APPROVED

〈서식 14-3-2〉 Commercial Invoice

COMMERCIAL INVOICE

<table>
<tr><td colspan="2">① Shipper / Exporter

FAREAST CORP.
SEOUL. KOREA</td><td colspan="3">⑧ No. & Date of invoice
FE1935 MAY. 04, 2019

⑨ No. & Date of L/C

D-01-S-01240 APR. 29, 2019</td></tr>
<tr><td colspan="2">② For Account & Risk of Messrs.
CACTUS GARMENT CO LTD
2/F 2-12 BUTE STREET MONGKOK
KOWLOON
HONG KONG</td><td colspan="3">⑩ L/C Issuing bank

CSSBHKHH
CHINA & SOUTH SEA BANK, LTD., H.K.
22-26, BONHAM STRAND EAST HONG KONG
CHINA</td></tr>
<tr><td colspan="2">③ Notify party

CACTUS GARMENT CO LTD
2/F 2-12 BUTE STREET MONGKOK
KOWLOON
HONG KONG</td><td colspan="3" rowspan="3">⑪ Remarks :

CREDIT NO. : D-01-S-01240</td></tr>
<tr><td>④ Port of loading
BUSAN SOUTH KOREA</td><td>⑤ Final Destination
HONG KONG</td></tr>
<tr><td>⑥ Carrier
KOTA HARTA HTA086</td><td>⑦ Sailing on or about
MAY. 04, 2019</td></tr>
<tr><td>⑫ Marks and Numbers</td><td>⑬ Description of Goods</td><td>⑭ Quantity/Unit</td><td>⑮ Unit-Price</td><td>⑯ Amount</td></tr>
</table>

TRADE TERM : CIF HONG KONG

ORIGINAL

⑫ Marks and Numbers	⑬ Description of Goods	⑭ Quantity/Unit	⑮ Unit-Price	⑯ Amount
CACTUS	COMMODITY : FABRIC			
HONG KONG	94.6PCT COTTON 5.4PCT SPANDEX			
FH1398	ART : FH1398			
COLOR : BLACK	TWO - WAY STRETCH TWILL			
STONE	(30/2 + SP70D) × (30/2 + SP70D) / 88 × 56			
PONY	COLOR : BLACK - 1,071 YDS			
LOT:	STONE - 1,472 YDS			
QNTY:	PONY - 1,792 YDS			
C/T.: 1- 20				
MADE IN KOREA				
		4,335 YDS	USD5.50/YD	USD23,842,50

FAREAST CORP.
RM 1005 10/FL DAEWANG
BLDG 45-1 KWANCHUL-
DONG CHOGRO-GU
SEOUL KOREA

⑰ E-Mail : fareast@fareastnet.co.kr
TEL : (02) 720-5078
FAX : (02) 720-6044

⑱ Signed by ____________________
FAREAST CORP.

〈서식 14-3-3〉 Packing List

PACKING LIST

① Shipper/Exporter **FAREAST CORP.** SEOUL. KOREA		⑧ No.& Date of Invoice FE1935 MAY. 04, 2019
② For Account & Risk of Messrs. CACTUS GARMENT CO LTD 2/F 2-12 BUTE STREET MONGKOK KOWLOON HONG KONG		⑨ Remarks :
③ Notify Party CACTUS GARMENT CO LTD 2/F 2-12 BUTE STREET MONGKOK KOWLOON HONG KONG		
④ Port of Loading BUSAN SOUTH KOREA	⑤ Final Destination HONG KONG	CREDIT NO.: D-01-S-01240
⑥ Carrier KOTA HARTA HTA086	⑦ Sailing on or about MAY. 04, 2019	

⑩ Marks and Numbers of PKGS	⑪ Description of Goods	⑫ Quantity	⑬ Net-weight	⑭ Gross-weight	⑮ Measurement
CACTUS HONG KONG FH1398 COLOR : BLACK STONE PONY LOT: QNTY: C/T.: 1- 20 MADE IN KOREA	COMMODITY : FABRIC 94.6PCT COTTON 5.4PCT SPANDEX ART : FH1398 TWO - WAY STRETCH TWILL (30/2 + SP70D) × (30/2 + SP70D) / 88 × 56 COLOR : BLACK - 1,071 YDS STONE - 1,472 YDS PONY - 1,792 YDS	4,335 YDS	1,387KG	1,525KG	6000CBM

ORIGINAL

FAREAST CORP.
RM 1005 10/FL DAEWANG
BLDG 45-1 KWANCHUL-
DONG CHOGRO-GU
SEOUL KOREA

⑯ C.P.O.BOX.: 5473 SEOUL, KOREA
TEL. : (02)720-5078/5079/425
FAX. : (02)720-6044
TELEX NO. : K24702 FAREA

⑰ Signed by________________
FAREAST CORP.

〈서식 14-3-4〉 Bill of Lading

Shipper FAREAST CORP. RM. 1005. 10F/ DAEWANG. 45- 1 KWANCHUL-DONG CHONGRO-GU SEOUL KOREA	BI/L NO. DSCSHK205003 DASHIN SHIPPING BILL OF LANDING
Consignee TO THE ORDER OF CHINA AND SOUTH SEA BANK LTD.	RECEIVED by the Carrier from the Shipper in apparent good order and condition unless otherwise indicated herein. the Goods, or the container(s) or package(s) said to contain the cargo herein mentioned. lo be carried subject to all the terms and conditions provided for on the face and back of this Bill of Lading by the vessel named of transport, from the place of receipt or the port of loading to the port of discharge or the place of delivery shown herein and thereto be delivered unto order or assigns. If required by the Carrier, this Bill of Lading duly endorsed must be surrendered in exchange for the Goods or delivery order. In accepting this Bill of Lading, the Merchant agrees to be bound by all the stipulations, exceptions, terms and conditions on the face and back hereof, whether written typed, stamped or printed, as fully as if signed by the Merchant, and agrees that all agreements or freight engagements for and in connection with the carriage of the Goods are superseded by this Bill of Lading. In witness whereof, the number of original bills of lading stated herein, all of this tenor and date, has been signed, one of which being accomplished, the others to stand void.
Notify Party CACTUS GARMENT CO LTD 2-12 BUTE STREET 2/F MONGKOK KOWLOON HONG KONG	

Pre-carriage by	Place of Receipt BUSAN, SOUTH KOREA
Vessel/Voyage No. KOTA HARTA HTA HT086	Port of Loading BUSAN, SOUTH KOREA

Port of Discharge HONG KONG	Place of Delivery HONG KONG	Final Destination(For the Merchant Ref.)

Marks and Numbers	No. of Pkgs. or Units	Description of Packages and Goods	Gross Weight	Measurement
CACTUS HONG KONG FH1398 COLOR: BLACK STONE PONY LOT: QNTY: C/T NO.: 1-20 MADE IN KOREA CNTR NO./ SEAL NO, EOLU8829274/10552	PART OF 1X20'	SHIPPER' COUNT & LOAD, SEAL SAID TO CONTAIN: 20CTNS(4,335YDS) OF COMMODITY: FABRIC 94.6PCT COTTON 5.4PCT SPANDEX ART: FH1398 TWO - WAY STRETCH TWILL (30/2+SP70D)X(30/2+SP70D)/88X56 COLOUR: BLACK - 1,071 YDS STONE - 1,472 YDS PONY - 1,792 YDS CREDIT NO.: D-01-2-01240 FREIGHT PREPAID	1,525KGS	6.000CBM

Total Number of Containers or Packages(in words)	SAY: PART OF ONE (1X20') CONTAINER

Freight and Charges	Revenue Tons	Rate	Per	Prepaid	Collect
				FREIGHT AS ARRANGED	

Loaden on Board the Vessel	Freight payable at	Number of Original B/L	Place and Date of Issue
MAY. 04, 2019	SEOUL, KOREA	THREE/3	SEOUL, KOREA MAY. 04, 2019

FOR DELIVERY OF GOODS PLEASE APPLY TO FIRST RATE SHIPPING ENTERPRISES LTD. 223 HING FONG ROAD, KWAI CHUNG, N.T., HONG KONG TEL : 852-2510-9565, FAX : 852-2802-6067	DAESHIN SHIPPING CO., LTD. ACTING AS A CARRIER

〈서식 14-3-5〉 Beneficiary Certificate

FAREAST CORP.

RM 1005 10/FL DAEWANG BLDG 45-1
KWANCHUL-DONG CHOGRO SEOUL
KOREA

MAY, O4, 2019

BENEFICIARY'S CERTIFICATE

L/C NO.: D-01-S-01240
QUANTITY: 4,335YDS
VESSEL NAME: KOTA HARTA HTA086
ON BOARD DATE: MAY, 04, 2019

WE HEREBY CERTIFYING THAT ;

FIRST, COPY OF BENEFICIARY'S FAX DESPATCHED TO APPLICANT WITHIN 7 DAYS AFTER SHIPMENT ADVISING NAME OF VESSEL, SHIPMENT DATE, DESCRIPTION AND QUANTITY OF GOODS, INVOICE AND THIS L/C NO.

SECOND, ONE FULL SET NON-NEGOTIABLE COPY OF DOCUMENT HAS BEEN SENT TO APPLICANT BY AIRMAIL WITHIN 7 DAYS AFTER SHIPMENT.

ORIGINAL

SIGNED BY____________________
FAREAST CORP.

02 수입대금결제와 운송서류의 인도

1. 발행은행의 서류심사

1) 발행은행의 서류심사의 의의

수출지에 있는 매입은행이 Nego 절차를 마친 후, 신용장대금 수취를 위하여 발행은행으로 관련 서류를 우송하면 이때부터 발행은행은 서류를 심사하게 된다. 이때 발행은행은 도착한 운송서류를 신용장 조건, 신용장통일규칙(UCP 600) 및 국제표준은행업무관행(international standard banking practice)에 따라야 한다.

따라서 신용장의 발행은행은 문면상 일치하는 지의 여부를 서류만을 기준으로 검토하여야 하며 그 문면의 내용이 신용장조건과 일치한다면 이를 수리하고 지급(paying), 인수(accepting) 또는 매입은행(negotiating)에게 대금을 보상하여야 한다. 즉, 신용장통일규칙에 따르면 발행은행이 타 은행에게 지급(payment), 인수(acceptance) 또는 매입(negotiation)하도록 수권한 경우, 발행은행과 확인은행(확인신용장의 경우)은 모두 이러한 지급, 인수 또는 매입은행에게 대금을 보상하고 서류를 수리하여야 할 의무를 진다. 발행은행이 서류를 심사하는 방법은 매입은행이 수익자의 서류를 매입할 때 심사하는 방법과 동일하다.

2) 서류심사의 절차

신용장의 발행은행은 매입은행으로부터 운송서류의 Original Document와 Duplicate Document 중에서 먼저 도착한 것으로 내용을 심사하여야 한다. 즉, 발행은행은 매입은행이 발송한 Covering Letter 또는 Collection Letter상에 기입된 서류종류와 실제로 도착된 서류가 일치하는지를 확인한 다음 신용장발행 File을 찾아 해당된 신용장의 조건과 도착된 서류와 그 기재문언이 일치하는지를 확인한다.

즉 동 절차를 구체적으로 설명하면 ① 신용장 조건, 신용장통일규칙(UCP 600) 및 국제표준은행관행(ISBP)에 따라 서류를 심사하며 ② 신용장과 내도된 서류와 대조·확인하여 ③ 수입업자에게 운송서류의 도착통지를 발송한다. ④ 서류심사 결과 이상이 없으면 선하증권 원본에 배서하여 수입상에게 인도할 준비를 한다. ⑤ 수입상에게 신용장대금을 청구·결제받으면 운송서류를 인도한다. ⑥ 신용장에 정해진 방법에 따라 매입은행의 구좌에 입금이 되도록 조치를 취하면 당해 신용장과 관련된 제반 절차가 모두 종결된다.

2. 발행은행의 대금결제

발행은행은 매입은행 등의 지급청구에 맞추어 그 대금을 대외적으로 지급하여야 하는데 이러한 수입대금의 대외적 지급방식은 송금방식(remittance base), 상환방식(reimbursement base), 차기방식(debit base) 등이 있다.

1) 송금방식(Remittance Base)인 경우

신용장상의 결제관련 문언이 "We shall make payment as per your instruction to be received"와 같이 기재되어 있으면, 발행은행은 매입은행에게 서류심사결과 통보 → 매입은행은 발행은행에게 상환은행 지정통보 → 발행은행은 지정된 상환은행으로 송금 조치의 순서로 업무를 처리한다. 발행은행이 수입상으로부터 받은 대금을 매입은행과 합의한 제3의 은행에 송금하므로 결제기간이 7영업일을 약간 초과해도 무방하다. 이때 발행은행은 수입상에게 받은 결제금액을 매입은행이 지명한 제3의 은행으로 송금하게 되므로 자기자금 부담을 지지 않기 때문에 수입상에게 적용하는 결제율도 수입어음결제율이 아닌 전신환매도율이 되는 것이다.

발행은행의 수입대금 결제액 산정방법

① 송금방식인 경우 : 전신환매도율 x 수입금액

② 차기 또는 상환 방식인 경우

$$\text{전신환매도율} + \left(\frac{\text{우편일수}}{360} \times \text{연환가료율} \times \text{장부가격}\right) = \text{수입어음결제율}$$

수입금액 × 수입어음결제율 = 지급금액

③ Usance인 경우

물품대금 = 수입금액 × Usance상환일기준전신환매도율

$$\text{Usance이자} = \text{수입금액} \times \text{usance이자율} \times \frac{\text{usance기간}}{360}$$

2) 차기 또는 상환방식(Debit or Reimbursement Base)인 경우

지급신용장(payment credit) 및 매입제한 신용장(restricted credit)인 경우에는 해외의 예치환거래은행(depositary correspondent bank)에 설치된 발행은행 구좌(account)에서 자동 인출되고 상환신용장인 경우에는 상환은행에 설치된 발행은행 구좌에서 자동 인출되므로 수입상에게 적용하는 결제는 우송기간 동안의 이자인 환가료가 포함된 수입어음결제율이 되는 것이다.

3. 운송서류의 인도

1) 서류인도의 의의

신용장의 발행은행은 매입은행으로부터 도착된 운송서류를 발행의뢰인에게 인도해 주는 것을 운송서류의 인도라고 한다. 신용장의 발행의뢰인은 운송서류가 있어야 운송인으로부터 운송화물을 청구할 수 있다. 따라서 화물을 대표하는 권리를 상징하는 운송서류를 수령하려면 이와 상환으로 대금을 지급하여야 한다.

발행은행은 운송서류를 발행의뢰인에게 인도하기 전에 신용장의 제조건과 일치하는지를 심사하여야 하고 운송서류를 인도할 때에 발행은행은 매입은행에 매입대금을 보상하여야 하므로 다음 두 가지 방법으로 운송서류를 인도한다.

첫째, 운송서류의 원본이 정시에 도착하여 발행은행이 담보권의 행사없이 서류를 발행의뢰인에게 인도하는 경우이며 운송서류의 원본이 아직 도착하지 않았을 경우에는 수입상의 요청에 따라 수입화물 선취보증장(Letter of Guarantee : L/G)을 활용하여 수입화물을 먼저 인수토록 하고 서류원본은 나중에 인도하는 방법이다.

둘째, 신용장의 발행의뢰인이 수입대금의 일시지급이 어려울 경우에는 발행은행이 수입화물에 대하여 담보권을 확보하고 운송서류를 미리 인도해 주어 물품을 인수할 수 있도록 하는 수입화물 대도(Trust Receipt : T/R)에 의한 방법이다.

2) 운송서류의 인도

신용장의 발행은행은 운송서류를 수리한 후 발행의뢰인인 수입상에게 운송서류의 도착(arrival notice of documents)을 통지한다. 발행의뢰인이 운송서류를 수령하면 화물의 청구권을 취득하게 되므로 수입대금의 결제가 이루어져야 하는데 환어음의 지급인이 누구로 발행되었는가에 따라 결제과정이 달라진다.

첫째, 신용장상에 만약 환어음의 지급인이 발행은행으로 되어 있으면, 발행은행은 발행시의 보증금이나 수입금융으로 수입대금을 결제하고, 신용장에 환어음의 지급인이 상환은행으로 되어 있으면, 환어음은 상환은행으로 송부되고 발행은행에는 운송서류만 내도하므로 발행은행은 발행의뢰인에게 서류의 도착통지를 하고 상환은행으로부터 도착한 차기통지서에 따라 수입대금의 결제를 청구한다.

둘째, 환어음의 첨부없이 운송서류와 상환으로 직접 지급하도록 된 지급신용장인 경우에는 발행은행에 운송서류만 내도하며 이를 발행의뢰인에게 통지하고 수입대금의 결제를 요청하여 일람출급 환어음인 경우는 지급을, 기한부 환어음인 경우는 인수를 요청하게 된다. 결국 발행은행으로부터 환어음의 지급이나 인수를 요청받은 발행의뢰인은 이에 지급 또는 인수함으로써 운송서류를 인도받게 된다.

4. 수입업자의 수입대금결제

발행은행으로부터 운송서류 도착통지를 받으면 수입상은 수입서류 도착일로부터 7일 이내에 신용장 대금을 결제하고 해당 운송서류를 인도받아야 한다. 만일 수입상이 이 기간 내에 대금결제를 하지 못할 경우에는 지연이자도 함께 물어야 한다. 한편, 발행은행은 발행의뢰인이 운송서류를 수령한 때에는 반드시 운송서류 수령증(receipt of shipping document)을 받아 두어야 한다. 일반화물의 수입시는 3일내에 서류를 수령하지 않으면 3일~7일까지의 환가료를 납부하여야 한다. 수출용 원자재의 수입시는 7일 이내에 서류를 수령하면 된다. 만약 7일을 초과하여 이를 수령해가지 않으면, 연체료를 납부하여야 한다.

신용장대금의 결제액 산정방식

미주 국가(표준추심환료일이 10일인 경우)로부터 수입 금액이 U$ 100,000, 전신환매도율이 달러당 1,200원, 연환가료율이 2.91%, 10일간의 연체(연체이자율 년 18% 적용)인 경우를 가정하면 :

- 수입결제대금 : U$ 100,000 × 1,200원 = 120,000,000원
- 기본환가료 : U$ 100,000 × 12,000원 × 2.91% × 10/360 = 97,000원
- 연체료 : U$ 100,000 × 12,000원 × 2.91% × 4/360 = 38,800원
- 지연이자 : U$ 100,000 × 1,200원 × 18% × 10/360 = 600,000원

㉮ 서류가 도착한 날로부터 3일째 되는 날 결제하는 경우
120,000,000원 + 97,000원 = 120,097,000원

㉯ 서류 도착일로부터 7일째 되는 날 결제하는 경우(4일간 지체료 추가)
120,097,000원 + 38,800원 = 120,735,800원

㉰ 서류 도착일로부터 17일째 되는 날 결제하는 경우
120,735,800원 + 600,000원 = 121,335,800원

5. 하자 있는 선적서류의 인도

발행은행이 선적서류를 심사한 결과 신용장조건과 불일치한 점이 발견되면 <서식 14-4>의 양식을 작성하여 이를 발행의뢰인에게 송부한 다음 발행의뢰인으로부터 그 수락 여부를 서면으로 통지받은 후 처리하여야 한다. 서류상의 하자에도 불구하고 발행의뢰인이 결제에 동의하는 경우에는 발행의뢰인의 서면 동의서 <서식 14-4>를 징구한 후 선적서류의 인도가 가능하며, 이때는 매입은행 등이 요구한 계좌로 그 대금을 주거나 또는 당해 은행 앞으로 상환청구의 허용을 지시하는 전문을 송부해 주어야 한다. 만일 발행의뢰인이 신용장조건과의 불일치를 이유로 대금지급의 거절을 요구하는 경우라면, 그때는 그러한 사실을 신속하게 제시인(매입은행 등) 앞으로 통보해 주어야 하며, 이때 발행은행은 반드시 거절 사유와 당해서류의 행방을 명시한다.

〈서식 14-4〉 수입선적서류 도착통지·수입신용장 조건불일치에 관한 조회

한국외환은행

☐ 수입선적서류 도착통지
☐ 수입신용장 조건불일치에 관한 조회

귀하
(FAX NO.)

L/C NO(I/L, REF NO)	
선 적 서 류 금 액	

☐ 귀하의 신청에 의하여 발행된 위 수입신용장에 따른 선적서류가 도착되었음을 통지하오니 ________까지 결제하여 주시기 바랍니다.

☐ 귀하가 ______와 계약한 ☐ D/P ☐ D/A 수입 선적서류가 위와 같이 도착되었음을 통지하오니 동 서류 및 어음의 결제 또는 인수여부를 ________까지 알려주시기 바랍니다.

불일치내용 :

☐ 위 선적서류 중 수입신용장의 조건과 불일치하는 내용이 있어 아래와 같이 알려드리오니 이에 대한 귀하의 동의 여부를 이 조회장 발송일로부터 3영업일 이내에 아래 양식을 절취하여 FAX로 당점 앞 회보하여 주시기 바랍니다.

전언통보필	구분	전화	면담
	회사 담당자		
	은행 담당자		
	통 보 일 시		

년 월 일

한국외환은행 지점

〔은행사용란〕

-------------절---------취---------선--------

한국외환은행 지점 앞
(FAX NO.)

신용장 번 호	
선적서류 금액	

귀행이 조회한 위 선적서류의 불일치 내용에 대하여 수입 환어음 또는 선적서류의 매입·지급·인수에 ☐ 동의 ☐ 거절하오니 필요한 조치를 취하여 주시기 바라며, 이로 말미암은 비용과 손해가 귀행의 고의 또는 중대한 과실로 인한 것이 아닌 한 본인이 부담하겠습니다.

년 월 일

본 인 ㊞
주 소

인감대조

표 14-3 운송서류 인도의 개요

구 분	내 용
의의	① 매입은행으로부터 서류를 송부받은 발행은행은 발행의뢰인에게 서류의 내도사실을 통보하고 이를 인도하는 것(delivery of shipping documents) ② 절차 : 선적서류 접수 → Covering Letter의 검토 → 조건일치 검토 → 서류도착 통지 → 발행의뢰인 수입대금 결제(또는 인수) → 선적서류의 발행의뢰인에게 인도 ③ 만약 서류상에 하자가 있는 경우 발행은행은 대금지급을 거절할 수 있으며, 그 사실을 서류접수 익일로부터 5영업일 이내에 매입은행 앞으로 통보
서류인도 종류	① 일람지급 거래에서 무하자 선적서류를 인도하는 단순한 선적서류 인도 ② 선적서류에 하자가 있어서 별도의 취급을 요하는 하자있는 선적서류 인도 ③ 물품은 도착지에 도착하였으나 선적서류 원본이 발행은행에 내도하지 않은 경우에 취해지는 수입화물선취보증(shipping guarantee) 발급에 의한 인도 ④ 기한부거래 또는 무역금융 공여에 따른 수입화물대도(trust receipt ; T/R) ⑤ 기한부거래에 따른 인수(acceptance) 후 인도
서류심사 의무 및 면책	① 서류심사기준 • 은행은 조건일치성 여부의 확인에 상당한 주의를 기울여 심사함 • 일치려부는 신용장통일규칙(UCP) 및 국제표준은행관습(ISBP)에 따라 결정됨 • 서류 상호간 문면상 불일치는 신용장조건과 일치하지 않는 것으로 간주 • 신용장에서 요구하지 않은 서류는 심사하지 않으며 제출자에게 반려하거나 아무런 책임없이 그대로 인도할 수 있음. • 서류심사 후 수리/거절 결정기간 : 서류접수 익영업일로부터 5은행영업일 이내 ② 서류의 유효성과 관련한 은행의 면책(의무나 책임을 부담하지 않는 사항) • 선적서류의 형식, 충분성, 정확성, 진정성, 위조, 법률적 효력 • 서류에 열거되거나 첨가된 일반조건, 특수조건 및 부가조건 • 서류에 표시되어 있는 상품명세, 수량, 중량, 품질, 포장, 인도가격 또는 그 실존여부 • 서류작성자 등의 행위에 관하여 송하인, 운송인, 운송중개인, 수하인, 보험자 기타 모든 관계자의 성실성, 작위나 부작위, 지급능력, 의무이행 또는 신용상태
하자서류 처리	내도된 서류의 Covering Letter 상에 하자를 표기하고 있거나, 없더라도 선적서류의 심사결과로 하자사항이 있는 경우에는 발행의뢰인에게 하자사항을 통지하여 수입상의 선적서류의 수리 여부를 확인함. 신용장에 명시되지 않은 사항은 신용장통일규칙(UCP) 및 국제표준은행관습(ISBP)에 따라 서류를 심사함
하자서류 처리흐름	① 수입상이 하자서류에 동의한 경우(동의서 징구) 수입어음을 인수 또는 결제하며 수입상 앞 선적서류를 인도함 ② 지급거절(부도)하기로 결정한 경우 발행은행은 다음의 부도통보 유의사항을 준수하여 상대은행 앞 통보함 • L/G(수입화물인도승낙서 포함)를 발행한 경우 하자가 있더라도 수입상 앞 조회는 불필요하며, 부도처리를 할 수 없음 • 지급거절 통보는 서류접수 익일로부터 제5영업일 이내에 지체없이 전신으로, 전신이 불가능한 경우 기타 신속한 방법으로 통지하여야 함 • 지급거절의 경우 발행은행이 수리거절하는 하자사항을 모두 명시하여야 함 • 지급거절 통지를 할 때 발행은행은 당해 선적서류의 처분지시를 기다리며 발행은행이 보관하고 있다든지 또는 제시인에게 반송하고 있다는 사실을 명시하여야 함. ③ 상환방식에서 신용장대금이 선차기된 경우 매입은행 앞 원금(이자) 반환 요청 ④ 발행의뢰인 요청에 의한 부당한 지급거절 처리는 금지됨

구 분	내 용
수입결제 및 서류인도	① 발행의뢰인이 수입대금을 결제하거나 기한부환어음의 인수의사를 표시하면, 발행은행은 발행의뢰인에게 운송서류를 포함한 모든 수입선적서류를 인도함 ② B/L은 필요한 배서를 하고, AWB은 Consignee가 발행은행인 경우에는 항공수입화물 승낙서를 발행함. ③ 선적서류수령증(receipt of shipping documents)을 발행은행에 징구함 ④ 만일 기한내에 결제가 안되는 경우 발행은행은 그 익일에 대지급 처리하여야 하며, 대지급일로부터 결제일까지에 대하여 연체이자(수입환어음 대지급금 이자)를 징수함 • Sight Credit : 서류도착일 익일로부터 6영업일에 대지급 처리 • Usance Credit : 만기일의 익영업일에 대지급 처리
인수 수수료	① 기한부신용장의 수입환어음의 발행은행이 인수시 인수일로부터 만기일까지 매 3개월 0.4%(은행마다 다름) 징수함 ② 인수수수료와 중복되는 발행수수료는 환급함. ③ 내국수입 유산스의 경우 인수수수료는 면제하고 대신 대출이자를 징수함 ④ L/G를 발행한 경우 L/G 보증서 발행일을 인수일로 간주함.
수입어음 결제 수수료	① D/P·D/A 결제, ② 송금방식 신용장의 결제, ③ 신용장에서 지정한 결제은행이 아닌 매입은행이 따로 지정한 은행으로의 결제 등에 해당하는 수입환어음 결제시에는 건당 일정금액의 결제수수료와 전신수수료를 징수하며, 수수료 부담자가 수익자 조건인 경우 결제금액에서 차감함.
수입어음 결제 환가료	상환베이스(reimbursement base)의 일람지급신용장인 경우 발행은행의 예치금계정에서 선 차기된 수입환어음의 결제시 다음과 같이 수입어음 결제환가료를 징수함 (단, 신용장발행시에 수입보증금 전액을 적립한 경우에는 면제함) ① 선적서류 도착일로부터 3일(도착일 포함) 이내에 결제하는 경우 : 표준 추심일수에 해당하는 환가료 ② 선적서류 도착일로부터 4일 이후 대지급전일 이내에 결제하는 경우 : 제①호의 환가료 + 4일째 되는 날(공휴일인 경우 그 날을 포함)로부터 결제일 전일까지의 기간에 대한 환가료 ③ 수입어음결제환가료는 상환베이스의 일람지급신용장하에서만 발생되며, 송금베이스의 신용장 및 기한부신용장에서는 발생하지 않음.
하자 수수료	① Discrepancy Fee는 수입선적서류상의 하자로 인한 추가적인 업무부담 및 위험에 대한 보상조로 징수하는 수수료 ② 징수시기 • 하자매입 여부를 조회한 후 수입사의 동의에 의하여 매입은행이 매입하여 서류를 송부하는 경우 • 하자있는 서류가 접수되어 수입자의 동의 후 결제시 • 서류에 하자가 있어 추심방식으로 내도하여 수입자의 동의 및 결제시
신용장 대금지급	① 상환베이스 신용장인 경우, 발행은행은 매입은행이 상환은행 앞으로 지급을 청구하도록 지시하고, 상환은행에게는 매입은행의 요구에 따라 대금을 상환해 주도록 지시하게 되며 신용장의 발행시에 제시된 사항이므로 결제시에는 별다른 조치가 필요 없음 ② 송금베이스 신용장에서는 발행의뢰인의 결제가 이루어지는 즉시 발행은행은 매입은행이 지정한 계좌로 송금이 될 수 있도록 조치하여야 함. 계좌정보의 오류 및 송금지연 등으로 인한 문제가 발생하지 않도록 유의함. 송금베이스방식에서는 발행은행의 예치금계정에서 먼저 자금이 인출되는 것이 아니고, 발행은행은 발행의뢰인으로 부터 대금을 받아서 지급하는 것이기 때문에 발행은행의 자금부담이 발생하지 않으므로 수입환어음 결제환가료는 발생하지 않음.

6. 수입화물선취보증서(L/G)에 의한 서류인도

1) 수입화물선취보증서의 의의

본선이 입항하고 화물이 양륙되었음에도 불구하고 발행은행에 선적서류가 도착되지 않은 경우에는 선박회사에 선하증권을 제시할 수가 없으므로 화물을 인도받을 수 없게 된다. 이와 같은 경우에 선하증권 원본을 제시하지 않고도 수입화물을 조속히 인도받을 수 있도록 하기 위하여 생긴 제도가 '수입화물선취보증(L/G : Letter of Guarantee 또는 Shipping Guarantee)' 제도이다. 수입상은 이 제도를 활용함으로써 통관지연에 따른 창고료와 화재보험료 등의 부담을 줄일 수 있고 더욱이 수입화물을 적기에 판매함으로써 정상적으로 수입거래의 목적을 달성할 수 있는 화환화물의 보증인도란 편법이 국제관습으로서 인정되고 있다.

동 방법은 화환관계은행(발행은행)을 보증인으로 하고 선하증권은 도착 즉시로 선박회사에 인도하겠다는 것과 이 보증인도에 의해서 발생한 모든 사고는 보증은행 및 수하인이 단독 또는 연대로 책임을 부담하겠다고 서약한 수입화물선취보증장(Letter of Guarantee : L/G)을 선박회사에 제출하고 물품의 인도를 받는다.

동 L/G에 의하여 선적화물을 인수하는 때에는 수입상은 먼저 은행의 보증을 받을 필요가 있는데, 이 때 그 보증은행은 원칙적으로 그 화물의 화환어음 매입(추심)은행이다. 이 보증은 은행에 있어서 변칙적인 운송서류의 전대인도(前貸引渡)이므로 은행은 의뢰자(수입상)로 하여금 L/G의 의뢰서를 제출케 하고, 의뢰자의 신용 여하에 따라서는 상당한 담보를 제출하게 한다.

수입상이 이 의뢰서를 은행에 제출하여 보증의 승낙을 받으면 선박회사 또는 은행 소정의 화물선취용 서식에 의해 보증장을 작성하고, 여기에 은행의 보증을 얻은 다음 선박회사에 제출한다. 여기에다 보증은행이 「상기 계약의 이행을 보증하고 이것에 관한 모든 책임을 인수한다(We hereby guarantee the performance of the above contracts and take all responsibility in connection therewith)」라는 보증문언을 기재하고 여기에 직접적으로 수하인과 보증은행이 연서(連書)한다.

이것은 선하증권의 제출에 앞서 화물을 인수하기 위한 차입증으로 보통 수입화물선취보증장이라고 한다. 이 보증장의 차입에 의해 언제라도 화물을 인수할 수 있지만 그 화물인수 후 은행에 화환서류가 도착하면 통상의 은행절차를 밟아 운송서류를 수취한 다음 선하증권에 배서하여 선박회사에 인도하고, 전에 차입한 L/G를 반환받아 이것을 은행에 제시하고 담보를 해제 받는다.

2) 수입화물선취보증서의 내용과 기능

수입화물선취보증서를 발급받기 위해서는 수입화물선취보증신청서(application for letter of guarantee), 선박회사의 화물도착통지서(arrival notice of cargo), 선하증권 사본, 상업송장 사본, 기타 발행은행이 필요하다고 인정하는 서류 등을 발행은행에 제출해야 한다. 수입화물선취보증서를 발급하는 것은 수입화물은 도착하였으나 운송서류가 도착되지 않아 화물의 인도청구를 할 수 없는 데에서 오는 수입상의 손실을 방지하게 하기 위해서인데, 선박회사의 입장에서는 은행의 보증서(L/G)를 받고 인도하게 되는 것이므로 사고 발생시 이를 커버할 수 있으며 은행의 입장에서도 수입담보화물의 조기인도에 따른 자금회수가 적기에 이루어지는 장점이 있다. 만일, 운송수단이 선박에 의하지 않고 항공기에 의하였다면 수입화물선취보증서 대신에 항공화물운송장에 의한 '수입화물인도 승낙서'를 발행은행으로부터 발급받아 항공회사로부터 화물을 선취하게 된다.

수입화물선취보증장에는 주로 ① 선하증권이 도착하면 이를 지체없이 선박회사에 제출할 것을 명시하고, ② 이 선취보증장에 의하여 인도된 화물에 대하여 발생되는 모든 손해는 화주 및 보증은행이 책임을 지고, ③ 양육지에서 지급되는 추가운임 및 기타 비용과 선적지에 있어서의 미납선임 및 비용 일체를 부담할 것 ④ 수입화물의 소유권은 은행에 있으며, 은행의 요구가 있을 경우에는 즉시 화물을 은행에게 인도하거나 수입물품에 상응하는 대금을 상환하겠다는 확약 ⑤ 은행의 동의를 받지 않고는 당해 수입화물을 타인에게 담보로 제공하지 않겠다는 내용 등을 신용장 발행은행이 보증하는 내용으로 구성되어 있다.

따라서 신용장거래의 경우 발행은행은 이러한 L/G의 발급에 따라 화물에 대한 책임문제가 발생하기 때문에 수입상에게는 대금결제 및 담보제공을 추가로 요구할 수 있다. 왜냐하면 신용장의 발행은행이 그 발행의뢰인에게 수입화물선취 보증장을 발급하더라도 이 보증장은 신용장과 독립된 별개의 것이기 때문이다.

3) 수입화물선취보증서의 발급신청

수입상은 수입화물이 국내 항구에 도착하였으나 운송서류의 도착지연으로 물품인도가 불가능한 경우에 발행은행으로부터 수입화물 선취보증장을 발급받아 선박회사에 제시하면, 선박회사는 이와 교환으로 화물인도지시서(Delivery Order : D/O)를 화주인 수입상에게 교부한다. 이에 의거하여 수입상은 본선 또는 창고의 관리책임자(CY/CFS operator)로부터 화물을 인수한다. 이 수입화물선취보증장의 발급신청은 대금결제 방식에 따라 각각 생각해 볼 수 있다.

첫째, 인수인도조건(Documents against Acceptance : D/A)의 추심방식인 경우에는 위 선취보증장(L/G)의 발급은 원칙적으로 수출국의 추심의뢰은행으로부터 운송서류를 송달했다거나 송달하겠다는 확약을 추심은행이 확인한 경우에 한하여 발급된다. D/A 조건의 환어음에 있어서 만기일의 산정은 발행일자후 정기출급 환어음의 경우에는(××× days after sight), 수입화물선취보증장(L/G)의 발급일로부터 기산하여 환어음의 만기일이 확정된다.

둘째, 지급인도조건(Documents against Payment : D/P)의 추심환어음인 경우 수입화물선취보증장(L/G)의 발급은 주로 수입화물을 여러 화주가 분할인도 받을 수 있도록 하기 위하여 발급 신청한다. 이 경우 수입화물선취보증장(L/G)을 발급받으려면 정식의 운송서류의 수령 시와 동일하게 지급인도(D/P) 수입대금을 납부하여야 한다. 수입화물선취보증장을 발급받아 수입화물을 인도받게 되면 그 후 정식의 운송서류를 수령하는 것은 다만 형식적인 절차에 불과하다.

셋째, 화환신용장방식(Documentary Credit Basis)에서는 신용장 발행의뢰인인 수입상이 이미 충분한 발행담보를 설정하고 발행은행과 거래를 하고 있다는 것을 전제로 할 때, 수입상은 발행은행의 기본양식에 ㉮ 수입화물 선취보증장(L/G) 발급신청서, ㉯ 선박회사의 화물도착통지서(arrival notice of cargo), ㉰ 수입상의 각서, ㉱ 운송서류의 사본 등과 같은 서류를 구비하여 수입화물선취보증장(L/G)의 발급신청을 하면 이를 발급받을 수 있다.

4) 항공화물운송장(Air Waybill)에 의한 수입화물인도승낙서

항공운송의 경우에도 선적서류가 도착하기 전에 물품을 수령하고자 하는 경우에는 해상운송의 수입화물선취보증서와 마찬가지로 항공화물운송장에 의한 수입화물인도승낙서를 발급하게 된다. 그러나 수입화물선취보증서와는 달리 수입화물 인도승낙서의 경우에는 발행은행에 선적서류가 도착하지 않은 경우는 물론이고 선적서류가 이미 도착되어 결제가 이루어진 경우에도 발급해 주어야 한다. 이는 항공화물 운송장상의 수하인이 발행은행으로 되어 있는 경우에 발행의뢰인이 항공화물을 수령하기 위하여 반드시 필요한 서류이기 때문이다.

선하증권이 배서에 의해 권리의 양도가 가능한 유가증권임에 반하여 항공화물운송장(Air Waybill)은 화물운송을 증거하기 위한 단순한 증서일 뿐 배서에 의한 권리양도가 인정되지 않는다는 특징을 지니고 있다.

따라서 AWB의 수하인인 발행은행이 권리양도의 사실을 증명하기 위해서는 별도의 요식행위가 필요하게 되는데, 이 경우 「항공화물운송장에 의한 수입화물 인도승낙서」

가 바로 그러한 역할을 대신해 주는 것이다. 항공화물의 경우에는 수하인이 통상 발행은행명으로 기명되어 있기 때문에 위와 같은 수입화물선취보증장(L/G)을 발급하지 않고 항공화물운송장(Air Waybill : AWB)상의 배서만으로 화물을 수취하며, 외국에서는 이 대신에 화물인도지시서(Delivery Order : D/O)가 이용되기도 한다.

5) 수입화물선취보증서의 효과

수입화물선취보증장은 신용장거래와 별개의 독립된 수입편의를 위한 제도이지만 신용장 발행은행이 이를 발급하게 되면 다음과 같은 효과가 발생하게 된다.

첫째, 이 보증장이 발급되면 차후에 도착한 운송서류에 하자가 있더라도 신용장의 발행은행은 이를 이유로 지급 또는 인수를 거절할 수 없다.

둘째, 일람후 정기출급 환어음(time draft)인 경우에는 수입화물선취보증장(L/G)의 발급일로부터 환어음의 만기일이 확정된다.

6) 수입화물선취보증서의 분할발급과 회수

수입화물선취보증서는 선하증권 단위별로 발행하는 것이 원칙이나 상품이 원맥이나 원면인 경우에는 회원별 통관의 편의를 위하여 분할하여 발행하는 예도 있다. 수입화물선취보증장은 원칙적으로 선하증권의 건수만큼 발급되지만, 필요한 경우에는 단일 선하증권하에도 분할발급이 가능하며, 수입화물선취보증서에 의해 은행이 부담하여야 하는 보증채무는 해당 선박회사가 관련 선하증권의 원본을 회수하는 시점에서 종료하게 된다.

따라서 발행은행은 수입선적서류가 내도하는 즉시 L/G회수(redemption)를 위하여 선하증권 원본 이면에 "For Cancellation of L/G Only Authorized Signature of Bank)"와 같이 배서하여 이 서류를 배달증명으로 우송하여 선박회사로 송부하고 수입화물선취보증서를 회수하여야 하는데 이를 「L/G Redemption」이라고 한다. 다만 항공운송의 경우에는 AWB이 배서양도가 가능한 유가증권이 아니기 때문에 수입화물인도승낙서의 회수를 위한 별도의 회수행위가 필요치 않다.

FOR CANCELLATION(REDEMPTION) OF L/G ONLY KOREA EXCHANGE BANK ____________________ AUTHORIZED SIGNATURE

표 14-4 수입화물선취보증서(L/G) 요약

구 분	내 용
의미	① 수입화물선취보증서(Letter of Guarantee, L/G)란 운송서류의 도착 전에 수입상이 먼저 도착한 수입물품을 인도 받음에 따라 발생하는 모든 문제에 대하여 L/G 발행은행이 책임을 지고 차후 운송서류 원본이 도착하면 이를 운송회사에 제출할 것을 보증하는 L/G 발행은행의 보증서를 말함(B/L 원본 없이 화물을 인수할 수 있음) ② 수출입지역간의 항해일정이 짧거나 항공운송인 경우, 또는 수출상의 운송서류 매입 지연에 따라 서류송달의 지연이 빈번하게 발생하게 됨 ③ 수입상의 통관지연에 따르는 창고료 및 보험료 등 부담을 경감시키고 수입물품을 적당한 시기에 판매할 수 있음 ④ L/G 발행은 수입상에 대한 L/G 발행은행의 여신 행위의 일종임. 따라서 신청인에 대한 채권보전상황, 신청인의 신용도 등을 검토하여 은행이 발급함 ⑤ 'Shipside Bond(SSB)', 'Shipping L/G'라고도 함
유의사항	※ L/G 발급 후 향후 내도하는 서류에 하자가 있어도 발행은행은 대금지급을 거절할 수 없으며 그 이유는 다음과 같음 ① 발행은행이 서류하자로 인한 하자통보를 할 때 서류의 행방 즉 제시인의 처분을 기다리면서 보관하고 있다거나 또는 서류를 반송하고 있다는 것을 기재하여야 함 ② 또한 발행은행이 서류송부자의 처분을 위하여 서류를 보관하거나 반송하지 못한 경우 클레임을 주장하지 못함 ③ L/G 발급후에는 운송서류가 발행은행에 내도되면 지체없이 선박회사로 운송서류의 원본을 송부하여 L/G를 회수하여야만 은행의 보증채무가 사라지는 것이므로 서류에 하자가 있다고 하여 클레임 제기 및 서류 반송을 할 수 없는 것임 ※ 만약 발행은행이 L/G 발급후 서류상의 불일치로 하자 통보를 하게 되면, ① 수출상은 동 서류의 반환을 요청하면서 선박회사 앞으로는 운송서류 원본없이 수입상에게 물품을 인도한 것에 대하여 소송을 제기하게 되고, ② 선박회사는 발행은행이 발급해 준 L/G를 근거로 발행은행을 상대로 손해배상을 요구할 것임 ③ 그리고 발행은행은 이미 하자통보시 운송서류를 매입은행 앞으로 반환하여 L/G를 회수할 수 없으므로 발행은행이 선박회사 앞 손해배상을 하게 될 수 있음 ※ 수입상에게는 매우 편리한 제도이나 L/G 위조사건 발생시 운송회사들이 막대한 피해를 볼 수도 있음
업무처리 흐름	① L/G 발급 신청서, 선하증권 사본 또는 항공화물운송장 사본, 상업송장 사본 등 ② L/C 방식 : 신용장 개설시 발행은행이 채권보전조치를 취한 경우에는 L/G 발행시에 별도의 채권보전조치가 추가적으로 요구하지 않음 ③ D/P, D/A 방식 : L/G 발행은 새로운 지급보증, 즉 선박회사에 대한 L/G 발행은행의 채무가 발행하기 때문에 채권보전조치를 요구함 ④ L/G의 발행단위는 B/L 또는 AWB 단위로 발행함. 무신용장방식으로 추심은행이 분할결제를 허용하는 경우와 BWT(Bonded Warehouse Transaction, 보세창고도 수입거래)인 경우에는 분할발급이 가능함
수수료	① L/G 발급시에는 수입어음 결제대금조의 수입보증금 적립을 요구함 • 일람지급 : L/G 발행시 적립 • 기한부지급 : 예정만기일(L/G 발행일에 기한부지급기간을 가산한 날). 다만, 확정만기일이 예정만기일 이전인 경우에는 확정만기일에 적립 ② L/G 발행 수수료 : 건당 1만 원

〈서식 14-5〉 수입화물선취보증 신청서

수입화물선취보증 신청서

(Application For Letter of Guarantee)

• 선박회사명 :

• 보증서번호 :
• 발행일자 :

한국외환은행 앞

<table>
<tr><td colspan="2">선명/항차번호</td><td>신용장번호</td><td>발행일</td></tr>
<tr><td colspan="2">선적항</td><td colspan="2">송장금액</td></tr>
<tr><td colspan="2">양하항(또는 인도장소)</td><td colspan="2" rowspan="3">화물명세</td></tr>
<tr><td>선하증권번호</td><td>발행일</td></tr>
<tr><td colspan="2">송화인</td></tr>
<tr><td colspan="2">수화인</td><td rowspan="2">포장개수</td><td rowspan="2">하인 및 번호</td></tr>
<tr><td colspan="2">인수예정자</td></tr>
</table>

본인은 위 신용장 등에 의한 관계 선적서류가 귀행에 도착하기 전에 수입화물을 인도받기 위해 수입화물선취보증을 신청하며 본인이 따로 제출한 수입화물 선취보증서(LETTER OF GUARANTEE)에 귀행이 서명함에 있어 다음 사항에 따를 것을 확약합니다.

1. 귀행이 수입화물 선취보증서에 서명함으로써 발생하는 위험과 책임 및 비용은 모두 본인이 부담하겠습니다.
2. 본인은 위 수입화물에 대하여는 귀행에 소유권이 있음을 확인하며, 귀행이 수입화물선취보증서에 따른 보증채무를 이행하여야 할 것이 예상될 경우 또는 본인에 대하여 은행 여신거래 기본약관 제7조 각 항의 사유가 발생한 경우에는, 귀행의 청구를 받는 즉시 위 수입화물을 귀행에 인도하겠으며 수입화물의 인도가 불가능할 경우에는 위 수입화물에 상당하는 대금으로 상환하겠습니다.
3. 본인은 위 수입화물에 관한 관계 선적서류를 제3자에게 담보로 제공하지 않았음을 확인하며, 또한 귀행의 서면 동의없이 이를 담보로 제공하지 않겠습니다.
4. 본인은 위 수입화물에 관한 관계 선적서류가 도착할 때에는 신용장 조건과의 불일치 등 어떠한 흠에도 불구하고 이들 서류를 반드시 인수하겠습니다.

년　　월　　일

신청인　　　　　　(인)
주　소

담당	책임자	결제권자

※첨부서류 명세

□ 선하증권　□ 상업송장　□ 기타(　　　)

〈서식 14-6〉 수입화물 선취보증서(영문)

LETTER OF GUARANTEE

TO ____________________ (Shipping Company)

L/C No. ____________________

Date ____________________

Vessel Name/Voyage No.	L/C No.	Date of Issuing
Port of Lading	Invoice Value	
Port of Discharge(or Place of Delivery)	Description Cargo	
Bill of Lading No. Date of Issue		
Shipper		
Consignee	No. of Packages	Marks & Nos.
Party to be Delivered		

Whereas you have issued a Bill of Lading covering the above shipment and the above cargo has been arrived at the above port of discharge(or the above place of delivery), we hereby request you to give delivery of the said cargo to the above mentioned party without production of the original Bill of Lading.

In consideration of your complying with our above request, we hereby agree as follows :

1. To indemnify you, our servants and agents and to hold all of you harmless in respect, of liability, loss, damage or expenses which you may sustain by reason of delivering the cargo in accordance with our request, provided that the undersigned Bank shall be exempt from liability for freight, demurrage or expenses in respect of the contract of carriage.

2. As soon as the original Bill of Lading corresponding to the above cargo comes into our possession, we shall surrender the same to you, whereupon our liability hereunder shall cease.

3. The liability of each and every person under this guarantee shall be joint and several and shall not be conditional upon your preceeding first against any person, whether or not such person is party to or liable under this guarantee.

4. This guarantee shall be governed by and construed in accordance with Korean law and jurisdiction of the competent court in Korea.

Should the Bill of Lading holder file a claim or bring a lawsuit against you, you shall notify the undersigned Bank as soon as possible

Yours faithfully,

For and on behalf of
[Name of Requestor]

____
Authorized Signature

For and on behalf of
[Name of Bank]

____
Authorized Signature

〈서식 14-7〉 항공화물 운송장에 의한 수입물품 인도승낙(신청)서

항공화물 운송장에 의한 수입물품 인도승낙(신청)서

주식회사 한국외환은행 앞

운송회사명		
송하인		
신용장(계약서)번호		
운송회번호		(발급일 :　　　)
상업송장	번호	
	금액	

본인은 위 내용의 수입과 관련된 항공화물인도승낙을 신청함에 있어 다음 사항에 따를 것을 확약합니다.

1. 은행이 수입물품 인도승낙서를 발급함으로써 발생하는 위험과 책임 및 비용은 모두 본인이 부담하겠습니다.

2. 본인은 위 수입물품에 대하여 은행에 소유권이 있는 것으로 확인하고, 담보권 실행을 위하여 은행이 요구한 경우에는 수입물품을 지체없이 은행 또는 은행이 지정한 자에게 인도하겠으며 수입물품의 인도가 불가능한 경우에는 위 수입물품에 상당하는 대금으로 상환하겠습니다.

3. 본인은 은행의 서면동의 없이는 수입물품 및 관련서류를 담보로 제공하지 않겠습니다.

4. 본인은 위 수입물품에 관한 항공화물 운송서류가 도착할 때 신용장 조건과의 불일치 등 어떠한 하자에도 불구하고 반드시 지급 또는 인수하겠습니다.

년　　월　　일

본 인 :　　　　　　㊞

주 소 :

__________ 앞　　　　　　발급번호 :

상기 신청내용과 같이 수입물품을 인도할 것을 승낙합니다.

년　　월　　일

승락권자 **한국외환은행장** ㊞

※첨부서류 명세

☐ 항공화물운송장　☐ 상업송장　☐ 포장명세서　☐ 원산지증명서

☐ 검사증명서　☐ 기타(　　)

〈서식 14-8〉 수입화물선취보증서 회수서(Redemption)

KOREA EXCHANGE BANK

BR./DEPT HEAD OFFICE

C.P.O.BOX 2924 SEOUL KOREA
CABLE ADDRESS : KOEXBANK

TELEX NO. : K23141-5
FAX NO. : 757-7897-8

REDEMPTION OF LETTER OF GUARANTEE

DATE :

Gentlemen :

Enclosed herewith please find the original Bill(s) of Lading endorsed by ourselves for redemption of Letter(s) of Guarantee specified below :

NUMBER OF L/C	NUMBER OF CREDIT	L/C AMOUNT	NUMBER OF B/L	VESSEL NAME

Kindly acknowledge receipt by signing and returning us the attached copy of this letter at your earliest convenience.

Very truly yours,

Authorized Signature

EP-C-FM-2(1/3).87.9제정(188X257)

7. 수입화물대도(T/R)에 의한 서류인도

1) 수입화물대도의 의의

수입상은 화환어음대금을 지급하지 않으면 어음의 담보로 되어 있는 운송서류를 입수할 수 없어서 수입통관에 지장을 받고 운송인으로부터 화물을 인수할 수 없다. 따라서 수입상은 운송서류의 소유권은 담보물로서 그것을 보유하고 있는 은행에 있다는 것을 인정하고 그 운송서류를 차수하기 위하여 은행소정의 수입화물대도신청서에 필요사항을 기재하고 은행에 제출한다. 이것을 수입화물대도(Trust Receipt : T/R)라고 한다.

수입화물의 대도는 신용장발행은행은 소위 자동결제기능에 따라 수입화물을 담보로 취급하게 되는 바, 은행은 소유권만 보유하고 수입상이 본래의 목적을 달성할 수 있도록 수입물품을 통관하여 제조·가공·판매할 수 있도록 하고 동 물품의 판매대금으로는 우선적으로 수입대금을 결제하도록 하는 대출행위이다.

2) 수입화물대도의 효과

수입화물대도는 수입상이 환어음대금을 결제하기 전에 화물을 처분할 수 있도록 하는 동시에 한편으로는 발행은행이 그 담보권을 상실하지 않도록 하는 제도이므로 수입화물대도는 화물의 소유자가 어디까지나 은행이며 수입상은 이를 빌려가는 형식을 취하게 되므로 신탁양도방식으로 대도하게 된다.

따라서 일람출급 신용장하에서의 T/R은 기한부 신용장의 경우와 같은 수입편의를 발행의뢰인에게 부여한다는데 그 의의가 있다.

우리나라에서는 수출용 원자재의 수입시 대도제도를 이용하게 되면, 수입대금은 완제품의 수출신용장에 따른 수출완료 시 결제할 수 있다. 반면에 은행의 입장에서는 수입상이 자금부족으로 운송서류를 수령해 가지 못할 때 화물을 대도하지 않고 창고에 보관하게 되면 창고료, 보험료 등의 비용만 누적되기 때문에 은행 자신은 물품의 소유권만을 갖고 수입상으로 하여금 이를 통관·판매토록 하는 T/R을 활용하는 것이 보다 현실적인 채권확보의 방안이 될 수 있다.

3) 수입화물대도의 신청서류와 발급

수입상이 수입업자금의 부족으로 은행에 수입화물대도(T/R)를 신청할 때에는 ㉮ 수입화물 대도신청서, ㉯ 수입담보화물보관 및 처분약정서, ㉰ 선하증권, 상업송장 및 포장명세서의 사본, ㉱ 수입신용장 및 수입승인신청서 등과 같은 서류를 구비하여야 한다.

표 14-5 수입화물대도(T/R) 요약

구분	내 용
의미	① 수입화물대도(Trust Receipt : T/R) 또는 운송서류대도란 발행은행이 수입화물에 대한 담보권과 소유권을 유지하면서 수입상이 수입대금을 결제하기 전에 수입화물을 처분할 수 있도록 하는 제도임. 즉 T/R이란 수입상이 수입대금결제를 하지 않은 상태에서 발행은행이 수입화물을 인도하여 줌으로써 수입상으로 하여금 적기에 화물을 처분하여 약정기일에 수입대금을 결제할 수 있도록 편의를 제공하는 것임 ② 이러한 대도행위가 이루어지려면 위탁자인 은행은 수탁자인 수입상을 전적으로 신뢰하는 경우라야 가능하게 됨. 화물을 인수받은 수입상은 그 화물을 신속하게 처분하여 대금을 은행에 변제해야 하므로 그 화물을 타인에게 판매할 수 있는 자이어야 하며, 그것을 다시 다른 사람에게 담보로 제공해서는 안 됨
T/R의 활용	① 일람지급신용장에 의한 수출용 원자재 수입대금의 무역금융 결제시 무역금융을 활용하여 수입대금을 결제하는 경우에는 비록 신용장에 의한 채무가 종결되었다 하더라도, 무역어음대출로 인한 또 다른 신용공여가 지속적으로 이루어지게 됨. 따라서 융자금의 상환시까지 수입상이 부담하여야 하는 무역금융 채무의 담보조로 T/R 약정을 체결하게 됨 ② 일람지급신용장에 의한 내수용 일반재 수입대금의 T/R Loan 결제시 내수용 일반재 수입의 경우에는 무역금융의 혜택을 받을 수 없는데, 발행은행은 별도의 수입결제자금대출을 통하여 수입상이 기한의 혜택을 받을 수 있도록 하여 기한부 신용장과 동일한 효과를 거두게 할 수 있음. ③ 기한부신용장에 의한 수입화물 인도시 • Shipper's Usance Credit : 발행은행은 수입환어음을 인수함으로써 어음발행인(수출상)에 대하여 만기에 대금을 지급할 의무를 부담하게 됨. 따라서 발행은행이 발행의뢰인에게 선적서류를 인도할 때 인수보증채무에 대한 담보조로 T/R을 활용함 • Overseas Banker's Usance Credit : 신용장에 근거하여 발행된 기한부환어음을 해외의 은행이 인수·할인하여 그 대금을 지급하여 발행은행에 여신을 공여하게 되고, 한편 발행은행은 이러한 채무를 부담하면서 발행의뢰인(수입상)에 대해 만기일까지 대금결제를 유예하여 줌으로써 또 다른 신용을 공여하게 됨. 발행은행은 당해 환어음의 만기일에 해외의 인수은행에 대해 그 대금을 지급하여야 할 채무를 부담하게 되며, 따라서 선적서류를 인도할 때에는 그에 대한 담보조로 T/R을 활용함 • Domestic Banker's Usance Credit : 이 경우에도 발행의뢰인이 발행은행으로부터 선적서류를 인도받을 때에는 발행은행의 환어음 인수 및 할인에 대한 채무의 담보조로 T/R을 활용함 ④ 수입화물선취보증서에 의한 수입화물 인도시 L/G에 의해 수입대금의 결제 이전에 먼저 화물을 인도받기 위해서는 그에 대한 담보조로 수입보증금을 적립하여야 하는 것이 원칙임. 수입보증금의 적립을 면제하는 경우에 발행은행은 보증채무를 담보받을 수 없게 되어 그 담보조로 T/R을 활용함
제출서류	① 수입화물대도 신청서 ② 선하증권 사본 ③ 상업송장 사본 ④ 포장명세서 사본

〈서식 14-9〉 수입화물대도(T/R) 신청서

수입화물대도(T/R) 신청서 한국외환은행 앞	계	대리	차장	부점장

본인은 아래 신용장 등에 의하여 도착된 수입화물을 대도 신청함에 있어서 은행여신거래 기본약관, 따로 제출한 수입거래약서 및 양도담보 계약서의 모든 조항에 따를 것을 확약합니다.

① 선하증권 기 타	번호 : 발행일 : 발행인 :
② 대 도 (T/R)금액	금 액 : US$ (원화 :)
③ 신용장 등	번 호 : 금 액 : UC$ 발행인 :
⑦ 물 품 명 세	물품명 : 수 량 : 단 가 : 금 액 : UC$ 화물표시 및 번호 : 선적항 : 도착항 : 도착(예정)일 : 선 명 :

⑧ 선적서류	선 하 증 권	항공화물 운송장등	상 업 송 장	보 험 서 류	포 장 명세서	원산지 증명서	중량용적 증 명 서	검 사 증명서	기 타
통 수									

년 월 일

신청인 ㊞
주 소

인감대조

제5편

기타의 결제방식

제15장 ▌국제팩토링과 포페이팅 결제방식

01 국제팩토링 결제방식에 의한 결제

1. 국제팩토링 결제방식의 의의

국제팩토링(international factoring)방식의 거래는 국제상거래에 있어서 수출상은 대금회수의 안전문제로 신용장거래를 원하지만 수입상은 상품의 품질보장 등을 이유로 신용장거래를 기피하고, 수출상은 일람지급거래를 원하나 수입상은 외상거래를 희망할 때, 대금결제에 대한 양자의 요구사항을 모두 수용할 수 있도록 신용장 거래와 무신용장 거래를 혼합하여 만들어낸 신종 무역거래 방식이다.

국제팩토링(International Factoring)이란 국제팩토링기구에 가입한 회원(factor)의 신용을 바탕으로 이루어지는 무신용장 방식의 거래로서, 팩토링회사(factor)가 수출상과 수입상의 사이에서 신용조사 및 신용위험의 인수(지급보증), 전도금융의 제공, 외상채권의 기일관리 및 대금회수, 기타 업무대행 등의 서비스를 제공하는 일련의 금융서비스를 의미한다. 즉, 무신용장방식인 O/A, D/A 등에 수입팩터의 '신용승인'이 첨가되는 거래이며, 신용승인(credit approval)이란 수입상이 자금부족·파산 등의 재무상 이유로 수입팩토링 채무를 이행하지 못하는 경우에 수입팩터가 그 대금을 대신하여 지급할 것을 약속하는 일종의 보증서를 말한다.

팩토링회사들은 'FCI(Factors Chain International)' 또는 'IFG(International Factors Group)' 등의 팩터링기구에 가입되어 국제적인 회원망으로 서로 연계되어 있으며, 수입국 팩터 및 수출국 팩터는 각각 신용장방식에 있어서의 발행은행 및 매입은행과 비슷한 역할을 수행하고 있다. 팩토링회사는 그 소재지에 따라 수입국의 팩토링회사를 수입팩터(import factor), 수출국의 팩터링회사를 수출팩터(export factor)라 한다.

수입팩터는 수출팩터와의 약정에 따라 수입상에 대한 신용상태 및 지급능력을 조사하여 신용위험을 인수하고, 신용승인 한도내에서 수출팩토링 채권의 양수 및 대금의 결제를 보장한다. 한편 수출팩터는 수출상과의 약정에 따라 수출팩토링 채권을 양수하여 전도금융을 제공하며, 수입팩터를 통하여 그 대금의 회수업무를 관리하는 역할을 수행하게 된다.

국제팩토링은 팩토링거래의 구분은 수출입 당사자의 입장에 따라 수출팩토링과 수입팩토링으로 구분하는데 기본적인 메커니즘은 동일하다. 국제팩터링은 신용장거래와 무신용장거래의 장단점을 고려하여 절충한 방식이며, 결제기간 6개월 이내의 중소규모 무역거래에서 수입상의 신용장발행 기피현상을 커버하기 위하여 주로 활용되고 있다. 한국수출입은행 및 신한은행 등 일부 시중은행에서 국제팩토링 업무를 취급하고 있으며 그 거래량은 점차 증가하는 추세에 있다.

2. 국제팩토링결제의 관련당사자와 역할

국제팩토링 결제방식은 전 세계 팩토링회사(factor)의 회원망을 통하여 이루어지는 무신용장방식의 신용조건부 무역거래로 수출시에는 외상수출에 대한 전도금융을 제공하고, 수입 시에는 팩토링회사의 보증으로 연지급수입을 할 수 있도록 수출입 팩터의 신용공여가 이루어지는 기한부 무신용장 결제방식을 의미한다.

국제팩토링결제가 원활히 이루어지기 위해 기본적인 거래당사자는 수출상, 수입상, 수출업자와 팩토링 약정계약을 맺은 수출팩터(export factor : EF), 수입상과 팩토링 약정계약을 맺은 수입팩터(import factor : IF) 등이 존재하게 된다.

첫째는 수출상인데, 이는 무역거래에서 매매계약상의 매도인이며 수출상으로서 물품을 외상으로 수출하는 조건으로 계약물품을 선적하고 송장 및 선적서류를 수출팩터에게 양도하면서 전도금융을 제공받는 역할을 한다.

둘째는 수입상인데, 이는 매매계약상의 매수인으로 수입팩터의 신용을 바탕으로 외상으로 물품을 수입하는 자로서, 이는 만기일에 대금을 지급할 의무가 있으며 채권의 양도·양수에 따라 지급의무를 부담하게 되므로 채무자(debtor)라고도 한다.

셋째는 수출팩터로, 이는 수출국의 수출상과의 국제팩토링계약을 체결하고 이에 따라 수출상의 팩토링채권을 매입하여 전도금융을 제공함으로써 효율적인 운전자금을 조달하며, 수입팩터와의 상호협약에 따라 수입상에 대한 신용조사와 신용승인(credit approval) 및 채권관리 및 대금회수 서비스를 제공받게 되며, 또한 회계업무를 대행함으로써 매출채권과 관련된 회계장부를 정리하는 일을 해 준다.

넷째는 수입팩터로, 이는 수입국에서 수입상과의 국제팩토링계약을 체결하고 수입상의 외상수입을 위하여 신용조사 및 신용승인의 위험을 인수한다. 또한 팩토링채권을 회수하여 수출팩터(export factor)에게 송금하며 수입상에 대한 제반 회계서비스를 제공하게 된다.

3. 국제팩토링결제방식의 효용성

국제팩토링 방식에 의한 무역결제는 은행이 지급보증하는 신용장의 발행없이 매수인의 신용과 팩터의 신용조사에 의하여 거래되는 무신용장방식의 거래이기 때문에 수출상으로서는 대금회수에 대한 불안을 제거할 수 있고, 수입상으로서는 여러 가지 비용과 담보설정에 따른 부담을 덜 수 있다. 또한 수출상과 수입상은 공히 팩토링회사가 제공하는 각종 서비스의 편익을 누릴 수 있기 때문에 자금관리나 업무에 드는 제시간과 비용 등의 절감을 가져온다. 팩토링거래와 관련한 국제규약으로는 'General Rules for International Factoring)' 및 'UNIDROIT Convention on International Factoring (UNIDROIT·May 1988)' 등이 있다.

1) 수출업자의 효용성

첫째, 수출상은 무신용장방식의 거래임에도 불구하고 신용거래에 따른 위험을 부담하지 않고 안전하게 거래할 수 있다. 수입팩터로부터 수입상에 대한 신용승인이 이루어지면 수출상은 본인의 귀책사유에 의한 클레임이 제기되지 않는 한, 수입팩터로부터 해당 신용승인 한도 내에서 그 대금지급을 보장받게 된다. 따라서 수출상은 외상수출로 인한 대금회수 불안을 제거할 수 있으며, 당해 매출채권을 수출팩터에게 양도함으로써 수출대전을 조기에 현금화할 수도 있게 된다.

둘째, 수출상은 신용장방식과는 달리 서류작성에 대한 과도한 부담없이 간편하게 실무를 처리할 수 있으며, 추심방식 및 송금방식과는 달리 외상채권을 양도할 때 수입팩터의 신용승인이 곧 담보역할을 대신하기 때문에 별도의 담보를 제공할 필요가 없으므로 담보부족으로 인한 곤란을 겪지 않는다.

셋째, 수출팩터는 소구권을 행사하지 않는 조건으로 수출팩터링채권을 양수(매입)하므로 수출상은 소구권 청구에 따른 우발채무 부담으로부터 벗어나 재무건전성을 유지할 수 있게 된다. 다만 예외적으로, 상업적 분쟁(claim 또는 dispute), 소송, 사기거래 등으로 인하여 'Dispute Notice'가 접수된 경우에는 양도(매입)대금을 반환하여야 할 의무가 있다.

넷째, 수출상은 수입상에게 신용장거래보다 유리한 조건을 제시할 수 있게 되어 대외 교섭력을 향상시킬 수 있으며, 신용장거래를 원하지 않는 수입상과도 안전하게 거래할 수 있으므로 신시장 개척과 시장확대를 통한 매출규모 확대가 용이하다. 일반적으로 수입상은 신용장방식의 번잡성 및 비용부담으로 인하여 신용장거래를 기피하게 되는데, 팩터링거래에서는 일체의 수수료를 수출상이 부담하므로 수입상은 거래에 매우 호의적인 반응을 보이게 된다.

2) 수입업자의 효용성

첫째, 수입상은 신용장거래와는 달리 별도의 수수료(발행수수료 등) 부담이 없으므로 거래비용을 경감할 수 있다. 수입상은 팩터링거래에 부대하여 발생하는 제반 수수료 등의 비용을 부담하지 않으며 수입상에 대한 수입팩터의 신용위험(credit risk) 부담에 대하여는 그 보상으로 수출상이 수수료(수입팩터링수수료)를 부담하게 된다.

둘째, 초기 거래 단계에서는 무신용장방식의 외상거래가 극히 제한적임에도 불구하고 수입상은 본인의 신용만으로 30~180일 내외의 외상거래 조건으로 물품을 수입할 수 있다. 이는 수입팩터의 신용승인에 의해 수출상이 대금회수의 확실성을 보장받기 때문에 가능한 일인데, 이때 수입팩터는 객관적인 신용평가자료를 토대로 그 신용승인 여부를 결정하게 되며, 수입상에게는 별도의 담보 제공을 요구하지 않는 것이 일반적이다. 간혹, 일부의 수입팩터가 신용승인과 관련하여 무차별적인 담보 제공을 요구하는 경우가 있는데, 이러한 관행은 팩터링거래의 본질에서 벗어나는 것이며 신용장거래와의 차별성을 훼손하는 행위이다. 그러나 수입팩터의 신용승인을 위하여 담보를 제공하는 경우라 하더라도 수입상은 신용장거래와 달리 비용을 부담하지 않으므로 팩터링거래의 유용성이 있다 할 것이다.

셋째, 수입상은 수입물품의 품질 등에 대한 불확실성을 제거하고 안전하게 거래할 수 있다. 신용장거래 하에서는 신용장 고유의 독립·추상성으로 인하여 한계성의 폐단이 상존하지만 팩터링거래에서는 수입대금의 결제 이전에 물품의 품질 등을 확인할 수 있으므로 그러한 폐단을 제거할 수 있게 된다.

즉, 신용장거래에서는 비록 상품에 하자가 있는 경우라 하더라도 제시된 서류가 신용장의 조건에 일치하는 한 그 대금지급을 거절할 수 없는 데 반하여, 팩터링거래에서는 계약위반 또는 상품의 하자 등을 이유로 클레임을 제기하여 그 대금지급을 거절할 수 있다. 상품의 하자 및 계약조건 위반과 같이 수출상의 귀책사유로 인하여 분쟁이 발생하는 경우에는 수입팩터의 신용승인에 의한 지급보증의 효력도 상실되게 된다.

4. 국제팩토링결제의 거래절차

국제팩토링결제방식의 거래절차에는 수출상(exporyer), 수입상(importer), 수출팩터(export factor), 수입팩터(import factor) 등 4자 간에 이루어지는데, 매매당사자 간의 무역업무 거래과정 및 무역대금의 대금결제 과정은 다음과 같다.

① **수출입상품 계약 체결** : 수입상으로부터 상품주문을 받고 거래조건 등에 대하여 협의하여 수출입상간에 수출입상품에 대한 계약을 체결한다.

② **신용승인 의뢰** : 수출상이 국제팩터링방식으로 거래를 하고자 하는 경우에는 수출팩터(export factor)에게 수입상에 대한 신용조사를 의뢰하여 수입팩터(import factor)의 신용승인(credit approval)을 받아야 한다. 신용승인 의뢰는 팩터의 소정양식인 신용승인신청서에 의한다.

③ **신용승인 요청** : 수출팩터는 수입국의 거래팩터에게 수입상에 대한 신용조사 및 수입팩터가 지급보증할 수 있는 신용한도(credit line)를 요청한다.

④ **신용조사** : 수입팩터는 객관적인 신용평가자료 및 대면접촉 등을 통하여 수입상에 대한 신용조사를 실시한다.

⑤ **신용승인 통보** : 수입팩터는 수입상의 신용상태를 조사하여 신용승인 여부를 결정한 후, 신용승인의 요청을 받은 날로부터 10일 이내에 수출팩터에게 그 결과를 통보한다.

⑥ **신용승인 통지** : 수출팩터는 수입팩터로부터 신용승인 통보를 접수하는 즉시 수출상에게 그 내역을 통지하고, 팩터링방식으로 수출할 수 있도록 지원한다.

⑦ **수출입계약 체결** : 수출상은 신용승인 내용을 근거로 수입상과 국제팩터링 방식의 수출입계약을 체결한다.

⑧ **물품 선적** : 수출상은 수입상과의 계약 내용에 따라 물품을 선적한다.

⑨ **수출채권 양도** : 수출상은 수출팩터에게 송장 및 운송서류 등을 제출하여 수출채권을 양도하고 전도금융의 제공을 요청한다. 이때 수출상은 송장의 모든 원본 및 사본에 수입팩터가 요구하는 '양도문언'을 표시하여야 한다(라벨 부착). 양도문언은 통상 수입국의 언어로 표기되며, '채권자인 수출상의 권리가 수입팩터에게 양도되었으므로 수입상은 반드시 수입팩터에게 그 대금을 지급하여야 한다'는 뜻의 내용으로 기재되는 것이 일반적이다.

⑩ **전도금융의 제공 및 수수료 징수** : 수출팩터는 관련 서류를 확인한 후 송장금액의 100% 이내에서 수출상에게 전도금융을 제공하고, 전도금융이자(환가료)와 수출팩터링수수료(약 0.3 ~ 0.8%) 및 수입팩터링수수료(약 0.2 ~ 1.0%)를 징수한다. 수입팩터링수수료는 차후에 수입팩터에게 송금한다.

⑪ **선적서류 발송 및 수출채권의 재양도** : 수출팩터는 수출상으로부터 받은 선적서류를 수입팩터에게 송부하고, 당해 수출채권을 수입팩터에게 재 양도한다. 수입팩터로부터의 별다른 지시가 없으면, 통상 원본 선적서류는 수입상에게 직접 송부하며, 수입팩터에게는 매출채권양도통지서(NTR : Notification and Transfer of Receivable)와 함께 선적서류의 사본만을 송부한다.

⑫ **선적서류 인도**: 수출팩터로부터 선적서류를 접수한 수입팩터는 이를 수입상에게 인도한다(원본 선적서류가 송부된 경우).

⑬ **수입대금 결제**: 수입상은 결제 만기일에 물품대금을 수입팩터에게 지급한다.

⑭ **수입대금 송금**: 수입팩터는 만기일에 물품대금을 회수하여 수출팩터의 지정된 구좌로 송금하고 대금결제통지서를 수출팩터에게 송부한다. 만일 수입상이 재정상의 이유로 물품대금을 결제하지 못하는 경우, 수입팩터는 신용승인의 내용에 따라 만기일로부터 90일째 되는 날에 대지급하여야 한다. 그러나 물품의 하자 또는 계약조건의 위반 등 수출상의 귀책사유에 따른 클레임으로 인하여 수입상이 대금지급을 거절하는 경우에는 이를 대신 지급하지 않는다. 또한 대지급 후라도 만기일로부터 180일 이내에 분쟁이 발생하는 경우에는 당해 대지급금의 반환을 청구할 수 있다.

⑮ **자금정산 및 차액지급**: 수출팩터는 수입팩터로부터 송금되어 온 물품대금을 전도금융과 상계하여 정산하고, 그 차액을 수출상에게 지급한다.

그림 15-1 **국제팩토링결제의 거래절차**

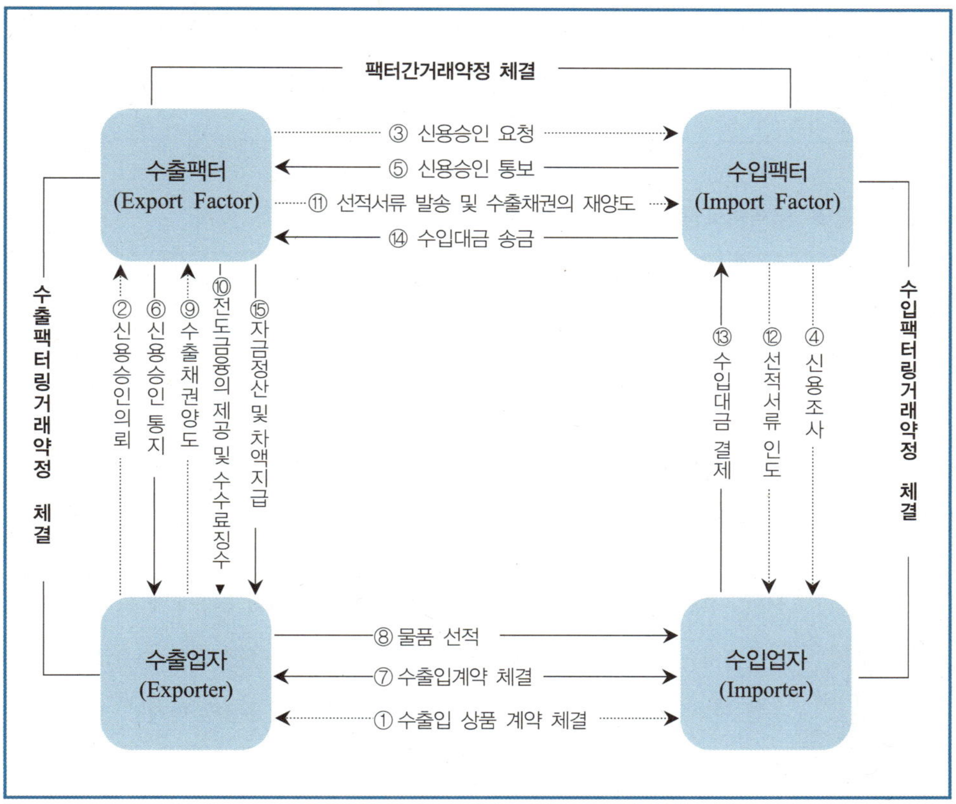

표 15-1 Factoring 거래와 Forfaiting 거래 비교

항 목	Factoring	Forfaiting
금 액	제한 없음	거액(100만 불 이상)
외상기간	단기(1년 이내, 3개월 미만이 대부분)	장기(1년 이상 10년 이내)
소구권	With Recourse, Without Recourse 둘 다 가능	Without Recourse만 인정
금 리	제한 없음	고정금리로만 할인
지급근거	수입 Factor의 신용승인	수입상 거래은행의 지급보증 (또는 Aval)
거래방식	후 송금방식(가장 많음), D/A방식	환어음 또는 약속어음이 매개체
대상채권	현재 및 미래에 발생할 매출채권까지 포함.	개별적 확정된 매출채권에 국한
취급은행	수출입은행 및 일부 외국계 은행	수출입은행 및 일부 외국계 은행

표 15-2 결제방식별 거래의 비교

구 분	신용장	D/P·D/A	송 금	국제팩터링
거래의 근거	신용장	매매계약서	매매계약서	매매계약서
수입상 자금결제	일람지급, 기한부지급	일람지급, 기한부지급	선지급, 후지급	기한부지급
수입상 비용부담	L/C 발행수수료	추심수수료	송금수수료	팩터링수수료
대금지급확약	은행	수입상	수입상	팩터
대금회수위험	안전	불안	불안	안전
결제자금융통	무역금융	무역금융	필요 없음	가능
절차상 편리성	번잡	간편	간편	간편

표 15-3 국제팩토링과 타 결제방식과의 비교

구 분	국제팩토링	수출어음보험	신 용 장
담보되는 금액	송장금액의 100%	어음금액의 90%	송장금액의 100%
담보되는 위험	해외 수입업체의 신용위험(지급지연, 지급불능)	수출업체가 자기의 책임이 없음을 입증가능한 경우에 수입업체의 지급불능, 비상위험, 시장위험도 담보됨	선적서류가 신용장조건과 일치할 경우 비상위험, 시장위험도 담보됨. 통상 사소한 문언상이를 이유로 부도가 많음.
거래 가능한 기업 및 금액	해외팩터가 승인한 기업 및 금액	수출보험기관이 신용등급에 따라 승인한 기업 및 금액	신용장발행 수혜기업
신용공여 결정 소 요 기 간	해외수입팩터는 늦어도 14일 이내에 회신	수출보험기관의 신용공여는 상당한 기간 요함(통상 1개월 이상)	해외수입자의 소재국, 수입자의 신용도에 따라 상이함.
수 수 료	송장금액의 1.2%	송장금액의 0.4~1.0%	은행이 정한 수수료
수입자 부도시 대금 수령일자	송장 만기일 후 90일	수출보험기관의 보험금지급 승인일	신용장의 만기일
부 도 대 금 청 구 절 차	없음	보험금 청구 수속	없음.

〈서식 15-1〉 사전신용조회 의뢰서

□ 사전신용조회
□ 신용승락신청 **의뢰서**

취급자	대 리	차 장	부점장

국제팩토링 방식으로 수출하고자 하는 당사는
해외수입업자에 대하여
□ 전선 □ 사전신용조회
□ 우편 □ 신용승락 을 아래와 같이 의뢰하오며,
이하의 기재사항은 사실과 상위 없음을 확인합니다.

(1) 신용승락 신청내용

신용승락 공여희망액		거래통화 (Currency)	
※ 개별거래에 대한 신용승락 요청서	계약번호 (Order No.)	선적기일 (Shipment Date)	

(2) 수입거래조건

수입업자명 (영문) (Debtor's Name)		회사형태(영문) (Legal Style)	
수입업자주소 (영문) (Debtor's Address)			
수입업자번호 (Debtor's No.)		수입업자의 주거래은행/지점 (Debtor's Main Bank/Branch)	
거 래 상 품 (영 문) (Nature of Business/Product)		은행소재지역 (Location)	
통 상 결 제 조 건 (Normal Terms of Payment)			
통 상 인 도 조 건 (Normal Terms of Delivery)		성수기(계절, 월) (Seasonal Period)	
수 입 팩 터 명 (영 문) (Import Factor)		동일수입국의 예상수입업자수 (Number of Debtors)	
수입국소재당사대리점명 및 주소 (Agent's Name & Address)			
대리점에의 위임 권한 (Agent's Authority)			

기타정보(Other Information) 예) ※ 대금지급면제허용액(Charge Back of Rest Amount)
※ 조기결제시 대금할인조건(Discount Grace Period)
※ 기존판매방식(Means of Sale : L/C, D/A, D/P 등)

(3) 매출실적 및 매출예상액

	매 출 액	총수출액(U$)	위수입국에 대한 수출액(U$)	위수입자에 대한 수출액(U$)
최근 1년간 매출액	천원			
최근 1년간 팩토링방식의 수출액				
최근 1년 중 수출팩토링채권 최고잔액				
최근 1년간 Invoice 건수				
향후 1년간 예상매출액	천원			
향후 1년 중 수출팩토링 채권 최고예상 잔액				
향후 1년간 평균 Invoice 금액				
앞면 수입업자에 대한 향후 1년 중 수출팩토링채권 최고 예상잔액				(U$)

(4) 수입팩터는 수입업자와 직접 접촉할 수 있음.

수입업자 접촉대상자 :
이름 :
(Tel)

(5) 당사가 국제팩토링방식을 이용하고자 하는 것을 수입업자는 알고 있음.

. . .

중소기업은행 앞

의뢰인(영문)
(주소)
(상호)
(대표자) ㉤

☐ 사전신용조회 의뢰
☐ 신용승락신청

(. . . .)

국제부장 귀하

지점장 인

위와 같이 당점거래업체로부터 ☐ 사전신용조회 / ☐ 신 용 승 락 의뢰가 있었기에 이를 송부하오니, 조치 후 회신하여 주시기 바라며, 위 기재사항이 틀림없음을 확인합니다.

※ 본건 관련 수출팩토링 거래약정 체결일자(신용승락의뢰시에 한함) : . . .

표 15-4 국제팩터링 개요 요약

구 분	내 용
의 미	국제팩터링(International Factoring)은 국제팩터링기구에 가입한 회원(팩터)의 신용을 바탕으로 이루어지는 무신용장방식의 거래로서, 팩터링회사(Factor)가 수출상과 수입상의 사이에서 신용조사 및 신용위험의 인수(지급보증), 전도금융의 제공, 외상채권의 기일관리 및 대금회수, 기타 업무대행 등의 서비스를 제공하는 일련의 금융서비스를 의미함. 즉 무신용장방식의 외상수출입거래(O/A, D/A거래 등)에 수입팩터의 '신용승인'이 첨가되는 거래이며, 신용승인(Credit Approval)이란 수입상이 자금부족, 파산 등의 재무상 이유로 수입팩터링 채무를 이행하지 못하는 경우에 수입팩터가 그 대금을 대신하여 지급할 것임을 약속하는 일종의 보증서를 말함
거 래 당사자	① 팩터링 회사들은 FCI(Factors Chain International), IFG(International Factors Group) 등의 기구에 가입되어 국제적인 회원망으로 서로 연결되어 있음 ② 수입팩터(Import factor) : 수입국에서 수입자와 국제팩터링계약을 체결하고 수입자의 외상수입을 위하여 신용승낙의 위험을 인수하고 팩터링채권을 회수하여 수출팩터에게 송금하는 팩터링회사 ③ 수출팩터(Export factor) : 수출국에서 수출자와 국제팩터링계약을 체결하고 수출자의 팩터링채권의 대외양도 및 추심, 전도금융제공, 매출채권의 관리 및 장부정리를 해주는 팩터링회사 ④ 수출자(seller) : 매매계약상 매도인으로 물품을 외상으로 수출하는 조건으로 선적하고 송장 및 선적서류를 수출팩터에게 양도하고 전도금을 제공받음 ⑤ 수입자(debtor) : 매매계약상 매수인으로 수입팩터의 신용승낙(credit approval)으로 물품을 외상수입하는 자. 만기일에 대금을 지급할 의무가 있으며 채권의 양도·양수에 따라 지급할 의무를 부담하는 채무자(debtor)임
수입상 이 점	① 별도담보가 없이 본인 신용만으로 기한의 이익을 향유하여 외상수입이 가능함 ② 신용장발행에 따른 발행수수료 등의 부담이 없으므로 비용을 경감할 수 있음 ③ 물품수령 후 일정기간 내에 수입대금을 결제하면 되므로 자금부담이 경감되고 수입결제자금의 부족시 금융수혜가 가능함 ④ 수입대금의 결제 전에 물품의 품질 등을 확인할 수 있어 신용장방식의 약점(제시된 서류가 신용장의 제조건에 일치하는 한 물품상의 하자에도 불구하고 대금을 지급하여야 하는 불합리성)을 제거할 수 있음 ⑤ 수입팩터로부터 만기일 관리 회계관리서비스를 제공받음
수출상 이 점	① 수입팩터로부터 수입상에 대한 신용승인이 이루어지면, 수입상의 클레임이 제기되지 않는 한 수출상은 해당 신용승인 한도 내에서 그 대금지급을 보장받게 됨 ② 따라서 수출상은 외상수출로 인한 대금회수 불안을 제거할 수 있으며 당해 매출채권을 수출팩터에게 양도함으로써 수출대전을 조기에 즉시 현금화할 수 있음 ③ 수출상은 수입상에게 신용장거래보다 유리한 조건으로 제시할 수도 있게 되어 대외경쟁력을 확보할 수 있으며, 신용장거래를 원하지 않는 수입상과의 거래도 가능하므로 새로운 시장개척이 용이함 ④ 팩터링거래를 통하여 본인의 지명도를 제고할 수 있으며, 전 세계에 걸친 팩터의 회원망을 통하여 해외시장 정보를 신속·정확하게 입수 ⑤ 신용장방식과는 달리 서류작성에 대한 과도한 부담없이 간편하게 실무를 처리할 수 있으며, 추심방식(D/P·D/A NEGO)과는 달리 외상채권을 양도할 때 별도의 담보를 제공할 필요가 없으므로 담보부족으로 인한 곤란을 겪지 않음(수입팩터의 신용승인 통보가 곧 담보역할임) ⑥ 대금회수·수출채권의 기일관리 등 제반 회계업무의 부담에서 벗어나 생산·판매에만 전념함으로써 원가절감과 생산성 증대를 실현

02 포페이팅(Forfaiting)방식에 의한 결제

1. 포페이팅결제방식의 필요성과 의의

1) 포페이팅결제방식의 필요성

개발도상국의 수입상들은 부족한 외환사정 때문에 경제개발에 필요한 기계, 중장비, 산업설비 플랜트 및 건설장비 등의 구매 상담시 연불조건을 많이 요구하고 있는 경우에 한국의 수출상은 수입상의 연불수입요청에 적절하게 대응하지 못하여 거래가 취소되거나 수출단가 인하로서 대응해야만 하는 경우가 많다. 또한 수출상들이 연불수출을 하였으나 만기에 대전을 회수받지 못하고 있다.

이러한 경우에 활용될 수 있는 Forfaiting(소구권 면제조건부 무역환어음 할인)은 수출업체가 연불수출과 관련하여 획득한 채권(약속어음 또는 환어음)을 Forfaiter(채권매입금융기관)가 수출업체의 연대보증 없이 수입상의 신용으로 매입하는 제도이므로 연불조건이 요구되는 상품의 구매시 사용되는 중요한 금융제도로서 Country Risk나 Payment Risk를 피할 수 있는 제도라 할 수 있다. 현재 개발도상국의 부족한 외환사정은 수입상으로 하여금 장기 연불조건을 요청하므로 수출업체로서는 이 조건의 수용 여부가 거래성사의 관건이 되고 있는 실정이다.

2) 포페이팅결제방식의 의의

포페이팅(forfaiting)이란 현금을 대가로 외상채권을 포기 또는 양도한다는 것을 의미한다. 즉, 현금을 대가로 미리 받고 그 대신 외상채권을 양도한다는 의미이며 수출입거래방식이라기보다는 국제금융기법의 일종으로써 수출거래에 따른 환어음이나 약속어음을 소구권 없이 할인하여 신용판매를 현찰판매로 환원시키는 다시 말해 고정이자율로 할인 매입하는 금융기법을 말한다.

통상 기한부신용장으로써 연지급기간이 90일 이상에서부터 최장 10년까지 가능하며 금액은 건당 3만 달러에서 최고 2억 달러 미만의 수출환어음이 포페이팅의 대상이 되고 있으며, 포페이팅 요율은 리보금리에 국가 및 신용장 발행은행의 신용위험도를 감안한 가산금리가 더해져서 결정된다.

포페이팅은 전통적인 무역금융(환어음 할인금융)과 국제팩토링의 중간에 위치한 금융수단이다. 할인이라는 면에서는 환어음 할인금융과 비슷하나 환어음 할인금융이 360일 이내의 단기금융인데 반하여 포페이팅은 최장 10년까지의 중장기 금융이라는 점에서 다르며, 소구권이 없다는 점에서는 국제팩토링과 같으나, 국제팩토링은 통상

10만 달러 이내의 소액을 대상으로 하는 단기금융인데 반해 포페이팅은 일반적으로 거래규모가 크고 중장기 금융이라는 점이 다르다.

포페이팅의 가장 중요한 특징은 소구권을 행사할 수 없다는 점, 즉 연지급어음을 매입한 자는 이전에 어음을 소지하였던 자에게 사후에 소구권을 행사할 수 없다는 것이다. 수출상은 Forfaiter를 통해 수출대금을 영수한 경우 수입상의 대금지급 거절 또는 연기 등으로 발생할 수 있는 모든 위험으로부터 벗어날 수 있게 된다.

2. 포페이팅결제방식의 당사자와 특징

1) 포페이팅결제의 당사자

포페이팅의 당사자로는 수출상, 수입상, 포페이터 및 보증은행이 있다. 여기서 포페이터는 연불어음을 할인·매입하는 은행을 가리키며, 보증은행은 수입상을 위하여 어음보증 또는 지급보증서를 발급하는 은행을 말한다.

2) 포페이팅결제의 특징

Forfaiting은 다음과 같은 특징을 가지고 있다.

① Forfaiter는 소구권을 행사하지 않음으로서 수입상(또는 수입상 은행)이 만기(maturity date) 시 지급불능 또는 지연상태에 빠지더라도 수출상은 대금을 반환할 책임을 지지 않으며 따라서 수출신용장 매입은행에 요구하는 담보제공이나 여신한도가 필요 없다.

② 수출상은 수출상품의 인도에만 책임을 부담하고 Country Risk 또는 외환지불정지선언(moratorium) 등 기타 모든 위험은 Forfaiter가 부담한다.

③ 선적 후 즉시 대금을 지급 받으므로 환율 및 이자율 변동에 따른 Risk를 피할 수 있으며 서류가 간단하다.

④ Forfaiting 시 고정이자율을 사용함으로서 거래 Margin을 확정할 수 있으며, 수출계약 전에 Forfaiter와의 협의를 통하여 수출가격을 조정함으로서 수출상의 금융비용을 수입상에게 전가할 수 있다.

⑤ Forfaiting 대상금액은 수출금액의 100%까지 Forfaiting이 가능하므로 수출입은행의 연불수출금융지원 조건에 부담되지 않는 중계무역 등에도 Financing이 가능하다.

⑥ Forfaiting과 비교할 수 있는 수출보증보험의 경우 손실액의 90%까지만 보상하며 제출서류 및 부보조건이 까다롭고 복잡하며, 사고 후 보상까지 최소한 2개월이 소요된다.

⑦ Forfaiting의 대상은 환어음 또는 약속어음이다. 단순외상매출채권, 채권 또는 다른 연불지급 약속수단도 포피팅의 대상이 될 수는 있으나 취득에 있어서 복잡한 문제가 발생하기 때문에 일반적으로 국제적 관행 및 법적 지위가 확립되어 있는 환어음과 약속어음만이 대상이 된다. 그러나 신용장이 개입될 때는 환어음이 없더라도(deferred payment L/C) 신용장 발행은행의 신용을 믿고 진행이 가능하다.

⑧ Forfaiter는 수입상은행의 지급보증을 담보로 확보한다. 포피터는 수입상의 신용상태를 평가하기 힘들고, 수출상에게 소구하는 것이 불가능하기 때문에 수입상은행이 별도로 발행하는 취소불능 지급보증이나, 환어음 및 약속어음에 추가하는 지급약속을 담보로 확보한다.

⑨ Forfaiting은 중장기 어음을 고정금리부로 할인한다. 포피팅은 환어음이나 약속어음을 할인하는 형식을 취하여 이자를 액면에서 공제하고 대금을 지급하므로 신용판매를 현찰판매로 환원시키는 효과를 갖는다.

⑩ 세계 68개국에서 이용가능하고, 신용공여기간은 1~10년까지 다양하다. 이를 지역별로 보면 대체로 아시아지역 국가들은 1~7년의 신용을 제공하는 것이 대부분이며, 유럽은 1~10년, 남미지역은 1~7년까지 신용을 공여하고 있다. 이밖에 동유럽 및 독립국가 연합지역은 1~5년, 중동 및 아프리카는 1~5년까지 가능하다.

3. 포페이팅결제방식의 효용성과 이자율

1) 포페이팅결제방식의 효용성

Forfaiting은 소구권 포기를 전제하므로 수출업체가 포피팅 기법을 활용하는 경우 다음과 같은 이점을 누릴 수 있다.

첫째, 국제상거래시 수반되는 각종 위험으로부터 벗어날 수 있다. 수출상은 포페이터에게 고정금리 · 소구권면제 조건부로 수출환어음이나 약속어음을 할인받게 되므로 이자율 및 환율변동에 따른 위험, 수입자의 대금지급거절이나 연기 등의 상업적 위험으로부터 벗어날 수 있게 된다.

둘째, 경쟁업체에 대한 비교우위를 확보할 수 있게 된다. 수출상은 포페이터에게 어음할인을 하여 해외구매자에게 최장 10년까지의 장기신용을 제공할 수 있게 됨으로써 경쟁업체에 비해 금융상의 비교우위를 확보할 수 있다. 또한 국가위험도가 높은 남미, 동남아 등 신시장에 대해서도 포페이팅을 활용할 수 있으므로 신시장 개척을 위한 금융조달이 가능하다는 이점도 있다.

셋째, 신속한 현금확보가 가능하고 이용절차가 편리하다는 점도 있다. 처음 이용하는 업체의 경우에도 포페이팅을 이용할 수 있는지 여부를 수 시간 내에 확인할 수 있으며 서류작업이 간편하다. 수출상은 선적 후 포페이터에게 필요서류를 제시하면 현금확보가 가능하게 되므로 원활한 자금회전을 기할 수 있게 된다.

2) 포피팅결제의 이자율

Forfaiting의 이자율은 기준금리(보통 SIBOR or LIBOR 적용)에 Country Risk (국가별 위험부도)에 따른 가산금리(Spread)를 더한 수준에서 국별 통화별로 결정된다. 또 연불기간도 국가에 따라 달라 중국의 경우 Usance기간은 5년까지 가능하며 금리는 달러의 경우 LIBOR+(년 1.00%~1.50%)이다. Vietnam의 경우 수많은 은행이 난립되어 있으나 Vietcom Bank 및 Incom Bank가 발행은행이면 최장 2년의 Usance Credit는 Forfaiting이 가능하다.

4. 포페이팅거래의 절차

포페이팅의 취급절차를 알아보기 위하여 단순한 경우를 중심으로 살펴본다.

첫째, 수출상은 수입상과 결제방법에 포페이팅을 추가하는 조건으로 무역계약을 체결하고 수출물품을 조달하여 이를 수입상에게 인도한다.

둘째, 수입상 지급보증은행에 어음이나 환어음을 제출하면, 지급보증은행은 별도의 지급보증서를 발급하거나 환어음이나 어음상에 Aval을 추가하여 이를 수출상에게 인도한다.

셋째, 수출상은 포페이터와 포페이팅 계약을 체결하고 포페이터는 수출상에게 어음대금을 할인하여 지급한다. 수출 어음금액이 확정되면 수출상은 포페이터에게 문의하여 Firm Offer를 받는다. 포페이터가 보낸 Firm Offer를 수출상이 접수하게 되면 포페이팅계약이 성립하게 된다. 포페이터는 어음을 일정율로 매입할 것을 약정하고 어음보증 또는 Aval과 수입승인 및 기타 허가를 확인한다. 수출상은 선적을 완료하고 선적서류가 완비되면 약정한 조건대로 할인지급을 받게 되며 금리기간은 선하증권의 일자로부터 기산된다.

넷째, 포페이터는 어음의 만기일에 어음을 지급보증은행에 제시하고 지급보증은행은 포페이터에게 대금을 지급한다. 만기가 되기 얼마 전에 포페이터는 지급보증이나 Aval을 행한 기관에 결제를 위하여 환어음 또는 약속어음을 송부한다. 이후 이들 기관이 어음을 결제하면 포페이팅 절차가 모두 종료된다.

1) 신용장방식 포페이팅 거래절차

① 수출상과 수입상이 Forfaiting 거래내용에 합의하고 수출입계약을 체결한다. 수입상이 Usance L/C로 거래를 원하는 경우 수출자는 포페이팅 수출금융이 가능한 국가와 은행에 해당되는지 여부를 우선적으로 확인한다.

② 수입상은 수입국가 소재의 은행에서 신용장을 발행하게 된다.

③ 발행된 신용장이 통지은행을 통하여 수출상에게 통지된다.

④ 수출상은 수출계약조건대로 수출물품의 선적을 이행한다.

⑤ 수출상은 Forfaiter와 Forfaiting 계약을 체결한다. 이 단계에서 각종 수수료 및 이자(할인료, 약정수수료)가 결정되며, 계약을 체결하기 전에 수출상은 Forfaiter 앞으로 미리 Preliminary Offer를 제시하여 비용 등에 관한 문의를 하고, 이에 따라서 Forfaiter가 수출상에게 Firm Offer를 제시하고 수출상이 이에 동의하면 계약이 성립된다. 특히 Forfaiting 계약에서는 할인대금에 대한 무소구(without recourse) 조항이 삽입되어야 한다.

⑥ 수출물품 선적 후 수출자는 환어음 및 선적서류를 신용장조건과 일치하도록 작성하여 Forfaiter에게 제시한다.

▮ 그림 15-2 ▮ Forfaiting 거래절차(신용장거래)

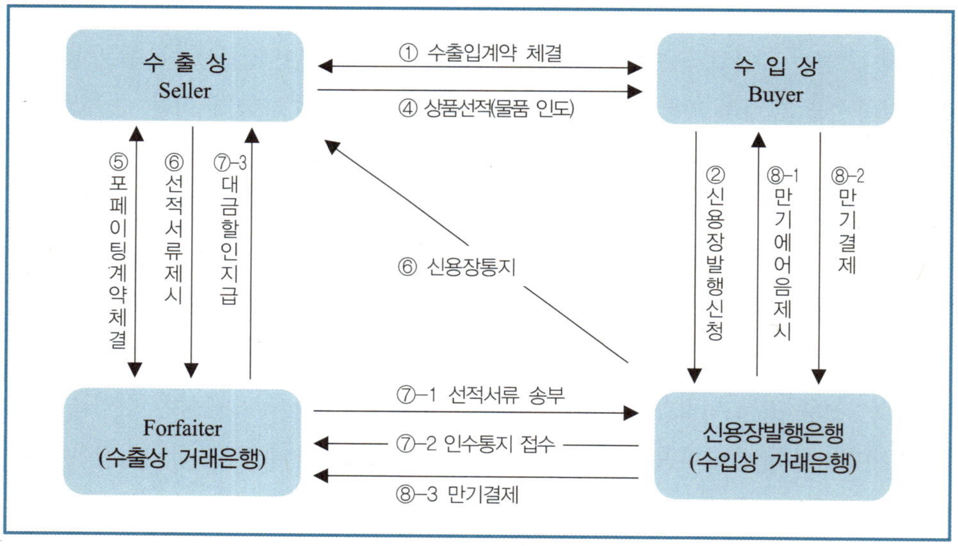

⑦ 원칙적으로는 선적서류를 접수하는 즉시 수출대금을 지급한다. Forfaiter가 대금을 지급할 때에는 수입국가의 국가위험, 신용장발행은행 및 신용장의 종류, 수출상의 신용위험 등을 감안한다. 수출상에 대한 소구조건이 무소구(without recourse) 조건으로 전환되는 시점은 선적서류를 접수한 수입국 신용장 발행

은행이 선적서류에 대한 인수의사를 통보하는 시점이다. 수출상의 신용, 거래성격 등에 따라서는 선적서류를 송부하고 신용장발행은행으로부터 인수통지를 받는 시점에 대금이 지급될 수도 있다.

⑧ 신용장 발행은행으로부터 선적서류의 인수가 이루어지면 수출상은 모든 대금회수 위험으로부터 자유로워지며 Forfaiter는 환어음의 만기일에 신용장 발행은행(수입상)으로부터 수출대금을 회수하는 책임을 지게 된다.

2) 보증(Aval)에 의한 포페이팅 거래절차

포페이팅의 관계당사자는 비교적 간결하다. 수출상, 수입상, 수입상의 거래은행(보증은행), 할인은행(포페이터)의 네 당사자가 있으며, 할인은행인 Forfaiter는 수출상의 중장기연불어음을 할인·매입하는 자로 주로 금융기관(투자신탁회사, 은행)이 그 역할을 담당한다. 보증은행(avalising/guaranteeing bank)은 수입상의 거래은행으로서 연불 수출입거래에서 발생한 환어음이나 약속어음 뒷면에 “Aval”을 하거나 지급보증서를 발행하여 Forfaiter가 안심하고 연불채권을 매입할 수 있도록 하는 역할을 한다.

수출상은 자신이 직접적으로 포페이터와 거래하는 경우도 있으며 수출상의 거래은행이 수출상와 포페이터를 연결하여 포페이팅을 주선할 수도 있고 자신이 매입한 기한부 환어음을 포페이터와 직접적으로 거래할 수도 있다.

그 절차를 살펴보면 다음과 같다.

① 수출상과 수입상은 수출입계약을 체결하고 수출상은 수출물품을 수입상에게 인도한다. 수출상은 수입상으로부터 신용공여를 요청받았거나 자금사정이 여의치 않을 경우 수출계약체결 전에 포페이터와 협의하여 포페이팅 비용을 고려, 수출계약 금액을 결정한다.

② 수입상은 지급보증은행에 어음을 제출하고 지급보증은행은 수출상에게 보증된 어음을 인도한다. 즉, 수출상은 수출계약 체결 후 포페이팅 거래를 약정하고 상품을 선적한 후 보증된 약속어음 또는 환어음을 보증은행을 통하여 수취한다.

③ 수출상은 수취한 어음을 Forfaiter에게 할인 매각하여 수출대금을 조기에 회수한다. 즉, 수출상은 Forfaiter와 포페이팅계약을 체결하고 Forfaiter는 수출상에게 어음대금을 할인하여 지급한다.

④ Forfaiter는 매입어음을 유통시장에서 다른 Forfaiter에게 재매각하거나 어음을 만기일까지 보유하여 보증은행으로부터 어음금액을 상환받는다.

위에서와 같이 수출상은 Forfaiter와 직접 포페이팅 계약을 체결하는 경우도 있지만 수출상의 거래은행이 Forfaiter와 포페이팅계약을 체결하여 포페이팅 편의를 제공하는 경우도 있다. 예컨대 한국의 수출상 A가 자기거래은행인 B에게 포페이팅을 의뢰하고 B은행이 Forfaiter인 C에게 포페이팅을 의뢰하는 것이다. 이러한 포페이팅을 복합 포페이팅(synthetic forfaiting)이라 한다.

▮ 그림 15-3 ▮ 보증(Aval)에 의한 Forfaiting 거래절차

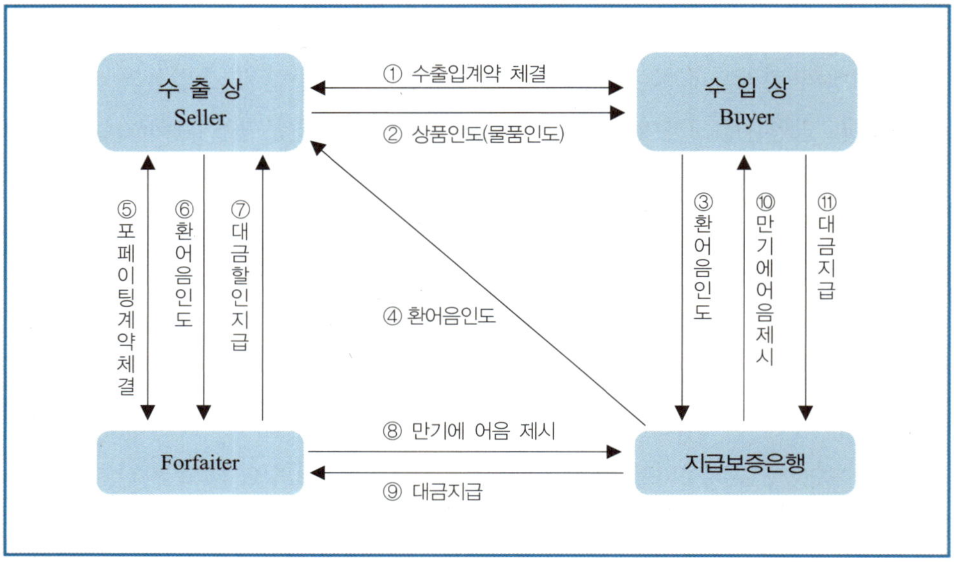

① 수출상과 수입상이 Forfaiting 거래 내용에 합의하고 수출입계약을 체결한다.

② 계약조건에 따라서 수출상이 수입상 앞으로 상품을 선적하여 인도한다.

③ 수입상은 수출상이 자신 앞으로 발행한 환어음 또는 수입상이 발행한 약속어음을 거래은행으로 제출하여 보증해 줄 것을 요구한다.

④ 수입상의 거래은행(지급보증은행)은 어음의 뒷면에 "Aval"을 하거나 별도의 지급보증서를 작성하여 어음 또는 지급보증서를 수출상에게 송부한다.

"Aval(Approval의 약어)"은 수입상거래은행이 은행지급보증서 대신에 사용하는 간단한 형식의 보증을 가리킨다. 보증인이 약속어음 또는 환어음에 보증한다는 뜻을 기입하여 채무를 성실히 이행할 것을 보증하는 취소불능의 무조건 보증을 말한다. Aval은 수출상이 발행한 환어음이나 수입상이 발행한 약속어음 뒷면에 수입상 거래은행이 지급을 보증한다는 문구를 기입한 문서로서 수입상거래은행이 Forfaiter에게 별도로 지급보증서를 발행하는 것보다 절차가 간편하여 Forfaiting 거래에 많이 사용된다.

⑤ 수출상은 Forfaiter와 Forfaiting 계약을 체결한다. 이 단계에서 각종 수수료 및 이자(할인료, 약정수수료 등)가 결정되며, 계약을 체결하기 전에 수출상은 Forfaiter 앞으로 미리 Preliminary Offer를 제시하여 비용 등에 관한 문의를 하고 이에 따라서 Forfaiter가 수출상에게 Firm Offer를 제시하고 수출상이 이에 동의하면 계약이 성립된다. 특히 Forfaiting 계약에서는 할인대금에 대한 소구권부인 (without recourse) 조항이 삽입되어야 한다.

⑥ 계약체결 시에 수출상은 보증은행에서 받은 지급보증서 또는 "Aval"을 Forfaiter에게 넘겨준다.

⑦ Forfaiter는 환어음 등을 인도받는 즉시 할인 대금을 수출상에게 지급한다.

⑧ 어음기간의 만기가 되면 Forfaiter가 수출상에게 받은 "Aval" 또는 지급보증은행이 발행한 지급보증서를 보증은행에 제시한다.

⑨~⑪ 보증은행이 어음상의 금액을 Forfaiter에게 지급한다. 지급보증은행은 수입상에게 어음을 제시하여 수입상이 대금을 지급하면 거래가 종료된다.

5. 포페이팅의 비용과 수수료

포페이팅 이용에 따른 비용과 수수료에 대하여 살펴보면 수출상이 부담하는 비용으로는 약정수수료와 Option Fee가 있고, 수입자의 경우에 직접적으로 부담하는 비용은 보증밖에 없다.

할인료란 만기 이전에 현금결제를 해주는데 따른 결제시점에서 만기까지의 이자비용으로 할인공식은 「어음 액면금액 × (만기일까지 일수 / 360) × 할인율(%) / 100」이다. 할인료는 적용되는 할인율과 할인기간에 의해 결정되며, 할인율은 LIBOR (런던은행간 금리)에 국가별 위험도 또는 신용장 발행은행 위험도에 가산금리를 더한 수준에서 결정된다. 이때 적용하는 할인금리는 고정금리이며, 포페이팅을 취급하는 금융기관에 문의하면 1 ~ 12시간 내에 통보받을 수 있게 된다. 또한 할인기간을 산정함에 있어서 국가에 따라서 어음만기일에 이어 Grace Period(통상 4일)가 인정된다는 점에 유의하여야 한다.

다음으로 약정수수료는 포페이팅 약정시부터 매각 인도시까지의 기간에 대하여 부담하는 수수료를 말하며, 연 0.75 ~ 1.5%를 선지급한다.

Option Fee란 수출상이 포페이터에게 포페이팅을 신청하여 수입상이 이를 수락하기까지의 기간, 즉 Option Period동안의 여건변화에 따른 위험을 수출상이 포페이터에게 보상하기 위한 수수료를 말한다. Option Fee는 Option Period가 48시간을 초과하는 경우에만 부과되며 통상 어음금액에 대하여 한 번만 지급하는 Flat Charge (one-time charge)로서 0.125%를 징구한다.

표 15-5 FORFAITING NEGO와 DIRECT NEGO의 비교

NEGO 형태	- 국내 외국환거래은행에서 1차 NEGO 후 HSBC에서 RENEGO	- 국내 외국환거래은행에서 NEGO. RENEGO건은 각 외국계은행에서 RENEGO
계약 체결 조건	1) 신용장 내도 후 신용장 사본 HSBC FORFAITING과에 FAX 송부 2) ISSUING BANK, PAYMENT TERM 등의 신용장 세부내용 심사 후 계약 체결 (HSBC & SYMC) 3) FORFAITING NEGO 불가 판정시 DIRECT NEGO 전환	- 없음
NEGO 대전	1) Usance 기간만큼 환가료를 제하고 1차 NEGO은행으로부터 지급받음. 2) HSBC는 ISSUING BANK로부터 A/A (ACCEPTANCE ADVICE) 인수 후 1차 NEGO BANK에 환가료 및 대체료를 제한 후 NEGO 대전 입금(한 달 정도 후)	1) Usance 기간만큼 환가료를 제하고 1차 NEGO은행으로부터 지급 받음. 2) 만기에 ISSUING BANK 또는 RENEGO BANK에서 상환.
환가 료율	- 국내 거래은행 : LIBOR + 5.5% 징수 - HSBC FORFAITING ISSUING BANK에 따라 가산금리가 연동적, 대략적으로 LIBOR or SIBOR에 1.5∽2.75%	- 국내 거래은행 : LIBOR + 5.5% 징수
환가료 환입	- 1차 NEGO BANK가 HSBC로부터 NEO대전을 상환받은 후 그 시점으로부터 만기까지의 환가료를 SYMC에 환입해 줌. 여기서 발생되는 환가료의 차이로 DIRECT NEGO에 비해 100만 불당 대략 1,500만 원에서 2,000만 원 정도를 절감.	- 없음
사후 관리	- 모든 RISK에 대해서 HSBC가 책임을 짐. - REFUND의 위험이 전혀 없음.	- 모든 RISK에 대해서 SYMC가 책임을 짐. - REFUND의 위험이 있음. - CONFIRMED CREDIT는 제외
NEGO 관련 환가료 비교	-SPAIN NEGO관련 예-	SPAIN NEGO관련 예-
	1) 금액 : ESP477,759,275.-	1) 금액 : ESP477,759,275.-
	2) USANCE : 180 DAYS	2) USANCE : 180 DAYS
	3) 1차 NEGO BANK 환가료 ESP477,759,275*10.2%*9.22*165/360 =₩205,930,969.-	3) 1차 NEGO BANK 환가료 ESP477,759,275*10.2%*9.22*165/360 =₩205,930,969.-
	4) HSBC NEGO대전 상환 후 환가료 환입액. - 대체료, 환가료, 우편료 등 차감 후 HSBC NEGO대전 상환액 ; ESP465,783,013 - 대체료 : ESP477,759,275*0.05%=ESP238,880 - 우편료 : ESP12,000. - CABLE : ESP80,000. - 환가료 : ESP477,759,275*6.5%*135/360 =ESP11,645,382. - TOTAL : ESP11,976,262.	4) 없음
	5) 차액과 환가료 환입액을 정산한 후 잔액입금 - 차액 : ESP11,645,382*9.22=₩107,370,422. - 환가료 환입액 : ESP477,759,275*10.2%*9.22*135/360 =₩168,488,974. - 정산 후 입금액 : ₩61,118,552.	
	cf. HSBC : Hongkong & Shanghai Banking Co., SYMC : Forfaiter	

표 15-6 포페이팅의 개요 요약

구 분	내 용
의미	① Forfaiting : 현금을 대가로 미리 받고 외상채권을 포기·양도한다는 의미 ② 수출거래에서 생성되는 환어음이나 채무증서인 약속어음 등 청구권이 자유롭게 유통 가능한 증서를 이전의 어음소지인에게 상환 소구권을 청구함이 없이(without recourse : 수입상(또는 거래은행)이 지급하지 않는 경우에 수출상에게 기 지급된 대금을 상환 청구하지 않는 것을 의미함) 어음의 만기일까지에 해당하는 이자를 고정이자율에 의해 할인 매입하는 방식으로 포페이팅을 취급하는 전문금융회사인 포페이터(forfaiter)가 매입하는 무역관련 금융기법임 ③ 수출(선적)시점부터 만기 수출대금의 회수기간까지의 기간이 길고, 수입국가의 위험이 높은 개도국으로의 수출이 빈번한 수출기업에 Forfaiting 활용효과가 가장 높은 특징
특징	① 포페이터는 소구권의 없는 조건으로 채권을 매입하며, 수출상은 수입상(또는 거래은행)이 만기에 대금을 결제하지 않는 경우 대금을 반환할 책임이 없음 ② 포페이터는 수입상의 거래은행이 별도로 발행하는 지급보증서나 또는 환어음(또는 약속어음)에 추가하는 지급확약(Aval)을 담보로 활용하며, 수출상에게는 별도의 보증이나 담보제공 등을 요구하지 않음. 'Aval'이란 일종의 어음보증을 말하는 것으로 수입상의 거래은행이 환어음(약속어음)에 지급보증의 문언을 표시하고 서명하는 행위이며, Aval은 별도의 지급보증서를 발행하는 것보다 그 절차가 간단 명료하고 간편하여 Forfaiting 거래에 많이 활용됨 ③ Forfaiting 거래에서는 환어음과 약속어음만을 그 할인대상으로 하여 기타의 증권 또는 채권을 취급하지 않음. 이유는 그 취득에 관한 복잡한 법률적 문제로 인하여 분쟁가능성이 높고 그 해결이 어렵기 때문임 ④ Forfaiting 거래의 할인대상은 통상 1~10년의 중장기 어음이며, 고정금리부로 할인이 이루어지기 때문에 수출상은 계약 전에 미리 그 할인비용을 확정할 수 있으며, 이를 상품가격에 반영시킴으로써 금융비용을 수입상에게 전가할 수 있음. 그리고 중장기 거래에 따른 환리스크도 모두 포페이터가 부담하게 됨 ⑤ Forfaiting 할인료율 = 통화별 LIBOR + 결제기간별 조달비용률(0.10%~0.20%) + 신용위험가산율(수입국가 및 해외은행위험, 0.25%~2.0%)
장점	① 위험으로부터의 회피 : 신용위험(credit risk, 채무자/보증인의 지급불능위험), 국가위험(country risk, 국가지급불능위험), 통화위험(currency risk, 환율변동위험), 금리위험(interest risk, 이자율변동위험) 등으로부터 수출자는 벗어나 포페이터에게 이들 위험이 이전됨 ② 자금 확보의 신속성 : 다수의 전문금융회사(forfaiter)에서는 수출상이 서류를 제시하여 신청하면 약 2일 이내에 자금을 제공하기 때문에 신속한 현금 확보로 인하여 자금회전의 원활함으로 인한 매출과 이익의 증대 등 수출상의 재무구조를 개선할 수 있으며, 수출상의 기존 거래은행과의 대출한도와 재무제표에 영향을 미치지 않고 자금을 확보할 수 있음 ③ 거래 서류의 간결성 : 필요서류가 비교적 간편하기 때문에 수출상의 입장에서 시간과 비용의 절감이 가능함(지급방법에 대한 계약서 부본, 서명된 상업송장 부본, 운송서류 부본, 국제적으로 인정되는 보증은행의 보증서 등의 서류가 필요함) ④ 경쟁업체에 대한 비교우위 확보 : 수출상으로 하여금 해외구매자에게 최장 10년까지 장기적인 신용을 제공해 줄 수 있기 때문에 금융상의 비교우위를 확보할 수 있으며 국가 위험도가 높은 신흥시장을 개척하기 위한 금융 조달이 가능함

〈參考文獻〉

1. 國內文獻

姜原辰, 貿易決濟論, 博英社, 2004.
姜原辰, 信用狀 紛爭事例, 圖書出版 斗南, 2013.
姜原辰, 貿易實務 問答式 解說, 圖書出版 斗南, 2011.
姜興中, 貿易代金決濟論, 圖書出版 斗南, 2011.
김덕권, 貿易決濟論, 法經社, 2000.
金炳述, 信用狀 實務, 韓國財政經濟研究所, 2002.
김석민·김덕권, 貿易決濟와 信用狀論, 圖書出版 斗南, 2016.
金聖勳, 信用狀 種類別 分析, 圖書出版 斗南, 2002.
金聖勳, 信用狀 네고 書類作成要領, 圖書出版 斗南, 2002.
金聖勳, 글로벌 貿易實務, 圖書出版 斗南, 2015.
金廷秀, 外換管理論, 圖書出版 斗南, 1999.
金昌善·貿易決濟論, 圖書出版 斗南, 2014.
고명규, 外換金融實務, 圖書出版 斗南, 2016.
具鍾淳·許殷淑, 貿易代金決濟論, 博英社, 2014.
경윤범·이신규, 國際貿易決濟論, 圖書出版 斗南, 2004.
大韓商工會議所, Incoterms 2010, 大韓商工會議所, 2010.
大韓商工會議所, UCP 600 公式飜譯 및 解說書, 大韓商工會議所, 2007.
大韓商工會議所, 國際標準銀行慣行 ISBP 745, 大韓商工會議所, 2013.
裵勇元, 信用狀, 貿易經營社, 2003.
배정한, 國際貿易代金決濟, 三英社, 2000.
徐廷斗, 信用狀論, 三英社, 2002.
우리銀行, 外換 길라잡이, 2004.
이대우·양의동, 信用狀論, 圖書出版 斗南, 2014.
李大羽·金鐘樂, 國際貿易去來論, 圖書出版 斗南, 2002.
이재민·배인성, 글로벌 貿易金融, 圖書出版 斗南, 2009.
이창식, 輸出入業務, 韓國金融研修院, 2014.
이천수·김종칠, 貿易決濟論, 효민출판사, 2003.
유하상, 國際決濟論, 圖書出版 斗南, 2013.
林英鶴, 外國換 去來業務, 韓國金融研修院, 2004.
曺賢正, 貿易決濟論, 博英社, 2001
錢昌源, 圖解 信用狀實務, 貿易研究院, 1998.
鄭仁基, 輸出入實務 節次解說, (株) 租稅通覽社, 1999.
채진익, 貿易決濟論, 圖書出版 斗南, 2016.
崔正鎬·李濟鉉, 信用狀實務論, 博英社, 2002.
許殷淑, 外換·輸入決濟, 圖書出版 斗南, 2014.
韓國外換銀行, 外國換 相談 및 紛爭 事例集, 2008.

韓國貿易協會 貿易研修院, 貿易實務概要, 2011.
韓國貿易協會 貿易研修院, 輸出入代金決濟, 2011.
韓國貿易協會 무역아카데미, 貿易管理士, 2012.
黃珍泰, 貿易決濟論, 圖書出版 나눔, 2003.

2. 國外文獻

宮下忠雄, 輸入の企劃契約實務のすべて, 實務教育出版, 1994.
絹巻康史, 貿易取引の契約と實務, 中央經濟社, 1993.
橋本喜一 譯, 荷爲替信用狀の法理概論, 九州大學出版會, 1994.
東京銀行システム部, 貿易と信用狀, 實業之日本社, 1996.
藤田榮一, 輸出入取引と書類の實務, 實務教育出版, 1996.
桐谷芳和, 1993年改訂版 信用狀統一規則の解說, 經濟法令研究會, 1993.
桐谷芳和, 三訂 貿易取引と信用狀, 經濟法令研究會, 1992.
兵谷源藏 監修, 貿易實務事典, 同文館, 1996.
大崎正嵧, 標準貿易取引 4訂版, (株)成山堂書店, 1998.
梶原昭次, 入門入門 貿易のしくみ, 日本實業出版社, 1993.
新堀聰, 貿易賣買, 同文館, 1990.
神田 善弘, 實踐 貿易實務 第4版, 日本貿易振興會, 1996.
新堀聰, 貿易取引の 理論と實踐, 三嶺書房, 1993.
新堀聰, 貿易取引入門, 日本經濟新聞社, 1992.
一宮弘之, 93年 改訂版 信用狀統一規則の解說とQ&A, 手形研究, 12月號, 1993.
田中信幸, 國際取引法, 商事法務研究會, 1994.
淺田福一, 國際取引契約の理論と實際, 同文館, 1999.
片山立志, 圖解 貿易實務入門, 稅務經理協會, 1993.

A.G. Guest, The Common Law Library Number 2, Benjamin,s Sale of Goods, Fourth Edition, London, Sweet & Maxwell, 1992.
Charles del Busto, Case studies on Documentary Credits under UCP 500, ICC Publishing S.A, Paris, June 1995.
Charles del Busto, ICC Guide to Documentary Credit Operations for the UCP 500, ICC Publishing S.A. Paris, June 1994.
D.M. Day, The Law of International Trade, Butterworths, London, 1993.
John F. Dolan, The Law of Letter of Credit, second ed., Warren, Gorham & Lamont, Boston. New York, 1991.
ICC, ICC Uniform Rules for Bank-to-Bank Reimbursements under Documentary Credits, ICC Publication No. 525, 1995.
ICC, Edited by Gary Collyer & Ron Katz, ICC Banking Commission Collected Opinions 1995-2001, ICC Publication No.645, ICC Publishing S.A., 2002.
ICC, International Standard Banking Practice for the Examination of Documentary under Documentary Credits(ISBP), ICC Publication No. 645, ICC Publishing S.A., 2003.

찾아보기

/ ㅂ /

/ ㅅ /

/ 영문 /

著者略曆

▸ 南 豊 祐

- 建國大學校 商經大學 貿易學科 卒業(商學士)
- 韓國外國語大學校 大學院 貿易學科 修了(經營學碩士)
- 建國大學校 大學院 貿易學科 修了(經濟學博士)
- 貿易士(商工部長官)
- 建國大學校 商經大學, 一般大學院 및 經營大學院 貿易學科 講師
- 稅務公務員教育院·關稅公務員教育院·法務研修院 講師
- 韓國貿易協會 貿易研修院 講師
- 韓·우크라이나 經營·經濟研究會 常任理事
- 關稅廳 施行 關稅廳專門技能 資格試驗 出題委員
- 關稅廳 施行 一般 및 特別 關稅士 資格試驗 銓衡委員(貿易實務·貿易英語)
- 關稅廳 關稅職 轉換 經歷競爭採用試驗 貿易學 出題委員
- 韓國貿易協會 施行 國際貿易士 資格試驗 出題委員(貿易實務·貿易英語)
- 大韓商工會議所 施行 貿易英語 資格試驗 出題委員
- 關稅廳 超一流稅關推進委員會 委員 및 稅關廳 現代化推進委員會 委員
- 關稅廳 關稅國境管理研修院 外來教授
- 서울本部稅關·水原稅關·仁川稅關·安養稅關 課稅前 適否審査委員會 委員
- 韓國關稅士會 諮問委員
- 韓國創業情報學會 會長, 韓國關稅學會 會長,
- 韓國貿易學會 副會長, 韓國商務學會 副會長, 韓國商品學會 副會長
- 江南大學校 國際學大學 國際通商學科 教授 歷任

▸ 著 書

- 貿易英語, 圖書出版 斗南, 1998.
- 貿易商務論, 圖書出版 斗南, 1998.
- 貿易決濟論, 圖書出版 斗南, 1998.
- 國際運送論, 圖書出版 斗南, 2004.
- 貿易學概論(共著), 圖書出版 斗南, 2005.
- 輸出入 SIMULATION, 圖書出版 斗南, 2005.
- 實用 貿易實務, 圖書出版 斗南, 2013.

무역결제론 – 전정4판

전 정 판 1쇄 발행 —— 2016년 8월 15일
전정2판 1쇄 발행 —— 2018년 2월 1일
전정3판 1쇄 발행 —— 2019년 1월 25일
전정3판 2쇄 발행 —— 2019년 8월 25일
전정4판 1쇄 발행 —— 2020년 2월 5일
전정4판 2쇄 발행 —— 2021년 8월 10일
전정4판 3쇄 발행 —— 2022년 8월 20일
전정4판 4쇄 발행 —— 2025년 8월 10일
지은이 —— 南 豊 祐
펴낸이 —— 全 斗 杓
펴낸데 —— 도서출판 두남
서울시 강동구 성내로 6길 34-16 두남빌딩
신고 : 제25100-1988-9호
TEL : 02) 478-2066, 2067
FAX: 02) 478-2068
E-mail : dnbooks@dunam.co.kr
http://www.dunam.co.kr

정가 29,000원

ISBN 978-89-6414-864-8 93320